국가의 운명을 바꾼 카리스마 개인숭배

마오쩌둥의 중국과 김일성의 북한

국가의 운명을 바꾼 카리스마 개인숭배
마오쩌둥의 중국과 김일성의 북한

초판 1쇄 인쇄 2025년 5월 23일
초판 1쇄 발행 2025년 5월 30일

지은이 | 손관수
펴낸이 | 윤관백
펴낸곳 | 선인

등 록 | 제5-77호(1998. 11. 4)
주 소 | 서울특별시 양천구 남부순환로 48길 1
전 화 | 02)718 - 6252 / 6257
팩 스 | 02)718 - 6253
이메일 | suninbook@naver.com

정 가 | 40,000원
ISBN | 979-11-6068-973-0 93300

· 잘못된 책은 바꿔 드립니다.

국가의 운명을 바꾼

카리스마 개인숭배

마오쩌둥의 중국과 김일성의 북한

손관수 지음

선인

"개인숭배는 봉건의 부활로 가는 길"
"개인숭배의 본질은 권력 숭배"

대학에서 정치학을 전공한 필자에게 마오쩌둥과 김일성은 스탈린과 함께 매우 익숙하고, 논쟁적으로 다가온 인물들이었다. 북한이 중국과 소련의 후견하에 일으킨 한국전쟁의 기원과 발발 원인에 관한 연구는 1980년대 당시 매우 뜨거운 화두였다.

1993년 KBS에서 기자 생활을 시작한 이후 주로 통일부와 외교부를 출입하며 취재를 하면서 자연스럽게 북한 문제, 북중관계, 북미관계 등에 관심을 가지게 되었는데, 2000년 남북정상회담 이후 평양과 개성, 금강산 지역 등을 여러 차례 현지 취재하면서부터는 "북한은 왜 이렇게 낙후되었는가?", "같은 사회주의 국가인 중국에 비해 크게 뒤떨어진 북한의 저발전은 과연 어떤 원인으로부터 비롯된 것인가?"라는 '저널리스트적' 고민을 더욱 절감하게 되었다. 두 나라의 건국을 이끈 지도자 마오쩌둥과 김일성에 관한 관심과 연구는 이렇게 시작되었다.

마오쩌둥과 김일성의 카리스마, 개인숭배를 비교 연구하면서 가장 깊은 인상을 받은 부분은 "개인숭배의 가장 큰 죄악은 봉건의 부활을 피할 수 없다는 것이다. 개인숭배 이것보다 더 위험한 것은 없다. 개인숭배는 영원히 해서는 안 된다"라는 후야오방의 강력한 경고였다. 북한이 김일성에 대한 신격화된 개인숭배에 이어, 1980년 '혈통승계'를 통해 개인숭배마저 승계하는 '봉건국가'로 전락해 가면서 후야오방의 경고는 예언이 되고 말았다.

덩샤오핑과 후야오방이 주도한 '개인숭배 타파' 노력은 문화대혁명이라는 대재난에 대한 처절한 반성에 기반한 것이었다. 문화대혁명 시기 마오쩌둥에 대한 개인숭배는 거의 신격화 수준에 이르렀는데, 이는 당시 사회의 각 방면에 비상식적이고, 비과학적인 황당한 상황들을 연출했다. 반면교사 차원에서 몇 장면을 소개한다.

> "수술대에 누워있던 환자가 호흡이 곤란해지자 최고 간부는 '열정적이지만 침착한 자세가 필요하다. 긴장하면서도 질서 있게 일해야 한다'라는 마오쩌둥 주석의 가르침을 전하며 의료진에 원인을 빨리 찾아내도록 독려한다. ...종양의 막인지 아니면 복막인지 구별해 내지 못하자 이번엔 당 지부의 서기가 급히 나서서 '천가지 어려움, 만가지 난관이 있어도 마오쩌둥사상만 있으면 어려울 게 없다'라며 의료진을 격려한다. 그러자 그들은 마침내 이 층이 복막이라는 사실을 밝혀내게 된다."
>
> (1968년 4월 13일 한 신문의 보도)

> "신문 조판에 마오쩌둥 주석의 사진이 있으면, 같은 판의 다른 사진 중에 마오 주석을 향한 총구가 있는지 반드시 확인해야 한다. 심지어 '마오쩌둥 주석'이라는 글자가 있으면 뒷면 조판의 동일한 위치에 부정적 단어가 혹시 있는지 광선을 투과해서 확인해야 한다. 또한 마오쩌둥 주석의 사진이나 이름 앞뒤로도 부정적 단어가 있는지 엄격하게 살핀 후, 없는 경우에만 인쇄에 들어갈 수 있다."
>
> (문화대혁명 시기, 한 신문사 편집부의 모습 회고)

중국의 학자들은 "이 우매하고 황당한 역사의 장면들을 반드시, 영원히 기억해야 한다. 이것이 바로 개인숭배의 폐해이다"라며 개인숭배 근절의 중요성을 강조해 왔다. 그런데 북한에선 여전히 이런 "황당한 역사의 장면들"이 계속되고 있다. 지금도 북한에선 「유일사상10대원칙」이라는 성경과도 같은 찬양 맹세가 매일 반복되며 주민들의 일상을 지배하고 있다. 또한 지도자의 초상에 대해서도 최고 존엄의 예우를 갖춰야 하며, 출판물과 신문에서 '김일성', '수령님'이라는 단어는 다른 글자에 비해 굵고, 크게 활자화해야 하는 등 엄격한 규정이 적용된다. '개인숭배의 폐해'가 계속되고 있는 것이다.

필자에게 또 하나 강렬하게 다가온 화두는 "개인숭배의 본질은 권력 숭배"라는 논지였다. 이는 중국 학자들이 마오쩌둥 개인숭배를 주도적으로 이끌어 '후계자'의 지위까지 오른 린뱌오의 개인숭배를 분석하며 내놓은 것이다. 이 같은 비판적 논지는 정치와 권력의 본질, 주요한 정치적 사건의 맥락을 이해하는데 지금도 여전히 유용한 접근법으로 판단된다.

린뱌오는 1959년 8월 숙청된 펑더화이를 대신해 국방부장에 임명되며 정치무대에 본격 등장하게 되었는데, 바로 이때 마오쩌둥의 치명적인 약점, 즉 "권력 유지를 위해 개인숭배가 필요하다고 느끼던 마오쩌둥의 심경"을 간파한 뒤 누구보다도 열렬히 마오 숭배에 나섰다는 게 중국 학자들의 분석이다. '카리스마 마오쩌둥'에 가장 충성스런 '추종자 린뱌오' 구도가 만들어진 것이다. 린뱌오가 되뇌곤 했다던 "한 사람을 얻어 천하를 얻는다"라는 말은 바로 이러한 맥락에서 나온 것인데, "린뱌오의 개인숭배는 결국 권력 숭배였다"라는 분석이 이로부터 제기되었다.

린뱌오가 제거된 '9.13 사건' 이후 발견된 그의 메모장을 보면 이 논지의 맥락을 보다 더 잘 이해할 수 있다. 린뱌오는 지도자와 간부, 군중 간의 관계를 봉건사회의 '군신 관계'로 봤다. 그래서 그는 "최고지도자는 절대적 권위를 가진다. 이해해도 따라 하고, 이해하지 못해도 따라 해라. 그저 명령에 복종하면 된다"라고 강조했다. 린뱌오는 특히 "권력을 갖고 있는 게 모든 것이다. 권력이 있으면 모든 게 있는 것이다. 반대로 권력을 갖지 못하면 모든 게 없는 것이다"라는 인식을 지니고 있었다. 이를 통해 보면 "린뱌오는 마오쩌둥을 숭배했지만, 사실은 마오의 수중에 있는 절대권력을 숭배한 것"이라는 분석의 도출이 가능해진다.

"개인숭배의 본질은 권력 숭배"라는 논지는, 2024년 말 한국에서 발생한 '대통령이 주도한 친위쿠데타'라는 전대미문의 사태 이후 그동안 가려졌던 권부의 비상식적인 행태가 드러나며, 필자에겐 더욱더 깊은 성찰을 요구하는 화두가 되었다. 윤석열 정부의 권력 시스템에 "뭔가 독재적이고, 비민주적인 이상기류가 있는 것 같다"라는 의구심은 이른바 '바이든-날리면 사태' 이후 자주 제기되었었는데, 지난해(2024년) 5월의 윤석열 대통령 사진에 관한 한 언론보도를 둘러싼 해프닝은, 이러한 권력의 이상 기류를 '개인숭배' 관점에서 천착하게 한 계기가 되었다.

경향신문은 지난해 5월 초 윤석열 대통령의 기자회견 예고 기사에 대통령의 머리와 턱 부분이 조금 잘려 편집된 사진을 실었는데, 대통령실이 이 사진을 문제 삼아 강력하게 항의했다는 사실이 뒤늦게 알려졌다. 편집된 대통령의 사진은 회견을 준비하는 대통령의 강한 인상을 강조하기 위한 것으로 볼 수도 있었으나, 대통령실은 사진이 잘린 것만 문제 삼았다. 당시 마오쩌둥과 김일성의 카리스마와 개인숭배를 연구 중이던 필자는 "개인숭배가 짙게 배어 있는 행태인데"라는 생각을 자연스럽게 떠올렸다.

당시에도 "이 같은 일은 북한에서나 볼 수 있는 현상 아닌가?"라는 비판이 일었었는데, 필자는 한발 더 나아가 "권력의 중심부에 모종의 비민주적인 '숭배 분위기'가 조성된 것 아닌가?" 하는 의구심을 가지게 되었다. 이는 무엇보다 윤석열 정부 초기 필자가 당시 대통령실과 '대통령 행사'에 대한 중계 업무 등을 협의하는 과정에서 느낀, "대통령의 말에 어떤 이견도 제시하지 못하는 상황"으로 변해 가던 대통령실의 '비민주적' 분위기를 누구보다 잘 알고 있었기 때문이었다.

아니나 다를까, 대통령이 주도한 전대미문의 친위쿠데타 이후 이러한 권부에 조성됐던 '개인숭배적' 행태, 본질적으로 말하자면 '권력 숭배적'인 행태의 믿기 어려운 사실들이 속속 드러났다. 마치 '김일성 찬가'를 연상케 하는, "새로운 대한민국 위해서 하늘이 보내주신 대통령이 태어나신 뜻깊은 오늘을 우리 모두가 축하해"라는 노랫말의 '윤석열 대통령 찬가'가 대통령 생일날 울려 퍼지는 영상이 공개됐고, 대통령 부부의 진해 여름휴가 기간에 해군함정에서 '대통령 부인'의 생일 파티가 열렸는가 하면, 이에 더해 이들의 여흥을 위해 폭죽놀이 행사까지 진행했다는 사실이 폭로되었다.

그런데 필자를 더 놀라게 한 것은 대통령 부친의 묘소에 경호처가 예산을 들여 CCTV와 경고성 스피커를 설치하고, 경찰까지 동원해 이를 관리하고 있었다는 사실이었다. 20세기 초 막스 베버(Max Weber)가 설파한 "개인숭배가 고양되면 조상의 신격화가 시작되고 그러다 '지배자의 조상에 대한 신격화'가 진행된다"라고 한 예지적 논지가 북한에서 실현되고 있는 현실을 비판적으로 고찰하고 있던 차에 확인된 이런 황당한 사건들에 대해, 필자는 도저히 단순한 과잉 충성의 해프닝으로만 여길 수 없었다. 지금까지 알려진 게 이 정도라면 얼마나 많은 "황당하고 우매한 장면"들이 또 터져 나올지 모른다.

대통령 경호처가 주도한 이러한 '숭배 행위'나 다름없는 과잉 충성은, 중국의 학자들이 린뱌오를 비판하며 지적한 "린뱌오 개인숭배 본질은 권력 숭배"라는 논지와 정확히 맞닿아 있다. 바로 이점에서 이들의 극단적 충성 행위를 결코 대통령과 대통령 부인에 대한 인간적 예우 차원으로 볼 수만은 없는 것이다. 그들이 이러한 충성을 통해 얻으려 했던 보상은 대통령이 가진 '막강한 권력'의 '은총' 아니었을까? 이런 과잉 충성 행위를 주도했던 김용현 경호처장은 이후 국방부장관으로 자리를 옮기더니 결국 대통령을 부추겨 친위쿠데타까지 일으키게 된다. 맹목적 숭배의 형태를 띤 과잉 충성 행위가 영속적인 권력 확보라는 독재적, 반민주적 발상으로 이어진 것이다.

이러한 행태들은 권력이라는 '공통의 이익'을 지키기 위해서라면, 권력자와 추종자 간의 관계가 초법적으로까지 작동될 수 있다는 점을 잘 보여주는 사례이다. 친위쿠데타 발생 이후 과정에서도 이러한 점이 확인되었다. 보수당인 '국민의힘'의 이른바 친윤 의원들은 '친위 쿠데타'라는 반헌법적 행위를 한 윤석열 대통령을 거의 맹목적으로 비호하고 나섰는데, 이는 '대통령'과 '집권 여당'이라는 '지배적 권력'을 절대 놓칠 수 없다는, 권력자와 추종자 간의 극단적인 생존 심리가 반영된 결과로 분석된다.

이 과정에서 "대통령이 대한민국 체제 그 자체"라는, 봉건적이고 독재적인 국가관까지 거리낌 없이 표출한 행태는 이러한 생존본능을 잘 보여주는 것이다. '국민의힘' 윤상현 의원은 "윤석열 대통령을 지켜야 하는 이유는 윤석열 대통령이 대한민국 체제 그 자체이기 때문입니다"라고 주장했는데, 이는 "선거에 의해 선출된, 임기가 정해진 사회적 계약에 의한 대통령직"이라는 공화정의 기본 개념을 무시하는 발언이다. 이는 또한 자신들의 권력 이익을 지키기 위해서라면 독재적 정부 체제도 용인 할 수 있다는, '민주주의 제도' 자체를 부정하는 반헌법적인 발언이다.

이에 더해 "대통령이 대한민국 그 자체"라는 인식과 주장은 파시즘의 망령을 떠올리게 한다는 점에서 더욱 심각한 문제이다. 히틀러의 제3제국 시절에도 "독일이 히틀러, 히틀러가 바로 독일!"이라는 구호가 독일을 광기의 시대로 몰고 갔었다. 이 구호는 히틀러의 부관으로 이후 부총통에까지 올랐던 루돌프 헤스의 작품이었는데, "히틀러는 위대하고 선한 남자"라는 이미지로 개인숭배를 대중화한 선전부장관 괴벨스, 학교에 히틀러식 인사법을 도입하고 '히틀러 우상화 교육'을 실시한 베른하르트 루스트 문화부장관까지, 파시즘 체제였던 나치 제국은 이런 '열혈 추종자'들의 맹목적 충성과 숭배로 광기를 더해 간 것이다. 그리고 그 결과는 민주주의의 처참한 파괴였다. 친위쿠데타가 실패했음에도 윤석열 대통령이 파면되지 않고 권력을 유지할 수 있었다면 과연 어떤 일이 벌어졌을지 상상하기 어렵지 않다.

이처럼 "권력 숭배가 본질인 개인숭배" 문제에서 우리가 고찰해야 하는 핵심적인 화두는 바로 민주주의의 문제이다. 민주 공화정을 기본으로 하는 체제에서 발생하는 개인숭배적 현상과 리더십의 독재화는 민주주의의 기초가 흔들리고 있다는 중대한 위험 징후를 보여 준다. "헌법과 법률, 그리고 사회적 합의에 기초한 제도에 기반하지 않은 권력은 민주공화정의 리더십이 될 수 없다"라는 상식과 믿음이 흔들리고 있는 것이다.

현대 민주주의의 모범으로까지 불리던 미국에서마저 트럼프 2기 행정부 출범 이후 일방적인 관세 정책과 주권 무시 등 독재적 리더십의 모습이 나타나며 민주주의가 흔들리는 모습이 보이고 있다. 특히 트럼프의 정책들은 미국 우선주의를 넘어 파시즘에 기반한 듯한 정책으로 나타나며 전 세계를 긴장시키고 있다.

트럼프는 가자지구 평화를 위하는 것이라며, 2백만 명에 달하는 팔레스타인 사람들을 아예 인접국으로 이주시키겠다는 상상하기 어려운 구상을 아무렇지 않은 듯 제시하고, 덴마크 자치령인 그린란드의 미국 편입을 공개적으로 시도하는가 하면, 캐나다도 미국의 51번째 주가 될 것이라는 주권 침해적 발언을 서슴없이 밝히는 등, 그의 말 한마디 한마디는 마치 20세기 2차 세계대전 발발 직전의 히틀러의 그것처럼 세계를 뒤흔들고 있다.

미국 내에서의 실제 정책 추진 과정도 매우 폭력적으로 진행되고 있다. 이미 강제 송환 등 반인권적인 이민자 정책으로 비판을 받았던 트럼프는 팔레스타인을 지지하는 시위에 참여했다는 이유만으로 이민자·유학생들을 추방하는 강압적인 정책을 추진하고, 흑인과 여성의 역사를 소개하는 박물관과 문화 기관에 대한 지원을 중단하거나 축소하는 등, 전반적으로 약소국의 주권과 소수자의 인권 그리고, 이들의 역사를 무시하는 정책을 거리낌 없이 펼치고 있다.

이러한 트럼프 정부의 파시스트적 노선은 그의 가장 강력한 추종자로 평가되는 일론 머스크의 행보를 보면 좀 더 잘 이해할 수 있다. 트럼프 정부의 '정부 효율화위원회' 위원장을 맡은 머스크는 독단적으로 정책을 추진하는 것은 물론 타국의 선거에까지 개입하는 전례 없는 행보를 보이고 있는데, 특히 유럽의 극우 정당을 지원하는 과정에서 히틀러식 경례를 선보이는 등 파시스트적 행태를 노골적으로 드러내고 있다.

하나 더 눈여겨 볼 대목은 이러한 파시즘 행태들이 트럼프에 대한, 어쩌면 숭배적 분위기라 할 만한 맹목적인 충성 분위기에 기반하고 있다는 점이다. 트럼프나 트럼프의 정책이 비판받으면 그의 강력한 추종자들로 채워진 정부의 장관들이 누구보다 앞장서서 트럼프를 전면적으로 옹호하며 나서는데, 이는 미국의 이전 정부에서는 찾아보기 어려운 현상이었다.

특히 대통령 선거 유세 중 있었던 트럼프에 대한 암살 미수 사건 이후 "신이 트럼프를 구했다. 신이 미국을 구했다"라는 주술적 분위기가 나타났었는데, 이런 "신이 선택한 사람"이라는 숭배적 분위기가 트럼프의 독재적 행보의 정당성을 강화하는 것으로 분석돼 우려를 더하고 있다. 마치 '신이 주신 능력', 즉 '카리스마'를 지닌 지도자처럼 행동하는 트럼프의 독단적 행보가 더 강화될 가능성이 크다는 것이다.

우크라이나 침공 등 제국주의적 본질을 드러내고 있는 독재자 푸틴의 침략자적 행보는 신냉전을 불러올 정도의 세계적 안보 불안을 조성한 지 오래다. 문화대혁명에 대한 처절한 반성 끝에 '개인숭배'를 타파하며 '반 개인숭배 제도화'까지 이뤄냈던 중국 역시, 시진핑 시대에 이르러 헌법 개정으로 국가주석의 3연임이 현실화되는 등 리더십의 독재화 현상이 강화되고 있다. 여기에 최근 들어 극우 정당들의 득세로 우경화 현상이 뚜렷해지고 있는 유럽까지, 전 세계적으로 리더십의 권위주의화, 독재화는 '민주주의'를 위협하는 화급한 문제가 되어 가고 있다.

이 책은 북한대학원대학교 학위 논문인 「마오쩌둥과 김일성의 개인숭배 비교연구」를 보완한 것이다. 논문에서 다뤘던 중국과 북한의 건국 초기 역사에 대한 이해를 좀 더 높이기 위해, 논문에서는 맥락 중심으로 간결하게 요약했던 당시의 중요한 정치적 사건과 인물들 간의 관계 등을 좀 더 구체적으로 서술하는 방식으로 보강했다. 특히 마오쩌둥에 대한 개인숭배를 배경으로 후계자의 지위에까지 올랐던 린뱌오의 성공과 몰락, 마오쩌둥의 부인이자, 마오 사후 권력 장악을 노렸던 '4인방'의 핵심 인물인 장칭 그리고 이들 마오 숭배주의자들과 류사오치, 덩샤오핑 등 '당권파' 간에 벌어진 반전에 반전을 거듭하는 권력투쟁 과정을 좀 더 충실하게 보강하였다.

비록 이 글의 핵심은 사회주의 국가인 중국과 북한의 카리스마 리더십의 비교를 통해 개인숭배가 미친 국가의 운명에 대한 것이지만, 마오쩌둥과 김일성이라는 카리스마 지도자의 리더십에 대한 분석적 고찰을 통해 갈수록 중요해지고 있는 현대국가 지도자들의 리더십을 반추해 볼 수 있는 계기를 제공할 수 있길 바란다. 특히 이 글이 최근 들어 전 세계적으로 크게 위협받고 있는 '민주주의' 문제에 대해 조그마한 화두나마 던질 수 있다면, 연구자로서 더 이상 바랄 게 없겠다.

이 책이 나오기까지 적지 않은 분들의 도움을 받았다. 북한대학원대학교의 구갑우 교수님은 긴 시간 동안 학습이 더딘 제자의 이런저런 요청과 질문에 성실히 답해주시고, 특히 논문의 이론적 틀 구성을 잘 이끌어 주셔서 졸고나마 글의 완성도가 조금 올라갈 수 있었다. 또한 통일부장관을 역임하셨고 북한과 중국 연구에 누구보다 많은 관심을 기울이시는 정세현, 이종석 두 전직 장관과의 대화와 토론을 통해서도 많은 가르침과 혜안을 얻을 수 있었다. 모두 크게 감사드린다. 그리고 책의 발간을 기꺼이 맡아 주신 '도서출판 선인'의 윤관백 대표님, 짧지 않은 원고의 거친 글귀들을 꼼꼼히 살펴 세심히 교정해 주신 편집팀에게도 감사드린다.

필자가 직장에 취업한 이후에도 "그래도 책을 봐야 한다. 끝까지 공부해라"라고 당부하시던 아버님의 말씀은, 필자의 뒤늦은 학습에 무엇보다 큰 힘이 되었다. 이 작은 책을 아버님 영전에 바친다.

2025년 5월
손관수

제3장 카리스마의 기원과 스탈린 개인숭배 비판

제4장 도전받는 '카리스마의 반격'

제7장 **결론**　　　　　　　　　　　　　　　　　　　　469

부록

제1장

서론

문제 제기와 연구과제

중국과 북한은 우리에게 지리적으로 가장 인접한 이웃 나라이자, 정치·외교적으로도 매우 밀접한 관계에 있는 숙명적인 국가들이다. 1978년 단행된 중국의 개혁·개방정책은 '역사적 전환'이라 불릴 만큼 사회주의 중국에 큰 변화를 몰고 왔다. 지금은 미국과 함께 G-2 국가로 불리며 정치적·경제적 영향력을 과시하고 있는 중국의 위상은, 바로 이 개혁·개방정책에서 출발한 40여 년의 성과에 기반하고 있다고 할 것이다.

비슷한 시기인 1980년 북한은 수령의 장남 김정일로의 '혈통승계'를 통해 영속적인 '개인숭배 국가' 만들기에 본격적으로 나섰다. 사회주의 독재 체제의 '혈통승계'가 내재하고 있는 '폐쇄성'의 본질이 발현되듯, 북한은 '개혁·개방'이 아닌 '자력갱생의 원칙'에 기반한 '민족 자립경제' 건설이라는 고립적인 국가 발전 전략으로 나아갔다. 그러나 그로부터 반세기 가까운 세월이 흐른 지금, 북한의 전체적인 국가적 역량은 예의 '봉건적 사회주의 국가'의 낙후된 저개발 상태에서 벗어나지 못하고 있다는 것이 일반적인 평가이다.

중국과 북한의 이와 같은 차이는 어디에서부터, 어떠한 이유에서 비롯된 것일까? 역사적 전환이라고 할 만큼 결단이 쉽지 않았을 중국의 개혁·개방을 가능케 한 가장 큰 원동력은 무엇일까? 반대로 북한을 폐쇄국가로 이끌고 간 '혈통승계'는 과연 어떻게 가능했을까?

중국과 북한 모두 마오쩌둥과 김일성이라는 걸출한 '카리스마(charisma)'를 지닌 지도자가 장기간 통치를 했고 이들 '카리스마 지도자'에 대한 수위 높은 '개인숭배(personality cult)' 또한 유사하게 형성됐었는데, 어떻게 국가의 운명은 이처럼 다르게 전개된 것일까? 유사하게만 보였던 두 지도자의 카리스마나 개인숭배에는 어떠한 차별점이 있었던 것일까?

이 글은 바로 이 같은 기본적인 질문에서 출발한다. 중국과 북한 두 나라의 운명이 어느 시점부터, 어떤 이유로 엇갈리게 됐는지, 또 그 원인은 어떻게 분석해 볼 수 있는지 탐구한 내용을 담고 있다.

중국과 북한의 엇갈린 운명에 대한 답을 찾아보기 위해서는, 세습 체제를 이룬 북한보다는 개혁·개방을 선택한 중국 지도자들의 당시 생각, 문화대혁명에 대한 반성과 회고의 형식으로 이뤄진 결단의 근거를 먼저 분석적으로 살펴보는 것이 효과적이다. 중국 지도자들의 판단과 선택을 기준으로 정반대의 길을 선택한 북한을 평가해 본다면 북한 체제의 형성 과정과 그 특징들이 더욱 잘 드러날 것이다.

'역사적 전환'을 지휘한 덩샤오핑은 1978년 12월 제11기 3중전회(중국공산당 제11차 당대회 중앙위원회 3차 전체회의)에서 "사상해방은 우리가 당면한 이 시기 가장 중대한 정치문제이다"라는 화두를 던졌다. 그러면서 사상해방을 가로막고 있는 가장 중요한 요인으로 린뱌오와 '4인방'이 자행한 정치적 폭압과 함께 "개인숭배로 인한 민주집중제의 훼손"을 들었다.[1]

---

1 邓小平,「解放思想, 实事求是, 团结一致向前看」, 中共中央文献编辑委员会,『邓小平文选』第二卷, 人民出饭社, 2009, 140~153쪽.

중국공산당은 또한 1981년 문화대혁명 등 마오쩌둥 시대를 정리한 「건국 이래 당의 역사문제에 대한 약간의 결의」를 통해서도 개인숭배의 잘못된 역사를 비판적으로 정리했다. 자신들도 소련과 마찬가지로 당의 영수, 즉 최고 지도자와 당의 관계를 정확하게 해결하지 못해 여러 차례 중대한 착오를 범하기도 했으며 이는 "권력의 집중이 몰고 온 개인의 독단과 개인숭배로부터 비롯되었다"라고 반성한 것이다.[2]

사실 이 같은 중국공산당의 반성과 회고는 1956년 흐루쇼프가 행한 '스탈린의 개인숭배 비판' 연설의 내용과 크게 다르지 않다. 흐루쇼프 연설의 핵심은 "스탈린에 대한 개인숭배가 민주주의 등 당의 기본원칙을 해쳤다. 이러한 개인숭배는 반드시 근절해야 한다"는 것이었다.[3] 당시 흐루쇼프의 문제의식이 20년을 뛰어넘어 중국공산당 개혁파 지도자들에게 닿아 있었던 셈이다.

이 '스탈린 개인숭배 비판' 연설은 세계적으로 매우 큰 파장을 미쳤고, 특히 2차대전 이후 소련의 개입으로 지도자가 옹립된 동유럽 대부분의 사회주의 국가와 북한은 물론 중국에까지 심대한 영향을 미쳤다.

그러나 본서에서 당시 일었던 그러한 사회주의 국가 내의 정치적 변동 상황보다 더 주목하는 점은, 1956년 흐루쇼프의 비판이 그와 같은 큰 파장과 영향을 미쳤음에도 불구하고 중국과 북한에선 이후에도 오랫동안 개인숭배가 조장되거나 강화되는 유사한 착오가 지속됐고, 바로 그 '개인숭배' 문제로 인해 두 나라 모두 엄청난 정치적 파동을 겪은 뒤 '국가의 운명'이 엇갈리게 진행됐다는 역사적 사실이다.

이처럼 이 글은 중국의 개혁파 지도자들이 절치부심하며 극복하고자

---

2 「关于建国以来党的若干历史问题的决议」(1981, 중국공산당 11기 6중전회) https://www.gov.cn/test/2008-06/23/content_1024934.htm(검색일: 2024.4.26).

3 니키타 흐루쇼프, 박상철 옮김, 『개인숭배와 그 결과들에 대하여』, 책세상, 2006, 110~113쪽.

했던 개인숭배로부터 중국과 북한의 엇갈린 운명의 길을 풀어보기 위해, 다음과 같은 과제에 초점을 맞추고 있다.

첫째, 마오쩌둥과 김일성이라는 카리스마적 리더십의 생성과 발전, 그리고 개인숭배와의 전반적인 연관 관계를 살펴본다.

둘째, 중·북 두 지도자의 이러한 카리스마적 권위는 어떤 경우에 변화가 발생했고 이때 카리스마는 어떻게 반응했으며, 특히 이 과정에서 개인숭배는 어떤 역할을 했는지 집중 분석한다.

셋째, 카리스마적 지도자의 '정치적 반대파'에 대한 대응 부분이다. 중·북 두 나라의 정치적 파동 속에 나타나는 숙청에 대한 분석을 통해 유사성과 차별성을 살펴보고 그 의미를 짚어본다.

마지막으로 사회주의 종주국이었던 소련과의 관계 속에서 마오쩌둥과 김일성의 개인숭배는 어떤 변화를 겪어나갔는지를 살펴 본다. 1956년 흐루쇼프의 '스탈린 개인숭배 비판'은 물론 이후 중·소, 북·소 관계의 변화 역시 중국과 북한의 두 카리스마 지도자에게 큰 영향을 미쳤다.

기존 연구 검토

중국과 북한은 정치·경제·사회적인 면 어느 것 하나 간과할 수 없는, 우리와 대단히 밀접한 국가들이다. 남북, 한중 관계 못지않게 우리에겐 북중관계가 중요한 연구, 고찰의 대상이 되어 왔다.

중국과 북한은 냉전 초기 유사한 사회주의 체제, 카리스마적 지도자에 의한 독재, 만연한 개인숭배 등 여러 면에서 유사성을 보이는 가운데에서도 차별성을 나타내 왔다. 바로 그런 지점에서 권력승계의 차별성에 대한 연구, '마오쩌둥사상'과 주체사상의 비교, 권력승계의 차별성에 대한 연구, 카리스마적 리더십에 대한 비교 등 다양한 비교연구와 함께 마오쩌둥과 김일성의 카리스마, 개인숭배에 관한 개별 연구도 활발하게 진행되어 왔다.

조선로동당의 지도사상과 구조변화를 중심으로 한 연구부터 주체사상의 형성과 발전, 그리고 김일성 유일사상체계에 대한 분석은 많은 연구자들의 관심사였다. 이종석은 여기에서 김일성의 주체사상 형성과 그 본질을 '모택동사상'과의 비교연구로 확장해, 개인숭배의 기원을 좀 더

세밀히 분석하고 그 체제적 파장을 탐구하였다.[4] 그는 우선 모택동사상과 주체사상은 "사상을 강조하고 사람의 역할을 특별히 중시하며 맑스주의의 교조적 적용을 거부하고 자국의 구체적 현실 적용을 강조"하는 등 매우 유사한 인식론적 기반과 사상적 토대를 가지고 있었으나, 1960년대 중반 문화대혁명 시기를 기점으로 두 사상이 대립하면서 주체사상은 "사람과 사상의 역할을 극단적으로 강조"하면서 더욱더 절대화의 길로 나아간 것으로 보았다.

이종석은 특히 두 사상의 발전 과정의 차별성에 주목했는데, 주체사상은 철학적 원리까지 갖춘 독자적 이론체계를 구성해 맑스-레닌주의를 대체한다고까지 이탈해 갔다. 반면에 모택동사상은 문화대혁명 등으로 사상이 크게 후퇴할 시기에도 맑스-레닌주의를 버린 적이 없고 모택동사상을 맑스-레닌주의의 하위에 위치시켰다고 봤다. 결국 이러한 차별적인 특징들이 북한에선 "수령을 향한 극단적 개인숭배 합리화"로 이어졌고, 이런 절대성으로까지 나아가지 않은 모택동사상의 중국은 현실 변화에 매우 폭넓은 탄력성을 보이며, 북한과는 달리 사회의 다원적 성장을 막지 않은 것으로 이종석은 분석했다.

"아직도 북한에서는 문화혁명을 계속하고 있다"라는 말로 북한의 현실에 대한 비판적 시각에 초점을 맞춰 주체사상과 모택동사상을 비교 연구한 이강석은 주체사상의 '인간중심론'과 '자주성', '창조성', 김일성이 말하는 '역사적 조건과 민족적 특수성'의 개념 등이 대부분 모택동 사상에서 가져온 것으로, 독창적인 것이 아니라고 분석한다. 또한 그는 주체사상은 맑스주의의 비정립(antithesis)에 불과하다고 비판한다.[5]

---

4 李鍾奭, 「主體思想과 毛澤東思想: 유사성과 차별성, 그리고 차별성의 체제적 반영에 관한 연구」, 『계간·북한연구』 15, 1994, 201~214쪽. 이전 연구자들이 사용한 '모택동', '모택동사상' 등의 용어와 한자표기는 인용의 정확성을 기한다는 점에서 저술 당시의 표기대로 사용한다.
5 李崗石, 「主體思想과 毛澤東思想의 比較」, 『안보연구』 20, 1991, 49~62쪽.

이강석은 또한 미국 사회학자 프란츠 슈만(Franz Schurmann)의 홍·전 (紅·專/Red·Expert)의 개념을 이용해, 모택동 이후의 중국의 새 지도자들은 모택동사상이 사상 중심의 홍(紅)을 강조하는 정치 이념이어서 개혁·개방에 장애요인이 된다는 사실을 깨닫고 모택동사상을 폐기 내지 개조한 것으로 보았다. 또한 그는 북한도 이 같은 실용주의로 나가기 위해서는 주체사상의 일부 개정과 수정이 불가피한 현실이지만, 문제는 이미 주체사상이 국가 존립을 의미하는 차원으로 격상된 상황이어서 딜레마에 빠져 있다고 분석했다.

최근 연구에서도 마오쩌둥과 김일성의 사상은 20세기 중반 "정통 맑스-레닌주의와는 다른 맑스-레닌주의"의 길을 추구한 동아시아의 대표적인 사회주의 국가 건설 사례로 주목받고 있다. 토마스 비드웰(Thomas Bidewell)은 맑스와 엥겔스가 정립한 전통적인 변증법적 유물론은 혁명이나 개혁 등 실제 집행 과정에서 그 적용 환경과 조건의 문제로 인해 딜레마에 처하면서 변형과 일탈로 연결되었는데, 마오쩌둥과 김일성의 사상과 국가 건설 과정이 그 대표적인 사례라며 이를 맑시즘적 관점에서 비교 분석했다.[6]

비드웰은 마오쩌둥의 '모순론'이나 김일성의 '주체사상'은 각자가 처한 사회적·정치적 환경과 조건 속에서 '맑스-레닌주의'를 구현하며, 어떻게 국가를 건설해 갈 것인가를 고민하는 과정에서 나온 철학적 산물들로, 모두 '맑스-레닌주의자'를 자처하던 두 지도자가 변증법적 유물론을 어떻게 하면 현실에 맞게 운용할 것인가라는 관점에서 나온 것들이라고 설명한다.

그러면서 모순론이나 주체사상은 전통적인 변증법적 유물론과는 다른 속성을 보여주고 있는데, 그는 다만 그런 가운데에서도 차별점이 뚜

---

6 Thomas Bidewell, 「Contradiction and Juche, Philosophical Deviations from Traditional Dialectical Materialism by Kim Il Sung and Mao Zedong Necessitated by Socio-Political Conditions」, 『Global Tides』 Vol. 17 Article 5, 2023.

렷하다고 분석했다. 무엇보다 마오쩌둥의 '모순론'은 "물질의 상호작용, 자연 안에서의 모순과 변증법"이라는 엥겔스의 논지를 수용해 '물질'에 기초한 철학적 이론을 구축했는데, 김일성은 "사람이 모든 것을 결정한다"라는 '인간 중심의 주체'를 제시하면서 유물론적 관점에서 이탈해 갔다는 것이 그의 주장의 핵심이라고 할 수 있다.

비드웰은 주체사상은 결국 맑스가 비판한 헤겔의 '극단적인 이상주의'를 수용한 것으로 이는 북한이 '물질적 현실'과는 괴리된 '이념' 구축에 나섰다는 것을 의미하며, 이런 이유로 일부 학자들에게 이러한 '인간중심주의의 주체사상'은 철학적이지도 않고, 터무니없는 것으로 여겨지고 있다고 소개했다. 또한 '북한의 역사 부정'도 이렇게 '사람을 해방의 중심에 둔 주체사상'으로부터 비롯되었다고 비판적으로 고찰하기도 했다.

이처럼 마오쩌둥과 김일성의 사상에 대한 국내외의 연구들은, 두 나라 모두 '맑스-레닌주의'를 자국의 현실에 적용하는 과정에서 변형이 일어났으며, 그런 과정에서도 김일성의 주체사상은 마오쩌둥에 비해 더 '맑스-레닌주의'를 일탈해 나갔고, 결국 인간중심이 강조되면서 더 절대화의 길로 나아갔다는 분석을 제시하고 있다. 이는 두 카리스마 지도자의 '개인숭배'와 관련해 매우 중요한 시사점을 제공하는 것이다.

중국을 장기 통치했던 마오쩌둥과 김일성의 죽음 이후의 권력승계를 '승계의 위기' 차원에서 다각도로 분석한 연구에서도 두 카리스마 지도자의 권력 구축 과정에서 두드러지게 나타났던 개인숭배 문제에 대한 시의적 고찰을 해볼 수 있다.

이재준은 "중국의 마오쩌둥과 북한 김일성의 권력승계 안정성은 왜 달랐는가?"라는 질문에서 출발해 '전임자와 후임자의 관계', '전임자의 지배연합 승계 여부', '후계자의 독자적 지배연합 형성 여부'라는 세 차원에서 중·북 사례를 연구했다. 그는 이 연구에서 '이념의 일치성'이 '집단지배에 비해 일인지배'에서 승계의 안정성이 높았으며, '지배연합 구성원의 이념적 일원성' 역시 승계 안정성을 높이는 것으로 나타났다고 분석했다.[7]

이재준은 특히 김정일은 단순한 혈연관계여서가 아니라 김일성 '유일사상체계', '유일지도체계'를 구축하는데, 핵심적 역할을 한 것으로 인정을 받아 후계자가 될 수 있었는데, 이에 반해 덩샤오핑은 문화대혁명의 이념을 거부해 마오쩌둥의 후계자가 될 수 없었다고 진단했다. 화궈평 역시 문혁의 이념을 거부한 덩샤오핑 대신, 운 좋게도 마오의 후계자 지명을 받았지만, 집단지도체제 하에서 새로운 지배연합이 대부분 문혁을 거부해 '지배연합 구성의 일원성'을 높이지 못한 점, 또 지배연합 자체가 분화 양상을 빚으며 다수가 지지 대열에서 이탈한 이유 등으로 최종적으로 후계 지위에서 밀려나게 됐다는 것이 그의 결론이다.

이재준은 또한 중국의 권력승계 과정은 개혁·개방으로 이어질 수 있는 체제변화의 경로를 보여주는 사례인데, 이는 북한이 개혁·개방으로 나아가기 위한 조건들을 제시하는 것이라고 평가했다. 그러면서 김정은 역시 일인 지배체제여서 그가 결심하면 개혁·개방도 가능하겠지만, 실제 그렇게 할 경우 지배연합 재편 과정에서 물리적 숙청 등 정치적 변화를 수반할 수밖에 없을 것이라는 관측을 염두에 두면서 중·북 두 나라의 권력승계와 정치변동의 함수관계를 짚어봐야 할 것이라고 분석했다.

마오쩌둥과 김일성의 지배체제를 두 사람의 리더십 차원에서 고찰해본 비교 연구도 있다. 박병광은 두 지도자의 리더십을 성장기의 사회주의화 과정, 공산당 입당 후의 권력장악 과정, 군중노선에 대한 운용 분석을 통해 공통점과 차이점을 살펴보았는데, 두 지도자가 공통으로 '군중노선'을 이용한 리더십 강화에 뛰어났으며 이는 인민대중에 대한 '동원 메

---

7 이재준, 「중국과 북한의 권력승계 비교 연구: 마오쩌둥과 김일성의 후계 사례를 중심으로」, 서울대학교 박사학위논문, 2020.

카니즘'과 정적들에 대한 '통제 메카니즘'으로 활용되었다고 분석했다.[8]

박병광은 특히 중·북 모두 이처럼 군중노선을 강화하면서 대중매체와 문화. 예술 등을 동원한 집단적이고 거국적인 학습체계가 작동해 개인숭배가 극단적으로 고양되어 간 공통점이 있지만, 중국의 경우 모택동의 절대적 리더십과 그에 따른 체제의 경직성은 그의 죽음 이후 반작용으로 새로운 중국 지도부가 개혁과 개방으로 나아갈 수 있는 촉매 역할을 한 반면, 모택동에 비해 상대적으로 절대화되어 있던 김일성의 리더십은 변화 요구에 대한 체제의 탄력성을 줄여 결국 북한 사회가 당면한 위기의 주요한 요인으로 작용하였다고 분석하였다.

중국과 북한, 마오쩌둥과 김일성에 대한 이러한 다양한 비교 분석을 통해서도 직간접적으로 이들의 전제적인 리더십, 극단화된 개인숭배가 두 사회주의 국가체제에 어떤 영향을 미쳤는지, 또 그 가운데에서도 어떤 차별성을 발견할 수 있는지 잘 살펴볼 수 있다. 이 두 카리스마 지도자의 리더십과 개인숭배는 개별적으로 더욱 깊이 연구되었는데, 이를 통해 개인숭배가 체제에 미친 영향을 좀 더 역사적인 관점에서 맥락적으로 살펴볼 수 있다.

중국의 경우 1978년의 개혁·개방정책을 원동력으로, 1981년 「건국 이래 당의 역사문제에 대한 약간의 결의」라는 마오쩌둥 시대에 대한 결산을 통해 마오와 문화대혁명에 대해 비판적으로 정리해 내면서 개인숭배에 대해서도 연구의 문을 대폭 넓혔다.

중국학자들의 우선적인 관심은, 옌안 정풍 시기부터 내전을 거쳐 건국 초기까지도 매우 신중하고 절제됐던 마오의 카리스마 리더십이 어떤 상황을 겪으면서 개인숭배를 고양시키게 됐는지에 주로 모아졌다. 1956년 소련 20차 당대회에서 진행된 흐루쇼프의 '스탈린 개인숭배 비판'에 마

---

8 朴炳光, 「毛澤東과 金日成의 리더쉽에 관한 比較 硏究」, 단국대학교 석사학위논문, 1995.

오쩌둥은 처음에는 환영을 했지만, 사회주의 사회 전체가 곤경에 처하자 흐루쇼프를 비판하는 태도 변화를 나타낸다. 소공의 '개인숭배 비판'에 대한 마오쩌둥의 판단이 초기의 긍정적인 것에서부터 어떻게 부정적으로 변해갔는지, 여기에 영향을 미친 요소는 무엇인지 등, 마오쩌둥의 '스탈린 개인숭배 비판'에 대한 태도 변화에 다각도의 분석이 이뤄졌다.[9]

특히 중소분쟁의 전문가로 잘 알려진 션즈화(沈志华)는 마오가 첫 도전에 직면한 '반모진(反冒進)' 사태에서의 심정 변화, 이후 대약진(大躍進) 과정에서의 소련과의 갈등 문제와 이로 인한 국내적 파장 등을 심도 있게 파헤쳤다.[10] 반우파투쟁 이후 다시 '마오쩌둥 집중'이 강조되고 대약진의 분위기로 흘러가면서 마오쩌둥은 결국 "개인숭배에도 정확한 개인숭배가 있다"며 개인숭배가 필요하다는 입장을 내놓게 된다.

대약진 조정을 논의하다 '반우경투쟁'으로 번진 1959년의 '루산회의'에 대한 연구도 활발히 진행되었다. 이 회의에서 마오쩌둥과 펑더화이의 충돌은 중·소 갈등이 확산되는 상황에서 발생한 것이어서 보다 면밀한 연구와 분석이 필요한 부분이지만, 개인숭배가 충돌을 촉발시킨 핵심 요인으로 주목을 받았다. 중공이 이후 루산회의에서의 펑더화이 숙청과 이어진 '반우경투쟁'을 "건국 이후 당내 정치 생활에서의 가장 중대한 과오, 당내 민주주의의 중대한 손실을 불러온 사태"라고 평가하면서 집중 연구 분야가 되었다.[11]

또한 "개인숭배가 문화대혁명의 주요한 촉발 원인이 되었다"라는 비

9 郭圣福·张昭国, 「论毛泽东对个人崇拜问题的认识变迁」, 『胜利油田党校学报』 第17卷 第6期 2004; 林源, 「毛泽东与个人崇拜问题探析」, 『学海』, 1999; 沈志华, 「中共八大为什么不提毛泽东思想」, 『历史教学』, 2005年 12期.

10 沈志华, 「周恩来与1956年的反冒进--记中共中央关于经济建设方针的一场争论」, 『史林』, 2009; 沈志华, 「苏联对大跃进和人民公社的反应及其结果」, 『中共党史资料』 第1期, 2003.

11 何云峰, 「个人崇拜与1959年庐山会议毛彭冲突」, 『Journal of Wuhan University of Technology (Social Sciences Edition)』 Vol. 20, No. 6, 2007; 余广人, 「庐山会议四十周年感言」, 『炎黄春秋』 1999年 8期.

판적 분석의 결과를 내놓은 연구들도 있다. 특히 대약진의 문제점을 인식하고 조정에 들어간 이후 마오쩌둥이 다시 심경의 변화를 일으켜 린뱌오 등과 손을 잡고 개인숭배를 조장하고, 이에 편승한 것은 권력을 당권파에 뺏길지 모른다는 카리스마의 우려에서 비롯된 것으로 결국 이런 '권력 우려'가 문화대혁명이라는 대재난으로 이어졌고, 그 과정에서 '개인숭배'가 중요한 촉발 원인이 되었다고 이러한 연구들은 분석하고 있다.[12]

이처럼 개인숭배가 문화대혁명의 주요한 원인으로 작용했다는 판단은 덩샤오핑과 후야오방 등 이후 실권을 잡은 개혁파의 입장과도 일치하는 것으로, 이들이 1978년 개혁·개방 선언 이후 강력하게 추진하는 개인숭배 타파, 사상해방 노력에 대해서도 연구가 이어지게 된다.[13]

김일성의 카리스마와 개인숭배에 대해서는 주체사상과 유일사상체계가 주목을 받으면서 그 연구의 폭을 넓혀왔다. 1980년 제6차 당대회에서 북한이 김일성에서 김정일로의 '혈통승계'를 공식화하자, '맑스-레닌주의적 기준'에서, 또 북한의 열악한 현실을 부각시키는 도덕적 관점에서 북한 체제를 비판하는 연구가 이어졌다.

홍성후는 부자 세습은 절대군주제하에서나 가능한 정치 현상이라며 주체사상은 북한의 '우상숭배 체제'를 추진하기 위한 정치도구, 대중조작 이데올로기라고 비판했다. 또 주체사상은 '무오류의 신앙교리'로, 마치 김일성이 종교적 메시아로 현세에 도래한 것처럼 북한 주민들에게 강요되고 있다며 이는 탈몬(Talmon)이 얘기하는 전체주의 메시아니즘(totalitarian messianism)과 유사한 '개인숭배'에 불과할 뿐이라고 분석했다.[14]

---

12 何亚平, 「文革时期的个人崇拜问题浅探」, 『毛泽东思想研究』, 1999; 刘林元, 「毛泽东晚年个人崇拜问题新探」, 『Journal of Hunan University of Science & Technology (Social Science Edition)』 Vol. 10, No. 2, 2007; 狄景山, 「文革与文革后的思想解放运动」, 『当代世界与社会主义』, 2003年 第4期.

13 张显扬, 「人本思想和党文化的分歧」, 『炎黄春秋』 第1期, 2014.

14 洪盛厚, 「金日成의 性格과 統治方式」, 한국외국어대학교 박사학위논문, 1983.

양호민 역시 장남 김정일로의 권력 세습, '혈통승계'는 사회주의 국가에서 전례가 없다며 이는 맑스–레닌주의에 정면으로 위배되는 일이라고 비판했다. 그러면서 중국조차 개인숭배 풍조와 세습제, 후계자 지명제 등을 비판하고 있는데 북한에서 이런 세습이 이뤄진 것은 김일성의 권력욕으로밖에 설명되지 않는다고 비판적으로 고찰했다.[15]

또한 그는 김정일이 1980년 이후 주체사상탑, 개선문 등 대건조물들을 건립해 '위대한 수령'의 칭찬을 받았고, 이후 어머니까지 우상화했으며 김일성 사망 후에도 '수령'에 대한 예찬이 끊이지 않는다며 이는 아버지의 후광으로 통치하려는 전략이라고 분석했다. 양호민은 그러나 견고하게 구축된 '봉건적 세습왕조' 북한에는 북한경제의 회생을 가로막는 '우리식 사회주의 노선'과 '광신적인 혁명 만능주의' 등의 마이너스 유산이 많아 미래가 불투명하다고 진단했다.

카리스마의 승계에 초점을 맞춰 북한을 분석한 권헌익·정병호는 19세기의 발리 왕정의 '주기적인 의식'을 통한 정치적 권위 확립을 '극장국가'로 명명하며 이론화한 클리퍼드 기어츠(Clifford Geertz)의 이론을 원용해, 북한에는 카리스마 권력의 독특한 마력을 어떻게 만들어 내는지 잘 아는 대단히 능란한 정치지도자가 있어, 냉전 시대에 사라져간 여타 카리스마 지도자들과는 달리 '놀라운 탄력성'을 기반으로 '카리스마 승계'를 통해 체제를 영속화시켰다고 분석했다.[16]

특히 이러한 '극장국가'에는 설계사, 연출가가 필요했는데 그가 바로 수령의 후계자 김정일이었으며, 그에 의해 '혁명예술', '승계예술'을 통한 카리스마 세습의 토대가 마련되었으며 이를 통해 막스 베버가 '혁명적 카리스마의 관례화'라고 표현한 '카리스마 소멸의 과정'을 극복해 나갔다고

---

15 양호민, 「북한의 개인숭배 재고: 아버지에서 아들로」, 『北韓學報』 26, 2001.
16 권헌익·정병호, 『극장국가 북한: 카리스마 권력은 어떻게 세습되는가』, 창비, 2018.

설명한다. 특히 '극장국가론'은 북한의 권력승계가 '신 유교 국가, 봉건 왕조 국가'라는 인상을 더욱 심어 주는 것이지만, 북한의 여러 조치들이 '카리스마 영속화'에 기여한 정치적 수단이었던 만큼 이러한 '카리스마 승계의 메카니즘'에 대한 천착을 통해 북한을 이해하는 것이 우선 필요하다고 강조한다.[17]

조선로동당의 지도지침인 주체사상의 이론과 역사 연구를 통해, 김일성의 유일사상체계와 그 사회적 실천 강령인 「유일사상체계10대원칙」은 개인숭배 확장으로 연결될 수밖에 없는 구조라고 분석한 이종석은 '혁명적 수령관'과 '사회정치적 생명체론' 등을 통해 김일성 개인숭배에 대한 구조적 이해를 확장시켰다.

이종석은 항일투쟁의 정통성을 신화화시켜 그 기초가 마련된 김일성 카리스마는 치열한 권력투쟁과 숙청을 통해 강화되었는데, 광범위한 학습 체계를 통해 신성화, 절대화되면서 변질의 과정을 겪었으며 그 결과가 바로 개인숭배라는 하나의 거대한 의식이라고 비판했다. 또한 김일성 개인숭배는 김일성의 배타적 권력의지와 '제왕 의식'을 빼놓고는 설명할 수 없으며, 이러한 제왕 의식에 기반한 극단적인 개인숭배 체제는 결국 김일성이 장남 김정일로의 '혈통승계'를 결정하는 기반이 되었다고 분석한다.[18]

제임스 퍼슨(James Person)은 평양에 있던 동구권 대사관의 1950~60년대 비밀 전문 보고 내용을 토대로 북한의 숙청 문제에 접근하면서 개인숭배 문제에 천착하고 있다. 퍼슨은 갑산파의 숙청 배경에도 개인숭배가 작용했다고 분석한다. 리효순, 김도만 등 당의 선전부를 담당하고 있던 이들이 1966년 10월의 2차 당대표자회의 이후 김일성 개인숭배 축소 조치에 나섰으며 이는 효과를 보기까지 했고, 박금철의 부인을 미화한 연극

17　권헌익·정병호, 『극장국가 북한: 카리스마 권력은 어떻게 세습되는가』, 66~69쪽, 87~97쪽.
18　이종석, 『새로 쓴 현대북한의 이해』, 역사비평사, 2005, 462~466쪽.

「일편단심」 역시 박금철의 개인숭배를 위한 것이라고 분석했다. 결국 여기에서 김일성이 의심을 품기 시작한 것이 숙청으로 이어졌다는 것이다.[19]

퍼슨은 「북한의 과거 숙청」이라는 또 다른 논문에서 박헌영의 처형부터 박금철 등 갑산파의 숙청까지를 소개한 뒤, 2012년에 있었던 장성택의 처형에 대해서도 김정은 유일지도체계 강화 방안과의 맥락 속에서 이해할 필요가 있다고 분석했다. 장성택의 전격 처형 후 「유일사상체계 10대원칙」이 개정됐는데, 1967년 이 원칙이 처음 제시된 이후 김일성도 압도적 충성심을 확보할 수 있었기 때문에 주목해 봐야 한다는 것이다.[20] 퍼슨의 분석은 김정은 체제의 유일성, 권력의 안정성 문제와 관련해 매우 시사적인 논점을 제공하고 있다.

북한의 김일성 유일사상체계는 북한의 문학과 역사가 '김일성 중심의 역사만들기'에 동참하면서 가속화됐다. 따라서 정치변동 과정에서 북한의 문학과 역사가 어떻게 김일성 개인숭배 구축에 동원됐는지를 들여다 보면 이해의 폭을 넓힐 수 있다. 문학과 역사 부문에서는 이에 대한 연구가 집중됐다.

먼저 배개화는 한국전쟁 과정에서 치열하게 전개됐던 '영웅 형상화 논쟁'의 중요성에 주목하였다. 김일성의 카리스마가 결정적으로 강화된 한국전쟁 시기에는 김일성 유일사상 체계 구축 과정에서도 매우 중요한 상징적인 사건이 연출되었다. 바로 "김일성이 애국심의 원천"이 되어야 한다는 김일성 계열의 문학자들과 "애국심의 원천은 당에 대한 신뢰"에서 시작해야 한다는 남로당 계열 문학자들이 맞선 '영웅 형상화 논쟁'이 그것

---

19 James F. Person, 「The 1967 Purge of the Gapsan Faction and Establishment of the Monolithic Ideological System」, 『Wilson Center Digital Archive』. https://www.wilsoncenter.org/publication/the-1967-purge-the-gapsan-faction-and-establishment-the-monolithic-ideological-system(검색일: 2024.4.20).

20 James F. Person, 「North Korea's Purges Past」, 『Wilson Center Digital Archive』. https://nationalinterest.org/commentary/north-koreas-purges-past-9628?page=0%2C1(검색일: 2024.4.20).

이다. 남로당 계열 문학자들의 주장은 사회주의 이론에 더 충실한 원칙적인 입장들이었다. 그러나 정치적 변동과 마찬가지로 이 논쟁은 김일성 지지 문학 지형의 정치적 승리로 이어졌는데, 이는 향후 이어질 문학을 매개로 한 '김일성 중심의 역사 서술'과 관련해 매우 중요한 가늠자가 됐다.[21]

북한은 한국전쟁 이후 '김일성 중심의 역사 만들기'에 적극 나서기 시작했는데 문학과 역사도 그 주요 무대 중의 하나였다. 김재용과 김성수 등은 이 부분에 주목하였다. '항일무장투쟁 답사'를 통해 나온 기억 속의 이야기 『회상기』가 문학을 거쳐 실제 역사로 변질되기 시작했으며, 항일투쟁 과정에서 구비 전승되던 민요, 촌극에도 '혁명' 자가 붙여져 개념화가 되어 위상을 높이더니 '항일혁명문학'이라는 이름으로 결국 '카프' 문학마저 제치고 '혁명전통'의 유일한 자리를 차지하게 되었다.[22]

바로 이처럼 문학에서 구축된 '혁명전통'이 역사에 적용되면 '혁명역사'가 되는데, 이 '혁명역사'의 개념 역시 김일성과 그 가계에 대한 역사를 지칭하는 용어로 변질되어 갔다. 역사의 시대 구분에서 김일성이 '타도제국주의동맹'을 결성했다는 1926년이 현대의 기점이 됐고, 이렇게 변질된 현대사는 전체 역사 서술의 60%를 차지한다. 북한의 역사 자체가 '김일성의 역사'가 된 셈이다. 역사 연구자들은 이런 부분에 주목하여 김일성 개인숭배를 고찰하였다.[23]

앞서 살펴본 이러한 중국과 북한 간의, 마오쩌둥과 김일성 카리스마

---

21 배개화, 「당, 수령, 그리고 애국주의: 이태준의 경우」, 『한국현대문학연구』 37, 2012; 배개화, 「북한 문학자들의 소련기행과 전후 소련의 이식」, 『민족문학사연구』 50, 2012.

22 김재용, 「북한문학계의 '반종파투쟁'과 카프 및 항일혁명문학」, 『역사비평』, 1992; 김성수, 「항일혁명문학(예술)' 담론의 기원과 주체문예의 문화정치」, 『민족문학사연구』 60, 2016; 서유석, 「북한 회상기의 영웅서사 상징에 관한 연구」, 『한국동양정치사상사연구』 6(2), 2007.

23 이영화, 「북한의 고대사 연구 동향 – 학술지 계량 분석을 중심으로」, 『한국고대사 탐구』 3, 2009; 이영화, 「북한 역사학의 학문체계와 연구동향」, 『韓國史學史學報』 15, 2007; 김성수, 「선전과 개인숭배: 북한 '조선문학'의 편집주체와 특집의 역사적 변모」, 『한국근대문학연구』 32, 2015.

간의 비교연구와 개인숭배에 대한 각각의 개별 연구를 자양분 삼아 이 글은 그간 직접적인 비교연구가 부족했던 부분에 대해 좀 더 분석적으로 다가가 보려 한다. 특히 두 지도자의 '카리스마적 리더십'의 기원과 여기에서 비롯된 것으로 평가되는 개인숭배의 질적인 차이, 국가건설 시기에 나타나는 '카리스마'의 변화에 대한 '저항'의 의미와 이에 대한 대응, 그리고 이 같은 리더십의 기초 위에서 전개되는 '정치적 반대파'에 대한 대응의 차별성 등에 주목해서, 20세기 중반 중국과 북한의 미래를 설계해 나간 마오쩌둥과 김일성의 행보를 '카리스마적 리더십'의 관점에서 좀 더 정밀하게 들여다보려 한다.

연구 범위와 연구 방법

1) 연구 범위

이 글은 기본적으로 마오쩌둥과 김일성이 활동했던 두 나라의 건국 전후 시기와 이후의 사회주의 건설 역사 시기를 포괄하며 1980년대 초반까지 이어진다. 마오쩌둥과 김일성의 카리스마의 기원을 알아보기 위해 이들의 초기 활동 시기까지 거슬러 올라가긴 하나 이 글의 주 연구 대상 시기는 2차 세계대전 종료 시점인 1945년부터 1980년대 초반까지이다.

이 시기는 크게 세 가지 연대로 구분해 살펴보면서 '카리스마와 개인 숭배 문제'에 초점을 맞춰보고자 한다. 중·북 두 나라 모두 건국 초기여서 국제적 환경 변화, 특히 안보 환경의 변화, 그리고 경제건설을 중심으로 한 국가건설 상황도 주목해야 할 것이나 이 부분은 '카리스마의 변화'나 '개인숭배'에 영향을 미치는 등 연관된 상황이 있을 때만 들여다보기로 한다. 예를 들어 중소관계의 변화, 중소분쟁 등은 두 나라 '카리스마 리더십'에 큰 영향을 미쳤다. 이런 부분은 주의깊게 살펴보려 한다.

첫 번째 시기는 대략 1945년 이후부터 1950년대 말까지를 포괄하는 시기이다. 중국은 이 시기 국민당과의 내전 승리, 새로운 국가 건립이라는 세계사적 변화를 이끌어 냈으며, 이를 주도한 마오쩌둥에 대한 숭배가 더없이 고양됐던 시기이다. 그러나 본격 국가 건설 시기에 들어서며 마오와 경제를 총괄하던 국무원 중심의 당권파와의 갈등이 서서히 드러났으며, 마오쩌둥과 펑더화이 간에 대충돌이 빚어지는 등 리더십의 불안감이 높아지던 시기이다. '모진·반모진'의 대논쟁, 반우파투쟁, 대약진 추진과 그 파장 등을 눈여겨보며 이 과정에서 마오쩌둥 카리스마는 어떤 판단에서 이러한 정책을 주도했는지, 또 정치적 반대파의 주장에 어떤 대응 태도를 취했는지, 마오의 판단에 영향을 미친 내외 변수는 무엇이었는지 등을 알아본다.

이 기간 동안 북한은 소련의 전폭 지원을 받은 김일성에 의한 신생 국가 건설과 이어진 대규모 전쟁, 그리고 박헌영 등 정적 제거와 '8월 종파사건', 중·소의 북한사태 개입 등 숨 가쁜 정치과정을 겪었다. 그러나 이런 격동적인 과정을 거치며 '김일성의 카리스마'는 결정적으로 강화되었다. 소련 군정의 '김일성 영웅 만들기'는 김일성 개인숭배 조성에 어떤 역할을 했는지, 한국전쟁에선 어떻게 '김일성 카리스마'가 강화될 수 있었는지 등이 주요 관심 사안이다. 이 시기는 김일성의 '카리스마 리더십' 구축, 개인숭배 조성과 관련해 매우 중요한 분수령이 됐는데, 이는 1953년부터 공식적으로 '맑스-레닌주의의 창조적 적용' 정책이 본격 시작됐기 때문이다. 이 시기는 결국 김일성 유일사상체계로 발전해 나가는 출발점이 된다.

또한 이 기간 동안의 연구에서는 마오쩌둥과 김일성의 '카리스마 리더십'의 특성과 차별성에 대한 분석도 중요하다. 이를 위해서는 마오쩌둥이 중국공산당 내에서 카리스마적 리더십을 확립하기까지 정치적 환경과 기반이 어땠는지, 마오쩌둥에 비해 매우 취약한 위상과 권위로 출발한 김일성은 어떻게 이를 극복하고 압도적인 카리스마로 부상할 수 있었는지에 주목할 필요가 있다. 그리고 중국공산당이라는 하나의 틀 내에서 리더십을 구축할 수 있었던 마오쩌둥과, 한반도 안팎에서 산재해 투쟁했던 북한의 정치적 분파의 현실은 이후 리더십 구축 과정에서 어떤 차별점으로 나타났는지도 매우 중요한 연구 과제이다.

두 번째 시기는, 중국은 대약진의 실패로 마오쩌둥의 카리스마적 권위가 크게 흔들리고, 북한도 '정치적 승리'와 상반되는 '경제적 위기'로 체제 내에 일시 불안감이 조성되던 1960년대 초반부터, 두 나라가 비슷한 '문화대혁명'의 홍역을 치르며 중요한 권력 변동이 이뤄진 1960년대 말까지의 시기이다.

중국에선 대약진의 대실패로 권위가 흔들리던 마오쩌둥이 '개인숭배의 유혹'에 빠져 결국 린뱌오, 장칭 등 개인숭배주의자들과 손잡고 문화대혁명으로까지 치닫게 된다. 카리스마의 권위 손상과 개인숭배의 관계, 특히 권력투쟁 속에서 카리스마와 '추종자'는 어떻게 움직이는지, 카리스마는 극단적인 혼란 상황에서 '정치적 반대파'에 어떻게 대했는지 살펴보고자 한다.

이 시기 북한은 이미 '김일성 중심'으로 당·정·군이 일체화되다시피 해서 마오와 같은 '카리스마의 위기'는 없었다. 그러나 김일성의 유일사상체계 확립 작업은 매우 배타성을 띠고 진행됐기 때문에 이로 인한 정치적 파동이 불가피했다. 범만주파로 불리던 갑산파의 숙청과 김정일 후계 구도의 등장, 유일사상체계의 선언문이라 할 「5.25 교시」, '책의 말살'로 불리는 '북한판 문화대혁명'까지 연구 범위를 넓혀 자세히 들여다볼 필요가 있다.

특히 여기에선 중·북 모두 대규모 숙청을 통한 '정치적 반대파'를 제거하는 상황이 발생했는데, 마오쩌둥과 김일성의 '카리스마적 리더십'의 차이가 어떤 차별성을 가지고 나타났는지도 주목해 볼 필요가 있다. 왜냐하면 중국에선 '주자파'로 숙청됐던 덩샤오핑이 결국 부활해 개혁·개방을 이끌었는데, 북한에선 '갑산파 숙청'으로 어떠한 견제 세력도 남아 있지 않게 된 상황에서 유일사상체계가 확립되고, 김정일로의 후계 구도가 부상하는 등 이후 '혈통승계'의 역사가 예비되고 있었기 때문이다. 이러한 '정치적 반대파'의 운명의 차이는 어디에서 비롯된 것인지, 마오와 김일성의 카리스마적 리더십의 특징과 '개인숭배의 집중도' 측면에서 중·북의 차이점을 정밀하게 살펴볼 필요가 있다.

세 번째 시기는 중국과 북한이 정반대의 길로 나아가는 1980년대 초반까지의 시기이다. 이 시기 중국은 후계자 린뱌오의 축출, 덩샤오핑의 복권과 재 낙마, 재 복권이라는 드라마틱한 상황과 마오쩌둥의 죽음, '4인방' 축출, 개혁·개방 선언 등 중국 현대사의 분수령이라 불릴만한 중요한 사건들이 이어졌다. 이 글은 여기에서 개인숭배가 어떻게 제도적으로 극복될 수 있었는지에 초점을 맞추고 있다. 또한 글을 통해 개혁·개방과 사상해방의 관계, 화궈펑이 제기한 '양개범시(兩个凡是)'의 극복 과정, 당헌과 헌법에서의 '반개인숭배 제도화' 과정 등에 대해 폭넓게 알아본다.

북한은 이 시기 중국과는 정반대로 김일성에 대한 '개인숭배의 제도화'로 나아갔다. 아예 '개인숭배 국가'가 된 것이다. 그리고 한발 더 나아가 장남인 김정일로의 '혈통승계'를 단행하게 된다. '카리스마'까지 승계가 된 것이다. 어떻게 이런 현실이 가능하게 된 것인지, 개인숭배와 유일사상체계 분석을 통해 짚어보고자 한다.

2) 연구 방법

이 글은 중국과 북한의 사회주의 국가 건설 초기 정책과 정치변동에 지대한 영향을 미친 카리스마의 권위 변동과 이에 수반된 개인숭배의 변화와 발전을 비교·분석하고 있다. 이러한 맥락을 잘 이해하기 위해서는 시대를 관통하는 '통시적' 고찰이 효과적이다. 카리스마 리더십의 생성과 변화, 발전이 중·북 두나라 지도자의 혁명 투쟁 시기, 그리고 이어지는 국가건설 시기의 주요 사건들과 맞물리며 전개되기 때문에 연대기적 고찰이 매우 효과적이다.

주요 과제에서 제시했듯이 이글은 카리스마적 리더십의 관점에서 중국과 북한의 지도자, 마오쩌둥과 김일성의 개인숭배를 비교 분석해 본 것이다. 앞서 소개한 세 개의 시기별로 두 지도자의 '카리스마적 리더십'의 기원의 차별성과 그로 인한 체제적인 특징들, 또 국가건설 시기에 들어서며 '카리스마적 권위'에 대한 '도전'이 발생했을 때의 카리스마의 대응 양태, 특히 '정치적 반대파'에 대한 숙청의 차별성 등을 '카리스마적 리더십'과 개인숭배의 관점에서 비교 분석해 보면 그 유사성 속에서도 구별되는 차이점을 의미 있게 짚어 볼 수 있을 것이다.

또한 이 과정에서 '계급투쟁'과 '수정주의'가 어느 시점에서 어떤 목적으로 제기되고, 어떤 수단으로 사용되는지 비교 분석해 보면 중요한 시사점을 얻을 수 있을 것이다. 계급투쟁과 수정주의는 마오쩌둥이나 김일성 모두 카리스마가 '도전'을 받았다고 생각될 때 '정치적 반대파'에 대한 공격 수단으로 활용되는 경향성을 띠며 나타난다.

이러한 분석 고찰을 위해 이 글에선 막스 베버의 논지에서 출발한 '카리스마적 리더십' 이론, 특히 카리스마가, 그를 필요로 했던 '혁명적인 상황'을 지나 국가 건설과 같은 '일상적인 상황'으로 돌아왔을 때, 새롭게 펼쳐지는 시대적 변화에 '저항 가능성'을 보이며, 이때 개인숭배가 조장되기 쉽다는 이론틀을 가지고 중국과 북한의 두 카리스마 지도자가 걸어갔던 격동의 정치과정을 들여다보고자 한다.

비교정치학에서 비교연구는 연구 대상들에 대한 비교와 대조를 통해 유사성(similarity)과 상이성(difference)을 밝힘으로써 특정 연구 대상의 본질을, 조금 더 분명하게 고찰하는 데 매우 유용한 것이다. 유사한 정치체제나 정치적 현상으로 보일지라도 비교를 통해 분석해 보면 일련의 '규칙성'이 도출될 수도 있고, 반대로 유사성 가운데 나타나는 중요한 '차별성'을 확인할 수도 있다.[24] 중국과 북한은 여러 면에서 이런 비교 분석의 역사적 자료를 제공한다.

중국과 북한은 여러 면에서 공통점과 차이점을 지니고 있다. 사회주의 체제라는 큰 공통점을 가진 두 나라는 1970년대까지만 해도 한계에 부딪힌 대중 동원 체제, 빈곤한 농업 중심의 국가, 최고 지도자에 대한 가열된 개인숭배, 당내에서나 사회적으로 빈약하기만 했던 민주적 요소, 사회 전반에 남아 있는 봉건적 유교 관념 등등 유사성이 많은 국가였다.

그러나 그런 가운데에서도 마오쩌둥과 김일성의 '카리스마적 리더십'의 차이, 국제적 위상의 차이에서 비롯된 국가전략상의 차이, 결국 1980년대 들어서서는 '개혁·개방'의 길과 '혈통승계'라는 폐쇄 국가로 나아간 국가 발전 전략의 차이 등은 갈수록 크게 나타나게 된다.

따라서 이처럼 초기의 많은 유사성에도 불구하고 이후 서로 다른 국가 발전의 길로 나아간 중국과 북한이라는 두 사회주의 국가를 비교 분석하는 것은 사회주의 국가 발전 전략의 일정한 규칙성을 찾아보려는 노

---

24 김성수, 『새로운 패러다임의 비교정치』, 박영사, 2019, 2쪽; 신명순·진영재, 『비교정치』, 박영사, 2017, 3쪽, 33쪽 참조.

력에서도 매우 중요한 작업이다. 마오와 김일성의 개인숭배 비교연구를 통해서 '개인숭배'가 두 나라의 국가 발전 전략에 미친 영향에 대해 살펴볼 수 있을 것이다.

이런 비교연구를 통해 본질적으로 비슷하게 여겨졌던 마오쩌둥과 김일성의 카리스마적 리더십의 차이가 어떠한 차별적 결과를 가져왔는지, 그리고 그러한 결과가 체제에는 어떠한 영향을 미쳤는지, 또한 두 나라는 주요한 시기 서로 어떠한 영향을 미쳤는지 등 두 나라의 초기 사회주의 건설사에 대한 '질적인 차원'에서의 비교를 통해 두 나라의 엇갈린 운명에 대한 합리적 분석의 실마리가 마련될 수 있으리라 생각한다.

구체적으로 이러한 분석을 위해서는 무엇보다 주요한 정책과 정치변동 시기 중국과 북한의 주요 지도자, 특히 마오쩌둥과 김일성의 행보와 발언에 대한 1차 자료 검토가 중요하다. 어떤 경우에는 공식적인 절차나 공개된 정책보다 카리스마의 말 한마디, '교시'로 나타나는 지시 하나가 더 본질적으로 중요한 의미를 가지기 때문이다.

중국의 경우 기존 연구를 활용하는 경우라도 최종 확인은 『마오쩌둥 연보(毛泽东年谱)』 등 1차 문헌을 통해 고증의 엄밀성을 더하려 한다. 마오쩌둥의 실제 태도나 입장이 어떠했는지를 살펴보면 당시 발생했던 주요 사건들에 대한 진실에 좀 더 가깝게 다가갈 수 있을 것이다.

주요한 자료로는 우선 중국의 경우 마오쩌둥의 시대를 기록한 『마오쩌둥연보』, 『마오쩌둥문집(毛泽东文集)』, 『마오쩌둥선집(毛泽东选集)』, 『건국 이래의 마오쩌둥문고(建国以来毛泽东文稿)』 등과 덩샤오핑(邓小平)과 저우언라이(周恩来), 류사오치(刘少奇), 펑더화이(彭德怀) 등의 『연보(年谱)』, 『선집(选集)』, 『문집(文集)』 등이 있다. 또한 중국 당대회의 기본적인 진행 내용과 주요한 인물들의 위상 변화, 당내 숙청에 대해서는 온라인으로 제공되는

『중국공산당 역대전국대표대회 자료집 DB(中国共产党历次全国代表大会数据库)』[25]등을 이용한다.

　　중국공산당의 입장은 당에서 나온『중국공산당사』와 1981년 역사문제를 정리하며 내놓은「건국 이래 당의 역사문제에 관한 약간의 결의」(关于建国以来党的若干历史问题的决议)와 그『주석본』(注释本)을 참고하였고, 중소관계와 관련해서는 우렁시(吴冷西)의『10년 논전』(十年论战)을 기본적으로 참고했으며, 중국공산당의 주요한 정책과 주요지도자의 연설 등은 시대별로 묶어 20권으로 구성된『건국이래의 주요 문헌선집』(建国以来重要文献选编)을 참조했다.

　　이외에도 문화대혁명에 대해서는 관련된 중국학자들의 논문과 덩샤오핑의 딸이 펴낸 두 권의『나의 부친 덩샤오핑』(我的父亲邓小平)과 보이보(薄一波)의 회고적인 저서『중대한 정책 결정과 사건에 대한 약간의 회고』(若干重大决策与事件的回顾) 등을 주로 참고하였다. 그리고 마오쩌둥 숭배주의자들이었던 린뱌오와 장칭, 그리고 '4인방' 등 '추종자' 그룹 간의 협력과 갈등에 대해서는『마오쩌둥 연보』와『왕동싱(汪东兴)의 회고록』등을 참고했다.

　　그리고 마오쩌둥 카리스마의 발생과 변화, 개인숭배 인식의 변화 등에 대한 중국학자들의 연구는 중국의 최대 학술 논문 데이터베이스인『중국지식망』(中国知网)이 제공하는 '개인숭배'와 '당내 민주', '문화대혁명' 관련 논문들을 주요하게 참고하였다.[26]

　　북한의 경우에는 해방 초기 권력투쟁과 각 정치분파의 이합집산, 그리고 소련군정의 김일성 지원 등에 대해선 많은 연구와『회고록』,『비망록』등이 나와 있어 이들을 충분히 참고하였다. 북한의 1차~6차에 이르

---

25 『中国共产党历次全国代表大会数据库』, http://cpc.people.com.cn/GB/64162/64168/index.html(검색일: 2024.6.28).

26 『中国知网』, https://www.cnki.net/index/(검색일: 2024.6.28).

는 당대회 기본 자료는 통일부가 펴낸 『조선로동당대회 자료집』(1권~4권)을 기본적으로 참고하면서, 주요 사건에 대해서는 북한의 조선로동당 중앙위원회가 일정 시기별로 묶어 펴낸 『결정집』도 함께 참고하였다.

박헌영의 처형에 대한 중·소의 반응, 그리고 '8월 종파사건' 관련자들이 중·소 양당에 보낸 호소문과 이에 대한 중·소의 반응과 북한사태 개입 상황 등에 대해선 『중국공산당 당안 자료』와 『러시아 연방 대외정책 문서고 자료』 등에서 관련된 부분을 참고하였다. 러시아 자료는 중국어 번역본을 사용하였다.

이와 함께 유일사상체계의 선언문이라 할 수 있는 「5.25교시」의 정확한 실체 파악을 위해, 「교시」가 나온 1967년 이후 2000년 초반까지의 『로동신문』의 「5.25 교시」 관련 기사를 추적해 광범위하게 참고하였다. 또한 1960년대 들어서의 사회 분위기와 갑산파 숙청 관련 자료로는 당시 북한에 주재했던 헝가리와 독일 외교관들의 보고 문건 중 비밀이 해제돼 국내에도 책자로 소개된 자료를 충분히 활용하였다. 특히 이들 책자에서 누락된 부분이나 좀 더 확인이 필요한 자료들은 온라인으로 제공되는 『미국 윌슨연구소의 디지털 아카이브 자료(Wilson Center Digital Archive)』를 함께 참고하였다.[27]

북한 김일성의 유일사상체계 구축 작업에는 문학과 역사도 주요하게 동원되었다. 이들 부분에 대한 심도 있는 관찰도 중요하다. 이를 위해서 우리 문학계와 역사학계가 그동안 축적한, 1950년대의 '영웅 형상화 논쟁'과 관련된 논문들, 이후 유일사상체제 구축에 동원된 문학과 역사의 현실을 비판적으로 고찰한 1950년대 후반기에 관한 연구들, 그리고

---

27 『Wilson Center Digital Archive』, https://digitalarchive.wilsoncenter.org/places/united-states?gad_source=1&gclid=CjwKCAjwvvmzBhA2EiwAtHVrb5B9aU9uGhg2G21I-xPZtbV98rRFpSxdnB68i1wEJOtyBG_T0lH12xoCJ2kQAvD_BwE(검색일: 2024.6.28).

김일성 개인숭배를 위해 문학과 역사가 얼마나 왜곡됐는지를 분석한 글 등, 다수의 문학과 역사학계의 논문도 주요하게 참고하였다.

　이 같은 연구에서 주의해야 할 점은 중국과 북한의 경우 당대회나 당 내 회의에서 결정된 사안도 최고 지도자인 마오쩌둥이나 김일성의 태도 여하에 따라 실제적인 효과 여부가 결정되기도 하고, 그들의 말 한마디 에 중요한 당내 결정도 제대로 집행되지 않거나, 심지어 번복되기도 하 는 일이 있었기 때문에, 이와 관련된 자료들은 매우 신중히 살펴봐야 한 다는 점이다.

　이 글은 이처럼 역사적 사건의 원인과 배경이 되기도 했던 개인숭배 의 작동 과정과 그 역할을 심층적으로 들여다보는 질적인 분석 방법을 통해 두 '카리스마 지도자'가 활동했던 중국과 북한의 초기 국가건설 역 사를 비교해 보는 것을 목적으로 한다. 특히 마오쩌둥과 김일성의 휘황 했던 카리스마적 리더십의 외형적 현상보다는 그 카리스마적 리더십이 '도전'에 부딪혔을 때 이 두 지도자가 실제로 어떤 판단에서, 어떻게 행동 해 나갔는지, 그 결과 정치변동은 어떤 형태를 띠고 나타났는지, 그것이 두 나라의 운명에 어떤 영향을 미쳤는지를 알아보고자 한다.

제2장

이론적 검토

리더십 이론

1) 왜 리더십인가?

국가 간의 생존 경쟁이 글로벌하게 전개되고 1세기 가까이 유지되던 미국 중심의 세계 질서가 분화될 조짐이 나타나고 있는 요즘, 정치지도자의 리더십은 그만큼 중요성을 더해가고 있다. 더욱이 21세기 미국의 경쟁국으로 등장해 적대적 환경에 놓인 중국, 미국과의 사활적인 담판을 통해 체제 보장을 확보하려는 북한, 중미대결과 한반도 핵문제, 일본과의 갈등으로 그 어느 때보다 고도의 외교 협상력을 발휘해야 하는 한국의 정치지도자들까지, 모두 전에 없는 고도의 리더십을 요구받고 있다.

특히나 오늘날까지 민주주의 국가의 모델로 평가되던 미국의 지도자에게서도, 2기 집권에 성공한 트럼프와 같이 좀 더 권위적이고, 독재적이기까지 한 경향이 나타나는 현상은 리더십 연구의 필요성을 더욱 높이고 있다. 더구나 러시아의 푸틴 대통령과 중국의 시진핑 국가주석은 이들 지도자의 리더십 향배가 국가의 진로와 맞닿아 있다고 할 만큼 중요해진 상황이며, 3대 세습으로 이어진 북한 김정은 정권 역시 그의 리더십 변화에 국가의 진로는 물론 남북관계에도 결정적인 영향을 미치는 상황이 조성된 지 오래다. 한국에서도 2024년에 '대통령이 주도한 친위쿠데타'라는 전대미문의 사태가 발생했는데, 이 역시 '제왕적'이라고 비판받고 있는 '대통령 리더십'과 민주주의 체제 보전에 관한 심각하고도 중대한 화두를 던지는 것이었다.

20세기 중반 일본 제국주의의 지배가 끝난 이후 새로운 국가건설 과정에 나섰던 중국과 북한의 지도자에게도 이러한 고도의 리더십이 요구되었을 것이다. 일본제국주의는 물러갔으나 '미국이라는 새로운 패권국가'가 나타났으며, 사회주의 종주국인 소련과는 갈등의 연속이었고 국가건설은 아직 너무나 미성숙한 상황이었다.

현실 사회주의 국가의 특징도 리더와 리더십을 주목하게 만드는 요인이다. 한 시대의 특성이 뚜렷한 한 명의 지도자로 대표된다. 소련의 경우 레닌에 이어 스탈린, 흐루쇼프, 브레즈네프 등으로 지배권력이 이어졌고 중국의 경우 마오쩌둥, 덩샤오핑, 장쩌민에 이어 시진핑까지, 북한 역시 김일성, 김정일을 이은 김정은까지 모두 그들이 지배하던 시대를 대표한다. 그만큼 한 명의 지도자, 영수(領袖)가 차지하는 몫은 여타 자본주의 국가에 비해 절대적이다.

특히 사회주의 국가들은 국가건설 초기에 혁명과 내전, 전쟁 등 생존을 건 투쟁으로 비상 상황을 연이어 겪으면서 자신들을 구원해 줄 '구세주', 즉 '선지자'와 같은 지도자를 갈구했다. 따라서 이런 배경에서 출현한 강력한 지도자에게 모든 걸 의탁하는 현상은 일반적이었으며, 또한 이러한 지도자에 의한 자의적 통치 역시 불가피한 현실이기도 했다.

우리는 이미 역사 과정에서 해방투쟁과 내전, 그리고 사회주의 중국건설 과정에서 발휘된 마오쩌둥이라는 걸출한 리더의 지도력을 목격하였다. 그리고 또한 우리는 소련에 의해 외삽된 정권으로 출발했지만 강고한 권력투쟁과 우상화를 통해 북한 사회를 통치했던 김일성이라는 강력한 카리스마, 봉건적 독재자의 역사를 잘 알고 있다.

중국과 북한의 사회주의 건설 과정은 여러 차원에서 들여다볼 수 있겠지만 이러한 최고 지도자들의 역할이 당시의 역사를 대표한다고 할 정도로 깊고 넓은 만큼 이들의 리더십 분석을 통한 역사 읽기는 매우 의미 있는 작업이 될 수 있다고 할 것이다.

맑스와 엥겔스에 의해 정립되고 레닌에 의해 처음 실현된 사회주의의 이론적 모순, 프롤레타리아 독재라고 하지만 현실적으로는 소수의 엘리트 리더가 이끄는 사회주의 혁명과 이들에 의한 독재가 불가피했던 역사적 현실을 보면, 사회주의 초기 건설 과정을 리더와 리더십을 통해 들여다보는 것은 어쩌면 기본적인 절차일 것이다.

이처럼 사회주의 국가는, 특히 건설 초기엔 법과 제도가 정비되기 전이어서 혁명과 전쟁을 통해 권위를 확립한 '지도자', '영수(領袖)'에 의해 거의 모든 부분이 관장되었다. '당=국가'로 표현될 정도로 당과 국가의 분리, 정치와 행정의 분리도 거의 나타나지 않았다. 레닌에 의해 정립된 사회주의 정당 운영의 기본 원리인 '민주집중제' 역시 '민주'보다는 '집중'에 방점이 주어졌으며 이는 당연히 '영수'에 대한 집중을 더욱 강화시켰다. 그나마 이러한 민주집중제마저도 대부분 제대로 지켜지지 못한 구호에 불과했던 게 초기 사회주의 건설사의 현실이다.

중국과 북한의 국가건설 초기 역시 법치보다는 지도자들의 개인적 권위와 지도력에 의지하는, 이른바 인치(人治)가 훨씬 더 강력하게 작용하던 시절이었다. 이러한 인치 중심의 국가에서 최고 지도자는 우상화, 개인숭배의 유혹에 빠질 가능성이 더욱 높아지며 이처럼 강화된 개인숭배는 다시 '인치'를 더욱 강화하고, 지도자는 '개인독단'의 악순환에 빠질 가능성이 높다. 반면 그럴수록 법치주의와 당내 민주는 훨씬 더 취약해질 수밖에 없다. 중국과 북한의 초기 사회주의 건설사가 바로 이러한 과정을 극명하게 보여 준다.

그런 점에서 이를 마오쩌둥과 김일성의 리더십과 이들에 대한 개인숭배로부터, 이론적으로는 리더십의 변화와 역할로부터 풀어보는 것도 두 나라 혁명과 건설의 역사를 다각적으로, 심층적으로 이해하는데, 매우 중요하다 할 것이다.

바로 이 지점에서 중국과 북한의 리더십과 개인숭배의 기원과 변화, 그리고 그 과정에서 작용하는 리더의 역할을 분석적으로 들여다보기 위해 리더십 이론을 통한 고찰 필요성이 제기된다.

2) 리더십 이론의 발전

(1) 리더십 행동 이론과 상황 적합성 이론

초기 리더십 연구는 "리더는 만들어지는 게 아니라 타고난다"라는 시각에 기반한 '특성이론(trait theory)'으로부터 출발했다. 특성이론은 효율적인 리더와 비효율적인 리더를 명확하게 구별하는 몇 가지 특성과 자질을 갖고 있다는 가정에서 시작된다. 이러한 연구 결과는 리더는 지적 능력, 자신감, 권력에 대한 욕구, 사교성, 카리스마, 열정, 용기 등에 의해 특징 지어진다는 것으로 수렴된다.

스토그딜(Stogdill)은 신체적 특징, 사회적 배경, 지적 능력, 개성, 사회관계 요인 등을 리더와 비리더를 구별하는 특징으로 들었으며, 깁(Gibb)은 정력적, 개성적, 지성, 일관된 태도, 통찰력 등을 제시했고, 버나드(Banard)는 박력과 지구력, 결단력, 설득력, 책임감, 지적, 기술적 능력

등을 제시했다.[1]

그러나 이러한 특성이론은 리더의 특성과 리더십의 유효성 간에 상관관계가 약하고 일관성이 없다는 약점 때문에 연구의 관점은 리더의 행위, 행동 중심으로 이동하게 되었다.

그 결과 1940년대 말부터 60년대 초 사이 대부분의 연구는 높은 성과와 관련 있는 리더 행동, 즉 리더십 유형(leadership style)을 발견하는데 연구의 초점이 두어졌다. 리더십 특성이론이 효과적인 리더의 특성을 확인하고 우수한 리더의 선발을 중시하는 반면 리더십 행동이론은 효과적인 리더십 행동의 본보기를 파악해 이런 리더를 양성하는데 관심을 두었다.[2]

리더의 행동에 초점 맞춘 연구로는 1930년대 말 레윈(Lewin)과 리피트(Lippitt)가 아이오와 대학에서 시도한 리더십 연구를 시작으로 오하이오 대학과 미시건 대학에서도 유사한 연구가 진행됐다. Lewin 등이 진행한 리더십 연구는 의사결정의 소재가 어디 있느냐에 따라 리더십 유형을 민주형, 권위형(독재형), 자유방임형으로 분류해 조직 구성원들의 성과에 미치는 영향을 분석했다.

이들 특성이론과 행동에 기반한 이론의 공통점은 전천후 리더십을 추구했다는 점이다. 이들은 어떤 상황에서도 일정한 특성이나 행동만 확인되면 리더십의 효과를 확인할 수 있다는 개념이었다. 그러나 많은 실증연구로 입증된 것은 보편적 리더십이 존재한다는 사실이 아니라, 특성이든 행위든 간에 리더십의 유효성은 상황변수의 조건에 따라 달라진다는 것이었다.[3] 이에 따라 상황 적합 이론들, 상황에 기반해 출발한 리더십 이론들이 나타나게 된다.

---

1 김성수, 『혁신적 리더십』, 탑북스, 2019, 81~82쪽.
2 김태열·이덕로, 『4차산업혁명시대와 리더십』, 피앤씨미디어, 2019, 99쪽.
3 백기복, 『조직행동연구』, 창민사, 2021, 287쪽.

이들 상황 적합 이론들의 특징은 리더십의 유효성이 상황 조건에 따라 다르다고 주장한다. 즉 상황에 따라 적절한 리더십을 구사해야 최적의 효과를 얻을 수 있다는 것이다. Fiedler의 리더십 상황 모델로부터 시작된 상황에 적합한 리더십 유형 연구는 Rebert House의 경로—목표이론을 거쳐 Hersy와 Blanchard의 연구로 발전했다.[4]

House가 개발한 경로—목표이론(path-goal theory)은 부하들에게 동기를 부여할 수 있는 리더의 행동을 연구하는 것이다. 이는 동기 부여 이론의 하나인 '기대이론(expectancy theory)'에 기반을 두고 있다. 구성원들이 과업 수행에 자신감을 가질 때, 성과 보상을 믿을 때, 보상이 가치 있는 것이라고 믿을 때 동기가 유발되고 리더는 이러한 믿음에 대한 확신과 보상 가능성을 높여줘야 리더십을 발휘할 수 있다. 구성원의 목표와 보상에 이르는 경로를 다루고 있다는 점에서 '경로—목표이론'은 구성원의 목표와 보상에 이르는 경로를 다루고 있다는 이론의 성격을 반영한 이름이다.

이에 기반한 리더십 유형은 네 가지로, 지시적 리더십, 지원적 리더십, 참여적 리더십, 성취 지향적 리더십이 이에 해당한다. 지시적 리더십은 구성원 통제, 감독 등과 관련된 리더의 행동이며, 지원적 리더십은 복지에 관심을 보이고 구성원을 평등하게 대하는, 동지적 관계를 중시하는 리더의 행동으로 설명된다. 참여적 리더십은 의사결정과정에서 구성원의 참여를 유도하는 것이며, 성취 지향적 리더십은 도전적 목표를 수립하고 자신감을 가져 최고의 성과를 낼 수 있도록 하는 리더십 행동이다. 구성원들이 목표 달성의 경로를 잘 따라가도록 도와 '성공적인 과업 수행과 만족'을 얻으려면 상황에 맞게 적절한 리더십 유형을 선택해야 한다는 것이다.

리더십 이론은 이와 같은 발전을 이루다가, 1980년대 들어서는 다시

---

4 이상호, 『조직과 리더십』, 북넷, 2018, 242~249쪽, 253~259쪽 참조.

'변화'에 대한 관심이 높아지면서 특성이론과 행동이론 등이 종합된 변혁적 리더십 이론, 카리스마 리더십 이론 등이 조명을 받게 되었다.

(2) 카리스마적 리더십과 변혁적 리더십 이론

사회발전과 새로운 조직환경의 등장에 따라 리더십 이론은 진화를 거듭했고, 1980년대에 들어 '리더의 특성'에 대한 관심이 다시 살아나고 역사적, 사회적 변동에 발맞춰 '변화'에 초점을 맞춘 이론들이 등장하기 시작한다. 대표적인 것이 바로 카리스마 리더십 이론과 변혁적 리더십 이론 등이다.

카리스마 리더십을 이해하는 척도는 보편적으로 '신이 주신 재능(endowed gift)'으로 이해되는 카리스마(charisma)를 제대로 이해하는 것이다. 이런 초자연적 능력을 지닌 리더가 추종자들에게 기적적인 천부의 능력을 보여주고 추종자들은 이에 감화돼 리더를 절대적으로 신뢰하고 헌신하는 것이 바로 카리스마적 리더십이 작동하는 과정이다.

일찍이 1920년대에 막스 베버(Max Weber)가 '정당한 권위'의 세 가지 형태 중 하나로 '카리스마적 권위'를 제시한 이후 사회과학 여러 분야에서 연구되어 오던 카리스마적 리더십은 1977년 하우스(House)의 카리스마적 리더십 모델 발표 이후 본격적으로 진행되었다. House 이론에 따르면 카리스마적 리더는 자기 신념에 대한 강한 자신감과, 확신, 그리고 강한 우월감과 권력욕구를 가지고 있다. 하우스는 특정한 인물이 카리스마적 리더로 인정받는 조건으로 부하들의 신뢰, 리더에 대한 부하의 무조건적인 수용, 자발적인 복종 등을 들었다.[5]

---

5 김성수, 『혁신적 리더십』, 145~148쪽.

바스(B.M. Bass)는 하우스의 이론을 더욱 확장시켰는데, 특히 그는 카리스마적 리더는 조직이 불안한 상태나 과도기에 놓여있을 때 출현할 가능성이 높으며 공식적인 권한만으로는 심각한 위기에 대처할 수 없거나 기존의 가치관과 신념이 의문시될 때 카리스마의 출현 가능성이 높아진다고 보았다.

카리스마적 리더십에선 종종 리더를 초인적 영웅, 영웅적인 지도자로 우상화하고 숭배하게 되는 현상까지 나타나게 되는데 이것이 카리스마적 리더십을 설명할 때 '귀인이론'이 등장하게 되는 이유이다. 이러한 '귀인 이론적 관점'에서 카리스마적 리더십을 분석한 학자인 콩거(Conger)와 카눙고(Kanungo)는 추종자들이 리더의 행위나 행위의 결과를 관찰한 것에 기초해서 특정한 행위를 보이는 리더에게 카리스마적이라는 이름을 붙인다고 설명한다. 또한 그들은 그러한 카리스마 리더들은 현상 변화 노력, 혁신적 비전 제시, 하급자들의 존경 유도, 기존 질서를 뒤엎는 혁신적 수단 사용 등의 특징을 보인다고 밝혔다.[6]

변혁적 리더십 이론(transformational leadership theory)은 1978년 번즈(Burns)에 의해 처음으로 정식 개념화 된 뒤 1985년 카리스마 이론에도 관심을 기울였던 바스에 의해 구체화되고 활발하게 채용되었다. 이 이론은 다른 리더십 이론들이 리더와 하급자 간의 교환관계에 기초한 거래적 리더십(transactional leadership)에 치중해 있다는 비판에서부터 출발한다.

변혁적 리더십은 추종자들의 의식, 가치관, 태도의 혁신을 추구하도록 해서 거시적 차원에서 볼 때 사회적 체계를 변화시키고 조직을 혁신할 수 있게 하는 리더십이다. 변혁적 리더들은 추종자들에게 장기적 비전을 제시하고 그 비전 달성을 위해서 함께 노력할 것을 호소한다. 비전

---

6 카리스마적 리더십과 변혁적 리더십의 특징과 상호 비교는 김성수, 『혁신적 리더십』, 62~71쪽 참조.

은 현실과 괴리가 있을 수도 있어 비전 달성을 위해서는 점진적 변화가 아닌 과거와의 단절된 변혁이 필요하며, 리더는 그러한 변혁을 주도할 수 있는 능력을 보유한 자이다.

바스는 이 같은 변혁적 리더십을 구성하는 행동 요소로 카리스마, 개별적 배려, 지적 자극, 그리고 영감적 동기 부여를 들었다. 이처럼 변혁적 리더십의 행동 요소로도 카리스마가 들어가 있어, 변혁적 리더십과 카리스마적 리더십의 차별성은 무엇인지에 대한 이해가 필요하다.

일정한 가치 지향적인 비전을 제시하고 이에 대한 매진을 유도해 조직과 사회의 틀 자체를 바꿀 정도로 영향력을 발휘한다는 점에서 변혁적 리더십이나 카리스마적 리더십은 매우 유사한 속성을 가진다. 다만 변혁적 리더십은 추종자들이 개인적 이해를 버리고 조직 전체의 이익을 위해서 전력하도록 유도하며 그들의 고차원적 욕구(예, 자아실현 욕구)가 발현되도록 노력하는 데 반해, 카리스마적 리더십은 추종자들과 리더 간의 강력한 감정적, 정서적 유대가 중시된다. 카리스마는 변혁적 리더십의 한 요소로서 필요조건은 되지만 그 자체가 변혁적 리더십은 아니다.

변혁적 리더십은 앞서 설명했듯 카리스마 외에도 지적 자극, 개별적 배려 등의 조건을 포함한다. 또한 변혁적 리더십에는 추종자들에게 권력과 힘을 심어주고 그들의 위상을 제고시키려는 반면에 카리스마적 리더십에서는 추종자들에게 비전보다는 리더 자신에게 충성과 헌신을 보이도록 요구한다는 점이 다르다. 이렇게 볼 때 변혁적 리더십은 리더와 추종자 간의 관계가 좀 더 이성적이지만, 카리스마적 리더십은 매우 감성적인 관계, 극단적일 경우 신앙에 비유할 수 있을 정도 맹목적인 관계로 나타날 수 있다고 평가할 수 있겠다.

(3) 리더십 이론과 사회주의 사회

리더의 특성에 기반하거나 행동이나 환경 변수에 기반한 리더십 이론에 고심한 사회과학자들의 목적은 어떻게 하면 조직의 생산성이나 효율성을 높일 수 있을까? 어떻게 하면 사회의 민주주의 지표를 고양시킬 수 있을까? 어떻게 하면 그런 리더를 배양할 수 있을까? 하는 가치 의식에 기반한 것이었다. 그리고 연구의 전제가 된 그 사회와 조직은 기본적으로 다양성과 민주성이 보장되는, 경쟁이 존재하는 조직과 사회였다. 그리고 그 실증 실험 역시 대상자의 '선택'이 매우 중요하게 작용하는 조직 환경을 기본으로 한 것이었다.

그런 점에서 이에 기반한 리더십 연구들은 조직과 사회의 분화와 발전에 따른 리더십의 본질과 역할을 평가하는데 크게 기여를 한 것들이었으나 '기본적으로 권위적이고 독재적'이었던 초기 사회주의 국가의 리더십을 분석하는 데에는 적실성이 떨어지는 게 사실이었다. 특히나 봉건과 제국주의에 대항해 이를 극복하는 과정에서 혁명과 내전, 전쟁을 겪으며 국가건설을 해 오던 중국과 북한의 상황을 고려하면 더욱 그러하다.

이렇듯 기존의 행동 기반, 상황 적합성 리더십 이론은 중국과 북한의 사회주의 사회 건설 초기의 리더십을 분석하는 데에는 한계가 있었다. 반면에 당시의 두 나라가 사회주의 사회를 건설하고 나아가 공산주의 사회라는 이상향을 위해, 대중들을 동원하고 이끌어갔던 시기임을 생각한다면, 앞서 설명한 변혁적 리더십과 카리스마적 리더십이 일정한 분석 타당성을 가진 것으로 판단된다.

다만 당시의 중국과 북한에 봉건의 잔재가 많이 남아 있었다는 점, 마오쩌둥과 김일성이라는 당시의 리더와 그들의 추종자 간의 관계를 보면 이성적인 면보다 감성적으로 더 융합돼 있고, 또한 추종자들이 리더에게 보이는 신뢰와 헌신이 맹목적일 정도로 무한한 면을 보여주고 있다는 점에서 '변혁적 리더십 이론'보다는 '카리스마적 리더십' 분석을 통해 당시의 두 나라를 들여다보는 게 더욱 적합성이 있을 것으로 판단된다.

특히 이 글이 주목하는 개인숭배의 변화, 발전, 극복 과정에서 확인할 수 있는 마오쩌둥과 김일성의 태도 변화는 '본질적으로 불안정한 속성'을 지닌 '카리스마적 리더십'의 변화와 궤를 같이하는 것이어서, '카리스마적 리더들'인 마오와 김일성의 개인숭배에 대한 인식과 대응, 이에 따른 중국과 북한의 정치변동을 보다 분석적으로 들여다보는데 이해를 높여줄 것으로 판단된다.

따라서 이 글은 '카리스마적 리더십'의 이론적 설명을 기반으로 중국과 북한, 특히 마오쩌둥과 김일성의 개인숭배를 비교 분석해 보려 한다. 그리고 그 출발점은 역시 '카리스마적 권위'를 처음 제기한 막스 베버로부터 출발한다. 막스 베버는 권위의 정당성을 '법적-합리적', '전통적', '카리스마적' 권위라는 3가지 원리로 구분했는데 여기에서부터 출발한 카리스마적 리더십 연구는 현재에도 다양한 발전과 변화를 보여주고 있다.[7]

막스 베버가 "카리스마적 권위에, 정치에 대한 가장 고차원의 천직 관념이 뿌리를 내리고 있다"라고 밝히고 있듯이 '카리스마적 권위', 이에 기반한 '카리스마적 리더십'은 정치지도자들의 행위와 정치변동을 분석하는 데 유용한 도구가 되어 왔다.[8]

---

7 백기복, 『조직행동연구』, 315쪽.
8 막스 베버, 전성우 옮김, 『직업으로의 정치』, 나남, 2019, 33쪽.

카리스마적 리더십 이론

1) 카리스마적 리더십의 특징

　카리스마적 리더십의 이론적 토대를 제공한 베버는 '신분제' 사회에
선 지배(권위)체계의[9] 형태에 대한 합리적 고찰이 발달하지 않아 대중들
은 순응하고 특권 계층은 그걸 신화로 받아들여 왔으나 계급의식이 명확
해지면서 '권위의 정당성' 문제가 출현했다고 설명한다. 그리고 대중이나
부하들을 수긍케 하는 '정당한 권위'를 '법적-합리적 권위(legal-rational
authority)', '카리스마적 권위(charismatic authority)', 그리고 '전통적 권위
(traditional authority)' 세 가지로 분류했다.[10]

　'법적-합리적 권위'는 체계화된 합리성에 믿음의 기반을 두는 것으로

---

9 베버는 원래 독일어 '지배(Herrshaft)'라는 단어를 통해 사회구조를 분석했다. 막스 베버,
琴鍾友·全男錫 역, 『支配의 社會學』, 한길사, 1991, 9~14쪽. 이러한 베버의 저작이 영어권
에서 '리더십 이론'으로 학습되면서 '지배(Herrshaft)'가 '권위(authority)'로 번역되어 사용
되기 시작했다.

10 막스 베버, 琴鍾友·全男錫 역, 『支配의 社會學』, 한길사, 1991, 22~23쪽. '법적-합리적
권위'를 일부에선 '합리적 근거(rational grounds)'에 기초한 '법적 권위(legal-authority)'
로 쓰기도 하나 이 글에선 '법적-합리적 권위'로 통일해 쓴다.

현대적 관료제가 전형적인 예이다. '전통적 권위'는 전통과 아주 오래된 규율들의 신성함에 대한 믿음을 기반으로 한 것으로 연장자, 군주들, 종교적 리더와 같은 지배자들에 의해 실현되어 온 것이다.[11]

'카리스마적 권위'는 구세주, 예언자, 영웅 등과 같은 인물들에 대한 믿음과 신앙에 기초한 것이다. 이 같은 '카리스마적 권위'는 전쟁의 위험과 같은 비상한 상황에서 그 기능을 발휘하기 시작하고 바로 이 같은 위기의 시기에 전통적, 합리적 규율을 무너뜨리며 나타난다. 베버는 똑같이 혁명적이었던 '이성'의 작용과는 달리 카리스마는 급격한 행동과 태도 변화를 유발하고 세계의 구조적인 문제에 완전히 새로운 방향성을 제시하는 '혁명적인 힘'이라고 설명하고 있다.[12]

이처럼 '혁명적인 카리스마'는 사회 변화의 중요한 요인이다. 전통적, 합리적 규범에 얽매이지 않는 카리스마적 리더는 계시, 영감 또는 자신의 의지에 기반해 가장 카리스마적인 형식으로 기존의 관습과 법률, 전통을 뒤엎는 것이다. 예를 들어 "…라고 적혀 있으니", "내가 너희에게 이르노니"와 같은 성경의 계시와 예수의 말씀이 대표적이다. 바로 여기에서 "초자연, 초인간적인 최소한 특별나게 뛰어난 힘과 자질을 부여받은 것"으로 규정되는 '카리스마적 리더십'이 도출되는 것이다.[13]

Ruth Willer는 카리스마적 리더십과 일반적 리더십을 리더의 이미지 측면, 추종자의 이념 수용 측면, 명령 복종 측면, 리더에 대한 추종자의 감성적 측면 등 네 가지 부분으로 나눠 비교해 다음과 같이 결론지었

---

11 Charlotta Levay, 「Charismatic leadership in resistance to change」, 『The Leadership Quarterly』 21, 2010, 128쪽.

12 Max Weber, 「Types of Authority」, 『Politcal Leadership: A source Book』, Pittsburgh: University of Pittsburghp Press, 1986, 243쪽. 이 막스 베버의 논문은 핸더슨(A. M. Henderson)과 파슨스(Talcott Parsons)가 1947년 베버의 『The Theory of Social and Economic Organization』을 번역해 출간하면서 리더십 관련 내용만 모은 것이다. Max Weber, 「Types of Authority」, 232쪽.

13 Charlotta Levay, 「Charismatic leadership in resistance to change」, 127~129쪽.

다. 첫째, 카리스마적 리더는 추종자들에게 초인으로 인식된다. 둘째, 추종자들은 카리스마 리더의 발언을 맹목적으로 믿는다. 셋째, 추종자들은 카리스마 리더의 명령을 조건 없이 따른다. 넷째, 추종자들은 카리스마 리더에게 무제한적인 감정적 헌신을 보여준다.[14]

혁명, 전쟁과 같은 비상한 시기 카리스마의 태동을 잘 엿볼 수 있는 이와 같은 카리스마적 리더십의 특징과 함께 간과해서는 안 될 특징 중의 하나가 바로 "카리스마적 권위는 본질적으로 불안정한 속성을 갖는다"라는 점이다. 이는 카리스마적 지도자들이 '변화의 주도자'에 머물지 않는다는 속성을 드러낼 수밖에 없는 '카리스마적 리더십'의 매우 중요한 요소이다.

추종자들이 카리스마 리더의 파워가 끝난 게 아닌가 생각하면 그의 카리스마는 상실된다. 왜냐하면 순수한 카리스마는 개인의 지속적인 자기 증명 능력 이외의 '정당성'은 인정되지 않기 때문이다. 다시 말해 카리스마 리더는 자신의 증명을 통해서 추종자들로부터 인정되는 한에 있어서만 그들의 지배자인 것이다.[15]

샬로타 리베이(Charlotta Levay) 역시 카리스마적 권위는 불안정한 사회적 형태이며 카리스마적 리더의 카리스마는 그가 기적과 영웅적 행위로 스스로를 증명할 수 있을 때, 그리고 이와 같은 역할이 추종자들에게 '복리(well-being)'를 가져다주는 한에서만 지속되는 것이라고 설명한다.[16]

더욱이 카리스마 리더의 신념에 추종자들의 신앙과 헌신이 혼연일체가 되어 순조롭게 세력을 발휘하는 것은 '태동기' 뿐이라는 베버의 지적은, 본질적으로 불안정하다는 카리스마적 권위의 변화 가능성을 한층 높이는 것이다. 베버는 '카리스마 격동의 물결'이 다시 정상의 궤도로 돌아가면 카리

---

14 Ruth Willer, 「Charistmatic Leadership」, 『Politcal Leadership: A source Book』, Pittsburgh: University of Pittsburghp Press, 1986, 246~248쪽.

15 Max Weber, 「Types of Authority」, 240, 242쪽.

16 Charlotta Levay, 「Charismatic leadership in resistance to change」, 128쪽.

스마적 권위는 대체로 무너지기 마련이며, '제도화'되거나 변형되어 다른 권위구조의 원리로 바뀌거나 여러 형태와 혼합된다고 설명한다.[17] 바로 이 지점에서 카리스마 리더십의 변화에 대한 저항의 가능성이 발견된다.

2) 카리스마적 리더십과 '변화 저항'

막스 베버의 논지에서부터 우리는 카리스마적 권위의 변화 가능성, 변화에 대한 저항 가능성을 충분히 예견할 수 있다. 카리스마적 지도자, 그의 추종자들은 "카리스마적 축복이 우연한 은총이 아니라 일상의 항구적인 것이 되었으면 하는 바람"을 가지기 때문에 카리스마 구조는 변화를 일으킬 수밖에 없다는 것이다.

그리고 이렇게 시간이 지나면서 지나며 카리스마의 구조가 변하면서 "카리스마의 메시지는 어쩔 수 없이 도그마, 학설, 이론, 규범이 되고 화석화된 전통이 되어버린다"라는 것이다. 베버는 사실 "개념상으로 '카리스마'와 '전통'은 피지배자에게 수용되는 권위의 불가침성, 종교적 성스러움이 서린 경건함과 외경스러울 정도의 헌신 등 외형이 일치될 정도로 닮아있다"라고 분석하며 바로 이런 지점을 토대로 '카리스마'와 '전통'의 화합이 일어난다고 설명한다. 그러나 바로 이 지점에서, 카리스마적 권위가 전통적 권위와 결합하는 순간 카리스마의 본질은 사라지고 혁명적 성격에서 본다면 사실상 소멸하게 된다.[18]

베버의 이러한 논지는 카리스마적 리더십의 변화, 발전 과정에 대해 매우 중요한 시사점을 던져준다. 리베이(Charlotta Levay) 는 바로 이러한

---

17 막스 베버, 琴鍾友·全男錫 역, 『支配의 社會學』, 225쪽.
18 막스 베버, 琴鍾友·全男錫 역, 『支配의 社會學』, 225~226쪽.

카리스마적 리더의 변화에 대한 저항 가능성에 초점을 맞춰 사례 연구를 진행했다.[19]

리베이의 연구에서는 우선 역사적으로도 카리스마적 지도자들이 전통을 방어하기 위해 '진행 중인 변화', '임박한 변화'를 반대하는 사례가 제시됐다. 전통적이고 이슬람적인 질서를 회복하는 게 명확한 목표였던 이란의 혁명적 지도자 아야툴라 호메이니와 현대사회에 저항하고 전통적인 생활 관습을 확실하게 지켜내려 했던 랍비 요엘 테이텔바움이 그들이다. 이들은 모두 추종자들에게 절대적인 지지와 헌신을 받았던 카리스마적 지도자들이다. 카리스마적 리더는 혁신가에, 혁명적일 수 있으나 그가 제안하는 변화는 전통의 부활을 포함할 수 있다는 것이 이로써 증명된다는 것이다. 또한 이러한 '카리스마적-전통적' 리더들이 변화에 저항하는 모습은 실제로는 '전통으로의 회귀'라는, 완전히 다른 성격의 변화로 나타날 수도 있다는 점을 강조한다. 이것은 호메이니의 이란 혁명에서 보듯 급격한 사회적 변동을 의미하는 것일 수 있다.

리베이는 이런 역사적 사례 제시에 이어 스웨덴의 스칸디나비안 대학병원의 내과와 마취과 부문을 책임지던 매니저들의 리더십 분석을 통해 '변화에 대한 저항'이 현대의 사회시스템에서도 '카리스마적 형태'로 나타날 수 있다고 논증했다.[20]

리베이가 사례의 하나로 연구한 스칸디나비안 대학병원 내과 부문은 1950년대와 60년대에 의학 기술의 발달에 따라 내과 영역의 '세분화'라는 임박한 변화에 직면하게 된다.[21] 당시 내과 부문 책임자로 있던 '교수

19 Charlotta Levay, 「Charismatic leadership in resistance to change」, 127~143쪽.
20 Charlotta Levay, 「Charismatic leadership in resistance to change」, 131~139쪽.
21 예를 들면 내분비학, 신장학, 심장학 등의 분야가 생겨나고 이에 맞춰 전문화된 학과, 조직단위 또 직책이 만들어지게 되었다. 또한 앞으로 얼마나 많은 전문분야가 더 생겨날지 알 수 없을 정도로 기술 발달은 대학병원에 큰 영향을 미쳤다. Charlotta Levay, 「Charismatic leadership in resistance to change」, 134쪽.

A'는 그의 경쟁자들도 그를 '비범한 인물'로 인정할 정도의 뛰어난 실력과 언변, 파격적이지만 좌중을 휘어잡는 강의술로 널리 알려져 있던 의사였다. 이뿐만 아니라 교수A는 자신을 전적으로 지지하는 내과 의사들과 헌신적인 수간호사 등 열렬한 추종자들을 가지고 있었다. 이런 힘을 바탕으로 그는 일상적인 업무는 물론 진료와 치료, 그리고 고용에 있어서까지 압도적인 장악력을 발휘하고 있었다. 그의 결정은 조직에 절대적인 영향을 미쳤고 이는 그의 퇴임 후에도 상당 기간 이어졌다. 이처럼 교수A는 대학병원 내과 책임자로서 전형적인 카리스마 지도자의 위상을 갖추고 있었던 셈이다.

그런데 교수A는 "의학은 하나이며 나눠질 수 없다"라는 신념 아래 내과 부문의 세분화에 반대했다. 교수A는 '세분화'라는 임박한 변화에도 "광범위한 영역의 통일된 내과"라는 깃발을 들어 반대했고 또한 이러한 자신의 논리를 매우 명쾌하고 호소력 있게 잘 드러냈으며 이에 공감하던 고참 의료진과 수간호사들 역시 그를 적극 지지하며 '세분화' 흐름에 반대했다. 젊은 의사들에게는 '세분화'가 기회로 다가왔지만, 교수A는 물론 고참 의사들에게는 자신들의 지위를 위협하는 '도전'으로 인식된 것이다. 수간호사들도 만약 세분화가 진행된다면 병원 전반에 대한 통제권 중 일부를 내려놔야 하는 상황을 맞게 된 것이었다.

바로 이처럼 '기존의 위상과 이익'이 침해당할 위기에 처한 상황에서 카리스마적 리더십을 발휘하던 교수A가 예의 카리스마적인 방법을 구사하며 내과 부문의 세분화를 적극적으로 반대하고 나서자 추종자들 역시 '구세주'를 만난 듯 열렬히 지지하고 나섰고, 그 결과 교수A에 대한 숭배 분위기까지 형성되었다.

당시 교수A와 같은 카리스마적 리더나 그의 추종자 그룹들이 임박한 변화를 반대한 것은 이러한 변화가 그들이 가진 직업적 정체성, 예를 들면 '집단적 이익'이나 '자신의 위상'에 대한 '도전'으로 받아들였기 때문이다. 바로 이러한 비상 상황에서 "추종자들은 해법을 제시하는 리더에게 카리스마를 신봉하듯 의탁하는 경향"을 보였다는 것이다.[22] 전쟁 등 비상 시기에 볼 수 있는 전형적인 카리스마적 리더십의 등장과 흡사한 상황이 연출된 것이다.

이러한 스웨덴 스칸디나비안 대학병원에 대한 사례 분석 결과에 대해 리베이는, 이것은 "변화는 집중된 권력 구조를 가진 지배적 연합에 의한 저항으로 막힐 수 있다"라는 점을 증명하는 것이라며, 그 "변화에 대한 저항"의 과정에서 "변화가 그동안 기득권처럼 여겨오던 자신들의 이익과 정체성을 위협하는 것으로 인식"될 때 카리스마적 리더십이 나타나게 된다는 것으로 분석했다.[23]

베버의 논지와 리베이의 사례 분석은 카리스마적 리더는 자신의 이익과 정체성이 침해될 때 "변화 거부 가능성"이 있고, 특히 본질적으로 다른 "전통적 권위와 결합할 가능성"이 높다는 점을 보여주고 있다.

3) 카리스마의 승계

막스 베버의 카리스마적 권위에 대한 분석은 한발 더 나아간다. 바로 카리스마적 지도자의 후계자 지명과 관련된 것이다. 카리스마적 지도자가 항구적인 제도화를 시도할 때 직면하는 첫 번째 기본 문제는 예언자,

---

22 Charlotta Levay, 「Charismatic leadership in resistance to change」, 136쪽.
23 Charlotta Levay, 「Charismatic leadership in resistance to change」, 141쪽. 스웨덴의 다른 대학병원들과는 달리 스칸디나비안 대학병원의 내과 부문은 심장학 분야만 제외하고는 1990년대 말까지 통합적인 내과 조직으로 운용되었는데, Levay는 이러한 지체 결과는 '카리스마적 지도자'처럼 나타난 교수A의 역할 때문이었다고 분석하고 있다. Charlotta Levay, 「Charismatic leadership in resistance to change」, 135쪽.

영웅, 스승, 당수 등의 후계자를 결정하는 것인데, 카리스마의 본질상 후계자의 자유로운 선출은 생각할 수 없는 부분이며, 후계자 선출 역시 '카리스마의 승인'에 의한 방법밖에 없다는 것이다.[24]

베버는 특히 양도, 계승 등 카리스마의 제도화, 비인격화에 있어서 가장 흔히 나타나는 현상은 "혈연을 통해 카리스마가 전승될 수 있다"라는 신념이 등장하는 것이라고 밝혔다. 일본의 천황 가문이나 게르만의 역사에서 나타나는 사례를 들면서 베버는 카리스마 계승에 있어서 본질적인 것은 카리스마의 상속자를 자기 가문에서만 배출할 수 있도록 하는, "유일하게 은총을 받은 가문이나 씨족이 있어야 한다"라는 사실이라고 지적했다.[25]

지금도 여전히 공개된 선출 절차가 아닌 내부 권력 연합의 '사전 결정'에 의해 후계자가 지명되고 있는 중국이나, 아예 혈통승계를 3대에 걸쳐 제도화하고 있는 북한의 권력승계를 본다면 베버의 선지적 분석은 아직도 여전히 유효한 것으로 보인다.

다만 여기에서도 중국과 북한의 차이점은 분명히 드러난다. 중국은 북한처럼 혈연을 통한 카리스마 승계로까지는 나아가지 않았다. 중국 역시 개인숭배가 최고조로 고양되던 문화대혁명 시기, 린뱌오를 마오쩌둥의 후계자로 당헌에까지 '이름'을 명기하는 파격적인 방식을 통해 '개인숭배 승계 의지'를 드러내기도 했으나, 이후 개인숭배의 열기가 가라앉고 개인숭배주의자들이 잇따라 패퇴하면서 정상적인 권력승계 과정으로 복귀하게 되었다.

베버의 다음 예지적인 지적은 곧바로 북한을 떠올릴 정도로 놀라운 역사적 통찰력을 보여준다. "혈연을 중히 여기게 되면서부터 어디에서나

---

24 막스 베버, 琴鍾友·全男錫 역, 『支配의 社會學』, 227쪽.
25 막스 베버, 琴鍾友·全男錫 역, 『支配의 社會學』, 239쪽.

처음에는 조상의 신격화가 시작되고 그러다 '지배자의 조상에 대한 신격화'가 진행된다"라는 것이다. 또한 카리스마 자체가 후계의 개인적 자격을 따지지는 않으며 혈통의 카리스마적인 의미에 대한 신앙, 믿음과 함께 장자의 특별한 카리스마에 대한 또 다른 신앙이 있어야 하는 게 중요하다는 것이다.[26]

'카리스마의 승계', 그 가운데에서도 가장 전형적이라 할 수 있는 '혈통승계'와 카리스마는 물론 그 '조상들에 대한 신격화' 등의 특징들은 이 글에서 주목하는 사회주의 건설 초기부터 1980년대까지의 북한의 특징들과 거의 흡사하다. 그만큼 김일성 카리스마 분석에는 베버의 카리스마 리더십 이론이 적합성을 띤다고 할 수 있다.

그렇다면 북한은 어떻게 원초적으로 불안정성을 띤 카리스마체제의 한계를 극복하고, 혈통승계로 개인숭배를 '제도화'하는데 성공할 수 있었던 것일까? 북한의 광범위한 '김일성사상 학습체계'와 '극장국가'로까지 평가되는 놀라운 선전술에 대해서도 함께 분석이 이뤄져야 한다.

4) 카리스마적 리더십 구축과 '합리성'의 문제

앞서 살펴본 대로 카리스마적 리더십의 기초를 제공한 막스 베버는 원래 권위를 '법적-합리적' 권위, '전통적' 권위, '카리스마적' 권위 세 가지로 분류했고 리더십 연구에서도 이 분류가 차용된 것이다. 그러나 사실 이론적인, 이념적인 차원에서는 리더십을 이렇게 세 가지로 분류해 고찰하는 게 가능할지 몰라도 현실 사회에서의 리더십은 이런 특징들이 서로 섞여 있을 가능성이 더 크다고 할 수 있다.[27]

---

26 막스 베버, 琴鍾友·全男錫 역, 『支配의 社會學』, 241쪽.
27 막스 베버, 琴鍾友·全男錫 역, 『支配의 社會學』, 23쪽.

사실 베버도 그 가능성을 열어두고 있다. 카리스마적 권위와 여타 권위의 융화 가능성을 제시한 것이 그 첫 번째이다. 베버는 카리스마적 권위는 대체로 격동의 시기를 지나면 무너지거나, 제도화되어 다른 권위구조로 바뀌거나 혼합의 형태로 나타난다고 설명한다. 또 하나는 앞서 살펴본 대로 권위의 세 가지 분류에도 그 논지가 녹아 있는 것이다. 베버는 계급의식이 성장하면서 '권위의 정당성' 문제가 나타났다고 설명하면서 "대중이나 부하들을 수긍케 하는 정당한 권위"를 기반으로 3가지 권위로 분류하고 있다. 즉 베버의 논지를 들여다보면 '법적-합리적 권위' 뿐만 아니라 '카리스마적 권위'나 '전통적 권위'조차도 그 지배 대상을 설득하거나 수긍케 하는 '최소한의 합리성'에 기반하고 있다, 기반하고 있어야 한다고 본 것이다.[28]

특히 법과 제도라는 시스템으로 운영되는 현실 정치 세계에서의 리더십을 생각하면 이 '최소한의 합리성'은 대단히 중요한 요소이다. 사회주의 국가 건설 초기 두드러지게 나타났던 '카리스마적 리더십'에 대한 분석에서도, 당시의 리더십이 주요한 '정치적 분파'들의 신뢰와 동의라는 '최소한의 합리성'에 기초하고 있느냐의 여부를 비교해 보는 것도 매우 중요한 시사점을 제공한다고 할 것이다.

이런 차원에서 마오쩌둥과 김일성의 권력 구축 과정을 들여다보면 적지 않은 차별성이 있음을 발견할 수 있다. 먼저 마오쩌둥은 비교적 '정치적 동의' 위에 기초한 '카리스마체제'를 구축했다고 평가할 수 있다. 마오가 당을 장악하기 시작한 것은, 당 활동 초기 천뚜수, 리리싼 등이 주도한 도시봉기론이 연이어 실패하면서 시작된 '대장정' 중의 '준이회의'를 통해서였다. 이때 마오는 당의 조직과 군사 부문의 주도권을 쥐게 된다.

---

28 막스 베버, 琴鍾友·全男錫 역, 『支配의 社會學』, 21~22쪽; Max Weber, 「Types of Authority」, 232~233쪽.

대장정 이후 마오는 다시 소련의 지원을 받던 왕밍과의 권력투쟁에서도 승리하며 중국공산당의 명실상부한 지도자로 부상하게 된다.

이처럼 마오는 각 정치적 분파와 협력하거나 때로는 갈등하며 당내의 지도자로 부상했다. 그리고 그 과정은 중앙위원회 전체회의, 정치국회의, 정치국 확대회의, 당대회 등 조직 내에서 합의된 최소한의 절차와 과정을 통해 책임자를 선출하고 정책을 결정해 나가는 시스템을 거친 것이었다. 즉 중국공산당의 주요한 '정치적 분파'와 경쟁하면서, 이들과의 '합법적'인 권력투쟁에서 승리하면서, 당내의 '동의' 절차에 기초해 당권을 장악해 가면서 '카리스마적 리더십'을 구축해 나간 것이다. 그래서 중국공산당이 새로운 국가를 건립한 1949년이 되면, 정치적 분파는 마오 중심으로 자연스럽게 정리가 되고, 그런 '단일성'과 '통합성'을 기반으로 출발할 수 있었다.

이에 반해 북한의 김일성은 '정치적 동의'에 기반한 카리스마체제를 구축했다고 평가하기 어렵다. 무엇보다 국가건설 초기 김일성의 권위와 위상이 다른 지도자들에 비해 압도적이지 않았고 '경쟁적'이고 '분산적'이었기 때문으로 분석된다. 해방 초기 북한에는 민족지도자 조만식, 남로당 지도자 박헌영 등 쟁쟁한 정치지도자들에 '연안파', '소련파' 등 김일성이 경쟁해야 하는 인물과 집단이 만만치 않은 정치세력으로 존재하고 있었다.

소련이 김일성을 신생 국가 북한의 지도자로 낙점한 상태에서 그의 위상을 높여주기 위해 '김일성 영웅 만들기' 작업을 진행하고, 이를 통해 김일성은 다른 경쟁자들을 압도하면서 단기간에 북한의 지도자로 거듭나게 되지만, 문제는 마오처럼 경쟁자나 다른 '정치적 분파'의 '동의'에 기초한 정치체제를 구축할 수는 없었다는 점이다.

새로운 국가건설 과정에서 발생한 갈등 전개 과정에서 마오는 '정치적 반대파'를 숙청하면서도 '최후의 활로'를 막지는 않는 '타협적' 자세를 취했다. 덩샤오핑이 대표적인 사례이다. 반면 김일성은 '정치적 반대파' 제거에 '비타협적'인 가혹한 숙청의 방법을 사용해 제거하는 방식을 사용하게 된다. 박헌영 처형과 갑산파 숙청이 대표적 사례이다.

결국 중국에서는 마오의 '정치적 반대파'가 문화대혁명 이후 개혁파의 모습으로 부활했으나, 북한에서는 갑산파 숙청 이후 '정치적 반대파'가 완전히 소멸했다고 평가되고 있다. 이러한 역사적 상황 전개가 '정치적 분파의 동의' 즉, '최소한의 합리성'에 기초해 '통합적' 리더십을 구축했던 마오와, 이러한 리더십 구축에는 실패한 김일성의 카리스마적 리더십 구축 과정에서의 차별성과는 과연 어떠한, 어느 정도의 연관 관계에 있는지를 분석적으로 들여다보는 것도 매우 중요한 연구 과제이다.

논문의 분석틀

　지금까지의 고찰을 통해 카리스마적 권위는 '본질적으로 불안한 속성'
에 '순수한 의미의 카리스마'는 정치환경이 격동의 시기를 지나 정상의
궤도로 돌아가면 대체로 무너지든지 '제도화'되기 마련이라는 특징, 그
리고 이러한 흐름을 거부하고 '변화에 저항'하면서 '전통'과 화합할 가능
성도 높다는 점 등을 확인하였다. 이와 같은 이론적 배경과 논문의 문제
의식에 기반해 중국과 북한의 카리스마적 리더십의 권위 변동과 이 과정
에서 개인숭배의 변화와 역할에 대해 다음과 같은 논지의 가설을 설정해
분석해 보고자 한다.
　첫째, 카리스마적 리더십은 카리스마의 권위가 '도전'을 받았을 때에
는 '전통적' 요소가 더 강하게 가미된 형태로, 반대로 안정적으로 유지되
거나 후퇴하는 시기에는 '법적–합리적' 요소가 가미된 형태로 나타나는
경향성을 띤다.
　둘째, 카리스마적 리더십은 혁명적 시기를 지나 국가건설 시기로 들
어서면 '일반적 리더십'으로의 변화 압력에 자연스럽게 직면하는데, 카리

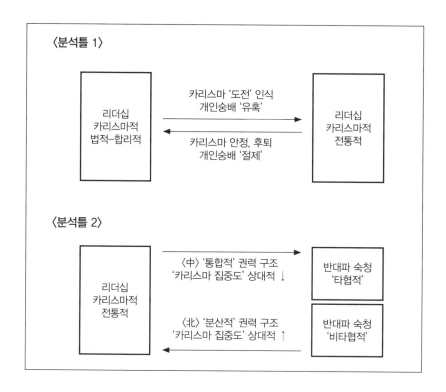

〈분석틀 1〉

리더십
카리스마적
법적–합리적

카리스마 '도전' 인식
개인숭배 '유혹'

카리스마 안정, 후퇴
개인숭배 '절제'

리더십
카리스마적
전통적

〈분석틀 2〉

리더십
카리스마적
전통적

〈中〉 '통합적' 권력 구조
'카리스마 집중도' 상대적 ↓

반대파 숙청
'타협적'

〈北〉 '분산적' 권력 구조
'카리스마 집중도' 상대적 ↑

반대파 숙청
'비타협적'

스마는 이를 자신의 '권위'와 '이익'을 침해하는 '도전'으로 받아들이고 '개
인숭배의 유혹'에 빠질 가능성이 높다. 그리고 이때 '개인숭배'가 카리스
마 '변화 저항'의 가장 중요한 수단으로 활용된다.

셋째, 이러한 '개인숭배'는 현재의 카리스마적 권위가 지속되어 그가
베푸는 '은총'이 계속되기를 바라는 추종자들의 충성도가 높을수록 더 강
하게 조성된다.

넷째, 카리스마체제 구축 과정에서 정치적 분파가 '통합적'이면 '정치
적 반대파' 숙청도 상대적으로 '타협적'으로 나타나고, 정치적 분파가 통
합되지 못하고 '분산적'이면 '정치적 반대파' 숙청도 '비타협적' 방식으로
나타날 가능성이 높다.

이 같은 논지의 가설들을 중심으로 마오쩌둥과 김일성의 카리스마적 리더십과 개인숭배의 역할, 이에 따른 두 나라의 정치변동과 차별성을 다음과 같은 두 가지 기본 분석틀을 통해 보다 명료하게 고찰해 보려 한다.

카리스마는 혁명의 시기를 지나 국가건설 시기에 들어서면서 '정책적 이견'을 권위에 대한 '도전'으로 받아들이기 쉽고 이때 이를 방어하기 위해 '개인숭배' 유혹에 빠질 가능성이 높다. '개인숭배'가 카리스마의 권력수단으로 활용되는 것이다. 중국은 이 '도전'과 '응전'의 과정이 북한과 비교해서는 상대적으로 자주 발생했다.

그리고 카리스마가 개인숭배 '유혹'에 빠지면 리더십은 보다 '전통적'인 방향으로 기울 가능성이 크고, 이때 보통 '정치적 반대파'에 대한 견제와 숙청 등이 나타나는데 이때에도 중국처럼 권력 구조가 '통합적'이고, 그 권력의 '집중도'가 상대적으로 낮으면 반대파 숙청도 '타협적'으로 나타나는 경향성이 있다. 그러나 북한처럼 권력 구조가 '분산적'이고, 김일성 카리스마처럼 그 '집중도'가 '신격화' 수준으로 올라갈 정도로 높아지는 정치적 환경에선 '정치적 반대파'에 대한 숙청도 매우 '비타협적'으로 전개될 가능성이 높다.

제3장

카리스마의 기원과 스탈린 개인숭배 비판

카리스마적 리더십의
기원과 개인숭배

1) 카리스마적 리더십의 기원

(1) 중국, 마오쩌둥 카리스마의 기원

마오쩌둥(毛澤东)이 중국의 카리스마적 지도자로 거듭나는 과정은 중국공산당의 고난에 찬 혁명 투쟁의 역사와 그 흐름을 같이하는 것이다.[1] 마오는 창당 시점에 50여 명에 불과했던 공산당원을 이끌고 30년 가까운 투쟁 끝에 장제스의 국민당을 타이완섬으로 몰아내고 '새로운 공산주의 국가', 중화인민공화국을 건립했다. "시작은 미약했으나 끝은 창대하리라"라는 성경의 예언을 실현해 가듯 잇단 절체절명의 위기 속에서 중국공산당을 구해내고 마침내 새로운 국가건설로까지 이끈 마오에 대해

---

[1] 마오쩌둥(1893.12.26-1976.9.9)은 1918년 리다자오(李大钊)와의 인연으로 베이징대학 도서관 관리원으로 근무했는데, 이때 러시아 10월 혁명과 맑시즘을 접하게 됐다. 1921년 중국공산당 창당부터 후난성 지역을 대표해 참여했다. 대장정 중 1935년 1월 준이회의(遵义会议)에서 최고지도자에 올라 사회주의 혁명과 항일투쟁, 국민당과의 내전을 이끌며 마침내 1949년 10월 중화인민공화국을 건립했다. 대약진 실패로 일시 카리스마가 흔들리기도 했지만, 1976년 사망할 때까지 권력 위상은 거의 변동이 없었다.

중국인들은 '구세주 예수' 못지않은 한없는 존경과 애정, 찬양을 받쳤다.[2]

"중국공산당과 중국 인민을 구해낸 구세주!" 2천 년이 넘는 시간의 봉건시대가 무너지고 제국주의의 침탈 앞에 "바람 앞의 촛불처럼 위태롭던 중국 민족을 구해낸 중국공산당과 마오쩌둥!" 중국 인민들의 이러한 감동적인 표현처럼 마오의 등장은 전형적인 카리스마의 출현 모습과 다를 바 없었다.[3]

그리고 당시 전 세계 공산주의의 모국으로 중국공산당을 훈육하다시피 했던 소련의 후견과 간섭으로부터도 서서히 벗어나 마침내 소련 못지않은 사회주의 국가의 건설을 이끈 마오에 대해 중국인들은 더욱더 뿌듯해하고 자랑스러워했다. 혁명의 드라마틱한 승리에 민족주의적 자긍심이 더해진 것이다. 마오에 대한 카리스마는 크게 이 두 방면으로부터 구축된 것이며 이는 마오에 대한 개인숭배의 기원이기도 하다.

마오는 중국의 후난(湖南) 지역을 대표하는 중국공산당 창당 멤버로, 유력한 지도자이긴 했지만 처음부터 당을 대표하는 지도자는 아니었다. 중국공산당은 1921년 창당 당시 천뚜수(陳独秀)를 대표로 선출했고, 이후로도 리리싼(李立三), 왕밍(王明) 등이 당을 대표했다. 마오가 '주요지도자'에서 '핵심지도자'로 부상한 것은 중국공산당 창당 이후 10년이 지난 1931년이 되어서였다. 이 기간 역시 생사를 오가는, 그야말로 처절한 사투의 연속이었다.

중공은 1924년 들어 국민당과 제1차 국공합작(1924.1~1927.4)을 맺게

---

2 마오쩌둥(毛泽东)과 덩샤오핑(邓小平), 류샤오치(刘少奇), 저우언라이(周恩来), 펑더화이(彭德怀) 등 비교적 익숙한 중국의 지도자들은 문장의 앞부분엔 전체 이름을, 그 이하에서는 적절하게 이들의 성만 따서 마오(毛), 류(刘), 덩(邓), 저우(周), 펑(彭) 등으로 약칭한다.

3 막스 베버는 "카리스마의 파워는 위기와 갈망에서 태동하며, 카리스마적 지배는 혁명적으로 모든 가치를 뒤엎고 기존 규범을 돌파하며 나타난다"고 설명하는데 마오쩌둥이 이에 부합하는 전형적인 사례 중의 하나로 평가할 수 있다. 막스 베버, 琴鍾友·全男錫 역, 『支配의 社會學』, 한길사, 1991, 219쪽.

된다. 초기 협력적이던 합작 관계는 1925년 3월 쑨원이 사망하고 장제스가 그 지위를 이어받으면서 분열되기 시작하는데, 장제스는 제국주의와 봉건적인 군벌의 지지를 배경으로 반공활동을 벌여나가다 결국 1927년 4월 상하이 진주 후 전시계엄을 선포하고 공산당원과 노동자들을 대규모로 공격하게 된다. '4.12 참안'으로 불리는 이 상하이 군사정변, 쿠데타로 국공합작은 사실상 깨지게 된다. 중국공산당은 이후 난창과 후난, 후베이, 광동, 장시성 등지에서 잇따라 봉기를 일으켰으나 모두 실패한다. "정권은 총구로부터 나온다"라고 알려진 마오의 유명한 발언은 바로 이 처절한 실패 이후 나온 것이다.[4]

중국공산당이 이후 장시성(江西省)의 후미진 지역인 징강산(井冈山)까지 밀려나며 생존을 도모했으나, 여기에 건설한 뤠이진(瑞金) 정부도 국민당의 대토벌로 무너지며 생사의 기로에 서게 된다. 이후 '대장정(大长征)'이란 감동적인 이름이 붙여진 '처절한 생존 투쟁'으로 내몰리게 되지만, 역설적으로 이 대장정은 마오에게 진정한 지도자로 거듭나는 둘도 없는 기회를 제공하게 된다.[5]

국민당군의 추격에 패퇴를 거듭하며 쫓기던 공산당은 궤이저우성(贵州省) 준이시(遵义市)에서 열린, 이른바 '준이회의(遵义会议)'에서 지도부를 교체하며 일대 전환을 맞게 된다. 그간의 군사적 전략 실패의 책임을 물어 당을 지도해오던 보꾸(博古)와 코민테른의 군사고문으로 사실상 전투

---

4 廖盖隆 편, 정석태 역, 『중국공산당사』, 녹두, 1993, 81~94쪽. 사실 국공합작 기간 공산당이 무장 역량에 대한 주도권을 가져서는 안 된다는 것이 코민테른, 즉 소련의 방침이었다. 국공합작 유지를 최우선으로 했던 소련은 공산당의 세력을 여전히 미약하다고 평가하고, 아직은 국민당의 주도권을 인정하는 것이 불가피하다고 판단한 것이다. "앞으로는 군사를 매우 중시해야 하며, 정권은 총구로부터 취득할 수 있다는 것을 인식해야 한다"라는 마오쩌둥의 발언은 바로 이때의 처절한 실패 이후 나온 것이다. 中共中央文献研究室编, 『毛泽东年谱(1893-1949)』上, 中央文献出版社, 1993, 208쪽.

5 대장정(大长征), 1934년 10월부터 2년간 진행. "당시에는 거의 모든 사람들이 이 퇴각을 홍군의 최후를 알리는 장송 행진라고 생각했다"라고 할 정도로 시작 시점의 분위기는 처절하고 절망적이었다. 에드가 스노우, 신홍범 역, 『중국의 붉은별』, 두레, 1992, 185쪽.

를 지휘해 온 오토 브라운의 최고 군사지휘권을 박탈한 것이다. 대신 마오가 중앙정치국 상무위원으로 선출됐으며, 마오는 저우언라이(周恩来), 왕쟈샹(王稼祥)과 함께 3인의 군사지휘소조를 결성해 전군을 책임지게 됐다. 이 '준이회의'는 마오가 전당은 아니지만 당의 '조직'과 '군사' 부문의 지도력을 장악한 역사적인 회의로 평가되고 있다.[6]

중국공산당은 이 '준이회의'에서의 마오의 지도력 장악을 "극단적인 위기 상황에서 당과 홍군을 구출한 것으로 중국공산당 역사상 생사의 한 전환점", "당 역사에서 가장 역사적인 의미가 있는 전환"이라고 높이 평가하고 있다. 중국공산당은 1927년 장제스의 상하이 쿠데타로 패퇴할 당시 당을 '유년기'라 자조하며 경험의 미숙함이 빚어낸 참사라고 평가했는데, "준이회의는 유년의 당으로부터 성숙한 당으로 성장해 간 중요한 지표였고, 당 역사에서 생사존망이 걸린 전환점이었다"라고 자평했다.[7] 그만큼 마오의 지도력 확보에 큰 의미를 부여한 것이다.

중국공산당은 대장정 시작 이후 2년 만에 옌안(延安)에 근거지를 마련하며 생존 투쟁에서 일단 성공은 했지만, 이후에도 국민당과 일본제국주의의 공격에 내내 시달리며 세력을 겨우 보존하고 있었다. 특히 국민당이 일본의 중국침략으로 어렵게 성사된 제2차 국공합작의 정신을 무시한 채 공산당을 공격하고, 일본제국주의 군대도 삼광정책(三光政策)과 세균전까지 전개하며 소비에트 해방구를 집중적으로 공격하면서, 1941년과 42년에 공산당은 다시 생존 자체를 걱정해야 하는 상황으로까지 내몰렸다.[8]

---

6 준이회의(遵义会议). 대장정 초기인 1935년 1월 15일 궤이저우성 준이시에서 열린 회의. 마오가 중국공산당의 지도자로 부상하는 결정적인 계기가 됨. 廖蓋隆 편, 정석태 역, 『중국공산당사』, 141~143쪽.
7 「关于建国以来党的若干历史问题的决议」, 中共中央文献研究室, 『关于建国以来党的若干历史问题的决议注释本』, 人民出版社, 1983, 128쪽.
8 廖蓋隆 편, 정석태 역, 『중국공산당사』, 186~188쪽. "일본군에 의한 허베이 중부에 대한 '5.1 대소탕'으로 중국공산당 간부와 인민 5만여 명이 살해되거나 체포돼 광대한 평원지구에 상복을 입지 않은 사람이 없을 정도"로 공산당은 다시 위기를 맞았다. 三光이라함은 杀(죽이고), 烧(불태우고), 抢(약탈해서) 깡그리 없앤다(光)는 뜻이다.

그러나 역사가 보여주듯 중국공산당은 또 한 번의 신화창조를 이뤄낸다. 절체절명의 위기를 극복하기 위해 중국공산당은 군대의 정예화, 정부 조직과 기관의 간소화, 대생산운동, 감조감식운동[9] 등 10대 기본정책을 강력히 추진하고, 그 연장선상에서 사상노선의 재확립을 위한 '옌안정풍운동(延安整风运动)'을 실시한다.

생존의 터전을 확보하고 미래에 대한 희망을 품게 된 1945년 시기 중국공산당의 감격과 마오에 대한 평가는 옌안정풍운동을 마무리하며 내놓은 당의 「역사 결의」에 잘 나타나 있다.[10] "우리 당은 토지혁명 최후 시기에 마침내 마오쩌둥 동지를 중앙과 전당의 지도자로 옹립했다. 이것은 바로 이 시기 중국공산당의 가장 큰 성취이며, 이것이 바로 중국 인민이 해방될 수 있다는 가장 큰 보증이다."[11] 지도자 마오에 대한 찬사가 더할 수 없이 높아졌고, 마오를 환난으로부터 구원해 줄 '메시아', '민족의 구세주'로 보는 중국 인민들의 신앙적 기대가 나타나기 시작한 것이다.

이 시기에 대한 평가에서 하나 더 중요한 것은 옌안정풍운동을 통해 마오가 '소련의 대리인'으로 1931년 이후 당에 막강한 영향을 미쳤던 왕밍을 조직적으로나 사상적으로 완전히 제압했다는 점이다. 왕밍(王明)은 1925년 소련 유학 이후 소련 지도부에 의해 중국의 지도자로 키워졌으

---

9 '대생산운동'은 "자신이 노동하여 의식을 풍족히 한다"라는 생산력 제고 운동이었다. 감조감식(減租減息) 운동은 항일민족통일전선 형성을 위해 지주의 토지를 몰수하지 않는 토지혁명 방식을 택한 중공이 세금과 이자율을 모두 낮추는 방식으로 지주와 농민 모두에게 이익이 돌아가도록 해서, 이들이 모두 항일전쟁에 참여하도록 유도하기 위한 정책이었다. 廖蓋隆 편, 정석태 역, 『중국공산당사』, 188~189쪽.

10 「关于若干历史问题的决议」, 中共中央文献编辑委员会, 『毛泽东选集』 第三卷, 人民出饭社, 1991, 952~1003쪽. 중국공산당 6기 7중전회(1945년 4월)에서 통과된 「역사결의」, 중국공산당의 첫 번째 「역사결의」로 마오쩌둥의 노선과 사상에 입각해 그간의 당 역사를 비판적으로 정리한 것이다. 또한 향후 국가건설의 기본 노선과 사상 방향을 제시한 것이어서 매우 중요하다. 덩샤오핑 시대로 나아가며 문화대혁명과 마오쩌둥시대를 정리한 1981년의 「关于建国以来党的若干历史问题的决议」는 중공의 두 번째 「역사결의」이며, 시진핑 시대 중국공산당 100년을 정리하는 형식으로 나온 2021년의 「中共中央关于党的百年奋斗重大成就和历史经验的决议」는 세 번째 「역사결의」에 해당한다.

11 「关于若干历史问题的决议」, 『毛泽东选集』 第三卷, 955쪽.

며 1931년 귀국과 함께 곧바로 정치국 상무위원으로 당을 장악했다. 그는 이후 코민테른 주재 중국대표라는 우월적 신분으로 마오와 대립했으며 1937년 재귀국 이후에도 '코민테른의 지시'를 내걸며 마오의 입장과 대립했다.[12]

그러나 중국공산당에 대한 불신과 일본제국주의와의 전략적 타협 문제 등으로 혼선을 거듭하던 소련의 대중국정책이 정리되고, 1938년 9월 코민테른이 "중국공산당의 항일민족통일노선은 정확하다. 중국공산당은 지도기관에서 마오쩌둥을 수뇌로 지도 문제를 통일해야 한다"라며 마오의 지도권을 인정하면서 왕밍과의 갈등과 대결은 마오의 최종 승리로 귀결되게 된다.[13] 여기에 옌안정풍운동을 통해 왕밍노선을 좌경교조주의, 군사모험주의로 비판하며 완벽히 정리하면서 소련의 후견과 간섭으로부터도 상당한 자율성을 확보하게 된 것이다.

사실 소련의 중국공산당에 대한 후견과 개입은 "소련의 지도가 없었으면 중국공산당은 없었을지도 모른다"라고 할 수 있을 정도로 넓고, 깊은 것이었다. 무엇보다 중국공산당의 창당 자체가 소련의 직접 지도에 의한 것이었다. 코민테른 특사 보이틴스키 등의 수차례에 걸친 지도와 지원 끝에 중국공산당은 1921년 7월 상하이에서 제1차 대표대회를 열어 역사적인 창당을 하였다.[14] 이 창당 회의에는 코민테른 대표 마린과 니콜

---

12 왕밍(1904-1974)은 안휘성 출신으로 본명은 천샤오위(陈绍禹)이다. 1925년 모스크바 중산대학에 유학했고, 이때 훗날 '볼셰비키 28인'으로 불리는 그룹을 만들어 이끌었는데, 당시 중산대 부학장으로 이후 코민테른 주중국 대표가 되는 '미프'의 신임을 받았다. 1926년 중국공산당에 가입했다. 李盛平, 主编, 『中国现代史词典』, 国际广播出版社, 1987, 223쪽.

13 廖蓋隆 편, 정석태 역, 『중국공산당사』, 171쪽.

14 向青, 임상범 역, 『코민테른과 中国革命關係史』, 고려원, 1992년, 25~38쪽; 모리스 마이스너, 김수영 역, 『마오의 중국과 그 이후 1』, 이산, 2006년, 48~49쪽. 코민테른의 첫 특사 보이틴스키가 베이징에서 리다자오를 만난 것은 1920년 3월이었다. 이후 그해 4월 상하이에서 천뚜수를 만났고 코민테른의 지원과 지도하에 1920년 8월 상하이에, 이후 10월에 베이징, 11월에는 산동에 공산당 소조가 건립됐으며 이를 기반으로 이듬해인 1921년 7월 정식 창당에 이른 것이다.

스키도 참석했다. 중국공산당이 코민테른의 전적인 지원하에 탄생한 것을 알 수 있는 장면이다.

제1차 국공합작 역시 소련의 지시에 따른 것이었다. 아직 중국공산당의 세력이 너무 미약하다고 판단한 소련은 사회주의 혁명과 레닌에게 호의를 보이고 있던 쑨원(孫文)의 국민당을 설득해 합작을 성사시켰다.[15] 1911년의 신해혁명 이후 실패와 좌절을 경험하던 쑨원은 러시아혁명에 호감을 나타내고 있었으며 혁명 이듬해인 1918년 레닌에게 우호적인 편지를 보내기도 했다.[16] 중국공산당은 3차 대표대회를 통해 코민테른의 국공합작 결정을 받아들였는데 "국공합작에 대한 코민테른의 '지시'를 당대회가 '수용'한다"라고 기록할 정도로 당시 소련공산당, 코민테른과 중국공산당은 완전히 상하관계였다.[17]

이처럼 중국공산당 창당에서부터 그 이후 진행에 있어서까지 코민테른의 영향력, 즉 소련의 영향력은 상상 이상으로 넓고 깊었다. 따라서 왕밍을 비롯한 소련의 대리인들을 마오쩌둥이 차례로 제압해 가며 압도적 권위를 세워가자, 민족주의적 자부심까지 더해지며 중국 인민들의 기쁨은 배가되었다.[18]

옌안정풍이 마무리되는 시점부터 옌안을 중심으로 중국 인민들 사이

---

15 向青, 임상범 역, 『코민테른과 中国革命關係史』, 43~50쪽.

16 向青, 임상범 역, 『코민테른과 中国革命關係史』, 17~19쪽. 쑨원의 편지는 "러시아 혁명투쟁에 경의를 표하며 중-러 양국의 혁명당이 단결하고 장차 함께 투쟁하길 희망한다"라는 것이었고, 이에 레닌은 "동방의 서광을 보았다"라며 반겼다.

17 『중국공산당 역대전국대표대회 자료집 DB』, 1923년 제3차 당대회 소개란. "당대회는 토론을 통해, 중국공산당과 중국국민당 간에 합작을 진행하라는 코민테른의 지시를 수용하여 '국민운동과 국민당문제에 관한 결의안', '중국공산당 제3차 전국대표대회 선언' 등의 문건을 통과시켰다." http://cpc.people.com.cn/GB/64162/64168/64555/4428209.html(검색일: 2024.4.13).

18 1936년 옌안을 방문해 마오쩌둥 등 중국공산당을 취재한 에드가 스노우는 "중국 공산주의자들의 코민테른에 대한 집착과 소련과의 일체감은 순전히 자발적인 것이었기에, 언제라도 내부로부터 중국인들에 의해 청산될 수도 있었다는 사실을 유념할 필요가 있다"라고 강조했다. 에드가 스노우, 신홍범 역, 『중국의 붉은별』, 363쪽.

에 '마오주석 만세'라는 구호와 마오에 대한 찬가, 「동방홍」(东方红)이 본격적으로 퍼지기 시작했는데 이는 이 시기부터 마오에 대한 숭배 분위기가 대중들 사이에서도 본격화된 상황을 잘 보여주는 것이다. '붉은 태양' 마오의 등장은 민족 고난의 시기 구세주와 같이 나타나는 전형적인 카리스마의 출현 모습과 다를 바 없었다.[19]

(2) 북한, 김일성 카리스마의 기원

김일성이[20] 만주에서 본격 활동하기 시작한 것은 그가 만 20세가 되기 직전인 1931년 초 중국공산당에 가입하면서부터이다.[21] 그해 9월 일제가 만주사변을 일으키면서부터 김일성도 항일유격투쟁에 나서게 되는데, 그가 항일투사로 국내에 본격적으로 알려진 것은 1937년 6월의 '보천보 전투'를 통해서이다.

당시 동북항일연군 제1로군 6사(師)의 책임자인 사장(師長)을 맡고 있던 김일성은 1937년 6월 4일 백여 명의 대원을 이끌고 압록강을 건너 함남 혜산군 보천보의 일본 경찰 주재소를 급습했다. 이 전투는 비록 규모도 크지 않고 일본 측의 피해도 크진 않았으나, 동아일보가 다음날 습격

---

19 「동방홍」(东方红)은 원래 산시(陕西) 북부지방의 민요였던 「백마를 타고」(骑白马)라는 노래를 편곡해 마오 찬양 가사를 넣어 개작한 것이다. "동방이 붉게 밝아 태양이 떠오르니 중국에 마오쩌둥이 나타나셨네. 그는 인민의 행복을 고민하시네. 에헤이요. 그는 인민의 위대한 구세주시네" https://baike.baidu.com/item/%E4%B8%9C%E6%96%B9%E7%BA%A2/3409383?fr=ge_ala(검색일: 2024.4.13).

20 김일성(1912.4.15～1994.7.8)은 1927년 중국 지린성의 '위원(毓文)중학교'를 다닐 때 사회주의 사상을 접한 것으로 보인다. 1931년 이후 중국공산당 소속의 동북항일연군에서 활동했으며, 1937년의 '보천보 전투'로 이름을 널리 알렸다. 1945년 9월 소련군과 함께 입북한 뒤 수개월 만에 북한 최고지도자의 지위에 올랐고 한국전쟁을 통해 결정적으로 권력 기반을 다졌다. 그는 이 시기 전 사회적으로 '수령'으로 불렸으며, 1967년 갑산파를 제거하며 유일사상체계를 완성했다. 이후 1994년 사망 시까지 한 번도 권력이 흔들린 적이 없었다.

21 이종석, 「새로 쓴 현대북한의 이해」, 역사비평사, 2005, 399쪽. 김일성은 국민부 계통의 조선혁명군 길강지휘부 대원으로 활동 중이었는데, 1931년 초 조선혁명군이 붕괴하자 동만(간도지방)으로 이동했으며, 공산청년동맹 요원으로 활동하다 '1국1당주의 원칙'에 따라 중국공산당에 입당하였다.

의 주체를 '김일성 일파'로 적시하며 두 차례의 호외를 발행하고, 이후에
도 일본의 추격 상황 등을 세 차례나 더 보도하는 등 이 사건을 국내 언
론이 대대적으로 보도하며 김일성의 명성을 널리 알린 계기가 됐다.[22] 김
일성은 '보천보 전투' 1년 전인 1936년 9월에도 매일신보에 "동북인민항
일군 제3군단으로 장백현 방면에 파견한 부대의 수령은 김일성이라고 한
다"라고 그 이름이 소개된 적이 있었다.[23]

   김일성이 항일투쟁에 본격적으로 나선 1936년 시점은 사실 일제가
동북항일연군 소멸을 목표로 한 '치안숙정 3개년 계획'을 내걸고 대토벌
에 나선 시기였다. 실제로 이 시기 동북항일연군은 궤멸적 타격을 입었
는데 44,000여 명에 달하던 병사가 1941년 초에 이르러 겨우 2,500여
명만 살아남을 정도였다. 김일성이 속해 있던 제2방면군도 생존 인원이
60여 명에 불과했을 정도로 치명적 타격을 입었다. 일본의 공세가 허베
이 중부와 동북 지역에 집중적으로 가해진 결과 중국공산당은 물론 동북
항일연군, 김일성 부대까지 큰 타격을 입은 것이다.[24]

   그런데 이런 최악의 과정은 역설적으로 김일성 개인의 명성을 더 널
리 알리는 계기가 되었다. 무엇보다 일제의 포위토벌로 항일연군 대부분
이 패퇴하면서 지휘체계가 제대로 작동하지 않아, 김일성이 이끌던 동북

---

22 「咸南普天堡를 襲擊 郵便所, 面所에 衝火 咸南警察部에서 出動 金日成一派 *****
로 判明」, 『동아일보』, 1937년 6월 5일(1차 號外), 「咸南普天堡襲擊續報 追擊警官과 衝
突 兩方死傷七十名」, 『동아일보』, 1937년 6월 5일(2차 號外). 당시 호외를 비롯한 동
아일보 보도는 이곳 동아미디어그룹 공식 블로그에 상세하게 소개되어 있다. 「김일
성 이름 알린 '보천보 전투' 특종 호외」, http://dongne.donga.com/2010/11/22/
d-story-59-%EA%B9%80%EC%9D%BC%EC%84%B1-%EC%9D%B4%EB%A6%84-
%EC%95%8C%EB%A6%B0-%E2%80%98%EB%B3%B4%EC%B2%9C%EB%B3%B4-
%EC%A0%84%ED%88%AC%E2%80%99-%ED%8A%B9%EC%A2%85%ED%98%B8%E
C%99%B8/(검색일: 2024.7.3).
23 김선호, 『조선인민군: 북한무력의 형성과 유일체제의 기원』, 한양대학교출판부, 2020, 61쪽.
당시 신문 보도의 제목엔 '두목 김일성'이라고 표현돼 있다.
24 김선호, 『조선인민군』, 62쪽. 마오가 이끄는 중국공산당도 1941년 시기 삼광(三光)정책과
세균전까지 동원한 일본제국주의의 집중 공격으로 생존 자체를 걱정해야 할 만큼 고난에
처한 시점이었다.

항일연군 제1로군 제2군 제6사는 보천보 전투 이후 정식 부대 명칭보다 '김일성의 부대'나 '김일성파' 등 김일성 부대로 인식되면서 국내뿐 아니라 소련에까지 알려졌다는 점이다. 일제 역시 이후 동북항일연군 제1로군 제2군 제6사를 "김일성파라 칭하는 무장단"이라고 부르거나, "북조선 구역의 빨찌산 운동 중 리홍광과 함께 김일성 부대가 특기할 만하다"라고 기록하는 등 그 위상이 부쩍 높아졌다.[25]

김일성이 얻은 또 하나의 중요한 소득은 일제의 대토벌에 맞서 사선을 넘나들며 부대를 이끌고 탈출하는 전투 과정에서 대원들과 생사를 초월한 끈끈한 유대감을 형성했다는 점이다. 특히 조선인 대원들은 김일성에 대해 무한한 신뢰를 보냈으며 이를 통해 그를 중심으로 강한 결속력이 형성된 것이다. 향후 북한 정치에서 만주파, 즉 빨치산파로 거론되는 김일성에 대한 절대적 지지를 보였던 정치세력의 기원에는 이처럼 생사를 넘나드는 처절한 '고난의 행군' 경험이 자리하고 있다. 그들에게 김일성은 이미 카리스마적 위상으로 인식되고 있었던 셈이다.[26]

일제의 대토벌을 피해 소련령으로 넘어간 뒤에도 김일성이 이끌던 부대는 동북항일연군 내에서도 '김일성 부대'로 인식되었다. 그리고 이러한 명성을 바탕으로 김일성은 해방 이후 조선에 파견하기 위해 조직된 '조선공작단위원회'에서도 정치·군사 책임자로 임명되게 된다. 이는 결국 김일성이 소련으로부터 해방 이후 조선의 건국 사업을 주도할 지도자로 인정받은 셈인데, 당시 국내에 있던 공산주의자들이나, 해외에서 활동하

---

25 김선호, 『조선인민군』, 63~64쪽. 물론 당시 김일성의 이러한 위상 변화는 '대장정'이라는 고난에 찬 역경을 극복해 가며 지도자로서의 위상을 확립해 간 마오에 비해서는 미약한 것이었으나 이후 동북항일연군 내에서, 특히 소련령으로 들어간 이후 소련의 주목을 받게 된 중요한 계기가 되었다는 점에서 김일성에겐 매우 소중한 자산이었다.

26 김광운, 『북한정치사 연구 1』, 선인, 2003, 106~109쪽. 여기에서의 '고난의 행군'은 김일성의 지휘 아래 유격대 주력부대가 1938년 12월 상순부터 이듬해 3월에 걸쳐 남패자로부터 압록강 연안 국경일대로 진출한 행군을 말한다. 유격대는 일제의 토벌 공세와 영하 40도를 오르내리는 혹한과 식량난 속에서 전투를 치르며 목적지에 도착하였다.

던 조선의 공산주의자들은 해방투쟁에 참전도 하지 못하며 이런 기회를 잡지 못했던 게 사실이다. 김일성은 결국 평양시 위수사령부 부사령관의 신분으로 소련군과 함께 입성하게 된다.[27]

평양 입성 당시 국내에도 김일성의 명성은 꽤 알려져 있었다. 이 시기 남한 내 김일성의 인지도는, 우익 성향의 선구회(先驅會)가 1945년 11월 조사한 결과를 보면 '조선을 이끌어 갈 지도자' 순위가 여운형(33%), 이승만(21%), 김구(18%), 박헌영(16%)에 이어 김일성(9%) 순이었다고 한다.[28] 또한 같은 조사에서 독립 정부의 군무부장, 즉 국방장관으로 김일성이 309표를 얻어 명망 있는 독립운동가였던 김원봉이나 지청천보다도 많은 표를 획득하기도 했다고 한다.[29] 이처럼 해방 당시 김일성의 이름은 북측 지역뿐만 아니라 남한 지역에도 비교적 널리 알려져 있었던 것이다.

그러나 이 정도의 명성과 위상으로 신생 국가 북한의 지도자에 바로 오를 수는 없었다. 당시 북한에서 가장 대중적인 인기와 존경을 받던 인물은 조만식이었고 공산당 진영에서 가장 영향력이 있던 인물은 박헌영이었다. 비록 김일성이 보천보전투 등으로 박헌영보다 대중에게 널리 알려진 항일 투사이긴 했지만, 국내 조직과 세력에서 절대 열세에 있었다는 점에서 곧바로 지도자로 부상하긴 어려웠다. 바로 여기에서 김일성을 신생 국가의 지도자로 이미 낙점한 소련으로서는 그의 위상을 키워내기 위한 고도의 기획력이 절대적으로 필요한 상황이었다.[30]

---

27 이종석, 『새로 쓴 현대북한의 이해』, 405~406쪽; 김선호, 『조선인민군』, 137쪽.
28 기광서, 「해방 후 김일성의 정치적 부상과 집권과정」, 『역사와 현실 48』, 2003, 255쪽.
29 당시 남한 선구회 본부가 1945년 10월 10일부터 한 달간 진행한 '조선의 지도인물'에 대한 여론조사 결과, 독립 정부의 군무부장으로 김일성 309표, 김원봉 98표, 지청천 78표, 김규식 27표 등의 지지를 받은 걸로 나와 있다. 김선호, 『조선인민군』, 138쪽.
30 소련군 극동군 총사령부 정치국 소좌였던 코바렌코는 김일성이 스탈린을 직접 만났다고 증언하기도 했다. "김일성이 입북하기 보름 전인 1945년 9월 초순, 스탈린이 김일성을 비밀리에 모스크바로 불러 크렘린궁과 별장에서 단독으로 만나 그를 북한의 최고 지도자 후보로 낙점한 후, 그를 믿고 평양에 보낸 것이다." 김국후, 『비록 평양의 소련군정』, 한울, 2008, 72~73쪽.

그리고 소련군 기획의 핵심 내용은 바로 '김일성 영웅 만들기'였다. 소련군 정치장교들은 레베데프 정치사령관 방에 모여 북조선 인민에게 김일성을 '항일 빨치산 투쟁의 민족영웅'으로 부상시키는 방안을 논의했다. 그 결과 1945년 10월 14일 평양 공설운동장에서 '소련군 환영대회'를 개최하고 여기에 김일성을 등장시키기로 했다. 처음부터 끝까지 소련군정 사령부가 기획과 연출 모두를 맡았다.[31] 당시의 신문, 방송에 대한 전권을 장악하고 있던 소련군 장교 메크레르가 실무를 맡아 진행한 첫 작품이었다.

또한 당시 북한에는 소련에서 급파된 고려인 2,3세 문인과 작가들이 취재와 제작을 맡는 경우가 많았는데 이들도 김일성 영웅 만들기 작업에 동원되었다.[32] 소련군 환영대회라는 형식의 이 같은 평양시 군중대회를 통해 하나 확실하게 각인된 것은 소련군정이 김일성을 북한의 지도자로 공식적으로 지명한 것으로 널리 알려지게 됐다는 점이다.[33]

이후 소련공산당과 소련군은 김일성의 빨치산 투쟁을 부각시켜, 북한 인민들이 그를 '항일 민족영웅'으로 받들게 하는 정치 캠페인을 벌여나갔다. 스탈린 개인숭배와 선전선동에 익숙했던 소련군과 소련계 한인들의 역할이 바로 이곳에 집중되었다. 또한 소련이 점령한 북한 지역은 초반 국내 공산당 계열은 민족주의 세력보다 열세였고 당의 중앙이 현실적으로 서울에 있는 상황이어서, 김일성은 조선 공산주의 운동의 지도자보다는

---

31 김국후, 『비록 평양의 소련군정』, 80~81쪽; 중앙일보 특별취재반, 『조선민주주의인민공화국』 상권, 중앙일보사, 1992, 84~90쪽. 이 평양시 군중대회가 '소련군 환영대회'인지, '김일성 장군 환영 평양 시민대회'인지는 학자에 따라 다른 견해가 존재하나 북한은 "김일성 동지의 조국개선을 환영하는 평양시 군중대회"라고 소개한다. 사회과학원, 『정치용어사전』, 평양: 사회과학출판사, 1970, 92~93쪽.

32 김광운, 『북한정치사 연구 1』, 168쪽. 당시 『평양민보』는 "금수강산을 진동시키는 40만의 환호성… 조선민족이 가장 숭모하고 고대하던 영웅 김일성장군께서 그 늠름한 용자를 한번 나타내이니 장내는 열광적 환호로 숨 막힐 듯 되고 거의 전부가 큰 감동 때문에 소리 없는 울음을 울었다"와 같이 보도 기사에 극적인 방법을 사용하였다.

33 서재진, 『북한의 맑스-레닌주의와 주체사상 비교연구』, 통일연구원, 2002, 38쪽.

민족의 지도자, 전 인민의 지도자로 선전되었다.[34] 그래서 김일성 지도자 형상은 '공산주의자 영웅'이 아닌 '항일 민족영웅'으로 이미지화된 것이다.

이러한 이미지화의 가장 강력한 수단은 앞서도 살펴봤듯이 바로 언론을 통한 것이었다. 소련은 북한 점령 전부터 연해주 군관구 7호 정치국에 동방 정세분석 담당실을 두고 여기에서 조선어 통역 장교를 양성했으며, 이들이 북한에 들어가 언론을 접수해 직접 통제와 검열을 실시했다. 언론 통제의 기준은 크게 두 가지로 첫째는 "조선을 해방한 붉은 군대에 대한 선전"이며 둘째는 "김일성을 정치지도자로 부각하는 일"이었다. 김일성이 소련군정의 절대적 지지를 받는 자이며 장차 지도자가 될 사람이라는 점을 인민들에게 암시하도록 했다 한다. 방송국에서는 방송 시작과 종료 시 「김일성 장군의 노래」를 반드시 틀도록 했다고 한다.[35]

김일성은 보천보전투와 무산전투 등 항일무장투쟁으로 국내에서 활동한 공산주의자들, 박헌영보다도 대중에 널리 알려진 항일투사이긴 했지만, 그가 진정한 '카리스마'를 갖춰가게 되는 것은 이처럼 소련군의 전폭적 지원으로 '항일투쟁의 영웅 김일성장군', '민족의 영웅 김일성장군'이라는 영웅 만들기 과정을 통해 북한의 정치지도자로 부각 되면서부터이다. 당시 소련군정의 정치사령관이었던 '레베데프' 소장은 "북조선 인민의 '위대한 수령'은 북조선 인민의 의사에 의해 추대된 것이 아니다. '위대한 지도자'는 소련공산당 정치국과 스탈린의 직접적 구상에 따라 평양 주둔 붉은 군대가 교육시켜 창조한 것이다"라고 회고하였는데, 그만큼 소련의 영향력은 결정적이었다고 평가된다.[36]

당시 한반도는 20세기 냉전이 시작되는 중요한 전선이었다. 냉전의

---

34 서동만, 『북조선 사회주의체제 성립사』, 선인, 2011, 74~75쪽.
35 중앙일보 특별취재반, 『조선민주주의인민공화국』 하권, 중앙일보사, 1992, 59~60쪽.
36 박길룡·김국후, 『김일성의 외교비사』, 중앙일보사, 1994, 17~19쪽.

한 축이던 소련이, 북한에 군정을 실시하면서 내놓은 결정들은 그 어느 것보다 '규정력'을 가진 것이었다. 소련이 북한의 새로운 지도자로 김일성을 낙점한 결정의 영향력 역시, 바로 이렇게 새롭게 조성된 국제질서 틀 속에서 소련의 위상과 함께 분석되어야 할 것이다.

2) 개인숭배로 발전해 나간 카리스마

(1) '마오쩌둥사상'의 등장과 개인숭배의 발전

마오의 카리스마적 지도력은 옌안정풍 시기를 거치며 더욱 굳건하게 다져지게 된다. 고난과 결핍, 위기가 점철되는 환경에서 "한점의 불씨가 들판을 태울 수 있다"라는[37] 불굴의 신념하에 사회주의 혁명을 이끌어온 공산당 지도자들, 특히 신출귀몰의 군사전략으로 위기 때마다 당과 인민을 구해낸 것으로 평가받던 마오쩌둥에 대한 존경과 경외심은 옌안정풍 운동의 성공적 진행과 일본제국주의의 몰락이 현실이 되던 1945년 중반을 맞으며 자연스럽게 숭배적 분위기를 낳기에 이른다.

당내 지도자들 사이에서도 이러한 마오 숭배 분위기가 조성되기 시작했다. 옌안정풍시기에 류사오치(刘少奇), 저우언라이(周恩来), 런삐스(任弼时) 등 당의 주요 지도자들은 모두 마오의 위대한 업적을 찬양했고, 주더(朱德), 류사오치는 주요 보고를 하면서 "마오쩌둥 동지 만세!" 구호를 붙이기도 했다. 이런 마오 찬양이 나온 것은 오랜 기간 엄청나게 어려운 시

---

37 毛泽东,「星星之火可以燎原」,『毛泽东选集』第一卷, 人民出饭社, 1991, 97~108쪽. 이것은 마오가 1930년 1월 5일 린뱌오에게 보낸 편지에 나오는 내용이다. 당시 마오는 "한점의 불씨가 들판을 태울 수 있다"라는 중국의 전래 격언을 인용하며, 린뱌오 등 당내 일부의 홍군의 미래에 대한 비관주의를 비판했는데, "농촌에서 시작해 도시를 포위해 혁명을 성공시킬 수 있다"라는 기본사상이 잘 제시되어 있다. 1948년 이 편지가 「星星之火可以燎原」이란 제목의 문건으로 만들어지면서 널리 알려졌는데, 이때 린뱌오의 요청을 마오가 수용하면서 린뱌오를 기명 비판한 부분은 삭제되었다.

기를 거쳐온 중국공산당이 자기의 영수에 대한 진정한 애정을 보인 것이지만, 여기엔 분명히 마오에 대한 개인숭배의 성분이 포함돼 있었다.[38]

옌안정풍 운동 시기를 지나며 나타난 마오에 대한 숭배 분위기는 곧 이어진 1945년 4월의 중국공산당 제7차 당대회에서 더욱 뚜렷하게 표출됐다. 옌안에서 열린 당대회엔 마오와 홍군 총사령관 주더(朱德)의 대형 초상화가 내걸렸고 "마오쩌둥의 깃발 아래 승리, 전진하자!"라는 글귀의 대형 현수막이 대회장을 아치형으로 수놓았다.[39] 이 7차 당대회에서 가장 중요한 점은 '마오쩌둥사상(毛泽东思想)'을 당의 지도사상으로 결정했다는 점이다.

당헌의 수정안을 보고한 류사오치의 발언이 이들의 마음을 잘 나타내 주는 것이다. 류사오치는 "우리의 마오쩌둥 동지는 중국 유사 이래 가장 위대한 혁명가이자 정치가일 뿐 아니라 가장 위대한 이론가이자 과학자이다"라고 더할 수 없는 찬사를 한 뒤, 지난 시기와 다른 가장 중요한 변화로 "바로 우리 당과 현대 중국혁명의 조직자이자 영도자인 마오 동지를 가지게 된 점"을 들 정도였다. 따라서 "엄청난 재난을 당한 중국 민족과 중국 인민을 완벽하고 정확하게 그리고 확실하게 해방 시킬 수 있는 유일한 길은 바로 마오쩌둥의 길"이라는 것은, 류사오치뿐만 아니라 당시 중국공산당의 지도자와 이들을 지지하는 중국 인민들의 공통된 믿음이었다.[40]

바로 이러한 마오에 대한 감격과 믿음은 당헌에 '마오쩌둥사상'을 중국공산당의 지도사상으로 채택하는 제도화로 이어졌다. 제7차 당헌은 총

---

38 郭圣福·张昭国, 「论毛泽东对个人崇拜问题的认识变迁」, 『胜利油田党校学报』 第17卷, 第6期, 2004, 27쪽.

39 『중국공산당 역대전국대표대회 자료집 DB』, 1945년 4월 제7차당대회 소개 모습. http://cpc.people.com.cn/GB/64162/64168/64559/4442093.html(검색일: 2024.4.14).

40 『중국공산당 역대전국대표대회 자료집 DB』, 1945년 4월 제7차당대회, 류사오치의 '당헌 수정보고', http://cpc.people.com.cn/GB/64162/64168/64559/4526957.html(검색일: 2024.4.14).

강에서 "중국공산당은 맑스-레닌주의 이론과 중국혁명의 실천이 통일된 사상, 즉 '마오쩌둥사상'을 당의 모든 사업의 지침으로 삼는다"라고 규정했다. 당시 사회주의권에서 절대적 권위를 가지고 있던 '맑스-레닌주의'의 위상을 이론적 기여 정도로 내려 앉히고 자신들 지도자의 사상, '마오쩌둥사상'을 지도지침으로 전면에 내세운 것이다.[41]

1921년 창당 이후 이때까지 중국공산당의 '당헌'[42]엔 지도사상이 전혀 명기돼 있지 않았다. 더구나 직전 회의인 6차 당대회에선 당헌 제1장에 "중국공산당은 코민테른의 일부분이다. 당의 명칭은 중국공산당이며 코민테른의 지부이다"라고 규정할 만큼 소련에 종속적이었다. 7차 당대회는 6차 이후 무려 27년 만에 열렸다. 바로 이 기간에 중국공산당은 국민당과의 전투에서 잇단 패배와 '대장정'의 처절한 생존 투쟁, 옌안에서의 분투와 치열한 항일투쟁을 거치며 '마오쩌둥'이라는 걸출한 카리스마를 배출하고, 이를 기반으로 야심차게 "마오쩌둥사상을 당의 지도사상으로 삼는다"라는 '맑스나 레닌도 놀랄만한' 도발적인 자신감을 당당하게 표시한 것이다.

다만 그렇다고 해도 아직은 마오에 대한 숭배의 수위가 그리 높거나 과도한 것은 아니었다. 무엇보다 마오 본인이 비교적 겸손하고 신중했다. 1945년 7차 당대회 준비 기간 중 마오는 반복해서 "우리는 반드시 신중하고 겸손해야 한다. 오만하고 조급한 정서는 반드시 경계해야 한다"라고 반복해서 강조했다.[43]

그러나 국민당과의 내전 승리와 이어진 '중화인민공화국'의 건립은 중

---

41 『중국공산당 역대전국대표대회 자료집 DB』, 1945년 4월 제7차당대회 당헌 총강(总纲), http://cpc.people.com.cn/GB/64162/64168/64559/4442095.html(검색일: 2024.4.14).

42 중국공산당은 '당의 헌법'에 해당하는 당규약을 1차 당대회때는 纲领으로, 제6대와 7대때는 党章으로 썼으나 그 외의 시기, 제20대인 현재에도 章程으로 쓰고 있다. 이 글에선 혼선을 피해, 우리식으로 '당의 헌법'이라는 의미인 '당헌'으로 표기한다.

43 李继华, 「中国七大对毛泽东的个人崇拜述论」, 『Journal of Binzhou Education College』 Vol.6, No.2, 2000, 8쪽.

국 인민들에게 더할 수 없는 마오 숭배 열기를 가져왔다. 마오 동상 설립 요구가 대표적이다. 각 지역의 인민대표회의에선 천안문 앞에 마오의 동상을 건립할 것을 요구하는 결의안을 당중앙에 잇따라 보냈다. 지역별로도 열기가 더해져 일례로 랴오닝성 선양시는 건국 기념탑을 세우고 여기에 마오의 동상을 세우려 했다. 마오의 고향인 후난성에서는 마오의 옛집을 정비하고 도로도 다시 내겠다는 방침을 세우고 마오의 허락을 구하기도 했다. 마오는 무엇하나 수용하지 않았지만, 중국 인민들의 마오 숭배 열기는 식을 줄 몰랐다.[44]

1953년 2월 우창시를 시찰할 때 있었던 한 장면은 당시 마오에 대한 일반 대중들의 정서를 잘 보여주는 것이다. 당시 마오를 수행했던 비서 예쯔룽의 회고에 의하면 "마오가 황허로우를 시찰하고 있는데 한 소녀가 마오를 알아봤고, 이 소식을 들은 주변 사람들이 그를 보러 왔는데 마오 주변엔 순식간에 수천, 수만의 엄청난 사람들이 모여들어 정말 인산인해를 이루었다"라고 하고, "주변의 관계자들이 있는 힘을 다해 겨우 마오를 강변으로 데리고 갔는데 거기에도 이미 수많은 인파가 모여들었으며 '마오주석 만세'의 환호성이 끊이질 않았다"라는 것이다.[45]

마오 주석 숭배 열기는 거의 신앙적으로 커가고 있었다. 한번은 마오가 다른 중앙위원들과 함께 베이징의 '명13릉' 저수지 조성 사업에 나가 인민들과 함께 일을 하다 쉬기 위해 한쪽에 삽을 놓았는데, 갑자기 해방군 전사 출신의 한 사람이 입고 있던 옷을 벗어 이 삽을 감싸안더니 "이 삽을 보니 마오 주석이 생각납니다. 이렇게 해야 우리는 더욱 더 큰 힘을 낼 수 있습니다"라고 격정적으로 외치는 일도 있었다.[46] 이처럼 당시 많

---

44 郭圣福·张昭国,「论毛泽东对个人崇拜问题的认识变迁」,『胜利油田党校学报』第17卷 第6期, 2004, 28쪽.

45 张海萍,「清除个人崇拜 增强党内民主」,『Journal of Inner Mongolia University for Nationalities (Social Sciences)』Vol.32, No.5, 2006, 73쪽.

46 熊立胜,「个人崇拜与十年文革」,『消费·导刊』, 2009, 232쪽.

은 중국의 인민들은 생전에 마오를 한번 보는 것을 일생일대 최대의 행복으로 여길 정도의 분위기가 분명히 있었으며, 1950~60년대 일반 가정에선 집집마다 마오의 초상화가 있었고 심지어 마오를 신당에 모시기까지 할 정도였다.

중화인민공화국 건국 이후 중국공산당은 토지개혁, '3대 개조'의 조기완성을 통해 일련의 중대한 승리를 거뒀고 이는 당내에서 마오의 권위와 영향력을 전에 없이 상승시켰다.[47] 사람들은 그의 웅대한 전략에 찬탄을 금치 못했고 그 누구도 영도의 정확성에 의심을 두지 않았으며, 누구라도 그의 지위에 도전한다는 것은 더더욱 있을 수 없는 일 이었다. "마오가 없었으면 현재의 중국도 없다"라고 말한 덩샤오핑(邓小平)의 말이 결코 과장이 아닐 정도로 1950년대 초반 중국 인민들은 새로운 국가 건설과 전진의 희열을 최고 지도자 마오에 대한 신앙적인 찬양과 숭배로 표출하였다.[48]

(2) 전쟁으로 강화된 김일성 카리스마와 개인숭배

소련의 전폭적인 지원과 '영웅 만들기' 작업으로 위상을 다져가던 김일성은 입국한 지 불과 3개월 만에 조선공산당 북조선분국의 책임비서가 돼 당권을 장악했고 5개월 만에 임시인민위원회 위원장으로 선출돼 북한의 최고 지도자가 되었다. 이처럼 김일성이 새로운 권력자로서 확고히 자리를 잡아가자 자연스럽게 그에 대한 결집도도 높아졌고 개인숭배 분

---

47 '3대 개조'란 '개인 농업', '수공업', '자본주의 상공업'에 대한 전면적인 사회주의적 개조를 말한다. 중국공산당 문헌연구실 편, 허원 역, 『정통 중국현대사: 중국공산당의 역사문제에 관한 결의』, 사계절, 1990년, 177~178쪽.

48 邓小平, 「解放思想, 实事求是, 团结一致向前看」, 『邓小平文选』第二卷, 人民出版社, 2009, 148쪽. 덩샤오핑은 "1927년 혁명 실패 이후 만약 마오동지의 탁월한 영도가 없었더라면, 중국혁명은 현재까지 승리하지 못했을 것이며, 그렇게 중국 인민은 제국주의, 봉건주의, 관료 자본주의의 반동 통치하에서 고통받고, 우리 당도 암흑 속에서 헤매고 있었을 것"이라면서 장기간의 혁명 투쟁에서 마오의 위대한 공훈은 영원히 기억될 것이라고 상찬했다.

위기마저 조성되기 시작했다.

김일성 옹립 세력들은 이 같은 숭배 분위기를 점점 상승시켜 갔다. 먼저 북부조선분국 4차 확대집행위가 열린 1946년 2월 15일, '당의 통일과 영도의 유일성 문제'가 제기됐고 "박헌영, 무정과 동렬이 아닌 김일성을 지도자로 한 분국의 영도에 더 굳게 단결하여야 할 것"을 총결하였다. 또 1946년 4월 '북조선 분국'을 '북조선공산당'으로 이름을 바꾼 뒤 당 선전부장 김창만 역시 '김일성의 유일영도' 문제를 제기했는데, 이는 "우리의 지도자 김일성장군이 영도하는 당 주위에 굳게 뭉치자"라는 당의 공식 결정으로 이어졌다.[49]

김일성을 '절세의 애국자', '위대한 태양'의 이미지로 대중적으로 본격 형상화한 첫 작업은 바로 1946년 7월 창작된 「김일성장군의 노래」이다. 이 노래는 김일성에 대한 흠모와 존경 및 충성의 정을 담았는데 김일성 지도체계를 대중적으로 확산시키는 데 큰 역할을 했다. 그리고 여기에는 소련군이 통제하고 있던 방송이 충분히 활용되었다.[50]

그리고 1946년 9월엔 김일성의 이름을 딴 종합대학교, '북조선김일성대학'이 개교했다.[51] 중국공산당은 내전 승리를 목전에 둔 1949년 3월

---

49 김광운, 『북한정치사 연구 1』, 192~193쪽.

50 노래 가사는 "장백산 줄기 줄기 피어린 자욱, 압록강 굽이굽이 피어린 자욱, 절세의 애국자가 누구인가를, 민주의 새조선엔 위대한 태양, 아 그 이름도 그리운 우리의 장군, 아 그 이름도 빛나는 김일성장군"이다. 마오쩌둥을 '동방의 떠오르는 태양'으로 노래했던 「동방홍」의 가사 내용과 흡사하다. 평양방송은 이 노래를 프로그램 시작과 끝부분에 반드시 틀도록 했다고 한다. 서재진, 『북한의 맑스-레닌주의와 주체사상 비교연구』, 42쪽.

51 김광운, 『북한정치사 연구 1』, 497쪽. 북한은 1946년 7월 8일 「북조선김일성대학(종합대학), 래 9월 1일에 개시 계획 준비」란 북조선임시인민위원회 결정서를 통해 종합대학 준비에 들어갔다. 「결정서」는 제6항에서 "본 종합대학에서 조선 해방을 위하여 일본제국주의와 투쟁한 조선민족의 영웅 김일성 이름을 부여하여 '북조선 김일성대학'이라 칭함"이라며 대학 이름에 '김일성'의 이름이 들어간 연유를 밝혔다. 김광운, 『북조선실록』 4권, 코리아 데이터 프로젝트, 2018, 44~46쪽. 대학 이름은 북한이 건국하면서 자연스럽게 '김일성 종합대학'으로 바뀌었으며, 개교는 1946년 9월에 했으나 첫 기념식을 10월 2일에 치른 후 정식 개교일을 10월 1일로 정했고, 매년 이날 기념식을 치르고 있다. 吉成喆, 「金日成 綜合大學」, 『자유공론』, 자유공론사, 1985, 174~175쪽; 김광운, 『북조선실록』 15권, 코리아 데이터 프로젝트, 2018, 188~191쪽.

시기에도 "지도자의 이름을 딴 거리명, 학교, 기업명 등 짓는 것 금지하고 지도자에 대한 축수 금지를 결의"하는 등 개인숭배 우려를 불식시키기 위한 행보를 이어갔는데, 북한은 이와는 정반대로 '김일성'이라는 이름을 부각시키기 위한 다양한 우상화 작업에 적극 나섰던 것이다.

이런 김일성 우상화 작업에 가장 적극적이었던 그룹은 김일성과 생사고락을 함께 했던 만주파, 항일유격대 출신들이었다. 이들은 귀국 후 대부분이 군대나 보안부대 등으로 배속되었는데 '수령' 호칭이 처음 나온 곳도 군대였다. 1948년 2월 8일 조선인민군 창설식에서 총사령관 최용건은 "우리 인민군은 자기의 인민과 민주주의 또는 조선인민의 수령이며 영도자이신 김일성 장군에게 대한 충성심과 헌신성은 더욱 강대합니다"라고 힘주어 말하며, 연설을 마치면서 "위대한 우리의 수령 김일성 장군 만세!"를 외쳤다.[52]

1946년 8월 신민당과의 합당으로 북조선노동당이 탄생하고, 11월 선거를 통해 북조선 인민회의와 인민위원회가 출범하며 국가건설이 좀 더 가시화되자 김일성에 대한 우상화도 수위가 높아졌다. 당의 일부에서도 김일성을 '수령'으로 부르기 시작했으며 김일성이 태어난 만경대는 혁명사적지로 지정됐고 그 주변엔 만경대 혁명학원, 즉 '평양혁명자유자녀학원'이 문을 열었고 이곳에는 최초로 김일성 동상이 세워졌다.[53] 또한 소련군 장교 출신 조기천은 장편 서사시 「백두산」을 통해 김일성을 백두산 이미지와 연결하면서 민족의 영웅으로 형상화했는데, 이는 이후 김일성 이미지 형상화의 표준이 되었다.[54]

---

52 이종석, 『조선로동당연구』, 역사비평사, 2003, 146쪽.
53 김광운, 『북한정치사 연구 1』, 540~541쪽.
54 조기천은 1951년 7월 한국전쟁 참전 중 사망했는데, 1956년 5주기에 북한은 그를 '조선인민의 영웅주의와 애국주의'를 예술적으로 잘 표현해 낸 '애국 시인'이라고 추모하면서 "1947년 2월에는 우리 나라의 민족 해방 투쟁사에 거대한 력사적 의의를 가지는 김일성 원수의 항일 빨찌산 투쟁을 묘사한 장편 서사시 《백두산》을 창작 발표하였다"라고 업적을 높이 평가했다. 『로동신문』, 1956년 7월 30일(3면).

소련의 확고한 지원을 기반으로 김일성은 1948년 9월 마침내 신생 국가 '조선민주주의인민공화국', 북한의 최고 지도자에 올라섰다. 1945년 9월 입국 당시 압도적이진 않았던 위상은 '항일투쟁 영웅' 이미지와 숭배 작업으로 강화되며 카리스마적 권위까지 더해지게 되었다. 다만 이 때까지는 박헌영, 허가이, 소련파, 연안파라는 여전히 강력한 라이벌, 잠재적 경쟁자들이 존재하는 상황이어서 확고한 부동의 리더라고 부르기에는 이른 상황이었다는 게 대체적인 평가다.[55]

그러나 한국전쟁은 이러한 상황을 일소하는 결정적 계기가 되었다. 소련의 전폭적인 지원과 초반 개혁 작업의 성공에 힘입어 권력 장악에 성공한 김일성은 이를 기반으로 '민족해방'과 '조국통일'이라는 야심 찬 목표를 내걸고 전쟁을 일으켰다. 그러나 전쟁의 실패는 그에게 권력 기반이 흔들릴 정도의 엄중한 위기를 가져다주는 것이었는데, 그의 놀라운 정치력은 이 위기를 기회로 반전시켜 이전보다 더욱 강화된 권력 기반을 다졌으며, 여기에 개인숭배 강화로 카리스마적 권위까지 더해져 장기 집권의 권력 토대를 마련하는 반전을 이뤄냈다.

그리고 그 반전의 배경에는 전쟁의 참화로부터 자신들을 구해줄 구세주를 바라는 인민들의 열망과 같은 김일성에 대한 강렬한 지지가 있었다. 북한의 인민들은 김일성을 '세계 최강 제국주의 세력'인 미국과 대결하는 상징으로 여기며, 전쟁 상황이 불리해질수록, 미국 공군의 폭격에 의한 파괴가 심해지면 심해질수록 오히려 김일성을 중심으로 더욱더 결속하게 된다. 절체절명의 위기 속에서 민족을 구해줄 '구세주'를 바라는 민족주의적 본능이 김일성에게 투영된 것이다.

---

55 대표적인 것이 이종석의 '1949년 6월 질서론'이다. 남북로동당의 합당에서 남로당 계열이 부상해 김일성의 유일지도자 이미지가 묽어지는 현상이 나타났다는 것이다. 이종석, 『조선로동당연구』, 209~213쪽.

김일성은 비록 유엔군의 인천상륙작전 이후 패퇴하게 되고, 이후 중국군의 전쟁 개입 이후 구성된 연합사령부의 총사령관을 자신이 아닌 펑더화이가 맡으며 위기를 맞았지만 2선 후퇴를 당 장악의 기회로 만들어 냈다. 인민들의 여전한 지지 여론을 바탕으로 전쟁 실패의 책임을 묻는 형식을 통해 정적들을 제거해 나간 것이다. 첫 번째 제거 대상은 소련파인 허가이였다. 당 관리의 전권을 쥐고 소련식의 엘리트 전위 정당을 목표로 했던 허가이는 60만 당원 가운데 45만 명을 징계했는데, 김일성은 허가이를 관문주의자, 징벌주의자라고 비판하며 문책했다. 징벌 된 사람들을 구제하며 45만 명이 신규 입당하는 등 당원 수가 백만 명에 달하게 됐는데, 이는 김일성의 새로운 권력 기반이 되었다.[56]

허가이에 이어 조중연합사령부의 부사령관이자, 부정치위원이던 박일우를 내무상으로 좌천시켰다가 다시 체신상으로 밀어냈다. 전쟁 시기 연합사령부의 실질적인 2인자가 권력의 중추에서 아예 멀어진 것이다. 박일우는 연안파 출신으로, 조중연합사령부의 총사령관이던 펑더화이와의 친분을 배경으로 막강한 영향력을 발휘해 왔었다. 이 시기에 인민군 내 당원이 급증한 점도 주목된다. 휴전 당시 조선인민군 병력 숫자가 28만 4천여 명이었는데 그중 절반인 14만 명이 당원이었다. 군내 당원 수 증가 역시 김일성의 위상 강화로 이어지는 중요한 징표였다.[57]

이처럼 소련과 중국의 후원을 받던 허가이와 박일우가 권력에서 배제되고 김일성의 당 장악력이 높아지자, 김일성에 대한 충성도도 고양되게 된다. 1952년 4월 15일 김일성 탄생 40주년은 이러한 일련의 흐름을 잘 보여준다. 당 정치위원회는 각 직장, 학교, 인민군부대 등에서 김일성의

---

56 서동만, 『북조선 사회주의체제 성립사』, 선인, 2011, 392~397쪽. 농업담당 부수상으로 좌천된 허가이는 1953년 7월 자살한다.
57 서동만, 『북조선 사회주의체제 성립사』, 421~425쪽.

활동에 대한 보고, 강연, 담화, 해설 등을 조직할 것과, 출판물을 통해 김일성의 위대한 업적들을 반영하는 특집호들을 발간할 것 등 김일성을 찬양하는 일련의 조치를 결의했다.[58]

이처럼 김일성의 40회 생일을 맞아 '수령' 호칭은 공개적으로 개인숭배 현상을 동반하기 시작한다. "수령의 교시를 실천하기 위한 투쟁"이란 캐치프레이즈가 내걸렸고, 김일성 생가인 만경대에선 탄생 40주년 기념관이 건립됐으며,『로동신문』에는 최초의 김일성 전기인『김일성장군 략전』이 실린 가운데 박헌영까지 나서서 '경애하는 수령'의 만수무강을 축원할 정도로 수령이란 호칭은 사회적 담화로 굳어져 갔다.[59]

자신에 대한 충성도가 높아지고 권력 기반도 강화되자 김일성은 드디어 최대 관건이던 박헌영을 비롯한 남로당파 숙청에 나서게 된다. 1952년 12월 15일 제5차 전원회의에서 "자유주의적 경향들과 종파주의적 잔재들"에 대한 김일성의 비판 공격을 계기로 남로파에 대한 체포가 시작됐다. 박헌영도 예외일 수 없었다. 이들에겐 미제의 스파이란 죄목에 전쟁의 책임까지 덧씌워졌으며 미제의 군사작전에 호응하여 무장 폭동을 일으키고 정부를 전복해, 박헌영을 중심으로 미제국주의의 괴뢰정권을 조직하려 한 혐의까지 씌워졌다.[60]

최대 라이벌이었던 박헌영 제거로 김일성에겐 이젠 거칠 것이 없었다. 1952년 12월 5차 전원회의를 계기로 모든 정치세력이 공식적으로 김일성을 '수령'이라 부르게 되었다. 결국 전쟁이라는 극단적인 비상 상황 속에서 1인 권력 집중이 가속화되면서 당내에서 김일성에 대한 수령

---

58 조선로동당 중앙위원회,『결정집: 1947.8 - 1953.7 당중앙 정치위원회』, 54~55쪽. 조선로동당은 김일성을 "영광스러운 지도자이며 수령이며 조선로동당과 조선 민주주의 인민공화국의 창건자이며 조직자이며 조국의 독립과 자유를 수호하는 조국해방전쟁에서 승리의 조직자이며 고무자인 김일성 동지"라고 더 없는 찬양의 수식어를 사용했다.

59 이종석,『조선로동당연구』, 249~250쪽.

60 서동만,『북조선 사회주의체제 성립사』, 437~445쪽.

호칭이 일반화된 것이다. 권력 기반이 강화되면서 자연스럽게 개인숭배 분위기 역시 더욱 농후해졌다.

3) 개인숭배에 대한 차별적인 태도와 대응

(1) 마오쩌둥: 지속적인 '절제'

혁명과 내전, 그리고 건국 시기까지 개인숭배와 관련한 마오 카리스마의 가장 큰 특징은 '절제'와 '신중함'이다. 옌안정풍 시기를 거치며 당내 지도자들 대부분이 마오를 진심으로 우러르고 찬양하고 나섰지만, 그렇다고 해도 당시까지는 마오에 대한 숭배의 수위가 그리 높거나 과도한 것은 절대 아니었다.

무엇보다 비교적 겸손하고 신중했던 마오 본인의 태도가 큰 영향을 미쳤다. 1945년 7차 당대회 준비 기간 중 그는 반복해서 "신중함과 겸손, 오만하고 조급한 정서 경계"를 강조했다. 마오는 개인숭배 방비를 위해 주도적으로 자아비판을 통해 분위기를 다잡기도 했다. 그는 특히 "크고 작은 차이는 있지만 사람은 모두 착오를 범한다. 사람들이 나에 대해 만세를 부르지만 난 이제 52세다. 당연히 만세 불가능하다. 그렇게 불러서는 안 된다"라며 권위적인 체제와 시대였지만 민주적인 태도를 견지하려 노력했다.[61]

이 같은 신중함은 국민당과의 내전 시기, 또 내전 승리를 직전에 둔 시점에도 지속되었다. 마오는 1945년 8월, '마오쩌둥사상'을 아예 '마오쩌둥주의'로 바꿔 이를 학생들에게 주요 내용으로 가르치자는 화베이대

---

61 郭圣福·张昭国, 「论毛泽东对个人崇拜问题的认识变迁」, 『胜利油田党校学报』 第17卷, 第6期, 2004, 27쪽.

학의 총장 우위장(吳玉章)의 제안에 답신을 보내, "적절치 않다. 현재 '마오쩌둥주의'라는 건 없다. 그러니 '마오쩌둥주의'라 칭하는 것도 불가능하다. 학생들에게 주요하게 가르쳐야 하는 것은 맑스-레닌-엥겔스-스탈린의 이론과 중국혁명의 경험이다"라며 명확한 반대 입장을 밝혔다.[62]

마오는 또 "여기서 말하는 '중국혁명의 경험'이란 마오쩌둥 자신을 포함한 중국공산당원들이 맑스-엥겔스-레닌의 이론에 기초해 활동한 것으로, 당 중앙의 각종 노선과 정책에 반영되어 있는 것이다"라고 덧붙였다. 그러면서 특히 "일부 동지들이 간행물상에 나의 이름과 맑스-엥겔스-레닌의 이름을 병기해서, '맑스-엥겔스-레닌-스탈린-마오'라고 쓰고 있는데 이는 잘못된 것이며 실제에도 맞지 않고 백해무익한 것으로 반드시 거부되어야 한다"라고 강조하기까지 했다.

마오는 내전 승리가 좀 더 가까워진 1949년 3월에도, 전국적인 승리를 쟁취했다 해도 이는 "만리장성을 완주하는데 겨우 한 걸음 내디딘 것뿐"이라며 "반드시 동지들이 겸허하고, 신중하고, 오만하지 않고, 조급하지 않은 정서를 견지하도록 해야 한다"라고 거듭 신중한 태도를 요구했다. 이러한 마오의 신중함은 개인숭배에 대한 방비로도 이어졌다. 1949년 3월에 열린 '제7기 2중전회'는[63] 마오의 이러한 제안을 수용해, "오만함을 경계하는 데 전력을 다해야 한다. 이것은 지도자의 제1의 원칙이며 단결을 유지하는 중요한 조건이다. 큰 착오 없이 높은 성취를 달성했다 해도 오만하면 안 된다. 당의 지도자에 대한 축수를 금지하고, 지도자의 이름을 딴 지명이나 거리명, 건물 이름을 짓는 것 금지한다. 분투하는 정신을 유지하고 가공송덕의 현상은 제지해야 한다"라는 안을 의결했다.[64] 이는 이후 중

62 毛泽东,「致吴玉章」,『毛泽东书信选集』, 人民出版社, 1984, 303~304쪽.
63 '제7기 2중전회'는 '중국공산당 제11차 당대회, 중앙위원회 2차 전체회의'를 뜻한다. 이하 이 표기법에 따라 '제8기 5중전회', '제11기 3중전회'와 같이 표기한다.
64 毛泽东,「党委会的工作方法」,『毛泽东选集』第四卷, 人民出饭社, 1991, 1443쪽.

국공산당 당내 정치 생활의 가장 중요한 준칙으로 작용하게 된다.

이처럼 기본적으로 절제되고 신중한 태도를 견지했던 마오의 태도 이외에, 당시의 국제적인 정세의 변화도 마오에 대한 개인숭배를 억제하는 데 중요한 요인을 제공하였다. 일제의 패망 이후에도 중국공산당은 국민당과 중국의 운명을 건 내전을 앞두고 있었다는 점에서 더할 수 없이 신중할 수밖에 없었다. 특히 내전 승리를 위해서는 소련의 지원이 절대적이었는데, 당시 소련의 움직임은 중국공산당을 긴장시키는 것이었다.

일본제국주의 패퇴 이후의 동북아 전략을 고민하던 소련은 놀랍게도 중국공산당이 아닌 장제스(蔣介石)의 중화민국(中华民国)과 1945년 8월 '중소우호동맹조약'을 체결한다.[65] 이는 소련이 공산당이 아닌 국민당을 향후 중국 본토의 패권자로 인정하는 것이나 다름없는, 중국공산당으로서는 충격적인 것이었다. 중국공산당으로서는 같은 이념의 동지이자 절대적 후견인으로 여겼던 소련의 배반적 선택을 어떻게 봐야 했을까? 정말 신중하지 않을 수 없었을 것이다.

여기에 더해 중국으로서는 더욱더 긴장할 수밖에 없는 사회주의권의 내분 사태가 국민당과의 내전 시기에 발생해 어려움이 가중됐다. 1948년 하반기 사회주의 진영을 그야말로 경천동지할 충격에 몰아넣은, 소련과 유고의 충돌 사태가 발생한 것이다. 소련공산당은 그해 10월 유고공산당의 축출을 결의했다. 스탈린과 티토의 분열 원인은 유고공산당의 '민족주의 경향' 때문이었다. 소련은 유고의 주장에 영향을 받은 동유럽 사회주의 국가들의 "자기식의 사회주의의 길을 가자"라는 사상과 주장에 맞서 '소수 민족주의'와의 투쟁을 전개했다.

---

65 李盛平 主编, 『中国现代史词典』, 中国国际广播出版社, 1987, 121~122쪽. 중국공산당이 내전에서 승리하고 나라를 건국한 후인 1950년 2월에 가서야 소련은 공산당이 세운 '중화인민공화국'과 동맹조약을 체결한다. 『중국공산당사』, 267~268쪽.

마오는 이를 주의 깊게 지켜보았다. 당시에 국민당과 공산당 간엔 중국의 명운을 건 결전이 치열하게 전개되던 상황이었고, 중공은 소련의 전면적인 지지와 도움을 절대적으로 필요로 하였다. 이에 따라 소련공산당이 1948년 유고공산당과 민족주의를 비판할 때 중공은 이를 즉각적으로 지지하였다. 중공은 "티도 집단은 맑스–레닌주의의 일련의 기본관점을 위반했고 이것으로 인해 자본계급의 민족주의, 자본계급 정당의 구렁텅이로 떨어졌다"라고 강하게 비판했다.[66]

또 류사오치는 이해 11월 8일 『인민일보』에 글을 실어 "제국주의의 압박에서 벗어나 해방과 민족 독립을 보위하려는 모든 민족은, 소련과 세계 무산계급 그리고 공산당인의 도움을 받아야 한다는 것이 여전히 승리의 가장 중요한 조건이다"라고 소련의 입장을 확실하게 지지했다. 바로 이 같은 시기에 마오가 "마오사상의 선전 열기를 식히자"라고 수차례 제안했는데 어떤 고려에서 그랬는지, 그 목적은 무엇인지 소련과 유고의 충돌 사태에 대한 중국의 긴장감을 보면 좀 더 명확히 이해할 수 있다.

이처럼 옌안정풍 시기 조성되기 시작한 마오에 대한 개인숭배 분위기는 '마오쩌둥사상'을 당의 지도사상으로 결정하는 등 가일층 강화될 기세는 분명했으나, 누구보다도 마오 자신의 절제와 국민당과의 내전에 절대적 지원이 필요했던 소련과의 관계에서 중국공산당이 신중한 행보를 보이면서 억제 효과가 발생해 과도한 양상으로 전개되지는 않았다.

개인숭배에 대한 마오의 이러한 신중하고 절제된 행보는 건국 초기에도 지속되었다. 앞서의 설명처럼 건국의 열기와 흥분 속에 전국 각지에서 마오를 기리는 동상 요구가 빗발쳤으나 마오는 "동상을 세우는 것은 좋지 않은 영향 미친다. 동상을 세워서는 안 된다"라며 어느 것 하나 허

---

66 沈志华, 「中共八大为什么不提毛泽东思想」, 『历史教学』 2005年 12期, 7쪽.

락하지 않았다. 또 마오의 고향에서 마오의 옛집을 정비하고, 집 앞에 길을 내는 등 사실상 성역화하겠다는 계획에 대해서도 마오는 후난성의 창샤(長沙)지방위원회와 상탄현(湘潭縣)위원회에 직접 편지를 써서 철회를 지시하기도 했다.[67]

비록 당시 마오가 "나를 숭배하지 말라"라고 직접 말하지는 않았지만, 숭배를 이용하려거나 고무시키지도 않았다. 사실 이 시기엔 마오에 대한 존경심과 경외심이 자발적이고 너무나 압도적인 분위기를 형성하고 있어서 그럴 필요도 없는 상황이었다. 앞서 보았듯이 건국의 기쁨에 흥분했던 중국 인민들의 요구를 마오가 수용했다면 천안문광장은 물론 전국적으로 마오의 동상이 넘쳐났을 가능성이 컸다.

1953년 3월 스탈린의 사망도 중공과 마오의 행보에 큰 영향을 미쳤다. 이 당시 이미 소련 당내에 스탈린 이후를 노리는 권력투쟁이 진행되는 과정에서 개인숭배 비판 움직임도 일고 있었기 때문이다. 비록 1956년 흐루쇼프의 '스탈린 개인숭배 비판' 연설이 있기까지는 개인숭배 비판이 아직은 낮은 단계에서 전개되고 있었지만, 사회주의 국가의 여타 지도자들처럼 마오로서도 소련에서의 개인숭배 비판의 불똥이 자신에게 번지는 것을 경계하지 않을 수 없었던 상황이어서 당시엔 그런 오해를 받지 않는 게 우선적인 과제였다.

1953년 8월 마오는 제2차 전국재경회의 연설에서 겸허하고 신중한 정신의 필요성을 다시 제기하며 1949년 7기 2중전회에서 처음 규정했던 "지도자에게 축수하지 않는다, 지도자 이름을 딴 지명을 짓지 않는다, 맑

---

67 郭圣福·张昭国, 「论毛泽东对个人崇拜问题的认识变迁」, 『胜利油田党校学报』 第17卷 第6期, 2004, 28쪽. 이는 북한과 선명하게 대비되는 지점이다. 북한은 이미 1946년 초반부터 김일성 찬가를 만들고 김일성 동상을 세웠으며, 김일성 생가는 '만경대'라는 이름으로 성역화하였다.

스, 레닌, 스탈린은 우리의 선생들이고 우리는 학생이다"라는 겸허한 자세를 다시 한번 강조했다.[68]

1954년 제정된 첫 헌법을 '마오쩌둥헌법'으로 하자는 제안에 대해서도 마오는 "헌법은 과학적으로 제정되어야 한다. 우리는 과학 이외의 어느 것도 믿지 않는다. 미신을 믿지 말라"라고 말하며 거절했는데 이러한 행보도 바로 이 같은 신중함의 연장선상에서 나온 것이다.[69] 그만큼 내전 승리, 새로운 국가건설을 통해 확립된 마오의 카리스마는 그런 여유를 가져도 넘치는 엄청난 것이었다.

(2) 김일성: 개인숭배 '질주', '영웅형상화 논쟁'

소련군정의 '김일성 영웅 만들기' 작업과 이에 동반된 김일성 '개인숭배 작업'으로 김일성 우상화는 이른 시기부터 매우 강력하게 진행되었다. 이는 마오쩌둥을 드러내기 위한 어떠한 개인숭배 작업도 불허하던 중국공산당의 해방 초기 행보와는 확연히 구분되는 지점이다. 중국공산당은 일제의 패망 이후에도 장제스 국민당과의 내전을 앞두고 있었지만, 북한은 당장 소련 군정 아래에서 새로운 국가권력의 핵심을 차지하기 위한 각 정치분파 간의 치열한 권력투쟁에 돌입한, 매우 다른 정치적 환경에 처해 있었다.

이런 상황에서 소련군정의 지원 아래 불과 수개월 만에 김일성이 권력의 정점으로 올라서자 1946년 초반부터 그에 대한 개인숭배도 거침없이 추진되었다. 핵심은 '김일성'의 이름을 기념하는 여러 가지 방식으로 영웅화하는 것이었다. 「김일성장군의 노래」가 만들어지고 '김일성대학'이 문을 열었으며, 김일성이 태어난 집은 '만경대'로 이름붙여져 혁명사적지

---

68 齐得平, 「中共八大未提'毛泽东思想'的若干情况」, 『中共党史研究』 第5期, 1996, 74~75쪽.
69 林源, 「毛泽东与个人崇拜问题探析」, 『学海』, 1999, 77쪽.

로 지정됐고, 그 주변엔 만경대 혁명학원이 문을 열었고 이곳에 처음으로 '김일성 동상'이 세워졌다.

김일성은 한국전쟁 기간 중 최대 정적이었던 박헌영마저 제거해 권력 기반을 확실하게 다지게 됐는데, 이처럼 전쟁은 '카리스마 리더십'에 개인숭배까지 고양시키는, 권력장악의 가히 결정적인 전환점이 되었다. 그리고 전쟁의 형세 변화와 함께 1951년 초반부터 치열하게 일었던 '영웅형상화 논쟁'을 들여다보면 이 전쟁 시기가 김일성 유일사상체계 구축 과정에서 얼마나 중요했던 시기였는지, 또 이 시기를 통해 김일성 개인숭배 강화의 기반을 얼마나 확실하게 다졌는지를 가늠해 볼 수 있다. 특히 문학 분야에서 진행된 이 '영웅형상화 논쟁'의 결과는 이후 유일사상체계 구축 과정에서 어떻게 문학과 문학인이 동원되었는지를 미리 엿볼 수 있게 한다는 점에서 매우 시사적이다.

북한의 문학인과 한국전쟁 시기의 '영웅형상화 논쟁'

	주요 주장	주요 참여 문학인
김일성계 문학인	김일성이 애국심의 원천	한설야, 한효, 안막, 이찬, 이기영, 엄호석, 안광함
박헌영계 문학인	조선로동당과 인민민주주의 제도가 애국심의 원천	이태준, 김남천, 임화, 이원조, 조일명

※배개화, 「당, 수령, 그리고 애국주의: 이태준의 경우」, 170~179쪽 참조

전쟁 시작과 함께 북한의 문학인들도 전쟁에 뛰어들어 선무공작과 선전사업에 참여하였다. 당시 문학인들은 크게 두 부류로 나눠 볼 수 있는데 먼저 소련공산당 선전, 선동의 주요 테마였던 '사회주의적 애국주의'를 현지 기행 등을 통해 학습한 뒤 이를 '고상한 리얼리즘', '고상한 애국주의'로 노선화 한 이찬, 이기영, 한설야 등이 대표적이다. 이들은 스탈

린에 대한 개인숭배를 활용하여 김일성을 조선의 유일한 지도자이자 영웅, 애국자로 선전하였다.[70]

또 한 부류는 이른바 박헌영계 문학인들이었는데 이들은 김일성 계열 문학자들과 비교해 "애국심의 원천은 당에 대한 신뢰, 국가와 주민에 대한 사랑이 되어야 한다"라고 주장하는 등 사회주의 이론에 더 원칙적으로 충실한 노선을 견지하던 문인들이었다. 이들의 노선은 이후 '김일성' 개인보다는 '당'을 우선시해야 한다는 주장들로 나타나게 된다. 이러한 노선을 견지한 문학인들로는 이태준과 이원조, 임화 등이 대표적이다. 두 노선의 대립적 성격은 해방 정국 초기 북한의 정치 지형을 생각할 때 정치적인 갈등으로 비화 될 소지가 다분한 것이었다.[71]

전쟁이 북한의 기습으로 파죽지세로 유리하게 전개될 시기엔, 이들 두 그룹 간의 이견이 드러나지 않았다. 전쟁이 김일성의 계획대로 곧 승리할 것처럼 보이자, 내각 수상이자 조선로동당 위원장, 조선인민군 총사령관으로 전쟁을 이끌던 김일성을 찬양하는데 선전의 초점이 맞춰졌다.

한국전쟁 초기 '공화국 영웅' 훈장을 받은 장교와 병사를 찬양하는 르포르타주 문학이 다수 생산됐는데, 이들은 "공화국 영웅들이 김일성을 본받고자 하는 마음에서 영웅적인 전투를 하는 것으로 묘사"되었다. 두 권으로 제작된 『영웅들의 전투기』가 대표적이다. 엄호석과 안광함 등 비평가들도 "김일성이 가장 걸출한 애국심의 전형"이라거나 "북한 주민들로부터 우러나는 애국심의 원천이 김일성이기 때문에 그를 형상화하는 것 자체가 고상한 애국주의 사상을 고양하는 것"이라는 방향성을 제시했다.[72]

---

70 배개화, 「북한 문학자들의 소련기행과 전후 소련의 이식」, 『민족문학사연구』 50, 2012, 394~396쪽.

71 배개화, 「당, 수령, 그리고 애국주의: 이태준의 경우」, 『한국현대문학연구』 37, 2012, 169~170쪽.

72 배개화, 「한국전쟁기 북한문학의 '애국주의' 형상화 논쟁」, 『민족문학사연구』 70, 2020, 148~150쪽.

그러나 역전된 전쟁의 형세가 곧바로 영향을 미쳤다. 1950년 9월 15일 유엔군의 인천상륙작전으로 전세가 뒤집어져 인민군이 패주하기 시작하자 조선로동당 내에서도 김일성에 대한 비판이 일기 시작했으며 특히 너무나 무기력하고, 무질서한 철수와 후퇴에 당 조직과 정치 교양 노선에 대한 비판 여론이 조성되었다. 더구나 중국이 인민지원군 형식으로 전쟁에 참여하고 '조중연합사령부'를 구성해 펑더화이를 최고사령관에 앉히며 군사지휘권까지 가져가자, 김일성의 위상은 크게 흔들리게 되었다. 더구나 스탈린까지 나서서 조선로동당 지도부 개조를 권고하면서 선전선동 분야에도 중대한 변화가 생겼는데, 조선로동당 안에 '조선인민군 총정치국'을 신설해 박헌영에게 책임을 맡긴 것이었다.[73]

이러한 변화 가운데 새로운 소련의 고문이자, 전권대사로 임명된 라주바예프 중장의 방침에 따라 문학단체의 재정비도 이뤄졌는데 여기에서도 기류변화가 감지되었다. 북조선문학예술총동맹과 남조선문화단체총연맹이 통합되어 탄생한 '조선문학예술총동맹(문예총)'은 김일성계의 한설야가 위원장을 맡긴 했으나, 문예총 부위원장과 산하의 조선문학동맹 위원장을 맡은 이태준 외에 김남천, 이원조 등 남로당 계열로 구분되는 문학자들이 주요 간부로 임명돼 김일성 지지자들이 장악한 선전선동 분야에 박헌영의 영향력이 미칠 조건이 마련되었다.[74]

특히 소련이 인민군의 사상적, 정치적 수준에 대해 강하게 비판하고, 조선에서의 계급투쟁과 맑스-레닌주의, 당의 지도력의 중요성을 강조하면서, 전쟁이 압도적으로 우세하던 시기엔 이견 없이 진행되던 '김일성을

---

73 서동만, 『북조선 사회주의체제 성립사』, 선인, 2011, 413~417쪽.

74 배개화, 『해방 후 8년간의 북한문학의 형성과 전개』, 역락, 2024, 226~228쪽. 1951년 3월 조선문학예술총동맹이 발족했는데, 위원장은 김일성 계열의 한설야였고 부위원장은 박헌영 계의 이태준, 조기천이 맡았다. 한설야는 『김일성장군 인상기』, 『력사』, 『우리의 태양』, 『혈로』 등을 통해 누구보다도 김일성 영웅만들기에 앞장섰던 인물이다. 이태준은 북한의 토지 개혁을 높이 평가하고 소련 기행을 통해 소련식 사회제도의 우월성을 확신한 뒤 월북한 소설가로 토지개혁을 다룬 『농토』, 국경수비대원을 다룬 『38선 어느지구에서』 등을 남겼다.

애국심의 원천'으로 묘사하는 선전, 선동 방식에도 일정한 기류 변화가 조성되기 시작했다. 문학단체 재정비에도 개입한 소련은 '총정치국장' 박헌영에게 전반적인 정치사상 교육에 대한 책임까지 맡겼다.[75] 결국 전쟁의 형세 변화가 김일성을 중심에 둔 선전, 선동 방식에도 변화의 가능성을 제기한 것인데, 실제 이후 이런 변화된 분위기를 반영한 소설들이 출간되게 된다.

1951년 5월에 『문학예술』이 다시 출간되었는데 여기 실린 소설에서 조선인민군의 '일시적 전략적 후퇴'의 책임에 대한 김일성과 박헌영의 의견 차이와 '고상한 애국주의' 선전 방식에 대한 노선 차이가 노출되었다. 대표적인 작품이 조선문학동맹 서기장을 맡고 있던 김남천의 「꿀」과 현덕의 「복수」, 박찬모의 「수류탄」 등이다.

「꿀」은 낙오했던 인민군 병사가 한 노파가 준 꿀을 먹고 원기를 회복해 전선으로 복귀한다는 게 주 내용인데, 문제는 이 노파가 준 꿀이 남로당 유격대원으로 나가 있는 손자를 위해 준비해 뒀던 것이라는데 있었다. 김일성이 아닌 '남로당 유격대'를 매개로 인민군 병사가 다시 힘을 얻은 것이다.[76] 박찬모의 「수류탄」은 유엔군의 서울 탈환을 저지하려는 서울 사람들의 투쟁을 소재로 한 것인데, 여기에서도 이들의 '영웅성'과 '애국심'이 해방 이후의 조선공산당과 남조선로동당의 지도하에 남한에서 전개된 빨치산 투쟁의 경험과 '인민민주주의 제도'에 대한 믿음에서 나온 것으로 묘사되고 있다.[77] 이러한 내용들은 다른 영웅전투기들이 김일성을 닮고자 하는 마음을 전투 영웅이 발휘하는 영웅심의 원천으로 묘사했던 것과는 거리가 있었다.

---

75 라주바예프, 『6.25전쟁 보고서』 제2권, 국방부 군사편찬연구소, 2001, 78~83쪽.
76 배개화, 「당, 수령, 그리고 애국주의: 이태준의 경우」, 177쪽.
77 배개화, 『해방 후 8년간의 북한문학의 형성과 전개』, 228~230쪽.

이들 소설이 나온 뒤 얼마 지나지 않은 1951년 6월 김일성은 "문학예술이 애국심을 고취하는 것, 영웅적 인물을 그려내는 것에 집중해야 한다"라는 「교시」를 내리게 된다. 그러면서 김일성은 "문학, 예술계의 분파적인 행동 경향과 철저하고 무자비한 투쟁을 전개할 것"을 주문하고 나섰다.[78] 이에 김일성 숭배주의자였던 문예총위원장 한설야는 북한 문학에 대한 김일성의 영도적 역할을 강조하면서 전쟁 영웅 형상화에 대한 그의 「교시」를 충실히 실천할 것을 주장하였다.

영웅형상화의 방법과 내용에 대한 두 계열 간의 대립과 갈등은 갈수록 커졌다. 1951년 10월 문예총이 「영웅형상화에 대하여」라는 주제로 연구회를 개최했는데 여기에서 또 갈등이 노출되었다. 박헌영 계열의 이원조는 "애국주의의 토대는 국가 제도의 우월성, 국가의 시책에 있다. 이 우월성은 혁명적 당, 곧 조선로동당에서 기인한다"라며 김일성과 당을 동일시하는 것에 반대했다. 이에 대해 문예총위원장 한설야는 "작가들은 애국주의의 전형, 즉 김일성에 의해 고취되는 영웅들의 애국심을 그려야 한다"라고 재차 주장하였다.[79]

이후 김일성이 '문학자들의 사상성'을 문제 삼고 나오자, 김일성 계열의 문학가, 비평가들이 남로당 계열 작가들을 부르주아 사상가로 몰아가는 등 공세는 더욱 거세졌다. 한설야 등 김일성 계열 문학자들은 박헌영 계열 문학자들이 김일성의 「교시」조차 무시한다며 이들을 '부르주아 사상가'로 몰아가기 시작했고, 평론가 엄호석은 『로동신문』에 「우리문학에 있어서의 자연주의와 형식주의 잔재와의 투쟁」을 발표하며, 앞서 소개된 김남천의 「꿀」과 현덕의 「복수」를 대표적인 부르주아 문학으로 비판했다. 그러나 이원조 등 남로당계 문학가들도 자신들의 주장을 『로동신문』과

---

78 김재용, 「북한의 남로당계 작가 숙청」, 『역사비평』, 역사비평사, 1994, 333~334쪽.

79 배개화, 「당, 수령, 그리고 애국주의: 이태준의 경우」, 177~178쪽.

『인민』 등 신문과 잡지에 기고하며 맞서면서 갈등은 더욱 첨예화됐다.[80]

그러나 1951년도의 이처럼 치열했던 영웅형상화 논쟁은 김일성이 허가이와 박일우를 문책해 당과 군대를 장악해 나가고, 이를 기반으로 박헌영의 남로파까지 숙청하면서 정국의 변화와 함께 김일성 계열의 주장이 득세하는 결과로 귀결된다. 그리고 논쟁의 한편에 섰던 박헌영 지지 계열 문학인들은 남로파와 똑같은 정치적 운명을 맞게 된다.

박헌영에 대한 비판이 시작된 1952년 12월의 제5차 전원회의를 기점으로 박헌영 계열 문학자들에 대한 비판도 시작되었다. 비판의 핵심은 "영웅형상화와 관련하여 당의 문예노선에 반대하였다", "이 모든 잘못은 그들이 부르주아 사상을 갖고 있기 때문이다"는데 모아졌고, 이태준도 비판의 중심 대상에 있었다. 이태준이 비판받은 작품들은 모두 애국심의 원천을 당에 대한 신뢰, 가족과 조국에 대한 사랑, 원수에 대한 복수심 등으로 묘사한 것들로 결국 이태준을 비롯한 박헌영 계열 문학가들이 영웅형상화에 대한 김일성의 경고를 무시한 것이 숙청의 근본 원인이었음을 잘 보여준다.[81]

해방 직후 인민민주주의 제도가 다른 사회제도보다 우월하다고 생각하고 문학보다 국가건설이 우선이라고 생각해 월북까지 했던 이태준으로선 애국심의 원천도 김일성 개인에 대한 존경이 아닌 "북한 사회제도의 우월성과 이를 영도하는 당에 대한 신뢰"라고 믿었다. 그런 그가 문예총 부위원장에 조선문학동맹 위원장까지 맡고 있어서 김일성 중심의 문학정책을 전개하는데 방해가 되었던 것이다.

---

80 배개화, 『해방 후 8년간의 북한문학의 형성과 전개』, 241~243쪽.
81 조선작가동맹 위원장이던 이태준은 1953년 초부터 『누가 굴복하였는지 보자』, 『백배천배』, 『미국대사관』 등의 작품에 대해 "인민군과 북한 주민들의 사기를 떨어뜨리는 문학 작품을 창작하여 북한의 전쟁 수행을 방해하려 하였다"라는 비판을 받았다. 이 작품들은 모두 "애국심의 원천을 조선로동당에 대한 신뢰, 가족과 조국에 대한 사랑, 그리고 원수에 대한 복수심으로 묘사"하고 있다. 결국 '영웅형상화 논쟁'의 결과가 적용된 것이다. 배개화, 「당, 수령, 그리고 애국주의: 이태준의 경우」, 199~200쪽.

결국 전쟁 시기에 이 두 그룹 간에 전개된 '영웅형상화 논쟁'은 김일성을 애국주의와 애국심의 원천으로 봐야 한다는 문학 지형의 정치적 승리로 이어졌으며, 이후 북한 문학에선 사회주의나 인민민주주의 제도의 우월성이나 가치, 당 중심의 중요성 등에 대한 주장과 서술은 찾기 어렵게 됐다. 이러한 '영웅형상화 논쟁'의 결과는 향후 이어질 문학을 매개로 한 '김일성 중심의 역사 서술'의 맹아가 이미 이 전쟁 시기에 마련됐음을 보여주는 매우 상징적인 사건이라 할 것이다.

4) 카리스마체제 구축과 그 특징

(1) 중국, '통합적'인 권력 분파의 조화

마오쩌둥 카리스마의 구축 과정은 '대장정'의 분기점이 된 1935년 1월의 '준이회의' 전후의 역사를 다시 한번 간략히 정리해 살펴보면 매우 분별력 있게 이해할 수 있다. 마오는 분명 준이회의 이전 시기에 이미 주요 지도자 가운데 한 명이었지만, 당을 주도적으로 이끄는 핵심 지도자는 아니었다.

1921년 중국공산당 창당 이후 당을 사상적으로 이끌어온 지도자는 천뚜수(陈独秀)와 리다자오(李大钊)였고, 조직적으로는 천뚜수가 당의 대표격인 정치국 제1서기, 총서기 등을 맡아 1927년 초 제5차 당대회까지 이끌었다. 중국공산당 초기 핵심 노선은 맑스-레닌주의의 이론에 충실한 '노동자 계급 강화와 도시 봉기를 통한 혁명의 승리'였다.[82]

그러나 제1차 국공합작을 파탄 낸 장제스의 상하이 쿠데타로 공산

---

82 모리스 마이스너, 김수영 역, 『마오의 중국과 그 이후 1』, 이산, 2006, 46~47쪽.

당은 치명적 타격을 입었고, 이후 난창, 후난, 후베이, 광동, 장시 등지에서 도시 봉기와 추수 봉기를 시도했으나 모두 실패하고, 결국 마오 주도로 장시성의 후미진 '징강산(井冈山)'에 어렵게 혁명근거지를 마련하게 된다.[83]

중국공산당은 이후에도 리리싼(李立三), 왕밍(王明) 등이 당을 주도적으로 이끌었으나 원칙적인 도시봉기론에 집착하며 실패를 거듭했다. 특히 소련 유학파를 중심으로 결성된, 이른바 '볼세비키28인'의 대표 격이었던 왕밍이 코민테른의 지원으로 중공 정치국 상무위원으로 당을 장악한 1931년 이후 당은 더 좌경 모험주의에 빠졌고 이 과정에서 왕밍과 마오의 갈등도 커져 마오가 후방사업을 하는 한직으로 밀려나기도 했다.[84]

그러나 결국 1933년 9월부터 시작된 장제스 국민당의 제5차 포위토벌을 견디지 못하고 공산당은 패주의 길을 걷게 되는데 이것이 바로 후일 '대장정'이라 이름 붙여진 처절한 생존 투쟁이었다. 대장정 초기에도 중공은 군사전략에서 '게릴라전' 중심을 주장하는 마오와 저우언라이 등의 의견이 무시되고 전면적 진지전을 주장하는 코민테른 군사고문 오토 브라운의 견해가 채택되었지만, 결과적으로 패주의 연속이었다.

그리고 대장정 시작 3개월여 후인 1935년 1월 궤이저우성 준이시에서 열린 회의에서 드디어 전략상 그리고 조직상의 대전환이 이뤄지게 된다. 당시 코민테른에 나가 있던 왕밍의 대리인 격으로 당을 이끌었던 보꾸(博古)와 군사전략을 이끌었던 오토 브라운이 해임되고 정치위원으로

---

83 廖蓋隆 편, 정석태 역, 『중국공산당사』, 104~106쪽. 마오는 이 징강산에서 이후 중요한 역할을 할 인물들을 여럿 만나게 된다. 1928년 봄 주더, 천이가 이끄는 난창봉기 잔여 부대가 징강산에 들어왔으며 또 곧이어 펑더화이도 이곳에 합류하게 된다.

84 廖蓋隆 편, 정석태 역, 『중국공산당사』, 132~134쪽. '볼세비키28인'은 1929년 모스크바 중산대학(中山大学)에서 결성된 중국유학생 조직으로, 왕밍을 대표로 보꾸(博古), 장원텐(张闻天), 왕쟈샹(王稼祥), 양상쿤(杨尚昆), 션저민(沈泽民) 등 모두 28인이 구성원이다. https://baike.baidu.com/item/%E4%BA%8C%E5%8D%81%E5%85%AB%E4%B8%AA%E5%8D%8A%E5%B8%83%E5%B0%94%E4%BB%80%E7%BB%B4%E5%85%8B/2098429?fr=ge_ala(검색일: 2024.7.1).

임명된 마오와 저우언라이, 왕쟈샹(王稼祥) 3인이 군사지휘소조를 구성해 전군을 책임지도록 한 것이다.[85]

마오는 이 준이회의를 통해 당의 '조직'과 '군사' 부문을 장악한 것으로 평가된다. 비록 왕밍이 1937년 말 코민테른 집행위원의 신분, 다시 말해 소련의 후방지원을 배경으로 다시 중국으로 돌아와 마오의 전략에 반대하며 다시 갈등을 빚지만 1938년 9월 들어 코민테른이 "중공은 마오쩌둥을 수뇌로 지도 문제를 풀어야 한다"라며 마오의 지도권을 인정하면서 마오는 '사상' 부문까지 장악하는 명실상부한 당의 지도자의 지위에 오르게 된다.[86] 그리고 이 같은 마오의 위상은 이후 한 번도 내려가지 않았다.

마오의 이러한 부상 과정을 통해 몇 가지 중요한 특징을 살펴볼 수 있다. 마오 카리스마체제의 주요한 특징 중의 하나는 마오의 활동 무대가 처음부터 끝까지 중국공산당이라는 하나의 틀 내에서 전개됐다는 점이다. 즉 1921년 창당 때부터 참여해서 1949년 '중화인민공화국' 건립 때까지 30년에 이르는 시기를 공산당 내에서 활동하면서 당내의 노선, 사상투쟁을 거치며 성장해 왔다는 점이다. 그리고 그 과정에서 각 정치적 분파와 협력하거나 때로는 갈등하면서 지도자의 위치에 올랐던 것이다.

바로 이러한 점에서 마오의 카리스마체제 구축의 매우 중요한 특징을 확인 할 수 있다. 그것은 마오 카리스마체제는 정치적 분파들의 '동의'에 기초하고 있다는 사실이다. 다시 말해 당내의 권력투쟁은 치열했지만, 그 과정은 각종 회의와 토론, 사상투쟁 등을 거치며 책임자를 선출하고 정책을 결정하는 '절차적 정당성' 등, '최소한의 합리성'에 기반하고 있었

---

85 廖蓋隆 편, 정석태 역, 『중국공산당사』, 139쪽.
86 廖蓋隆 편, 정석태 역, 『중국공산당사』, 170쪽. 당시 중공은 제6기 6중전회를 열고 있었는데 회의 도중 장원톈이 코민테른의 전보를 전달하면서 이 같은 내용이 확인되었다. 중공은 곧바로 마오를 대표로 한 중앙정치국 노선을 비준했다.

다는 점이다. 이는 막스 베버가 언급했듯이 '카리스마 리더십'에도 필요했던 '권위의 정당성'을 획득하고 있었다는 점과 연결된다.[87]

특히나 소련이 일본과의 전략적 과정을 고민하면서 마오중심의 노선 인정을 미루다가, 결국 왕밍이 아닌 마오의 손을 들어주는 방식으로 '동의'하면서 마오 카리스마체제는 더욱 현실적인 '합리성'을 확보해 나갔다.

이러한 '동의' 구조하에서 마오와 다른 정치적 분파에 속해 있던 인사들 가운데 많은 사람들이 마오 지지로 돌아서게 된다. 리리싼을 도와 1922년 장시성 안위앤(安源)의 철도, 광산 파업을 주도했던 류사오치는 준이회의 이후 적극적인 마오 지지자가 되었고, 왕밍이 대표하던 소련유학파, 이른바 '볼셰비키28인'에 속해 있던 왕쟈상과 장원텐(张闻天)도 준이회의를 계기로 마오 지지 세력이 되었다.

반면 마오의 농촌 중심 전략을 끝까지 반대했던 천뚜수는 당에서 제명되어 당을 떠났고, 리리싼은 자신이 강력하게 주도했던 도시 봉기가 실패하자 오류를 인정하며 스스로 물러났으며, 마오의 권위를 끝내 인정하지 못한, 창당 때부터 주요 지도자였던 장궈타오(张国焘)는 장제스에게 투항하는 등 정치적 반대파들도 자연스럽게 정리되었다.[88]

1945년 '옌안정풍운동'을 성공적으로 마무리하고 열린 제7차 당대회 분위기를 보면 '마오 중심'이 얼마나 확고히 자리 잡았는지 판단할 수 있

---

[87] 막스 베버, 琴鍾友·全男錫 역, 『支配의 社會學』, 22쪽; Max Weber, 「Types of Authority」, 232쪽. 엘리트 독재가 불가피했던 사회주의 사회, 특히나 '혁명의 시대' 사회주의를 지향하는 조직의 '합리성'과 '절차적 민주주의'는 자유로운 경쟁에 기초한 선거제도를 기본으로 하는 민주주의 체제와 비교하면 그 한계가 매우 뚜렷한 것이다. 여기서 말하는 '최소한의 합리성'은 그러한 체제와 이데올로기가 규정하고 있는 '집단지도체제의 정신'이라든가 '민주집중제'라는 규칙에 기반한 '최소한'을 말하는 것이다. 중국과 북한의 카리스마체제의 '권력 분파'의 특징들은 바로 이런 지점에서 비교 가능하다.

[88] 장궈타오는 1921년 중국공산당 창당 멤버 중의 한 명이다. 대장정 과정에서 발생한 마오와의 갈등을 끝내 극복하지 못하고 1938년 4월 국민당에 투항했다. 이후 1949년 영국령 홍콩으로 이주했다가 1968년 캐나다로 이주했고, 그곳에서 1979년 11월 사망했다. 李盛平, 主编, 『中国现代史词典』, 国际广播出版社, 1987, 529~530쪽.

다. 당의 주요 지도자들은 마오에 대한 존경과 찬양의 마음을 감추지 않았는데, 저우언라이는 "가장 중요한 것은 우리는 여전히 우리 당의 영수 마오쩌둥 동지의 영명한 지도에 의지해야 한다는 점이다"라며 "마오쩌둥 동지 만세!"를 외쳤고, 홍군 총사령관이었던 주더 역시 "지난 24년의 역사는 우리 당의 영수 마오쩌둥 동지의 지도가 완전히 정확했다는 걸 증명하고 있다"라며 역시 마오 만세를 불렀다. 이후 마오의 개인숭배를 비판하기도 하는 펑더화이 역시 이때는 마오 찬양에 나섰고 천이(陈毅), 런삐스(任弼时) 등 누구 하나 예외가 없었다.[89]

이처럼 하나의 당내에서, 30년에 가까운 장구한 세월 동안 생사를 넘나드는 고초를 함께 겪으며 동지적 유대관계를 키워온 공산당 지도자들은 마오의 압도적인 권력 장악에 전적으로 '동의'했으며 이렇게 구축된 카리스마체제는, 1949년 새로운 국가가 건립되면서부터는 매우 '통합적'인 리더십으로 연결되게 된다.

중국공산당 창당 이후 '중화인민공화국' 건립까지의 30년 가까운 시기는, 대장정이라는 절체절명의 생존 위기와 장제스의 토벌, 일본 제국주의와의 대결, 국민당과의 내전 등 한 번도 승리를 장담할 수 없는, 한 치 앞의 미래도 내다보기 어려운 시간의 연속이었다. 바로 이 때문에 마오는 인재와 군사력을 중시하면서 '숙청'의 방식에서도 매우 '타협적'인 방침을 세우게 된다. 중국공산당이 20여 년의 투쟁을 마무리하며 내놓은, 이후 정책 방향의 매우 중요한 가늠자가 된 1945년의 「역사결의」에는 이러한 상황과 마오의 생각이 잘 담겨 나타나고 있다.

중공은 이 결의에서 천뚜수와 리리싼 개인에 대한 비판과 공격이 당시에 지나쳤다며, "이전의 과오는 뒷날의 경계로 삼고, 병을 고쳐 사람

---

89 李继华, 「中国七大对毛泽东的个人崇拜述论」, 『Journal of Binzhou Education College』 Vol.6, No.2, 2000, 7~8쪽.

을 구한다(懲前毖后, 治病救人)"라는 원칙하에, 앞으로는 "자기 잘못을 인정하고 고치기 시작한 사람은 편견 없이 환영"하고, "자기 잘못을 인정하고 고치지 못하는 사람일지라도 더 이상 잘못을 범하지 않으면 동지적 태도로 그가 잘못을 고치는 데 도움을 줘야" 한다고 강조했다. 당시 중공은 이러한 방식을 '마오쩌둥 동지의 방침'이라고 규정했다.[90]

그리고 이러한 방침은 1956년 마오의 의해 다시 한번 재확인되었다. 마오는 정치국 확대회의에서 「10대관계를 논함」이라는 연설을 했는데, 여기에서 9번째로 제시한 "옳고 그름의 관계" 부분에서 "사람은 많으면 많은 대로, 적으면 적은 대로 누구나 착오를 범한다. 착오를 범하면 도와야 한다. 그렇지 않고 이를 즐긴다면 이것이 바로 종파주의다"라고 지적하며 착오를 범한 사람들에 대한 '포용적인 대응 방침'이 일시적인 것이 아님을 재확인했다.[91]

바로 이렇게 구축된 '통합적' 리더십 아래에서 1959년 마오와 펑더화이가 충돌할 때까지 중공 내부엔 주요 지도자 간에 치명적인 갈등이 드러나지 않았다. 그리고 이러한 '포용적'인 방침 덕에 이후 마오와 실무 정책진 간의 갈등과 충돌, 그리고 여러 차례의 숙청 과정에서도 '정치적 반대파'에 대해 상대적으로 '타협적'인 대응 분위기가 가능했던 것으로 분석되고 있다. 바로 이 지점이 북한과 상당히 비교되는 차별적인 것이다.

(2) 북한, '분산적'인 권력 분파의 갈등 구조

중국의 마오 카리스마체제는 이처럼 중국공산당이라는 하나의 당내에서 장구한 세월을 거치며 '마오 중심'으로 자연스럽게 권력 분파들이 통합

---

90 「关于若干历史问题的决议」, 『毛泽东选集』 第三卷, 996~997쪽.

91 毛泽东, 「论十大关系」, 『建国以来重要文献编』 第8册, 260~261쪽.

된 리더십 아래 모여 구축된 것이지만, 김일성은 이런 기회조차 갖지 못했다. 무엇보다 한반도가 식민지로 전락하면서 공산주의 운동이든 항일투쟁이든 각지에 흩어져서 산재한 형태로, '분산적'으로 진행됐기 때문이다.

후일 만주파로 불리는 김일성 중심의 항일유격대는 동만주를 중심으로 활동하다 1940년말 일제의 탄압을 피해 러시아로 넘어갔는데, 김일성의 명성을 높인 1937년의 보천보 전투를 준비하며 함남지역의 '한인민족해방동맹'과 연계를 맺는 등 국내적으로도 일부 협력관계가 확인되기는 하나 활동의 폭은 그 정도에 머물렀다.[92] 김일성이 주보중(周保中) 등 동북항일연군 지도급 인사와 소련 당국으로부터도 높은 평가를 받았지만, 그럼에도 김일성의 위상은 동북항일연군이라는 중국공산당 산하 조직의 중간 리더에 불과했기 때문에 활동의 폭과 영향력은 매우 제한적일 수밖에 없었다.[93]

1925년 서울에서 조선공산당을 주도적으로 결성하는 등 국내 공산주의운동의 대부격이었던 박헌영 역시 조선공산당 재건에 실패하고, 더군다나 코민테른이 지나친 파벌 투쟁 등을 이유로 '조선공산당 해산 결정'까지 하면서, 국내 공산주의 운동 세력에 대한 지도적 역할을 제대로 발휘할 수 없었다.[94] 또한 중국에는 해방 이후 '연안파'로 불리는 독립동맹 세력이 화북지역, 1940년 이후에는 중공이 정착한 '연안'을 중심으로 상

---

92 '한인민족해방동맹'은 박달, 박금철이 주도한 '갑산공작위원회'가 1937년 초 개칭한 항일 비밀결사조직이다. 이들은 보천보 전투 전 김일성과 만나 지원을 협의하는 등 깊이 연계돼 있었다. 이들은 항일유격대의 보천보 급습 당시, 주요 건물 방화, 물자획득과 운반, 전화선 절단 등 지원 활동을 전개하였다. 이후 갑산파로 북한 정치에 참여한다. 조우찬, 「북한 갑산파 연구: 기원, 형성, 소멸」, 북한대학원대학교 박사학위논문, 2016, 98~100쪽.

93 김광운, 『북한정치사 연구 1』, 110쪽.

94 조선공산당은 1928년 12월, 코민테른의 「조선공산당 해산결정서」로 해산되었다. 이후 몇 번의 재건운동이 있었으나 전반적인 지도력 발휘에는 한계가 있었다. 이 시기 한반도 내 공산주의 운동의 부침과 파벌투쟁, 초기 공산주의 운동의 실패 원인 등에 대해서는 아래를 참조하면 된다. 이종석, 『조선로동당연구』, 222~227쪽; 스칼라피노·이정식 공저, 한홍구 옮김, 『한국 공산주의 운동사 1』, 돌베개, 1986, 113~195쪽.

당히 강하게 형성되어 있었다. 화북 조선독립동맹 결성 당시 주석을 맡았던 김두봉과 최창익, 무정, 박일우, 김창만 등이 중심인물이다.[95] 그러나 이들도 국내와의 연결 활동은 거의 확인되지 않는다.

이러한 구심점 없는 '분산적' 투쟁의 형태는 이들 세력 가운데 누구도 조국해방전쟁에 참전하지 못하면서 해방 이후 북한 초기 정국에도 그대로 재현되게 된다. 김일성 중심의 항일유격대가 소련의 지원하에 '조선공작단'을 이끌고 소수의 부대원과 함께 북한에 들어오지만, 평양에는 상당한 명성의 민족주의자 조만식이 건재하고 있었고, 서울에선 박헌영이 먼저 조선공산당을 재건해 공산주의 운동의 중심임을 선포했으며, 이후 '연안파'로 불리는 중국 관내에서 활동하던 공산주의자들과 소련의 진주와 함께 들어온 '소련파' 등이 해방정국의 우선권을 장악하려 각축을 벌이는 상황이 전개되고 있었다.[96]

이러한 상황은 해방정국 초기 북한에선 누구도 헤게모니를 장악해 압도적 지도력을 발휘할 수 없었음을 보여주는 것이다. 이런 상황에서 소련은 김일성을 북한의 새로운 지도자로 낙점한 뒤, 이를 실행하기 위해 다양한 '김일성 영웅 만들기' 작업을 진행한다. 결국 1946년 초에 이르면 김일성이 조선공산당 북조선분국의 책임비서, 북조선임시인민위원회의 위원장으로 당정의 최고 자리에 오르면서 빠르게 리더십이 정리되어 가는 모습을 보인다.

그러나 소련 점령군의 존재는 역설적으로 해방 정국 초기 '통합적' 리더십이 형성되기 어려운 환경을 제공했다. 남쪽 지역에서의 미군정과 마찬가지로 북한 지역에서의 소련군정 역시 새로운 정부가 구성될 때까지

---

95 이종석, 『조선로동당연구』, 222~227쪽, 234~236쪽.
96 박헌영이 서울에서 조선공산당 재건을 선포한 1945년 9월 19일, 그날 김일성은 항일유격대와 함께 '조선공작단'을 이끌고 원산으로 들어왔다. 연안파가 소련의 저지로 무장부대를 대동하지 못한 채 북한으로 들어온 것은 이보다 늦은 1945년 12월이었다.

그 어느 세력보다 강력한 집단이어서, 새로운 국가의 최고 지도자를 놓고 경쟁하는 그 어느 집단으로도 '구심력'이 작용하기 어려운 환경이었다.[97]

이러한 환경 때문에 제 세력 간의 경쟁 과정에서도 정치적 분파의 노선 갈등이 불가피하게 노출될 수밖에 없었다. 적색노조운동이 강했던 함남지역을 중심으로 활동해 오던 오기섭, 정달헌, 이주하 등은 서울 당 중앙의 존재를 들어 초기 분국 설치에 강하게 반대했다. 결국 "북조선분국은 서울의 당 중앙이 직영하는 직속 기관이다"라는 규정을 만드는 타협을 보면서 분국 결정은 통과되지만, 김일성파와 국내파 공산주의자들과의 갈등은 여전히 잠재적 위험 요소로 남게 된다.[98]

남북의 로동당이 합당하는 1949년 6월에 이르러서도 김일성은 마오와 같은 압도적 위상에는 이르지는 못한다. 합당된 조선노동당 조직을 보면 김일성이 위원장, 박헌영이 부위원장에 허가이가 당무를 전담하는 제1비서, 남로당 출신인 이승엽이 제2비서, 역시 남로당 출신인 김삼룡이 제3비서를 맡아 정치연합적 성격을 여실히 보여주고 있다.[99]

이러한 정치연합적 성격은 한국전쟁을 통해 해소되면서 '김일성 단일 지도체계'의 성격을 갖춰가게 된다. 다만 한국전쟁 패전의 책임을 물어 무정과 허가이, 박일우를 철직시키거나 좌천시켰으며, 최대 라이벌이었던 박헌영과 남로당파에는 '미제 고용 간첩죄'를 씌워 제거하는 등 그 과정은 매우 폭력적이고 '비타협적'이었다. 이처럼 김일성 카리스마는 권력 구축의 이른 시기부터 '정치적 반대파'에 대한 '비타협적'인 숙청을 통해 권력 토대를 구축하게 되는데 그 배경은 매우 '분산적'이었던 '정치적 분

---

97 해방 이후 1948년 북한 정부 수립 때까지 어떤 집단도, 어떤 누구도 소련군 당국의 협조 내지 허용하는 범위 밖에서 자율적으로 권력을 장악한다는 것은 불가능했다. 이지수, 「북한 정치체제에 드리워진 스탈린의 그림자」, 『中蘇硏究』 39(3) 통권147호, 2015, 354~355쪽.

98 김광운, 『북한정치사 연구 1』, 148~151쪽.

99 이종석, 『조선로동당연구』, 207~211쪽.

파'의 권력 구조로부터 비롯된 것이다.

여기에서 마오의 카리스마 구축 과정과 비교해 주목되는 것은, 김일성의 이러한 권력 장악과 카리스마 구축 과정은 여러 '정치적 분파' 들의 폭넓은 '동의'를 확보하지는 못한, 다시 말해 '권위의 정당성' 측면에서 볼 때 '최소한의 합리성'을 확보하지 못하고 매우 취약한 상태로 출발했다는 점이다. 그리고 이러한 사유들로 인해 '정치적 반대파'에 대한 대응에서도 마오의 경우와 달리 김일성은 매우 '비타협적'이었다.

중·북 '카리스마 리더십 체제'의 특징

	권력 분파와의 관계	리더십의 기초	정치적 반대파 대응
마오쩌둥	통합적	'최소한의 합리성' 확보	타협적
김일성	분산적	'최소한의 합리성' 미확보	비타협적

해방 초기 김일성도 '통합적' 리더십 확보에 노력했었다. 그러나 내외적인 정세, 특히 한반도 정세가 급변하면서 현실화는 불가능했다. 김일성은 소련군 지도부도 그 위상과 역할을 인정하며 통일전선의 대상으로 생각했던 조만식과도 협력을 위해 노력했으나, '신탁통치안'에 대한 의견이 찬반으로 결정적으로 갈리며 갈라지게 된다.[100] 또한 조선공산당을 이끌고 있던 박헌영과는 경쟁적이면서도 협력적 관계를 유지해 왔으나 공동 기획한 한국전쟁의 실패로 끝내 운명이 엇갈리게 된다. 더구나 김일성은 박헌영과 남로파를 모두 정치적 재기가 불가능할 정도의 숙청 방식을 통해 제거했다.

---

100 기광서, 「해방 후 김일성의 정치적 부상과 집권과정」, 『역사와 현실』 48, 한국역사연구회, 2003, 265~266쪽. 1945년 10월, 소련군은 '북조선임시민간자치위원회'를 구성해 여기에 조만식을 위원장으로 천거했다. 비록 조만식은 이를 거부했으나 김일성으로서도 이런 당시의 세력 관계를 의식하지 않을 수 없었을 것이다.

물론 김일성에게도 '동의'에 기반한 지지 세력이 있었다. 바로 만주 지역에서 함께 활동하던 항일유격대 출신으로 김일성과 같이 '조선공작단' 구성원으로 북한에 들어온 최용건과 김책, 안길, 서철, 김일, 최현과 항일유격전사들이 그들이다. 또한 연안파의 최창익, 허정숙, 김창만과 국내파 공산주의자 가운데 북조선분국 출범 시 제1비서를 맡았던 김용범과 박정애, 소련파의 박창옥 등은 이른 시기부터 김일성 단일지도체계 확립의 적극적 지지자들이었다.

　그러나 이러한 '동의'의 폭과 깊이는, 마오의 카리스마 구축 과정과 비교한다면 너무나 좁고 얕았다. 한반도 국내외로 흩어져 '분산적'인 투쟁을 해 오던 세력들을 하나로 묶는 구심점이 되기에는 초기 김일성의 지지 기반은 너무 좁았다. 바로 이러한 불안한 상황을 보강해 주기 위해 소련은 '김일성 영웅 만들기'에 적극 나설 수밖에 없었던 것이고, 김일성은 이를 기반으로 비교적 단기간 내에 최고 지도자의 지위에 올랐으나 '통합적'인 리더십을 구축하기는 어려웠고, 그 결과 이후 권력투쟁 과정에서 '정치적 반대파'에 대한 대응이 매우 '비타협적' 방식으로 표출된 것으로 분석된다.

스탈린 개인숭배 비판과
중·북의 대응

1) 스탈린 사망으로 불거진 '개인숭배' 문제

(1) 중국, '마오쩌둥사상' 사용 절제

마오는 새로운 국가 건립 이후 그에 대한 찬양과 숭배가 상승일로일 때에도 혁명과 내전 시기에 견지했던 신중함과 절제를 잃지 않았다. 앞서 살펴본 대로 전국에서 분출한 동상 건립 요구나 마오 고향집에 대한 성역화 요구를 물리친 게 대표적이다. 특히 7차 당대회에서 지도사상으로 명기된 '마오쩌둥사상' 용어에 대해서는 마오 자신이 더욱 민감한 반응을 보이기도 했다. 예를 들어 1952년 9월 25일에 『인민일보』에 낼 국경절 사설 원고를 수정하면서 그는 "이는 맑스-레닌주의, 마오쩌둥사상의 무적의 역량을 증명하는 것이다"라는 문장에서 '마오쩌둥사상'을 삭제했다. 또다른 문장에서는 '마오쩌둥사상'을 '마오쩌둥 동지'로 수정했다.[101]

---

101 沈志华, 「中共八大为什么不提毛泽东思想」, 『历史教学』 2005年 12期, 6쪽.

마오가 건국 이후에도 이처럼 엄청난 절제를 계속한 이유는 무엇이었을까? 「모순론」과 「실천론」을 저술할 정도로 논리적이면서도 "인간은 누구나 실수를 한다"라는 개방적 사고에 기반한 몸에 배인 절제와 신중함이 기반이 되었을 것으로 보이나, 건국 이후 마오의 이러한 행보의 배경에는 '마오쩌둥사상'에 대한 소련의 냉담한 태도 역시 매우 큰 영향을 미쳤던 것으로 확인되고 있다.

중공의 정치국원까지 지냈던 후챠오무(胡喬木)의 회고는 그런 점에서 시사적이다. 소련공산당은 중공이 1945년 7차 당대회에서 '마오쩌둥사상'을 지도이념으로 정한 뒤에도 이를 승인하기를 거부했다는 것이다. 후챠오무는 특히 소련공산당은, 중국공산당이 자신들에게 보낸 공식 문건에 '마오쩌둥사상'이란 용어가 있으면 자신들의 간행물에선 이 용어를 모두 삭제하고 발표하는 등 사실상 '금기어' 취급을 했다고 회고하였다.[102]

1921년 중국공산당의 창당 시기부터 1949년 10월 새로운 국가 건립 시기까지, 중공에 있어서 소련공산당은 후견인을 넘어 '선생님'과 같은 존재였다. 마오는 건국 직전 '인민민주독재'를 강조하는 자리에서 "당은 28년간의 장기 투쟁 끝에 혁명전쟁의 기본적 승리라는 성과를 거두었는데, 이는 인민의 승리이며 중국과 같은 대국의 승리로서 분명 경축할 만한 일이다"라고 밝히면서도 "우리가 해야 할 일은 여전히 많고, 향후 나아가야 할 길로 말하자면 이전의 성과는 만리장성을 넘는데 겨우 한 걸음을 뗀 것에 불과할 뿐이다"라며 엄중한 '경제 건설' 문제의 중요성을 강조했다. 그러면서 "소련공산당은 레닌과 스탈린의 영도하에 혁명과 건설에서 승리를 거두었다. 그들은 이미 위대하고 찬란한 사회주의 국가를

---

102 沈志华, 「中共八大为什么不提毛泽东思想」, 『历史教学』, 6~7쪽. 후챠오무는 중앙당사연구실주임, 중앙문헌연구실 주임 등을 역임하며 『마오쩌둥선집』, 『덩샤오핑문선』, 1982년의 『역사 결의』 등의 결정 과정과 간행에 관여했다.

건설했다. 소련공산당은 우리에게 최고의 선생이며, 우리는 반드시 이들로부터 배워야만 한다"라고 힘주어 말했다.[103]

이러한 소련은 새로운 공산주의 국가 건립 이후에도 중국에는 경제 건설을 위해 절대적으로 필요한 후원자였다. 더구나 중국은 건국 초기 소련과의 동맹조약을 새롭게 맺어야 하는 매우 엄중한 또 다른 과제를 안고 있었다. 1945년 소련이 장제스의 중화민국과 맺은 동맹조약을 대체할 새로운 조약 협상에 마오는 전력을 다해야 하는 상황이었다. 따라서 '마오쩌둥사상'에 대한 소련의 냉담한 태도를 중국으로선 의식하지 않을 수 없었고, 이에 따라 신중한 행보를 계속했던 것이다.

그러던 중 1953년 3월 5일, 전 세계 사회주의를 이끌던 스탈린이 사망한 것도 중국과 마오의 행보에 큰 영향을 미쳤다. 사회주의체제 '개인숭배'의 진원지라 할 수 있는 스탈린의 사망은 향후 개인숭배 문제와 관련해 중대한 변화 가능성을 예고하는 것이었다. 특히 스탈린 사후 이 문제가 소련 내 치열한 권력투쟁과 맞물리며 전개되면서 사회주의 각국은 그 권력투쟁의 결과를 숨죽이고 지켜봐야 했다.

결국 치열한 권력투쟁 끝에 '스탈린주의자'로 평가되던 베리야가 제거되면서 개인숭배 문제도 비판적으로 검토될 운명을 맞게 된다. 소련공산당은 베리야 제거 후 이른바 「7월 결의」를 통해 "최근년의 선전사업에서 개인숭배를 선전하는 잘못된 길을 걸었으며 이는 당의 영도 핵심과 전체 당의 역할을 폄하한 것이다"라고 공식 발표하는 등 개인숭배 비판 분위기를 조성해 나가게 된다. 스탈린 시대를 비판적으로 평가하면서 그 가운데 하나로 개인숭배 문제를 포함한 것이다.

소련공산당은 이후에도 3번의 특별회의를 열어 스탈린을 크게 비판

---

103 毛泽东, 「论人民民主专政」, 中共中央文献编辑委员会, 『毛泽东选集』 第四卷, 人民出饭社, 1991, 1480~1481쪽.

한 뒤 이를 중국공산당, 동구의 각 당을 포함한 전 세계 공산당에 전파했다. 특히 회의를 주관한 몰로토프는 회의 결과 문건을 한번 낭독한 뒤, 긴 연설을 했는데 "개인숭배의 착오를 다시 범하는 걸 피하려면 마땅히 집체영도를 견지해야 한다"라고 마치 훈계하듯 설명하기도 했다.[104]

이러한 소련의 반개인숭배 분위기와 관련된 유사한 소식들은 이 시기 '중요한 정보'로 중국에 계속 전달됐다. 1953년 12월 25일 주소 중국대사관에 2건의 문건이 배달됐는데 소련 간행물과 선전물 중에서 개인숭배와 교조주의를 비판하는 걸 소개하는 것들이었다. 1954년 3월 27일 주소 중국대사관에 나가 있던 장원톈은 「소련의 선전 중 스탈린에 대한 표현의 변화」라는 자료를 중국에 보냈다. 마오와 류사오치는 모두 중요한 문건이라며 중앙위원, 후보위원, 베이징에 있는 관련 인사들에게 모두 보내 읽도록 했다.

당시의 이런 사회주의권의 분위기를 생각하면, 중국이 개인숭배로 오인될 수 있는 '마오쩌둥사상' 용어 사용을 고집하기가 어려웠고, 그동안 소련의 냉담한 태도를 감내해 오던 마오 역시 소련의 새로운 리더십이 개인숭배 비판 분위기로 흘러가자 '마오쩌둥사상'에 대한 소련의 태도에 더 이상 미련을 두기는 어려웠을 것으로 짐작할 수 있다.

이처럼 소련의 권력투쟁을 지켜보며 매우 긴장되고 신중한 자세를 견지해 나가던 중국은 결국 '마오쩌둥사상'에 대해서도 선제적으로 절제되고 억제된 조치를 취해 나갔다. 스탈린 사망 다음 달 발행된 『마오쩌둥선집』 제3권의 편집 과정에선 '마오쩌둥사상'이나 '마오쩌둥사상 체계'라는 용어는 일률적으로 삭제되었는데, 그 가운데에선 마오가 친히 삭제하라고 한 부분도 있었다. 또한 두 달 뒤인 1953년 5월 24일 마오는 「군사위원회 내무조령」 등의 문건에 있는 '마오쩌둥사상' 용어를 '마오쩌둥 동지

---

104 沈志华, 「中共八大为什么不提毛泽东思想」, 『历史教学』, 7쪽.

의 저작'으로 바꾸라고 지시하기도 했다.[105]

결국 이런 분위기 속에서 소련에서 개인숭배에 대한 비판적 입장이 좀 더 강화되자 중국은 '마오쩌둥사상'이란 용어를 사용하지 않겠다는 방침을 공식화 하기에 이른다. 1954년 12월 중국공산당 중앙의 명의로 「마오쩌둥사상을 어떻게 해석할 것인가에 대한 통지」를 전당, 전국에 내려보낸 것이다. 이 통지의 핵심 내용은 "마오쩌둥사상은 맑스-레닌주의의 이론과 중국혁명의 실천이 통일된 것으로 내용적인 면에서 맑스-레닌주의와 동일한 것이다. 마오쩌둥 동지는 이미 '마오쩌둥사상'이라는 화법을 사용하지 말 것을 지시했으며 이는 중대한 오해를 피하기 위한 것이다"라는 것이었다. 또한 "글을 쓰거나 강연을 할 때 마오쩌둥 동지를 거론해야 할 필요가 있을 때에는 '마오쩌둥 동지의 저작'과 같이 쓰면 된다"는 설명이 부가됐는데, 이는 마오가 직접 추가한 것이었다.[106]

마오는 이후 정치협상회의의 주요 멤버인 민주당파와 무당파 민주인사 등을 초청한 자리에서도 마오쩌둥사상을 거론치 말 것을 강조하기도 했다. 마오는 원래 맑스-레닌주의와 마오쩌둥사상은 같은 것인데, 이를 학습하면서 "마오쩌둥사상을 맑스-레닌주의와 함께 거론하면 사람들은 이것을 서로 다른 것으로 인식할 수 있기 때문에, 이런 오해가 발생하지 않게 마오쩌둥사상을 거론치 않는 것이다"라고 직접 설명했다.[107]

이런 마오의 신중한 행보들은 이전부터 마오쩌둥사상에 대해 탐탁치 않아하고, 무시하던 '사회주의 종주국' 소련에서 발생한 정권의 변화에 큰 영향을 받은 것임을 알 수 있다. 흐루쇼프를 중심으로 한 "개인숭배에

---

105 中共中央文献研究室编, 『毛泽东年谱』第二卷, 中央文献出版社, 2013, 103~104쪽 (1953.5.24).

106 「在中宣部关于毛泽东思想应如何解释的通知稿中加写的一段话」, 中共中央文献研究室, 『建国以来毛泽东文稿』第四册, 中央文献出版社, 1998, 623~624쪽.

107 毛泽东, 「关于政协的性质和任务」, 『毛泽东文集』第六卷, 人民出饭社, 1999, 387쪽.

비판적인 지도부로의 교체"라는 매우 민감한 정치적 변화가 발생하자, 중국 역시 기존의 행보보다도 더욱더 신중함을 기하는 조심스런 행보를 보이게 된 것이다. 그리고 이후 전개된 흐루쇼프의 '스탈린 개인숭배 비판'은 종주국 소련의 권력 변화에 민감할 수밖에 없는 사회주의 국가들의 종속적인 처지를 잘 보여주는 것이었다.

(2) 북한, '김일성 유일 혁명전통' 작업 시작

스탈린 사망 시기 북한의 상황은 중국과는 조금 달랐다. 개인숭배 오해를 받지 않기 위해 '마오쩌둥사상' 용어 사용을 극도로 자제하며 소련과의 관계를 신중하게 관리해 오던 중국과 달리 북한은 한국전쟁을 계기로 '김일성 중심의 국가만들기'가 오히려 강화되고 있었다. 스탈린이 사망한 1953년 초, 김일성은 한국전쟁의 실패라는 절체절명의 위기를 놀라운 정치력으로 극복하고 최대 라이벌 박헌영까지 제거해 북한 사회에 '수령'이라는 용어가 일반화될 정도로 탄탄한 권력 기반을 쌓은 상태였다. 1년 넘게 끌어온 한국전쟁의 정전협상도 곧 마무리가 될 상황이었다.

소련과 중국의 승인과 지원을 받아 한국전쟁을 일으킨 김일성은 전쟁이 실패로 끝나가자, 소련과 중국의 영향력으로부터 벗어나고자 노력했다. 그리고 그 출구를 맑스-레닌주의를 북한의 토양에 알맞게 적용한다는 '맑스-레닌주의의 창조적 적용'에서 찾았다.

한국전쟁이 이미 정전 협상에 들어간 1951년 11월 김일성은 소련파의 거두 허가이를 제거한 조선로동당 제4차 전원회의 자리에서 「당 단체들의 조직사업에 있어서 몇가지 결점 들에 대하여」라는 보고를 통해 "맑스-레닌주의 사상과 방법론을 우리 조선 현실에 부합하게 실천해야 한다"라고 강조했다. 박헌영을 비롯한 남로파를 제거한 1952년 12월 5차 전원회의 자리에선 맑스-레닌주의 교양사업을 강화할 것을 역설하면서 "맑스와 엥겔스, 레닌, 스탈린의 저서를 맹목적으로 읽을 것이 아니라, 우리나라의 정세에 부합하게 적용할 것"을 강조했다. 이처럼 '맑스-레닌주의의 창조적 적용' 방침은 한국전쟁이 마무리 되어가는 과정에서 김일성의 머릿속에서 점차 구체화 되어갔다.[108]

이렇게 '맑스-레닌주의의 창조적 적용'이 김일성에 의해 강조되면서 역사 서술, 특히 '김일성의 항일무장투쟁사' 서술에 변화가 나타나게 된다. 예를 들어 1952년 판본 『김일성장군의 략전』에서는 김일성이 주도했다고 북한이 주장하는 조국광복회의 강령이 "맑스-레닌주의 이론과 전략 전술을 1930년대 우리나라 현실에 가장 부합하게 적용한 선진적이고 혁명적인 강령"으로 해석되어 소개되었다. 가장 대표적인 김일성 숭배주의자였던 한설야는 『력사』를 통해 1950년대 초반의 '맑스-레닌주의의 창조적 적용' 노선에 따라 김일성의 항일무장투쟁을 형상화했다.[109]

이처럼 김일성의 의지가 강력하게 담긴 '맑스-레닌주의의 창조적 적용' 방침은 마침내 1953년 2월 당 중앙위 결정으로 공식화된다. 북한은 1953년 2월 24일 열린 당 중앙위원회에서, 맑스-레닌주의를 북한의 현실에 '창조적으로 적용'하고 김일성의 항일무장투쟁과 이 투쟁에 참여한 인물들을 근간으로, 북한에서 혁명과 건설의 중심을 세우기로 결정한다.[110] 사실상 유일사상체계의 기초라 할 수 있는 "김일성의 항일무장투쟁을 유일한 혁명전통으로 만드는 작업"이 바로 이때부터 시작된 것이다.

스탈린 사망 불과 한 달 전에 김일성 개인숭배를 강화하는 방향으로

---

108 남원진, 「북조선의 역사, 자주성의 욕망」, 『상허학보』 36, 상허학회, 2012, 384~385쪽.

109 남원진, 「북조선의 역사, 자주성의 욕망」, 『상허학보』 36, 385~387쪽.

110 배개화, 「북한 문학과 '맑스-레닌주의의 창조적 노선' 1953-1956」, 『한국현대문학연구』 54, 2018, 355~357쪽; 국사편찬위원회, 「사회과학부 사업내용 및 그 한계에 대하여-조선로동당 조직위원회 제127차 결정서(1953.02.24)」, 『北韓關係史料集』 30, 國史編纂委員會, 1982, 421~423쪽.

정책 노선이 정해진 것이다. 그리고 석 달 뒤인 1953년 5월부터는 『김일성선집』 간행이 시작되었다. 김일성 어록이 정식으로 『선집』 형태로 나온 것은 이것이 처음인데, 그만큼 사상사업의 방향성이 뚜렷하게 정리가 된 것이다. 한국전쟁을 거치며 북한의 권력지형이 김일성 중심으로 완벽하게 정리된 바탕 위에 장기독재의 꿈이 본격화된 것이다.

김일성의 이 같은 거대한 설계에 따라 북한은 치밀하게 움직였다. 바로 항일무장투쟁 전적지 조사단이 결성됐고 이들은 한국전쟁 휴전 직후인 1953년 8월 26일부터 12월 21일까지 113일간에 걸쳐 동북 만주 일대 유격지구의 근거지, 밀영지, 전투지, 김일성의 유년 시절의 연고지 등 90여 곳을 찾아 당시 활동했던 유격대대원, 원주민, 기타 관계자 7백여 명과 담화를 나누며 조사 활동을 벌였다. 전적지 조사반은 국립중앙박물관 일꾼, 과학원 력사연구소 연구원, 작가, 영화촬영반, 사진사, 화가 등으로 꾸려졌다.[111]

이 조사반의 일원으로 참가했던 송영이 유격대원 참가자와 현지 주민 등의 증언을 토대로 전적지에서 느낀 감격과 소회를 담은 일화 모음 엮음으로 작성한 기행문이 『백두산은 어데서나 보인다』인데 이 작품은 이후 불명확한 기억과 회상 속에 전해오는 이야기 수준으로 존재하던 항일유격대원들의 이야기가 '항일혁명문학'으로까지 비약하는 과정에서 매우 중요한 근거로 활용된다.[112] 이처럼 송영이 참가한 1953년도의 항일무장투쟁 답사로부터 김일성과 빨치산의 항일무장투쟁이 역사와 문학의 중심부로 들어오게 된 것이다.

이와 같은 1953년도의 항일무장투쟁 조사단의 답사는 김일성의 항일

---

111 김성수, 「'항일혁명문학(예술)' 담론의 기원과 주체문예의 문화정치」, 『민족문학사연구』 60, 민족문학사연구소, 2016, 458쪽.
112 김재용, 「북한문학계의 '반종파투쟁'과 카프 및 항일혁명문학」, 『역사비평』, 1992, 237쪽.

무장투쟁을 복원 혹은 재구성하는 일이 국가적 사업이 되었음을 보여주는 상징적 사건이었다. 56년까지 이어진 현지답사 보고서를 토대로 김일성의 항일무장투쟁의 역사를 조선혁명 및 조선로동당의 역사로서 광범위하게 체계화하는 작업이 진행되게 된다.

김일성의 항일무장투쟁은 곧이어 고등교육기관의 기본 교과목으로 채택되게 된다. 1954년 7월 조선로동당 상무위는 "조선공산당의 역사와 김일성의 항일혁명투쟁을 향후 사상 및 정치 교양사업의 강력한 수단으로 이용할 것"과 북한의 각 대학에서 "조국의 자유 독립과 민주건설을 위한 조선로동당의 투쟁을 교육할 것"을 결정하였다.[113] 이에 따라 맑스-레닌주의 기초 교과과정과 조선역사학 등에서 "과거와 현재 역사의 주요 동력은 김일성"이라는 교육이 시작되었다.

또 자연스럽게 문학과 예술 분야에서도 '창조적 적용' 노선을 적용할 것이 요구되었다. 1954년 8월 김일성은 "문학, 예술 부문에서 남(소련)의 작품을 모방하는 경향"에 대해서 지적하고, "이것은 교조주의, 사대주의적 경향으로서 민족문화예술을 발전시키는데 매우 유해로운 것"이라고 비판하였다. 김일성은 또한 모든 작가, 예술인들은 이러한 태도를 철저히 없애고 "자기 머리로 사색하여 우리나라 현실을 반영한 훌륭한 작품을 창작"할 것을 주문하였다.

조선작가동맹은 이에 적극 부응해 "조선 인민의 승리와 행복과 희망의 등대이며 지침인 경애하는 수령 김일성의 로작들을 깊이 연구할 것"을 결정하였다. 김일성이 항일무장투쟁에서 보인 애국주의와 영웅주의를 당파성의 모범으로 형상화하게 됐고 다른 인물의 전형화는 비판의 대상이 될 가능성이 그만큼 커졌다. 남로당 계열 문학인들의 숙청으로 마

---

113 조선로동당 중앙위원회, 『결정집: 1954년도 전원회의, 정치, 상무위원회』, 86~89쪽.

무리된 한국전쟁 시기 '영웅 형상화 논쟁'의 결과가 북한의 문학, 예술 지형에 확실하게 뿌리 내리게 된 것이다.[114]

특히 여기에서 한발 더 나아가 문학 작품을 통해 역사적 사실들 사이의 인과관계를 새롭게 창조하려는 시도가 활발히 전개됐는데, 김일성 본인이 조직한 것이라고 주장하는 '조선광복회'가 조선로동당의 전사로 기술된 것도 바로 이 시기이다.

그 대표적인 작품이 작가동맹위원장으로 그 누구보다 김일성 개인숭배에 앞장섰던 한설야의 『력사』이다. 한설야는 『력사』는 앞서 설명처럼 '맑스-레닌주의의 창조적 적용' 방침이 조선로동당의 방침으로 결정되는 시점과 맞물리며 나온 것으로, 이런 방침에 충실한 선도적 작품이었다. 한설야는 『력사』에서 김일성이 조국광복회를 조직한 것으로 기술하며 "조국광복회가 국내운동과 밀접하게 연관되어 있었다. 김일성이 이끄는 유격대의 항일투쟁이 국내의 운동에 영향을 미쳤다"라고 주장해, 이후 전개될 "김일성의 항일무장투쟁이 국내 프롤레타리아 운동을 지도했다"라는 역사 수정의 단초를 제공하게 된다.[115] 한설야는 또한 『력사』에서 김일성의 「교시」를 충실히 받들어 소련과 중국의 국가건설 경험이 아닌 북한의 경험을 교육해야 한다는 것을 소설의 형식으로 선전하였다.

이처럼 스탈린이 사망한 1953년 시기 북한에서는 김일성의 주요 정적들이 제거되면서 '수령' 담론이 공식화되고, 체제 공고화를 위해 김일성의 항일투쟁을 '유일 혁명전통'으로 만드는 기초를 다지는, 다시 말해 '김일성 중심의 역사만들기' 작업이 서서히 준비되고 있었다. 이는 '마오쩌둥사상' 사용 절제 등 개인숭배와 관련해, 오해를 받을 수 있는 일들을 극도로 자제하던 중국과는 매우 다른 분위기를 보여주는 것이었다.

---

114 배개화, 「북한 문학과 '맑스-레닌주의의 창조적 노선' 1953-1956」, 358~359쪽.
115 남원진, 「북조선의 역사, 자주성의 욕망」, 『상허학보』 36, 386~387쪽.

2) 흐루쇼프 '스탈린 개인숭배 비판'의 충격

(1) '개인숭배 비판' 지지, '마오쩌둥사상' 삭제

중국을 비롯한 여러 사회주의 국가들이 새로운 소련 체제의 개인숭배 비판 분위기에 신중한 행보를 이어가고 있었지만, 1956년 2월 소련공산당 20차 당대회에서 흐루쇼프가 직접 스탈린 개인숭배의 폐해를 강력히 비판한 것은 차원이 다른 파장을 가져다주는 충격적인 것이었다. 30년 넘게 전 세계 사회주의를 지도 해 온 '절대적 존재'로 평가되던 스탈린이 그 누구도 아닌 후임자에 의해 '개인숭배주의자'로 직격 비판을 받은 것이다.[116] 그만큼 1956년은 중국과 북한은 물론 전 사회주의 국가에 일대 파란을 몰고 온 역사의 분수령으로 평가된다.

이러한 스탈린 개인숭배 비판은 비밀 연설로 진행돼 바로 알려지지는 않았다. 이 비밀 연설은 1956년 3월 초 『뉴욕타임즈』 기사를 통해 대략의 내용이 알려졌고, 이후 6월 4일 전문이 공개되면서 공지의 사실로 확인되었다.[117] 그러자 미국 등 서방국은 이를 공산주의의 치명적 약점이라며 공세를 취했고, 이러한 공세로 인해 전 세계에 반소련, 반공산주의 운동이 일기 시작했다. 반대로 사회주의 국가들은 대혼란의 곤경에 처하게 됐다.[118]

세계 각국의 공산당들은 불가피하게 모두 자기 지도자들의 선전을 줄이고 개인숭배 의심을 받을 일을 피해야만 했다. 중국의 첫 공식 반응은 1956년 4월 당 정치국회의를 정리한 「무산계급독재의 역사적 경험에 관

---

116 흐루쇼프는 무엇보다 "스탈린에 대한 개인숭배가 모든 병폐의 근원"이라고 강력 비판하며, "개인숭배를 반드시 근절해야 한다"라고 결론지었다. 니키타 흐루쇼프, 박상철 옮김, 『개인숭배와 그 결과들에 대하여』, 책세상, 2006, 16쪽.

117 흐루쇼프의 스탈린 비판 비밀연설은, 이스라엘 첩보기관이 폴란드로부터 구입해 미국 CIA에 전달했고 이것이 『뉴욕타임즈』에 실린 것이다. 1956년 3월엔 일부 메모가, 6월엔 전문이 실렸다. 吳冷西, 『十年论战』, 中央文献出版社, 1999, 4쪽; 니키타 흐루쇼프, 박상철 옮김, 『개인숭배와 그 결과들에 대하여』, 138~139쪽 참조.

118 中共中央文献研究室编, 『毛泽东传』上, 中央文献出版社, 2003, 494쪽.

하여」라는 시론을 통해 나왔다.[119] 이 시론의 핵심은 "소련공산당의 스탈린 개인숭배 비판은 역사적 투쟁이다"라는 것이었다. "소공이 20차 당대회에서 개인숭배를 용감하게 비판한 것은 당내 생활의 고도의 원칙성과 맑스-레닌주의의 위대한 생명력을 보여주는 것"이라는 데에 먼저 초점을 맞춘 것이다. 그러면서 "중국공산당은 소련공산당이 개인숭배에 반대하는 이번 역사적 투쟁에서 중대한 성취를 한 것에 대해 경축한다"라고 밝혔다.

중공은 이 시론을 통해 스탈린에 대한 직접 비판도 진행했다. "스탈린은 한편으로는 반드시 당내민주를 발전시켜야 한다"라고 말은 하면서도 "또 한편으로는 거꾸로 개인숭배를 수용하고 이를 고무시키고 개인독단을 저질렀다"라고 비판되었다. 또한 "스탈린은 인생 후반에 갈수록 개인숭배에 빠졌으며, 당의 민주집중제를 위반하고, 집체지도와 개인 책임이 조화된 제도를 위반해 반대파에 대한 숙청을 확대하는 등의 중대한 잘못을 저질렀다"라는 점도 날카롭게 짚었다.

그러나 중국은 소련과는 달리 스탈린을 옹호하는 것도 빼놓지 않았다. 스탈린을 아예 버리지는 않은 것이다. 오히려 그를 되살리려는 의도를 숨기지 않았다. 스탈린의 잘못을 '일시적인, 개인적 일탈'로 치부하고 "영원히 착오를 저지르지 않는 사람은 없다", "무산계급독재가 역사상 처음인데 어떻게 착오가 없겠는가?"라며 개인숭배 자체를 "인류의 역사가 남긴 일종의 부패한 유산"으로 일반화하며 스탈린만의 문제가 아니라는 논리를 전개했다.

또한 한발 더 나아가 "스탈린의 위대한 공헌은 여전하다"라는 평가도 병행했다. 마오는 스탈린에 대해 '삼칠제 셈법(三七开)', 즉 '잘못이 3할이

---

119 「关于无产阶级专政的历史经验」, 中共中央文献研究室编, 『建国以来重要文献编』第8册, 中央文献出版社, 1997, 231쪽. 1956년 4월 정치국확대회의의 결과를 종합하여 발표한 글이다.

고 잘한 것이 7할'이라는 평가를 통해 "사회주의 건설에 공이 큰 위대한 맑스–레닌주의자", "스탈린의 저작들은 예전과 같이 진지하게 연구해야 한다"라며 위상을 저하시키려 하지 않았다.[120]

이러한 스탈린 보호 조치들은 마오를 비롯한 중공의 지도자들에겐 아직 '중국공산당의 산파, 후원자'라는 스탈린의 위상과 위엄이 여전히 남아 있음을 보여주는 것이었다. 또한 이러한 '스탈린 비판'이 자신들의 지도자에게까지 확산되는 것을 미리 차단하려는 차원에서 준비된 조치들로도 평가된다. 중국은 이런 차원에서 소공 20차 당대회 정신, 특히 개인숭배 비판의 대세를 수용하면서도 자신들의 영수에 대해서는 철저히 보호하는 논리를 만들어 냈다.

"지난 시기 중국공산당은 혁명대오를 형성하는 가운데에서 대중으로부터의 이탈, 개인돌출, 개인영웅주의를 지속적으로 반대해 왔다"라고 강조하면서 역사상 몇 번 있었던 착오도 모두 이전의 다른 지도자들, 예를 들면 천뚜수, 리리싼, 장궈타오, 왕밍, 까오강(高崗) 등의 잘못으로 돌렸다.[121]

1956년 제8차 당대회에서 '당헌 수정보고'를 한 덩샤오핑의 발언에도 이러한 뜻이 잘 나타난다. 덩은 "맑스주의에서 걸출한 인물의 역사에서의 역할을 부정한 적이 결코 없다", "영수에 대한 애호는 본질상 당의 이익, 계급의 이익, 인민의 이익에 대한 애호이지, 개인의 신격화를 뜻하는 것이 아니다"라는 등의 말로 개인숭배와 지도자에 대한 애호를 구분한 뒤, 그래도 "우리 당은 개인에 대한 신격화를 이미 버렸다"라고 주장하며 지도자에 대한 축수 금지 등을 규정한 1949년 2월의 제7기 2중전회를 예로 들었다.[122] 이러한 덩샤오핑의 보고는 한마디로 "영수는 열렬한 애정을 필요

---

120 毛泽东, 「论十大关系」, 『建国以来重要文献编』第8册, 263쪽.
121 「关于无产阶级专政的历史经验」, 『建国以来重要文献编』第8册, 237~238쪽.
122 邓小平, 「关于修改党的章程的报告」, 『建国以来重要文献编』第9册, 142~143쪽.

로 한다. 이것은 개인숭배가 아니다"라는 것이었다. 다시 말해 당시 중공 내에 마오에 대한 개인숭배가 존재하지 않는다고 주장한 셈이다.[123]

그러나 중국도 이러한 "우리에겐 개인숭배는 존재하지 않는다"라는 말을 넘어선 무엇인가 행동을 통해 이를 증명해야 하는 더욱 강해진 압박을 받고 있었다. 무엇보다 그간 '마오쩌둥사상'에 대한 소련의 무시와 오해가 계속 있어 왔고, 마오가 이 용어 사용을 극도로 자제해 오다 결국 아예 금지를 공개한 것도 바로 그런 유, 무형의 압박 때문이었다.[124] 바로 이 같은 배경과 분위기 속에서 전격적으로 '마오쩌둥사상'을 지도사상에서 삭제하기에 이른 것이다.

중국공산당 당헌의 지도사상 변화

중국공산당 제7차 당대회 당헌 지도지침	중국공산당은 맑스-레닌주의 이론과 중국혁명의 실천이 통일된 마오쩌둥 사상을 모든 사업의 지침으로 삼는다. (1945년 6월 11일)
중국공산당 제8차 당대회 당헌 지도지침	중국공산당은 맑스-레닌주의를 자기 행동의 지침으로 삼는다. (1956년 9월 26일)

결국 중공은 제8차 당대회에서 지도사상으로 규정돼 있던 '마오쩌둥사상'을 삭제하고 대신 '맑스-레닌주의'를 새로운 지도사상으로 규정했다.[125] 중국공산당의 이 지도사상 교체는 그 어떤 조치보다 마오나 중공이 스탈린 개인숭배 비판을 의식한 행위로 평가할 수 있다.

이처럼 8차 당대회에선 이러한 중국공산당의 개인숭배 비판에 대한

---

123 沈志华, 「中共八大为什么不提毛泽东思想」, 8쪽. 션즈화는 결론적으로, 마오와 중국의 지도 자들이 반대한 것은 스탈린에 대한 숭배였지 중공영수에 대한 숭배가 아니었다고 평가한다.

124 沈志华, 「中共八大为什么不提毛泽东思想」, 6~7쪽.

125 「중국공산당 역대당대표자대회 자료집 DB」, 제8차 당대회 '당헌' 총강(总纲). http://cpc. people.com.cn/GB/64162/64168/64560/65452/6412169.html(검색일: 2024.4.15).

외형적인 수용 자세와 본질적인 거부 심리가 복잡 미묘하게 반영돼 나타났으며, 이런 상황으로 인해 개인숭배 문제도 매우 애매모호하게 처리된 것이다. 다만 당 지도자들의 이러한 복잡 미묘한 행보에도 불구하고 8차 당대회는 소공 20차 당대회의 영향과 3대 개조 등 그간의 성과를 바탕으로 "적대적 계급투쟁은 기본적으로 종료되었다"라는 주요모순의 새로운 규정이 결의되고, 쌍백운동(双百运动)으로 불리는 '백화제방(百花齐放)', '백가쟁명(百家争鸣)'이 권장되면서 사회적으로는 매우 민주적이고 유화적인 분위기가 조성되는 계기가 된다.[126]

특히 마오가 "맑스주의자는 비판을 두려워하지 않는다"라며 맘껏 비판하고 토론하라고 격려하면서 문예계는 물론 과학계도 강렬한 반향을 보이는 등 지식인들의 기대감은 한껏 높아졌다. 헝가리사태 발생 직후인 1957년에 이르러서도 마오는 「인민내부의 모순을 정확히 처리하는 문제에 대하여」 논문에서 "백화제방, 백가쟁명, 이 방침은 기본적이고 장기적인 방침이지 일시적인 것이 아니다"라고 계속 강조함으로써 지식인들의 동참을 끌어 내기 위해 애썼다.[127]

이처럼 스탈린 개인숭배 비판의 파장은 중국공산당에 폭넓고도 미묘하게 작용했다. 중공은 개인숭배 비판을 수용하면서도 스탈린의 이미지를 보호하려고 애썼고, 이는 개인숭배 등 리더십 방면에서 누구보다도 스탈린과 닮았던 마오쩌둥에게까지 개인숭배 비판이 전이되는 것을 예방하려는 것이었다. 따라서 8차 당대회 등을 통해 개인숭배 비판이 강조되고 쌍백방침의 확대 등 적지 않은 민주적 조치도 취해졌지만, 이러한 외

---

126 중공은 8차 당대회에서 별도의 '정치 결의'를 통해 "계급모순은 기본적으로 해결됐으며, 현재의 주요모순은 선진 사회주의의 요구에 미치지 못하고 있는 낙후된 사회주의 간의 모순, 다시 말해 생산력이 따라가지 못하는 모순"이라고 규정했다. 『중국공산당 역대당대표자대회 자료집 DB』, 제8차 당대회 자료 중 「정치보고 결의」 참조. http://cpc.people.com.cn/GB/64162/64168/64560/65452/4442009.html(검색일: 2024.4.15).

127 毛泽东, 「关于正确处理人民内部矛盾的问题」, 『建国以来重要文献编』第10冊, 88~95쪽.

형적인 수용 자세와는 달리 본질적으로는 흐루쇼프의 조치에 반감을 나타내는 '중대한 모순'이 잠재된 위태로운 것이었다.

(2) 북한, '개인숭배는 종파주의자들의 전유물'

'스탈린 개인숭배 비판'에 대해 북한은 중국보다 충격이 더 컸고 그만큼 대응도 더 어려웠다. 김일성은 사실상 스탈린에 의해 직접 옹립된 것이나 마찬가지였고, 한국전쟁을 계기로 '맑스–레닌주의의 창조적 적용'을 내걸고 자신만의 국가 만들기, 개인숭배 작업 강화에 나선 상태였기 때문이다. 중국은 개인숭배를 정면으로 비판하고 스탈린에 대해서도 비판할 것은 비판하면서도 또 보호할 측면은 보호해야 한다고 공개적으로 밝혔지만, 북한은 그럴 수도 없었다.

그러나 사회주의 종주국에서 발생한 개인숭배 비판의 화두를 종주국 소련에 의해 옹립된 국가의 지도자, 자신도 스탈린을 따라 '소스탈린주의'에 기반해 체제를 이끌어 가고 있던, 이른바 '모스크비치' 지도자가 피해 갈 방법은 많지 않았다. 북한은 소련에 대해서도, 또한 북한 인민들에 대해서도 어떻게든 답을 하고 넘어가야만 했다.

북한도 모스크바의 분위기를 감지하고 준비는 서서히 하고 있었던 것으로 보인다. 북한은 소공 20차 당대회 개막 소식을 이틀이 지난 1956년 2월 16일 보도했는데,[128] 바로 이날 박금철의 『로동신문』 기고문을 통해 기본 대응의 방향을 잡은 것으로 보인다. 이날은 흐루쇼프의 '스탈린 개인숭배 비판'이 나오기 9일 전이다.

『로동신문』에 실은 글에서 박금철은 "우리 당은 김일성 동지의 지도 밑에 창건 첫날부터 당원들을 맑스–레닌주의로 무장시키며 실지 투쟁을

---

128 「쏘련 공산당 제二〇차 대회 개막」, 『로동신문』, 1956년 2월 16일(1면).

통하여 단련을 계속 전개하여 왔다"라고 설명하며 '맑스-레닌주의'를 강조하더니 "일부 당원들에게는 무원칙한 개인숭배주의의 사상이 존재하고 있다"라고 비판했다. 그러면서 '맑스, 엥겔스, 레닌, 스탈린'을 상황을 더 잘 파악하고, 더 멀리 내다본 지도자로 들면서 "오늘 전체 조선인민이 김일성 동지를 무한히 존경하며 사랑하고 있는 것도 그가 항상 우리를 승리에로 정확히 인도하고 있기 때문"이라며 김일성에 대한 존경과 애정은 개인숭배가 아니라는 논지를 설파했다.[129]

흐루쇼프의 '스탈린 개인숭배 비판'이 나온 이후 북한은 좀 더 적극적으로 대응하게 된다. 특히 소련공산당이 내놓은 새로운 노선들에 대한 지지와 적극적 해석을 통해 '개인숭배 비판'의 공세를 비켜 가려 노력했다. 북한은 '평화 공존론', '전쟁 가피론' 등 소련이 새롭게 제기한 노선들을 "맑스-레닌주의 학설을 창조적으로 적용하며 발전시키는 데 있어서의 구체적 모범"이자, "국제 공산주의 및 로동 운동에 강령적 방향을 제시하여 준 귀중한 보물고"라는 평가를 통해, 소련의 새로운 노선들이 마치 북한이 주장하는 '맑스-레닌주의의 창조적 적용' 노선과 다를 바 없는 것으로 해석해 간 것이다.[130]

북한의 대응은 '소련이 이번에 보인 모범'은 사실 '김일성이 이미 보인 모범'과 다를 바 없다는 교묘한 논법으로 이어졌다. 북한은 우선 "맑스-레닌주의 리론의 이러한 창조적인 발전 및 적용의 모범은 우리에게 이 백전 백승의 리론을 우리나라 현실에 더욱 창조적으로 적용함에 커다란 방조로 될 것이다"라고 소련을 치켜세웠다.[131] 그런 다음 "우리 당의 투쟁 력사와 당의 결정들과 김일성 동지의 로작들은 맑스-레닌주의 리론

---

129 박금철, 「당의 공고화를 위한 투쟁에서 당원들의 당성 단련」, 『로동신문』, 1956년 2월 16일(2~3면).
130 「영광스러운 쏘련공산당의 위대한 고무적 기치」, 『로동신문』, 1956년 2월 27일(1면).
131 「맑스-레닌주의 리론의 창조적적용발전의 모범」, 『로동신문』, 1956년 3월 3일(1면).

제3장 | 카리스마의 기원과 스탈린 개인숭배 비판 **141**

과 조선 혁명의 실천과의 창조적 결합의 모범이다. 우리는 이것을 깊이 연구하는 과정에서 맑스-레닌주의를 조선 현실에 어떻게 창조적으로 적용하였는가를 배워야 하며 리론과 실천을 생동적으로 통일시키는 방법을 배워야 한다"라고 강조하며 '맑스-레닌주의의 창조적 적용 노선'의 정당성을 합리화했다.[132]

북한은 공개적인 대응에서는 이처럼 개인숭배 문제를 회피해 가려 노력하면서도, 김일성에 대한 개인숭배 문제가 외부로 불거지지 않게 노력하였다. 우선 사회적 담론이 되다시피 했던 '수령' 호칭이 사라졌다. 김일성 개인숭배를 누구보다 앞장서서 주도해 오던 인물 중의 한 명인 당 부위원장 박정애의 『로동신문』 논문에서조차 '수령'이란 단어가 사용되지 않을 정도였다.[133]

더욱 주목해야 할 부분은 '수령'의 규정까지도 해석을 달리해서 내놓을 정도로 개인숭배 비판의 파장을 막아보려 애썼다는 점이다. 북한은 집단지도의 상징인 '당 중앙위'를 강조하더니 한발 더 나아가 김일성을 대신해 '조선로동당'을 '조선 인민의 정치적 수령'으로 규정하는 파격을 선보이기까지 했다. 이는 레닌 당시 사용했던 수령을 복수로 보는 해석으로, 북한의 긴장된 분위기를 잘 엿볼 수 있는 대목이다.[134]

그러나 이런 외형적인 분위기와는 달리 김일성 등 조선로동당 지도부가 소공 20차 대회의 결정, 특히 '스탈린 개인숭배 비판'을 전면적으로 수용한 것은 절대 아니었다. 박금철이 미리 방향을 정해놓은 듯 내놓은 '개인숭배 책임을 김일성이 아닌 타인에게 전가'하는 논리를 보강하는 작업이 이어졌다. 그리고 그 주요한 대상은 이미 숙청된 남로계와 박헌영이었다.

---

132 「교조주의와 형식주의를 반대하며」, 『로동신문』, 1956년 3월 18일(1면).

133 서동만, 『북조선 사회주의체제 성립사』, 533쪽.

134 이종석, 『조선로동당연구』, 270쪽.

1956년 3월 20일에 열린 조선로동당 3차 전원회의에서의 김일성 연설은 이러한 방향성을 명확히 제시한 것이었다. 김일성은 먼저 "본인의 의도와 달리 당 간부들과 출판매체가 자신을 지나치게 많이 언급하고 있다", "얼마 전 당 중앙위 정치위원회가 개인의 역할이 아닌 인민대중과 노동당의 역할을 선전하는데 더 많은 관심을 돌려야 한다는 지시를 내렸다"라며 개인숭배 불식을 위한 자신의 노력을 강조했다. 그러더니 "나라의 남쪽에서 박헌영 개인숭배가 조장되었었는데, 이는 박헌영의 적대행위를 당이 적시에 폭로하는 데 방해가 되었다"라며 개인숭배 문제는 박헌영의 문제라고 적시했다. 당시 이바노프 소련대사에게 이 같은 사실을 전달한 소련파 출신 박의완은 "김일성의 연설은 박헌영 개인숭배에 지나치게 많이 할애가 되고 반면, 조선로동당의 개인숭배에 대해서는 불충분하게 언급됐다"라고 불만을 토로했다.[135]

북한은 남로당계 생존자의 입을 통해 박헌영을 공격하는 방법을 활용했다. 남로당계였던 허성택은 박헌영의 조선공산당 창건 과정을 비판하는 『로동신문』 기고를 통해, "예전에 맹종과 맹동으로 이들 '간첩 도당', '종파분자'들을 도왔다"고 반성하면서, "개인숭배 사상과 보신주의가 바로 맹종 맹동의 중요한 요인으로 되고 있다는 것을 깊이 인식해 이를 근절해야 한다"라고 밝혔다.[136]

개인숭배에 대한 북한의 이러한 입장은 1956년 4월의 제3차 당대회에서, 보다 명확하게 드러나게 된다. 김일성은 당대회 보고에서 현안이던 개인숭배 문제를 명확하게 "박헌영 등 종파주의자들의 죄행"으로 규정했다. 그는 "종파주의는 소부르죠아적 영웅주의, 공명 출세주의의 산

「조선민주주의인민공화국 주재 소련대사의 일지 1」(1956.3.21), 『한국현대사료DB, 북한관계사료집』, https://db.history.go.kr/contemp/level.do?levelId=nkhc_073_0330_0050(검색일: 2025.2.19).

136 허성택, 「종파주의 잔재 요소를 극복하자」, 『로동신문』, 1956년 4월 5일(2면).

물로서 사업방법 자체가 개인숭배 사상의 전파와 부식이다"라고 지적하고, "만약 해방 직후 남반부에서 당원들과 간부들이 박헌영과 그의 악당과 기타 종파분자들을 우상화하지 않고 그들과 강한 투쟁을 전개하였더라면 이 악당들의 죄행은 제때에 폭로되었을 것"이라 비판해 "개인숭배의 책임은 박헌영"이라는 등식을 공식화했다.[137]

당대회 축하 사절로 참석한 소련공산당 중앙위원회 서기 브레즈네프의 요구로 조선로동당이 토론에서 개인숭배 문제를 다루기는 했으나 매우 형식적이었으며, 그나마 그 방향은 이미 김일성이 명확히 밝힌 대로 "개인숭배는 박헌영 등 종파주의자들의 전유물"이라는 떠넘기기 전략에 충실한 것이었다.[138]

북한이 진행한 개인숭배 비판이라는 난제 처리 과정의 또 다른 특징 중의 하나는 스탈린에 대한 직접적 비판이 전혀 등장하지 않는다는 점이다. 소공 20차 당대회 기간 개인숭배 문제를 처음 거론한 이후 3차 당대회가 진행되는 기간에도 스탈린에 대한 직접적 비판은 전혀 등장하지 않았다. 김일성은 여전히 자신에게 '권력의 원천, 권력의 아버지'나 다름없는 스탈린 비판이 어려웠을 뿐만 아니라 "흐루쇼프가 분란을 일으켰다"라는 마오쩌둥의 불쾌한 입장과 비슷하게 자신의 마음에도 들지 않았던 것이다.

이러한 당 지도부의 태도와 강변에 불만은 있었으나 그 누구도 김일성 헤게모니에 대항해서 문제를 제기하지는 못하는 상황이었다. 3차 당대회를 계기로 김일성 계열에 의해 당 권력의 독점화가 이뤄졌기 때문이다. 당 중앙위 위원장에 김일성, 부위원장엔 최용건, 박정애, 박금철, 정

---

137 『북한 조선로동당 대회 주요문헌집』, 돌베개, 1988, 139~145쪽.
138 개인숭배의 책임을 박헌영에게 전가하기 위해 남로당원이었던 정태식이 증인으로 나서서, 박헌영의 '종파행위', '간첩행위'를 직접 목격한 것처럼 밝힌 것도 이 같은 전략의 하나였다. 서동만, 『북조선 사회주의체제 성립사』, 544~545쪽.

일룡, 김창만이 선출됐는데 모두 김일성 직계였다. 중앙위원과 후보위원 구성을 보면 빨치산파의 진출이 두드러지고 또 연안계도 약간 증가해 수적으로는 최대 다수가 되는 등 아직은 일정하게 연안계와의 타협이 존중되는 상황인 것으로 보이지만, 이것이 이전의 권력 연합처럼 실체를 가지진 못했다는 게 이어지는 '8월 종파사건'을 통해 적나라하게 드러나게 된다.

이러한 권력 구조의 변화는, 3차 당대회가 스탈린 개인숭배 비판이 나온 소공 20차 당대회의 여파 속에 열렸으면서도 왜 북한에는 실질적인 영향을 크게 미치지 못했는가를 설명해 주는 것이다. 김일성의 권력은 한국전쟁을 계기로 이미 상당히 공고한 기반 위에 올라선 상황이었다.[139]

3) '스탈린 개인숭배 비판'에 대한 불만과 이탈의 조짐

(1) 중국, 마오쩌둥의 이중적 입장

앞서 살펴본 대로 흐루쇼프의 스탈린 개인숭배 비판에 대한 중공의 대응은 "개인숭배 비판엔 동의, 그래도 스탈린은 위대하다"라는 어정쩡한 것이었다. 그리고 시간이 흐르면서 이러한 절반의 동의, 이중적 입장은 사실상 '개인숭배 비판에 반대'하는 것으로 나타나게 된다.

스탈린 개인숭배 비판에 대한 마오의 마뜩잖은 입장은 사실 소공 20차 당대회 직후인 1956년 3월에 열린 첫 대응 회의에서부터 나타났다. 마오는 흐루쇼프의 스탈린 개인숭배 비판에 대해 "뚜껑은 열어젖혔으나 분란을 일으켰다"라는 말로 요약했다. "뚜껑을 열어젖혔다"라는 말은 "소련공산당이나 스탈린은 모두 옳다라는 잘못된 미신의 허상을, 뚜껑을

---

139 이종석, 『조선로동당연구』, 275쪽.

열어 노출시키는 방법으로 타파했다"라는 의미였다. 그리고 "분란을 일으켰다"라는 말은, "스탈린 비판이라는 갑작스런 공격으로 사상적으로 준비가 돼 있지 않던 각국의 당을 혼란으로 몰고 갔다"라는 뜻이었다. 마오는 특히 이런 설명을 하면서 이는 '흐루쇼프의 실수'라고 말하며 "전력을 다해 보강해야 한다"라고 강조했다.[140]

흐루쇼프의 스탈린 비판에 대한 마오의 심경은 이처럼 처음부터 미묘하게 상반된 감정이 뒤섞인 것이었다. 마오는 이후 스탈린 비판에 대해 "한편으론 기쁘고, 한편으론 근심스러운 것"으로 표현하곤 했는데 이는 스탈린으로부터 그만큼 정신적 압박감을 느꼈었다는 점과, 소련의 사회주의 종주국으로서의 위상이 전체 사회주의 국가를 위해선 여전히 필요하다는 현실 때문이었다.

마오는 주중 소련대사였던 유딘[141](尤金, ПавелФёдоровичЮдин)과의 대화에서 "스탈린 개인숭배 비판은 흡사 제반 문제에 대해 정확히 이해하려는 우리 당을 항상 억압하고 방해하던 덮개를 제거해 버린 것과 같았다. 이 덮개를 누가 제거했는가? 바로 흐루쇼프 동지다. 이에 우리는 그에게 십분 감사하게 생각한다"라고 밝히기도 했다.[142] 이처럼 스탈린 비판은 마오의 정신적 속박을 가일층 해제시켜 줬다.

그러나 마오에게 스탈린 비판은 동시에 큰 근심거리였다. 스탈린 개인숭배 비판의 내용이 전 세계로 알려지면서 반소, 반공의 분위기가 점점 더 확산되어 가자 마오의 근심과 우려도 더 커졌다. 그러면서 흐루쇼프에 대한 반감도 커져 결국 "흐루쇼프가 괜한 분란을 일으켰다"라고 인식하게 된 것이다. 마오는 스탈린 개인숭배 비판을 "흐루쇼프가 스탈린

---

140 中共中央文献研究室编, 『毛泽东年谱』第二卷, 中央文献出版社, 2013, 549~550쪽 (1956.3.23); 吴冷西, 『十年论战』, 中央文献出版社, 1999, 5~6쪽.

141 유딘의 중국명은 帕维尔·费奥多罗维奇·尤金인데, 줄여서 尤金으로 기록됐다. 1953년 ~1959년 기간에 주중 소련대사를 지냈다.

142 沈志华, 「中共八大为什么不提毛泽东思想」, 8~9쪽.

을 몽둥이 한 방으로 때려죽인 것"으로 비유하며 "이에 대해 찬성할 수 없다"라는 부정적인 입장을 계속 표출하였다.[143]

특히 소련이 "우리는 이제 스탈린 초상화를 걸지 않는다. 거리 행진을 할 때에도 레닌과 현재 지도자들의 초상화만 내건다"라며 은근히 동조를 요구해 온 것에 대해서도 "그들은 (스탈린) 초상화를 걸지 않겠다는데 우리는 계속 걸겠다"라며 불편한 감정을 숨기지 않았다.[144] 바로 이러한 심정에서 마오의 스탈린 평가, '삼칠제 셈법(三七開)'이 나온 것이다. 마오는 스탈린에 대한 평가 문제를 언급하면서 "2대8? 3대7? 아니면 거꾸로 2대8? 3대7? 4대6? 나는 3대7 정도가 합당하다고 본다. 착오가 3할, 정확한 것이 7할이다"라고 밝혔는데 이게 중공의 이후 스탈린 평가의 기준이 됐다.[145]

마오는 1956년 4월 초 중국을 방문한 소련 부수상 미코얀과의 대화에서도 "나는 스탈린의 공이 과보다 크다고 생각한다. 스탈린에 대해 구체적인 분석, 또 전면적인 차원의 고려가 있어야 한다"라고 밝혔다. 중국의 이 같은 입장은 이후 중소분쟁의 국면에서 갈등이 더욱 확대되는 요소로도 작용하게 된다.[146]

마오의 이러한 이중적 입장은 이후 "흐루쇼프의 반개인숭배는 본질적인 문제를 지적하지 못하고 있다. 반개인숭배만을 말한다면 문제를 해결할 수 없고, 반드시 쇼비니즘과 개인전제, 개인독재의 개인숭배를 반대해야 한다"라는 지적으로 이어졌다. 이렇게 조건을 달면서 개인숭배에 대한 비판의 수위가 훨씬 낮아진 것이다. "중공은 개인숭배를 반대해 온

---

143 『毛澤東年譜』第三卷, 311쪽(1958.3.10).

144 毛澤東, 「听取历史教训, 反对大国沙文主义」, 中共中央文献研究室编, 『毛澤東文集』第七卷, 人民出版社, 1996, 122쪽. 이 글은 1956년 9월 중공 제8차 당대회에 참석한 유고슬라비아 공산주의자연맹 대표자들과의 면담 내용을 정리한 것이다.

145 吳冷西, 『十年论战』, 中央文献出版社, 1999, 12쪽.

146 吳冷西, 『十年论战』, 31쪽.

전통이 있다", "영도자에 대한 애정은 개인숭배가 아니다"라는 8차 당대회에서의 애매모호한 개인숭배 제기 방식은 바로 마오의 이와 같은 복잡한 심리상태가 반영된 것이었다.[147]

여기에서 8차 당대회에서 '마오쩌둥사상'을 지도사상에서 삭제한 의미도 한번 되짚어 볼 필요가 있다. 앞서 살펴봤듯이 '마오쩌둥사상'을 내리고 다시 '맑스-레닌주의'를 지도사상으로 규정한 것은 분명 소공 20차 당대회에서의 '스탈린 개인숭배 비판'의 영향을 직접적으로 받은 것이 분명하다.

그러나 이런 파격적 조치의 구체적 과정을 들여다보면 다른 측면이 내재 돼 있음을 간파할 수 있다. 우선 무엇보다 지도사상에서 '마오쩌둥사상'을 삭제한 것에 관해, 당대회 차원에서 관련된 설명이 없었다. 마오는 물론 '당헌 수정보고'를 한 덩샤오핑의 연설에서도 그 어떤 설명도 없었다. 또한 수정된 당헌 어디에도 '개인숭배 반대'라는 명문 규정이 나타나지 않는다. 그렇다고 '개인숭배 반대'가 어떤 「결의」의 형태로 제기되지도 않았다. 모두 중공 당 지도부의 마뜩잖음을 진하게 반영하고 있는 현상들이다.

핵심적으로 짚어볼 문제는 이 마오사상 삭제 조치가 과연 개인숭배를 반대하기 위한 것이었나, 아니었나 하는 점이다. 앞서 살펴본 것처럼 1950년대 당시 마오사상을 거론치 말자고 거론한 사람은 분명히 마오 자신이었다. 당헌에서 마오사상을 지도사상으로 제기한 이후 소련은 이를 계속 무시했고 그런 와중에 1953년엔 스탈린이 사망했으며, 이후 개인숭배 비판 분위기가 서서히 조성돼 갔던 것이다. 마오는 더욱더 용어 사용을 자제하고 억눌러야만 했으며, 설상가상으로 56년 흐루쇼프가 스탈린 개인숭배를 강력히 비판하면서 천하의 마오로서도 일단은 후퇴할 수밖에 없는 상황에 이르렀다는 게 객관적이고 논리적인 추론이다.

---

147 沈志华, 「中共八大为什么不提毛泽东思想」, 9쪽.

국민당과의 내전 시기에도 그랬지만, 중화인민공화국 성립 이후 국가 건설 과정에서도 소련의 지원은 절대적이었기 때문에 소련공산당과의 단결은 필수적이었고, 이런 상황이 전반적으로 반영돼 8차 당대회에서 '마오쩌둥사상'이 거론되지 않았다는 것이다. 이는 이런 조치가 "객관적 형세에 의한 것이지 주관적 희망에 의한 것은 아니다"라는 것을 보여주는 대목이다. 이렇게 보면 8차 당대회에서 '마오쩌둥사상'이 거론되지 않은 것은 마오 본인이나 마오사상에 대해 당내에서 어떤 함의가 있다거나, 의심이 있는 표시일 수 있지 않겠느냐는 설명은 전혀 근거가 없다고 하겠다.[148]

마오가 누차 이를 언급할 때 말하는 걸로 봐서 알 수 있듯이, 마오는 공개적인 장소에서 '마오쩌둥사상'이라는 표현을 사용하는 것이 당시에 적당하지 않다고 강조한 것이지 그 표현 자체에 무슨 타당하지 않은 점이 있는 것으로 여긴 것은 아니라는 것이다.[149] 이처럼 중공 제8차 당대회가 당헌에서 마오사상을 삭제한 것은 결코 개인숭배 반대나 억제를 위한 조치가 아니었다.

마오와 중국공산당의 이런 복잡 미묘한 심정은 사실 스탈린 개인숭배 비판을 전달받은 1956년 초부터 이미 부분적으로 드러나기 시작했고 이후 반우파투쟁과 대약진 추진 과정에서 마오 개인숭배가 강화되면서 그 본심이 드러나게 된다.

스탈린 비판에 대한 마오의 심경은 1956년 말 헝가리사태 이후 더욱더 흐루쇼프에 대한 부정적 생각으로 기울어져 갔다. 스탈린 사태 비판 이후 일기 시작한 반소, 반공의 물결이 헝가리사태 이후 더욱 거세졌기

---

148 沈志华, 「中共八大为什么不提毛泽东思想」, 10쪽. 8차 당대회를 준비하면서 '마오쩌둥사상'을 언급하지 말자고 한 사람은 다름 아닌 마오였다. 이런 제안에 따라 당헌에 '마오사상'이 언급되지 않았다고 보는 게 합리적이다. 林源, 「毛泽东与个人崇拜问题探析」, 『学海』, 1999, 78쪽.
149 吴向媛, 「近二十年来国内学界关于中共八大的研究综述」, 『党史党建』 第18卷 第5期, 2016, 27쪽.

때문이다. 더구나 이때 소련과 갈등을 빚고 있던 유고의 티토가 "스탈린주의와 스탈린주의자들에 대한 반대" 의사를 공개 강연을 통해 표명하고 "각국의 스탈린주의자들은 권력에서 물러나야 한다"라는 주장까지 하고 나오자, 마오의 위기감은 더욱 커갔다. 마오는 다시 '삼칠제 셈법(三七开)'을 강조하며 "스탈린은 기본적으로 정확했다"라고 주장하면서 "티토의 관점이 완전히 틀렸다"라고 적극 비판하고 나섰다.[150]

마오는 헝가리사태를 결산하는 회의에서 자신은 스탈린을 평생 3번 찬양하는 글을 썼는데 "솔직히 말하면 3번 모두 원해서 쓴 게 아니다. 감정상 말하자면 원해서 쓴 게 아니지만 이성적 판단으로 쓰지 않을 수 없었다"라며 "개인적 감정은 접고, 대국적 관점을 중시하지 않을 수 없었다"라고 설명했다. 마오는 일례로 스탈린 사후 추도문을 쓴 것에 대해서도 "스탈린 사후 소련은 우리의 지지가 필요했고, 우리 역시 소련의 지지가 필요했다. 그래서 가공송덕(歌功頌德)의 추도 글을 쓴 것이다. 지금도 우리에겐 스탈린에 대해 정확한 것을 주로하고, 착오를 부차적인 것으로 하는 글이 필요하다"라고 밝혔다.[151]

마오에겐 이처럼 스탈린에 대한 평가가 스탈린 개인이 아닌 소련 사회주의, 나아가 사회주의 전체에 대한 평가로 이어지는 것이란 판단이 있었기 때문에 결코 흐루쇼프처럼 부정적으로만 바라볼 수 없는 문제였던 것이다. 그러나 마오의 이러한 이중적 입장은 당권파와의 경제정책 충돌, 소련과의 갈등 구조 속에서 점차 흐루쇼프의 '스탈린 개인숭배 비판' 자체

---

150 吴冷西, 『十年论战』, 62~64쪽.
151 吴冷西, 『十年论战』, 65~66쪽. 마오는 1939년 스탈린 탄생 60주년, 1949년 70주년, 그리고 스탈린 사후까지 모두 3번 스탈린 찬양의 글을 썼다. 1939년에 스탈린은 왕밍의 좌경노선을 지지하고 있었고, 독·소 불가침 조약 체결로 소련이 서방의 비난에 직면하고 있던 때였다. 이때 마오는 소련을 지지해야 한다고 판단했다. 마오는 또 "1949년 내전 승리로 신중국이 건립된 때에도, 스탈린은 내가 제2의 티토가 되지 않을까 의심을 해서 신뢰하지 않고 있었지만, 그에 대한 찬양 글을 썼고 이후 소련과 새로운 중소우호조약을 체결했다"라고 밝혔다. 즉 혁명의 이익, 국가의 이익이라는 대국적 관점에서 행동해야 하고 스탈린 비판에 대한 대응도 그 연장선에 있음을 말하고자 한 것이다.

를 잘못된 것으로 비판하는 방향으로 나아가게 된다. 그리고 이 과정에서 자연스럽게 마오에 대한 개인숭배가 강조되는 상황이 연출된다.

(2) 북한, '맑스-레닌주의의 창조적 적용'과 '주체'의 등장

중국과 마찬가지로 북한 역시 '흐루쇼프의 스탈린 비판'에 대해, 대놓고 반대를 할 수도 없었고, 그렇다고 중국처럼 일정하나마 직접 '스탈린 비판'을 할 수도 없는 난감한 입장이었다.

'스탈린 개인숭배 비판'에 대한 북한의 대응은 외형적인 '일부 수용' 모습과 이와는 다른 실제적인 '책임 회피'와 '무시'로 압축된다. 소공 20차 당대회 직후 열린 1956년 4월의 제3차 당대회 진행 과정을 보면 이러한 상황을 잘 알 수 있다. 북한은 이때 처음으로 당규약에 '맑스-레닌주의'를 조선로동당의 지도지침으로 명시했다.[152] 그간 '맑스-레닌주의'를 강조하면서도 당규약에 넣지는 않았었던 점에 비춰보면, 중국이 1956년 제8차 당대회에서 '마오쩌둥사상'을 삭제하고 대신 '맑스-레닌주의'를 지도지침으로 규정한 것과 비슷하게 일정하게 소련을 의식한 조치로 평가할 수 있다.

그렇지만 북한은 바로 이 3차 당대회에서 '맑스-레닌주의의 창조적 적용'을 바탕으로 한 '주체노선'을 사상사업의 기본으로 결정하였다. 북한은 3차 당대회 결정서를 통해 "사상사업 분야에서의 당의 중요한 과업은 교조주의와 형식주의를 퇴치하여 주체를 바로 잡으며 그의 형식과 방법은 우리나라의 현실에 적응하게 개선하는 데 있다"라며, "당 교양망들과 모든 학교들 및 기타 사상사업의 매개 분야에서 이러한 방향으로 교

---

152 『北韓關係史料集』 30, 國史編纂委員會, 1982, 525쪽. 조선로동당은 제3차 당대회에서 당규약 개정을 통해, "조선로동당은 맑스-레닌주의의 학설을 자기 활동의 지도적 지침으로 삼는다"라고 처음으로 지도지침을 규정했다.

수 재강을 개편하며 당 선전 사업을 진행함으로써 사상사업에서의 주체를 확립할 것"을 강조했다.[153]

이러한 상황은 한국전쟁을 통해 '김일성 카리스마'가 결정적으로 강화되면서 1953년부터는 이미 '김일성 중심 국가 만들기'의 경향성이 더욱 두드러져, 북한 사회에 이미 '개인숭배의 관성'이 강하게 작용하기 시작했음을 보여주는 것이다. 한발만 더 나아가면 '김일성 개인숭배'로도 의심받을 수 있는, '맑스-레닌주의의 창조적 적용 노선'에 기반한 '주체'가 핵심인 노선을 스탈린 개인숭배 비판이 나온 직후 당대회에서 공식 사상, 교양 노선으로 채택한 것은 바로 이런 북한의 입장과 의지를 상징적으로 보여주는 것이다.[154]

북한의 이러한 '맑스-레닌주의의 창조적 적용' 입장은 때로는 소련이 직접 관여할 정도로 치열한 정치적 투쟁 과정을 거쳐온 것이기도 했다. 1953년 초 조선로동당 중앙위가 '맑스-레닌주의'를 북한의 현실에 '창조적으로 적용'하는 사업을 결의한 이후 소련계 조선인들과 반김일성계 성향의 간부들은 이를 '개인숭배 비판'이라는 새로운 흐름에서 이탈하고자 하는 탈소련화 움직임으로 판단하고 비판에 나서게 된다.

1954년 초, 당 조직부장이던 박영빈은 누구보다도 김일성 개인숭배에 앞장서면서 '창조적 적용'을 이끌어 가던 조선작가동맹위원장 한설야를 반소작가로 공격하고 작가동맹에 대한 검열 등을 통해 한설야의 약점을 찾아내려 시도한다. 문화선전부 부상을 맡고 있던 연안파의 김강은 1954년 8월, 김일성 중심의 민족해방투쟁과 김일성의 구체적 형상화에

---

153 「조선로동당 중앙위원회 사업 총결 보고에 대한 조선로동당 제3차 대회의 결정서」, 『朝鮮勞動黨大會資料集』 第 I 輯, 國士統一院 調査研究室, 1988, 488쪽, 504~505쪽.

154 북한은 이러한 3차 당대회를 "전당이 위대한 수령 김일성동지의 두리에 굳게 뭉쳐 주체적 립장, 혁명적 원칙성을 더욱 철저히 견지해나갈 것을 내외에 엄숙히 선포한 력사적인 대회"라고 평가하고 있다. 조선로동당 중앙위원회 당력사연구소, 『조선로동당략사 2』, 돌베개, 1989, 64쪽.

비해 당과 당원은 추상적으로 그려지고 당의 향도적 역할은 미약하다며 그러한 시도들을 비판한다. 한국전쟁 당시의 '영웅형상화 논쟁'과 유사한 상황이 다시 조성된 것이다.

1955년 초 소련공산당이 다시 개인숭배를 비판하고 집단지도체제를 부활시키기로 결정하자, 소련파는 이에 자극받아 직접적인 김일성 개인숭배 비판으로 나아가게 된다. 당 정치위원회 위원이었던 박창옥과 박영빈은 북에서 출판되는 모든 간행물에 주요하고 결정적 역할이 "인민대중이 아니라 김일성"으로 기술된 것은 사상사업의 방향성이 잘못된 것이라고 지적하며, 이를 정식으로 밝혀야 한다고까지 하며 문제를 제기했다.[155]

그러나 1955년 4월에 열린 전원회의에서 이들 소련파의 주장은 수용되지 않았으며 오히려 종파주의자로 비판되었다.[156] 그러자 소련파는 비판 토론회를 개최했는데, 문화선전성 부상 정률이 주재한 토론회에 200여 명의 작가들이 참석해 만만치 않은 분위기를 연출하였다. 이는 소련공산당의 "개인숭배 비판과 집단지도체제 부활 결정"이 그만큼 파급력이 컸다는 것을 보여준다.

1955년 5월 김일성은 모스크바를 방문하는데, 소공은 당과 국가 권력기관 내에서 차지하는 김일성의 독점적 지위가 개인숭배의 원인이라고 진단하고 김일성에게 당중앙위원장이나 수상 중 하나의 지위만 갖도록 충고하였다.[157] 이러한 소련의 지적이 이어지자, 김일성은 소련파가 자신에 대한 부정적 이미지를 조장하는 내용들을 계속 소련에 보고하고 있다고 의심하게 된다.

---

155 배개화, 「북한 문학과 '맑스-레닌주의의 창조적 노선' 1953-1956」, 『한국현대문학연구』 54, 2018, 362~372쪽.

156 김일성, 「사회주의 혁명의 현 계단에 있어서 당 및 국가사업의 몇 가지 문제들에 대하여: 조선로동당 중앙위원회 전원회의에서 내린 결론 (1955.4.4)」, 『김일성전집 18』, 조선로동당 출판사, 1997, 65~73쪽.

157 배개화, 「북한 문학과 '맑스-레닌주의의 창조적 노선' 1953-1956」, 367쪽.

소공이 소련파를 통해 당내에서 김일성에 대한 '개인숭배 비판'을 공식적으로 제기하고, 이러한 여파로 집단지도체제로의 전환 압력이 우려되는 상황으로까지 판단한 김일성은 소련파를 교조주의자로 비판하고 곧바로 제거에 들어갔다. 1955년 10월 문화선전성 부상을 맡고 있던 정률을 해임하는 것을 시작으로 소련계 조선인의 과오에 대한 조사에 들어갔고 소련파에 대한 공식 비판과 감찰을 진행했다. 소련파에 대한 숙청이 사실상 시작된 것이다.[158]

김일성이 당 중앙위를 통해 박창옥과 박영빈 등 소련파 5인에 대한 엄혹한 비판을 진행한 후인 1955년 12월 28일, 김일성은 '주체'라는 용어를 처음 언급한 것으로 알려진 「사상사업에서 교조주의와 형식주의를 퇴치하고 주체를 확립할데 대하여」라는 연설을 하였다.[159] 그는 당의 사상사업이 "교조주의와 형식주의에 빠져", "주체가 없다"라고 질타하며 "우리는 어떤 다른 나라의 혁명도 아닌 바로 조선의 혁명을 하고 있는 것입니다. 이 조선혁명이야말로 우리 당 사상사업의 주체입니다"라고 강조했다. 그러면서 박창옥과 박영빈, 그리고 이미 숙청된 허가이와 박일우까지 호출해 "조선혁명의 리익에 충실하지 않았다"라고 거세게 비판했다.[160]

---

158 정상진, 『아무르만에서 부르는 백조의 노래』, 지식산업사, 2005, 99쪽. 정상진은 "정부 부수상 겸 국가계획위원회 위원장인 박창옥, 당 중앙위 조직부장 박영빈, 육군대학 부총장 기석복 중장, 문화선전성 제1부상이었던 자신 정률(정상진은 북한에서 정률이란 이름을 썼다), 외무성 참사관인 전동혁 등 5인조가 소련파 숙청의 첫 번째 대상으로 되었다"라고 회고했다.

159 김일성, 「사상사업에서 교조주의와 형식주의를 퇴치하고 주체를 확립할데 대하여: 당 선전선동 일군들 앞에서 한 연설(1955.12.28)」, 『김일성전집 18』, 평양: 조선로동당출판사, 1997, 377~404쪽.

160 이미 전쟁 중에 '조중연합사령부'의 부사령관에서 체신상으로까지 좌천당했던 박일우는 이 연설이 있기 전인 1955년 12월 2일 '12월 전원회의'에서 "당과 국가의 기밀을 외부에 누설했다", "미제 고용간첩인 박헌영, 리승엽, 장시우 도당들과 결탁하여 당을 반대하는 반당적 반혁명적 길에까지 들어서게 되었다"라는 엄혹한 비판과 함께 중앙위원회 위원에서 제명되며 출당되었다. 조선로동당 중앙위원회, 『결정집: 1955년도. 전원회의, 정치, 상무위원회』, 51~56쪽.

이 시기 김일성이 제기한 '주체'는 바로 이처럼 '맑스-레닌주의의 창조적 적용'이라는 정치적 맥락의 연장선상에서 나온 것이다. 북한은 "주체를 세우기 위한 우리 당의 일관한 투쟁에서 1955년은 중요한 전환점이 되었다"라고 평가하며 그 중요성을 강조하고 있다.[161]

1956년 초 김일성은 소련파를, 박헌영과 리승엽, 허가이 등 과오를 범한 자들과 타협하며 종파적 행위를 한 부르주아 사상가로 몰아서 숙청한다. 박창옥은 명목상의 내각 부수상은 유지했지만, 당 중앙위원회 정치위원에서 제명되었다. 그리고 박영빈은 정치위원과 중앙위원에서 제명됐고, 기석복 역시 당 중앙위원에서 제명되었다.[162]

이처럼 소련파의 숙청으로 '맑스-레닌주의의 창조적 적용' 노선을 둘러싼 논쟁은 김일성의 승리로 끝났고, 1956년 4월의 제3차 조선로동당 대회에서 이 노선이 조선로동당의 공식적인 사상교양노선으로 채택되는데, 이는 결국 '김일성 유일사상체계' 구축 작업으로 이어지게 된다. 김일성도 1967년 '유일사상체계'를 확립한 이후, 바로 이 1956년 시점부터 자신이 "당 사상사업을 직접 틀어쥐고 지도하였다"라고 밝히며 매우 중요한 출발점으로 평가하였다.[163]

물론 북한은 '맑스-레닌주의의 창조적 적용'은, '맑스-레닌주의'의 기반하에서의 '조선 현실에의 창조적 적용'이라고 강조했지만, 3차 당대회에 참석했던 브레즈네프가 비밀 보고서에서 정확히 평가한 대로 북한은

161 조선로동당 중앙위원회 당력사연구소, 『조선로동당략사 2』, 돌베개, 1989, 50~51쪽.
162 조선로동당 중앙위원회, 『결정집: 1956년도 전원회의, 정치, 상무, 조직위원회』, 49~58쪽.
163 김일성은 1967년 3월 "나는 1956년부터 당 사업을 직접 틀어쥐고 지도하였습니다. 그때로부터 오늘에 이르기까지 10여 년 동안 당 안에 유일사상체계를 세우며 전반적 당 사업을 바로잡기 위한 투쟁을 벌려왔습니다"라고 밝혔다. 김일성, 「당사업을 개선하며 당 대표자회 결정을 관철할 데 대하여: 도, 시, 군 및 공장당책임비서협의회에서 한 연설(1967.3.17~24)」, 『김일성전집 38』, 평양: 조선로동당출판사, 2001, 254쪽.

소련과의 일방적 관계에서 벗어나고자 하는 움직임을 이미 가시화한 상황이었다.[164]

　이처럼 김일성이 '맑스-레닌주의의 창조적 적용' 노선을 1953년부터 구체화 시켜간 이유로는, 김일성 자신에게도 닥쳐올 '개인숭배 비판' 분위기의 북한 유입을 방지해 보려는 목적을 우선 들 수 있을 것이다. 그렇지만 그 근저에는 중국과 소련이라는 후견국의 간섭과 압력으로부터 벗어나고자 하는 권력자의 심경이 자리하고 있었을 것이다. 한국전쟁의 실패는 중국, 소련과의 관계에서 여전히 김일성에게 부담이었기 때문이다. '맑스-레닌주의의 창조적 적용'과 '주체노선'은 결국 '유일사상체계'로 이어지는 출발선이었다.

164　브레즈네프는 그런 차원에서 김일성 위주의 역사 왜곡도 지적했다. 브레즈네프는 비밀 보고서에서 "당 조직 내에는 김일성이 14세에 맑스주의자가 되었다, 조선 인민의 구세주이다, 가장 위대한 총수이다라는 등등의 이야기가 퍼져있고, 조선 인민들의 전체 투쟁사가 김일성의 혁명 활동사로 변질돼 전시되고 있기도 하다"라고 비판했다. 「브레즈네프의 소공중앙 보고: 조선로동당 3차 당대회 등 관련」, 러시아연방 대외정책 문서고, АВПРФ, ф.5446, оп.98, д.721, л.212~219.

소결

이번 장에서는 마오쩌둥과 김일성의 카리스마가 역사적으로 어떻게 형성되었고 또 이 카리스마가 정치변동 과정에서 어떻게 개인숭배로 발전해 나갔는지, 그 가운데에서도 두 지도자에 대한 개인숭배가 어떤 차별성이 있었는지를 짚어보았다.

마오의 카리스마는 "바람 앞의 촛불처럼 위태롭던 중국공산당과 중국 인민을 구해낸 구세주"와 같이 전형적인 카리스마적 모습으로 등장했다. '대장정'이라는 처절한 생존 투쟁은 역설적으로 마오를 중국공산당의 대표, 진정한 지도자로 거듭날 수 있는 기회를 제공했다. 1935년 1월의 '준이회의'를 통해 당의 지도자로 거듭난 마오는 옌안 정부 초기의 어려움을, 정풍운동을 통해 극복하고, 일본 제국주의의 패망이 가시화되면서부터 '중화민족의 구세주'라는 찬양을 받기 시작한다. 옌안정풍 시기부터 불리기 시작한 마오 찬가라 할 수 있는 「동방홍」이 이런 분위기를 잘 대변하는 것이다.

마오쩌둥의 이처럼 넘치는 카리스마는 자연스럽게 숭배 분위기를 낳게 된다. 1945년 4월 제7차 당대회에서 이러한 분위기가 분출하는데, "중화민족이 해방될 수 있는 유일한 길은 마오쩌둥의 길"이라는 찬양과 함께 '마오쩌둥사상'이 당의 지도사상으로 채택되게 된다.

그러나 마오는 결코 숭배에 취하거나 서두르지 않았다. 국민당과의 내전을 앞둔 시점이어서 더욱 오만한 정서에 대한 경계감을 견지하기 위해 노력했고 이는 '개인숭배'에 대한 방비로도 이어졌다. "당의 지도자에 대한 축수 금지, 지도자의 이름을 딴 거리, 건물명 금지" 결의 등은 이런 바탕에서 나온 것이다. 내전 승리와 건국 이후에도 마오의 절제력은 지속되었다. 천안문 앞에 마오의 동상을 세워달라는 요구가 빗발쳤으나 마오는 어느 것 하나 허락하지 않았다.

1953년 3월 스탈린의 사망 이후 흐루쇼프를 중심으로 새롭게 형성된 소련의 새 지도부가 개인숭배를 비판적으로 검토하면서 중국 역시 '마오쩌둥사상'의 용어 사용 금지를 결정하는 등 더욱더 신중한 행보를 이어갔다. 그리고 1956년 '흐루쇼프의 스탈린 비판'이 나오자 아예 '마오쩌둥사상'을 지도사상에서 삭제하기까지 했다.

이처럼 국민당과의 내전 승리, 새로운 국가 건립까지 이어지는 이 시기 마오의 카리스마 리더십은 워낙 안정적이고 압도적이어서 마오 스스로 절제하고 자제해도 오히려 넘치는 상황이었다. 중국공산당을 이끌고 30년에 가까운 분투 끝에 내전 승리와 새로운 국가건설을 성공으로 이끈 마오의 리더십에 이의를 제기할 사람은 그 누구도 없었다. 그에 대한 '개인숭배' 분위기가 조성된 것은 자연스러운 일이었다. 그러나 마오는 국민당과의 내전, 새로운 국가건설, 이후의 건설 문제에서 소련의 지원이 결정적이라 믿었기 때문에 매우 신중하고 절제된 분위기를 이어가 과도한 '개인숭배' 분위기는 억제되었다.

이러한 안정적 권력 구축은 마오 '카리스마 리더십'의 굳건함과 그 특징들을 보여주는 것이다. 장구한 세월 동안 중국공산당이라는 '하나의 틀'에서 간난신고의 세월을 함께해온 마오와 혁명 동지들과의 유대관계는 매우 깊었다. 특히 중국공산당의 창당부터 함께한 마오의 리더십은 '준이회의'를 거치며 당내의 광범한 '동의'를 이끌어낸 탄탄한 신뢰에 기초하는 것이었다. 그만큼 마오의 리더십은 매우 '통합적'인 것이었으며, 특히 건국 초기엔 중앙의 주요 지도자 간의 갈등이나 충돌도 아직 나타나지 않았다. 그리고 이 시기에 중국공산당은 옌안정풍 시기에 확립한 "이전의 과오는 뒷날의 경계로 삼고, 병을 고쳐 사람을 구한다(懲前毖后, 治病救人)"는, 이른바 '마오쩌둥 동지의 방침'이라는 '정치적 반대파'에 대한 포용적인 정신을 공유하고 있었다.

1931년 중국공산당에 가입해 동북항일연군에서 활동하던 김일성은 1937년의 보천보 전투를 통해 국내에도 이름을 널리 알렸다. 이후 김일성이 이끌던 부대는 1940년대 초 일제의 대토벌로 소련령으로 이주하면서도 정식 부대명보다 '김일성 부대'나 '김일성파' 등으로 불리는 등 김일성의 이름을 각인시켰고 해방과 함께 '조선공작단위원회'의 '정치·군사 책임자'로 임명돼 입국하면서 정치인으로 거듭나게 된다.

이처럼 김일성도 항일투쟁을 통해 그 나름 명성을 쌓았지만, 자체적인 군대가 없었고, 중국공산당의 지도를 받고 있었다는 점에서는 당시의 마오 리더십에 비견할 바는 아니었다. 특히 국내에는 민족주의자 조만식과 국내 공산주의자를 대표하던 박헌영이 있어 곧바로 지도자로 부상할 수도 없었다.

이러한 상황에서 김일성을 지도자로 낙점한 소련은 그의 위상을 높여 주기 위해 '김일성 영웅 만들기'에 곧바로 나섰으며, 소련 점령군의 치밀한 계획에 따라 김일성은 대중집회와 언론 공작을 통해 '항일민족영웅'으로 선전되었다. '김일성 영웅만들기' 작업은 김일성 지지 세력의 '개인숭배' 작업으로 자연스럽게 이어졌다. 「김일성장군의 노래」가 만들어지고 '북조선김일성대학교'가 개교하더니, 김일성 출생지인 만경대는 혁명사적지로 지정이 되고, 만경대 혁명학원에는 '김일성 동상'이 처음으로 세워졌다.

마오쩌둥의 중국과 달리 북한은 '김일성'이라는 이름을 더 부각시켜야만 했고, 어떻게든 더 김일성에 대한 숭배를 제고해 권력 기반을 다져야 했던 것이다. 김일성은 한국전쟁에서 패했으나 역설적으로 권력을 공고히 하는 데에는 크게 성공했다. '김일성 카리스마'는 전쟁을 통해 결정적으로 강화된다. 그러나 그 과정은 매우 폭력적이고 '비타협적'인 것이었다. 중·소의 반대에도 불구하고 결국 박헌영을 처형한 것이 대표적이다. 이는 마오가 옌안정풍 운동을 마무리하며 내놓은 '정치적 반대파'에 대한 '포용 원칙'과 크게 비교되는 것이다.

이처럼 마오와 달리 김일성은 '통합적'인 리더십을 구축할 수 없었다. 이는 한 번도 공동투쟁을 해본 경험이 없는 지도자들이 '분산적'으로 경쟁하는 권력 구조가 형성된, 해방 초기 북한 정치 지형의 특징으로부터 비롯된 것으로 분석된다. 김일성은 소련의 지원과 개인숭배 작업 그리고 한국전쟁을 통해 강력한 카리스마체제를 구축해 갔으나 결국 '분산적' 경쟁구조의 한계를 극복하지 못했고, 개인숭배를 통한 권력 장악의 효과를 확인하면서 '정치적 반대파'에 대해서도 더욱 '비타협적'이고 '배타적'으로 변해갔다.

남로당파 제거와 '박헌영 처형'은 '카리스마 김일성'의 이러한 '비타협성'을 보여주는 이 시기의 상징적인 사건으로, 향후 북한에서 '정치적 반대파'에게 닥쳐올 운명을 예고하는 것과 같았다.

제4장

도전받는
'카리스마의 반격'

1

'도전'과 '응전', 강화된 마오쩌둥 개인숭배

1) 첫 '도전' 직면한 마오쩌둥 카리스마 리더십

(1) '모진(冒进)',[1] '반모진(反冒进)'의 갈등과 충돌

원래 중국공산당은 건국 시기엔 신민주주의 사회 건설을 위한 신민주주의 혁명이 필요하다고 했고, 그다음 단계로 사회주의 사회에 이르기까지의 기간을 과도기로 설정했다. 그리고 그 과도기 기간을 "10년에서 15년, 그 이상의 시간"으로 규정하고 "이 시기에 사회주의적 개조를 기본적으로 완성하는 것"을 주요 과업으로 설계했었다.[2]

그런데 1953년부터 시작된 1차 경제개발 5개년계획이 성과를 내자,

---

1 '모진(冒进)'은 '무모한 전진', '저돌적인 전진' 정도로 해석 가능하다. 마오는 긍정적 측면을 강조해서, 저우언라이 등은 부정적 측면을 강조해 사용하였다. 이후 '대약진(大跃进)'이 나오기 때문에 혼선을 피해 여기서는 그냥 중국어 그대로 '모진(冒进)'으로 사용한다.

2 中共中央文献研究室,『关于建国以来党的若干历史问题的决议注释本』, 人民出版社, 1983, 216~218쪽. 중공은 '과도기 총노선'을 선포하면서 "중화인민공화국 성립으로부터 사회주의적 개조를 기본적으로 완성하기까지의 시기가 과도기이다"라고 규정했다.

마오는 55년부터 속도를 강조하기 시작했다. 마오는 55년 11월 "전당에 우려를 불식시키고 사회주의 개조를 더 가속화하라, 지도자들의 생각이 실제보다 낙후돼 있다"라고 비판하며 다그치기 시작했다. 마오의 재촉 효과는 곧바로 나타났다. 베이징시가 1956년 새해가 시작되자마자 "수도 베이징은 이미 사회주의에 들어섰다"라고 선언했으며 이를 뒤이어 상하이와 텐진 등 118개 도시가 "자본주의 상공업 공사로 합영이 완성됐다"라는 사회주의 개조의 완성을 선언한 것이다.[3]

처음 과도기 총노선을 선포할 때 "10년에서 15년, 아니면 그 이상의 시간"을 상정했던 기간이 "2~3년이면 가능"으로 줄더니 마오의 재촉 이후, "1, 2개월 만에" 사회주의에 들어섰다는 선언으로 이어진 것이다. 마오는 기쁨을 감추지 못했고 중국 전역이 축제 분위기에 들썩였지만, 경제사업을 주관하던 저우언라이와 천윈 등은 마음이 편치 않았다. 너무나 정치적인 결정들이 흥분된 상태에서 이어졌기 때문이었다.[4]

바로 이러한 속도전에 저우언라이를 비롯한 경제 담당 책임자들이 여러 차례 견제와 비판 의견을 내면서 마오와의 갈등이 시작된다. 저우언라이는 베이징시가 사회주의에 들어섰다고 선언한 이후 "우리는 반드시 현실적 조건을 넘어서는 것을 막기 위해 노력해야 한다. 객관적으로 안 되는 일을 강제로 하게 된다면 맹목적 모진의 잘못을 범하게 될 것이다"라며 제동을 걸고 나섰다.[5] 이에 대해 마오는 "사업을 천천히 하면 별반 나아지는 게 없다, 빠르게 해야 조금이나마 나아진다"라고 말하며 모진을 주장했고 이어 "미국이 뭐 대수인가? 수백만 톤의 강철, 수백 개의 수소탄 가지고 있다고⋯ 그것 별거 아니다, 중국이 미국을 넘어설 수 있다"

---

3 沈志华, 「周恩来与1956年的反冒进――记中共中央关于经济建设方针的一场争论」, 『史林』, 2009, 88쪽.
4 沈志华, 「周恩来与1956年的反冒进――记中共中央关于经济建设方针的一场争论」, 89쪽.
5 저우언라이는 1956년초부터 반모진의 입장을 전파하기 위해 노력한다. 薄一波, 『若干重大决策与事件的回顾』上, 中共党史出版社, 2019, 375쪽.

라는 호기마저 과시했다. 당시 마오의 자신감 넘치는 분위기와 함께 '과장풍'의 전조를 엿볼 수 있는 발언이다.

1956년 2월 들어서 저우언라이의 우려와 비판은 더 강해졌다. 그는 "과도기는 원래 계획한 대로 길게 가야 한다"라는 지적과 함께, "공업화 조기 완성 구호는 절대로 제기하지 마라. 군중의 적극성에 냉수를 끼얹으면 안 되겠지만 지도자의 머리가 뜨거워지면 냉수로 잘 씻어야 한다. 그래야 좀 냉정해질 수 있다"라고 말하며 마오를 겨냥한 듯한 발언을 내놓기도 했다.[6] 그러자 마오 역시 경고하듯 "찬물을 끼얹지 마라"고 되받았고 이에 저우언라이가 다시 "찬물로 잘 씻어야 한다"라고 응수하며 주요 지도자 간의 서로 다른 입장이 공개적으로 드러나게 되었다.

이러한 마오와 저우언라이의 이견은 1956년 4월에 들어서면 충돌 수준으로 이어지게 된다. 당시 정치국회의에서 추가로 기본 건설 투자비 증액을 요구하는 마오에 대해 저우언라이를 비롯한 참석자 대부분이 반대의견을 냈으나 마오는 자기의 주장을 굽히지 않았다. 회의가 끝난 후 저우가 마오를 찾아 "내가 총리로서 양심상 도저히 동의를 못하겠다"라고 하자 마오는 크게 화를 냈고 얼마 지나지 않아 베이징을 떠나버렸다.[7]

정책 결정 과정에서 이러한 갈등과 이견은 어찌 보면 매우 정상적인 과정이었으나 마오는 그렇게 받아들이지 않았다. 건국 이후 마오는 "자기가 하는 것은 옳다"라는 강렬한 심리를 가지고 있었다. 결과적으로 정책이 실패한 것으로 결론 난 경우에도 그는 "그래도 정책은 옳다"라고 생각하였고, 다른 사람이 자신의 정책을 의심하고 부정하는 것도 용납하지 않았다. 그리고 다른 사람이 자신의 정책을 부정하는 행위에 대해서

---

6 中共中央文献编辑委员会, 『周恩来选集』 下, 中国革命领导人文库, 1980, 190~191쪽.
7 何云峰, 「个人崇拜与1959年庐山会议毛彭冲突」, 『Journal of Wuhan University of Technology (Social Sciences Edition)』 Vol. 20, No. 6, 2007, 768쪽.

는 자신의 영도 권위에 '도전'하는 것으로 여겼다.[8]

이렇듯 마오는 이른바 이 '반모진 사태'의 상황을 자신의 의견, 주장이 당내에서 순조롭게 관철되기 어렵고, 매우 큰 저항이 존재하는 것으로 인식했다. 마오는 이를 하나의 신호, 즉 경제 사무에 능한 관료 집단이 자신을 배척하는 신호로 본 것이다. 마오는 자신의 우려가 현실이 되는 상황, "자신이 그저 문서에 승인이나 하는 '꼭두각시'로 전락하는 것 아닌가?"하는 생각에 갈수록 심각하게 빠져들었다.[9]

마오와의 갈등 이후 저우언라이는 각지를 돌며 현장 조사를 실시 했는데 이 조사 결과를 바탕으로, 자기의 생각을 더욱더 굳히게 됐다. 그리고 류사오치, 천윈(陈云), 리부춘(李富春), 보이보(薄一波), 리셴녠(李先念) 등이 저우언라이의 견해를 지지하면서 마오도 당장엔 더 자신의 주장을 고집할 수 없었다.[10] 이처럼 중국공산당 내에서 건국 이후 시기에 마오의 의견이 소수이고, 다수 의견에 밀려 관철되지 못하는 것은 매우 보기 드문 현상이었다.

그러나 마오는 일단 자신의 모진 주장을 굽히게 된다. 당시 경제건설 계획의 설계 자체를 주도하고 있었을 뿐만 아니라 재원의 절대적인 비중을 지원하고 있던 소련까지도 마오의 모진 주장에 반대하고 나섰기 때문이다. 당시 소련 총고문을 맡고 있던 아얼시어푸는 "규모가 크고 속도가 너무 빠르다. 경제 각 부문의 발전이 균형을 유지하는지 살펴야 하고, 콘크리트와 강철 등 투자 분배에서 불균형이 확인된 부분은 바로잡아야 한다"라며 사실상 저우언라이 등 경제 담당 지도자들의 판단과 맥을 같이

---

8 郭圣福·张昭国, 「论毛泽东对个人崇拜问题的认识变迁」, 『胜利油田党校学报』 第17卷 第6期, 2004, 29쪽. 혁명의 시대를 지나 일반 국가건설 과정에서 카리스마적 지도자들이 직면할 수밖에 없는 '변화 압력'을 마오 역시 '권위에 대한 도전'으로 인식한 것이다. 이런 인식은 카리스마의 '저항'으로 이어질 수밖에 없다. Charlotta Levay, 「Charismatic leadership in resistance to change」, 『The Leadership Quarterly』 21, 2010, 127~143쪽.

9 何云峰, 「个人崇拜与1959年庐山会议毛彭冲突」, 768~769쪽.

10 이들은 모두 경제 부문에서 덩샤오핑과 같은 정책적 견해를 가지고 있었는데 이후 저우언라이와 함께 덩의 큰 우군을 형성하게 된다.

하는 입장을 표명했다.[11]

결국 마오의 고속 발전 계획은 내부적으로 저우언라이 주도의 국무원의 반대에 부딪혔고, 소련도 축소를 제안할 정도로 소련의 지원 능력도 넘어선 것이어서 당장 관철되기 어려운 상황이었다. 결국 마오가 이런 상황을 수용하면서 8차 당대회에서 '반모진'이 포함된 결의안이 채택되기에 이른다. 다만 결의에 '반모진'이 들어가기는 했으나 당내에 '모진'의 정서가 완전히 극복된 것은 절대 아니었다. 누구보다도 마오가 흔쾌히 '반모진' 결의를 받아들이지 않았기 때문이다.[12]

마오가 한발 물러선 데에는 또 다른 객관적 상황 요인이 하나 더 있는데 바로 사회주의 국가들을 충격으로 몰고 간 헝가리사태였다. 전 세계적으로 반소, 반공의 물결이 일고 헝가리 민중들의 자유화 투쟁이 자국으로 번질까 봐 노심초사하는 상황에서, 마오는 헝가리사태를 더 주시할 수밖에 없었다는 것이다. 헝가리사태는 당시 사회주의 '생사존망의 위기'로까지 거론될 정도로 엄중한 문제였다.

그래도 압도적 카리스마의 위상으로 군림하던 마오인데 어떻게 이런 '반모진' 사태에서 후퇴할 수 있었을까? 하는 의문에 대해 선즈화는 "이때까지만 해도 당내에 민주적 분위기가 매우 양호했고, 다른 의견이라도 각종 측면에서 반영될 수 있었다. 또한 마오의 '영수'로서의 지위와 개인의 권위가 흔들릴 수 있는 상황이 전혀 아니었고, 또 그 누구도 마오와 같은 지위, 권위를 노리지도 않았다"라고 설명하고 있다.[13] 객관적으로 볼 때 마오의 한발 후퇴가 마오의 위상 저하로 이어지는 상황은 전혀 아니었다는 것이다.

그러나 앞서 살펴봤듯이 마오가 자신의 주장이 소수가 되어 밀려나게

---

11 沈志华, 「周恩来与1956年的反冒进——记中共中央关于经济建设方针的一场争论」, 102쪽.
12 沈志华, 「周恩来与1956年的反冒进——记中共中央关于经济建设方针的一场争论」, 104쪽.
13 沈志华, 「周恩来与1956年的反冒进——记中共中央关于经济建设方针的一场争论」, 105쪽.

된 이 '반모진 사태'를 자신의 권위에 대한 도전, 즉 "카리스마에 대한 도전의 전조"로 받아들였다는 점이 중요하다. 이후 이어지는 대약진과 마오에 대한 개인숭배가 강화되는 현상은 카리스마의 권위와 개인숭배의 관계를 고찰하는 데 매우 중요한 시사점을 제공한다.

(2) 반우파투쟁과 다시 강화된 '계급투쟁'

헝가리사태는 마오의 개인숭배에 대한 인식에도 큰 영향을 미쳤다. 마오는 무엇보다 수십만 소련군이 부다페스트를 무력 점령해 유혈 사태가 발생하면서 전세계적으로 반소, 반공산주의 물결이 거세게 일자 바짝 긴장할 수밖에 없었다. 그러면서 헝가리사태를 공산주의 전체 진영의 문제로 생각하고 소련의 형상, 이미지를 보호해야 한다고 생각했다.

마오는 흐루쇼프의 스탈린 개인숭배 비판에 대해 "괜한 분란을 자초한 것", "스탈린을 한방에 때려죽였다"라고 표현할 정도로 불만이었는데 그러던 차에 헝가리사태로 전 세계적으로 반소, 반공의 물결이 일자 더욱 못 마땅해했다. 마오는 "소련 동지들에게 10개 손가락 중 9개 손가락은 당신들을 옹호하지만, 한 개는 당신들에 동의 할 수 없다고 말한다. 두 개의 칼이 있는데 하나는 레닌이고 하나는 스탈린이다. 소공 20차 대회에서 당신들은 스탈린이라는 칼을 버렸다. 레닌이라는 칼도 내가 보기엔 상당히 많이 버렸다. 흐루쇼프가 의회라는 도로를 통해 정권을 획득할 수 있다고 했는데 이 문 한번 열리면 레닌주의도 기본적으로 버려지는 것이다"라는 비판적인 입장을 여러 번 밝혔다.[14] 개인숭배 비판뿐만 아니라 흐루쇼프가 말한 전쟁 가피론, 의회를 통한 권력장악이 가능하다는 주장에 대해서도 마오의 불만은 증가하고 있었던 것이다.

---

14   中共中央文獻研究室 編, 『毛泽东年谱』第三卷, 中央文獻出版社, 2013, 32쪽(1956.11.15).

이런 분위기 속에서 마오의 개인숭배에 대한, 미묘하지만 매우 중요한 변화가 나타나게 된다. 1956년 연초에 발표했던 「무산계급독재의 역사적 경험에 관하여」를 재정리하며 발표한, 이른바 「재론」(再论无产阶级专政的历史经验)에선 개인숭배란 말이 전혀 사용되지 않고 대신 '개인미신(个人迷信)'이란 말이 사용됐다.[15] 이런 용어의 변화는 '개인숭배'란 용어를 회피하고자 하는 마오의 심정이 반영된 것으로 보인다. 개인미신은 개인숭배와 같은 의미로 쓰이기도 하지만, 일반적으로는 개인숭배보다 한 단계 아래의 의식 형태로 여겨지기 때문이다.[16]

물론 「재론」에서도 스탈린의 착오가 거론되지 않은 것은 아니다. "소련혁명은 정확한 길을 갔는데 스탈린은 후반 대중으로부터 이탈하고 집체지도를 벗어나 민주집중제를 파괴했다. 스탈린은 일련의 승리와 찬양에 취했고, 일부이기는 하지만 주관주의에 빠졌다"라는 지적이 나온다. 그러나 이 부분에서도 「일론」의 서술과는 달리 개인숭배란 표현이 빠졌으며 스탈린의 과오에 대한 비판도 더 약화됐다.[17]

또한 마오는 "스탈린주의를 반대한다는 잘못된 구호가 수정주의 사조를 발전시키고 이는 의심할 여지 없이 공산주의 운동에 대한 제국주의의 공세를 유리하게 하는 것"이라고 밝혔는데, 이는 '스탈린 반대'를 수정주의로까지 연결하면서, 개인숭배에 대한 반대 견해를 사실상 적대시하는 강경 입장을 내보인 것이다.

---

15 「再论无产阶级专政的历史经验」, 中共中央文献研究室编, 『建国以来重要文献编』第9册, 中央文献出版社, 1997, 573쪽. 앞서 발표한 「关于无产阶级专政的历史经验」을 「일론(一论)」, 이후 발표한 것을 「재론(再论)」으로 부른다.

16 "개인미신은 역사에서 개인의 역할을 지나치게 과장하는 걸 의미한다. 이론적으로는 유심사관으로, 정치적으로는 개인숭배로 이끌 가능성이 크다" 郑新立, 主编, 『中华人民共和国大辞典』, 新华出版社, 1992, 309~310쪽.

17 『建国以来重要文献编』第13册, 569~570쪽. 「재론」을 책임지고 기초한 캉성은 「재론」과 앞서 「关于无产阶级专政的历史经验」으로 발표한 「일론」이 기본적으로는 같은 맥락이나 다른 점이 있다면 「일론」에서 사용한 '개인숭배 반대 문제'가 「재론」에선 거론되지 않은 것이라고 밝혔다. 그만큼 의도적인 변화였다는 뜻이다. 林源, 「毛泽东与个人崇拜问题探析」, 『学海』, 1999, 79쪽.

마오는 이처럼 1956년 말부터 시작해 개인숭배에 반대한다는 것을 명확하게 밝히지 않았다. 이는 분명 헝가리사태가 영향을 준 것이다.[18] 마오는 한발 더 나아가 전 세계의 반소, 반공의 물결이 스탈린에 대한 전면 부정으로부터 시작되었다고 생각하고 이것은 '스탈린에 대한 개인숭배를 부정한 결과'라는 잘못된 인식에 이르게 된다.[19]

그러나 이처럼 헝가리사태로 조성된 전 세계적인 반소, 반공 분위기에 놀라고 긴장한 마오는 흐루쇼프에 대한 불만으로 '개인숭배 반대' 입장이 모호해지는 등 분명 변화 조짐이 엿보이기는 했으나, 아직은 전반적으로 유연한 태도를 유지하고 있었다. 또한 사회 갈등을 '인민내부의 모순'으로 보는 시각에도 변화가 없었으며, '백화제방, 백가쟁명'의 쌍백운동에도 힘을 실어주고 있었다.

이러한 여유는 무엇보다 "사회주의에 진입했다"라는 선언이 다소 성급한 것이기는 했지만, 1956년 당시만 해도 건국에 이어 '3대개조' 운동 목표의 조기 달성 등 모든 것이 잘될 것 같은 희열과 흥분이 이어지고 있었기 때문이다.

이런 여유와 자신감은 1957년 초 「인민내부의 모순을 올바르게 처리하는 문제에 대하여」를 통하여 다시 한번 확인됐다. 마오는 "사회주의 사회 모순은 대항적 모순 아니고 사회주의 제도 자체를 통하여 부단히 해결할 수 있는 것"이라며 '적대적 모순'의 시대가 끝나고 '인민내부의 모순'이 주요모순이 되었다고 자신있게 밝혔다. 또한 그 연장선상에서 "혁명시기의 대규모적이고 휘몰아치는 식의 군중적 계급투쟁은 기본적으로 끝났다"라며 이제는 중점을 경제건설로 전환해야 한다고 강조하고 "우리의 기본 임무는 생산력을 해방하는 것에서부터 새로운 생산관계 아래 생산

---

18 何云峰, 「个人崇拜与1959年庐山会议毛彭冲突」, 769쪽.
19 郭圣福·张昭国, 「论毛泽东对个人崇拜问题的认识变迁」, 28쪽.

력을 보호하고 발전시키는 것으로 이미 바뀌었다"라고 선언했다.[20]

그러면서 '인민내부의 모순'을 제대로 처리하려면 '단결-비판-단결'이라는 비적대적 방식을 택해야 하며, 과학문화면에서는 '백화제방, 백가쟁명' 방침을 관철해야 한다고 강조했다. 그러면서 이 "쌍백정책은 장기간 실시해야 하는 것으로 문화예술 발전과 과학의 진보, 우리나라 사회주의 문화 번영을 촉진하는 방침"이라고 설명했다.[21] 마오의 이와 같은 발언들은 반신반의하던 지식인들을 고무시켰으며 사회적으로는 자율적이고 유화적인 분위기를 더욱 확장시켰다. 이 같은 방침들은 "지식인과 민주당파, 민족자본가까지 국가건설에 함께 갈 수 있다"라는 당시 마오의 자신감에 기반한 결정들이었다.

이 같은 마오의 자신감을 바탕으로, 당내 일부 인사의 반대에도 불구하고 정풍운동은 1957년 4월 말 거국적으로 시작된다. 이 정풍운동은 "인민내부의 모순을 정확히 처리하는 문제"를 주제로 관료주의와 종파주의, 주관주의를 타파하는 게 주요 목표로 제시됐으며, 여기에는 당내인사는 물론 당외인사, 또 대중들도 참여할 수 있었다. 『인민일보』는 「왜 정풍을 해야 하는가?」라는 사설을 통해 "전국적 범위로 민주 생활을 확대하고, 비판과 자아비판의 방법을 확대하여 지도자와 대중 간의 모순을 쉽게 발견하고 쉽게 해결하도록 해야 한다"라고 역설했다.[22] 그러나 정풍운동은 공산당 지도부가 예상치 못한 방향으로 전개되었다.

정풍운동에 참여한 지식인들은 중국의 낮은 생활 수준, 당 간부들의 경제적 비리, 소련 모델의 무비판적 수용 등으로 토론의 범위를 넓혀갔

---

20 중국공산당 문헌연구실 편, 허원 역, 『정통 중국현대사: 중국공산당의 역사문제에 관한 결의』, 사계절, 1990, 497~498쪽; 毛澤東, 「关于正确处理人民内部矛盾的问题」, 『建国以来重要文献编』 第10册, 61~74쪽.

21 毛澤東, 「关于正确处理人民内部矛盾的问题」, 『建国以来重要文献编』 第10册, 88~95쪽.

22 廖蓋隆 편, 정석태 역, 『중국공산당사』, 녹두, 1993, 306쪽.

으며 그런 과정을 통해 정부에 대한 비판도 상승하게 되었다. 루쉰(魯迅)의 옛 친구는 작가들이 오늘날의 베이징보다 장제스 치하의 충칭에서 더 말할 자유가 많았다고 주장했고 허난 지역의 전 지주들은 "공산당이 궁지에 몰렸다"라는 적대적 주장과 "우리가 해방될 시기가 도래했다"라는 공세적 주장까지 분출하기도 했다.

베이징 대학에는 이른바 '민주의 벽'이 설치돼 중국공산당을 비판하는 많은 대자보가 게시되었으며, 학생들은 서북지방, 난징, 우한에서 진행되고 있는 저항운동에 연대하자는 주장까지 내놓았다. 이어 쓰촨성의 청뚜와, 산동성의 칭따오 지역에서도 흥분한 학생들이 폭동을 일으켜 간부들을 구타하고 새로운 교육정책을 제시한다는 보고도 이어졌다.[23]

정풍운동이 애초 의도와는 반대로 공산당의 영도까지 부정하는 상황으로까지 치닫자, 마오는 강경 입장으로 급선회했다. 1957년 5월 15일 「상황이 변하고 있다」라는 글을 통해 마오는 "최근 민주당파와 고등학교 일부에서 우파적 표현이 너무 창궐하고 있다", "반공 정서로 뭉친 우파들은 그들이 목적 달성을 위해 뭐든지 하려 하고 있다"라고 비판했다. 또 이런 우파에겐 두 가지 출구가 있는데 "자숙하고 잘못을 바로 잡든지, 아니면 계속 사단을 만들어 결국 멸망에 이르는 길밖에 없다"라며 적대감을 드러냈다.[24]

이후 곧바로 「우파를 반격하기 위한 역량 조직 준비에 관한 지시」가 전국에 내려갔으며, 마오는 "이것은 한차례 대전쟁이며, 이번에 승리하지 못하면 사회주의는 건설되지 못할 뿐 아니라 '헝가리사태'가 발생할

---

23 조너선 D. 스펜스, 김희교 역, 『현대중국을 찾아서 2』, 이산, 2009, 155~156쪽.
24 毛泽东, 「事情正在起变化」, 『建国以来重要文献编』第10册, 266~269쪽. 마오는 이후 "혁명의 촉진파가 되자"라는 연설에서도 "무슨 '당천하'라고 하고, 공산당 물러가라, 자리에서 내려오라 하더라. 이제 막 가마에 탔는데 우파들은 우리에게 내리라고 하더라"라며 분노를 표출했다. 毛泽东, 「做革命的促进派」, 『建国以来重要文献编』第10册, 598쪽.

위험도 있다"라고 경고하면서 긴급성과 엄중함을 강조했다.[25]

이렇게 전국적으로 전개된 '반우파투쟁'으로 30만 명이 넘는 지식인이 직장과 일터에서 쫓겨나 노동수용소나 감옥에 들어갔고 농촌으로 쫓겨난 이들도 있었다. 이 가운데에는 천체물리학자 팡리즈(方励之)와 언론인 류빈옌(刘宾雁)과 같이 뛰어난 사회과학자, 자연과학자, 언론인들이 포함되었다.[26]

반우파투쟁은 1년여 뒤인 1958년 여름에 가서야 기본적으로 끝났다. 중국공산당은 이후 이에 대해 "당시의 계급투쟁을 지나치게 심각하게 평가하고, 인민내부에 존재하는 모순을 적과 나 사이의 모순으로 잘못 인식해, 수많은 정상적인 선의의 비판과 건의마저 우파의 공격으로 치부해 훌륭한 동지와 간부, 동료들을 해친 심각한 오류를 범한 과오였다"라고 엄혹하게 평가했다.[27]

그러나 반우파투쟁은 마오에게는 당시 내친걸음이었다. 마오는 1957년 9월에 소집된 제8기 3중전회에서 "프롤레타리아와 부르주아 간의 모순은 사회주의의 길과 자본주의의 길과의 모순이며, 의심할 바 없이 이것이 현재 우리나라 사회의 주요모순이다"라고 말해, 불과 1년 전 8차 당대회에서는 물론 정풍운동을 시작하면서 자신있게 언급했던, "적대적 모순의 시대는 끝났고, 지금은 인민내부의 모순이 주요모순이다"라던 자신의 발언도 부정하게 된다.[28]

이처럼 다시 계급투쟁이 강조되고 지식인들에 대한 대규모 탄압으로 "맑스주의자는 비판을 두려워하지 않는다, 이것은 일시적인 방침이 아니다"라고 강조하고, 독려했던 '쌍백운동'도 사실상 공염불이 되면서 사회

25 廖蓋隆 편, 정석태 역, 『중국공산당사』, 307~308쪽.
26 조너선 D. 스펜스, 김희교 역, 『현대중국을 찾아서 2』, 157~158쪽.
27 중국공산당 문헌연구실 편, 허원 역, 『정통 중국현대사』, 293~294쪽.
28 廖蓋隆 편, 정석태 역, 『중국공산당사』, 309쪽.

는 다시 경색되는데, 이는 마오가 서서히 좌경오류의 길로 들어서며 다가올 체제 긴장을 예고하는 것이었다.[29]

2) 대약진과 '8차 당대회 뒤집기'

(1) '모진'의 부활 '대약진'

반우파투쟁의 좌파적 분위기에 힘입어 마오는 그간 모진에 반대했던 세력에 대한 불만을 제기하며 분위기를 반전시켜 간다. 반우파투쟁이 한창일 때 열린 1957년 9월의 8기3중전회가 그 시작이었다.

마오는 「혁명의 촉진파가 되자」라는 연설을 통해 한 해 전의 반모진 분위기에 대한 비판과 불만을 강하게 제기했다.[30] "우리는 좀 더 많이, 빠르게 쟁취하는 거 충분히 가능하다. 다만 주관주의적으로 그리하는 건 반대하는 것이다. 지난해 하반기에 분위기에 휩쓸려 이런 구호 다 없애버렸다. 회복해야 한다"라고 강조했다. 이처럼 속도를 다시 강조하고 나온 마오는 당의 여러 위원회는 이런 빠른 건설을 위한 '촉진위원회'가 되어야 한다며 숙적인 국민당과의 대비를 통해 비판의 여지도 봉쇄하려 했다.

마오는 "당위원회는 촉진위원회인가 촉퇴위원회인가? 당연히 촉진위원회다. 내가 보기에 국민당이 촉퇴위원회이고 공산당은 촉진위원회이다. 지난해 분위기에 휩쓸려 없애버린 촉진위원회 다시 회복시킬 수 있겠는가? 만약 여러분이 회복시키는 것을 찬성하지 않는다면 차라리 촉퇴위원회를 구성해라. 여러분이 그렇게 많이 촉퇴위원회를 원한다고 하면

---

29 문화대혁명의 중요한 원인이 되는 마오쩌둥사상의 좌경화, 급진적 이상주의는 바로 1957년의 반우파투쟁을 기점으로 시작되었다고 평가된다. 안치영, 『덩샤오핑 시대의 탄생: 중국의 역사 재평가와 개혁』, 창비, 2013, 32쪽.

30 毛泽东,「做革命的促进派」,『建国以来重要文献编』第10册, 597~612쪽.

나도 방법은 없다. 그런데 이번 회의에서 누구 하나 촉퇴를 말하지 않는 등 모두들 촉진을 원하는 것 같다. 우리의 촉퇴를 원하는 것은, 바로 우파동맹이나 다름없는 것이다"라고 강조해 회의 분위기를 긴장시켰다.

마오는 반우파투쟁의 불가피성도 설명하면서, 한해 전 8차 당대회 때는 이를 제대로 간파하지 못했다며 계급투쟁을 다시 강조하는 논리를 전개했다. 마오는 "자산계급과 자산계급 지식분자들 그리고 부유한 농민들 가운데 일부가 아직 굴복하지 않고 있다. 8대에선 이를 완전히 정확하게 보질 못했다. 당시에 계급투쟁을 강조하는 게 충분치 못했는데 그땐 그들이 고분고분할 것처럼 행동했기 때문이다. 지금은 그들이 반란을 꾀하려 하고 있다. 그래서 다시 계급투쟁을 강조해야 한다"라며 다시 계급투쟁을 꺼내 들었다.[31]

마오는 "맑스주의자는 비판을 두려워하지 않는다"라고 강조하며 적극적인 백화제방, 백화쟁명 운동을 통해 민주적 분위기를 장려하고, 그 연장 차원에서 정풍운동에까지 나섰으나 결국 반우파투쟁에 나서면서 이에 대한 평가도 달라졌다. 마오는 "작년 하반기에 계급투쟁을 의식적으로 완화했었다. 그런데 한번 완화가 되자, 자산계급, 자산계급의 지식분자, 지주, 부농과 일부 부유한 중농들까지 우리를 공격했다. 그러니 어쩌겠는가? 그들의 공격을 방어할 수밖에 없었고 그것이 바로 반우파, 정풍이다"라며 반우파투쟁으로 뒤바뀐 정풍운동의 변질을 정당화했다.[32]

마오의 이러한 주장들은 결국 8차 당대회 때 정립한 주요모순을 변경하기 위한 논리적 시도였다. 마오는 먼저 각 조 조장 회의를 통해 분위기

---

31 中共中央文献研究室编, 『毛泽东年谱』 第三卷, 中央文献出版社, 2013, 217쪽(1957.10.7).
32 『毛泽东年谱』 第三卷, 224쪽(1957.10.9). 정풍운동은 원래 '인민내부의 모순을 처리하는 문제'를 주제로 관료주의, 종파주의, 주관주의를 타파하는 운동으로 시작된 것으로 이것이 역풍을 맞아 '반우파투쟁'이 전개된 것이다. 따라서 마오가 반우파투쟁 자체를 정풍운동으로 규정하는 것은 논리적으로 모순이다.

를 만들어 나갔다. 8대에서 "무산계급과 자산계급의 모순이 해결됐다"라고 한 것은 말 그대로 '기본적인 수준'에서만 해결이 된 것이지 '완전히' 해결된 것은 아니라는 논리를 전개했다. 그리고 결국 최종회의에서 마오는 "현재 우리 사회의 주요모순은 의심할 여지 없이, 무산계급과 자산계급 간의 모순, 사회주의의 길과 자본주의의 길 간의 모순이다. 8대 결의에선 이 문제 거론되지 않았는데, 이것은 잘못된 것이다"라고 명확히 밝혔다.

그러나 이 8기 3중전회에서 주요모순 규정이 당장 바뀌지는 않았다. 적지 않은 반대가 있어 마오의 이러한 주장이 관철되지는 않은 것이다. 소조 토론 과정에서 적지 않은 참석자들이 마오의 발언에 의구심을 표시했는데, 그들은 "8대의 규정이 여전히 정확하고 반우파투쟁을 이유로 바꾸려는 건 불가능하며 일시적인 치열한 계급투쟁을 장기간의 주요모순으로 규정할 수는 없다"라고 주장했다. 그리고 이러한 주장에 다른 참석자들도 동조 의견을 내면서 주요모순 개정 의견이 의결까지는 가지 못한 것이다.[33]

그러나 이 3중전회에서는 이미 '대약진'의 분위기를 느낄 수 있었으며 흥분된 과장풍의 전조까지 노출되었다. 마오는 "일을 해 나가는 데는 2가지 방법이 있는데 하나는 목표지점에 천천히 도달하는 것인데 이것 좋은 것 아니다. 하나는 목표지점에 빠르게 도달하자는 것인데 이것 좋은 것이다"라며 속도를 강조하더니 "우리가 소련이 걸었던 우회로를 피해 갈 수 있을까? 소련에 비해 속도를 더 낼 수 있을까? 품질에서도 소련보다 낫게 할 수 있을까? 이것 분명히 가능하다고 본다"라며 철강 생산을 예로 들었다.[34] 이처럼 8기 3중전회는 한해 전 당이 공식으로 채택한

---

33 刘明钢, 「中国共产党八大二次会议评析」, 『Journal of Wuhan Institute of Education』, Vol. 16, No. 4, 1997, 56쪽.
34 마오는 "세 번의 5개년계획 또는 좀 더 시간을 들이면 2천만 톤 생산도 가능하다"라며 더 많은 소규모 철강공장의 필요성을 강조했다. 毛泽东, 「做革命的促进派」, 『建国以来重要

'반모진'을 비판하면서 사실상 대약진의 서곡을 울린 셈이 되었다.

대약진은 이처럼 정국이 다시 '경제적 법칙'보다 '계급투쟁'이 강조되는 '정치' 우선의 흐름으로 뒤바뀌었다는 걸 의미한다. 대약진 선언 직전에 나온 「사업방법 60조」를 보면 이런 특징을 명확하게 알 수 있다. 제21조에서 "앞으로 상당히 긴 시간 동안 혁명이 지속되어야 한다"라는 '계속혁명'이 강조되더니 22조에선 '홍과 전'의 관계를 규정하며 "사상과 정치를 소홀히 하면 경제, 기술은 방향을 잃는다"라며 정치 부문의 지도적 우위를 강조했다.[35]

1958년 2월 2일 『인민일보』는 "우리나라는 지금 전국적으로 대약진하는 새로운 상황에 직면해 있다. 공업건설과 공업생산이 대약진할 것이고 농업생산이 대약진할 것이며 문화교육, 위생사업도 대약진할 것이다"라는 내용의 사설을 냈는데, 이로써 대약진은 중국 사회에 선언되었다.

이 『인민일보』 사설을 앞뒤로 58년 1월부터 4월까지 항저우, 난닝, 베이징, 청뚜, 한커우 등지에서 연속으로 정치국 확대회의나 사업회의가 열려 56년의 '반모진'에 대한 비판이 갈수록 격렬하게 진행됐다. 이에 당내에, 경제사업에 대한 모진 경향, 좌경사상이 갈수록 확산되었고 이러한 기운들이 대약진운동을 추동해 나갔다.

앞서 마오가 드러낸 자신감과 흥분감은 온 사회에 반영되었다. 정책의 지표는 대폭 높아졌다. 1958년 국민경제계획 제2방안이 제정됐는데, 제1방안보다 지표가 턱없이 높아졌다. 농업총생산액은 6.1%에서 16.2%

文献编』第10册, 605쪽, 이처럼 대약진의 상징과도 같은 소규모 철강공장, '소고로' 추진을 마오는 이미 생각하고 있었던 것이다. 이 같은 마오 머릿속의 장밋빛 생각은 한달 뒤인 1957년 11월 모스크바 회의에서 "15년 안에 영국을 따라잡을 수 있다"라는 호언으로 이어진다.

35 「工作方法六十条(草案)」, 『建国以来重要文献编』第11册, 45~47쪽. 이 시기 마오는 "사상과 정치가 영혼이며 총사령관이다. 사상과 정치가 이끌어가야 기술과 경제사업이 보장된다"라고 말하고 있다. 『毛泽东年谱』第三卷, 287쪽(1958.1.21).

로, 공업총생산액은 10%에서 33%로 대폭 올려 책정이 됐다. 또한 철강 공업 부문에서도 전년도의 두 배로 목표지표가 설정됐다. 이를 맞추기 위한 사상 최대 규모의 '전 인민의 대대적인 강철제련 대운동'이 시작돼 대약진의 분위기가 더욱 고조됐다.

농업 생산량도 마찬가지였다. '생산고 신기록'이 선전되고 '농업유한 성장론'은 비판받고, "사람이 대담하면 땅은 그만큼 더 생산한다"라는 잘못된 구호가 유행하는 '과장풍'이 범람해 객관적 경제법칙은 무시되는 좌경오류가 본격 시작된 것이다.[36]

(2) '다시 열린' 8차 당대회, '주요모순' 뒤집기

'대약진'은 앞서 살펴본 것처럼 이전의 '반모진'을 강하게 비판하면서 출발했으며, 기본적으로 국내외 형세를 낙관하면서 속도를 강조하고 "전인민이 힘차게 일어나 노력하면 못이룰 게 없다"라는 옌안 공산주의의 전통을 부활시키는 것으로, 당내에 '민주'보다는 '집중'의 분위기를 강조해 '고도의 집중된 사회'로 몰고 갔다. 바로 그 집중의 중심에 마오가 있었음은 물론이다. 그리고 이러한 분위기를 결정적으로 조성한 것은 바로 1958년 8월에 열린 중국공산당 '제8차 당대회 2차회의'였다.

'8대 2차회의'는 아주 특수하고 중요한 회의였다. 특수하다는 건 중국공산당의 역사상 '당대회 2차회의', 다시 말해 당대회가 다시 열린 것은 이번이 유일하다는 점에서이다. 그전에도 그 이후에도 없었다. 중요하다는 점은 이 회의에서 대약진의 총노선이 정식 제정돼 '대약진의 돌격나팔'을 울렸다는 점이다.[37]

36 중국공산당 문헌연구실 편, 허원 역, 『정통 중국현대사』, 294~296쪽.
37 项东民·安熠辉, 「吹响大跃进冲锋号的中共八大二次会议」, 『文史精华』, 总第250期, 2011, 24쪽.

그렇다면 마오는 왜 8차 당대회를 다시 열었는가? 왜 8기 3중전회, 4중전회처럼 일반적인 당 중앙위원회 전체회의를 열면 되지 굳이 '8차 당대회 2차회의'라고 해서 사실상 당대회 자체를 다시 여는 방식을 택했는가? 이 특수성에 매우 중요한 정치적 함의가 내포되어 있다.

1956년 8차 당대회 결의에는 반우파투쟁 이후 비판받았던 '반모진'의 정신이 들어가 있으며, 무엇보다 중요한 것은 이러한 균형 잡힌 입장에서 국내 주요모순을 생산력과 생산관계의 부조응으로 발생한 경제력 낙후에 있는 걸로 규정하고, 이를 극복하는 게 당의 당면 과업이라고 결정했었는데, 앞서 8기 3중전회를 통해 살펴 본 것처럼 마오의 마음은 이미 변하고 있었다.

특히나 8차 당대회에선 마오가 이후 계속 심경의 변화를 일으켜온 '개인숭배에 대한 반대'의 내용이 포함돼 있었다. 바로 이 지점에 '8차 당대회 2차회의'를 연 근본 이유가 숨어 있으며, 회의는 마오의 뜻대로 '8차 당대회의 정신'을 전면 수정하고 부정하는 쪽으로 정리되었다.[38] 먼저 가장 중요한 변화가 발생한 주요모순 변경 부분을 보자. 류사오치는 사업 보고를 통해 "과도기 전시기, 즉 사회주의 사회 건설 이전에는 무산계급과 자산계급 간의 투쟁, 사회주의의 길과 자본주의의 길 간의 투쟁이 우리나라 국내의 주요모순이다", "이러한 모순은 일정한 범위 안에서 격렬하게 표출되는 '너 죽고 나 살자'는 적대적 모순이다"라고 규정했다. 이는 마오가 이미 1957년 8기 3중전회에서 제기했던 국내 주요모순의 변경 주장을 공식화한 것이다.[39]

이러한 변화는 계급투쟁을 확대하는 데 이론적 근거를 제공하게 되는데 새로운 계급분석도 제기되었다. 현재 중국에는 두 개의 착취계급과

---

38 廖蓋隆 편, 정석태 역, 『중국공산당사』, 314~317쪽.
39 项东民·安熠辉, 「吹响大跃进冲锋号的中共八大二次会议」, 『文史精华』, 25쪽.

두 개의 노동계급이 있는데 착취계급으로 우파분자와 타도된 지주, 매판계급 기타 반동파가 한 축이며, 다른 한 축은 "현재 점차로 사회주의 개조를 수용해 가고 있는 민족자산계급과 민족자산계급 지식분자"라고 규정했다. 민족자산계급, 특히 이들 지식분자가 새롭게 착취계급으로 규정된 것은 반우파투쟁과 관련이 있는 것으로 보인다. 정풍운동 과정에서 반사회주의 주장까지 내놓은 지식인들에 대한 마오의 실망과 분노가 반영된 것이라고 봐야 한다는 것이다.

'다시 열린 8차 당대회'는 대약진의 본격적인 진행을 알린 선포식과 다름없었다. 이 회의를 통해 "의욕을 북돋우고, 더 높은 목표에 도달하기 위하여 힘쓰며, 더 많이, 더 빨리, 더 좋게, 더 절약하며 사회주의를 건설하자!"(鼓足干劲, 力争上游, 多快好省地建设社会主义!)라는 대약진의 총노선을 선포하고, 모든 것을 '속도'에 맡기는 결정을 했기 때문이다.

총노선은 그 기본점으로 "인민내부의 모순을 정확히 처리한다. 사회주의의 전면소유제와 집단소유제를 공고히 하고 발전시킨다. 중공업 우선 발전의 조건하에서 공업과 농업을 동시에 드높인다" 등의 목표를 제시했다. 이러한 요구들은 인민의 역사적 요구에 부합하긴 했으나 사회주의 사회 건설 경험의 부족, 객관적 경제규율과 중국경제의 기본상황에 대한 인식의 부족, 여기에 마오와 당 중앙, 지방의 많은 지도자들이 승리 앞에 전개된 오만과 자만의 정서 때문에 필요한 조사와 연구, 시험적 진행을 경시해서 객관적 경제 법칙을 무시했다는 가혹한 평가를 받게 된다.[40]

이러한 정책변화의 바탕에는 무엇보다 마오의 넘치는 자신감과 이로 인한 '속도 위주의 경제건설' 방식이 핵심 문제로 자리 잡고 있다. 이런

---

40 刘明钢, 「中国共产党八大二次会议评析」, 『Journal of Wuhan Institute of Education』, Vol. 16, No. 4, 1997, 57~58쪽.

상황에서 강조되는 건설의 '속도' 역시 보통의 속도가 아니었다. "우리가 추구하는 속도는 이전 중국이나 일반 자본주의 국가의 두 배, 수배, 아니면 수십 배에 달하는 속도이다"라는 주장에서 알 수 있듯이, 총노선의 구호가 표면적으로는 "더 많이, 더 빠르게, 더 좋게, 더 절약"하며 사회주의 건설로 나가자는 것이었지만 실제로는 "더 빠르게"라는 속도가 나머지를 압도하는 것이었다. 당시 『인민일보』도 사설에서 "속도가 총노선의 영혼이다"라고 밝혔다. 결국 속도가 가장 중요한 것으로, 사실상 속도가 모든 것이었다.[41]

속도가 최우선 강조되는 이런 분위기 속에서 마오의 "15년 내 영국을 따라잡는다"라는 구호 역시 갈수록 극단화되었다. 마오는 "7년 내 영국을 추월하고 15년 내 미국을 넘어서자. 신문에는 아직도 '15년 내 영국을 추월한다'라고 쓰고 있는데 이건 아주 안전하게 계산한 것이다. 실제로는 7년이면 따라잡는 게 가능하다"라고 흥분하며 주장했다.[42] 그러면서도 "대약진 얘기할 때 지표가 너무 높다고 동의하지 않은 사람이 있다"라고 비판하며 이들을 "기회주의파, 사후관망파 등으로 비판하며 홍기를 심고 백기를 뽑아버려라"라는 돌진의 정신을 강조하기도 했다. 마오의 이 같은 위협적인 말들은 당내의 정확한 의견을 억눌렀고 좌경사상의 발호를 더욱 조장했다.

분위기가 이러하니 '반모진'에 대해서도 다시 엄중한 비판이 진행됐다. 류사오치는 보고에서 "약진 중에 일부 결점이 나타나긴 했지만, 이는 거대한 성취에 비하면 원래 아주 작은 것들이다. 그런데 이걸 일부 동지들이 합당하지 않게 과장하고, 성취는 제대로 평가하지 않았다"라고 강하게 비판했다. 이런 '반모진' 분위기가 대중들의 적극성에 영향을 미쳤

---

41 刘明钢, 「中国共产党八大二次会议评析」, 59쪽.
42 项东民·安熠辉, 「吹响大跃进冲锋号的中共八大二次会议」, 28쪽.

고 특히 농업에서 두드러졌다는 것이다.[43] 마오의 뜻이 담겨있는 이 같은 비판에 저우언라이, 천윈 등 1956년 반모진의 주요한 책임자들은 공개적인 자아비판을 하지 않을 수가 없는 상황이 됐다.

먼저 저우언라이는 "반모진 주장은 잘못된 것이었다. 내가 착오의 주요한 책임자이다. 56년 건설 성적과 약진 중 나타난 일부 결함과 어려움에 대해 평가를 잘못했다. 실제 손가락 하나의 문제를 과장했다"라며 자아비판을 통해 잘못을 고백했다. 저우언라이는 특히 "1957년 봄, 자산계급 우파분자들이 당을 미친 듯이 공격할 때 이들이 '약진'중의 일부 결점을 과장해, '전면적 모진'이라고 비판하며 1차 5개년 계획의 성과까지 부정하게 됐는데 이 같은 엄중한 계급투쟁이 전개되면서야 나는 비로소 잘못을 깨닫게 되었다"라는 매우 굴욕적인 발언까지도 감수해야만 했다.[44] 저우의 자아비판에 이어 천윈도 반모진 주장의 잘못에 대해 자아비판을 진행했다. 이러한 과정을 거쳐 8대 2차회의에선 오직 하나의 목소리, "건설의 속도는 빠를수록 좋다"는 목소리만 넘쳐나게 되었다.

당시 분위기의 엄중함과 긴장감은 저우언라이가 자아비판에 그치지 않고 스스로 자신에 대한 신임을 물어야만 했던 데에서도 잘 확인된다. 8대 2차회의가 끝난 후 저우언라이는 "국무원 총리를 계속 맡는 게 타당한지의 문제"를 중공 중앙에 제기했다. 펑더화이도 "국방부장의 임무를 맡지 않겠다"라는 의견을 중공 중앙에 제출했다. 중공은 이후 정치국회

---

43 당시 류사오치의 보고나 마오의 발언을 보면 1956년 모진, 반모진 논쟁에서의 모진을 '약진'이나 '약진의 한 형태'로 사용하고 있음을 알수 있다. 즉 정상적인 전진의 형태를 묘사하는 '약진'으로 '모진(모험적 돌진)'이라는 부정적 용어를 대체하는 효과를 통해, 앞으로 추진될 '대약진'의 당위성을 강조하려는 화법으로 보인다. 项东民·安熠辉, 「吹响大跃进冲锋号的中共八大二次会议」, 26쪽.

44 저우언라이의 비서였던 판뤄우(范若愚)는 "저우언라이가 자아비판 원고를 준비하면서 고뇌, 번민이 컸다. 같이 자아비판 대상이 된 천윈과의 통화 이후 5~6분간 말을 하지 못했던 적도 있었다"라고 회고하고 있다. 项东民·安熠辉, 「吹响大跃进冲锋号的中共八大二次会议」, 29쪽.

의를 통해 "그들이 현재 맡고 있는 업무를 계속 맡아야 한다. 변경할 필요가 없다"라는 결정을 내렸지만, 이 같은 일련의 과정은 당내에 엄청난 영향을 미쳤다. 당내 분위기가 경직되고 마오에 대한 개인숭배가 더욱 고조된 것이다.[45]

자아비판까지 한 저우언라이는 "마오주석을 배우자"라는 연설을 하였고, 일부 중앙의 영도급 인사들도 "마오주석을 옹호하고 믿는 것은 바로 진리를 옹호하고 믿는 것이다"라고 말하였다. 또한 "중국에 마오가 나온 것은 독일에서 맑스가, 러시아에서 레닌이 나온 것과 같은 일이다", "마오는 당대 최고 위대한 맑스주의자이다. 마오사상은 살아있는 맑스주의이다"라는 찬사와 "맑스−레닌주의 학습을 할 때에도 마오의 저작을 중심으로 해야 한다"라는 등의 전례 없는 마오 찬양 발언이 이어졌다. 이런 분위기는 1960년대 린뱌오가 제기해 이끌었던 마오 숭배 열풍의 초기 단서가 이미 출현했음을 보여주는 것이다.[46]

당시 중국공산당은 "이번 회의는 정풍의 대회, 대약진의 대회였다. 경제, 정치, 사상전선에서 사회주의 혁명의 결정적 승리를 이미 거두었다"라고 평가했다. 그러나 개혁·개방 이후 평가는 정반대였다. "주관적인 의지와 주관적인 노력의 작용을 과대평가한 나머지 진지한 조사연구와 실험도 하지 않고 총노선을 내놓자마자 경솔하게 대약진운동과 농촌 인민공사화운동을 일으켰다. 지나치게 지표를 높이고 엉터리 지휘를 하며 허풍이나 '공산화풍'을 일으키는 것을 주요 표징으로 하는 좌경오류가 크게 범람하여 결과적으로 객관적 경제법칙을 무시해 중국 사회주의 건설에 엄중한 좌절을 가져다주었다"라는 엄혹한 평가가 내려진 것이다.[47]

---

45 「吹响大跃进冲锋号的中共八大二次会议」, 30쪽.

46 何云峰, 「个人崇拜与1959年庐山会议毛彭冲突」, 『Journal of Wuhan University of Technology (Social Sciences Edition)』Vol. 20, No. 6, 2007, 770쪽.

47 중국공산당 문헌연구실 편, 허원 역, 『정통 중국현대사』, 30~31쪽.

이처럼 기존의 '8대 당대회' 정신을 뒤집은 '8대 2차회의'에서의 '주요 모순의 변경'과 '속도'에 중점을 둔 '대약진 선언'은 이후 중국의 사회주의 건설 시기 20여 년 동안 중국공산당이 정치와 경제, 계급투쟁과 경제 건설 관계를 정확히 처리할 수 없게 만든 '착오의 역사'의 시작점이었다. 대약진의 후퇴와 최종적 실패, 그리고 1960년대 초반의 계급투쟁과 수정주의를 무기로 한 마오의 당권파 공격, 그리고 문화대혁명까지의 과정에서 이러한 '착오의 역사'는 계속 반복되게 된다.

3) 개인숭배의 이론화

(1) 마오쩌둥의 반격, '하나의 핵심만이 가능'

이처럼 중국공산당이 사실상 당대회를 다시 열어 전 국민을 '대약진'으로 끌고 간 배경에는 마오의 심경 변화가 매우 중요하게 자리하고 있다. 저우언라이의 혹독한 자아비판에서도 확인되듯이 바로 '반모진'에 대한 마오의 반감과 불만이 반우파투쟁을 겪으면서 반대 세력에 대한 반격으로 터져 나온 것이다. 1956년 예산정책 수립 당시 마오는 소련의 반대와, 마침 발생한 헝가리사태에 대한 대응 등으로 여력이 없어서 일단 반모진 주장을 수용하고 지나갔지만, 마음으로까지 이를 인정한 것은 절대아니었다.

마오는 혁명과 내전 과정에서도 그랬지만 새로운 국가 건립 이후에도 여전히 사회주의 혁명과 건설 사업에서 "내가 하는 것은 옳다"라는 강렬한 자부심을 가지고 있었다. 잘못된 정책으로 좌절을 맛봤을 때에도 그는 "정책은 옳았다"라는 것을 절대 의심하지 않았고, 다른 사람이 자신의 정책을 의심하고 부정하는 것도 용납하지 않았다. 그리고 이런 행위에 대해서는 자신의 영도 권위에 '도전'하는 것으로 여겼다. 그리고 더욱 중요하게는 이런 정책적 갈등이 점차 늘어나면서 자신에 대한 반대 주장을 '권위에 대한 도전'이란 인식을 넘어 '자본주의적인 것'으로 매도해 배척하기 시작했다.[48]

바로 1956년의 '반모진' 사건은 마오의 개인숭배 반대에 대한 근심과 반감을 가일층 심화시켰다. 앞서 살펴본 1956년 4월 하순 정치국 회의에서의 '모진' 관련 논쟁은 상당히 치열하게 전개됐는데, 류샤오치까지 저우 총리 의견을 지지할 정도여서 마오의 계획은 통과될 수가 없었다. 건국 이후 마오 의견이 소수이고, 다수 의견에 밀려 통과되지 못하는 것은 매우 보기 드문 현상이었다. 이에 대해 자존심이 특별히 강했던 마오의 입장에선 자신의 의견이 옳다고 여겼기 때문에 불쾌해하였을 뿐만 아니라 이런 상황이 출현했다는 것 자체를 받아들일 수가 없었다. 카리스마가 흔들리기 시작한 것이다. 그러면서 마오는 이를 정상적으로 받아들이기보다는 "경제 사무에 능한 관료 집단에 밀려 자신은 그저 문서에 승인이나 하는 괴뢰가 되는 것이 아닌가?" 하는 정책 반대 집단에 대한 반감으로 거부감을 내비치기 시작했다.[49]

이런 마오의 불편한 심리가 반영돼, 8차 당대회가 경제건설에서의 반모진 방침을 결정했음에도 마오는 이를 전폭적으로 수용치 않고 수차례에 걸쳐 신랄하게 비판했다. 그러면서 자기주장의 정당성을 고심하는 과정에서, 마오의 개인숭배에 관한 생각에도 변화가 일기 시작했고 동료 지도자들에 대한 의심도 높아져 갔다.

마오는 당내의 일부 고위 지도자들이 자신에게 이의를 제기하고, 그의 '모진' 주장에 반대하는 것은 바로 '개인숭배 반대'를 통해 그의 개인

---

48 郭圣福·张昭国, 「论毛泽东对个人崇拜问题的认识变迁」, 29쪽.
49 何云峰, 「个人崇拜与1959年庐山会议毛彭冲突」, 768쪽.

권위가 훼손됐기 때문이라고 생각하게 됐다. 이런 과정을 통해 마오는 자신의 권위가 부족하다고 느꼈고 이로부터 '정확한 개인숭배'라는 이론화를 시도하게 된 것이다.[50] 옌안정풍 시기, 그리고 건국 초기까지 이어진 마오의 개인숭배에 대한 신중하고 겸허한 자세가 이미 변한 것이다.

제8기 3중전회 이후, 특히 1958년 상반기부터 마오는 반모진을 주장한 동지들을 공격하기 시작했는데 이 과정에서 '집중'과 '핵심'이 강조되었다. 58년 1월 난닝회의에서 마오는 저우언라이 주관하의 국무원 경제 부문이 분산주의에 휩싸여있다며 엄중하게 비판했다. 마오는 특히 "집중하라! 오직 당위원회, 정치국, 서기처, 상임위원회에 집중해야 한다. 오로지 하나의 핵심만이 가능하다"라고 강조했다. 마오가 하고 싶었던 말은 "마오, 나 본인만이 핵심이 될 수 있고 다른 핵심이 있다는 것은 불가능하다, 나의 허가 없이 일을 멋대로 하는 것은 바로 분산주의다"라는 것이 분명했다.[51]

이 난닝회의엔 3개의 반모진 관련 자료가 제출되었는데 여기에는 저우언라이가 '8기 2중전회'에서 한 모진 비판 발언도 포함되어 있었다. 마오는 2가지를 지적했다.[52] 첫째가 분산주의 문제였다. 마오는 "국무원이 전국인민대회에 보고하는 보고서 원문을 나는 2년간 보질 못했다. 이래서 되겠느냐? 재정 부문이 정치국에 전하는 정보에도 공통된 언어가 없다. 집중하라, 오직 당위원회, 정치국, 서기처, 상임위원회에 집중해야 한다. 오로지 하나의 핵심만이 가능하다"라며 총리로 국무원을 이끌던 저우언라이를 강하게 비판했다.

둘째는 반모진 문제였다. 마오는 "반모진 문제를 보자. 56년에는 모

---

50 张海萍, 「清除个人崇拜 增强党内民主」, 『Journal of Inner Mongolia University for Nationalities (Social Sciences)』, Vol.32, No.5, 2006, 73쪽.

51 何云峰, 「个人崇拜与1959年庐山会议毛彭冲突」, 769쪽.

52 『毛泽东年谱』第三卷, 276~277쪽(1958.1.11).

진하고, 57년에는 반모진하고, 58년에는 또 모진하는데 도대체 모진이 좋은가 아니면 반모진이 좋은가? 다시는 반모진 저 말 거론하지 말라. 이것은 정치문제이다"라고 반모진 주장을 비판했다. 특히 "반모진 주장하는 것은 정치문제이다"라는 비판은 회의 분위기를 긴장시켰다. 마오는 이어 "무엇보다 손가락 문제에 대한 분명한 인식이 없다. 손가락 하나에 병이 났으면 하나만 치료하면 된다. 성과가 주요한 것인지 아니면 착오가 주요한 것인지에 대한 분명히 하지 않고 있다"라며 성과가 주된 것이었음을 주장한 뒤, 재정 사업에도 큰 성과가 있었다며 "10개 손가락 중에 단 하나만 좋지 않은데 만번을 얘기해도 듣지를 않는다"라며 거듭 '반모진파'를 엄혹하게 비판했다.

당시 마오의 비판은 국무원을 책임지고 있던 총리, 저우언라이에게 집중됐다. 마오는 난닝회의 두 번째 연설에서 "내가 항저우 회의에서 저우언라이가 일으킨 한바탕 소동을 몸소 겪었다. 「중국농촌의 사회주의 고조」의 서언 (내가 썼는데) 전국적으로 큰 영향 미쳤다. 그런데 이걸 '개인숭배, 우상숭배'라고 하더라. 이렇게 내가 졸지에 '모진의 수괴'가 되었다"라고 비판했다. 그러면서 "우파의 공격에 일부 동지는 우파나 다름없이 되어갔다"라고 말하기까지 해 심상치 않은 분위기를 연출했다.[53] 결국 이러한 분위기가 저우언라이와 천윈 등의 자아비판으로까지 이어진 것이다.

이러한 국무원에 대한 가혹한 비판과는 달리 마오를 지지한 사람들은 공개적인 상찬을 받았다. 저우언라이가 비판받은 바로 이 난닝회의에서 상하이 제1서기였던 커칭스는 「거친 파도를 헤치며 사회주의 건설을 가속화하고 있는 상하이」라는 장문의 보고문을 냈는데 마오는 이에 대해 "정말 잘 썼다. 상하이에 백만 노동자가 있는데 과연 무산계급이 집중된

---

[53] 『毛泽东年谱』第三卷, 277~278쪽(1958.1.12).

지방에서나 나올 수 있는 글들이다"라고 상찬했다. 그러면서 이때 저우언라이 총리를 보고는 "저우동지, 당신 총리인데 한번 봐라. 이 같은 문장 써낼 수 있나, 없나?"라고 물었다. 그러자 저우언라이는 "저는 그렇게 못써냅니다"라며 마오의 기분을 맞춰줘야만 했다. 마오는 이에 그치지 않고 곧바로 "당신은 반모진 아니냐? 나는 반반모진이다"라고 말해 저우언라이는 물론 주변 사람들까지 당혹케 만들었다.[54]

이처럼 반우파투쟁 이후, 대약진의 진행과 함께 마오의 자신감을 넘어선 오만의 정서도 더욱 노골적으로 변해갔다. "난닝회의 이후 마오는 정치국 회의에 자주 빠졌으며, 그러면서도 회의 전에 토론 문제를 제기하고 보고를 받은 뒤에 동의를 하면 그걸로 그만이었다. 토론에서 부정적 의견이 나오면 다시 토론에 부치거나, 아니면 마오의 의견에 따라 처리했다. 마오와 정치국 간에 실제로 상하관계가 형성된 것이다."[55]

당시 마오와 같이 활동했던 보이보(薄一波) 역시 당시를 회고하며 "난닝회의 전후 당내 분위기가 점차 긴장되어 갔다. 마오주석이 정치국 상전같이 변했으며, 정치국 동지들과 함께 앉아 평등하게 협의하고 토론하는 걸 보는 게 매우 어려워졌을 정도로 당내 생활이 비정상으로 변했다"라고 평가하였다.[56]

(2) '정확한 개인숭배' vs '부정확한 개인숭배'

이처럼 '대약진'이라는 고도의 집중화된 사회 분위기는 마오의 개인숭배에 대한 신중하고 겸허한 태도를 변화시켜 갔다. 이미 헝가리사태 이

---

54 项东民·安熠辉,「吹响大跃进冲锋号的中共八大二次会议」, 32쪽; 中共中央文献研究室编,『毛泽东传』上, 中央文献出版社, 2003, 771쪽.

54 项东民·安熠辉,「吹响大跃进冲锋号的中共八大二次会议」, 32쪽; 中共中央文献研究室编,『毛泽东传』上, 中央文献出版社, 2003, 771쪽.
55 何云峰,「个人崇拜与1959年庐山会议毛彭冲突」, 771쪽.
56 薄一波,『若干重大决策与事件的回顾』下, 中共党史出版社, 2019, 460쪽.

후 나온 「재론」에서 개인숭배를 언급하지 않는 방식으로 심경의 변화를 표출한 마오는 '반모진' 사태를 '카리스마 권위 손상으로 인한 것'이라고 스스로 해석하면서 이를 만회하기 위한 수단으로 개인숭배 강화를 더욱더 고민하게 되었다. 바로 그런 고심의 연장선에서 갈수록 '집중'과 '핵심'이 강조되었던 셈이다.

그러나 개인숭배 비판과 반대는 당시만 해도 중국경제를 좌지우지할 정도로 압도적인 위상을 지니고 있던 소련이 내놓은 것이고, 스탈린 개인숭배 비판을 단행한 흐루쇼프가 아직 건재한 상황이어서 천하의 마오라 해도 매우 신중하고 정교하게 진행되어야 할 문제였다. 마오 역시 이를 잘 알고 있었다. 흐루쇼프의 스탈린 비판에 문제가 크다는 점을 강조하고 나온 것도 바로 이런 맥락에서이다.

이에 대한 본격 시도도 역시 대약진의 시발점이 된 1957년 '8기 3중전회'에서부터 찾아볼 수 있다. 마오는 "우리는 스탈린 문제에서 흐루쇼프와 모순이 있다. 흐루쇼프가 스탈린에 한 너무나 잘못된 행위에 찬성하지 않는다. 너무나 잘못했기 때문이다. 그건 한 국가만의 일이 아니라 각국이 관련된 일이었다. 우리는 천안문에 스탈린 초상을 걸어놓고 있는데 이건 세계 노동인민의 염원에도 부합하는 것이고, 우리와 흐루쇼프 간에 기본적으로 견해가 다르다는 걸 표시하는 것이다"라며 스탈린 비판이 '너무나 잘못된 일'이라고 전례없이 강하게 비판했다.[57]

그러면서 기존에 내놨던 '3할 착오, 7할 성과'라는 스탈린에 대한 평가에서도 "이것도 정확하지 않을 수 있다. 착오가 2할일 수도, 아니면 1할일 수도 있고 더 작을 수도 있다"라며 이 점 역시 흐루쇼프와 의견이 다르다고 재차 확인했다. 또한 '전쟁가피론'과 평화적인 체제교체가 가능

---

57 '8기 3중전회'에서의 흐루쇼프 비판 부분은 마오의 「혁명의 촉진파가 되자」 연설에서 모두 인용하였다. 毛泽东, 「做革命的促进派」, 「建国以来重要文献编」 第10册, 609~610쪽.

하다는 흐루쇼프의 견해에도 동의하지 않는다고 밝혔다. 이렇게 되면 사실상 소련공산당이 56년 초 20차 당대회에서 내놓은 주요한 결정에 대해 중국은 모두 반대 의사를 표명한 셈이 된다.

결국 이러한 마오의 질주는, 1958년 3월 청뚜회의에서 '정확한 개인숭배'와 '부정확한 개인숭배'를 제기하며 그 본모습을 드러내게 된다. 마오는 이 회의에서 가장 명확하게 개인숭배에 대한 자기의 견해를 밝혔다. 마오는 이 자리에서도 "흐루쇼프가 스탈린을 때려죽인 것은 일종의 압력이다. 당내에서 많은 사람들이 동의하지 않았지만, 일부는 이 같은 압력에 굴복해 개인숭배를 타도하는 걸 학습해야 한다고 했다. 일부 사람들은 개인숭배 반대에 아주 큰 관심을 나타냈다"라는 말로 비판 세력을 겨냥하면서 시작했다.

개인숭배 '이론화'를 통해 개인숭배의 정당성을 확보하고 비판 세력을 제압하려 한 것이다. 마오는 "개인숭배에는 2가지가 있다. 하나는 정확한 숭배이다. 예를 들어 맑스, 엥겔스, 레닌, 스탈린 같은 정확한 것에 대해서 우리는 반드시, 영원히 숭배해야 하고 숭배하지 않으면 큰일난다. 진리가 그들의 손안에 있는데 어찌 숭배하지 않는단 말인가?"라며 이들을 '객관적 진리'와 동일시하며 숭배가 당연하다는 논지를 폈다. 반면에 "다른 하나는 부정확한 숭배, 분석도 하지 않고 맹목적으로 복종하는 것으로 이것은 잘못된 것이다"라고 개인숭배를 하나가 아닌 두 가지로 나눠 분리하는 이론화를 시도한 것이다.[58]

마오가 이처럼 개인숭배를 두 가지로 나눈 것의 실제 의도는 자기 본인에 대한 숭배를 고무시키기 위한 것이었다. 왜냐하면 "진리가 그의 손안에 있는데 왜 숭배하지 않는가?"라는 화법에는 이미 답이 담겨 있기 때문이다. 마오는 이미 진리의 화신이 되었으니, 논리에 부합하는 결론

---

58 『毛泽东年谱』第三卷, 311~312쪽(1958.3.10).

은 분명 "마오쩌둥을 반드시 숭배하라, 영원히 숭배하라, 숭배하지 않으면 큰일난다"라는 것이 된다.[59]

이렇게 '정확한 개인숭배' 개념을 제시하면서 실제로 마오는 그에 대한 개인숭배가 필요한 일이라고 말하는 것을 회피하지 않았다. 청뚜회의에서 사상과 이론에 밝았던 천보다가 "우리는 국제공산주의자이자 맑스주의자이다. 우리는 권위가 있고 대표자가 있으며 중심적 인물, 중심적 사상이 있다. 그러나 이는 개인숭배가 아니다"라고 말하자, 마오는 이에 대해 "어떻게 개인숭배가 아니란 말인가? 당신은 개인숭배가 없다면 그것이 제대로 된 것인가? 당신은 엥겔스는 인정하면서도 또 개인숭배는 반대한다고 했다. 나는 개인숭배를 주장한다"라고 말하며 본심을 숨김없이 드러냈다.

마오의 이 같은 '개인숭배 이론화' 시도는 사실 '진리숭배'와 '개인숭배'를 혼동되게 하여 개인숭배에 대한 반대 논리를 누르려 한 것이다. 개인숭배를 반대하는 목적을 설명하는 부분에서 노리는 바가 무엇인지 잘 드러난다. 마오는 개인숭배를 반대하는 목적도 두 가지라고 설명한다. 하나는 "부정확한 개인숭배를 반대하기 위함"이고, 다른 하나는 "다른 사람을 숭배하는 것을 반대하고 자기를 숭배하는 걸 요구하기 위한 것이다"라는 것이다. 마오는 청뚜회의서도 "'스탈린을 때려잡는 것'에 대해 어떤 사람들은 이에 공감 하고, 어떤 사람은 다른 목적을 가지고 있기도 한데 그것은 바로 다른 사람이 자신을 숭배해 주길 바라는 것이다"라고 공세적인 발언을 이어갔다.[60]

"반개인숭배는 어떤 사람이 남들이 자신을 숭배해 주기를 바라는 목

59 何云峰, 「个人崇拜与1959年庐山会议毛彭冲突」, 769쪽.
60 「在成都会议上的讲话」, 中共中央文献研究室编, 『毛泽东文集』 第七卷, 人民出饭社, 1996, 369쪽.

적을 가지고 하는 것"이라는 이 같은 마오의 발언은, 실제로 개인숭배를 반대한다는 사람들에게 "저 사람들은 자신을 숭배해 주기를 바라는 그런 목적에서 개인숭배를 반대한다"라는 낙인을 찍는 것과 다를 바 없는 것이어서, 사람들의 입을 봉쇄하는 위협적인 발언이 되었다.[61] 더구나 마오는 여전히 그 누구도 비견할 수 없는 위상의 '절대적 카리스마'였기 때문에 그의 발언은 더욱 위협적일 수밖에 없었고 공포 분위기마저 조성했다.

'정확한 개인숭배' 개념을 내놓은 청뚜회의 직후 마오를 찬양하는 목소리가 끊이지 않은 것은 어쩌면 자연스러운 귀결이었다. 어떤 사람은 "우리의 수준과 주석은 한 단계 차이가 난다. 마땅히 주석이 우리와는 비교되지 않게 높은 수준이라는 사실을 믿고 그를 따라야 한다"라고 말했고, 어떤 사람은 "마오주석의 사상은 국제적 보편적인 진리를 지니고 있다"라고 말하기도 했다.[62]

상하이시 제1서기를 맡고 있던 커칭스의 논조는 더 높았다. 그는 "마오주석에 대해서는 무조건 믿는 게 필요하다. 우리의 주석에 대한 믿음은 미신의 정도에 이르러야 하고 그에 대한 복종은 맹목적인 정도에 이르러야 한다"라고 아부할 정도였다. 커칭스는 '8대 2차회의'에서도 "공산주의가 우리에게서 멀리 있지 않다"라며 마오의 대약진 주장에 누구보다 앞장서서 지지를 보냈는데, 그는 이후 열린 '8기 5중전회'에서 정치국원으로 입성하는 카리스마의 '은총'을 입게 된다.[63]

이처럼 일부 인사들은 살아남기 위해, 일부 인사들은 자신의 정치적 목적을 달성하기 위해 개인숭배에 나서면서 마오 개인숭배는 더욱 높아만 갔다. "윗사람이 무언가를 좋아하게 되면 아랫사람은 그걸 더욱 좋아

61 沈志华, 「中共八大为什么不提毛泽东思想」, 10쪽; 何云峰, 「个人崇拜与1959年庐山会议毛彭冲突」, 769쪽.
62 何云峰, 「个人崇拜与1959年庐山会议毛彭冲突」, 770쪽.
63 张海萍, 「清除个人崇拜 增强党内民主」, 74쪽.

하게 된다(上有好者 下必甚焉)"라는 격언처럼, 마오가 반모진을 엄중히 비판하면서 '정확한 개인숭배'를 주창한 이후, 현실은 마오가 의도한 것처럼 개인숭배 분위기가 농후하게 조성되었다. "당 중앙의 가장 중요한 지도자들이 이처럼 마오 개인을 찬양하는데 집중된 것은 신중국 성립 이래로 예전엔 없던 일이었다"라는 관측이 나올 정도로 문화대혁명의 초기 분위기가 이미 출현했다는 평가가 결코 과장된 것이 아니었다.[64]

4) 대약진의 혼란과 개인숭배 충돌

(1) 마오쩌둥의 일부 후퇴와 지도부 충돌

'정확한 개인숭배'를 내세우며 대약진을 밀어붙이던 마오의 거침없는 행보는 그러나 곧 일시 제동이 걸리게 된다. 1958년 초부터 야심 차게 추진되던 대약진이 채 1년도 지나지 않은 시점에 중대한 문제가 드러나게 되었기 때문이다. 애초 기대했던 인민대중의 적극성에 기반한 생산력 향상은 이뤄지지 않았고 오히려 재산의 무상 차출, 평균적 분배 등 공산풍이 성행하며 인민공사의 문제점이 부각되자 마오까지 나서서 오류 시정 작업에 들어가게 된다. 1958년 11월 정저우(郑州)회의가 그 시작이다.

인민공사화 운동이 광범위하게 토론된 이 회의에서 마오는 "당시 널리 만연되어 있던 사회주의와 공산주의, 집단소유제와 전민소유제를 혼동하는 현상에 대처하여 이 둘을 분명히 구별하여야 하고 현 단계는 사회주의이며, 인민공사는 기본적으로 집단소유제"라며 과장풍과 공산풍을 바로잡을 것을 강조했다. 또한 당내 일부 인사들의 "인민공사를 전민소유제로 상정해 상품과 화폐를 폐지하자"라는 주장에 대해서도 "사회

---

64 中共中央文献研究室编, 『毛泽东传』上, 中央文献出版社, 2003, 802쪽.

주의 시기에 상품을 폐지하는 것은 경제법칙을 어기는 것"이라며 잘못된 관점이라고 비판했다. 곧바로 이어진 우창(武昌)회의에서도 마오는 '분위기 진정'이 필요하다고 말하고, 근거가 부족한 높은 지표를 끌어내릴 것을 거듭 요구하였다.[65]

마오의 이러한 노력으로 과장풍과 공산풍의 열기가 조금씩 식어갔고 생산지표에서도 일부 하향 조정이 이뤄졌다. 중국공산당은 상하이에서 제8기 7중전회를 열어 인민공사 사업을 점검하고 나아가 철강 등 주요 생산지표를 낮추는 내용의 1959년도 국민경제 계획 건의를 채택했다. 그리고 다음 해 5월 다시 회의를 열어 7중전회가 확정했던 철강 1,650만 톤 생산을 1,300만 톤으로 현실화하는 적극적인 조치를 취하기도 했다.

이러한 노력들은 농민대중의 요구를 적극 수용하는 탄력적인 정책으로 이어지기도 했다. 당은 개인보유지(自留地) 제도를 부활시키고, 인민공사 사원 개인의 가축 사육을 허용하며, 집 부근의 자잘한 나무들은 사원의 사유로 돌린다고 선포하는 3개의 지시를 잇달아 내놓았다.[66] 이처럼 대약진과 인민공사화 운동에서 노출된 문제들에 대한 해법의 실마리를 찾아가면서 당의 활동도 좀 더 활발해졌다. 1959년 7월의 루산회의도 정저우회의에서부터 시작돼 1년 가까이 진행되고 있던 대약진에 대한 조정 작업을 정리하기 위한 것이었다.

루산회의는 7월 2일 시작해 15일까지 진행될 예정이었다. 이 회의에서도 역시 대약진과 인민공사화 과정에서 드러난 좌경오류 시정 작업이 계속되었다. 그런데 1년 가까운 오류 시정 작업으로 마오의 태도는 이미 조금 변해 있었다. 마오는 그동안의 노력으로 조정의 효과가 나타나 문제들도 점차 해결되었고 한해 전 경제 상황도 나쁘지 않았다고 평가하면

---

65 중국공산당 문헌연구실 편, 허원 역, 『정통 중국현대사』, 303~305쪽.
66 중국공산당 문헌연구실 편, 허원 역, 『정통 중국현대사』, 312~13쪽.

서, 대약진운동으로 "얻은 것보다 잃은 것이 더 많다"라고 평가하는 당내의 일부 간부들을 비판했다.[67]

마오의 이러한 태도 때문인지 루산회의의 토론 분위기는 전반적으로 별로 진지하지 못해 대약진 문제에 대한 제대로 된 정리가 이뤄지지 못했다. 당시 국방부장을 맡고 있던 펑더화이(彭德怀)는 이러한 회의 분위기를 보고, 제대로 된 결산이 되지 않고 있는데 회의가 종료되면 안 되겠다고 생각하고, 회의 종료 하루 전인 7월 14일 마오에게 편지를 보내 의견을 제기했다. 펑더화이의 편지 내용은 크게 두 가지이다.[68]

하나는 1958년의 성과를 인정하는 내용이다. 그간 발생한 문제들이 일련의 회의를 거치면서 기본적으로 이미 시정되었다고 평가했다. 다만 펑은 두 번째로 "그간 얻은 경험적 교훈을 어떻게 총결산할 것인가?"하는 문제를 제기하면서 그간의 문제점을 하나하나 구체적으로 지적했다.

첫째, 허위 과장 풍조 확산 문제였다. 식량 생산량을 지나치게 높이 책정해 일종의 가상 상황을 만들었는데 사람들은 "식량 문제가 이미 해결되었다"라고 느낄 정도로 폐해가 컸다는 것이다. 각 분야에 도저히 믿을 수 없는 기적들이 신문, 잡지에 게재되어 당의 권위에 막대한 손실을 입혔다는 것이다.

둘째, 좌경 편향에 대한 지적 부분이다. 펑더화이는 소자산계급의 열광성은 쉽사리 좌경오류를 범하게 만드는데, 자신도 대약진운동의 성과와 군중 운동의 열정에 미혹되어 좌경 편향이 상당히 커졌다고 고백했다. 그러면서 좌경 편향은, 우경을 물리치는 것보다 힘들다는 걸 당의 역사적 경험이 증명한다며 성과와 교훈을 총결산하여 교육하는 게 매우 유

---

67 중국공산당 문헌연구실 편, 허원 역, 『정통 중국현대사』, 316쪽.

68 펑더화이의 편지 내용은 王焰 主編, 『彭德怀年谱』, 人民出版社, 1998, 740~741쪽 (1959.7.14); 펑더회, 이영민 옮김, 『펑덕회 자서전』, 한내, 2009, 367~374쪽 참조.

익할 듯하다고 건의한 것이다.

펑더화이의 이 서한은 원로 공산당원의 충성과 책임감을 구현한 것이며 많은 당원과 인민대중의 요구를 반영한 것이기도 했고 또한 매우 신중한 지적들이었다. 펑더화이는 애초 대약진운동에 찬성했었다. 그러나 이후 옌안지역 등 전국을 둘러보는 과정에서 인민들이 기아에 허덕이는 등 식량 사정이 매우 좋지 않고 과장풍과 공산풍이 심각해지는 상황을 목도하면서 생각이 변해갔다. 펑은 "강철 제련으로 얻는 것보다 잃는 것이 많다. 그렇게 많은 사람과 많은 돈을 쓰면서도 이익이 남지 않는다는 것은 잘못된 것이다"라며 대약진에 대해서도 비판적인 입장을 가지게 되었다. 그러면서 마오의 고향인 후난성 상탄현을 돌아보면서는 주민들에게 이러한 실상을 꼭 마오주석에게 보고하겠다고 약속하기도 했다. 펑의 서한은 이렇게 나온 것이었다.[69]

그런데 마오는 이 펑더화이의 개인적 서신을 전체회의에 회부한다. 여기에 이미 서신에 대한 부정적인 태도가 드러나 있었다. 마오는 펑더화이의 서신을 전 당원에게 배포하고 회의에서 토론할 것을 지시했다. 이어진 소조 회의에서는 분분한 의견이 나왔는데 펑의 견해에 대한 찬성도 많았지만 반대도 적지 않았다. 황커청(黄克诚)과 저우샤오주(周小舟) 등은 서신의 전체 정신을 인정하고 동의한다고 했으며, 장원톈은 내용을 지지한다면서 펑더화이를 비난하는 사람들의 주장에 동의하지 않는다는 의사 표시까지 했다.

펑더화이의 서신을 토론에 부친 뒤 마오는 몇 사람과 이야기를 나눴는데 커칭스, 리징췐(李井泉) 등은 펑의 편지에 대해 불만이 매우 컸다. 그동안에도 마오를 신앙적으로 지지해 정치국원에까지 입성했던 상하이 제

---

69 余广人, 「庐山会议四十周年感言」, 『炎黄春秋』 第8期, 1999, 35쪽.

1서기 커칭스는, 마오가 나서서 "연설을 통해 이런 바람에 맞서는 게 필요하다, 그렇지 않으면 대오가 흐트러질 것"이라며 강력한 조치를 건의했다. 마오가 이 건의를 수용해 펑더화이 비판에 나서면서 루산회의 분위기는 일순간에 좌경착오를 바로잡는 것에서 '반우경'으로 변했다.[70]

마오는 연설을 통해 "당 내외의 협공 세력은 당 외의 우파와 당내의 적지 않은 무리들이다. 어떤 동지들은 역사 격변기에 흔들리며 여기저기 장단 맞춰 춤춘다. 현재 또다시 자산계급의 동요성과 비관성이 드러나고 있다"라는 공세적 발언을 이어가면서, 펑이 서신에서 언급한 "균형이 파괴되었다", "소자산계급의 열광성" 등의 지적에 대해 조목조목 비판했다. 그런데 마오의 비판은 갈수록 적대적으로 변해갔다. 마오는 펑더화이가 '우파 기회주의자 모임'을 결성하여 '원칙 없는 분파적 행동'을 한다고 비난했으며, 펑더화이가 얼마 전에 소련을 방문하여 흐루쇼프에게 인민공사에 대한 부정적인 정보를 전달했다고 믿는다는 것을 분명히 했다. 당시 소련의 지도자는 그 정보를 인민공사의 발상을 조롱하는 연설에 이용했다는 것이다.[71]

마오의 이 발언으로 회의 분위기는 급속히 얼어붙어 펑더화이에 대한 동조는 사라지고 비판만 난무하는 상황으로 급반전됐다. 마오 연설전에는 적지 않은 사람이 기본적으로 펑더화이의 편지에 동의하고 심지어 "현재 우리에게 필요한 것은 펑사령관 같은 정신이다"라고 분명히 말하고서도, 마오가 7월 23일 펑의 행위가 비정상이고 부정확한 행동이라고 비판하는 연설을 한 이후엔 누구도 앞에 나서서 제대로 된 얘기를 하거나 분위기를 완화하려고도 하지 않았다. 분위기가 이렇게 바뀌면서 회의

---

70 何云峰, 「个人崇拜与1959年庐山会议毛彭冲突」, 771쪽; 『毛泽东年谱』第四卷, 108쪽 (1959.7.20).
71 조너선 D. 스펜스, 김희교 역, 『현대중국을 찾아서 2』, 168쪽.

에 참석했던 사람들은 거의 예외 없이 펑을 비판하는 태도로 돌아섰다.[72]

류사오치는 펑더화이가 예전에 「동방홍」을 부르지 말자 한 것을 상기시키며 이를 질책했고, 저우언라이도 펑더화이가 "영수(領袖)의 관점이 없다"라는 등의 말로 비판했다. 특히 캉성(康生), 린뱌오 등의 발언은 펑더화이를 사지로 몰아가겠다고 할 정도로 사람들을 놀라게 하는 것이었다. 캉성은 펑더화이가 "반마오를 통해 영광을 누리자"라는 심정을 노출한 것이라고 비난했고, 린뱌오는 "펑더화이는 야심가, 음모가, 가짜 군자이다", "중국에는 마오주석 같은 대영웅 한 사람만이 있다. 누구도 영웅이 되려 해선 안 된다"라고 음모론적 관점까지 동원해 원색적으로 비난을 했다.[73] 살벌함마저 감도는 이 같은 기세에 회의는 펑더화이를 포함한 '반우경' 비판으로 분위기가 완전히 뒤바뀌었다.

(2) 마오쩌둥·펑더화이 충돌의 핵심은 '개인숭배'

여기서 한가지 짚어볼 지점은 펑더화이가 서신을 통해 제기한 대약진에 대한 지적들은 적나라하기는 하지만, 대약진에 대한 조정 이후 제기되고, 검토되고, 시정됐던 내용들과 크게 다르지 않은 내용들이었다는 점이다. 그런데 왜 마오는 이렇게 불같이 화를 내고 펑을 제거하려는 데까지 생각이 미쳤을까?

충돌의 원인은 역시 예사롭지 않은 것이었다. 핵심은 마오에 대한 비판, 특히 '마오 개인숭배'에 대한 펑더화이의 비판에 있었다. 1958년 대약진이 시작되고, 특히 3월 청뚜회의에서 '정확한 개인숭배' 개념이 제기

---

72 薄一波, 『若干重大決策与事件的回顾』下, 618쪽. 보이보는 이는 당내 생활이 비정상적으로 변한 것과도 관련이 있다고 봤다. 그는 "1957년 이후 '마오주석의 말 한마디면 모든 게 끝나는(一言堂)' 당내 분위기와 관련이 있고, 또한 '개인숭배가 발전한 것'과도 관련이 있었다"라고 회고하였다.

73 何云峰, 「个人崇拜与1959年庐山会议毛彭冲突」, 771~772쪽.

된 이후 당내에 개인숭배 분위기가 만연해 갔으나, 펑더화이는 이 같은 개인숭배 분위기에 휩쓸리지 않았었다. 펑더화이는 소공 20차대회 이후 베이징 중난하이에서 열린 회의에서 수차례에 걸쳐 「동방홍」을 공연하지 말자 했고, '마오주석 만세'를 외치지 말 것을 제기했었다. 이런 일 때문에 마오는 고도의 경계심을 가지고 있었다. 1958년 '정확한 개인숭배'를 제기한 청뚜회의에서 마오가 "당내에 몇 사람이 개인숭배 반대에 아주 흥미가 있다"라고 했는데, 마오가 지적한 이 '몇 사람' 중에 바로 펑더화이가 포함된다.[74]

펑더화이는 루산회의 소조 활동에서 매일 발언하는 등 적극적이었는데, 어떤 때는 매우 격정적이었다. 그는 "마오동지를 포함해 모두에게 조금씩 책임이 있다. '1070'은 마오주석이 결정한 것인데 어떻게 그에게 책임이 없을 수 있는가!"라며 대약진운동의 책임 문제를 자주 거론했다.[75] 또한 "마오주석과 당은 중국 인민 가운데에서 위신이 매우 높고 이 같은 경우는 세계적으로도 드물다. 그러나 이 같은 위신을 남용하는 것은 잘못된 것이다. 지난해 주석의 의견을 함부로 내려보낸 것은, 문제가 작지 않았다"라며 매우 민감한 발언도 서슴지 않았다.[76]

펑더화이는 장원텐과의 대화에서도 "지금 화북조에 참여해 토론하는데 10여 년 내내 좋은 얘기만 하고 비판적 얘기는 할 수가 없다"라며 답답함을 토로하더니, 장원텐이 마오의 행동이 스탈린 만년의 상황과 마찬가지라고 말하자 "스탈린도 만년에 적대적 모순과 인민내부의 모순을 혼

74 何云峰, 「个人崇拜与1959年庐山会议毛彭冲突」, 770쪽.
75 薄一波, 『若干重大决策与事件的回顾』 下, 601쪽. 펑더화이가 마오를 비판하며 거론한 '1070' 이 숫자는 1958년 8월 중공 정치국 확대회의에서 결의된 '1,070만 톤의 강철 생산량'을 의미하는 것으로 이는 한 해 전의 2배에 해당하는 것이었다. 이에 대해서는 「中共中央政治局扩大会议新闻稿」(1958.8.31. 新华社), 『建国以来重要文献编』 第11册, 466쪽 참조.
76 『彭德怀年谱』, 739쪽(1959.7.8).

동했다"라며 동의를 표하기도 했다.[77]

이러한 펑의 심정은 "현재 당 위원회에서 집체적 결정을 내린 것이든 개인의 결정이든, 제1서기가 하면 그만이고 제2서기의 결정은 무시된다. 집체적 위신을 세우려 하지 않고 개인적 위신만 세우려 한다면 이는 정상이 아니고 매우 위험한 것이다"라는 발언으로 표출되더니, "'과장풍', '소고로'(小高炉-대약진 당시 강철 제련을 위해 집집마다 설치한 작은 용광로) 등등은 표면적인 현상일 뿐이고 민주가 결핍된 것, 개인숭배가 바로 모든 폐단과 병폐의 근원이다"라는 매우 수위 높은, 직설적인 비판으로 이어졌다.[78]

한편 펑더화이의 주장에 동조했던 저우샤오주와 장원텐의 소조 회의 발언도 마오를 자극한 것으로 보인다. 마오의 비서를 역임하기도 했던 져우샤오주는 "전 인민이 나서서 흙고로, 소고로를 이용해 강철 제련을 했지만, 폐물만 만들어 냈다. 노동자, 농민들에게 재산상의 손해를 입힌 것이다"라고 발언했고, 장원텐은 대약진 실수의 가장 큰 원인으로 당내 민주 생활의 불건전성을 거론하며 "마오 주석도 다른 의견을 과감히 말할 수 있도록 해야 한다. 목이 날아가는 걸 두려워하지 말라고 얘기하지 않았었느냐?"며 실제로는 회의가 그렇게 진행되지 못하고 있다고 비판하기도 했다.[79]

마오는 결국 펑더화이의 편지를 '도전장'으로 받아들였다. 마오는 '권위에 대한 도전'에 그냥 넘어가지 않았다. 마오는 전체회의에서 펑더화이의 편지 가운데 일부가 '부르주아의 동요성'을 표시하는 등 '우경 성질'의 문제라고 엄격히 비판했다. 마오는 대약진의 문제점을 지적한 또 다른 편지에 답하면서 다시 한번 '우경사상'이 당을 공격하고 있다고 비판

---

77 『彭德怀年谱』, 740쪽(1959.7.12).
78 何云峰,「个人崇拜与1959年庐山会议毛彭冲突」, 771쪽. 중국 연구자들은 펑더화이의 마오에 대한 이 같은 직설적 비판을 건국 이래 처음 있는 중대한 상황 변화로 평가하고 있다. 余广人,「庐山会议四十周年感言」『炎黄春秋』第8期, 1999, 37쪽.
79 余广人,「庐山会议四十周年感言」, 34, 37쪽.

했다.[80] 이후 당내 분위기는 펑더화이 등의 '우경 기회주의적 착오'를 집중적으로 비판하는 방향으로 급격히 경색되어 갔다.

결국 루산회의 도중 8기 8중전회가 소집돼, 여기에서 펑더화이 등에 대한 정식 비판이 진행됐다.[81] 8중전회 전체회의 개막 연설에서 마오는 "지난 9개월간 '좌경 반대'를 진행해 왔으나 현재는 기본적으로 이 문제가 아니다. 좌에 반대하는 문제가 아니라, 우에 반대하는 문제가 있다. 우경 기회주의자들이 당과 당의 영도기관을 맹렬히 공격하고 있다"라며 펑 비판을 주도했다.[82]

결국 마오는 "루산에서 나타난 이번 투쟁은 바로 계급투쟁이며 과거 10년 동안의 사회주의 혁명 과정에서 자산계급과 무산계급이라는 두 적대 계급 사이에서 전개된 생사 투쟁의 연장이다"라는 살벌한 결론을 내린 뒤 펑더화이에 대한 공식 숙청을 결정하게 된다.

중국공산당은 「펑더화이 동지를 위시한 반당집단의 오류에 관한 중국공산당 제8기 8중전회 결의」를 통해 펑더화이, 장원톈, 저우샤오주 등에 대해 각각 국방, 외교, 성위원회 제1서기직에서 해임하고, 황커청은 서기처 서기의 직위에서 해임했다. 다만 이들이 겸하고 있는 정치국원, 중앙위원, 후보위원 등의 각각의 직무는 "그대로 두고 지켜보겠다"라는 것으로 결정됐다. 또한 "당의 총노선을 보위하고, 우경기회주의에 반대하

---

80 동북지역의 간부 리윈중(李云仲) 역시 마오에게 대약진의 문제점을 지적한 편지를 보냈는데, 마오는 이에 답하면서 "현재 당 내외에 우경정서, 우경사상, 우경활동 등 새로운 상황들이 이미 크게 조성돼 난폭하게 공격하는 기세를 보이고 있다"라고 비판했다. 毛泽东, 「对于一封信的评论」, 『建国以来毛泽东文稿』(第八册), 377쪽.

81 중공 8기 8중전회 개괄 상황은 여길 참고하면 된다. 「中国共产党八届八中全会简介(庐山会议)」, http://cpc.people.com.cn/GB/64162/64168/64560/65351/4442067.html(검색일: 2014.6.20).

82 펑더화이는 이러한 상황에 대해 "나는 편지에서 구체적 사업 방법에 관해 얘기했는데, 어떻게 총노선과 연계시킬 수가 있는가? 정말 성심을 다해 좋은 뜻으로 쓴 것인데 이렇게 큰 문제가 되었다. 이러면 앞으로 누가 감히 얘기할 수 있겠는가? 이대로 가면 스탈린 말기 국면이 전개될 것이다. 권력자는 어떠한 반대 의견도 들으려 하지 않을 것이다"라고 주변인들에게 호소했다. 『彭德怀年谱』, 745쪽(1959.7.27).

여 투쟁하자"라는 결의가 채택되면서 '반우경투쟁'이 전당으로 확산되는 등 정국 경색 국면에 접어들게 됐다.[83] 사실상 1957년 반우파투쟁의 풍파가 다시 소용돌이 친 셈이다.

이처럼 마오·펑더화이의 충돌은 마오에 대한 개인숭배를 다시 상승시키는 결과로 이어졌다. 루산회의는 마오와 그의 동료들 간의 권위는 천양지차, 하늘과 땅만큼의 차이가 있다는 점을 명확하게 보여주었다. 마오는 마오였고 기타 사람들은 아무리 공이 크고 지위가 높아도 일반 백성과 다를 바 없고, 마오에 대한 공경과 두려움으로 가득 찬 숭배자라는 것이다. 이로부터 반개인숭배는 정치적 금지구역이 됐고, 개인숭배를 제창하는 것은 정치적 충성의 지표로 여겨졌다.[84]

마오의 후계자였던 류사오치가 먼저 개인숭배를 견결히 옹호하는 태도를 취하고 나왔다. 류사오치는 루산회의를 마무리하는 연설에서 '영수 문제'를 특별히 강조하면서 "나는 적극적으로 개인숭배를 하겠다"라고 했고, 루산회의 직후 열린 군사위 확대회의에서도 "마오쩌둥의 개인숭배를 비판하는 것은 무산계급 활동에 대한 파괴 활동으로 완전히 잘못된 것"이라며 펑더화이를 강하게 비판하면서 다시 한번 마오에 대한 충성심을 공개 천명했다.[85] 캉성도 "마오사상은 맑스-레닌주의의 최고 표준이자 최후의 표준이다"라고 공개적인 찬양을 제기하며 마오 숭배를 천명했다.

린뱌오도 '마오숭배' 활동을 보다 본격 전개하기 시작했다. 펑더화이가 국방부장에서 해임된 뒤 그 자리를 이어받은 린뱌오는 전군 고급간부회의 석상에서 '최고봉론'을 설파했다. "마오는 당대에 가장 위대한 맑스-레닌

---

83 中共中央文献研究室, 『关于建国以来党的若干历史问题的决议注释本』, 人民出版社, 1983, 334~335쪽.

84 何云峰, 「个人崇拜与1959年庐山会议毛彭冲突」, 772~773쪽.

85 林源, 「毛泽东与个人崇拜问题探析」, 『学海』, 1999, 78쪽; 中共中央文献研究室编, 『刘少奇年谱』下, 中国革命领导人文库, 1996, 460쪽(1959.8.17).

주의자, 마오사상은 당대 맑스-레닌주의의 최고봉"이라는 찬양을 군에서부터 확산시켜 나간 것이다. 린뱌오의 이러한 마오 숭배는 매우 정치적인 계산에 따른 것이었다. 린뱌오는 루산회의의 충돌과정에서 마오가 펑더화이의 개인숭배 비판에 분노해 그를 숙청하는 것을 보면서, 만년에 이른 마오의 치명적 약점, 즉 '개인숭배'를 분명하게 간파했던 것이다. 린뱌오는 펑더화이가 숙청된 루산회의를 통해 "개인숭배는 '한 사람을 얻어 천하를 얻는 것'이자 개인 권위를 얻어내는 첩경"임을 크게 깨닫게 된 것이다.[86]

1959년 루산회의에서의 마오·펑더화이의 충돌은 중국공산당 정치 생태계에서 중요한 전환점이 되었다. 이 사건은 하나의 지표가 되었는데 마오의 개인 권위가 당의 집체 권위를 날로 능가하게 되었고, 당내의 민주 생활은 엄중한 손해를 보게 되었다. 소위 민주집중제라고 하는 것도 단지 '집중'만이, 한 사람의 의지에 대한 '집중'만이 남게 되었다.[87]

루산회의 이후 마오에 대한 비판은 불가능하게 되었고, 특히 마오와 조금이라도 척을 진 일이 있는 사람의 마오 비판은 더욱 어렵게 되었다. 그만큼 당내에 감히 진실을 얘기하지 못하는 분위기가 생겨난 것이다.[88] 마오를 비판하면 전당이 나서서 그를 죽이려는 기세가 느껴질 정도였다.

그러나 이처럼 개인숭배 정치환경이 끊임없이 강화되면서 극히 엄중한 결과를 초래했다. 마오는 신성한 후광에 휘감긴 최고의 권위를 누렸

---

86 何云峰, 「个人崇拜与1959年庐山会议毛彭冲突」, 772쪽.
87 1958년 후반부터 시작된 대약진 문제에 대한 정책 조정은 매우 합리적이고 불가피한 것이었다. 루산회의도 마찬가지였는데, 마오가 펑더화이의 편지를 '도전'으로 인식하면서, 합리적인 조정 작업이 다시 뒤로 밀리고, 권위에 대한 도전을 느낀 카리스마는 '변화 저항' 의지를 다시 드러내게 된다. 그리고 루산회의 과정과 이후 결과가 보여주듯이 이 과정에서 카리스마의 가장 주요한 수단, 무기는 역시 '개인숭배'였다. Charlotta Levay, 「Charismatic leadership in resistance to change」, 『The Leadership Quarterly』 21, 2010, 127~143쪽 참조.
88 张海萍, 「清除个人崇拜 增强党内民主」, 75쪽. 마오의 비서였던 예쯔룽(叶子龙)은 "대약진 운동과 루산회의를 경험하면서 사람들의 사상 관념에 큰 변화가 생겼고 당내 정치 생활도 비정상이 됐다. 마오도 한 번은, '왜 그들은 실제 상황을 얘기하지 않는가? 도대체 왜?'라며 혼잣말을 하기도 했다"라고 회고했다.

으며 인민대중과 당 중앙의 집체영도 위에 군림하였고, 진리의 화신, 인민의 대변인이자 모든 것을 주재하고 결정하는 대권을 지닌 존재가 됐다. 마오의 말은 사람들의 견해와 행동을 평가하는 유일한 준칙이 됐고 마오의 견해와 일치하지 않는 사상, 의견은 모두 잘못된 이론, 수정주의 심지어 반마오쩌둥사상, 반혁명으로 치부되었다. 이렇게 마오와 펑더화이의 충돌은 전국적인 '반우경투쟁'으로 확산되는 풍파를 불러일으켰다.

중국공산당은 개혁·개방 이후 반성과 회고에서 "펑더화이에 대한 마오의 잘못된 비판과 계속된 착오, 반우경 투쟁은 당내 정치 생활에서 건국 이래 가장 중대한 과오"라고 엄혹하게 평가했다.[89] 당내 민주주의 활동에 중대한 손실 입혔고, 실사구시적으로 비판적인 견해를 제기하는 동지들을 잘못 공격함으로써 허풍과 거짓말하는 경향을 지지한 꼴이 되었다는 것이다.

이 같은 조건에서 당은 이미 마오의 권력을 효과적으로 제약한다거나 마오의 착오를 교정할 수 있는, 어떠한 가능성도 모두 상실하였다. 대약진운동 과정에서 나온 명백한 잘못에도 여전히 '약진'이 계속되고, 문화대혁명이라는 전면적인 착오가 10년이나 지속된 것이 가장 설득력 있는 예증이다. 덩샤오핑과 함께 사상해방운동을 이끈 후야오방(胡耀邦)은 "마오쩌둥 동지가 오랜 시간 동안 전당, 전 인민의 애정을 받으면서, 또 만년에 자신을 과신하면서 실제 상황과 군중으로부터, 특히 집체 영도에서 갈수록 벗어나게 됐다. 심지어 다른 사람의 정확한 의견도 억압함으로써 결국 수많은 착오가 발생하지 않을 수 없게 됐다. 그리고 바로 이것이 '문화대혁명'이라는 전국적인, 장기간의 엄중한 착오를 직접 발생시키는 원인이 됐다"라고 회고했다.[90]

---

89 중국공산당 문헌연구실 편, 허원 역, 『정통 중국현대사』, 322쪽.

90 胡耀邦, 「在庆祝中国共产党成立六十周年大会上的讲话」, 中共中央文献编辑委员会, 『胡耀邦文选』, 人民出版社, 2015, 270쪽.

중국의 국민경제는 1959년에서 1961년 기간, 즉 대약진 기간 중에 극심한 곤란과 엄청난 손실, 희생을 겪었는데 이는 부분적으로 자연재해나 소련의 빈번한 계약 파기 때문이기도 하지만, "주된 것은 대약진과 이어진 반우경 투쟁의 오류가 빚어낸 결과이다"라는 것이 이후 중공의 평가였다.[91] 개인숭배가 정치환경에서 강화되면서 중국공산당과 중국 인민은 엄청난 대가를 치른 것이다.

---

91 중국공산당 문헌연구실 편, 허원 역, 『정통 중국현대사』, 322~323쪽.

2

대내외 '도전' 극복과
유일사상체계의 '서막'

1) 개인숭배 갈등의 폭발, '8월 종파사건'

(1) 권력투쟁으로 번진 개인숭배 해법 갈등

북한 내 반김일성파 움직임은 1953년 스탈린 사망 이후 소련 내에서 조성되기 시작한 개인숭배 비판 분위기, 55년 소련이 다시 개인숭배를 비판하고 집단지도체제를 부활하기로 한 결정 등에 힘입은 바 컸다. 그러나 1955년까지의 이들의 움직임은 오히려 종파주의자, 교조주의자로 비판받으면서, 박영빈, 기석복처럼 출당되거나, 박창옥처럼 최고위원에서 제명되는 등 전반적으로 수세에 몰리는 형국이었다.

이들은 1956년 초 흐루쇼프의 '스탈린 개인숭배 비판'이라는 훨씬 더 강력한 개인숭배 비판이 나오자, 여기에 힘을 얻어 다시 김일성 비판 분위기 조성에 나서게 된다. 특히 소공이 개인숭배 비판뿐만 아니라 민생을 위한 '경공업 위주 정책'을 강조하고 나오자, 이들은 더욱 적극적으로 나서게 된다. 소련계의 박창옥과 연안계의 최창익은 53년 전후복구를 둘러싼 경제건설 노선에서 김일성의 중공업 우선 정책과 급속한 농업집단화에 반대하는 등 김일성의 정책 노선에 반대하고 있었고, 윤공흠과 서휘 등도 경공업 우선론자들이었다.[92]

그러나 이들 반김일성파는 3차 당대회에서도 김일성이 주창한 중공업 우선 정책으로 정책 방향이 결정되고, 무엇보다 기대를 걸었던 개인숭배 문제에 대한 성실한 답변을 김일성이 회피하자 비판 세력의 결집을 본격적으로 시도하게 된다. 소련공산당 대표로 3차 당대회에 참석했던 브레즈네프가 보여준 김일성 지도부에 대한 비판적 태도가 이들에겐 무엇보다 큰 힘이었다.

브레즈네프는 우회적으로나마 조선로동당의 당대회가 '개인숭배' 문제를 다뤄야 한다고 요구했으며 주민 생활 회복을 위한 조치 등도 강조했다. 비록 김일성 지도부는 이러한 요구에도 불구하고 개인숭배 문제는 철저히 박헌영과 남로당의 문제라며 떠넘기고 넘어갔지만, 김일성 반대파에겐 한 줄기 희망과도 같은 것이었다. 또한 당시 브레즈네프가 작성한 보고서의 내용을 보면, 소련대표단의 방북 중 행보에는 김일성에 대한 비판적 분위기가 더 강했을 것으로 분석되고 있어 반김일성파를 고무시켰을 것으로 보인다.

브레즈네프는 소련공산당 중앙위원회에 제출한 방북 비밀 보고서에서, "조선로동당이 일관되게 집단지도체제를 실행하고 있으며 개인숭배는 존재하지 않는다고 주장하고 있으나 이는 현실에 전혀 부합하지 않는다"라고 비판했다.[93] 그러면서 "북한에 김일성의 초상화와 반신상이 즐비하고 각종 전시, 영화, 화첩, 서적 등을 통해 김일성을 추앙하는 일이 성

---

92 서동만, 『북조선 사회주의체제 성립사』, 선인, 2011, 506~507쪽.
93 「브레즈네프의 소공중앙 보고: 조선로동당 3차 당대회 등 관련」, 러시아연방 대외정책 문서고, АВПРФ, ф.5446, оп.98, д.721, л.212~219.

행하고 있다"라고 질타했다. 또한 "조선로동당의 지도자가 자아도취에, 왜곡된 현실 분위기에 물들어 국가 경제를 제대로 평가하지 못하고 있고, 주변 인물들도 능력 없는 아첨꾼들이어서, 이것들이 당 사업에서 착오가 발생하는 주요한 원인 중의 하나"라고 지적했다. 그러면서 "김일성이 모스크바에 왔을 때 반드시 이런 상황을 중시해야 한다는 것을 깨우쳐 줘야 한다"라고 건의했다.

브레즈네프의 비판적 시각은 소련공산당 내에 상당히 넓게 공유되어 있었던 것으로 보인다. 조선로동당 내 갈등에 대한 소공의 관심도 높아져 이미 광범위한 자료수집과 보고가 이뤄진 상황이었다. 소공은 보고서에서 "한가지 주목해야 할 사실은 최근 들어 소련에서 조선에 와 일을 하던 사람들이 적대시되고 있는데, 중요한 원인 중의 하나가 김일성 개인숭배에 대한 비판을 제기했기 때문"이라며 북한의 주동독대사였던 박길룡의 발언을 소개했다. 소련파 출신이었던 박길룡은 3차 당대회를 마치고 귀환길에 모스크바를 들렀는데, 그는 소련대사관 직원과의 대화에서 "조선민주주의공화국 내부의 개인숭배 현상은 매우 엄중하다. 소련 국적의 조선인들이 제기하는 개인숭배 방지를 위한 합리적 건의들을 많은 사람들이 반대하는데 이는 이후 엄중한 결과로 이어질 것이다"라고 경고했다.[94]

소공은 종합적으로 북한 내부의 상황에 대해 "조선민주주의인민공화국 성립 이후 김일성 개인숭배 현상이 점차 형성돼 보편적으로 존재하게 됐다. 이 개인숭배는 조선로동당 업무 수행과 국가 운영에 대한 중대한 부정적 영향을 가져왔다. 이렇게 형성된 김일성 개인숭배와, 한 사람의 능력에 대한 과장은 이것들로 인해 조성된 착오를 제때 극복하는 데 엄

---

94 투가리노프, 「소련외교부 정보위원회 보고: 조선의 개인숭배 현상에 대하여」, 1956, 러시아연방 현대사 문서고, РГАни, ф.5, оп.28, д.410, л.57~67.

중한 장애를 조성하고 있다"라고 평가했다.[95]

특히 소공은 "김일성은 몇몇 결정을 하는 경우 심도 있는 연구와 토론을 진행하지 않았고, 이러한 결과로 나타난 착오는 조선의 인민민주제도를 공고히 하는데 심각한 손실을 입히고 있다"라며 김일성의 집단지도 원칙 위배 상황을 지적했는데 이는 스탈린 개인숭배의 부정적 유산, 즉 카리스마 지도자의 독단으로 당내 민주주의가 질식할 수밖에 없는 현상을 보여주는 특징들로 분석되고 있다.[96]

소련공산당의 이러한 전반적 분위기는 반김일성 세력에게 큰 힘이 되었던 것으로 보인다. 직맹위원장인 서휘, 상업상 윤공흠, 내각 기계공업국장 리필규 등은 직접 김일성과 최용건 등에게 3차 당대회의 "개인숭배 문제 처리 방침에 찬성할 수 없다"라는 명확한 입장까지 전달했다는 증언도 확인되고 있다.[97] 특히나 이들은 3차 당대회가 개인숭배 문제를 처리한 방식에 대해 비판적이었을 뿐 아니라 당이 개인숭배, 개인영웅주의의 딱지를 숙청된 세력에게 전가하는 상황을 보며, 분노를 넘어 자신들에게 다가올 불행한 운명처럼 받아들였을 가능성도 컸을 것으로 분석되고 있다.

이들은 김일성이 소련과 동구 사회주의 국가를 방문하는 1956년 6월 1일부터 7월 19일 사이에 비판 세력 결집에 적극 나서게 된다. 이들의 움직임에 핵심적 영향을 미친 것은 분명 사회주의 국가에 불고 있던 '개인숭배 비판' 흐름이었다. 그 가운데에서도 소련의 입장과 반응은 이들에겐 매우 중요하였다. 1956년 6월 6일 김일성은 소련 방문 중 당 제1서기

---

95 투가리노프, 「소련외교부 정보위원회 보고: 조선의 개인숭배 현상에 대하여」, 1956.
96 소련에서도 스탈린의 대숙청이 있었던 1930년대를 거치면서 당내 회의는 자유로운 토론이라기보다는 정해진 결론을 추인하는 성격으로 변했다는 것이 구 소련 고위관료들의 회고록에 자주 등장한다. 이지수, 「북한 정치체제에 드리워진 스탈린의 그림자」, 『中蘇研究』 39(3) 통권147호, 2015, 369쪽.
97 서동만, 『북조선 사회주의체제 성립사』, 554쪽.

흐루쇼프, 당 중앙위 상임위원 미코얀, 당서기 브레즈네프와 회담을 가졌다. 이들은 특히 흐루쇼프가 회담에서 "인민 생활이 안정되어 있지 않다는 점, 김일성에 대한 개인숭배가 지속되고 있다는 점, 당 역사를 김일성의 개인 역사로 만들고 있다는 점" 등을 비판적으로 밝히고, 김일성역시 소련 측의 충고를 수용하는 듯한 태도를 보였다는 점에 고무되었을 것으로 파악되고 있다.[98]

특히 모스크바에서 진행되던 회담의 경위와 이러한 분위기는 주북한 소련대사와 평양주재 타스통신 특파원 등을 통해 소련계 건설상 김승화를 매개로 연안계인 부수상 최창익, 상업상 윤공흠, 내각 기계공업국장 리필규 등에게 전해졌다. 주소련 북한대사 리상조도 소련 내 김일성 비판 움직임을 북한 내로 확산시키는 데 중요한 역할을 담당하였다. 최창익이 중심이 된 당내 비판 세력의 결집이 더 적극성을 띠게 된 것이다.[99]

이러한 내용들은 서휘 등이 중국공산당 중앙위에 보낸 호소문에도 그 과정이 좀 더 상세히 기술돼 있다. 최창익과 리필규, 서휘, 윤공흠 등은 평양의 소련대사관을 방문해 소련 외교관들을 만나기도 했는데, 이들이 이후 당시 소련계 건설상이었던 김승화를 통해 김일성이 소공 중앙위원 주석단과 만난 내용을 전해주었고 이에 이들은 크게 고무되어 "소련의 지지가 있으니, 김일성을 저지할 수 있겠다"라고 생각했다는 것이다.[100]

여기에 동유럽 사회주의 국가들, 특히 폴란드와 헝가리에서의 폭동과 정권 변화도 김일성 반대파를 크게 고무시켰을 것이다. 김일성 방문

---

98 「毛泽东接见苏共中央代表团谈话记录」(1956.9.18). 모스크바에서 김일성과의 회담에 참석했던 미코얀은 석 달 후 중공 8차 당대회 참석차 베이징을 방문한 자리에서, 김일성이 모스크바에서 소련의 견해에 동의하고 충고를 수용했었다며 이 같은 논의가 있었음을 확인했다.

99 서동만, 『북조선 사회주의체제 성립사』, 556쪽.

100 「조선로동당 중앙위원 서휘 등이 중공중앙에 보내는 서신」, АВПРФ, ф.5446, оп.98, д.721, л.161~181.

'8월 종파사건'까지의 주요 일지

일시	행사/사건	비고
1956. 2.	흐루쇼프, '스탈린 개인숭배 비판'	소련공산당 제20차 당대회
1956. 4.	조선로동당 제3차 당대회	맑스-레닌주의의 창조적 적용 공식 사상 노선으로 채택
1956. 6. 1. ~ 7. 19.	김일성 소련, 동구 순방	소련; 6. 1 ~ 6. 7, 헝가리; 6. 17 ~ 6. 20, 폴란드; 7. 2 ~ 7. 6.
1956. 6. 6.	김일성·흐루쇼프 회담	소련 측 '개인숭배 분위기' 비판 김일성, 비판 수용 의사 표시
1956. 6~7 중순	폴란드 대규모 시위, 폭동	비스탈린주의자 고물카 당 복귀
	헝가리 대규모 시위, 폭동	스탈린주의자 라코시 제1서기 7월 17일 실각
1956. 6. 30.	소공, 「개인숭배와 그 후과들을 극복할데 대하여」 발표	『로동신문』, 「개인숭배와 그 후과들을 극복할데 대하여」 7월 6일 전재
1956. 7 하순~ 8 초순	서휘 등 김일성 반대세력 평양주재 소련대사관 접촉	라브로프 대리대사 등 소련 대사관 관계자 반응은 불명확
1956. 8. 30.	조선로동당 중앙위 전원회의	김일성 지지, 반대세력 충돌 '8월 종파사건'

기간인 1956년 6월에서 7월 중순사이 폴란드 포즈난에선 식량과 소비재 부족 등에 항의하는 폭동이 발생해 당내 대립 끝에 비스탈린화를 추진했던 고물카가 당에 복귀했다. 최용건에 따르면 리필규는 "만일 인민의 복지수준을 개선하는 조치를 취하지 않으면 제2의 포즈난 사태가 일어날 것"이라고 말하기도 한 것으로 알려졌다.[101]

헝가리에서도 스탈린주의자인 라코시 제1서기가 해임되고 게레가 임명되는 등 흐루쇼프의 스탈린 개인숭배 비판의 파장이 사회주의권, 특히

---

101   이종석, 「중·소의 북한 내정간섭 사례 연구」, 『세종정책연구』 6(2), 2010, 394쪽.

스탈린에 의해 지도자가 임명되어 소련과 유사한 체제를 유지하던 '소스탈린주의' 사회주의 국가들의 권력 지형을 송두리째 흔들 태세로 커지고 있었던 것이다.

이런 흐름에 더욱 힘을 실은 것은 1956년 6월 30일 소련공산당이 발표한 「개인숭배와 그 후과들을 극복할데 대하여」라는 결정서이다. 2월 말에 있었던 흐루쇼프의 비밀연설문을 6월 초에 미국 국무성이 입수해 번역 발표하면서 이를 계기로 전세계적으로 반소, 반공의 물결이 몰아치자, 소련공산당은 이를 방어하고 해명하는 차원에서 비밀연설의 내용과 이에 대한 소련공산당의 입장을 결정서 형식으로 내놓게 된 것이다. 이 결정서가 북한에도 56년 7월 6일 『로동신문』에 전재됐는데, 이 시점에서 보면 이미 국제적으로 스탈린 개인숭배 비판 흐름은 부정할 수 없는 추세가 되어 있었고 이러한 국제적 흐름 역시 김일성 반대파에게 더욱 힘을 실어줬을 것이다.[102]

김일성의 해외 순방 기간 중 발행된 것으로 보이는 당 간부용 '참고자료'에는 소련 기관지에 실린 글을 번역한 「개인숭배는 왜 유해한가?」라는 장문의 개인숭배 비판 논문이 게재되었는데, 이 역시 위와 같은 분위기 흐름에서 나온 것으로 반김일성 세력의 영향이 있었을 것으로 분석되고 있다.[103] 이처럼 김일성이 소련, 동구 방문을 위해 장기간 평양을 비운 사이, 반김일성 세력은 총력을 다해 세력을 모으고 있었다.

(2) 사상 최대의 반김일성 거사의 실패

이처럼 1956년 7월 하순에서 8월 초 사이 이뤄진 김일성 반대 세력

---

102 서동만, 『북조선 사회주의체제 성립사』, 557쪽; 『로동신문』, 1956년 7월 6일(1면).
103 이종석, 『조선로동당연구』, 역사비평사, 2003, 276쪽.

의 소련대사관과 접촉은 사태의 엄중함을 더욱더 끌어올린 것으로 보인다. 평양의 소련대사관을 방문한 최창익에게 대사관 관계자가 "이제 당신이 책임질 시대가 왔다", "유럽은 당과 정부를 분리해서 각각의 책임자를 달리했다. 김일성을 당에서 떼어내 수상으로만 남기기로 했다"라는 말을 전달했다는 주장도 제기됐다.[104]

이와 관련해 서휘 등은 중공 중앙에 보낸 호소문에서 "페트로프(당시 대리대사)를 만나 조선로동당 사업 문제에 대해 의견을 교환했는데 페트로프의 견해와 우리와 완전히 일치했다"라고 설명하고 "심지어 라브로프(평양주재 소련 외교관)는 조선로동당의 당내 개인숭배 문제와 당 사업상의 엄중한 과오를 제거하기 위해서는 반드시 잘 갖춰진 조직투쟁이 필요하다"라고 말했다고 주장했다.[105]

아무튼 소련대사관의 개입, 연루는 김일성으로선 매우 중대한 요인이었다. 반김일성 세력의 움직임은 소련대사관을 통해 본국으로 전해졌고 거꾸로 김일성도 이러한 움직임을 파악하고 있었다. 김일성은 귀국 후 최창익과 박창옥 등 반대 세력의 움직임을 보다 더 상세하게 파악하게 된다.[106] 김일성은 반대 세력에 강력한 경고의 메시지를 보내면서도 타협적 자세로 사태를 수습하려는 모습을 보였다.

김일성의 소련 방문에 동행했던 당시 평양 주재 소련대사 이바노프의 비망록에도 소련 측이 일정한 권유를 했고, 이에 대해 김일성도 수용

---

104 안성규, 「1956년 蘇聯은 金日成을 제거하려 했다 –中國에 망명한 延安派 거물들의 恨과 충격 증언」, 『월간중앙』, 1994, 564쪽. 그동안 학계에선 소련 대사관측의 반응에 대해 엇갈린 연구가 진행되었다. "소련대사관은 신중한 반대 입장이었다. 최창익 등도 소련의 직접 개입을 요청한 것은 아니었다"라는 분석(란코프)이 있는 반면, 거꾸로 "반김일성 세력을 적극 부추긴 것은 오히려 소련이었다"라는 연구(이종석)도 있다.

105 「조선로동당 중앙위원 서휘 등이 중공중앙에 보내는 서신」, АВПРФ, ф.5446, оп.98, д.721, л.161~181.

106 김일성은 반대 세력의 불만이 전원회의에서 제기될 것으로 예상해 일단 회의 소집을 지연시켰고, 소집 일자 역시 하루 전에야 공표해, 반대파의 거사 계획을 무기력하게 만든 것으로 알려져 있다. 정창현, 『인물로 본 북한현대사』, 민연, 2002, 214~215쪽.

적 태도를 보인 것으로 판단할 수 있는 기록이 나온다. 이바노프는 1956년 8월 6일 김일성과의 대화에서 '소공 중앙위 견해'를 다시 전달했음을 상기시키며 김일성이 주도적으로 문제를 풀어갈 것을 주문했는데, 이에 대해 "김일성은 자신이 이 문제에 대한 우리의 견해를 관심 깊게 들었다고 말하였으며, 소련공산당 중앙위원회에 동지적인 충고와 사업을 도와준 데 대해 사의를 표하면서, 자신이 전원회의에서 보고할 때 그것을 참작하겠다고 약속하였다"라고 기록하고 있다.[107]

무엇보다 김일성으로선 자신이 직접 보고 느낀 동유럽의 상황이 워낙 폭발적이어서 신중에 신중을 기할 수밖에 없었다. 김일성과 회담을 가졌던 헝가리의 제1서기 라코시는 김일성이 귀국을 하기도 전에 실각했으며, 역시 자신과 회담을 가졌던 폴란드 공산당의 당지도부 역시 자신의 귀국 뒤에 모두 물러나는 등 스탈린 개인숭배를 둘러싼 갈등으로 앞길을 예측하기 어려운 국면으로 빠져들고 있던 '사회주의권의 소용돌이'를 직접 목격했기 때문이다.

김일성은 귀국 직후 서휘 등 반대 세력과 우선 만났던 것으로 보인다. 서휘 등이 중공중앙에 낸 호소문에서 확인된다. 이들은 "김일성 동지의 개인영웅주의와 신적인 숭배 문제 등 10가지 문제를 논의했고 이에 대해 김일성은 제기된 문제에 완전히 동의하고 인정한다고 했다"라는 것이다. 그러면서 윤공흠에게 김일성은 후일 개인숭배를 없애겠다고까지 말했다고 주장했다.[108]

---

107 「조선민주주의인민공화국 주재 소련대사의 일지 1」, 『한국현대사료DB, 북한관계사료집』, 1956, https://db.history.go.kr/contemp/level.do?levelId=nkhc_073_0390_0010(검색일: 2025.2.19).

108 김일성이 실제로 이 같은 약속을 했는가는 신중히 검토해 봐야 할 부분이다. 개인숭배 문제와 이미 상당히 진행된 김일성 중심의 역사 서술 문제를 김일성이 모두 인정하고 시정을 약속했다는 것은 서휘 등 망명객들이 김일성의 변심, 약속 불이행을 강조하기 위해 과장했을 가능성도 있기 때문이다.

김일성의 최측근인 박금철과 박정애가 나서서 개인숭배 문제와 관련해 당 활동상의 잘못을 인정하고 이를 점진적으로 수정해 갈 것을 약속하는 연설을 하기도 했으나 공식적인 자리에서 김일성의 직접적인 관련 발언은 역시 없었다.[109] 결국 두 세력 간의 정치적 타협은 불가능해지고 이들은 8월 30일 당 중앙위원회 전원회의에서 충돌하게 된다. 당 중앙위원 겸 상업상인 윤공흠이 예정에 없던 발언권을 신청해 단상에 섰다.

윤공흠은 제3차 당대회에서의 개인숭배에 관한 처리 방식과 개인숭배와 관련된 김일성의 과오를 비판하였다. 또한 최용건의 당 부위원장 임명을 비롯하여 당 간부정책도 비난하였는데 이때 최용건과 허성택 등 당 주류파가 윤공흠의 발언을 저지하며 끌어내리는 등 일대 소동이 벌어졌다. 최창익과 서휘 등이 반론에 나섰지만, 중앙위원 대부분이 김일성을 옹호하고 반대파를 비난하는 등 역부족이었다.

윤공흠은 연설을 시작하고 몇 마디 하지도 못한 상황에서 이끌려 내려왔다. 20여 명의 참석자들이 미리 준비한 대로 큰소리를 치고 주먹을 휘두르며 윤공흠을 욕하면서 회의장이 엉망이 되었다. 이들은 주로 김일성 유격부대원들과 갑산 민족해방연맹의 사람들이었다. 그러자 김일성이 "반당분자, 반혁명분자에게 계속 발언할 기회를 줄 필요 없다. 토론을 끝내야 한다"라고 제안했고 이 제안에 대한 표결이 이뤄져 150여 명 가운데 7명만이 반대한 채 통과되었다. 최창익이 나서 토론을 계속해야 한다고 주장했지만, 그 역시 모욕적인 공격을 받았을 뿐이다. 회의장에는 "반동파를 타도하라, 척결하라"는 구호가 난무했다.

김일성에 의해 이미 윤공흠은 '반당, 반혁명분자'로 낙인찍혔다. 김일성은 윤공흠과 서휘, 리필규 일당은 반당, 반혁명분자로서 반드시 타도

---

109 안드레이 란코프, 김광린 역, 『소련의 자료로 본 북한 현대정치사』, 오름, 1993, 224~226쪽.

되고 제적되어야 한다고 말했다. 이후 윤공흠에 대한 중앙위원직과 당적 박탈에 대한 투표가 이뤄졌는데 오직 서휘만이 반대했다. 전체회의가 저녁 9시쯤 끝났는데 서휘, 리필규 등이 집에 돌아와 보니 전화가 모두 절단돼 있어서 곧 체포될 운명이라는 걸 직감했다. 그래서 이들은 그날 밤으로 압록강을 건너 중국으로 탈출한 것이다. 북한 현대사에서 가장 강력하게 전개됐다고 평가되는 반김일성 운동은 이렇게 김일성 권력 기반의 공고함만을 확인한 채 무기력하게 끝나게 되었다.[110]

조선로동당은 이틀째 전원회의에서 이 사태와 관련된 두개의 결정서를 채택하게 된다.[111] 하나는 개인숭배에 관한 조선로동당의 입장이 정리된 것으로 "소련공산당의 「개인숭배와 그 후과를 퇴치할데 대하여」를 전폭적으로 지지한다, 약간의 개인숭배가 있었으나 철저히 조치했으며 당의 지도자들에 대한 대중의 신임과 존경을 개인숭배와 혼동함으로써 당의 령도를 훼손하려 하면 안 된다"라는 것이 핵심 내용이었다. 이는 "김일성에 대한 애정과 존경은 개인숭배가 아니다"라는 말에 다름 아닌 결정 내용이었다.[112]

별도로 채택한 「결정서」는 반김일성 세력에 대한 규탄서이다. 규탄서에서는 구체적으로 "종파적 음모를 로골적으로 감행, 측근자들과 불순분자들을 규합, 반당적 경향을 인민군대 내부까지 침식시키려 시도, 평양시에서 당열성자대회를 소집케하고 황해남도에서 호응해 당과 정부를 공

---

110 서동만, 『북조선 사회주의체제 성립사』, 553~563쪽; 정창현, 『인물로 본 북한현대사』, 214~229쪽.
111 두 개의 결정서는 「형제적 제 국가를 방문한 정부 대표단의 사업 총화와 우리 당의 당면한 몇가지 과업들에 대하여」와 「최창익, 윤공흠, 서휘, 리필규, 박창옥 등 동무들의 종파적 음모 행위에 대하여」이다. 조선로동당 중앙위원회, 『결정집: 1956년도 전원회의, 정치, 상무, 조직위원회』, 2~17쪽.
112 개인숭배에 대한 북한의 이 같은 정리는, '스탈린 개인숭배 비판'이 나온 이후 중국공산당이 개인숭배 책임을 이전 정적들에게 돌리고, "영수는 열렬한 애정을 필요로 한다. 마오에 대한 것들은 개인숭배가 아니다"라고 정리한 입장과 매우 유사하다.

격하려는 음모 획책, 반당적 음모의 목적은 당내에서 헤게모니야를 쟁취하기 위한 것"이라고 비난했다. 그러면서 최창익(상무위원 겸임), 박창옥, 윤공흠, 서휘, 리필규(후보위원)에게서 당상무위원, 당중앙위원, 후보위원직을 박탈하고 윤공흠, 서휘, 리필규는 당에서도 제명하였다. 또 내각과 직총 직위에서도 모두 파면하였다. 당내의 김일성 반대파가 일거에 무너지고 만 것이다.

김일성은 실용주의적 합리성보다 자립경제와 국방력 강화라는 이데올로기적 목표에 경도되어 있었다. 소련파와 연안파의 몰락으로 귀결된 1956년 소위 '8월 종파사건'은 한국전쟁 이후 계속되어 온 실용주의적 목표와 이데올로기적 목표 간의 당내 갈등과 투쟁에서 실용주의적 목표에 비해 이데올로기적 목표를 확고히 우위에 서게 만든 사건이었다.[113]

중국은 이 시기 마오의 '모진' 주장을 저우언라이, 류사오치 등이 성급하다며 '반모진'을 제기해 제지했으며, 이것이 당내의 대세적 흐름이어서 일단 마오도 한발 물러났었다. 비록 이후 '반모진파'가 마오의 거센 비판을 받으며 '모진'의 확대판인 '대약진'으로 이어지긴 했지만, 최고 지도자가 추진하는 정책일지라도 일방적이고 비합리적이라면 중단될 수도 있다는 매우 중요한 경험을 축적하게 되었다.

그러나 북한에선 김일성의 급속한 공업 발전 전략, 중국식으로 하자면 마오와 같은 '모진' 주장이 그대로 관철됐고 반대파의 저항도 완벽하게 제압되었다. 한국전쟁을 통해 더욱 고조된 김일성에 대한 개인숭배와 박헌영 제거 등 권력투쟁에서의 승리를 통해 강화된 김일성의 카리스마 리더십을 저지하기엔 반대파의 세력이 너무 미약했다. 중국에선 마오 다음의 권력 서열에 있던 류사오치나 저우언라이, 덩샤오핑 등이 모두 실용주의적 관점에서 '반모진'의 입장에 섰으나 북한에선 당을 장악하고 있

---

113 이태섭, 『김일성 리더십연구』, 들녘, 2001, 76쪽.

던 김일성의 주요 지지 세력이 아닌, 권력에서 배제된 연안파와 소련파 등으로 반대 세력이 구성되어 그 세력화에서도 차이도 컸다.

2) 중·소의 개입과 김일성의 최대 위기

(1) 김일성 반대파의 호소와 중·소의 개입

이처럼 "사상 최대의 반김일성 거사"라는 평가가 붙는 '8월 종파사건'은 김일성 세력의 완벽한 승리로 끝나는 듯했으나 윤공흠과 서휘 등이 중국으로 탈출해 망명하고, 주소련 북한대사의 개입 호소로 북한의 당내 갈등에 소련과 중국까지 연루되는 일대 사건으로 비화 된다.

북한의 사태는 소련대사였던 이상조가 흐루쇼프에 개입을 요청하는 서한을 보내고 중국으로 탈출한 서휘 등 4명도 중국공산당에 호소문을 보내면서 중국과 소련에 비교적 이른 시기에 자세히 알려졌다. 주소련 북한대사였던 이상조는 1956년 9월 3일 자 서신에서 8월 말에 진행된 조선로동당의 전체회의를 간략히 소개한 뒤, "조선로동당이 엄중한 착오와 결함을 범했으니, 소련공산당이 개입해 달라"고 요청했다. 이상조는 "소련공산당 중앙위원회의 책임자급 지도자가 조선에 들어가, 전체 중앙위원은 물론 직위가 박탈된 사람들도 모두 참여하는 전체회의를 열어달라"는 구체적인 방안까지 제시하며 긴급 지원을 요청했다.[114]

이상조는 특히 이러한 방안들이 어려우면 조선로동당 중앙위원회의 책임대표들과 직위가 박탈된 동지들을 모스크바로 초청해달라고도 했고, 이것도 어려우면 소련공산당 중앙위원회의 명의로 조선로동당에 편

---

114 「이상조가 조선로동당 당내 상황에 대해 흐루쇼프에게 보내는 서신」, 러시아연방 국립문서고, 1956, ГАРФ ф.5446, оп.98, д.721, л.156~160.

지를 보내 실제적 문제를 지적하는 서면 호소문을 보내달라고도 했다. 그러면서 중국공산당 중앙위원회와 연합해서 이 일을 추진하면 훨씬 효과적일 것이라고도 건의했다. 흐루쇼프에게 전달된 이 서신은 매우 효과를 발휘한 것으로 보인다. 바로 첫 번째 방안으로 소련이 중국과 연합해서 북한 내정에 개입했기 때문이다.

서휘 등 중국으로 탈출한 4명이 중국공산당 중앙위원회에 보낸 호소문은 1956년 9월 5일 자로 작성되었다.[115] 이들은 8월 말 전체회의 전후의 상황을 상세히 전달하면서, 무엇보다 전쟁 이후 조선로동당과 국가, 군대, 사법권이 완전히 김일성 개인 수중으로 들어가서 김일성이 당과 정부, 인민 위에 군림하는 절대 독재 시대가 됐다고 비판했다. 그러면서 조선로동당의 가장 큰 결함은 당내 민주의 결핍이라면서, 이 모든 것이 이미 광범위하게 유포된 김일성에 대한 개인숭배 때문이라고 비판했다.

특히 이들은 서신에서 "김일성을 수장으로 한 일파야말로 공개적으로 난폭한 종파 활동을 벌이는 종파주의자들이며, 김일성은 이미 혁명을 배반해 조선혁명의 앞길에 장애물이 되었다"라고 비판했다. 그러면서 위대한 이웃인 중국공산당이 우리에게 정의로운 도움을 줄 것으로 믿는다며 도움을 요청했던 것이다.

먼저 움직인 것은 소련이었다. 소공 중앙위는 이상조의 건의와 평양 주재 소련대사관의 상황 보고 등을 참조해 1956년 9월 6일 "사건의 중대성에 비춰 조선노동당 지도부 및 중국공산당 지도부와 의견 교환이 필요하다"라는 것을 핵심 내용으로 하는 「결정서」를 채택했다.[116] 이 같은 결정에 따라 9월 중순부터 베이징에서 열리는 중공 8차 당대회에서 중·소 간에 협의가 이뤄진다.

---

115 「조선로동당 중앙위원 서휘 등이 중공중앙에 보내는 서신」, АВПРФ, ф.5446, оп.98, д.721, л.161~181.
116 이종석, 「중·소의 북한 내정간섭 사례 연구」, 399쪽.

소련에선 미코얀이 베이징 중공 당대회에 대표로 참석했다. 9월 18일 처음 이뤄진 중·소간의 회담은 김일성에 대한 불신과 성토로 시작됐다. 미코얀은 불과 석 달 전인 6월 모스크바를 방문했을 때 김일성은 소공 중앙주석단의 의견을 받아들여 당내 상황을 고쳐나가겠다고 했는데, 그렇게 말한 것과는 다르게 거꾸로 갔다고 비판의 목소리를 높였다. 미코얀과 동행한 포르마료프 역시 "김일성은 당시 소공이 제기한 의견에 동의한다, 비판을 받아들인다고 하면서 향후 착오를 개정하는데 주의하겠다고까지 했는데, 정작 귀국 후엔 이를 전혀 이행치 않고 자기 뜻대로 했다"라고 미코얀의 발언을 확인했다.[117]

마오와 미코얀은 또 박헌영의 죽음을 두고도 김일성을 강하게 비판했다. 마오는 지난 1953년 11월 바로 이 방에서 김일성을 만났다면서 "김일성이 박헌영을 어떻게 하면 좋겠냐고 묻길래, 어찌 됐던지 죽여서는 안 된다고 말했었다"라고 말한 사실을 밝혔다. 마오가 보기에 증거가 불충분했으며 "죽이지 않아도 당신이 계속 주도권을 갖고 있지 않느냐?"고 설득했다는 것이다. 그러면서 "박헌영은 베리야가 아니다. 베리야는 많은 사람을 죽였지만 박헌영은 문인이다"라고 했던 사실을 상기시키며 김일성의 행위를 비판했다.

이에 미코얀도 마오의 말에 동의하며 자기도 박헌영을 모스크바에서 몇 번 봤는데 "배운 사람으로 좋은 인상이었다"라며, "박헌영 처결 직전에 안전위원회가 보고를 해왔는데 그때 소공 중앙은 박헌영을 죽이지 말라고 조선당에 건의하라고 했는데 결국 죽이고 말았다"라고 김일성을 똑같이 비판했다.[118]

---

117 이하 마오쩌둥과 미코얀을 중심으로 한 중·소간 협의, 대화의 내용은 「毛泽东接见苏共中央代表团谈话记录」(1956.9.18) 참조.
118 소련이 박헌영을 처형하지 말 것을 요청한 것은 1956년 당시 주평양 소련대사였던 이바노프 비망록에서도 확인된다. 이바노프 대사는 1956년 4월 김일성과의 대화에서 "박헌영

그러면서 마오가 "소공 20차 당대회는 스탈린의 착오를 분명히 드러낸 것인데 김일성은 아직도 스탈린과 똑같이 하고 있다. 반대하는 말은 한마디도 듣지 않으려 하고 반대하는 사람은 바로 죽인다"라고 하자, 미코얀도 "정말 그렇다. 김일성은 스탈린하고 정말 하는 것이 똑같다"라고 비난했다. 그러면서 "북한이 3차 당대회에서 개인숭배를 박헌영에게 덮어씌웠는데 박헌영은 이미 이 세상 사람이 아니지 않느냐?"며 북한의 처리를 못마땅해했다.

이들은 그러면서 조선로동당이 현재 엄중한 위기에 처했다는 상황 인식에 공감하며 연합 대표단을 평양에 보내자는 미코얀의 제의를 마오가 바로 수용하면서 북한사태 개입을 결정하게 된다.

마오와 미코얀이 회담을 진행한 날 늦은 저녁에, 마오는 최용건 등 북한 대표단을 접견하게 된다. 이 자리에서도 마오는 김일성을 다시 한번 비판한다. 마오는 박헌영을 사형시킨 것과 박창옥과 최창익 등을 제거하려는 것 등을 설명한 뒤, "이는 엄중한 착오다"라고 강하게 비판했다. 마오는 특히 "옛날의 황제도, 비교적 개명한 황제는 이렇게 안했다. 한꺼번에 몇 명의 부수상을 제거할 수는 없다. 이건 개명되지 못한 황제의 수법이다. 스탈린이 최후 시기에 바로 개명되지 못한 황제 같았다. 지금 당신들이 바로 그 모습이다"라며 신랄하게 비판했다.[119]

최용건이 이를 반박하며 최창익, 박창옥, 윤공흠 등이 소련대사관을

에 대한 극단적 조치를 자제하는 것이 합당할 것"이라는 소련 국가안전위원회가 이미 전달한 의견을 재확인하며, 박헌영 처형에 부정적인 소련의 의중을 전했다. 이에 대해 김일성은 "박헌영 판결에 문제가 전혀 없다. 사형집행을 해도 해외에서도 부정적 영향이 없을 것이다. 판결을 집행해야 한다는 게 나의 의견이다. 다만 소련 기관들이 다른 의견을 내고 있으니, 정치위원회에서 논의해 보겠다"라고 답했다. 「조선민주주의인민공화국 주재 소련대사의 일지 1」(1956.4.19), 『한국현대사료DB, 북한관계사료집』, https://db.history.go.kr/contemp/level.do?levelId=nkhc_073_0350_0020(검색일: 2025.2.19).

119 「毛澤東接見朝鮮代表団談話紀要」(1956.9.18). 이처럼 '8월 종파사건'에 대한 중소의 이같은 비판적 반응은 중국으로 탈출한 서휘의 호소문과 주소련 대사 이상조의 호소문이 효과적으로 작용한 결과로 보인다.

방문해 그들과 대화하고 그 뒤 당원들에게 "현재 소공 중앙에서 비밀대표단이 파견돼 소련대사관에서 조선의 개인숭배에 대해 조사하고 있다"라는 유언비어를 퍼트리는 등 반당행위를 했으며, "윤공흠의 주장은 미국방송과 차이가 없다"라는 등 반김일성파의 과오를 주장했다. 그러나 이에 대해서도 마오는 당내 문제하고 반혁명 문제를 같은 걸로 봐서, 자신들의 동지에게 반혁명, 반란분자 등의 낙인을 찍고 체포하고 살해하는 것은 엄중한 잘못이라고 비판하며 받아들이지 않았다.

여기서 한가지 주목되는 것은 중국 측의 태도 변화이다. 중국은 1956년 4월 진행된 북한 조선로동당의 3차 당대회에 축하 사절을 보냈었는데, 이때 대표로 축하 연설을 한 녜룽전(聶榮臻)은 소련대표인 브레즈네프와 달리 당시 사회주의권의 화두와도 같았던 '소련공산당의 20차 당대회'나 '개인숭배 문제'는 전혀 언급하지 않고 북한의 경제발전과 농촌집단화의 진척 등만을 언급해 북한 지도부를 안심시킨 적이 있다.[120] 그러나 당대회 5개월이 지난 9월의 중국은 북한에 매우 비판적으로 변해 있었다.

최용건과의 면담에서도 마오는 "조선전쟁도, 그(김일성)에게도 말했었는데, 이 전쟁은 시작해서는 안 되는 거였다"라며 책임을 추궁하듯 거론했고, 이에 배석했던 한국전쟁을 이끌었던 펑더화이와, 휴전 협상을 이끌었던 리커농(李克農)도 함께 나서서 "조선전쟁은 도대체 누가 시작한 거냐? 미국 제국주의가 시작한 거냐? 아니면 당신들이 시작한 거냐?"라고 거칠게 몰아부쳤다. 그러자 동석했던 북한의 이주연 부수상은 "왜 이 문제를 지금 꺼내는지 정말 모르겠다"라며 반발하기도 했다.

또한 마오와 미코얀의 회동에 배석했던 류사오치와 저우언라이도, 8월 말에 북한에서 벌어진 사태가 언급될 때 김일성에 대해 매우 비판적

---

120 서동만, 『북조선 사회주의체제 성립사』, 543쪽.

인 입장을 드러내기도 했다. 이 시기 중국의 이 같은 태도는 무엇보다 최창익과 서휘 등 중국 측 인사들과 교분이 있던 연안파 출신들이 주로 처벌받자 좀 더 불쾌하게 대응했던 것으로 분석된다. 서휘 등이 중국으로 탈출해 북한사태에 자동으로 연계가 되어버린 중국은 소련보다는 더 감정적이었던 것만큼은 분명해 보인다. 결국 이러한 분위기가 적극 반영되어 중소의 북한사태 개입이 결정된 것이다.

(2) 중·소, "김일성 타도가 목적 아니다"

중·소의 북한사태 개입 과정을 살펴보면서 하나 유의할 점은 "중·소의 개입 목적은 과연 무엇이었는가?" 하는 것이다. 일부 연구는, 중·소는 개입 당시 김일성을 교체할 생각도 있었다고 주장한다. 최소한 김일성을 수상직에서 내리고 조선로동당의 위원장직만 맡게 하고 수상에는 최용건이나 김일(金一) 등을 임명하는 '소련 측의 방안'을 김일성도 검토했다는 섯이다. 또한 중국 측은 아예 김일성 축출까지 고려했었다는 수장도 제기되었다.[121]

그러나 북한사태 개입에 대한 마오와 미코얀의 대화 등을 기록한 소련과 중국의 공식 당안 자료는, 개입 결정 당시부터 중·소의 의중은 김일성 권력 교체가 아닌 처벌자들의 복귀에 방점이 가 있었음을 명확히 보여주고 있다. 특히 마오쩌둥과 미코얀 등 중·소의 지도자들은 북한과 김일성의 오해를 우려해, 개입의 목표를 보다 명확히 전달하는 방안도 고민했던 과정이 확인되고 있다.

---

121 정태수·정창현, 「평양주재 소련대사 이바노프 비망록이 전하는 북조선 최대의 권력투쟁 '8월 종파사건'의 전모」, 『WIN』, 1997, 154쪽. 란코프는 공개 자료의 한계를 인정하면서도 중국 지도부는 분명히 김일성 축출을 생각하고 있었다고 주장한다. 다만 평양의 소련대사관은 반김일성파와 접촉했지만 '신중한 반대' 견해였다고 밝히고 있다. 안드레이 란코프, 김광린 역, 『소련의 자료로 본 북한 현대정치사』, 217~224쪽.

1956년 9월 18일 베이징 회동에서 마오와 미코얀은 중·소의 북한사태 개입 여부와 개입을 한다면 어떻게 할 것인가에 대한 문제를 매우 신중히 논의했다. 그래서 중·소가 연합해서 북한사태에 개입하기로 하고, 이후 개입 방법도 함께 결정했다. 그리고 그 핵심은 "조선로동당 동지들에게 이전 명령을 회수하고, 처벌된 사람들의 당적과 직무를 회복시키고, 무서워서 귀국하지 못하는 사람들에게 귀국을 허용하고, 이들을 다시 체포하지 말라는 것을 권고하자"라는 것이었다. 이는 이미 첫 회동에서 중·소가 김일성의 교체나 제거가 아닌 '처벌 결정 철회' 수준으로 사태 수습에 합의했음을 보여준다.[122]

중·소 지도자들 간에 이어진 토론의 내용을 보면 더욱 명확하다. 마오는 유고를 의식해서인지 북한 개입에 약간 찜찜해 했던 것으로 보인다. 그러면서 김일성이 악감정을 가질 것이라고도 했다. 마오가 미코얀에게 "이번에 당신들 가면 김일성이, 지난번엔 유고를 간섭하더니 이번엔 나를 간섭하러 왔냐고 할 것이다. 유고 간섭 땐 소련 하나였는데 이번엔 중국이 하나 더 더해졌다"라고 하자 미코얀은 지난번 유고 개입은 자신들이 잘못 처리했다고 응답했다.

그러자 마오는 "우리가 김일성에게 '우리는 너를 타도하러 온 게 아니라 도움을 주러 왔다. 다만 당신의 행태는 반드시 고쳐야 한다', 이렇게 말하는 게 필요할 듯하다"라고 말했고 미코얀 역시 "맞다. 우리 가운데 누구도 그를 타도하려 준비하지 않았다"라고 동의했다. 마오는 또 "김일성에게도 화해를 권고하고, 제명된 사람들에게도 화해하는 태도를 보여야 한다"라고 권고하자고 제안했고, 미코얀도 좋은 방법이라며 "쌍방이

---

122 이하 마오와 미코얀의 북한사태 개입에 관한 대화 내용은 「毛泽东接见苏共中央代表团谈话记录」(1956.9.18); 「미코얀 소공중앙에 보고」, 1956, АВПРФ, ф.5446, оп.98 с, д.718, л.35~46. 이상의 두 자료를 주요하게 참조했다.

모두 화해하는 태도를 보이도록 권고해야 한다"라고 응수했다.[123]

마오와 미코얀의 회담 이후 마오는 최용건 등 북한 대표단을 만났는데 여기에서도 이러한 중·소의 방침이 언급된다. 마오는 북 대표단에게 소련과 중국에서 대표단이 평양에 가기로 한 사실을 설명하며 "이건 우리가 당신들의 문제 해결을 돕기 위한 것이지 당신들을 파괴하기 위해 이러는 것이 아니다"라고 분명히 밝혔다. 또한 수년 전 판문점에서 진행된 정전회담을 언급하며 "미 제국주의와도 평화 담판을 진행했는데 왜 동지들 간엔 평화적 토론으로 견해가 다른 문제를 해결하지 못하는가? 체포된 사람들은 방면하고 그들의 당적을 회복시키고 원래 직위를 돌려줘야 한다"라고 요구했다.[124] 바로 중·소가 합의해 결정한 북한사태 개입의 성격과 수위를 설명한 것이다.

평양에 간 미코얀과 펑더화이의 김일성과의 사전 담판에서도 이러한 개입 수위가 잘 드러난다. 미코얀은 "나와 펑더화이 동지가 스스로 설정한 임무는 이번 회담에서 김일성을 설득하는 것이었다. 우리 양당의 목표는 명확하다. 김일성 동지의 조선로동당 영도의 지위를 약화시키는 것이 아니라 공고히 하는 것이었다"라고 보고서에 적었다.

미코얀의 베이징 복귀 후 마오와의 대화에서도 이런 일관된 개입의 목적과 의지가 확인된다. 미코얀은 마오에게 "이번에 우리는 3중전회에서 발생했던 문제 해결에 집중했습니다. 조선 당내의 개인숭배 문제, 인민 생활 개선 문제에 대해선 그리 중점을 두지 않았습니다"라고 설명하고

---

123 1956년 9월 18일 진행된 중국 측의 중소대표단 면담 기록에 분명하게 양쪽 지도자 모두 "김일성을 타도하러 가는 게 아니다"라고 말한 내용이 공식 기록으로 확인된다. 소련의 미코얀도 "우리 양당은 조선로동당을 도와 지도자의 잘못을 교정해야 한다. 우리는 김일성을 신뢰한다. 다만 몇 가지 도저히 수용할 수 없는 방식에는 동의할 수 없다"라는 내용과 마오의 "타도하러 가는 게 아니다"라는 발언이 있었음을 소공에 보고하고 있다. 「미코얀 소공중앙에 보고」, 1956, АВПРФ, ф.5446, оп.98 с, д.718, л.35~46.
124 「毛澤東接見朝鮮代表团谈话纪要」(1956.9.18).

있는데 이 역시 애초 설정했던 '처벌자 복귀'에 있었음을 알 수 있다.[125]

이러한 상황을 종합해 보면 중·소가 애초에 김일성 교체까지 염두에 뒀다고 판단하기는 어려워 보인다. 다만 중국과 소련의 실무자 차원에서, 정책의 최종 결정 이전의 차원에서 나온 발언들이 중·소의 기본 입장, 혹은 최종 입장과 혼동됐을 가능성은 남아 있다. 그러나 "중·소가 국가적 차원에서 북한사태에 어떤 기본 입장을 가지고 개입했고, 그 과정에서 실제 김일성에게 어떠한 입장을 전달했는가?"라는 핵심 문제를 판단할 때는 관계자들의 오래된 기억보다는 공식적인 기록에 의존하는 것이 더 신뢰성이 높을 것이다.

그러나 그렇다고 해서 사회주의 두 강대국의 연합 개입을 북한과 김일성이 편히 맞을 수 있는 상황은 전혀 아니었다. 김일성도 자신의 수하에게 "두 나라 대표단이 이번에 조선에 온 것은 다른 게 아니다. 오직 두 큰형님이 조선로동당 내부 사무에 간섭하려는 것이다"라고 말해 불편함을 넘어서는 긴장감을 표출하기도 했다.[126]

중·소의 지도자들이 북한사태 개입을 결정하면서 내보인 김일성 권력에 대한 언급들을 보면, 북한과 김일성으로서는 당시 매우 위협적인 상황에 처해 있었던 것만큼은 자명한 사실이다. 특히 마오와 미코얀의 헝가리 지도자 라코시의 퇴진 관련한 대화에선 그런 분위기가 역력히 묻어난다.

미코얀이 중·소 개입에 대한 김일성의 거부 반응을 예상하면서 헝가리 초기 사태를 예로 들었는데, 그는 "현재로 보자면 내가 헝가리 당내 사무에 자신이 간섭한 것이지만 그래서 문제가 해결됐다"라며 중·소의

---

125 「毛澤東第二次接見蘇共中央代表團談話記錄」(1956.9.23).
126 미코얀과 함께 평양에 갔던 포르마료프가 펑더화이를 수행해 (통역으로) 평양에 갔던 중국공산당의 스저(師哲)로부터 들었다는 김일성의 발언이다. 「포르마료프 소공중앙 보고: 조선의 중앙 결의 연기 문제 등에 관해 스저와 대화」, 1956, 러시아연방 대외정책 문서고, АВПРФ, ф.5446, оп.98с, д.718, л.2.

북한사태 개입도 문제 될 게 없다고 설명했다. 그러자 마오는 "라코시 동지는 맑스-레닌주의 수준이 높아 그래서 물러날 수 있었다. 그러나 김일성에겐 어려운 일이다"라며 김일성을 부정적으로 평가했다. 이에 미코얀이 라코시도 처음부터 퇴진을 원하던 게 아니라며 당시 헝가리 당내의 라코시에 대한 비판적 분위기, 자신의 사퇴 권고, 라코시의 수용 과정을 설명했는데 이는 중·소의 머릿속에 가능하기만 하다면 김일성도 퇴진시킬 수 있다는 생각이 아예 없었던 것은 아니라는 것을 추정해 볼 수 있는 대목이다.[127]

또한 미코얀의 "김일성은 반드시 명확히 알아야 한다. 만약 잘못을 교정하지 못하면 그는 결국 자기의 영수 지위를 공고히 할 수 없을 것이다"라는 발언이나, 마오가 최용건과의 면담에서 밝힌 "오늘은 이 사람 제거하고 내일은 저 사람들 제거하고, 이것은 스스로를 고립시키는 것이다. 이렇게 가다간 최후엔 자기 자신도 제거되고 결과적으로 망하게 될 것이다"라는 발언들은, 김일성의 과오 교정을 촉구한 발언이라고는 하지만 김일성의 입장에선 매우 위협적인 언사로 느껴질 수 있는 내용들이었다.

그러나 헝가리와 폴란드 등 동구권이 한 치 앞을 내다볼 수 없을 정도로 요동치는 상황에서 북한까지 지도자 교체와 같은 강수를 두기 어려웠던 소련으로서는 '처벌자 복귀'를 중심으로 한 수습 방안에 더 방점을 둔 것으로 보인다.

(3) 김일성, 굴욕적 후퇴 속에서도 저항

중·소가 이처럼 '처벌자의 복귀'에 방점을 둔 해법을 가지고 북한사태에 개입했다고는 하지만, 미코얀과 펑더화이를 대표로 한 중·소 대표단

---

127 「毛泽东接见苏共中央代表团谈话记录」(1956.9.18).

을 맞는 평양은 초긴장 상태 그대로였다. 김일성은 껄끄러울 게 뻔했던 베이징에서의 중국공산당 8차 당대회에는 몸이 아프다는 핑계를 대고 참석하지 않고 최용건을 대신 대표로 보냈었는데, 중·소가 아예 연합해 평양을 찾아 북한사태에 직접 개입한 것이다. 김일성과 북한 지도부의 긴장감이 어느 정도였을지 능히 짐작할 수 있는 것이다.

각각 4명씩 모두 8명으로 구성된 중·소 대표단은 1956년 9월 19일 평양에 도착한 직후 바로 김일성과 만나 대화했다. 미코얀과 펑더화이는 "처벌된 자들을 복귀시키는 것이 김일성의 영도를 약화시키는 것이 아니라 오히려 강화시킬 것"이라는 논리로 김일성을 설득했는데, 김일성은 처음부터 수용적 자세를 준비했던 것으로 보인다. 미코얀은 두 차례의 심도 있는 대화 끝에 김일성이 중·소의 의견을 이해하고 제안을 수용했다고 밝혔다.[128] 이러한 김일성의 자세는 중·소가 개입 전 정리했던 '처벌자들의 복귀'에 중점을 둔 입장이, 베이징 중공 당대회에 참석하며 마오와 면담하기도 했던 최용건 등을 통해 미리 전달된 결과로 추정된다.

개입 첫날의 이러한 과정을 거친 뒤 하루 뒤인 9월 20일에 조선노동당 정치국 상무위원회가 열렸는데, 여기에는 중·소의 대표단도 참석해 사실상 회의를 주도했다. 미코얀은 이 자리에서 "조선로동당 영도자가 자신의 판단을 바꿔 8월 전원회의의 잘못을 교정했다고 쓸 수 있기를 희망한다"라고 밝혔다. 미코얀은 또한 "다음을 명백히 해야 한다. 조만간 중앙전원회의를 열고 결의를 통과시키고, 회의가 길 필요도 없다, 또한 이러한 결의의 결과를 보도하는 것이 필요하다"라는 그야말로 훈장과 같은 지시로 연설을 마쳤다.[129]

---

128 「毛澤東第二次接見苏共中央代表团谈话记录」(1956.9.23).

129 1956년 9월 20일 조선로동당 정치국 상무위원회에서의 중·소 개입 내용은 「미코얀 소공 중앙 보고: 조선로동당 중앙위원회 9월 20일 회의에서의 논쟁」, 러시아연방 대외정책 문서고, АВПРФ, ф.5446, оп.98с, д.718, л.17~34 참조.

중국 대표단의 펑더화이 역시 "8월 전원회의의 잘못을 지적한 미코얀 동지의 관점에 완전히 동의한다"라며 "소공, 중공 모두 김일성 동지가 조선로동당을 영도하는 걸 지지하지만 당의 영도는 정확한 조치를 채택해야 한다. 그렇지 않으면 우리의 사업과, 우리의 염원 간에 충돌이 발생할 수 있다"라는 경고성 발언도 잊지 않았다. 결국 김일성은 '제명, 출당된 동지들의 복귀'라는 중·소의 제안을 설명한 뒤 자신도 이에 동의했음을 밝히고 "아무튼 잘못 처리되었었다. 잘못 한 동지들을 넓은 가슴으로 받아들여 관용적 태도를 보여야 했었다. 8월 회의 결의를 다시 심의하겠다"라고 후퇴할 수밖에 없었다.

중·소는 전원회의 결의안의 구체적인 문구에까지 관여했다. 북한이 전원회의를 다시 열어 채택할 결의안 초안을 검토하는 자리에도 중·소 양측의 대표가 참석했던 것이다. 전원회의 결의안 초안 준비 회의가 있었던 9월 22일 밤, 북한은 소련 측과의 회동을 다시 요청한다. 북한은 이 자리에서 경제 문제를 집중적으로 제기한다. 김일성이 화공연합체 전면 건설의 의의를 여러 차례 강조하고, 화학비료가 농업생산에 필요하다는 것 등을 설명했다는 것이다. 북한은 이미 현실이 된 중·소의 개입을 향후 지원을 끌어내는 지렛대로 활용하려 한 것으로 보인다.[130]

김일성은 이어진 회의에서 "소공의 건의에 완전히 동의한다. 조선로동당 지도자가 많은 착오를 범했다. 만약 지금 3차 당대회를 다시 진행한다면 자아비판의 기초위에 조선로동당의 부족함을 교정할 수 있을 것이다"라고 말하는 등 매우 순종적인 태도를 보였다. 그러면서 "조선당은 중국과 같은 풍부한 경험이 없어 맹목적으로 소련공산당의 경험을 복제해 왔고, 그 가운데에는 스탈린 개인숭배도 포함돼 있다"라고 말하는 등

---

130 「미코얀 소공중앙 보고: 조선로동당의 회복과 레닌주의 준칙 등에 관해 김일성 등과 회담」, 러시아연방 대외정책 문서고, АВПРФ, ф.5446, оп.98с, д.718, л.3~6 참조.

당시의 소련 지도부의 입맛에 맞는 발언을 연이어 내놓기도 했다.

전원회의 결의안 초안에 대해 소련의 승인까지 받고 난 다음날인 1956년 9월 23일 북한은 조선로동당 '9월 전원회의'로 알려진 전체회의를 다시 열어 최창익과 박창옥은 중앙위원에 복귀시키고 윤공흠과 서휘, 리필규는 당적을 회복시키는 번복을 하게 된다. 「결정서」는 최창익 등이 범한 "과오가 물론 엄중했다"라고 지적하면서도, "앞서 8월 전원회의가 이 동무들의 문제를 처리하면서 마땅히 필요한 신중함이 부족했다. 인내성 있는 노력이 부족했음을 본 전원회의는 인정한다"라는 표현으로 중·소 대표단과 결의안 초안 검토 과정에서 약속한 것을 이행했다.[131]

그러나 김일성이 중·소 대표단의 요구를 순순히 수용한 것은 절대 아니었다. 김일성은 복귀자들의 중앙위원직 회복과 당적 회복을 결정하면서도 이들을 예전의 당과 정부의 실질 업무 직위로는 복귀시키지 않았다. 또한 윤공흠, 서휘 등 중국으로 망명한 4명은 중앙위원으로도 복귀시키지 않았다. 이 또한 중·소 대표단과 함께 한 정치국 상무위 회의에서 김일성이 압력에 굴복해 "당적과 중앙위원 자격은 회복시키겠다"라고 하면서도, "중국으로 도망간 자들은 지금 여기 없기 때문에 복권이 어렵다", "또한 최창익은 중앙위원으로만 복귀시키고 중앙상무위 위원 복귀는 안 된다, 내각 부수상 등 국가직무 복귀도 포함하지 않는다"라고 선을 그으며 나름 버티기를 통해 중·소의 동의를 얻은 결과였다.

또한 "전원회의가 길 필요 없다"라고 한 미코얀의 요구와는 달리, 김일성은 지지자들을 대거 동원해 전원회의장을 또다시 최창익 등에 대한 성토장으로 만들었다. 충실한 김일성 지지자인 한상두, 박정애를 필두로

---

131 조선로동당 중앙위원회, 「결정집: 1956년도 전원회의, 정치, 상무, 조직위원회」, 24쪽. 마오는 북한의 '9월 전원회의' 결정서에 "이들의 과오가 엄중했다"라는 표현이 들어간 것을 보고 받은 뒤 "아직도 잘못이라고 보나?"라며 못마땅해했다. 「毛泽东第二次接见苏共中央代表团谈话记录」(1956.9.23).

함남도 당위원회 위원장 현정명, 과학원 통신원사 이청원, 평양시 당위원장 이송운 등 무려 10명 가까운 인물들이 잇따라 발언을 통해 "김일성의 재심 발언은 지지한다. 그러나 그들은 반당 종파주의자였다. 당의 정책을 계속 반대했다. 당의 위신을 훼손했다. 부패한 인물들이다"라고 격렬하게 비판했다.[132]

미코얀이 소공 중앙에 전한 이날 전원회의 보고서엔 이것도 준비한 사람들이 다 하지 못한 숫자라고 적시할 정도로 복귀자에 대한 성토 분위기가 뜨거웠던 것이다. 김일성이 중·소의 위협적인 요구에 굴복은 하면서도 지지자들을 총동원해 "자신의 권력은 흔들림이 없다, 나를 흔들지 마라"는 메시지를 전달하려 한 것으로 해석해 볼 수 있는 대목이다.

아무튼 김일성을 이처럼 굴복시킨 조선로동당 9월 전원회의의 개최와 이에 따른 결정은 중·소 두 나라와 북한 간의 비대칭적 관계를 보여주는 상징적인 사건이었다. 이처럼 긴장과 해소, 갈등이 얽혀 나타난 역사적인 중·소의 북한 개입 사태는 지금의 국제관계에 비춰보면 도저히 있을 수 없는 '명백한 내정간섭'이었다. 그렇다면 어떻게 이런 대국주의적이고 일방적인 내정간섭이 가능했을까?

무엇보다 중·소의 막강한 영향력 때문이다. 세계 공산주의 운동의 중심이자 대부인 소련공산당에 대부분의 사회주의 국가 지도자들이 그러했듯이 김일성도 거부할 수 없는 예속성을 느끼고 있었다. 김일성도 그렇지만 대부분의 사회주의 초기 국가 지도자들은 무엇보다 스탈린의 선택과 지원을 받아 선출된 권력자들, 이른바 '모스크비치'였기 때문이다. 특히 모스크바를 중심으로 각국 공산당은 지부로 연결되는 코민테른의 경

---

132 「조선주재 소련대사 이바노프 미코얀에 보고: 조선로동당중앙위원회 9월 전체회의 요약과 결의」(1956.9.25), 러시아연방 대외정책 문서고, АВПРФ, ф.5446, оп.98, д.721, л.26~45.

험은 1950년대까지만 해도 소련공산당을 그들의 모당(母党)으로 느끼게 했다. 더구나 김일성은 스탈린의 승인과 지원을 받아 한국전쟁을 일으켰던 장본인이다. 중국 역시 한국전쟁 참전과 전후 중국인민지원군의 북한 주둔을 통해 상당한 영향력을 지니고 있었다. 경제적으로도 소련과 중국은 북한에 큰 경제원조를 하는 나라였다.

한국전쟁으로 카리스마를 강화하고 자신만의 국가를 만들겠다는 야심 찬 계획을 추진해 나가던 중 맞닥트린 중·소의 개입, '내정 간섭'은 당시의 소련과 중국, 북한이라는 사회주의 강대국과 약소국의 관계를 적나라하게 보여주는 것으로 김일성의 카리스마에도 상당히 부정적인 영향을 미치는 것이었다. 동시에 이 사태는 역설적으로, 중국과 소련으로부터 벗어나야겠다는 의지가 반영된 '맑스-레닌주의의 창조적 적용 노선', 다시 말해 '주체' 노선에 대한 김일성의 열망을 더욱더 강화하는 계기로 작용하게 되었다.

중·소 개입 사태가 발생한 지 10년 뒤 김일성은 이 일을 회고하며 "중·소가 대표단을 평양에 보내 중앙위원회를 직접 열어 반대파 배제 조치를 취소하도록 '협박'했다"라고 술회하였다.[133]

3) 김일성의 반격과 대내외 위기 극복

(1) 헝가리사태와 '9월 전원회의' 번복

중·소의 개입과 압박에 따라 이른바 '8월 종파사건'을 재심의해 번복한 '9월 전원회의'는 김일성에겐 굴욕적인 사건이었다. 무엇보다 그의 '카리스마적 권위'가 '상전국'인 중·소에겐 아무것도 아니라는 냉엄한 현실

---

133 이종석, 「중·소의 북한 내정간섭 사례 연구」, 405~406쪽.

을 보여준 것이 김일성으로선 뼈아팠기 때문이다. '카리스마' 김일성으로
선 이 사태를 결코 그대로 끝나게 해서는 안되는 절체절명의 위기를 맞
은 것이다. 중·소의 압력을 수용하면서도 끝까지 고분고분하지는 않았
던 김일성은 반격의 기회를 노리고 있었다. 그리고 그런 기회가 오는데
운 좋게도 긴 시간이 걸리지 않았다. 북한보다도 더 요동치던 동유럽 상
황이, 전 사회주의 체제를 뒤흔들 정도의 '경천동지'의 사태로 번지기 시
작했기 때문이다.

폴란드에서는 고물카가 "사회주의 진영을 이탈하지 않을 것"이라고
약속하면서 소련의 군사행동은 중지되었으나, 헝가리에서는 결국 무력
진압 사태로 번졌다. 한때 소련이 "동유럽 국가들에 평등과 독립을 부여
하고, 내정에 간섭하지 않겠다"라는 이른바 「사회주의 국가관계 평등발
전선언」을 발표하며 평화적으로 해결되는 듯하던 사태는 결국 중·소가
헝가리사태의 성격을 '반혁명'으로 규정하고, 소련군이 부다페스트를 점
령하여 '나지 정권'을 무너뜨리면서 유혈 사태로 확대되었다.

북한은 소련군의 무력 진압에 놀랐지만 우선 이 사태를 국내적으로
적극 활용하였다. 무엇보다 "헝가리가 반혁명 분자들을 제압했다"라는
논리를 앞세워 정적 제거를 위한 수단으로 기민하게 활용한 것이다. 이
러한 대응이 가능했던 것은, 헝가리사태로 국제적으로는 소련과 공산권
에 대한 비난이 높아졌던 반면 사회주의 진영 내에서는 '반사회주의적 책
동'에 대한 경각심이 높아졌으며 이것은 기존 권력자들의 기반을 자연스
럽게 강화시켜 주었기 때문이다.

'반사회주의 책동'에 대처하는 문제가 사회주의 진영의 최우선 과제
로 떠오르면서 당내 민주주의 문제는 우선순위가 낮은 문제로 밀린 것이
다.[134] 이는 그래도 체제 유지에 조금 여유가 있었던 중국이나 북한이나

---

[134] 이종석, 「중·소의 북한 내정간섭 사례 연구」, 409쪽.

큰 차이가 없었다. 중국은 헝가리사태 이후 자신감을 가지고 정풍운동을 시작했으나 결국 '반사회주의적 구호'까지 나오는 격렬한 요구 분출에 놀라 반우파투쟁으로 전환했으며, 북한은 헝가리사태 이후 곧바로 '반종파 투쟁'에 나서게 된 것이다.

사실 김일성 반대파의 탈출과 중국 망명은 중·소 개입이라는 사태로 이어졌지만, 대내적으로는 김일성 반대파의 명분을 박탈한 결과가 되어 김일성의 입장을 강화시키게 되었다. 중·소의 개입은 "도망자, 배신자들이 외세를 끌어들였다"라는 민족주의적인 감정을 불러일으켜 반대파들이 제기한 개인숭배 비판이 갖는 합리적 근거를 약화시켰던 것이다. 여기에 헝가리사태까지 더해지면서 김일성은 즉각 중·소 개입으로 위축됐던 형세 반전을 시도한다. 대대적 숙청 작업은 이렇게 시작되었다.[135]

김일성의 '9월 전원회의' 번복 작업은 최창익과 서휘 등 반김일성파를 '반당 종파분자'로 공격하는 것으로부터 시작됐다. 조선로동당은 각종 열성자대회를 열어 이러한 대대적인 '종파투쟁' 분위기를 더 끌어올렸다. 1957년 2월에는 '전국 상업일군 열성자대회'를 열어 이 자리에서 김두봉이 종파분자 비판 연설을 하였다. 김두봉은 "당 중앙위원회는 이미 작년 8월 전원회의와 9월 전원회의를 통하여 이런 사람들의 정체를 폭로, 비판하였는데 이것은 전적으로 올바른 조치"였다고 말했다. 연안계의 장로이자 김일성 반대파의 원로격인 김두봉의 비판만큼 반대파의 정당성을 박탈하는 데 효과적인 수단은 없었다.[136]

1957년 3월에 열린 평양시당 열성자대회에선 약 2개월에 걸친 중앙

---

135 중·소의 권고와는 완전히 다른 길로 간 이러한 숙청 사태에 마오는 "두 나라의 조선 사태 개입이 좋은 역할을 한게 아니라 역으로 매우 나쁜 역할을 했다"라고 평가하며, 최근에도 중국으로 온 많은 도망자들 처리 문제로 "양국 관계 긴장이 하루가 다르게 커가고 있다"라고 우려했다. 「毛泽东接见尤金谈话记录」(1956.11.30).

136 서동만, 『북조선 사회주의체제 성립사』, 574쪽.

부처에 대한 중앙당의 집중지도가 총괄되었다. 역시 최창익, 박창옥, 윤공흠, 서휘, 리필규, 김승화가 공식적으로 '반당종파분자'로서 격렬한 비판을 받았다. 이후 5월부터 김일성은 "혁명적 경각심을 높이고, 반혁명분자들과의 투쟁을 강화해야 한다"라고 주장하기 시작했다. 기존의 '반당종파분자'가 '반혁명분자'로 한층 더 적대적으로 성격이 변화하기 시작한 것이다. 이러한 발언은 곧바로 대대적인 간첩, 파괴분자 적발과 심판으로 이어졌다.[137]

이러한 가운데 소련공산당 중앙위원회가 보내온 「말렌코프, 카가노비치, 몰로토프의 반당그룹 사건의 전말」은 김일성에게는 그야말로 '희소식'이었다.[138] 조선로동당은 곧바로 지지 서한을 보내 "당의 사상의지 및 행동상 통일을 파괴하려는 종파적 행위를 과감하게 극복하고 당 대렬의 순결성을 수호하기 위한 정당한 조치"라고 소련지도부를 찬양했다. 또한 반당그룹을 제압한 소련공산당의 결정은 조선로동당의 '8월 전원회의' 결정을 정당화하는 조치로서 대대적으로 선전되었다.

헝가리사태에서 중·소 외압의 출구를 찾은 김일성은 다른 곳도 아닌 소련공산당 내에서 벌어진 '반당그룹 사건'에서 '종파 투쟁'에 대한 더없는 정당성의 논리를 확보했다. 더구나 중국도 1957년 6월부터 '반우파투쟁'이 본격화돼 계급투쟁이 강조되면서 사회 전체에 우파 척결 바람이 불던 시기여서, 중국 역시 북한 내부의 '종파 투쟁'에 어떠한 개입을 할 명분도, 여유도 없었다.

---

137 1957년 5월 18일엔 황해남도 배천군에서 공개재판이 진행돼 4명이 사형 판결과 함께 즉시 처형됐으며 6월 16일에는 개성에서 '미제의 간첩, 파괴분자'에 대한 재판이 야외운동장에서 수만명의 방청자가 집결한 가운데 실시되었다. 서동만, 『북조선 사회주의체제 성립사』, 579쪽.

138 1957년 6월, 몰로토프, 카가노비치, 말렌코프 등이 소련 각료회의 의장 불가닌 등과 손잡고 흐루쇼프를 실각시키려고 시도하다 실패해 소련공산당과 국가 요직에서 해임된 사건. 포노말료프 엮음, 거름 편집부 역, 『소련공산당사』 제5권, 거름, 1992, 213~216쪽.

김일성으로선 더 이상 거리낄 것이 없었다. 1957년 11월 모스크바 방문에서 김일성은 56년 8월 이후 조성된 당내 위기를 극복한 자신감으로 임할 수 있었다. 소련 방문 성과로 김일성은 소련 측으로부터 국내 소련계를 처분할 수 있는 권한을 확보하는 데 성공했다. 곧 소련과 「이중국적자의 공민권 조절에 관한 협약」을 체결했는데 대부분 이중국적자였던 소련계는 1년 이내에 어느 한쪽의 국적을 선택하지 않을 수 없었다. 이러한 상황에서 소수의 숙청된 사람들을 제외하고 상당수 소련계는 숙청의 폭풍우를 피해 소련으로 돌아가는 길을 택했다.[139]

　1958년 초부터는 군에 대한 숙청이 시작됐다. 시작은 역시 김일성의 연설이었다. 김일성은 인민군 창건 10주년 기념일인 1958년 2월 8일 부대 방문 연설에서 군이 계승해야 할 유일한 전통은 '항일유격대의 혁명전통'이라고 규정하면서, "인민군이 길주, 명천 농민운동을 계승해야 한다고 주장"했다는 이유로 총정치국 부국장 김을규를 비판했다. 또한 군내 당 종파분자의 죄행을 철저하게 폭로, 규탄하지 않았다고 해서 총정치국장 최종학에게도 그 책임을 물었다. 소련파였던 최종학, 연안계였던 김을규가 결국 해임된 것이다. 군의 숙청이 연안계와 소련계를 추방하여 명실공히 항일빨치산의 군대를 만들어 내는 데 있다는 것이 더욱 명확해진 것이다.[140]

　1958년 3월에는 군에서 '반혁명 폭동음모'가 적발되었다며 평양 위수를 맡고 있던 제4군단장 장평산 이하 참모들이 체포되고, 민족보위성 부상 김웅도 연루돼 구속됐다. 장평산과 김웅 모두 연안계에 속한다. 군내 숙청은 1958년 말에는 고위 간부로까지, 그리고 1959년부터는 전 부대

139　서동만, 『북조선 사회주의체제 성립사』, 768쪽.
140　1950년대 후반 군대 내 숙청에 대해서는 서동만, 『북조선 사회주의체제 성립사』, 769~772쪽, 801~806쪽 참조.

로 확대되었다.

이러한 군부 내 숙청의 주요 대상은 역시 연안계와 소련계였으며, 소련계는 이중국적을 정리하며 대거 귀국을 택해 비율에 있어서는 연안계가 압도적이었다. 이는 역으로 만주계, 빨치산계의 상승 기회가 더 높아졌음을 의미한다. 숙청에 따른 인적 교체, 당군 관계에서 제도적 전환, 군대 내 사상, 정치사업 방식의 변화 등의 관점에서 보면 이러한 재편은 전쟁 당시보다 훨씬 철저한 것이었다.

인민군 총정치국장 최종학과 부국장 김을규를 숙청한 직후 조선로동당은 제1차 당대표자회의를 열어 숙청을 총괄했다. 여기에선 최창익과 박창옥 등이 일부 지역에서 폭동을 조직하고 반혁명 음모를 획책했다고 비난받아 이들에겐 종래의 '반당, 종파분자' 수준을 넘어 '반당, 반혁명분자'라는 절대적 낙인이 찍혔다.

이후 1958년 10월 김일성은 "반혁명분자들을 더욱 철저히 진압할 것"을 제기했는데 이후 연안계인 평양 위수사령관 장평산 등이 쿠데타를 시도했다는 이유로 숙청된다. '반당종파행위'와 '반당, 반혁명 폭동행위'가 결합된 것이 연안계 숙청을 위한 것임이 확인된 것이다. 이처럼 '8월 종파사건' 이후 거세게 전개된 '반종파투쟁'은 북한 사회에서 김일성 비판 세력을 거의 완전하게 일소시키면서 명실상부한 김일성 중심의 단일지도 체계를 확립시켰다는 평가를 받는다.[141]

(2) 중국인민지원군 철수, 대내외 위기 완전 극복

헝가리사태는 앞서 살펴본 것처럼 김일성에게 정적들을 제거하는 절

---

[141] 다만 김일성 지도부는 소련공산당이 여전히 흐루쇼프에 의해 지도되고 있었고 집단지도 체제를 요구하는 당시의 국제적 조류 때문에 김일성 절대권력 체제를 의미하는 단일지도 체계를 명실상부하게 드러내기는 어려웠다. 이종석, 『조선로동당연구』, 286쪽.

호의 반격 기회를 제공하는 것이었으나, 그렇다고 북한에 유리하게만 작용한 것은 아니었다. 무엇보다 사회주의 종주국인 소련이 거대한 군사력을 이용해 헝가리를 무력 진압한 것이, 북한으로선 남의 일 같지 않게 느껴졌기 때문이다. 그렇지 않아도 '8월 종파사건'을 빌미로 한 중·소의 개입으로 굴욕적 굴복을 경험했던 김일성으로서는, 다시 한번 체제 생존의 위협을 느낄 정도의 긴장감을 체감한 것이다.

이에 대해 김일성은 두 가지 대응 조치를 취한다. 먼저 UN에서 국제회의를 개최해 한반도의 정전상태를 평화상태로 전환하는 문제를 논의해 줄 것을 중국과 소련에 요청했다. 국제적 여론을 이용하려 한 것이다. 그러나 중국과 소련 모두 이를 거부했다. 두 나라는 북한의 요청을 거부하는 이유로 "미국이 유엔을 이용해 조선문제에 자주 간섭했다"라는 것과 "유엔은 법적으로도 조선전쟁의 참가자이기 때문에 간섭에 반대한다"라는 논리를 제시했다.[142]

북한의 또 다른 대응은 중국인민지원군의 철수 요구였다. 헝가리 무력 진압에 김일성이 더욱 긴장할 수밖에 없었던 이유는 무엇보다도 30만에 달하는 중국인민지원군이 여전히 평양 등에 주둔하고 있었기 때문이었다. 결국 김일성은 헝가리 무력 진압 직후 양국 간의 비대칭 관계를 해소하기 위해 중국인민지원군의 철수를 중국 측에 요구하는 '도박'을 감행한 것이다.[143] 김일성은 무엇보다 헝가리의 '임레 나지' 정권이 붕괴되는 것을 목도하고서는, 중국 인민지원군이 자신의 안위와 안전을 위협할 수 있는 가장 큰 요소로 판단하게 되었다.

김일성의 철군 요구에 직면한 마오는 김일성과의 대화를 통한 이른

---

142 「毛泽东接见尤金谈话记录」(1956.11.30).
143 김동길·한상준, 「제2의 해방, 북한자주화와 1956-57년의 중국-북한관계」, 『국가전략』 20(2), 2014, 85쪽.

바 '폴란드식 해법'과, 무력을 사용하여 김일성 정권을 붕괴시키는 '헝가리식 해법'을 두고 고민하기도 하였던 것으로 확인되고 있다.[144] 김일성이 "헝가리의 임레 나지가 될지도 모른다"라고 우려했던 마오는 초반 강경하게 대응했다. 제1차 5개년 계획에 대한 김일성의 경제적 지원 요구를 거절한다고 통보한 것이다. 김일성은 매우 분노했고 조·중 무역회담 대표단 파견까지 취소하면서, 대신에 소련에 추가적인 경제지원을 요구하는 것으로 맞섰다. 이처럼 중국의 북한에 대한 경제원조 제공 거부, 한국전쟁 당시 조중연합사령부의 부사령관을 했던 친중파인 박일우의 중국 귀환 요구 및 북한 인사들의 계속적인 망명 허용 등으로 김일성과 마오 사이의 불신은 더욱 커졌으며 그만큼 중북관계는 악화됐다.[145]

그러나 마오는 결국 1956년 말 김일성의 철군 요구 수용을 결정한다. 철군 결정 배경은 관련 문서의 비공개로 아직 정확하게 알려지지 않고는 있으나, 헝가리사태 이후 사회주의 진영의 내부 상황과 밀접한 관련이 있는 것으로 파악된다.

무엇보다 소련의 「사회주의 국가관계 평등발전선언」 발표에서 흐루쇼프는 '선언'의 핵심이 "우리의 군대가 주둔하고 있는 국가들의 의견을 고려하여 민주국가들로부터 군대를 철수하는 것"이라고 설명했는데, 이에 근거해 폴란드, 헝가리 등과 소련군 철군에 관한 논의가 이미 시작되었었다. 또 중국도 소련의 「사회주의 국가관계 평등발전선언」과 소련과 동유럽 국가들 사이의 철군 협상을 적극적으로 지지한 바 있었다.[146]

이런 상황에서 객관적으로도 중국은 북한과 중국인민지원군 주둔에 관한 어떠한 협정도 체결하지 않은 상태였기 때문에, 김일성이 주둔을

---

144 「毛泽东接见尤金谈话记录」(1956.11.30).
145 김동길·한상준, 「제2의 해방, 북한자주화와 1956-57년의 중국-북한관계」, 90~92쪽.
146 김동길·한상준, 「제2의 해방, 북한자주화와 1956-57년의 중국-북한관계」, 93~94쪽.

원치 않고 거꾸로 철군을 요구하는 상황에서는 군대를 계속 주둔시킬 명분과 근거가 약해졌다고 본 것이다.[147] 또한 현실적으로 중·소의 북한 개입 과정에서도 확인됐지만 북한은 동유럽 국가들과 달리 김일성을 중심으로 굳게 뭉쳐있어, 권력이 매우 안정적이라는 현실 역시 무시할 수 없는 것이었다.

마오가 "조선 국내에는 김일성을 대체할 수 있는 고물카가 하나도 남아있지 않으며, 조선 국내의 모든 고물카는 이미 죽었다"라며 현실적 한계를 인정했듯이,[148] 한국전쟁을 거치며 박헌영 등 주요 정적을 모두 제거하고, 1956년 3차 당대회를 통해 빨치산파 중심의 권력 입지를 확실하게 다져놓은 김일성의 저항력이 명확히 확인되는 지점이다.

마오는 그러나 철군에 동의하면서도 여전히 "김일성이 헝가리의 임레 나지와 같은 길을 가지 않을까?"하는 우려를 떨치지 못했다. 그래서 중국은 1956년 말 김일성의 요구대로 철군을 결정하고, 1957년 1월 흐루쇼프의 동의까지 얻고서도 이 결정을 즉각 북한에 통보하지 않고 실행에도 옮기지 않는다.[149] 중국은 김일성의 사회주의 진영에 대한 '진정성'이 확인되고 사회주의 진영 이탈 가능성에 대한 '의구심'이 해소된 이후에 철군을 실행하기로 한 것이다.

결국 중국인민지원군의 정식 철군 통보는 1957년 11월 모스크바에서 마오와 김일성 간의 회담에서 이뤄지게 된다. 이처럼 모스크바에서 열린 '러시아혁명 40주년 기념 및 사회주의 각국 노동자당대표자대회'는

---

147 마오는 주중 소련대사 유딘과의 대화에서 "소련군은 바르샤바 조약에 근거해 폴란드에 주둔하고 있는데, 우리는(중국과 북한) 이런 게 없다. 그들이 더 이상 원치 않는다고 하면 잔류할 무슨 이유가 있을까? 특히 만약 미국이 철군 의사를 보인다면, 우리는 더 남아 있을 어떤 이유도 없을 것이다"라며 고민을 토로했었다. 「毛澤東接見尤金談話記录」 (1956.11.30)

148 「毛澤東接見尤金談話記录」(1956.11.30).

149 中共中央文献研究室编, 『周恩来年谱』 中, 中国革命领导人文库, 1997, 6쪽.

중북관계에 대단히 큰 영향을 미친 회의가 됐다. 1년여 전인 56년 9월 중소의 북한사태 개입에 대해 마오가 원칙적 사과 의사를 전달하고 중국인민지원군의 철군 계획까지 통보했기 때문이다.

김일성이, 유딘 소련대사에게 전한 바에 따르면 북한 개입 사태에 대해 마오는 "작년 9월 중공 중앙 정치국원 펑더화이 동지가 조선민주주의인민공화국에 간 것은 조선노동당 내부에 대한 간섭이라고 할 수 있다. 그렇기에 우리는 이 같은 일을 다시는 하지 않기로 결정하였다"라고 김일성에게 직접 밝혔다는 것이다. 이러한 마오의 발언은 비록 외교적 화법이 동원된 것이기는 하지만, 사실상 마오가 북한에 대한 개입에 사과했다고 볼 수 있는 부분이다.[150]

이처럼 1957년 초부터 우호적 분위기로 흐름이 바뀐 중북관계는 결국 57년 11월 북한사태 개입에 대한 중국의 사과로 더욱 강화되게 됐으며, 여기에 중국인민지원군의 철수계획까지 통보되면서 정점을 맞게 된다. 중국 내부적 결정 이후 약 1년 만에 실제 통보까지 이뤄지게 된다.

마오는 철군 결정의 배경으로 "첫째, 중국인민지원군에 대한 후방 보급 보장을 위한 국가의 예산 부담이 크다. 둘째, 중국군 철수로 남한에 주둔 중인 미군 철수도 촉진할 수 있다. 셋째, 휴전선이 안정되어 있다. 넷째, 미국과 남측이 도발할 경우 중국은 다시 지원할 것이다"라는 등의 4가지 이유를 들며, 김일성에게 철군에 동의해 줄 것을 요구하는 형식을 취했다. 김일성은 "신중히 고려해 보겠다"라고 답한 뒤, 두 번째 회담에서 철군 제안에 동의하게 된다.[151]

---

150 김동길·한상준, 「제2의 해방, 북한자주화와 1956-57년의 중국-북한관계」, 98~99쪽. 푸자노프 북한 주재 소련대사의 비망록엔 김일성이 전한 마오의 좀 더 구체적인 언급이 있다. 마오가 "작년의 일은 내부 간섭으로 볼 수 있다. 따라서 우리는 더 이상 그런 식의 행위에 의거하지 않기로 했다"라며 보다 구체적으로 잘못을 인정하고 사과했다는 것이다. 정창현, 『인물로 본 북한현대사』, 민연, 2002, 231~232쪽.

151 중국의 철군 결정 배경 4가지 설명을 보면 30만에 달하는 군대의 이동은 단순히 중국과

중국과 북한은 30만에 달하는 대규모 병력의 철수라는 군사적 변화가 일으킬지 모르는 파장을 최소화하기 위한 신중한 진행에도 합의하게 된다. 김일성은 철군에 동의한 뒤 마오에게 편지를 써 두 가지 방안을 제시한다. 첫째, 북한 정부가 성명을 발표해 모든 외국군대의 한반도에서의 철수를 주장하고 중국 정부가 이에 호응한다. 둘째, 이런 주장을 담은 서한을 유엔에 보내 소련도 유엔에서 북한의 주장을 옹호하며 유엔이 행동에 나서도록 한다. 중국은 이 제안을 적극 수용했다.[152]

한편 마오는 김일성의 제안을 수용하며 두 가지를 추가로 제시한다. 첫째는 저우언라이 총리를 1958년 2월 중순 평양에 보내 중·북 양국 정부가 58년 말 이전에 중국인민지원군을 완전 철수하기로 합의했다는 사실을, 공동성명을 통해 발표하자는 것이었다. 그리고 이후 한반도에 전쟁이 발생해 북한이 요청하면 중국은 주저없이 참전한다는 점도 밝히겠다고 약속한다. 둘째, 중국인민지원군은 1958년 말까지 3단계로 나눠 철수를 진행한다는 것이었다.

이상과 같은 일련의 과정을 거쳐 1958년 2월 5일 북한은 한반도에서 미군과 중국인민지원군을 포함한 모든 외국군대의 철수를 요구하게 되었으며 중국은 이에 호응하는 형식을 통해 중국인민지원군을 철수하게 된다. 이처럼 1957년 11월 마오와 김일성 간의 모스크바 회담을 계기로 1956년 중북관계를 악화시킨 문제들은 기본적으로 모두 해결되었다. 이러한 과정을 거치며 중북관계에서, 북한에게는 아킬레스건과 같았던 대

북한 두 나라 간의 문제만이 아니라 한반도와 동북아 안보 균형에 중대한 영향을 미치는 문제였음을 알 수 있다. 김동길·한상준, 「제2의 해방, 북한자주화와 1956~57년의 중국-북한관계」, 98쪽.

152 이종석, 「북한 주둔 중국인민지원군 철수에 관한 연구」, 세종연구소, 2014, 18쪽. 이종석은 이 편지는 김일성이 중국인민지원군 철수에 대해 북한이 주동적인 입장이었음을 대외적으로 과시하고 싶어했음을 보여주고 있다고 분석한다. 여기에는 30만 인민지원군의 철수가 남측 이승만 정부를 자극할지 모른다는 우려와 주한미군 철수의 정당성과 시급성을 국제적으로 선전하려는 의도도 포함돼 있을 것이다.

규모 중국 군대가 철수하게 된 것이다.

또한 역시 모스크바에서 진행된 1957년 11월 21일 소련과 북한 간의 당정대표단 회담을 통해 소련과의 긴장 관계도 완화되게 된다. 이 회담에서 흐루쇼프는 "소련공산당 중앙위원회는 조선노동당 중앙위원회가 당내 단결을 유지하기 위하여 취한 조치들을 전적으로 지지한다"라고 밝혔다.[153] 미코얀의 기세등등한 개입으로 김일성을 몰아붙이던 소련의 태도도 완화된 것이다.

이로써 김일성은 중국과 소련의 지지를 확보했을 뿐만 아니라, 강대국 개입의 잠재적 우려를 항상 내포하고 있던 중국인민지원군의 철군까지 성공적으로 매듭지으면서, 동유럽 사회주의 국가와는 완전히 다른 독자적인 길을 걸을 수 있는 토대를 확보하게 된다.

4) 김일성 유일사상체계의 '서막'

(1) '김일성 중심'의 역사와 문학 재구성

1956년 '8월 종파사건'에서부터 시작해 벌어졌던 일련의 사태, 즉 중·소의 개입, 헝가리사태, 김일성의 '9월 전원회의' 번복과 대숙청, 중국인민지원군의 철수 그리고 이러한 사태 이후 다져진 김일성 단일지도체계의 확립은 '김일성 개인숭배'의 관점에서 바라보자면 '김일성 유일사상체계'를 보다 본격적으로 추진할 수 있는 분위기가 성숙 되어가는 매우 중요한 과정들이었다.

북한은 이 일련의 시기의 역사성을 높이 평가하면서 1956년을 '제2의 해방'으로 부르기도 한 것으로 알려지고 있다. 1963년 최고인민회

---

[153] 김동길·한상준, 「제2의 해방, 북한자주화와 1956–57의 중국–북한관계」, 99쪽.

의 상임위원회위원장으로 베이징을 방문해 마오쩌둥을 만난 최용건은 "1956년 수정주의 바람을 감지한 이후 김일성 동지는 사상에서는 '주체', 경제에서는 '자립'을 수립했고 당내 종파와의 투쟁을 통해 당을 더욱 공고하게 만들었다"라고 말했다. 최용건은 그러면서 "1956년 이전에 우리는 간부의 이동이나 경제계획 수립에서 모두 소련의 비준을 받아야 했지만, 이후에는 전혀 그렇지 않았다. 그래서 우리는 1956년을 '제2의 해방'이라 부르기도 한다"라고 밝혔다. 마오도 이에 대해 "그럴 수도 있겠다"라며 공감의 뜻을 나타냈다.[154]

최용건이 비록 소련으로부터의 자율성 확보를 설명하며 '제2의 해방'을 언급했지만, 이 표현에는 그가 앞부분에 설명한 '사상적 해방'의 분위기도 내포하고 있는 것으로 보인다. 1956년 이후 북한의 행보를 보면 '제2의 해방'에 대한 이해의 폭을 넓힐 수 있다. 김일성은 1956년에서 1960년 사이, 반복된 위기를 극복하는 과정에서 '맑스-레닌주의의 창조적 적용'이라는 주체노선을 더욱 구체적으로 진행 시켰으며, 그 핵심 작업이 바로 더 적극적으로 전개된 '김일성 중심의 역사 서술', 즉 '김일성 중심의 역사 만들기' 작업이었다.[155]

이 작업은 1920년대와 연결된 당 재건 운동과 1930년대 농민운동을 분리하기 위한 시도로부터 시작된다. 1958년 당 부위원장 김창만의 지도로 '근·현대사 및 조선로동당 투쟁 관계 일꾼들과의 좌담회'를 조직해 역사 수정 작업에 들어가는데, 가장 대표적인 '명천농조운동'도 "김일성 동지가 령도한 항일무장투쟁의 직접적 영향하에 전개되었다"라고 서술

---

154 「毛泽东会见朝鲜最高人民会议常任委员会委员长崔庸健谈话记录」(1963.6.16).
155 이 같은 역사 수정은 높아진 김일성의 권위를 이용해 "미래를 원하는 방향으로 이끌고, 특히 카리스마 권력의 정치적 생명이 끊어지는 위험에서 벗어나 정치체제의 지속성을 확보하기 위한 것"이었다는 분석처럼, 김일성의 '유일사상체계' 구축 작업은 '카리스마 권력의 소멸'에 대비한 '후계 구도'까지 염두에 둔 장기적 기획이었다고 판단된다. 권헌익·정병호, 『극장국가 북한: 카리스마 권력은 어떻게 세습되는가』, 창비, 2018, 13~14쪽.

하는 등 1930년대 농민운동이 김일성 항일투쟁의 영향을 받은 것들이었다고 만들어 가기 시작했다.[156]

그러나 모든 농민운동을 김일성 무장투쟁의 영향력 아래 두는 작업은 결코 쉬운 게 아니었다. 길주, 명천 등 지역별로 활발했던 농민운동은 향토사 관점에서 이미 상당히 견고한 역사 서술이 이뤄지고 있었기 때문이다. 따라서 여기에서 '항일무장투쟁'으로 '혁명전통'을 단일화하는데 방해가 되는 장애물을 아예 제거하는 작업이 시작된다. 바로 '지방주의'와 '가족주의'를 내세워 지방당과 인민위원회에 대한 정리와 대규모 숙청 작업이 시작된 것이다.[157]

이러한 대규모 숙청은 결국 향토사 수정으로 이어졌다. 당 부위원장 김창만은 1959년 12월 당역사연구소가 주최한 토론회에서 "인민의 진출이 전라도, 함경도, 혹은 경기도의 어디에서 일어난 것이건 그것은 김일성동지의 항일빨치산 투쟁의 영향과 지도하에서 일어난 것이다. 1930년대의 총본부가 여기 항일빨치산 부대에 있었고 그것은 김일성 동지가 지도했다"라고 결론지었다. 한마디로 "1930년대 한반도에서 있었던 어떤 종류의 항일투쟁이건 그것은 모두 김일성의 지도하에 일어난 것"이라고 해석될 수 있는 가공할 역사적 왜곡이 시작된 것이다. 이후 이 지침은 역사 서술의 부동의 전제가 되었다는 점에서 이 시기를 김일성 유일사상체계의 '서막'을 올린 시기로 평가할 수 있다.[158]

---

156 서동만, 『북조선 사회주의체제 성립사』, 780~781쪽.
157 이 같은 숙청은 길주, 명천, 성진 지역이 있는 함남을 비롯해 평양시, 황해남도, 강원도, 함경도, 자강도, 평안북도 등 대부분 지역에서 실시됐다. 이때 강원도당 책임자로 있던 김원봉도 '8월 종파사건' 당시 "우리 도에는 종파가 없다"라며 당의 결정을 형식적으로 취급하였다는 이유로 숙청되었다. 서동만, 『북조선 사회주의체제 성립사』, 876~887쪽 참조.
158 김일성 역시 "1956년부터 당 사업을 직접 틀어쥐고 지도하였고, 10여 년 동안 유일사상체계를 세우기 위해 투쟁해 왔다"라고 밝혀 1956년의 시기적 중요성을 강조했다. 「당사업을 개선하며 당대표자회 결정을 관철할 데 대하여, 도, 시, 군 및 공장당책임비서협의회에서 한 연설(1967년 3월 17~24일)」, 『김일성전집 38』, 평양: 조선로동당출판사, 2001, 253~254쪽.

이러한 원대한 목적하에 1959년 다시 진행된 항일투쟁지역에 대한 2차 답사는 그래서 1953년에 진행된 1차 답사보다 훨씬 더 계획적으로 정밀하게 진행된다. 1959년 2월 4일 '김일성원수 항일빨치산투쟁 혁명전적지 청년학생 답사대'가 김일성대학 등 7개 대학 학생으로 구성되어 기념비와 추모탑 건립, 숙영지 복구를 위한 준비에 착수했다. 이어 5월~9월 사이 빨치산 출신이기도 한 당중앙위 부장 박영순을 단장으로 하는 '항일무장투쟁 답사단'이 조직되어 전적지 170개소를 답사하고 주민들과의 인터뷰를 통해 사료를 수집하는 작업을 전개하였다.

그리고 그 결과물로 빨치산들의 『회상기』가 출판되기 시작했으며 이 『회상기』는 단순한 기억과 경험이 아니라 '역사'로서 대중에게 전파되었다. 북한은 1960년부터 "조선로동당 력사 및 혁명전통"에 관한 일련의 논문을 『근로자』 등 잡지에 게재하는 등 빨치산들의 『회상기』를 학술적, 이론적으로 뒷받침하는 작업을 진행하였다.[159]

이처럼 문학 역시 '김일성 중심 역사만들기'의 또 다른 주무대였고, 문학인은 또 다른 주도자였다. 북한 문학의 충성이 '김일성이 역사의 중심'이라는 개인숭배 체제를 향한 김일성의 야망을 뒷받침해 가고 있었다. 조선작가동맹은 1959년 4월, "우리 문학 앞에는 필연적으로 새로운 인간 공산주의자의 전형적 성격을 창조하며 시대의 주도적 미를 형상화할 과업이 가장 주되는 문제로 제기된다"라는 내용의 「결정서」를 채택하게 되는데 이는 김일성 교시에 충실할 것을 맹세한 충성맹세문이나 다를 바 없었다.[160]

이러한 문학의 충성은 북한의 문학 전통에 새로운 중대한 변화를 초래한다. 용어조차 새롭게 만들어진 '항일혁명문학'이 북한 문학의 '혁명전통',

---

159 서동만, 『북조선 사회주의체제 성립사』, 781~782쪽.

160 김재용, 「북한문학계의 '반종파투쟁'과 카프 및 항일혁명문학」, 『역사비평』, 1992, 239~241쪽. 이 작가동맹을 주도한 것은 김일성에 가장 충성스러웠던 한설야였다.

즉 주류에 편입된 것이다. 1959년 조선작가동맹이 개최한 '우리문학의 혁명 전통에 대한 학술발표회'에서 1930년대 항일무장투쟁 과정에서 구비 전승되던 민요, 촌극이 '혁명(적)가요', '혁명(적)연극', '혁명적 설화'로 개념 규정되면서, 단순한 기억 속의 존재가 개념화되고, 의미화되는 등 위상이 한층 높아졌다. 빨치산들의 무장투쟁 과정에서 있었던 '군중가요, 정치연설, 이야기, 군중극' 등이 범칭으로 불려서는 가치가 더 이상 높아지지 않으니 '무장투쟁' 대신 '혁명투쟁'으로 '혁명' 자를 가져다 붙인 것이다.[161]

더욱 충격적인 주장은 아직 '항일혁명문학예술'이라는 장르명조차 받지 못한 이들 아마추어 문예의 위상을 드높이기 위해, "만주에서 구전된 '혁명적 가요'와 '혁명적 연극'이 국내 프로문학 창작에 직접 영향을 주었다"라는 논리로까지 나아갔다는 점이다. "항일무장투쟁과 그 과정에서 창작된 혁명적 문학예술은 프롤레타리아 작가들에게 행동 방향을 제시하였고 그들의 창작활동을 고무하였다"라는 주장 등이 그것이다.[162]

이러한 주장들의 근본적인 문제는, 이들이 근거로 제시한 사료라는 것이 1930년대 당대의 사료가 아니라 월북 원로 작가들의 '기억의 모음'인 『회상기』 등에 근거를 두고 있다는 점이다.[163] "항일무장투쟁이 국내 프롤레타리아 문학에 영향을 주었다"라는 그나마 조금은 합리적일 수 있는 범위를 넘어선 "항일무장투쟁 시기의 혁명적 문학과 예술이 1920, 30년대 국내 프롤레타리아 문학에 직접적인 영향을 주었다"라는 이러한 논리적 비약이 정식화된 것은 유일사상체계의 신성국가를 꿈꿔가던 김일성의 의지와 떼려야 뗄 수가 없는 것이다.

"김일성의 항일무장투쟁이 국내의 모든 항일투쟁에 영향을 미쳤고,

---

161 김성수, 「'항일혁명문학(예술)' 담론의 기원과 주체문예의 문화정치」, 『민족문학사연구』 60, 2016, 447쪽.
162 김재용, 「북한문학계의 '반종파투쟁'과 카프 및 항일혁명문학」, 244~245쪽.
163 김성수, 「'항일혁명문학(예술)' 담론의 기원과 주체문예의 문화정치」, 460쪽.

그 본부가 무장투쟁 본영에 있었으며, 그 중심에 김일성이 있다"라는 식으로 김일성 중심의 역사를 만들어 가던 북한은 "북한 문학의 출발점도 결국은 항일투쟁의 중심에 있던 김일성"이라는 가공할 논리적 비약으로까지 나아가고 있었다. 국내 프로문학, 카프(KAPF: Korea Artista Proleta Federacio)가 활동하던 시기와 장소에 '김일성'이 존재했다고는 할 수 없었기에 아예 새로운 문학 전통을 만들어 카프의 전통을 대체하려는 작업이 시작된 것이다. 문학 전통 논란의 핵심도 역시 '김일성'이었던 셈이다.[164]

이처럼 왜곡과 비약을 통해 1959년부터 부쩍 강조되던 항일혁명문학은 '맑스-레닌주의 문예리론의 창조적 적용'이라는 미학 이론적 근거까지 부여받으며 드디어 카프와 함께, 아니 카프보다 더 정통의 혁명전통으로 진입하게 된다. 1961년 발족한 북한의 조선문학예술총동맹 규약은 "조선문학예술총동맹은 우리나라의 유구한 역사를 통하여 발전한 진보적인 민족문화유산과 조선프롤레타리아문학예술동맹(카프)의 문학예술전통, 특히 1930년대 항일무장투쟁 시기의 혁명적 문학예술전통을 계승발전시킨다"라고 규정하였다. 카프 문학과 항일혁명문학을 동시에 '혁명전통'으로 평가한다는 것이지만 오히려 카프보다 항일혁명문학을 더 혁명전통으로 규정한 것과 다름없었다.[165]

---

164 유일사상체계 구축 과정에서 문학의 역할을 집중 연구한 김성수는 "이처럼 비합리적인 논리적 비약이 이뤄지는 상황에서도 그 누구도 왜, 어떻게, 투쟁이 '혁명'이 되고 가요가 '혁명(적)'가요가 되며, 그것이 국내에 '(직접적) 영향'을 미쳤는지 묻지 않았다, 물을 수 없었다"라는 당시 북한 사회의 분위기를 분석하며, 이는 "북한이 이미 불멸의 초법적인 입법자에 의해, 그 어떤 다른 질문도 포기하게 만드는 사회로 진입하고 있었다는 매우 중요한 징후를 보여주는 것"으로 평가하고 있다. 김성수, 「항일혁명문학(예술)' 담론의 기원과 주체문예의 문화정치」, 447쪽.
165 결국 유일사상체계가 확립된 1967년 이후로 카프는 혁명전통에서 빠지고, 항일혁명문학예술만이 혁명전통으로 인정된다. 김일성 우상화와 문학전통 논란의 진행이 같은 보조로 진행된 것이다. 김재용은 이를 '문학에서의 유일사상체계 확립'으로 설명한다. 김재용, 「북한문학계의 '반종파투쟁'과 카프 및 항일혁명문학」, 249~250쪽.

(2) 광범위한 학습체계 구축과 사상학습 열풍

"맑스−레닌주의를 북한의 현실에 창조적으로 적용한다"라는 구호를 내걸고 '김일성 중심의 국가 만들기'를 매우 치밀하게 준비해 가던 북한은 1958년을 지나면서 역사, 문학을 가릴 것 없이 '김일성 중심'으로 한 발 더 나아갔다. 그러면서 이제 이렇게 새롭게 정립한 '김일성 중심의 역사'를 "인민들에게 어떻게 학습시킬 것인가?"가 집권층의 새로운 과제로 떠올랐다.

김일성이 대내외 위기를 극복한 이후 자신감을 가지고 내놓은 「공산주의 교양에 대하여」라는 연설은 바로 이런 차원에서 제기된 것이다. 당시 북한은 농업집단화 완료 등 사회주의적 개조가 완성돼 공산주의 도래가 멀지 않았다며 들뜬 분위기였는데, 바로 이때 이런 공산주의 사회에 부합하는 인간의 정신적 개조가 필요하다며 '공산주의 교양'을 제시한 것이다.

김일성은 "우리나라는 사회주의 건설에서 일대 고조기에 들어섰다", "천리마를 탄 기세로 진군하고 있다"라는 평가와 함께 "하루빨리 사회주의 높은 봉우리에 올라서기 위해서는 근로대중을 공산주의 사상으로 튼튼히 무장시키지 않으면 안 된다"라고 강조했다. 그러면서 공산주의교양 사업으로 '체제 우월성 교양', '사회주의 애국주의 교양' 등 다섯 가지를 강조했다.[166]

바로 이런 차원의 사상학습 교육을 위해 만들어진 것이 바로 '조선로동당력사연구실'이다. 원래 북한은 해방 이후 대중교양의 거점으로 '민주선전실'을 운영해 왔는데 여기에선 "김일성동지의 교시와 당의 로선, 정

---

166 김일성, 「공산주의교양에 대하여: 전국 시,군당위원회 선동원들을 위한 강습회에서 한 연설(1958년 11월 20일)」, 『김일성전집 22』, 평양: 조선로동당출판사, 1998, 475~501쪽.

책 해설 사업이 기본"이었고, 과학, 문화 등에 대한 강연회와 영화감상, 독서 발표 모임까지 인민들의 문화적 소양을 높이기 위한 다양한 교육들도 함께 이뤄졌다.[167]

이렇게 운영되어 오던 민주선전실이 김일성의 「공산주의 교양에 대하여」라는 교시가 나온 직후인 1958년 12월경부터 '사상교양' 부분만을 전담할 '조선로동당력사연구실'로 분화돼 기층 당 조직에 만들어지기 시작했다. 이런 연구실 조직은 1959년 4월까지 함경남도에만 1,300여 개가 설치될 정도로 추진력이 매우 강했던 것으로 분석된다.[168]

이렇게 구축된 '조선로동당력사연구실'에서 가장 중요하고, 많이 사용된 정치학습 교재는 바로 항일 빨치산들의 기억과 경험을 현장 답사 등을 통해 수록한 『회상기』였다. 1958년 11월 김일성의 「공산주의 교양에 대하여」라는 연설 이후 북한 사회에선 혁명전통 교양을 공산주의 교양과 결합해 시행하는 작업이 본격화되는데 『회상기』는 바로 이러한 목적을 위해 생산된 것이다.[169]

『회상기』는 '영웅서사 구조'를 갖춘 회고담인데, 등장인물들은 보통 "가난하고 외로운 환경 속에서, 고향을 떠나 모진 고초를 겪지만, 혁명의 감화를 받아 마침내 이를 극복하는" 정형화된 패턴을 보여주고 있다. 그리고 그 감화 과정에 '장군', '그이' 등의 이름으로 김일성이 등장하며 자연스럽게 김일성은 '항일빨치산 영웅'들을 길러낸 '영웅 중의 영웅'으로

---

167 김경옥, 「북한 '김일성동지혁명사상연구실' 연구: 변천과 운용을 중심으로」, 경남대학교 석사학위논문, 2010, 10~13쪽.

168 김경옥, 「북한 '김일성동지혁명사상연구실' 연구」, 15쪽. 1959년 4월 10일자 로동신문은 "당원들과 근로자들 속에서 당의 혁명전통교양을 강화하기 위하여 각 지방마다 조선로동당력사연구실을 설치하도록 하였다"라고 밝히고 있다.

169 『회상기』는 사실 '허구적 사실들'을 '실제적 역사'로 만들어 낸 가장 대표적인 것이다. 이것은 "광범위한 교육을 통해 '정치적 환영(幻影)' 내지 '허상의 이데올로기적 이미지'들을 주조" 해내, 결국 김일성 유일사상체계 구축에 기여하였다. 이영미, 「북한 역사교육과 문학교육의 내적 상관성」, 『국제어문』 68, 2016, 204쪽.

묘사되는 것이다.[170]

그리고 바로 이『회상기』와 더불어 재출판된『김일성 저작집』을 중심으로 1960년대부터 광범위한 대중학습이 본격화됐으며 이로부터 유일 지도체계의 사상, 문화적 기반이 마련된 것이다. 그리고 이러한 학습을 통해서 항일유격대는 혁명전통의 담지자로서, 공산주의자의 전형으로서 대중 속에 각인되었다.[171] 그리고 이 과정에서 대중은『회상기』를 통해서 나타난 유격대의 공산주의적 풍모를 체득하여 현실에서 구현할 것을 요구받게 되었다. '유격대식 삶'은 바로 이렇게 탄생하게 된 것이다.

북한은 당대회를 통해 이를 제도적으로 공식화하고 나섰다. 1961년 9월 4차 당대회는 "근로자들에 대한 공산주의 교양은 혁명전통과 결부되어야 한다. 간난신고를 겪으며 일제에 항거한 항일빨치산들의 투쟁과 생활은 젊은 세대들을 혁명정신으로 교양하는 가장 훌륭한 교과서이다"라는 내용의「결정서」를 채택해 사상학습을 강조하고 나섰다. 항일 빨치산들의 유격대의 삶이 북한의 일반 인민들의 일상생활에서까지 강조되기 시작한 것이다.[172]

이에 따라 대중은 항일유격대원의 사상과 투쟁 의지, 투쟁 방법을 배우고 실천하도록 요구받았으며『회상기』속의 유격대와 그 속에서의 '수령의 말씀'에 의지해 생활하는, 이른바 '유격대식 삶'에 적응해 가게 되었다. 자연스럽게 그 과정에서 최고 지도자 김일성 수령에 대한 절대적인

---

170 서유석,「북한 회상기의 영웅서가 상징에 관한 연구」,『한국동양정치사상사연구』6(2), 2007, 203~205쪽.

171 "제3세계가 식민지에서 벗어나 국가를 설립하는데 있어 가장 근거가 되는 정권의 정당성은 식민지 당시 항거하였던 역사"라고 할 수 있는데, 북한에선 바로 이『회상기』가 "당시 김일성 정권의 정당성을 강화하는데 가장 적합한 '역사적 기억'으로 선택되었다"라고 평가되고 있다. 조은희,「역사적 기억의 정치적 활용: 북한의 '항일빨찌산참가자들의 회상기' 분석을 중심으로」,『통일과 평화』Vol.4, No.2, 2012, 117~118쪽.

172 와다 하루키, 남기정 역,『와다 하루키의 북한 현대사』, 창비, 2014, 164~166쪽. 와다 하루키는 이러한 북한을 '유격대 국가'라고 개념화했다.

이미지도 더욱 강화되어 갔다. 『회상기』 학습의 목표가 바로 여기에 있었던 것이다.[173]

'유일사상체계' 구축이 더욱 가속화되는 1960년대 중반, 특히 확립 단계에 이르는 1967년의 이러한 '김일성의 유일성 강화'는 학습체계에도 영향을 미쳤다. 북한은 "당의 유일사상체계를 세우기 위한 투쟁이 전면에 나선 현실 발전의 새로운 요구에 맞게" 한다는 명분으로 1968년부터 '조선로동당력사연구실'을 '김일성동지혁명력사연구실'로 개편하였다. 여기에서도 역시 '김일성'이 '조선로동당'을 대체한 것이다.[174]

전 사회적으로 확대된 유일사상 학습 교양은 '천리마운동'에도 영향을 미쳤다. 북한의 천리마운동은 중국의 대약진처럼 이데올로기 측면에 의해 촉발된 것이었지만 초기엔 물질적 유인과도 밀접히 결합되어 있었다. 1956년 말부터 1959년 1월까지의 기간에 근로자들의 임금이 2.2배 증가하는 등 큰 폭의 임금인상이 이뤄진 것이 단적인 예이다. 이는 이 시기 북한경제가 가장 큰 폭의 성장을 이뤄내 가능한 것이었다.[175]

이처럼 시작 초기 천리마운동은 개인적인 물질적 유인에 기반해 이데올로기가 결합 된 것이었으나 1959년 '천리마작업반운동'으로 확장돼 진행되면서는 그 결합의 우선순위가 바뀌게 된다. 이데올로기, 사상을 기반으로 물질적 유인의 결합구조가 된 것이다. 역시 그 계기는 「공산주의 교양에 대하여」라는 김일성의 연설이었다. 개인주의, 이기주의를 근절하고 공산주의, 집단주의 사상으로 사람들을 무장시키는 '사상혁명'이 북한의 가장 중요한 혁명 과업으로 규정된 것이다.[176]

---

173 이종석, 『조선로동당연구』, 291~292쪽.
174 서동만, 『북조선 사회주의체제 성립사』, 316쪽.
175 이태섭, 『김일성 리더십 연구』, 174쪽.
176 이태섭, 『김일성 리더십 연구』, 192쪽.

이제 천리마운동은 사상교양을 중심으로 한 생산력 제고 운동, 다시 말해 '천리마작업반운동'으로 바뀌어 1959년 3월부터 모든 생산 현장에 적용되게 된다. 이러한 천리마작업반운동은 천리마운동이 심화 발전된 형태로서, 기존의 천리마운동과는 달리, 생산과정에서의 집단적 혁신 운동을 공산주의적 인간 개조 사업과 밀접히 결합시킨 것으로 '위대한 공산주의 교양의 학교'로 평가되었다. 또 기존의 천리마운동과는 달리 공업뿐만 아니라 농업, 건설, 운수, 상업, 보건, 과학, 문학, 예술 등 사회의 모든 부분으로 확대되었다.[177]

천리마작업반운동이 물질적 유인을 약화시키거나 없앤 것은 아니었으나, 이데올로기, 사상을 우위에 두는 개념 전환은 큰 변화를 초래했다. "경제발전 그 자체보다 공산주의적 인간 개조에 선차적인 중요성을 부여"하는 노선 전환으로까지 나아가게 된 점이 바로 그것이다. 물질, 기술, 경제 그 자체보다 사상, 인간, 정치가 더 중요하게 취급된 것이다.

이처럼 사상 우선의 '공산주의 교양학교'가 된 천리마작업반운동에서 당시 김일성이 유일사상체계 구축을 위해 재정비하던 '항일혁명전통'이 강조된 것은 어쩌면 당연한 수순이었다. 작업반운동에서 항일혁명전통, 항일빨치산의 혁명전통을 계승하고 학습하는 것이 중요한 과업으로 제기되면서, 이들의 사상체계와 사업 방법은 물론 사업작풍까지 따라 배우는 것이 강조되었다.

이태섭은 "공산주의적 인간 개조를 앞세우고 여기에 경제발전을 밀접히 결합시켜, 양자를 동시적으로 추구함으로써 공산주의를 실현한다는 것, 바로 이것이야말로 김일성 '주체노선'의 핵심이었으며 천리마운동,

---

177 북한은 1961년 4차 당대회에서 천리마작업반 운동이 "모든 사람들을 새로운 공산주의적 인간으로 개조하는 훌륭한 대중적 교양의 방법"이 되었다고 자평하고 이 운동은 모든 분야를 포괄해 "1961년 8월말 현재 200만명 이상의 근로자들이 참가"하고 있다고 성과를 강조했다. 國土統一院, 『朝鮮勞動黨大會資料集』第Ⅱ輯, 國土統一院 調查研究室, 1988, 36~37쪽.

특히 천리마작업반 운동의 역사적 총결이었다"라고 평가하고 있다.[178]

천리마운동은 중국의 대약진, 인민공사운동과 같이 증산 경쟁 운동으로 시작됐지만, 김일성의 유일사상체계 구축 작업이 시작된 1958년 이후 이처럼 천리마작업반운동으로 변화하면서 공산주의 교양, 사상개조가 더욱 강조되었다. 이는 천리마운동이, 주도면밀하게 추진되던 '김일성 중심의 역사 서술', 다시 말해 유일사상체계 구축 작업의 일환으로 추진되었음을 보여주는 것이다. 그리고 이러한 정치 논리 우선 구조는, 중국의 대약진이 실패할 수밖에 없었던 것처럼, 북한의 천리마운동도 성공할 수 없었던 근본 이유가 그 무엇도 아닌 운동 자체의 왜곡된 성격에서 비롯된 것이었음을 분명하게 보여주는 것이다.

---

178 이태섭, 『김일성 리더십 연구』, 204쪽.

소결

　이번 장에선 '도전'받는 카리스마와 이들의 대응 방식, 또 이에 따른 개인숭배의 변화에 대해 살펴보았다.

　먼저 중국의 경우 마오가 '반모진'을 자신의 권위에 대한 '도전'으로 인식하면서 정치적 파동이 일었다. 마오는 '속도'를 강조하고 '사회주의 진입'이 곧 가능하다며 '모진'을 주장했으나, 저우언라이 총리 등 경제 실무진이 "너무 성급하다. 감당하기 힘들다"라며 반대 주장을 펼치자, 이를 자신의 권위에 대한 도전으로 받아들였다. 그러나 소련도 저우언라이 등이 주장한 반모진에 동조하고, 때마침 불어닥친 '헝가리사태'로 사회주의권이 흔들리는 혼란한 국제정세 때문에 마오는 일시 후퇴했다. 그러나 마오가 자신의 모진 주장을 양보한 것은 절대 아니었다.

　1957년 '반우파투쟁'으로 다시 '계급투쟁'이 강조되면서, 마오는 반모진 주장에 대한 강력한 비판으로 선회한다. 그 결과 다시 '속도'가 강조되고 결국 '대약진운동'으로 치달으면서, 전 사회적으로 '집중'이 강조되고 그런 흐름 속에서 개인숭배 역시 다시 수면 위로 떠오른다. 마오는 "개인숭배에도 '정확한 개인숭배'와 '부정확한 개인숭배'가 있다"라며 개인숭배를 '이론화'했는데, 이는 자연스럽게 "마오쩌둥에 대한 개인숭배는 정확한 개인숭배이다. 따라서 숭배하지 않으면 안 된다"라는 논리와 강압 분위기로 이어져 개인숭배를 다시 상승시켰다. '권위에 대한 도전' 의식을 강하게 느낀 카리스마가 결국 개인숭배의 '유혹'에 빠진 것이다.

대약진운동이 1년도 되지 않아 '과장풍', '공산풍'의 문제로 조정에 들어가게 되고, 마오도 직접 나서서 분위기 조정을 요구할 정도로 상황이 악화되면서, 마오 '카리스마'는 일시적으로 '합리적이고 절제된' 리더십을 보이는 듯했지만, 이런 분위기는 그리 오래가지 못했다.

'정저우 회의'에 이어 대약진 문제의 올바른 조정을 논의하기 위해 열린 1959년 7월의 루산회의에서 마오와 펑더화이가 충돌했는데 이는 더 큰 정치적 풍파를 일으키게 된다. 펑더화이의 편지로부터 시작된 두 지도자의 갈등과 충돌의 핵심 요인으로 '마오 개인숭배'가 제기되면서 파장은 걷잡을 수 없이 확대됐다. 마오는 펑의 비판을 '도전'으로 받아들였으며 결국 살벌한 분위기 속에 펑은 숙청되고, '반우파투쟁'의 연장선이나 다름없는 '반우경투쟁'이 전국으로 확대되면서 정국은 경색된다. 펑더화이는 국방부장에서 해임되었고, 그를 지지했던 인사들도 해임되었다.

다만 이런 가운데에서도 펑더화이의 중앙위원과 정치국원의 자격은 "그대로 두고 지켜본다"라는 조건으로 유지되는 등, '반당 집단'으로 몰아 숙청을 하면서도 일정하게 '활로'를 열어놓는 마오의 '정치적 반대파'에 대한 '타협적'인 대응 태도는 그래도 유지되고 있었다. 펑더화이 등 주요 지도자에 대한 숙청과 전국적인 '반우경투쟁', 그리고 이 여파로 인한 주요 지도자들의 개인숭배 맹세와 마오 찬양 등이 난무하는 위협적인 분위기 속에서도, 마오는 자신이 정한 '정치적 반대파'에 대한 포용의 자세, '정치적 배려' 원칙은 잊지 않았던 것이다. 이는 루산회의 넉 달 전 마오가 국가주석직을 류사오치에게 이양하는 권력 분점의 자세와 함께, '카리스마의 집중도'를 분석하는 데 있어서 매우 주목해야 하는 부분이다.

카리스마 김일성 역시 이 시기 '8월 종파사건'이라는 큰 '도전'과 중·소의 북한사태 개입으로 인한 일시 '후퇴', 이를 뒤집는 대숙청과 김일성 '유일사상체계'의 본격 추진이라는 격동의 과정을 겪는다.

1955년 말 소련파에 대한 숙청으로 기세가 꺾이는 듯하던 '김일성 반대파'는 흐루쇼프의 '스탈린 개인숭배 비판'과 '집체지도 강조' 분위기에 다시 힘을 얻어 결집하기 시작한다. 그러나 "전원회의 석상에서 김일성을 비판해 그의 사과와 일부 후퇴를 끌어내겠다"라는 반김일성파의 '거사'는 일거에 실패하고 만다. '8월 종파사건'으로 불리는 이 반김일성 거사의 실패는, 무엇보다도 1956년 4월의 제3차 당대회에서도 확인되었듯이 그간 축적된 '빨치산 중심'의 김일성파의 세력이 너무나 확고한 상황이었기 때문이다.

그런데 예기치 못한 사태가 발생한다. 반김일성파의 중국과 소련에 대한 개입 호소에 호응한 중·소의 북한사태 개입으로 김일성이 '최대의 위협'을 맞게 된 것이다. 미코얀과 펑더화이가 대표를 맡은 중·소 양당의 개입으로 김일성은 반김일성파에 대한 숙청 결정을 철회해야만 했으며 자신들의 '과오를 인정'하며 보다 민주적인 당 운영을 약속하는 굴욕을 감수해야만 했다.

그렇지만 김일성은 헝가리사태를 계기로 자신에게 불리하던 형세를 다시 뒤집었다. 김일성은 헝가리가 '반혁명 세력'을 제압했다는 논리로 국내의 반김일성파를 숙청하는 수단으로 활용해 중·소의 개입으로 굴복할 수밖에 없었던, 굴욕적이었던 '9월 전원회의'의 결정을 뒤집으며 반대파들을 다시 벼랑으로 내몰았다.

이처럼 '정치적 반대파'에 대한 김일성의 '비타협적' 태도는 변하지 않았다. 또한 중·소의 '통합적' 리더십에 대한 요구 역시 앞서 박헌영의 경우처럼 다시 한번 무시되었다. 김일성은 또 북한에 남아 있던 30만에 달하는 '중국인민해방군'의 철수를 요구하는 '벼랑 끝 전술'을 통해 결국 1957년 11월 마오와의 모스크바 담판에서 관철해 내게 된다.

이처럼 국내외 위기를 벗어난 김일성은 그간 다져온 '맑스-레닌주의의 창조적 적용'에 기반한 '주체노선'을 더욱 강화하게 된다. 그 핵심 작업이 바로 '김일성 중심의 역사 서술'이었다. 김일성 개인숭배가 '김일성 중심의 역사 만들기'로 더욱 체계화 단계에 들어선 것이다. 이처럼 이 시기는 김일성이 자신에 대한 '최대의 도전'을 극복하고 '대반격'을 통해 반김일성파를 제거한 이후 '역사와 문학에서의 김일성 중심'을 더욱 강화해나가 '유일사상체계의 서막'을 올렸다는 평가를 받는다.

제5장

문화대혁명과
정치적 반대파의 운명

1

중국 문화대혁명
: 개인숭배가 촉발한 비극

1) 대약진의 대실패와 상처받은 카리스마

(1) 중·소분쟁과 대약진 갈등 분출

"소련공산당은 우리의 가장 훌륭한 선생이다. 우리는 반드시 그들에게 배워야 한다"라는 마오쩌둥의 발언처럼 중국 경제건설의 모델도 역시 소련이었다.[1] 이런 분위기에서 중국의 제1차 경제개발 5개년 계획이 시작된 1953년 시기 "소련에서 배우자"라는 슬로건이 제시된 것은 너무나 자연스러운 현상이었다. 마오는 "소련에서 배우지 않으면 안 된다. 우리는 위대한 국가건설을 추진하지 않으면 안 된다. 우리가 당면한 임무는 고달프고 경험은 없다. 진지하게 소련의 앞선 경험을 배워야만 한다"라

1　毛泽东,「论人民民主专政」, 中共中央文献编辑委员会,『毛泽东选集』第四卷, 人民出版社, 1991, 1480~1481쪽. 사실 중국에게 소련은 선생 이상이었던 존재였다. 중국공산당 창당부터 소련의 지도를 받았고 이어진 제1차 국공합작 역시 소련의 설계에 의한 것이었으며 이후 혁명전쟁 시기를 거쳐 국민당과의 내전, 국가 건립 직후 경제건설 시기까지, 소련 없는 중국공산당은 상상하기 어려운 것이었다.

고 강조했다.[2]

이러한 중소동맹, 두 나라의 신뢰 관계에 미묘한 파장을 불러일으킨 것은 다름 아닌 1956년 소련공산당 20차 당대회였다. 흐루쇼프의 스탈린 비판이 전 세계에 충격과 긴장을 더한 가운데 중국은 스탈린 개인숭배 비판을 지지하면서도 "스탈린의 과오가 3할, 공적이 7할(三七開)"이라는 절충안으로 여지를 남기는 등 매우 신중한 입장을 견지해 나갔다. 아직은 여전히 중국에겐 소련이 절대적으로 필요했던 시기였기 때문이다.

이러한 분위기는 최소한 1958년까지 이어졌다. 1957년 6월 소련공산당 내의 권력투쟁에서 마린코프 등이 흐루쇼프를 축출하려다 실패한, 이른바 '궁정반란 사건'은 중국에 기회를 제공했다. 이들 반당집단을 비판하는 소공 중앙위의 결의에 중공이 즉각 지지 성명을 내자, 흐루쇼프는 매우 흡족해하며 중국에 핵무기 기술을 지원하는 데 전면적인 동의를 표시해, 중소관계는 새로운 단계로 전진해 나가는 듯했다.[3]

특히 흐루쇼프는 이해 11월에 열릴 '모스크바 회의'에서 준비하던 성명의 초안을 미리 중공에 보내 의견을 구했는데 마오는 이에 대해 크게 만족감을 표시했다. 러시아혁명 40주년을 기념해 열린 모스크바 회의는 이처럼 중·소간에 매우 우호적인 분위기에서 열렸다.

그리고 이 회의 자리에서 흐루쇼프는 자본주의 국가와의 평화 경쟁 계획을 설명하며 "15년 안에 미국을 추월한다"라는 구호를 제기했고, 마오도 이에 뒤질세라 "우리도 15년 후엔 충분히 영국을 따라잡거나 추월

2　中共中央文献研究室编,『毛泽东年谱』第二卷, 中央文献出版社, 2013, 22쪽(1953. 2. 7). 사실 중국의 경제개발 계획의 설계 자체가 소련에 의해 주도된 것이며 전체 프로젝트 중 1/3이 소련으로부터 전면 지원을 받을 정도로 소련의 비중은 막중했다. 모즈 카즈꼬, 김하림 역, 『중국과 소련』, 사민서각, 1990, 40쪽.

3　사실 흐루쇼프는 권력이 공고화되기 전인 1955년 중국을 포함한 사회주의 국가들과의 관계를 실질적으로 강화하고자 중국, 헝가리, 동독, 폴란드와 각각 원자로의 평화적 이용에 관한 협정을 맺고 실험용 원자로와 기술자를 제공하였다. 중국에 대한 핵무기 기술 제공은 여기에서 한발 더 나아간 것이다. 모즈 카즈꼬, 김하림 역, 『중국과 소련』, 56~57쪽.

할 수 있다"라고 호기롭게 되받았다. "영국을 넘고 미국을 따라잡는다", "동풍이 서풍을 제압한다"라는 이 열광적인 구호는 대약진의 발동 구호가 됐으며 특히 공업 부문 대약진의 중요한 선전 구호가 되었다.

이처럼 중국의 대약진은 중·소간에 매우 우호적인 분위기, 공산주의 사회에 대한 환상적인 열광의 분위기에서 시작되었다. 이에 따라 소련 사회는 전반적으로 대약진운동에 대해 초기에는 열정적 지지와 찬양을 보냈다. 그리고 비록 이러한 분위기가 점점 냉정한 태도로 변하기도 하고 특히 상층 지도자들은 계속 신중한 입장을 견지하긴 했지만, 전체적으로 그리 비판적이지는 않았다.[4]

대약진에 대한 소련의 태도 변화는 중소동맹 관계의 미묘한 변화와 밀접히 연관되어 나타났다. 평화공존 노선을 기본으로 미국과의 화해 노선을 강력히 추구하는 흐루쇼프의 정책이 사회주의권을 긴장시킨 가운데, 중국 역시 불편한 심정으로 이를 지켜보고 있었다. 이런 가운데 소련은 동구권 사회주의 국가들을 군사적으로 후견하는 '바르샤바 조약기구'와 같은 집단 안전보장 체제를 중국과도 맺고 싶어했는데, 이 사안이 또 양국 관계에 영향을 미쳤다. 소련은 1958년 들어 연이어 장파무선국 설치, 연합함대 설치 등을 제안했으나 중국은 이를 거부했다. 중국은 소련의 군사적 지원을 원하긴 했으나 소련이 주도권을 갖는 안전보장 체제에는 참가할 뜻이 없었던 것이다.[5]

소련이 대약진과 인민공사에 대해 부정적 의사를 표출하기 시작한 것은 묘하게도 이 시기와 겹친다. 흐루쇼프는 1958년 11월 30일 폴란드 지도자 고물카와의 회담에서 중국의 인민공사는 "경제적으로 합리적이

---

4 沈志华, 「苏联对大跃进和人民公社的反应及其结果」, 『中共党史资料』 第1期, 2003, 122~123쪽.
5 모즈 카즈꼬, 김하림 역, 『중국과 소련』, 67~69쪽.

지 않다"라는 게 문제라고 비판적 시각을 드러냈다. 흐루쇼프는 "중국 사람들이 공사를 조직했는데, 그거 우리가 30년 전에 해봤던 것이고 우리는 이미 넌더리가 났다. 중국 사람들 한번 맛봐야 한다. 머리가 깨져 피를 흘려봐야 그 쓴맛을 알게 될 것이다"라며 강한 반감을 나타냈는데, 당시 이 대화가 외부에 알려지지는 않았다.[6]

소련을 방문한 미 상원의원 험프리와의 대화에서도 흐루쇼프는 인민공사에 대해 비판적 시각을 드러냈다. 흐루쇼프는 중국이 하는 대약진, 인민공사에 대해 소련도 따라 할 생각이 있느냐는 험프리의 질문에 "없다. 공사제도는 현재 우리나라에 맞지 않는다"라고 답하며 "아무튼 중국의 제도는 실제로 반동적이다. 소련도 오래전에 이런 공사제도를 시행해 봤으나 제대로 되지 않았다"라고 비판했다. 이러한 대화 내용은 1958년 12월 『워싱턴포스트』 보도를 통해 알려졌다.

1959년 들어서 흐루쇼프는 미·소 수뇌회담을 위해 더욱 더 노력을 기울였는데, 소련의 이러한 행보는 반대급부로 중소관계를 더욱 불편하게 만들어 갔다. 특히 중국은 대약진을 시작한 지 1년도 되지 않아 중대한 오류와 여러 문제가 발생해 58년 말부터 대약진의 열기를 식히는 1차 조정에 들어가 있었고, 59년 7월 루산에서 다시 이와 관련된 회의를 진행했는데 여기에서 마오와 펑더화이가 충돌하며 반우경투쟁이 전국적으로 벌어지는 등 매우 심각한 분위기에 휩싸여 있었다.

그런데 "중국공산당의 당내 정치 생활에 결정적 분수령이 됐다"라는 평가를 받는 이 루산회의에 공교롭게 흐루쇼프가 개입하는 결과가 전개돼 중소관계는 더욱 악화일로를 걷게 되었다. 그렇지 않아도 마오는 당시 '대약진'의 문제점을 지적한 펑더화이의 편지에 불만을 가지며 "펑더화이가 얼마 전 소련을 방문해 흐루쇼프에게 인민공사에 대한 부정적인

---

6 沈志华, 「苏联对大跃进和人民公社的反应及其结果」, 『中共党史资料』, 125~126쪽.

정보를 전달했다"라고 의심하고 있었던 상황이었다.[7]

마오를 더욱 자극한 것은 다름 아니라 흐루쇼프가 폴란드 포즈난을 다시 방문해 연설했다는 소련 『프라우다』지의 보도와 이와 관련된 미국 『뉴욕타임즈』의 평론이었다. 이 내용들은 당 관련 기구가 '참고자료' 형태로 정리해 루산회의장에 전달되었다. 흐루쇼프는 1959년 7월 19일 폴란드 방문에서 '소련의 공사' 경험을 소개했는데, "당시에 많은 사람들은 무엇이 공산주의이고 어떻게 공산주의를 건설할지 잘 몰랐던 것 같다. 물질적 조건이 갖춰지지 않았고, 정치적 조건도 제대로 갖춰지지 않았었는데, 농민대중의 의지만 믿고 공사를 만든 것이다. 많은 '공사'들이 그 어떤 성적도 내지 못했다"라고 회고한 걸로 보도되었다.

『프라우다』의 이 보도에 『뉴욕타임즈』는 "지난해 가을 일부 중공의 지도자들이 '인민공사 건립은 진정한 공산주의로 나아가는 길'이라고 말한 적이 있는데, 흐루쇼프의 이 같은 발언은 암암리에 이 같은 중공 지도자들의 발언을 지적하는 것 같다"라는 내용의 평론을 내보냈다.[8] 션즈화는 이러한 상황에 대해 "이는 소련의 지도자가 놀랍게도 중국의 당내 논쟁에 개입한 셈이 되어버렸고, 그것도 당내 우파분자 편에 서게 된 것이어서, 마오는 도저히 용납할 수 없는 상황이었다"라고 평가했다.[9]

1959년 9월 흐루쇼프가 아이젠하워 미국 대통령과 첫 정상회담을 하고 '미·소 우호의 신시대'를 선포하자 마오의 심정은 더 어그러졌다. 흐루쇼프는 미·소 정상회담 직후 중화인민공화국 성립 10주년 기념행사에 참석차 베이징을 방문했는데, 각종 의제에 대한 이견과 악화된 양국 관계만 확인하고 돌아갔다.

---

7 조너선 D. 스펜스, 김희교 역, 『현대중국을 찾아서 2』, 이산, 2009, 168쪽.
8 『毛泽东年谱』第四卷, 124~125쪽(1959.7.29). 『프라우다』는 1959년 7월 21일 보도이고, 『뉴욕타임즈』는 7월 22일의 평론이다. 이 같은 소식이 루산회의장에 전해진 것은 7월 29일이다.
9 沈志华, 「苏联对大跃进和人民公社的反应及其结果」, 『中共党史资料』, 127~128쪽.

중국과 소련의 두 지도자는 타이완 문제, 티벳 문제로 불거진 중국과 인도의 변경 충돌 문제 등에서 격론을 벌였다. 중국은 "타이완 문제는 중국의 내정이다. 금문도 포격은 전쟁이 아니다. 타이완에 무력 사용하지 말라는 말은 타이완 문제를 국제 문제로 보는 것으로 결국 '두 개의 중국'을 인정한다는 것이다"라고 비판하는 등 조금도 양보하지 않았다. 또한 "인도와 왜 충돌하는지 이해하지 못하겠다"라는 흐루쇼프에 대해서도 마오는 "소련이 중립적 입장을 낸 것은 잘못됐다. 그렇게 해서는 안됐다"라며 불만을 감추지 않았다.[10]

대약진과 인민공사에 대해서도 마오는 할말이 많았다. 흐루쇼프를 배웅하는 공항 귀빈실에서도 마오는 "대약진이 얼마나 성과를 올렸는지, 인민들이 인민공사를 어떻게 만들어냈는지, 소련의 공사와 비교해서 중국의 인민공사가 어떤 방면에서 우월한지" 등을 계속 강조했다. 그러나 이에 대해서도 흐루쇼프는 "중국의 인민공사에 대해 잘 이해하지 못하겠다"라고 하는 등 대체로 부정적 반응을 보였다.[11] 이처럼 대외관계 문제, 대약진 문제 등에 대한 양국 지도자의 이 같은 이견과 갈등은 최초의 미·소 수뇌회담과 비교되며 중·소 두 나라 관계의 불안한 앞날을 예고하는 것이었다.

결국 대화를 통해 불만과 이견을 해소하지 못한 중·소 쌍방은 쟁론 이후 정책과 이론상의 정확성 등을 놓고 선전전에 들어가게 된다. 마오가 공개적인 선전전에 나선 것은 소련의 평화노선에 대한 반감이 근본적으로 작용한 것이었으나, 대약진과 인민공사에 대한 소련 지도자들의 의심과 멸시, 비판이 촉매제가 되었다. 그러나 양국의 선전전은 사태를 더

---

10 『毛澤東年谱』第四卷, 193~196쪽(1959.10.2).
11 沈志華, 「苏联对大跃进和人民公社的反应及其结果」, 128~129쪽; 『毛澤东年谱』第四卷, 199쪽(1959.10.4).

욱 악화시키게 된다.

레닌 탄생 90주년에 맞춰 중국공산당은 1960년 4월『홍기』에「레닌주의 만세」를 실었다. 이 글은 평화공존, 평화적 전환, 사회주의 혁명, 전쟁과 평화, 제국주의의 본성 등 중요한 이론적 문제를 다뤘는데, 표면적으로는 유고의 '수정주의'를 비판하는 것이었으나 실질적으로는 소공을 겨냥한 것이었다. 5월 하순 마오는 김일성 등과의 대화에서, "중공은 평화공존 등에 대해 반대한다"라는 입장을 정식으로 표명했고, 소련과 동유럽 각 당이 계급관점을 포기했다고도 비판했다.[12]

소련은 그냥 넘어가지 않았다. 1960년 6월 루마니아에서 열린 노동자당 대회에서 중국대표단을 다른 사회주의 국가들과 연대해 집단으로 공격하게 되는데, 중국이 이에 반발해 흐루쇼프의 대외정책과 이데올로기를 비판하는 등 정면충돌하게 된다. 이는 다시 소련의 보복으로 이어지게 되는데, 흐루쇼프는 중국에 대한 경제적 압박을 결정하고 곧바로 한 달의 기한으로 중국에 파견된 '모든 소련전문가의 철수', '경제합작 파기'를 결정하게 된다. 중국의 대약진은 사실상 60년 겨울을 기점으로 실패를 자인하고 정지되는데, 소련의 전문가 철수, 경제합작 파기는 공교롭게도 중국이 가장 어려울 때, 가장 아픈 결정을 한 셈이 되어버렸다.[13] 결국 중소동맹은 갈등을 넘어 분열의 길로 들어서게 되었다.

(2) 대약진의 대실패와 마오의 권위 훼손

문화대혁명으로 가는 역사의 길목에서 가장 중요한 사건은 역시 '대

---

12 『毛泽东年谱』第四卷, 397~398쪽(1960.5.21). 김일성 역시 "1955년에 흐루쇼프가 미제국주의를 반대하지 말라했는데 우리는 받아들이지 않았다"라며 마오의 설명에 공감을 표하기도 했다.
13 중국공산당 문헌연구실 편, 허원 역,『정통 중국현대사』, 323쪽. 중국은 소련의 이러한 배신적인 행위로 사회주의 건설 사업에 막대한 곤란과 손실을 초래했다고 비판하였다.

실패'로 끝난 대약진운동이었다. 1958년 2월 시작된 대약진운동은 곧바로 부작용이 드러나 58년 11월 정저우 회의부터 공산풍과 과장풍의 문제를 바로잡는 조정에 들어가 열기를 식히는 듯했다. 그러나 59년 8월 루산회의에서 마오와 펑더화이가 대충돌 하면서 결국 다시 반우파투쟁이 벌어지며 합리적인 조정의 기회를 놓치게 되었다.

반우파를 척결하는 과정은 다시 '마오 중심주의'로 이어졌고 이는 정책적으로 다시 과장풍을 성행시키게 되었다. 1960년 경제계획을 보면 이러한 경향이 확연하게 확인된다. 애초 철강 38%, 공업생산 29% 성장으로 제시됐던 60년도 지표는 다시 제2방안이라는 이름으로 철강 50% 초과 달성, 공업생산 47.6% 성장으로 제시되는 등 경제법칙을 무시하고 지표에만 매달리는 우를 범하였다. 또한 "철강을 기본으로 삼는다", "곳곳에서 꽃이 핀다"하는 등의 선정적인 표어가 등장하는 등 고지표, 맹목적인 지휘, 과장풍이 다시 범람하기 시작했다.[14]

결국 이러한 대약진운동은 국민경제의 균형 관계를 심각하게 파괴하고 중대한 손실을 입힌 채 1960년 겨울이 되어서야 대실패를 자인하며 정지되었다. 1년이라는 시간을 더 허비한 것이다.[15] 여기에 설상가상으로 3년간의 대기근까지 겹치며 필수 소비품은 기본 수요마저 채울 수 없게 되었다. 예를 들어 1957년부터 60년까지 전국 1인당 평균 식량 소비량은 203킬로에서 163.5킬로, 돼지고기는 5.1킬로에서 1.55킬로그램으로 줄어들었다. 전국 많은 지역에서 부종병이 발생하고 심지어 사람과

---

14 중국공산당 문헌연구실 편, 허원 역, 『정통 중국현대사』, 296~297쪽.
15 개혁개방 이후 중국은, 1959년부터 61년까지 중국이 극심한 곤란을 겪고 당과 인민이 모두 엄청난 희생과 손실을 감수해야 했던 것은, 부분적으로는 자연재해나 소련 정부의 빈번한 계약 파기 때문이기도 하지만, 주된 것은 '대약진'과 펑더화이 축출에 이은 '반우경투쟁'의 오류라 빚어낸 결과라고 통렬히 반성했다. 중국공산당 문헌연구실 편, 허원 역, 『정통 중국현대사』, 322~323쪽.

가축이 굶어 죽는 심각한 상황이 전개됐다.[16]

마오도 이런 심각한 상황을 보며 마음이 힘들었는지 고기를 먹지 않겠다며 채식을 선언하기도 했다. 마오는 "국가가 어려운데 나부터 절약해야 하지 않겠는가? 인민들과 함께 이 어려움을 함께 이겨내야 한다. 나에게 고기 주지 말라. 그것 아껴서 외환 구입에 보태 써라"라고 지시했다.[17] 당시 상황이 얼마나 심각했는지를 단적으로 보여주는 사례이다.

1960년 중반 이후 정책은 이미 "식량 배급을 어떻게 제대로 할 것인가? 공산풍을 어떻게 막을 것인가?" 등에 모아졌다. 안훼이성위원회와 후베이성위원회 등에서 제기돼 채택된 "한 사람당 배급 식량에 최저 표준을 적용하라. 몇 개월 내로 공산풍, 과장풍, 명령풍, 간부특수풍, 맹목적인 지휘풍 등 이른바 '5풍문제'를 해결하라"는 등의 지시가 수시로 전국으로 내려갔다. 또 「농촌 인민공사에 대한 긴급 지시」를 통해서는 "생산대를 기초로 한 3급 소유제가 인민공사의 근본 제도"라며 공산풍의 확장을 막고 자류지 등 농민의 기본 소유권 보장을 통한 생산력 확보를 위해 매우 탄력적인 정책을 이어갔다.[18]

이처럼 대약진운동이 비극적인 상황으로 전개되면서 이미 1960년 중반부터 정책 전환이 준비되고 있었고, 마오도 이를 수용할 수밖에 없는 상황으로 몰리게 된 것이다. 결국 1961년 들어 저우언라이 주도의 국무원은 '조정·공고·충실·제고'라는 이른바 '8자방침'을 중심으로 한 신경제

---

16 일부 서방의 인구학자들은 1958년부터 1963년 사이에 대약진운동의 실패로 약 1,600만 명에서 2,700만 명이 사망했을 것으로 추정하고 있다. 서진영, 『21세기 중국정치』, 폴리테이아, 2008, 263쪽.

17 中共中央文献研究室编, 『毛泽东年谱』第四卷, 中央文献出版社, 2013, 472쪽(1960년 10월).

18 『毛泽东年谱』第四卷, 472~475쪽(1958.10.2~4). '3급 소유제'란 가장 기초단위인 '생산대'와 그 위의 '생산대대', 가장 상위의 인민공사로 나뉘는 소유제를 말하는데, 생산대 소유제가 '공산풍'에 의해 부정되는 상황으로 여러 혼란이 발생하자 다시 강조해 내놓은 방침이다. 대약진 조정정책 중의 하나이다. 중국공산당 문헌연구실 편, 허원 역, 『정통 중국현대사』, 307~309쪽.

정책을 본격 추진하게 된다.[19] 중공은 결의에서 "1961년에는 기본 건설의 규모를 적절히 축소하고 발전의 속도를 조정하며 이를 이룩한 승리의 기초위에서 공고, 충실, 향상의 방침을 채택한다"라고 하여 전면적인 조정정책을 공식화했다. 중국의 국민 경제가 본격 조정 국면 진입한 것이다.

마오 역시 9중전회에서 이른바 '5풍 퇴치', '현장 조사 연구의 필요성'을 강조하며 61년을 "대조사, 연구의 해로 만들자"라고 독려했다.[20] 이처럼 대약진의 대실패로 심각한 사회 상황이 조성되자 마오 역시 다시 실사구시를 강조하며 현장조사, 연구를 통해 어려움을 극복하자는 합리적 기조로 돌아섰지만, 대약진의 실패는 마오의 권위와 지도력을 심각하게 훼손하는 결과를 낳았고 중공 지도부 내부에서 노선투쟁을 촉발시키는 결정적 계기가 됐다.

비록 이러한 조정과 신경제정책 추진이 실용주의파, 당시 당권파가 마오의 권위와 마오사상의 좌경적 오류에 정면으로 도전하려는 의도를 가지고 있었던 것은 아니라 하더라도 펑더화이와의 갈등으로 대약진의 오류를 조정하려던 정책 기조를 마오 자신이 다시 뒤집고 반우파투쟁을 명분으로 다시 대약진을 밀어부쳤기 때문에, 마오로서도 리더십의 타격을 피해 가기 어렵게 되었다.[21]

'8자방침' 조정 1년 후 열린, 이른바 '7천인대회'[22] 분위기를 보면 마

---

19 1921년 레닌이 실시한 신경제정책(NEP)은 '전시 공산주의 정책'을 대체한 것으로 '시장과 사회주의의 결합'을 가장 큰 특징으로 한다. '시장제 농업'을 도입해 일정한 '농업세' 이외의 잉여 농산물을 시장에 판매할 수 있도록 하는, '물질적 자극'을 통한 농업과 사적 상업의 부활 조치였다. 金光洙, 『蘇聯經濟史』, 숭실대학교 출판부, 1990, 99~101쪽. 자류지 허용, 농민의 자율성을 높인 각종 '청부제'를 추진한 중국의 조치 역시 이런 내용과 유사해 '신경제정책'이라 부른다. 모리스 마이스너, 김수영 역, 『마오의 중국과 그 이후 1』, 이산, 2006, 357~360쪽.

20 『毛澤東年譜』第四卷, 525~526쪽(1961.1.18).

21 徐鎭英, 『현대중국정치론』, 나남, 1997, 43쪽.

22 1962년 1월 11일~2월 7일까지 베이징에서 열린 확대회의. 중앙과 각 성, 시, 자치구 당위원회와 지구, 현 당위원회, 주요 공장, 광산기업과 부대의 책임 간부 7,000여 명이 모인 회의여서 '7천인대회'라 부른다. 중국공산당 문헌연구실 편, 허원 역, 『정통 중국현대사』, 329쪽.

오의 절대적인 위상이 얼마나 흔들리고 있었는지 가늠이 가능하다. 무엇보다 정책 자체가 잘못되었다는 평가가 마오로서는 뼈아팠다. 1959년 4월부터 국가주석을 맡아 마오의 후계자로 여겨지던 류사오치는 "노선상의 착오는 아니다"라면서도 "너무 높은 공업생산 지표, 등가교환법칙 위배, 공산풍, 도시민의 폭증" 등은 "실사구시 위반이다. 바로 이것이 최근년 엄중한 착오의 근본 원인이다"라며 사실상 '노선상의 착오'가 있음을 지적했다. 류사오치는 특히 대약진이 "전체적으로 성과가 우선이고 착오는 2차적이다"라고 하면서도 후난 지역 농민의 말이라며 "3할이 천재(天災)고 7할이 인재(人禍)라 한다"라는 말로 정책적 오류를 인정하며 자아비판을 했는데, 이는 마오에게 더 뼈아프게 다가오는 것이었다.[23]

펑더화이 숙청 이후 불었던 '반우경투쟁'의 비민주성, 폭력성을 비판하는 듯한 지적도 이어졌다. 류사오치는 "대중과 간부들조차 감히 말을 못하게 만들고, 진실을 말할 수 없게 했다. 이렇게 당적, 국가적, 대중 조직 생활 중에 민주집중제를 엄중히 훼손했다"라고 지적했고, '주-마오(朱-毛)'로 불릴 정도로 마오와 가깝던 총사령관 출신의 주더(朱德)마저 "당내 문제 해결에는 부드러운 바람과 보슬비 같은 부드러움이 필요하다"라며 분위기 쇄신을 요구할 정도였다.[24]

저우언라이 총리도 "8차 당대회 때 당내 민주 생활 강조됐는데 최근 몇 년 동안 이것 잘 지키지 않는 동지들이 있다. 마구잡이 투쟁은 괜찮은가? 그렇지 않다. 맘대로 철직시키고 당직 박탈하고 잡아들이고 구타하고 이런 것들 모두 옳지 않다"라고 비판했다.

이러한 분위기 속에서 마오의 리더십 자체에 문제가 있다는 뉘앙스

23 刘少奇, 「在扩大的中央工作会议上的讲话」, 中共中央文献研究室编, 『建国以来重要文献编』 第15册, 中央文献出版社, 1997, 87~90쪽.
24 朱德, 「纠正'左'的偏向, 恢复和发展生产」, 『建国以来重要文献编』第15册, 144쪽.

의 수위 높은 발언도 이어졌다. 저우언라이는 신하들의 말을 누구보다도 경청해 성군으로 평가받는 당태종의 예를 들면서 "당대의 황제 이세민은 강직한 신하였던 웨이정(魏徵)의 비판 의견을 잘 들어 사리를 잘 헤아리게 됐고 결국 당나라가 흥하게 됐다. 그들은 군신 관계에서도 그렇게 했다. 우리는 동지 관계다. 더욱더 진실을 잘 들어야 한다. 우리는 민주를 키워 내야 한다"라고 강조했다.[25]

덩샤오핑 역시 "영도자는 도량이 좀 넓어야 한다. 능히 용인할 수 있어야 하고 반대 의견을 능히 들을 수 있어야 한다"라고 지적하고, "영도자가 100% 정확하게 일을 처리하고, 하나도 결점이 없고 착오가 없기란 불가능하다. 문제는 자신의 결함과 착오에 대해 자아비판의 정신을 가질 수 있느냐, 없느냐 하는 데 있다"라고 말하며 리더십의 변화를 촉구했다.[26]

비록 이들이 발언을 하면서도 자신들에게 책임이 있다며 자아비판을 하고 "노선상의 착오는 아니다", "마오 동지도 민주집중제를 강조했다"라는 설명을 덧붙이기는 했지만, 이른바 당무를 책임지고 있던 당권파들이 거의 한목소리로 대약진의 정책적 오류와 마오의 리더십 변화를 촉구하는 것은 전례가 없던 일로 그만큼 '대약진 실패' 파장이 심대하다는 것이었고, 그만큼 마오의 리더십에 난 상처가 크다는 뜻이었다.

(3) 마오쩌둥의 후퇴, "지난 과오 자신이 제1책임"

절대적이었던 마오의 '카리스마 리더십'에 상처가 났지만, 마오로서도 대약진 실패의 충격이 워낙 컸던 터라 일단 정책 조정을 통해 경제를

---

25 周恩来, 「说真话, 鼓真劲, 做实事, 收实效」, 『建国以来重要文献编』 第15册, 139~140쪽.

26 邓小平, 「在扩大的中央工作会议上的讲话」, 『建国以来重要文献编』 第15册, 161~162쪽.

회복시키는 게 우선이었다. 마오는 "1961년을 대조사, 연구의 해로 만들자"라고 강조하면서 자신이 직접 조사반을 이끌고 전국을 순회하였다.

마오는 조사를 통해 분배문제, 식당문제 등 긴급 해결이 필요한 문제점들이 농촌인민공사에 여전히 잔존하고 있으며, 이것들은 바로 생산대와 생산대 사이, 공사 구성원과 구성원 사이의 평균주의 문제로부터 비롯된다고 판단했다. 공산풍의 분위기가 여전히 남아 있었기 때문이다. 마오는 이들 문제의 심각성을 인식하고 회의를 할 때마다 "나는 이제부터 동지들이 시정해 주기를 바란다. 나 자신의 병폐는 철저히 시정할 것이다"라는 매우 전향적인 태도를 견지해 나갔다.[27]

1961년 6월 정치국 확대회의에서도 이런 마오의 상황 인식과 태도는 다시 한번 확인된다. 마오는 "맑스, 엥겔스, 레닌, 스탈린, 나 마오쩌둥, 그리고 당신들, 아니면 어떤 취사병, 마부가 어떤 말을 한다 해도 그게 군중 가운데에서 통해야 결국 통할 수 있는 것이다"라며 "정책은 실천이 가능해야 한다"라고 강조했다. 그러면서 "객관적 사물 법칙에 위 배가 되는 데 강행하면 벌을 받는다. 벌을 받으면 반성해야 한다. 현재 우리가 벌을 받고 있다. 토지, 사람, 가축들이 말라비틀어졌다. 이 세 가지 메마름이 우리가 벌 받은 것 아니면 무엇이겠는가?"라며 악화된 경제 상황의 원인에 잘못된 정책이 있었음을 인정했다.[28]

그러면서 명확하게 자신의 책임을 인정했다. "이 같은 세 가지 메마름의 주요한 책임은 당 중앙과 나에게 있고, 그 가운데에서도 더 중요한 책임이 나에게 있다"라며 "이러한 사실은 당 간부들에게 전달되어야 한다"

---

27 마오는 8기9중전회 직후 저장, 후난, 광시성에 가 현장 조사를 실시했고, 1961년 3월에는 광저우에서 '3남회의(중남, 서남, 화동)'를, 이어 베이징에서 '3북회의(동북, 화북, 서북)'를 여는 등 대약진 실패의 분위기를 바꿔보려고 노력했다. 중국공산당 문헌연구실 편, 허원 역, 『정통 중국현대사』, 268~269쪽.
28 『毛澤東年譜』第四卷, 597쪽(1961.6.8).

라고 말하기까지 했다.

마오가 이처럼 명쾌하게 자신의 책임을 인정하는 태도를 견지해 가면서 사회적으로도 유화적이고 민주적인 분위기가 다시 형성되기 시작했다. 대표적인 것으로 교육, 과학, 문예 사업에서 반우파투쟁으로 싹이 피기도 전에 꺾여버린 쌍백운동을 부활시키는 조례가 잇따라 제정된 것을 들 수 있다.[29]

이러한 조례들의 핵심 내용은 "백화제방, 백가쟁명은 당의 과학 문화 발전을 위한 기본정책이다. 인민내부와 학술 문제에서는 반드시 자유와 민주가 있어야 한다. 과학, 연구 활동은 반드시 '백화제방, 백가쟁명'의 방침을 올바르게 집행하여야 한다"라는 것 등이었다. 그리고 당 중앙 지시를 통해서는 "반우파투쟁 이후 각 단위에서 지식인들에 대하여 가했던 비판을 청산해야 한다"라고 요구하는 적극적인 개선책까지 제시하기도 했다.

바로 이러한 유연한 사회적 분위기 속에서 열린 '7천인대회'였기에 앞서 보듯이 대약진에 대한 냉정한 평가와 리더십에 있어서까지도 보다 민주적이어야 한다는 요구가 자연스레 분출한 것이었다. 마오 역시 보다 분명한 화법으로 자신의 책임을 인정했는데, 이러한 마오의 흔쾌한 책임 인정은 민주집중제에서의 '민주'를 전례 없이 강조하는 파격으로까지 이어졌다.

마오는 "민주집중제가 당헌에도 있고, 헌법에도 있는 규정이지만 단 실행되지 않았을 뿐이다", "곤란을 극복하는 데는 민주가 없으면 안 된다. 당연히 집중이 없으면 더 안 된다. 그러나 민주가 없으면 바로 집중이 없는 것이다. 민주가 없으면 곧 경험을 정확하게 종결할 수가 없다.

---

29 이때 교육, 과학, 문예사업과 관련된 조례들이 다수 제정됐는데 교육과 학술, 문예활동에서의 자유와 '민주'를 보다 폭넓게 보장한다는 것이 주요 내용이었다. 중국공산당 문헌연구실 편, 허원 역, 『정통 중국현대사』, 282~293쪽.

민주가 없으면 대중들로부터 의견들이 나오지 못하고 그래서 좋은 노선, 방책, 정책 그리고 해결책을 정한다는 것은 불가능하다"라고 강조했다.

마오는 특히 자문자답 형식을 통해 민주와 집중의 우선순위를 명확히 구별해 민주의 중요성을 특별히 강조했다. 마오는 "만약 민주를 충분히 발전시키지 못한 이 같은 집중, 통일은 진짜일까? 가짜일까? 실제일까? 공허한 것일까? 정확한 것일까? 잘못된 것일까? 당연히 가짜이고, 공허한 것이고, 잘못된 것일 수밖에 없다. 우리의 집중제는 민주 기초위에 건립된 집중제이다. 무산계급의 집중은 실제로 광범위한 민주 기초위의 집중이다"라며, '민주'가 민주집중제의 근간이라고 밝힌 것이다. "민주가 없는 집중은 가짜이다"라는 마오의 이 같은 발언은 이전에도, 이후에도 발견되지 않는 전무후무한 발언이다.[30]

마오는 또한 "우리는 최근 몇 년간의 사업 중에 결함과 착오를 범했다. 제일 책임이 큰 것은 우선 중앙이고, 중앙에선 내가 우선 책임이 있다"라고 명쾌하게 자신의 책임을 다시 한번 인정했다. 그러면서 "지난해 6월 12일에 베이징에서 열린 중앙 사업회의 마지막 날, 나는 나의 결점과 착오에 대해 언급했다. 당시 나는 그걸 각 성, 각 지방에 내려보내라고 요청했으나, 그 후 많은 지방에 전파가 되지 않은 걸 알았다. 마치 내 잘못은 숨길 수 있고, 또 응당 숨겨야 한다고 생각한 것 같은데 동지들! 숨길 수 없다. 중앙이 저지른 모든 착오는 직접적으로 나의 책임으로 귀속되고 간접적으로도 내 책임분이 있다. 왜냐하면 내가 중앙주석이기 때문이다"며 "전당이 이러한 사실을 공유해야 한다"라고 재차 강조했다.[31]

이보다 더할 수는 없을 듯하게 느껴지는, 마오의 솔직하고 유연한 자세는, 대약진 실패로 마오 스스로도 전례 없는 리더십의 위기를 느끼고

---

30 毛泽东,「在扩大的中央工作会议上的讲话」,『建国以来重要文献编』第15册, 119쪽.
31 毛泽东,「在扩大的中央工作会议上的讲话」,『建国以来重要文献编』第15册, 121쪽.

있었고, 따라서 자신의 책임 인정과 민주에 대한 강조를 대중들이 진심으로 받아들여 주기를 바라는 마음에서 비롯되지 않았을까 해석해 볼 수 있는 대목이다. 이처럼 마오가 책임을 인정하고 민주를 강조하면서, 쌍백운동을 다시 제도적으로 강화하는 조치 등이 연이어 취해진다.

'7천인대회'가 끝난 뒤 중국은 「당면한 문학예술사업의 몇 가지 문제에 관한 의견」, 약칭 「문예8조」를 제정했는데 여기에서 저우언라이는 "수년 이래 민주적인 기풍이 진작되지 못하여 사람들의 사상을 속박하였다"라고 지적하며 "약점잡기, 꼬리표 붙이기, 몽둥이질 하기" 등의 방법을 비판하고 "영도 기풍을 바꾸고 민주를 키워내며 쌍백방침을 관철시킬 것"을 강조했다.

이렇게 제정된 「문예8조」는 첫 번째 항에서 "백화제방, 백가쟁명 방침을 한층 더 관철 집행한다. 문예는 정치를 위해 봉사해야 한다는 구호 아래 발생한 각종 폐단에 대한 대처를 중시하여, 이 구호에 대한 새롭고, 폭넓은 해석이 필요하다"라고 강조하고, 마지막 8번째 항에서는 "영도 방법과 영도 기풍을 개선한다. 당은 문예사업에 대한 영도, 주로 사상과 정치 영역에서의 영도를 강화하여야 하고, 학술성이나 예술성에 관한 문제에 부당하게 간섭해서는 안 된다"라고 규정해 당 개입의 분명한 한계를 설정했다.[32]

그러나 역사가 증명하듯 이러한 마오의 책임 인정과 사과 발언이 진심이 아니었음이 드러나는 데는 긴 시간이 걸리지 않았다. 바로 그 '7천인대회'에서 마오를 적극 옹호하고 지지한 린뱌오의 연설에 대한 강렬한 반응에서부터, 마오의 마음 깊은 곳에서는 이미 다른 생각이 싹트고 있었다.

---

32 중국공산당 문헌연구실 편, 허원 역, 『정통 중국현대사』, 290~292쪽.

2) 개인숭배로 손잡은 마오쩌둥-린뱌오 연합

(1) 도전받는 카리스마와 추종자의 결탁

린뱌오는 1962년 초 '7천인대회' 당시 국방부장이자 중앙군사위 부주석의 신분이었다. 그는 펑더화이가 숙청된 59년 루산회의 직후 국방부장 임명돼 본격적으로 정치무대에 등장했다. 루산회의 당시에도 린뱌오의 펑 비판은 다른 사람보다 훨씬 정치색이 짙었고 개인숭배주의적인 것이었다. "펑더화이는 야심가, 음모가, 가짜 군자다. 중국에는 마오주석같은 대영웅 한 사람만이 있으면 된다. 어느 누구도 영웅이 되려해선 안 된다"라는 강도 높은 비판과 공개적인 마오 숭배를 표명한 덕에, 린뱌오는 숙청된 펑더화이 대신 곧바로 국방부장에 임명된다.

바로 이 루산회의 파동을 통해 린뱌오는 마오 만년의 치명적인 약점, 개인숭배의 유혹을 간파했으며 이를 통해 "한 사람의 마음을 얻어 천하를 얻는다"라는 기막힌 정치적 맥락을 간파해 냈던 것이다.[33] 이후 린뱌오는 마오 개인숭배에 더욱 적극적으로 나서게 되며 특히 자신을 '마오 사상의 수호자'로 형상화시키기 위해 부단히 노력하게 된다. 린뱌오는 1959년 9월과 10월의 전군 고위 간부회의 석상에서부터 '최고봉론'을 설파하기 시작했다. "마오는 당대의 가장 위대한 맑스레닌주의자, 마오사상은 당대 맑스레닌주의의 최고봉"이라는 린뱌오의 마오 찬양이 군부대에서부터 본격 시작된 것이다.

바로 이런 흐름의 연장선상에서 린뱌오는 '7천인대회'에서 "대약진 문제없다. 마오의 지시를 제대로 이행하지 않아 문제가 생긴 것"이라며 마오를 적극 옹호했다. 린뱌오는 무려 3시간에 걸친 연설을 했는데 먼저

---

[33] 何云峰, 「个人崇拜与1959年庐山会议毛彭冲突」, 『Journal of Wuhan University of Technology (Social Sciences Edition)』 Vol. 20, No. 6, 2007, 772쪽.

대약진을 강력히 변호했다.[34] 린뱌오는 "우리 당의 총노선, 대약진, 인민공사 이 '3면홍기'는 정확한 것이었다. 최근 사업중 발생한 몇 가지 결함은 총노선 자체의 문제가 아니고 집행 중에 나타난 문제들이다"라고 대약진의 정당성을 강변했다.

린뱌오는 또 결함과 착오를 얘기할 때도 '학습비' 개념으로 설명하며 미래 투자를 위한 가치 있는 일이라고 마오를 비호 했다. 린뱌오는 "학생은 소학교에서 시작해 대학교 졸업하는 17, 8년 동안 아무것도 생산 안 한다. 그러나 아무것도 생산해 내지 못한다 해서 학습을 못 하게 하면 되겠는가? 학비 내고 배우고 나면 몇 배, 몇십 배, 몇백 배 효과 내는 것이다"라고 강조했는데 이는 다름 아닌 대약진 조정 시기 루산회의에서 마오가 대약진을 옹호하며 한 발언이기도 했다.[35] 린뱌오가 마오의 마음을 읽기 위해 얼마나 세심하게 노력했는지를 잘 보여주는 대목이기도 하다.

린뱌오는 특히 "이러한 어려운 국면에 일정 방면, 일정 정도에서 우리가 마오주석의 지시, 경고, 사상 작법에 따라 일을 해 오지 않은 것도 역시 사실이다. 만약 마오주석의 말을 들었더라면, 마오주석의 정신을 체현했더라면 그리 멀리 돌아가지도 않았을 것이고 오늘날의 곤란도 훨씬 적었을 것이다"라고 주장했다. 또한 "나는 정말 깊이 깨닫게 되었다. 우리가 사업을 제대로 했을 몇 시기는 바로 마오주석의 사상이 충분히 순리대로 관철된 시기이며, 마오주석의 사상이 방해를 받지 않았던 시기라는 걸 말이다. 마오주석의 견해가 존중받지 못했거나, 큰 방해를 받았을 경우 곧바로 문제가 발생했다. 우리 당 수십 년의 역사가 바로 이러한 역사이다"라는 더할 수 없는 찬사를 바쳤다.

---

34 '7천인대회'에서 장장 3시간에 걸쳐 진행됐다는 린뱌오 연설은 『建国以来重要文献編』第15册, 102~112쪽에 일부분의 내용만 실려 있다.

35 林彪, 「在扩大的中央工作会议上的讲话」, 『建国以来重要文献編』第15册, 105쪽.

린뱌오는 그러면서 "우리 당이 어려울 때 더욱더 단결이 요구되고, 또한 그럴수록 더욱더 마오주석이 하고자 하는 바를 따라 전진하는 게 필요하다. 그래야 우리 당은 승리해 나갈 수 있고, 더 큰 승리를 할 수 있고 우리 국가가 더욱 발전되고 강해질 수 있다"라는 숭배의 언어를 덧붙였다.

린뱌오의 연설은 유일하게 대약진의 정당성을 강변한 것으로 마오에 대한 엄청난 지지를 공개 표명한 것이었는데, 이를 들은 마오는 너무나 기뻐하며 진심을 숨기지 않았다. 문화대혁명 이후 확인된 것이지만, 마오는 '7천인대회'때 매우 흔들렸다. 대약진 실패에 대해 책임을 인정하며 사과하고 전례 없는 민주 강조 발언을 했지만, 마오의 속마음이 그의 흔쾌한 발언만큼 진정성을 띤 것은 아니었던 것이다. 장칭은 문화대혁명 이후 "'7천인대회' 당시 마오는 매우 답답해했으며, 마음엔 분노가 가득했다. 그런데 린뱌오의 연설을 듣고는 감격했다"라고 밝혔다.[36]

장칭의 회고대로 마오는 린뱌오의 연설을 듣고 엄청나게 만족해했다. 마오 자신이 앞장서서 박수를 칠 정도였다. 회의가 끝난 뒤 마오는 린뱌오의 원고 일부를 손본 뒤 비서인 톈지아잉, 중앙군사위 비서장이던 뤄레이칭(罗瑞卿)에게 주며 "이 연설문 한번 다 봤는데 정말 잘 썼고 문장이 정말 대단하다. 보는 사람을 대단히 기쁘게 한다"라고 말하고선 당내 간부들에게 보내 학습하도록 하라고 지시했다. '7천인대회'를 통해 린뱌오가 마오의 마음에 더할 수 없이 강렬하게 다가온 것이다.[37]

사실 린뱌오는 이 연설원고를 '마오의 마음을 겨냥해' 매우 치밀하게

---

36 「林彪的一次精彩发言让毛泽东决意打倒刘少奇」. 마오에게 감동을 준 린뱌오의 연설로 인해 마오와 당시 후계자로 인식되던 류사오치 사이에 균열이 나타나는 과정이 잘 담겨 있다. https://wap.sinoca.com/news/china/2012-04-23/199311.html(검색일: 2024.4.15).

37 「解密: 罗瑞卿如何因反林彪 蒙难'文字狱'？」. http://dangshi.people.com.cn/n/2013/0105/c85037-20091578.html(검색일: 2025.4.15). 이른바 '문자옥(文字狱)'으로 불리는 중앙군사위 비서장 뤄레이칭의 정치적 재난 과정이 잘 나타나 있다.

준비했다. 린뱌오의 연설원고는 당시 중앙군사위 비서장을 맡고 있던 뤄레이칭 총참모장이 조장으로 준비를 했는데 이 과정에서 '마오쩌둥 천재론'을 넣느냐, 마느냐를 놓고 갈등이 빚어졌었다. 결국 몇 번의 논란을 거치면서도 뤄레이칭이 '천재'란 말을 넣지 않고 연설원고를 린뱌오에게 보내자, 린뱌오는 매우 불쾌해하며 원고를 다시 쓰기로 결정한 것이다. 마오를 감격하게 만든 린뱌오의 원고는 이렇게 나오게 된 것이다.[38]

마오도 이 과정이 문제가 있었다며 다시 거론해 뤄레이칭을 당혹스럽게 만들었다. '7천인대회' 석 달 뒤, 마오가 우한에서 뤄레이칭에게 "'7천인대회'에서 린뱌오 동지의 연설 수준 매우 높았다. 이 같은 연설 당신은 할 수 있겠나?"라고 힐난하듯 묻자 뤄레이칭은 바로 뜻을 알아차리고 "제가 어찌 그렇게 연설할 수 있겠습니까? 저는 한참 못미칩니다. 아마도 영원히 그렇게 못할 겁니다"라고 물러섰다.

그러자 마오는 "그렇게 못하면 배워야지! 그때 당신들이 준비해 준 원고는 쓸 수가 없었다. 그래서 린뱌오가 스스로 쓴걸 가지고 연설을 한 것이다"라고 공박했다. 뤄레이칭은 자기 조직에서 준비한 원고를 쓸 수 없었다고 하는 마오의 말을 듣고는 마음이 우울해지지 않을 수 없었다. 반대로 마오의 상찬을 들은 린뱌오는 계속 마오를 찬양하기로 마음 먹었으며, 이렇게 마오숭배를 정치적 자산으로 삼게 되었다.

결국 뤄레이칭은 문화대혁명으로 치닫던 시기 린뱌오의 무고와 함께 "마오쩌둥 반대, 마오쩌둥사상 반대주의자"로 몰려 숙청되는 비운을 맞

---

38 당시 린뱌오는 중앙군사위 부주석을 맡고 있었는데 그 부주석실의 실장이 린뱌오의 부인인 예췬이었다. 뤄레이칭이 처음 보낸 원고에 예췬은 "마오쩌둥사상은 당과 인민의 함께 투쟁하면서 형성된 것"이라는 문장이 부족하다며 "마오쩌둥 동지는 천재다"라는 문구를 넣자고 했다. 그러나 뤄레이칭은 동의하지 않고 그 문장이 마오 비서실에서 온 것이라며 이미 천재란 말은 쓰지 않는다며 거절했다. 예췬이 마오 주석의 지시라 해도 마오가 겸양해서 그리 말한 것을 그대로 쓰면 마오사상을 얕잡아 보는 것이라며 다시 강권 했으나 뤄레이칭은 받아들이지 않았다. 「解密: 罗瑞卿如何因反林彪 蒙难'文字狱'？」 기사 참조.

게 되는데 당시 린뱌오는 뤄레이칭이 "1962년 1월 확대회의(7천인대회) 당시 마오의 천재적 요소를 반대했다"라는 것을 결정적인 '반마오주의자'의 이유로 들었다.

이처럼 1962년 1월의 '7천인대회'는 린뱌오의 정치 인생을 극적으로 한 단계 높인 결정적 계기가 되었다. 65년 11월에는 쑤저우에서 건강관리를 위해 휴양 중이던 린뱌오에게 뤄레이칭을 보내면서 "가서 요양 잘하라고 전하고, '7천인대회'에서 때처럼 3시간 보고는 거뜬하도록 몸 관리 잘하라 하라"는 애정을 표시하기도 했다. 특히 마오는 이 말을 몇 번 반복했는데 이는 '7천인대회'에서의 린뱌오의 연설이 마오에게 준 인상이 얼마나 강렬했는지를 보여주는 것이다.[39]

또한 마오가 린뱌오에게 느낀 이런 강렬한 인상은, 이 '7천인대회'를 계기로 대약진 실패로 리더십에 도전을 받던 카리스마 마오와, 마오숭배를 정치적 자산으로 삼은 추종자 린뱌오 간에 강고한 연대가 형성되었음을 상징적으로 보여주는 것이기도 하다.

(2) 의심받는 '후계자 류사오치'

'7천인대회'에서 린뱌오가 마오의 결정적인 신임을 얻으면서 새로운 권력 연합으로 부상하는 과정은, 역으로 그간 마오의 후계자로 공인되어오던 류사오치의 앞날이 "그간의 예상과는 다를 수 있다"라는 최초의 의심을 던져주는 중대 사건이었다. 그리고 이는 대약진 실패 이후 류사오치와 뜻을 같이하며 경제조정 정책을 주도적으로 이끌어가던 천원과 덩샤오핑 등 당권파의 신경제정책과 그들의 앞날에도 이상기류를 일으키는

---

39 「林彪的一次精彩发言让毛泽东决意打倒刘少奇」, https://wap.sinoca.com/news/china/2012-04-23/199311.html(검색일: 2024.4.15).

것이었다.

류샤오치는 1921년 소련 유학 중 중국공산당에 가입했고, 1922년 7월 중공 2차 당대회 이후 천뚜수에 의해 후난성 지역에 파견돼, 이 지역 책임자로 있던 마오쩌둥을 처음 만났다. 또 여기에서 마오의 권유로 안위앤(安源) 지역에 파견돼 노동운동을 이끌었다.[40] 류사오치는 1935년 '준이회의'에서 마오를 지지한 이후 변함없이 마오에게 충성했다. 마오 역시 일시 당을 비울 때는 전반적인 사무를 류사오치에게 맡길 정도로 신임했다. 1945년의 7차 당대회, 1956년의 8차 당대회에서 가장 중요한 '정치 보고'를 한 사람 역시 류사오치였고, 이런 신임을 바탕으로 류는 1959년 4월 국가주석에 올라 '후계자'로 공인되기에 이른 것이다.[41]

그런데 대약진의 너무나 큰 실패로 인한 '카리스마 마오'의 위상과 심리 변화가 후계자로 공인되던 류사오치의 위상까지 흔들리게 만든 것이다. 또한 그 '불신의 파장'도 다름 아닌 "대권이 흔들릴 수 있다"라고 할 정도로 위기의식을 느낀 '카리스마'에 의해서 시작된 것이어서, 위험성이 그 어느 경우보다 높을 수밖에 없는 것이었다.

마오는 '7천인대회'에서 정책 실패의 책임을 인정하며 사과하고, 전례 없이 민주를 강조하며 당권파가 주도하는 신경제정책에 부응하는 듯한 모습을 보였는데 실제로는 당권파의 정책적 오류 지적과 리더십 변화 요구에 상당한 불만과 답답함을 느꼈었다. 그리고 그 불만의 핵심에 바로 대회를 주관하던 류사오치가 있었다. 류사오치는 대약진 평가에서 냉정하게 "천재가 아닌 인재였다"라고 발언해 마오의 마음을 흔들어 놓았다. 마오는 이후 미국기자 스노우와의 대화에서 '7천인대회' 이후 류사오

---

40 中共中央文献研究室编, 『刘少奇年谱』上, 中国革命领导人文库, 1996, 21~22쪽.

41 류사오치는 1959년 4월에 열린 '제2차 전국인민대표대회'에서 국가주석으로 선출되었다.

치에게 의심을 품게 됐다고 털어놓았다.[42]

이처럼 절대 카리스마가 후계자에게 의심을 품기 시작한 것은, 당시 사회주의 국가의 정치체제와 문화를 볼 때 매우 역사적인 상황 변화였다. 중국공산당 창당 이후 혁명전쟁 시기에 늘 함께 한 '혁명 동지'로, 이후 국가주석까지 올라 마오의 후계자로 공인되던 류사오치에게 대약진 실패로 리더십이 흔들리던 카리스마가 의심을 품기 시작했고, 그 빈자리에 또 다른 혁명 동지이자 마오 개인숭배로 무장해 있던 린뱌오가 들어선 것은 후계구도와 관련해 비상한 상황이 전개된 것이나 마찬가지였다.

류사오치에 대해 마오가 의심을 품게 된 것은, 그동안 류가 그 어느 누구보다도 마오에게 충성하고, 나아가 마오 숭배를 공개적으로 천명해 온 것에 대한 배신감이 크게 작용한 것으로 분석되고 있다. 대약진의 어려움으로 1차 조정 시기를 거치고, 이후 이를 종합하면서 열린 1959년 루산회의는 예상치 못한 마오와 펑더화이의 충돌로 반우파투쟁으로 비화되는 파란을 겪었다. 당시 마오의 서슬 퍼런 분노에 대부분 펑더화이를 비판하고 나섰는데, 류사오치 역시 마찬가지였고 오히려 비판의 수위가 다른 사람들보다도 높았다.

류사오치는 당시 펑더화이 비판에서 심지어 "나는 적극적으로 개인숭배를 하겠다. 개인숭배, 이 단어 별로 적절하지는 않은데 나는 적극적으로 모 인사들의 위신을 제고해 나갈 것이다"라며 마오 개인숭배를 천명하기까지 했다. 또한 류사오치는 이어진 중앙군사위 확대회의에서도 "개인숭배의 문제에 있어서 소공 20차 대회 이후 일부 인사가 개인숭배를

---

42 刘林元, 「毛澤東晚年个人崇拜问题新探」, 『Journal of Hunan University of Science & Technology (Social Science Edition)』 Vol.10, No.2, 2007, 12~13쪽. 1970년 스노우와의 대화에서 마오는 "7천인대회 이후 류사오치에 의심을 품게 됐고, 1965년 1월 「23조」를 제정할 때 정치적으로 류사오치를 타도하기로 결심했다"라고 밝혔다. 『毛澤東年谱』 第六卷, 357쪽(1970.12.18).

반대하고 당 중앙 내부에도 그런 사람이 있는데 그 대표가 바로 펑더화이이다"라며 펑을 더욱 가혹하게 몰아부치기도 했다. 여기에 더해 류사오치는 마오 개인숭배 반대를 질책하며 이는 일종의 파괴 활동, 무산계급 사업의 파괴 활동으로 완전히 잘못된 것이라고도 했다.[43]

류사오치가 이처럼 펑더화이를 엄혹하게 비판하고 마오 개인숭배를 공개적으로 밝힌 루산회의는, 류사오치가 국가주석으로 임명된 1959년 4월 이후 불과 석 달 만에 열린 회의였다. 절대적 카리스마였던 마오에 의해 후계자격인 국가주석으로 발탁된 직후였기 때문에 류사오치는 그 누구보다도 마오의 심정에 맞게 행동했을 가능성이 크다. "나는 개인숭배를 하겠다. 개인숭배를 반대하는 당 중앙 내부의 대표가 펑더화이다"라는 류사오치의 적극성은 바로 이런 배경에서 나온 것으로 분석된다. 그런데 대약진의 실패로 마오가 책임을 인정하며 한발 물러서고, 저우언라이 중심의 국무원 주도로 조정 정책이 시작되면서 류사오치의 판단과 행보에도 미묘한 변화가 발생하기 시작했던 것이다.

사실 마오가 국가주석직에서 내려온 것은 "업무가 과중하니 당주석 하나만 맡겠다"라는 마오의 강력한 의지에 의한 것이었다.[44] 그리고 당시 실제 정책 집행 과정을 보면 마오가 당주석직 하나만으로도 당·정의 업무를 통제하는 데 아무런 어려움이 없었다. 그만큼 대약진 초기만 해도 마오의 카리스마 권위는 그대로 유지되고 있었다. 그런데 대약진의 실패가 마오 카리스마의 절대성을 흔들고 국무원 주도의 신경제정책이 진행

---

43 刘林元, 「毛泽东晚年个人崇拜问题新探」, 9쪽.

44 마오가 국가주석 그만두겠다고 처음 밝힌 것은 1957년 노동절 천안문 성루 모임에서였다. 초기엔 반대가 적지 않았다. 이후 1958년 초 다시 얘기했고 이 과정에서 "국가를 구해야 하는 상황이 되면 다시 돌아오겠다"라는 말까지 하며 반대하는 사람들을 설득해, 최종적으로 1958년 12월의 제8기 6중전회에서 결정이 됐다. 『毛泽东年谱』第三卷, 142쪽 (1957.4.30); 「中国共产党八届六中全会同意毛泽东同志提出的关于他不作下届中华人民共和国主席候选人的建议的决定」. http://cpc.people.com.cn/GB/64162/64168/64560/65349/4442059.html(검색일: 2024.4.21).

되면서 마오가 중심이 됐던 정치적 논리보다 '생산력 제고'가 우선이라는 경제적 논리가 더 힘을 받게 됐고 이에 따라 행정권을 책임지고 주관하던 류사오치, 천이, 덩샤오핑 등의 당권파가 그만큼 더 확장력을 가지게 되었던 것이다.

다시 말해 마오가 국가주석직을 스스로 내려놓은 1958년, 59년에 비해 대약진 실패 이후 신경제정책이 추진되던 1962년의 상황에서, 마오의 정국 장악력은 크게 떨어져 있었던 셈이다. 당시 당권파들이 마오를 정말 정면으로 반대하는 상황은 절대 아니었지만, 그렇다고 해도 예전같이 모든 걸 지시를 받아서 하는 상황도 아니었던 것이다. 바로 이처럼 마오의 통제력이 약화된 시기 류사오치, 덩샤오핑 등 당권파의 논리에 밀리는 상황이 연출되자 마오는 '대권'이 넘어가는 걸 느꼈다.[45]

그래서 마오는 류사오치 등과의 투쟁을 위해 더 큰 여론을 만들고, 더 규모가 크고 열렬한 그에 대한 개인숭배가 필요하다는 강렬한 유혹을 느끼고 있었는데, 바로 그 시점에 린뱌오가 극단적 마오 숭배로 무장하고 다가온 것이다. 흔들리던 카리스마가 열렬한 추종자의 손을 잡지 않을 이유는 하나도 없었다. '7천인대회'에서 마오가 이미 류사오치를 타도하려 준비했다고 하면 분명 정확하지 않은 것이다. 그러나 그때 마오는 류에게 깊은 불만을 갖게 되었고, 이때부터 그들 간에 진정한 균열이 시작됐다는 것은 의문의 여지가 없다. 시간이 흘러 린뱌오는 상승하고 류의 지위는 하강해서 축출되는 게 거의 동시적으로 나타났는데, 이는 결코 우연이 아니다.

1950년대 중반 '모진·반모진 논쟁'에서 처음으로 확인됐듯이 마오는 자신의 의견이 반대에 부딪힌 것을 자신의 권위에 대한 도전으로 받

---

45 刘林元,「毛泽东晚年个人崇拜问题新探」, 10쪽.

아들였다. 마오가 이처럼 자신의 권위에 대한 도전 의식을 느낀 것은 이후 1959년 루산회의, 62년 '7천인대회', 그리고 65년 1월 「23조」를 제정할 때의 '4청회의'에서 반복적으로 나타났다.[46] 특히나 "3할이 천재이고 7할이 인재"라는 '7천인대회'에서의 류사오치의 연설을, 마오는 심각한 도전으로 받아들였다. 더구나 당시 류사오치는 마오의 후계자 신분이었다. 마오와 류사오치를 중심으로 한 당권파의 대결은 피하기가 어려웠다.

3) 마오쩌둥 카리스마의 변화 저항

(1) 다시 소환된 '계급투쟁'

대약진 실패 이후 1961년 정책 조정으로 신경제정책이 추진되고 사회적으로도 민주적인 분위기를 상징하는 '쌍백제도'가 부활되는 등 중국사회에는 그 어느 때보다도 유연한 사회적 환경이 조성되고 있었다. 그리고 '7천인대회'에서 마오가 "민주 없는 집중은 가짜다"라고까지 밝히면서 이러한 사회적 분위기는 지속될 듯했다.

그러나 마오는 자신의 과오를 인정한 지 1년도 지나지 않아 다른 속마음을 드러내기 시작했고 그러면서 유연했던 사회적 분위기도 다시 긴장되기 시작했다. 중공 중앙은 제8기 10중전회를 준비하면서 베이다이허에서 사전 회의를 개최했는데, 마오는 여기에서부터 불과 7개월 전에 자신이 했던 발언과는 상반되는 얘기들을 쏟아내기 시작했다. 마오는 1962년 8월 6일 회의에서 「형세, 단계, 모순」이라는 유명한 연설을 했는데 여기에서 '계급투쟁'의 필요성을 거론하고 사회주의와 자본주의 간의 투쟁을 강조했다.

---

46 刘林元, 「毛泽东晚年个人崇拜问题新探」, 8쪽.

또 이어진 소조 회의에서도 마오는 "사회주의에서도 여전히 계급이 존재하고 계급모순과 계급투쟁이 존재하고, 사회주의와 자본주의 간의 투쟁 그리고 자본주의 복귀의 위험성이 상존하며 이런 투쟁은 전 사회주의 역사 시기를 관철한다"라는 점을 여러 번 강조했다. 대약진의 실패를 거울삼아 그간의 반좌경 노선 선상에서, 계속 유연한 정책하에 경제문화 건설의 정상궤도로 진입하는 것을 토론하는 회의가 될 것으로 기대했던 전국에서 온 참석자들은 놀라지 않을 수 없었다.[47]

마오는 "정책은 유연하게, 속도는 좀 천천히"라는 당권파의 기본 노선에 대해서도 큰 불만을 토로하며 비판했다. 식량 생산 등의 형세가 절대 나쁘지 않은데 온통 어둡게만 본다며 이를 '흑암풍(黑暗风)'이라고 비판했는가 하면, 또 당권파가 농민의 적극성을 이용해 농업 문제를 해결하고자 내놓은 '분전도호(分田到戶)', '포산도호(包产到戶)' 등 농가생산책임제 형식의 정책에 대해서는 농촌경제를 와해시키는 '중국식 수정주의'라고 신랄하게 비판했다.

결국 이어진 제8기 10중전회에서도 계급투쟁이 강조된 '계속혁명론'이 주창됐고 수정주의 타파 문제와 함께 이를 위한 '사회주의교육운동'이 방법론으로 제기됐다. 마오는 "계급과 계급투쟁에 대해 지금 강의를 시작해 매년, 매월, 매일 강조해야 한다"라며 "무산계급혁명과 무산계급독재의 전시기, 자본주의에서 공산주의로 가는 과도기 전체시기(이는 몇 십년이 걸릴 수도, 아니면 더 많은 시간이 걸릴 수도 있다)에 무산계급과 자본가계급의 계급투쟁, 사회주의와 자본주의 간의 노선투쟁이 존재한다"라

---

47 「林牧 回忆1962年的那场 '批刁斗争'」. 1962년 당시 산시성(陝西省) 성위원회 부비서장이던 린무가 '쉬중쉰 비판 투쟁'을 회상하며 쓴 글이다. 당시 그는 베이다이허회의 참석했는데, '1961년 여름부터 1년은 1952년 이래 정치환경이 가장 유연한 시기'였는데, 베이다이허(北戴河)회의 참석 이후 예상치 못한 갈등 분위기를 목격하고 "한바탕 큰 투쟁이 벌어질 것만 같은 폭풍전야와 같은 상황"임을 절감했다고 회고하고 있다. http://www.htqly.org/zgsl/hyzl/EBjuay.htm(검색일: 2024.4.15).

고 지적해 계급투쟁이 계속되어야 함을 강조했다.[48]

여기서 하나 더 주목할 점은 '과도기'에 대한 마오의 규정이 변했다는 점이다. 중국공산당은 건국 초기 '과도기 총노선'을 규정하면서, '과도기'를 "중화인민공화국 성립 이후 사회주의적 개조를 기본적으로 완성하기까지의 시기"로 규정했었다. 그리고 그 기간을 "10년 내지 15년, 아니면 좀 더 긴 시간"으로 정했었는데, 이후 마오의 속도전 독려로 "2~3년이면 가능하다"라는 걸로 바뀌더니, 1956년 들어서는 베이징 시를 선두로 아예 "이미 사회주의에 들어섰다"라는 선포가 이어지는 등 흥분된 '공산풍'의 행진이 이어지기도 했다.[49]

이후 대약진으로 가는 길목에 열린 '8차 당대회 2차 회의'에서 과도기는, 국내의 주요모순을 다시 적대적 모순으로 바꾸면서 "사회주의 사회의 건설 시기까지의 모든 시기"로 규정됐다.[50] 그래도 이때까지의 과도기는 사회주의 사회의 건설 시기까지였으나, 1960년대 들어 이 규정은 다시 "자본주의에서 공산주의로 가는 전체 시기"로 확대된다. 건국과 사회주의 건설의 흥분과 기대가 이어지던 1950년대 초기에 마오는 과도기의 기간을 오히려 축소하려고 했었다. 그랬던 마오가 대약진 실패 이후엔 다시 계급투쟁을 꺼내 들면서 과도기를 "공산주의에 이르는 전체 시기"로 확대하고, 그 소요 기간 역시 "몇십 년, 몇백 년"까지 거론하며 사실상의 '계속혁명론'을 들고 나온 것은, 그만큼 대약진 실패 이후 흔들리던 카

---

48 『중국공산당 역대당대표자대회 자료집 DB』, 중국공산당 제8기 10중전회 공보, http://cpc.people.com.cn/GB/64162/64168/64560/65353/4442078.html(검색일: 2024.4.15). 마오는 원래 이 과도기 전체시기를 '몇십 년이 걸릴 수도 있고, 심지어 수백 년이 걸릴 수도 있다'라고 설명했었는데 최종적으로는 '수백 년'의 표현을 '더 많은 시간'으로 완화했다. 이 "수백 년이 걸릴 수도 있다"라는 애초의 표현에, 대약진 실패 이후 당권파가 주도하던 '신경제정책'에 불만이 높던 마오의 솔직한 심정, 마치 당권파를 향해 '아직 한참 멀었다 이놈들아'라고 외치는 듯한 마오의 심리를 추정해 볼 수 있다. 『毛泽东年谱』第五卷, 157~158쪽(1962.9.26~27).

49 沈志华, 「周恩来与1956年的反冒进──记中共中央关于经济建设方针的一场争论」, 89쪽.

50 廖蓋隆 편, 정석태 역, 『중국공산당사』, 녹두신서, 1993, 315쪽.

리스마의 권위를 '계급투쟁'이라는 이념으로 방어해 보려 했다는 중요한 정황들로 보인다.

"민주 없는 집중은 가짜"라고까지 하며 당내 민주의 중요성을 강조했던 마오가 다시 "민주는 집중을 위한 것이다"라는 집중 강조로 되돌아간 것은, 계급투쟁 제기와 '과도기'에 대한 그의 새로운 판단과 행보에 비춰 볼 때 너무나 자연스러운 귀결이었다.[51] 마오는 당권파를 향한 경고도 잊지 않았다. 마오는 "이런 계급투쟁은 불가피하게 당내 상황에도 반영될 것이다. 제국주의의 압력과 국내 자산계급의 영향력은 당내 수정주의 사상의 사회적 근원이다. 국내외 계급의 적들과 투쟁하는 동시에, 우리는 반드시 당내의 각종 기회주의적 사상 경향에 경각심을 가지고 결연하게 반대해야 한다"라고 강조했다.[52] 대약진 시기 분산주의를 비판하고 "오직 핵심에 집중하라"며 마오 자신에 대한 집중을 강조하고 결국 '정확한 개인숭배'를 주창해 당내에 민주보다는 집중의 분위기를 조성하던 그런 시도가 재현된 것이다.

특히 마오는 '7천인대회' 이후 유화적인 사회 분위기에서 숙청됐던 펑더화이가 제기한 재조사 요구도 이런 분위기를 틈탄 우경 기회주의적, 수정주의적 행동이라고 강하게 비판했다. 마오는 "1959년 루산회의는 중대한 의의를 가진다. 당시 우리는 우경기회주의자, 수정주의자의 공격을 분쇄해 당노선과 당의 단결을 지켜냈다. 현재나 미래나 우리는 경각심을 높이고 두 가지 전선상의 투쟁을 정확히 진행해야 한다"라고 강조했다.[53] 당권파에 대한 의심이 권력투쟁으로 번지려는 긴장된 시점에, 펑

---

51 『毛澤東年譜』第五卷, 159쪽(1962.9.27).
52 中共中央文獻硏究室, 『关于建国以来党的若干历史问题的决议注释本』, 人民出版社, 1983, 349쪽.
53 「중국공산당 제8기 10중전회 공보」, http://cpc.people.com.cn/GB/64162/64168/64560/65353/4442078.html(검색일: 2025.2.7). 사실 펑더화이의 재조사 요구는 '7천인대회' 이후 중공중앙이 과거의 억울함을 풀어주자는 차원에서 공식적으로 진행한 「당원, 간부의

더화이에 대한 분노까지 더해져 마오는 더욱더 정치적인 관점에서 상황을 예단하게 되었다.

이러한 배경 아래에서 마오는 8기 10중 전회를 통해 계급투쟁을 다시 핵심으로 끌어올리고 자본주의 부활, 수정주의 타파를 위해 실제 사업에서 '사회주의교육운동'을 실시해야 한다고 밀어부쳤다. 이 같은 정책은 농촌에서는 '4청운동'으로 도시에선 '5반운동'으로 전개됐는데 "지금 중국에선 심각하고 첨예한 계급투쟁이 벌어지고 있다", "농촌의 4청운동과 도시의 5반운동은 모두 미친 듯이 날뛰는 자본주의 세력의 공격에 타격을 주고 분쇄하려는 사회주의 혁명투쟁이다"라고 거칠게 선전되었다.[54] 사회주의교육운동이 어떤 차원에서 실시되었는지, 마오의 마음을 충분히 짐작할 수 있는 부분이다.

사실 류사오치 등 당권파도 당시 사회가 경제적으로 어려운 상황에서 간부들의 부정부패 문제가 있었던 게 사실이었기 때문에 사회주의교육운동의 필요성을 일부 인정했던 것도 사실이다. 그러나 류사오치 등은 투기, 부패 영역 등 경제적인 부문의 개선과 개혁에 중점을 뒀던 반면 마오는 이를 계급투쟁의 문제로부터 풀려는 정치적 관점에서 시작했다는 점에서 크게 차이가 난다.

농촌 사회주의운동을 위해 중공은 '계급투쟁'을 핵심 기조로 하는 「전10조」, 「후10조」로 이름붙여진 두 가지 규칙을 내놓았다. 마오는 「전10조」 규정 앞부분에 글 하나를 첨부했는데 여기에 마오의 심정이 잘 나타

감별사업을 신속히 진행하는 데 관한 통지」에 기반한 것인데 마오는 펑더화이만큼은 용납할 수 없다는 분노의 입장을 견지했다. 덩샤오핑이 이 사업을 주도한만큼 펑더화이의 재조사요구에 대한 마오의 분노는 언제든 덩샤오핑으로 옮겨붙일 수 있는 성질의 것이었다.

54 중국공산당 문헌연구실 편, 허원 역, 『정통 중국현대사』, 341쪽. '4청운동'은 초기 농촌에서 시작된 '소사청운동'과 도시에서의 부정과 절도, 투기와 매점매석, 겉치레와 낭비, 분산주의, 관료주의를 반대하는 '5반운동'이 정치·경제·조직·사상 등 4개 분야로 통합돼 진행되었다. https://baike.baidu.com/item/%E5%9B%9B%E6%B8%85%E8%BF%90%E5%8A%A8/615947(검색일: 2025.2.7).

나 있다. 마오는 왜 사회주의 교육이 필요한가를 역설하면서 "사회적 투쟁에선 선진계급이 잠시 실패할 수도 있다. 그러나 그것은 그들이 부정확해서가 아니라, 투쟁역량이 반동 세력에게 일시적으로 뒤졌기 때문이다. 잠깐 실패해도 결국 성공한다"라고 강조했다. 그러면서 이런 인식론적 도리를 많은 동지들이 잘 이해하지 못하고 있기에 "그래서 이러한 동지들에게는 반드시 변증법적 유물론의 인식론에 대한 교육이 실시되어야 한다"라고 주장했다.[55]

마오가 계급투쟁을 다시 꺼내든 1962년 9월의 8기 10중전회 이후 약 8개월 뒤에 내놓은 이 같은 글의 내용은 전반적으로 "이러한 '잠깐의 실패'를 회복하기 위해서는 사회주의교육운동이 필요하다"라는 것이었는데, 이는 그만큼 자신의 권위를 흔들었던 대약진 실패를 인정하고 싶지 않은 마오의 마음이 녹아 있다고 볼 수 있다. "과오의 제1책임은 주석인 자신에게 있다"라는 대약진 정책 실패에 대한 이전의 흔쾌한 책임 인정 발언은, 마오의 마음속에서 이렇게 변해가고 있었다. 그리고 그 책임 전가의 창끝은 이미 류사오치 등 당권파를 향하고 있었다.

(2) 당권파 공격의 비수, '수정주의 타파'

이렇게 계급투쟁의 필요성을 강조하면서 마오가 경제정책을 주도하던 당권파와 갈등을 빚기 시작한 부분은 당시 정책의 핵심이었던 농업정책이었다. 대약진 실패 이후 중국 사회의 과제는 자연스럽게 추락한 농업생산력을 어떻게 회복하느냐에 모아졌다. 대약진 실패에 3년간의 기근까지 겹치면서 당시 중국 일부 농촌에선 '포산도호(包产到户)', '분전도호

---

55 毛泽东,「人的正确思想是从哪里来的?」, 中共中央文献研究室编,『毛泽东文集』第八卷, 人民出饭社, 1996, 320~321쪽.

(分田到户)’, ‘책임전(责任田)’, ‘분전단간(分田单干)’ 등 지역에 따라 각종 각양의 호구지책성 생산 양식이 생겨나고 있었다.

‘농가별생산책임제’라고 통칭 할 수 있는 이러한 다양한 생산 양식에 두고 당시 논쟁이 일었다. 당권파와 이에 동조하는 사람들은 어떻게 하면 농업 집단경제 속에 존재하는 평균주의의 폐단을 딛고 농민들의 자발성을 이끌어내 농업생산력을 높일 수 있을지를 우선 고민했다. 반면에 마오는 집체경제의 훼손을 더 강조하며 당권파의 구상을 마음에 들지 않아 하고 반대하는 방향으로 나아갔다.

당권파의 생각을 가장 잘 보여주는 사례가 바로 개혁개방 이후 ‘흑묘백묘론’으로 잘 알려진 덩샤오핑의 주장이다. 덩샤오핑은 1962년 7월 중앙서기처회의와 공청단 전체회의에서 ‘포산도호’에 대한 설명을 하면서 “쉽고, 빠르게 농업생산을 회복시킬 수 있다면 어떤 방식이라도 써도 좋지 않으냐”라며 혁명전쟁 시기 류보청(刘伯承)이 “국민당과의 전투에서 이길 수만 있다면 어떤 전술이든 좋은 것 아니냐?”며 자주 써먹던 쓰촨의 속담, “황색 고양이든 검은 고양이든 쥐만 잘 잡으면 좋은 고양이다”란 말을 인용했다.[56] 덩샤오핑은 “집체경제의 규율, 원칙에만 얽매여 농민의 현실을 외면하지 말자”라고 말하고 싶었을 것이다.

물론 이 같은 정책 경쟁 과정에서 당권파들도 마오를 의식하면서 “수정주의로 나아가서는 안 된다”라는 등의 매우 신중한 자세를 잊지 않았다. 마오의 비서였던 톈지아잉은 마오에게 보고할 때 “포산도호 등의 비율이 40%가 된다 해도 60%는 집체 아니냐? 이건 임시적인 시책일 뿐이

---

[56] 邓小平, 「怎样恢复农业生」, 『邓小平文选』第一卷, 人民出饭社, 2009, 323~324쪽. 류보청(刘伯承)은 국민당과의 전투에서 전략을 두고 격론이 일 때 “어떤 방식이든 국민당군을 이기는 게 최고 아니냐? 이전 방식에 얽매이지 말자”라며 쓰촨의 고양이 속담을 인용했다. 쓰촨의 속담은 원래 “황색고양이든 검은 고양이든 쥐만 잘 잡으면 ~~”이었는데, 후일 마오가 “흑묘백묘라니, 제국주의든 맑스주의든 상관없다는 말 아닌가?”라며 덩샤오핑을 비판하면서 “흑묘백묘론”으로 유명세를 얻게 되었다.

다. 생산이 회복되면 집체경제로 다시 인도할 수 있다"라고 부가적인 설명을 하는 등 마오의 오해를 사지 않기 위해 노력했다.[57] 덩샤오핑도 방식이야 어떻든 지금은 '생산력 제고'가 최고 급선무라고 밝히면서도 또 하나의 중요한 과업은 "수정주의로 나아가지 않고 공산주의로 나아가게 보장하는 것"이라고 강조하기도 했다.

사실 이러한 당권파의 행보에는 그간 당의 결정과 행보, 그리고 마오가 보여준 정책적 방향성도 담고 있는 것이었다. 마오도 그간 생산력을 높이는 게 관건이라는 것을 인정했었다. 마오는 대약진이 실패로 확인되어 가던 1960년 10월 미국 기자 스노우와 가진 대화에서, 중국의 "산업혁명 혹은 경제혁명은 지난 10년 시기에 겨우 시작된 것이다. 우리의 기본적인 상황은 헐벗고 가진 게 없다는 것이다. 가난하다는 것은 생활 수준이 낮다는 것이다. 왜 생활 수준이 낮은가? 생산력 수준이 낮기 때문이다. 무엇이 생산력인가? 인력 이외의 기계 부문을 말하는 거다. 공업, 농업 모두 기계화가 필요하다. 동시 발전이 필요하다"라며 생산력이 핵심이라는 걸 강조했었다.[58]

그러나 마오의 생각은 이미 바뀌고 있었다. 마오는 중공의 농촌사업부 부장이던 덩즈회이(邓子恢)가 「농촌 인민공사의 몇 가지 당면 정책에 관한 의견」에서 "집단경제를 주체로 삼는 조건에서 농민에게 경영의 자유를 보다 많이 주자. 이렇게 해도 사회주의의 궤도를 벗어나지는 않을 것이다"라고 건의했는데, 마오는 이를 단간풍(单干风-개인경영풍조)을 불러일으킬 것이라며 반대했다. 그러면서 이 문제를 비약시켜 "덩즈회이 당신이 이번에 농가생산책임제를 실시한다면 맑스주의는 다시 사라져 버릴

---

57 『毛泽东年谱』第五卷, 110~111쪽(1962.7.6).
58 毛泽东, 「同斯诺的谈话」, 『毛泽东文集』第八卷, 216~217쪽.

것이다"라고 엄혹하게 비판하였다.[59]

또한 경제정책을 이끌던 당권파의 한 사람인 천원이 건의한 '분전도호'라는 농가생산책임제 정책에 대해서도 마오는 "분전도호는 농촌 집체경제를 와해시키고 인민공사를 해체하는 것으로 중국식 수정주의이다. 이것은 어떤 길을 가느냐의 문제이다"라고 강하게 비판했다.[60]

이처럼 농촌의 생산력 제고를 위한 당권파의 이러한 정책적 고민들은 '자본주의 복귀 조치', '중국식 수정주의'라는 마오의 적대적 비판을 받게 되지만 아직은 대약진 실패의 후유증이 워낙 심각했고, '신경제정책'도 일정하게 효과를 보고 있던 시기여서, 마오도 "경제에는 영향이 없도록 하라" 할 정도로 당권파 주도의 경제정책이 당장 큰 영향을 받지는 않았다.[61]

그만큼 당권파는 위태로운 갈등 속에서도 자신들의 믿음을 가지고 정책들을 굳건하게 펴나가고 있었다. 특히 이들은 '공산풍'과 '과장풍'을 생산력 저해의 가장 큰 요인이라고 판단하고 이런 정신들이 담긴 대약진 구호도 폐기할 것을 주장하기에 이른다. 대약진의 열기를 가장 잘 담고 있는 구호 중의 하나인 "15년 안에 영국을 따라잡을 수 있다"라는 구호를, 덩샤오핑이 다시는 거론하지 않겠다고 공개적으로 밝힌 것이 대표적이다.

덩샤오핑은 인도네시아 공산당 대표단과의 대화에서 "공업 발전은 종합적이고 형평을 이뤄야 한다. 이전에 강철만을 기본으로 본 것은 정말 부정확했다. 만약 다른 제조업은 따라오지 못하면 강철이 무슨 소용이

---

59 중국공산당 문헌연구실 편, 허원 역, 『정통 중국현대사』, 337쪽. 덩즈회이는 마오의 비판에 결국 자신의 주장이 '부정확'했다며 자아비판을 해야만 했다. 『建国以来毛泽东文稿』第十册, 137쪽.

60 「1962年, 陈云要求包产到户, 毛主席很生气: 这是中国式的修正主义」, https://zhuanlan.zhihu.com/p/686667964(검색일: 2024. 4. 29).

61 '생산력 제고'에 초점이 맞춰진 이시기 중국식의 '신경제정책'은, '농민이 자율적으로 운영 가능한 자류지 비율이 총 경작면적의 12%에 불과한 점', '농업집단화, 공장 국유화, 상업에 대한 정부의 엄격한 통제 유지' 등 40년전 레닌이 주도한 신경제정책(NEP)을 "희미하게 반영하는 것에 불과했다"라고 평가되고 있지만 마오는 심각한 위협으로 판단했던 것이다. 모리스 마이스너, 김수영 역, 『마오의 중국과 그 이후 1』, 이산, 2006, 358쪽.

있는가?"라며 "15년 안에 영국을 따라잡겠다는 구호는 정확하지 못했다. 우리는 다시 거론하지 않는다"라고 밝혔다.[62] 이는 마오의 의지를 부정한 것이나 다름없는 것이어서 양측의 갈등은 더욱 첨예화될 수밖에 없는 운명이었다.

내연하고 있던 중소갈등이 공개적으로 분쟁화된 사태는 마오와 당권파 간의 관계를 더욱 악화시켰다. 1960년 소련이 기술자를 전면 철수하며 시작된 중·소간의 갈등은 그간 수면 아래에서 진행되어 오다, 서방과의 평화공존을 추구하던 소련이 결국 미국, 영국과 핵실험금지조약 가조인을 위한 회담을 시작하자 언론매체를 통한 공개 설전 형식으로 폭발하였다.

중소분쟁이 당권파에게 위협적이었던 것은 이 분쟁이 '수정주의'를 매개로 진행되었기 때문이다. 중공은 1963년 9월 이후 약 10개월간에 걸쳐 모두 9차례에 걸쳐 공개적으로 소련 비판 서신을 발표했는데 모두 소련의 흐루쇼프 정권을 '수정주의'로 비판하는 내용이었다.

상징적 의미가 큰 제1차 서신에서 중공은 "소공과 우리가 다른 길을 걷게 된 시작은 소공 20차 당대회에서부터였다. 소공 20차 당대회는 소공 지도부가 수정주의의 길을 걷기 시작한 첫걸음이다"라며 소련 지도부를 '수정주의자'로 몰아 비판했다. 또한 "개인미신 반대를 구실로 스탈린을 전면 부정하고 평화적 체제 전환 가능하다는 주장 등은 잘못된 것으로 중대한 과오를 범한 것이다"라고 비판했다.[63]

또한 1964년 들어 내보낸 7차, 8차 서신에선 "국제적 범위에서 일부 당 내부에 맑스–레닌주의 대 수정주의의 치열한 투쟁이 존재한다. 중국공산당은 일관되게 맑스–레닌주의에 근거해 활동해 왔다"라며 마오의

---

63 『建国以来重要文献编』第17册, 3~10쪽, 58~60쪽 등의 1, 2차 공개 서신 참조.

심경을 대변한 듯한 내용이 실렸으며, "최근의 사실은 흐루쇼프를 수뇌로 하는 소공은 현대 수정주의의 대표가 되었으며 국제공산주의 운동의 최대 분열주의자라는 것이다"라고 비판했다. 마지막이 된 9차 서신에선 "흐루쇼프의 수정주의는 결국 가짜 공산주의이다. 이런 사실로부터 반면교사의 교훈을 얻어야 한다"라는 강력한 비판까지 더해졌다.[64]

마오는 이처럼 소련과의 분쟁이 공개화된 이후 외국 인사를 만나는 자리에서도 수정주의에 대한 비판에 힘을 기울였다. 일본 공산당 정치국원들과의 면담에서 마오는 소련에 수정주의가 출현했다고 단정하고 "이는 수십 년간 진행된 스탈린 영도하의 사회주의 혁명이 철저하지 못했기 때문에 생겨난 것"이라고 했다.[65] 김일성과의 만남에서도 "펑더화이는 흐루쇼프 같은 사람이다. 중국이 수정주의로 변하면 어떻게 해야 하나? 맑스–레닌주의의 기치를 들고 이에 반대해야 한다. 그러면 중국 인민들이 감사하다고 할 것이다"라고 말해 펑더화이에 대한 반감을 다시 드러냈다.[66]

결국 마오의 이러한 우려와 당권파에 대한 반감은 농촌 사회주의교육운동을 정리하는 문서에서 "'주자파' 제거가 목표"로 제시되면서 당내 권력투쟁의 중대한 분수령을 맞게 된다. 중공은 1965년 1월, 그간의 사회주의교육운동을 정리하는 결산 보고인 「농촌 사회주의교육운동 중에 제기된 몇 가지 당면 문제」, 이른바 「23조」에서 사회주의교육운동의 성질을 서술하면서 "이 운동의 중점은 바로 당내에 자본주의의 길을 가는 당권파를 정리하고 도시와 농촌의 사회주의 진지를 공고히 하는 데 있다"라

---

64 7차~9차 공개 서신의 내용도 흐루쇼프와 소련을 수정주의자로 비판하는 내용이 중심이다. 7차, 8차 서신은 『建国以来重要文献编』 중 第18册의 81~135쪽과 364~415쪽을, 9차 서신은 第19册의 16~78쪽을 참조하면 된다.

65 『毛泽东年谱』 第五卷, 301~302쪽(1964.1.5).

66 「毛泽东对国内修正主义警惕的开始」, https://www.mzfxw.com/e/action/ShowInfo.php?classid=12&id=76535(검색일: 2024.4.15).

고 선언했다. 그러면서 "이같이 당내에서 자본주의의 길을 가는 일부 당권파는 무대 전면에 있기도 하고 무대 뒷면에 있기도 하다"고 적시해 한바탕의 투쟁이 불가피하다는 분위기가 조성되기 시작했다.[67]

마오 역시 이때 류사오치를 정치적으로 제거해야겠다고 결심한 것으로 확인되고 있다. 1970년 스노우와의 대화에서 "그 23개조 가운데 '4청'의 목표가 당내 자본주의의 길을 가는 당권파를 정리하는 것이라 돼 있는데, 회의장에서 류사오치가 즉각 반대를 했다. 바로 이때 류사오치 제거를 결심했다"라고 밝혔다.[68] 이는 사회주의교육운동이 당권파 제거라는 권력투쟁 성격으로 진행된 것임을 마오 스스로 인정한 것이었다.

「23조」가 나온 이후 마오의 계급투쟁과 수정주의에 대한 시각은 더욱 날카로워졌다. 마오는 중공 중앙국 제1서기들이 참석한 회의에서 "어떤 사람은 분산하면 조반(造反)이 두렵다 한다. 내가 보기엔 두 가지가 중요하다. 준비를 물처럼 잘하고, 조반을 두려워하지 마라. 만약 중앙에 수정주의가 출현하면 반드시 조반해야 한다"라고 설파하더니 이틀 뒤 중앙사업회의에서도 "중앙에 만약 군벌이 나타나거나 수정주의가 나타나거나, 결론적으로 말하면 그것들은 맑스주의가 아니다. 그러니 조반을 일으키지 않으면 잘못하는 것이다. 조반을 준비해야 한다"라고 강조했다.[69]

문화대혁명의 상징적 어휘나 다름없는 '조반'이라는 용어가 그 누구도 아닌 마오쩌둥의 입을 통해 먼저 나온 것이다. 문화대혁명 시기 가장 혁명적 슬로건이 됐던 '조반유리(造反有理)'는 이렇게 마오의 승인을 받은 셈이어서 그만큼 폭발적이었다.[70] 계급투쟁과 수정주의 타도를 외치던 마

---

67 「农村社会主义教育运动中目前提出的一些问题」, 『建国以来重要文献编』第20册, 21쪽.

68 『毛泽东年谱』第六卷, 357쪽(1970.12.18).

69 『毛泽东年谱』第五卷, 533~535쪽(1965.10.10~12).

70 '조반유리(造反有理)'. 마오는 이미 1939년 옌안에서 성대하게 거행한 스탈린 60세 생일 축하 대회에서 "맑시즘의 원리를 여러 가지로 얘기하지만 결국 핵심은 한마디, '조반유리'로 귀착된다"라고 밝힌 바 있다. 이에 비춰보면 마오는 문화대혁명을 '맑시즘의 진정

오의 머릿속에 이미 문화대혁명의 밑그림이 점차 구체화되고 있었음을 추론해 볼 수 있는 대목이다.

4) 문화대혁명: '개인숭배가 촉발한 대재난'

(1) 마오쩌둥의 문예계 비판과 장칭의 본격 등장

마오가 계급투쟁과 '수정주의 타파'를 앞세워 당권파에 대한 공세를 갈수록 높여가던 때에 마오의 또 다른 창끝은 문예계를 향하고 있었다. 당권파 주도의 신경제정책이 효과를 조금씩 보아가던 시기, '백화제방, 백가쟁명'의 쌍백방침도 부활되면서 자연스레 조성된 유연한 사회 분위기에 문학과 예술 활동도 다시 활기를 띠기 시작했으나, 마오는 이 부분에 대해서도 불만이 컸다.

문예계에 대한 비판 역시, 마오가 '계급투쟁'을 다시 들고 나온 베이다이허 준비회의와 이후 제8기 10중전회에서 공개적으로 시작되었다. 전체회의에서 캉성은 소설 『유지단』(刘志丹)이 숙청된 까오강(高岗)의 명예를 회복시켜 주고자 당을 공격한 것이라고 강하게 비판했다. 본래 원로 무산계급 혁명가를 찬양하고 서북지구의 혁명투쟁사를 뛰어나게 잘 묘사했다는 평가를 받던 소설이 하루아침에, 반당분자의 명예를 회복하고 당을 공격하기 위한 것이라는 비판을 받으면서, 서북지구의 혁명투쟁에 까오강과 함께 참여했던 시중쉰(习仲勋), 류징판(刘景范) 등도 반당집단으로 몰려 심사를 받기에 이른다.[71]

한 구현'에 충실하고자 하는 혁명이라고 믿었을지도 모른다. 「在延安各界庆祝斯大林六十寿辰大会上的讲话」(一九三九年十二月二十一日), https://www.marxists.org/chinese/maozedong/1968/1-122.htm(검색일: 2025.2.7).

71 중국공산당 문헌연구실 편, 허원 역, 『정통 중국현대사』, 344쪽.

마오는 전체회의가 제출한 자료를 보며 "요즘 소설을 창작하여 반당 활동을 하는 것은 하나의 큰 발명이다. 한 정권을 뒤엎으려면 먼저 여론을 조성하고 의식형태와 상부구조를 만드는 것이다"라며 최근의 자유로운 문예계 분위기를 힐난하듯 비판했다. 마오는 이처럼 캉성 등의 주장에 동조하면서 당시의 문예계를 은연중에 "반당 활동의 집합소" 같은 분위기로 몰아갔으며 이러한 마오 발언의 파장은 매우 컸다.[72]

당장 문예계 전반에 대한 심사 작업이 시작돼 '귀신극'에 대한 공연 금지 등 소설은 물론 연극과 영화 부문까지 대대적인 비판이 진행되었다. 당시 비판받은 작품 가운데 다수는 이 시기에 나온 작품 중 비교적 우수한 것들이었다. 또한 정상적인 문예비평이 아닌 이데올로기적 평가를 받으면서, 문예계가 첨예한 계급투쟁의 한가운데에 있는 것처럼 오도되었다. 좌경오류화 된 지침 아래 수많은 우수한 작품이 자산계급, 수정주의의 독초라는 정치적 누명을 쓰고 비판을 받은 것이다.[73]

마오의 문예계와 이를 관장하던 문화부에 대한 비판은 갈수록 거세졌다. 마오는 "많은 부문에 여전히 '죽은 사람들'이 통치를 하고 있다. 많은 공산주의자들이 봉건주의, 자본주의 예술은 열심히 주창하는 반면 사회주의 예술은 그만큼 열심히 제기하지 않는다. 이 얼마나 괴상망측한 일인가?"라며 중앙선전부와 문예부를 질타했다.[74]

1964년 들어서의 지시는 더욱 엄격했다. 마오는 문예계 관련 협회를 비판하며 "이들이 발행하는 간행물이 15년 동안 당의 정책을 집행하지 않았다"라고 엄하게 질타한 뒤 "최근 몇 년 사이에는 기본적으로 뜻밖에도 수정주의의 언저리에 떨어지고 말았다. 진지하게 개조하지 않으면 언

---

72 『毛泽东年谱』第五卷, 153쪽(1962.9.24).
73 중국공산당 문헌연구실 편, 허원 역, 『정통 중국현대사』, 346쪽.
74 『毛泽东年谱』第五卷, 288쪽(1963.12.12).

젠가는 반드시 헝가리의 '페퇴피 구락부'와 같은 단체로 변할 것이다"라 며 중앙선전부와 문화부에 비난의 창끝을 겨누었다.[75]

이처럼 마오의 비판이 커지자, 비판의 영역도 1964년 여름부터는 철학, 경제학, 역사학, 교육학 등 학술영역으로 확대되었다. 이 당시 학술상의 토론과 비평은 모두 두 계급, 두 길, 두 노선 사이의 대 논전으로 확산되었고, 정치적 차원에서 진행돼 많은 학자들이 '수정주의자', '반당분자'라는 누명을 써야만 했다.[76]

문예계에 대한 마오의 두 번의 지시가 나온 뒤인 1964년 7월, 마오는 정치국 상임위원회를 열어 문예계에 정풍운동을 다시 시작하기로 결정한다. 또 이를 위해 펑전을 조장으로 한 5명의 소조를 결성했는데 보통 '5인소조'로 불렸다. 이어진 회의에선 '5인 소조'가 중심이 돼 당 중앙과 마오의 문화예술, 철학, 사회과학 문제에 대한 지시를 철저히 집행할 것이 결의되었다.

이 시기 권력 갈등 분석에서 하나 더 중요한 사실은 마오의 부인 장칭이 마오의 우군으로 발 벗고 나섰다는 점이다. 장칭은 '7천인대회' 당시 마오의 답답한 마음을 간파하고 있었듯 그 누구보다 마오의 당시 심정을 잘 헤아리고 있던 사람이다. 옌안을 찾아 마오를 만나기 전 장칭은 원래 상하이에서 이름을 날리던 배우였다. 다시 말해 그 누구보다 영화, 연극, 문예의 힘을 알고 있었던 것이다.[77]

---

75 『毛泽东年谱』第五卷, 367쪽(1964.6.27). 페퇴피 샨도르는 19세기 헝가리의 국민시인이다. 1848년 페퇴피 등 문인들이 주도한 합스부르크가의 폭정에 맞선 혁명은 실패했으나, 페퇴피 가 만든 「민족의 노래」에 담긴 저항정신은 살아남아, 1956년 소련에 항거하는 부다페스트 혁명 의 씨앗이 되었다. "페퇴피 구락부와 같은 단체로 변할 것"이라는 말에는 헝가리 혁명을 부정 적으로 보는 마오의 시각이 잘 담겨 있다 할 것이다.

76 중국공산당 문헌연구실 편, 허원 역, 『정통 중국현대사』, 346~347쪽.

77 장칭은 빈농 출신에 소학교 학력이 전부였지만 한때 상하이에서 활동한 유명 배우였다. 당시 예명은 란핑(藍苹)이었다. 1933년 중국공산당에 입당했으며, 1937년 자신이 직접 옌안을 찾 아 마오를 만났으며 이듬해 마오와 결혼했다. https://baike.baidu.com/item/%E6%B1%9F %E9%9D%92/30425?fr=aladdin(검색일: 2024.5.19).

마오가 린뱌오의 협력에 힘을 얻어 수정주의 타파, 문예계 비판에 나서자, 장칭 역시 이에 발맞춰 나서기 시작한 것이다. 시작은 베이징이었다. 장칭은 당시 당 중앙선전부 문예부 처장에 이름만 올려놓은 상태였는데 8기 10중전회 직후 처장 자격으로 베이징시 중앙선전부 찾아 "지금 공연되고 있는 연극「해서파관」에 문제가 있다, 비판해야 한다"라고 제안했지만, 당시 당권파의 영향력이 미치고 있던 중앙선전부는 이를 거절한다.[78]

장칭은 이후 상하이로 눈을 돌리게 되는데 상하이엔 또 다른 '마오 숭배주의자' 커칭스가 있었기 때문이다. 커칭스는 당시 상하이 시장이자 제1서기, 화둥국 제1서기를 맡고 있었는데 더 중요한 것은 그가 1958년 "마오주석을 미신의 정도로 믿는다. 마오주석에 맹종하는 정도로 복종한다"라는 화려한 개인숭배 발언으로, 바로 두 달 뒤 정치국원에 임명된 마오 숭배주의자라는 사실이다.

커칭스는 1963년 1월 상하이 문화예술인들을 초청한 신년회에서 독창적인 구호 "지난 13년을 휘황하게 그려내자!"(大寫13年)를 내놓았다. 그는 "오늘 이후, 창작을 할 때에는 영도사상 중심으로 창작을 하고, 반드시 '옛것은 희미하게 오늘날의 것은 선명하게' 그려내야 한다. 이러한 창작법을 고수하라. 해방 13년을 중후하게 그려내자. 옛날 사람, 죽은 사람 말고 살아있는 사람에 대해 써라. 우리는 지난 13년을, 휘황한 13년으로 그려내야 한다"라며 열변을 토해냈다. 커칭스의 이 발언은 마오가 10중전회에서 문예계를 향해 내놓은 비판과 판박이라 할 정도로 닮았다.[79]

---

[78] 「해서파관(海瑞罷官)」은 황제를 꾸짖을 정도로 강직하고 청백리로도 이름난 명나라 후기의 재상 '해서(海瑞)'의 정신을 선양하는 내용이 주를 이루는 역사경극이다. 마오쩌둥이 당내 지도자들에게 "할말은 해야 한다"라는 뜻으로 소개하며, 당내에도 이런 분위기를 주문한 것을 계기로 여러 문장에 이어 연극으로까지 만들어졌다. 그런데 장칭은 이 연극의 문제점 폭로를 통해 당권파 공격의 계기를 마련하려고 직접 나선 것이다.

[79] 「柯庆施提出大写十三年」, https://www.163.com/dy/article/I4II3M120550VN9Q.html(검색일: 2024.4.15).

이러한 커칭스의 글은 상하이의『문회보』,『해방일보』등에는 실렸으나 정작 베이징에서는 어느 신문에도 실리지 않았으며 오히려 이후 당 중앙선전부의 가혹한 비판을 받았다. 1963년 4월 중앙선전부가 주관한 '문예사업회의'에서 중앙선전부 부부장이던 저우양 등은 "'지난 13년을 휘황하게 그려내자'와 같은 이런 구호는 매우 편파적이고, 문예 창작을 방해하며 당의 '백화제방' 문예 방침과도 맞지 않는다"라고 비판하며, 소위 "사회주의 시기의 생활에 관해 쓴 것만이 사회주의 문예가 될 수 있다"라는 것은 잘못된 것이라고 지적했다.[80]

커칭스는 그러나 이 연설로 이후 장칭이라는 천군만마의 원군을 얻게 된다. 커칭스의 연설을 접한 장칭은 문예에 대한 견해가 완전히 일치하는 걸 민감하게 느꼈고 이후 상하이를 방문해 커칭스와 회동한다. 이 자리에서 장칭은 커칭스를 치켜세우며 "상하이를 기지로 만들겠다"라고 약속한다. 상하이가 마오의 부인 장칭의 주도 아래 마오숭배자들의 기지가 된 셈이다.

상하이에 기지를 마련한 장칭은 더욱 활발히 움직이게 된다. 장칭은 마오가 문예계 상황에 불만을 드러내고 특히 "이데올로기 방면을 포함한 반수정주의가 필요하다. 문학 이외에 가무, 희극, 영화 등 예술 방면에도 반드시 반수정주의 작업이 시급히 실시되어야 한다"라고 강조한 이후 더욱 기민하게 움직이기 시작했다.[81]

이렇게 장칭을 배후로 커칭스가 수장, 장춘챠오(상하이시 선전부장)와 야오원위앤(상하이의 급진적 문예평론가)을 전사로 하는 투쟁집단이 상하이에 구성되는데, 이로써 마오는 린뱌오라는 우군에 이어 장칭을 중심으로 한

---

80 「柯庆施提出大写十三年」, https://www.163.com/dy/article/I4II3M120550VN9Q.html(검색일: 2024.4.15).
81 「毛泽东年谱」第五卷, 263쪽(1963.9.27).

강력한 지원 집단을 얻게 된 것이다. 이들은 이후 문화대혁명 과정에서 '조반파'를 형성하게 되고 이후 이른바 '4인방'이라는 권력 파벌로 발전해 가게 된다. 권력이 당권파에게 넘어갈까 노심초사하며 흔들리던 카리스마 마오가 이들 개인숭배로 무장한 추종자들에게 의지하게 된 것은, 너무나 당연한 일이었다.

(2) 문화대혁명의 도화선, 「해서파관 비판」

바로 이렇게 '개인숭배주의자들의 기지'가 된 상하이에서 장칭은 마침내 돌파구를 마련하게 된다. 이들은 1965년 초부터 7~8개월간의 비밀 작업 끝에 마침내 65년 11월 10일 야오원위앤을 저자로 상하이『문회보』에 「신편 역사극 해서파관을 평함」(이하 「해서파관 비판」으로 통칭)이라는 비판 글을 발표했다.[82]

이들이 평론의 형식을 통해 당권파 공격의 구실로 삼은 「해서파관」(海瑞罷官)은 사실 다른 누구도 아닌 마오의 뜻에 따라 만들어진 창작물이었다. 마오는 대약진이 어려움을 겪을 시기인 1959년 4월, 상황의 어려움 때문에 간부들이 의견 내기를 꺼리자, 이런 분위기를 바꿔보기 위해 "진실을 말해야 올바른 결정을 할 수 있다"라며 명나라의 재상으로 바른말을 하다 황제에게서 쫓겨난 '해서(海瑞)'의 강직한 정신을 배울 것을 주창했다.[83] 이런 배경하에서 당시 명나라 시대 역사 전문가이자 베이징시 부시장이기도 했던 우한(吳晗)이 당의 지시를 받아 '해서'에 관한 글을 작성

---

82 문화대혁명 시작 1년쯤 후인 1967년 5월, 마오는 한 외국 군사대표단과의 환담에서 문혁을 소개하며 "우리나라의 무산계급문화대혁명은 1965년 겨울 야오원위앤 동지의 '해서파관'에 대한 비판에서부터 시작되었다"라고 말해 「해서파관 비판」이 돌파구 역할을 하였음을 인정했다. 『毛泽东年谱』第六卷, 88쪽(1967.5).

83 『毛泽东年谱』第四卷, 11~12쪽(1959.4.5). 마오는 당시 이런 정신을 강조하며 펑더화이와 저우언라이에게 『明史·海瑞传』을 읽어보라며 전달하기도 했다.

했고, 이를 바탕으로 이후 「해서파관」이라는 연극으로까지 상연되었다.[84]

그런데 이렇게 마오의 뜻에 받들기 위한 차원에서 만들어진 이런 연극이 계급투쟁, 수정주의 타파라는 갈등 국면에서 오히려 "마오를 비난하는 차원에서 만들어졌다"라는 완전 정반대의 해석과 함께 당권파 공격에 이용된 것이다.

야오원위앤은 「해서파관」의 내용 중 퇴전(退田)을 마오가 수정주의라고 비판했던 '개인경영풍조(单干风)'에 비유하고, 억울한 송사 시정(平冤獄)을 펑더화이가 억울하다며 재심을 요구했을 때 비판받았던 '명예회복풍조(翻案风)'와 연계시켜, 결국 이 연극이 무산계급독재와 사회주의혁명에 대항하는 자산계급투쟁을 보여주려는 것이라며 '한 포기의 독초'라고 공격했다.[85] 농민들의 자발성을 활용해 생산력을 높여보고자 했던 단간(개인경영) 등 농업생산책임제를 수정주의라며 "사회주의를 무너뜨릴 것"이라고 가혹하게 비판했던 마오의 당권파 공격과 펑더화이에 대한 여전한 분노를 생각하면, 「해서파관 비판」의 주장은 당시 마오의 심정을 무엇보다 잘 담아내는 것이었다. 장칭 등은 바로 이점을 노렸던 것이다.

그러나 신경제정책이 연장돼 시행되면서 경제적 효과가 서서히 나타나던 1965년 초에도 당의 중앙선전부는 여전히 당권파가 장악하고 있어서 「해서파관 비판」은 베이징의 언론엔 바로 실리지 않았다. 비록 이 글을 『문회보』에 올리기 전 "마오주석이 친히 봤다"라는 사실이 알려지며 뒤늦게 베이징에서도 언론에 실리긴 했으나, 당권파는 그러면서도 몇 번에 나눠서 학술토론 형식으로 싣기로 하는 등 정치적 충격을 피하고 이

---

[84] 1959년 6월 16일부터 인민일보에 「해서 황제를 꾸짖다(海瑞骂皇帝)」, 「해서를 논함(论海瑞)」 두편이 연속 실렸다. 이후 각지에서 「해서상소(海瑞上疏)」, 「해서배견(海瑞背纤)」 등 '해서'를 선전하는 연극이 상연됐고, 이후 베이징에서 문제의 역사경극 「해서파관(海瑞罢官)」이 공연되었다.

[85] 姚文元, 「评新编历史剧《海瑞罢官》」, 『建国以来重要文献编』 第20册, 597~619쪽.

작품과 원저자인 우한에 대한 공격을 낮춰보려 노력했다.[86]

이에 반해 장칭 등은 어떻게든 사태를 확산시키려 노력하였다. 장칭의 직접 조종 아래 창춘차오, 야오원위앤 등은 역시 『문회보』를 이용하여 「해서파관 비판」을 이용한 '대변론'을 열었고, 각종 수단을 통해 베이징과 상하이 등지의 지식인 특히 유명 인사들의 반응을 수집하였다. 그리고 이를 분류해 야오원위앤의 관점과 다른 많은 반대의견을 '우파언론'으로 분류하고 이를 이용해 지식인, 특히 중년과 노년 지식인들을 공격하였다.[87]

여기서 원래 「해서파관 비판」 글에는 없던 새로운 해석을 '5인소조' 가운데 한명인 캉성이 들고 나오면서 사태는 더욱 위협적인 국면으로 진입한다. 캉성은 「해서파관」의 핵심은 '파관'에 있다며 이를 루산회의, 즉 펑더화이 숙청과 연계시켰다. 명나라 시대 '가정(嘉靖)황제'가 '해서'라는 관리를 파직한 걸 비판한 것이 바로 「해서파관」의 핵심 내용인데 이제 보니 이 내용은 "루산회의에서 펑더화이를 숙청한 걸 은근히 비판한 것"이라는 것이다. 즉 "펑더화이를 숙청한 마오를 비판하는 것이 「해서파관」의 숨은 뜻이다"라는 경천동지할 정치적 공세의 근거를 제공한 것이다.

마오도 이에 곧바로 화답했다. 마오는 1965년 12월 21일 "「해서파관」의 핵심은 '파관'에 있다"라고 말하고, 다음날 펑전, 캉성 등과의 대담에서 다시 한번 이를 확인했다.[88] 다만 마오는 이때까지만 해도, 이 문제를 학술형식의 방법으로 해결하자는 펑전의 주장을 강하게 반대하진 않았다. 그러나 마오가 '파관'이 핵심이라고 했다는 말이 퍼져 나가자, 이

---

86 1965년 11월 17일 저우언라이가 펑전에게 문제의 글은 "마오주석이 친히 검토한 것"이라고 전하자, 베이징 당서기이자 '5인소조'의 조장이던 펑전이 어쩔 수 없이 싣겠다고 하면서도 "몇 번에 나눠 실겠다. 팡(放)의 방식으로 하겠다"라고 했다. 팡의 방식이란 학술토론의 형식으로 한다는 것이다. 邹文洁, 「彭真与文化革命五人小组」, 『北京党史』 01期, 2008, 24쪽.

87 중국공산당 문헌연구실 편, 허원 역, 『정통 중국현대사』, 350쪽.

88 邹文洁, 「彭真与文化革命五人小组」, 『北京党史』 01期, 2008, 24쪽.

비판 문제는 마오 숭배주의자들에게 새로운 동력을 공급한 셈이 됐다. 이들은 더욱더 가열찬 공격을 준비한다.[89]

「해서파관 비판」 사태를 학술적으로 처리해 정국을 안정시키려는 펑전 중심의 당권파의 노력은, 마오가 사태 초기에는 명시적으로 반대는 하지 않으면서 어느 정도 성과를 내는 듯했다. 펑전 중심의 '문화혁명 5인소조'는 이 사태를 마무리 정리하면서 「당면 학술토론에 관한 문화혁명 5인소조의 보고 제강」, 이른바 「2월제강」을 내놓았는데 이 안의 핵심은 "학술문제를 정치문제로 만드는 것에 찬성하지 않는다"라는 것이었고 당 중앙 지도자의 대부분도 이에 찬성했다. 또 펑전과 캉성이 함께 마오에게 보고했으나 마오 역시 어떠한 반대 의견도 내지 않았다. 펑전 등은 마오가 이미 동의했다고 여겼고 그래서 1966년 2월 12일 중앙의 정식 비준까지 받아 전당에 발송하였다.[90]

그러나 마오가 「해서파관」에서 "'파관'이 핵심이다"라는 말을 했다는 전언에 힘을 얻은 장칭 등은 사태가 안정되는 것을 절대 용납할 수 없었다. 여기에서도 상하이시가 먼저 나섰다. 상하이시위원회는 토론회를 열어 "「해서파관」의 핵심은 '파관'이다. 우경 기회주의분자들의 원한을 풀어주려는 것이다. 또한 펑전이 학술적 방법으로 문제를 풀려던 것은 펑전만의 생각이 아니라 더 있을 것이다"라며 정치, 사상운동의 규모를 키웠다.

장칭 역시 기민하게 움직였다. 그녀는 곧바로 린뱌오를 찾아 문예 부분 문제를 협의한 이후 그들의 '기지'로 만든 상하이에서 '부대문예사업

---

89 이처럼 「해서파관 비판」이 나오는 과정을 보면 권력 구도에 새로운 세력 중심이 생겨난 걸 알 수 있다. 당권파가 중심이 된 펑전 중심의 '5인소조' 외에 상하이에 근거를 둔 장칭, 장춘챠오, 야오원위앤 등으로 구성된 '마오 개인숭배주의자' 집단의 서로 다른 '영도 중심'이 생겨난 것이다.
90 霞飞, 「中央文革小组的设立和取消」, 『党史博采 (纪实)』, 2012, 21쪽.

좌담회'를 개최한다. 좌담회가 끝난 후 장칭은 그 내용을 마오에게 정리해 보고했는데 그 제목이 「린뱌오 동지의 위탁을 받은 장칭 동지가 개최한 부대문예사업 좌담회 기요」였다. 마오는 이 좌담회의 대강의 내용을 정리한 이 「기요」를 비준했고 이를 전국에 내려보내도록 했다.[91]

「기요」의 내용도 범상치가 않았다. 대부분의 내용이 이데올로기 영역에서의 좌적 착오가 집중적으로 반영된 것으로 「해서파관 비판」중의 '반대파'를 겨냥한 것이었는데, 이 자리에서 문예계 상황을 극단적으로 과장하고 엄중하게 예단하는 '흑선독재론(黑线独裁论)'이 처음 공개적으로 나왔다. '흑선독재'는 중화인민공화국 성립 이후 문예계는 '반당, 반사회주의적인 흑선이 독재를 펴고 있고 그래서 문화전선 상에서 한바탕 사회주의대혁명을 진행해 이 흑선을 철저히 퇴출시켜야 한다는 주장으로 이어진다.

이는 누가 봐도 문예계에 존재한다는 흑선독재를 이용해 당권파를 공격하자는 것이었다. 마오는 1966년 2, 3월 시기에 펑전이 주재해 결정한 "학술문제를 정치문제로 만드는 것에 찬성하지 않는다"라는 「2월제강」에 먼저 동의하고, 동시에 장칭이 만들어 올린 「기요」도 비준을 했지만, 진정으로 마오의 생각을 반영하고 대표하는 것은 「기요」였다. 이처럼 「기요」가 나오면서 「2월제강」은 마오에 의해 명확히 부정된 셈이고, 이는 마오가 이미 더 큰 행동을 취하기로 결심했다는 걸 의미했다.

이처럼 일촉즉발의 긴장된 분위기에 기름을 붓는 듯한 사건이 하나 더해졌다. 「해서파관 비판」의 핵심은 '파관'에 있다는 절묘한 논리 개발로 마오 숭배주의자들의 '상하이 음모'에 큰 힘을 보탠 캉성이 하루는 마오에게 보고하기를, 이전에 펑전이 상하이에서 발표된 야오원위앤의 글에 대해 질의를 하면서 "왜 중앙선전부에는 알리지 않았느냐? 상하이시

---

91 邹文沽, 「彭真与文化革命五人小组」, 『北京党史』, 25쪽.

는 당성이 있는 거냐? 없는 거냐?"라고 질책하면서 특히 "이는 마오주석까지도 관련될 수 있는 문제다"라고 말했다는 음해성 발언을 했다.[92] 그러자 마오는 "문화대혁명을 다시 발동하지 않으면 늙었든, 중간이든, 어리든 모두 비판받을 것이다"라고 분노하면서 펑전 비판을 결정했다.[93]

결국 마오는 '문혁 5인소조'가 만든 「2월제강」이 오류라고 판단하고 중앙선전부가 '좌파'를 지지하지 않고 "좌파의 원고를 압수하였다"라고 질책하며 중앙선전부가 '염라대왕전'이므로 "염라대왕을 타도하고 귀신들을 해방시키자"라는 말로 비판하였다. 또 계속 지지하지 않으면 '5인소조', '중앙선전부', '베이징시 당위원회'를 모두 해산하겠다고 강력히 경고했다.[94]

이러한 마오의 분노와 엄포는 이후 열린 중앙서기처 회의에서 전달됐으며, 이런 위세에 눌려 펑전도 자아비판을 하는 등 회의는 마오의 의도대로 진행됐다. 중앙서기처의 첫 번째 결정 내용은 「2월 제강」을 취소한다"라는 것이었다. 「해서파관 비판」 사태를 학술적으로 해결하고자 했던 당권파의 노력이 결국 무산된 것이다. 두 번째는 이 사태의 책임과 새로운 소조 결성에 관한 결정이었다. 당권파인 펑전 중심의 소조가 해체되고 이를 대체하는 '문화혁명 문건 기초 소조' 결성이 결정된 것이다. 이시기 마오는, 이미 전국적으로, 또 당 중앙에 수정주의가 출현해 '대혁명'을 일으켜야 한다고 여겼으며, 이를 무엇보다 화급히 해결해야 할 문제로 여겼다.[95]

결국 이렇게 기존의 '문화혁명 5인소조'의 유연한 수습책이었던 「2월

---

92 霞飛, 「中央文革小组的设立和取消」, 『党史博采 (纪实)』, 2012, 22쪽; 毛毛, 『我的父亲邓小平: 文革岁月』, 中央文献出版社, 2000, 12쪽. 毛毛는 邓小平의 셋째딸 邓榕의 어릴 때 부르던 이름인데 이를 저자명으로 사용했다.

93 霞飛, 「中央文革小组的设立和取消」, 『党史博采 (纪实)』, 22쪽.

94 중국공산당 문헌연구실 편, 허원 역, 『정통 중국현대사』, 351쪽.

95 尹家民, 「毛泽东与中央文革小组的设立」, 『党史博览』第1期, 2006, 34쪽.

제강」이 취소되었을 뿐만 아니라, 이를 만들었던 '5인소조' 자체가 새로운 '중앙 문혁소조'로 대체되면서 이제 문화대혁명으로 가는 길목의 장애물은 모두 제거된 셈이 됐다. 「해서파관 비판」을 통해 당권파 공격의 혈로를 뚫은 '마오 숭배주의자들'의 연합은 군부대를 마오숭배 무대로 적극 이용한 린뱌오의 활약에, 마오의 부인이라는 특수한 위상을 적극 활용한 장칭의 기민한 '기획'까지 힘을 발휘하면서 결국 문화대혁명의 돌파구를 만들어 냈다.[96]

(3) 개인숭배가 촉발한 대재난, '문화대혁명'

'문화혁명문건 기초 소조'가 결성되고, 소조의 중심이 된 '마오 숭배주의자'들에 의해 「중공중앙 통지」가 작성되면서 문화대혁명은 그 막이 올랐다. 이 통지문은 정치국 확대회의에서 통과된 날을 의미하는 「5.16 통지」로 불리게 됐는데, '주자파 제거'를 핵심 내용으로 하는 문화대혁명의 선언서나 다름없었다.

「5.16 통지」는 10가지 점에서 「2월제강」을 비판했다. 「통지」는 먼저 "「2월제강」은 자산계급의 입장에서 만들어졌다. 「해서파관」의 핵심이 '파관'이라는 마오의 지적을 숨기려 했고 기본적으로 계급투쟁이자 정치투쟁인 문제를 학술영역 토론으로 제한시키려 했다"라며 당권파를 비판했다.[97] 결국 장칭을 중심으로 한 '마오 숭배주의자들'이 줄기차게 공격해 왔던 음해성 주장들이 모두 수용된 것이다.

---

96 이 '문화혁명 기초 소조'가 결국 '중앙문혁 소조'로 발전해 문화대혁명을 주도한다. 소조에는 천보다가 조장, 장칭이 부조장에 캉성이 고문으로 참여했으며 여기에 장춘차오와 「해서파관 비판」을 집필한 야오원위앤 등 참여했다. 조반파가 완전히 장악했으며 이들이 이후 '4인방'의 핵심 멤버가 된다.

97 「人民日報: 文革 '五一六通知'全文」, https://www.mzfxw.com/e/action/ShowInfo.php?classid=6&id=174784(검색일: 2024.4.22).

평전 등 당권파는 "마오가 직접 영도하고 발동한 이번 문화대혁명과 우한(吳晗)에 대한 비판 지시를 거부하고 항거한 것이다"라는 강력한 비판을 받아야만 했다. 사실 "우리 곁에서 잠자는 흐루쇼프 같은 인물들" 등 「5.16 통지」의 중요한 부분들은 마오가 초안을 받아보고 직접 가필해 넣은 것들이었다.[98] "당과 정부, 군대, 문화영역에 자산계급 대표 인물들이 스며들었는데 반드시 비판하고 제거해 필요하면 직무를 이동해야 한다. 이런 인물들은 일부는 드러났지만, 일부는 아직도 드러나지 않았다. 그리고 일부는 현재 우리의 신뢰를 얻어 우리의 후계자로 배양되기도 하고 있다. 그들은 바로 흐루쇼프 같은 인물들로 현재 우리 곁에서 잠자고 있다"라는 부분에서 마오가 특정 인물을 거론하지는 않았지만, 그의 말은 분명하게 류사오치, 덩샤오핑 등 당권파를 겨냥하고 있었다.[99]

「5.16 통지」가 하달되면서 문화대혁명은 군중적인 정치운동으로서 이미 시작된 것이었다. 6월 1일 『인민일보』는 「모든 잡귀신을 몰아내자」라는 사설을 발표했으며, 베이징대에선 대학 당위원회와 베이징시 당위원회를 모함하고 공격하는 대자보가 제작돼 전국으로 보내졌다. 그리하여 각지에서, 무엇보다 먼저 수많은 대학과 중고등학교에서, 당·정·문화기관에서 '조반'의 물결이 시작됐으며 이로 인한 수많은 혼란이 야기됐다.

이러한 혼란 사태에 류사오치, 덩샤오핑 등 중앙 일선의 지도자들은 공작조를 파견해 사태 수습에 나섰으며, 마오도 처음에는 공작조 파견에 동의했다. 문화대혁명을 당의 지도에 따라 제한적으로 질서 있게 추진한

---

98 中共中央文献研究室 编, 『刘少奇年谱』 下, 中国革命领导人文库, 1996, 637~638쪽 (1966.5.4~26).
99 이 같은 마오의 발언은, 문화대혁명이 후계체제와 연관이 있다는 분석을 제기한다. 문혁은 "자신의 사후에 스탈린 비판 같은 마오쩌둥 비판이 발생하고 혁명이 전도될 위험성이 있다"라는 마오의 강력한 경고였다는 것이다. 안치영, 『덩샤오핑 시대의 탄생: 중국의 역사 재평가와 개혁』, 창비, 2013, 41쪽.

다는 명분이었다. 그러나 공작조는 당권파에 대한 공격의 예봉을 틀어 계급 성분이 좋지 않은 지식인, 교사, 작가, 학생들을 비판 대상으로 삼는 경우가 많아졌다. 이에 중앙문혁소조를 이끌던 천보다 등이 공작조의 철수를 요구했고, 마오도 이를 보고 받고 류사오치, 덩샤오핑을 비판하며 공작조 철수를 지시한다. 마오가 이끄는 '조반파'와 류사오치와 덩샤오핑이 중심이 된 '당권파'의 본격 대립이 시작된 것이다.

마오는 문화대혁명의 법적 근거를 마련키 위해 '8기 11중전회'를 소집한다. 여기에서 마오와 류사오치의 돌이킬 수 없는 충돌이 빚어진다. 마오가 화를 내며 "공작조가 군중 운동을 진압하는 독재를 펴고 있다"라고 류사오치를 비판하자, 류는 자신은 절대 책임을 회피하지 않겠다고 하면서도 "공작조 파견을 결정한 것은 당 중앙이다. 어떻게 독재라고 할 수 있느냐?"라고 반박했다.

마오가 다시 정치국 확대회의 석상에서 공작조 문제에 대해 "이것은 노선상의 문제이다, 반맑스주의적이다"라는 말로 더욱 가혹하게 비판하자 류사오치는 다시 한번 공작조 문제에 대한 책임을 인정하면서도 자신이 "물러나야만 한다면 물러나는 것도 두렵지 않다, 다섯 가지 모두 두렵지 않다"라고 작심한 듯 발언했다.[100] 이것은 류샤오치가 일생 중 처음으로, 그리고 유일하게 마오와 정면으로 충돌한 일이다. 마오는 류가 이렇게 강하게 나올 줄을 몰랐고 이전의 이견들이 생각나며 분노가 생겼다.

---

100 『刘少奇年谱』 下, 中国革命领导人文库, 1996, 648쪽(1966.8.4). "다섯 가지 모두 두렵지 않다"라고 한 다섯 가지는 류사오치가 1962년 '7천인대회' 토론 중 간부들이 가져야 할 정신 자세로 강조한 것인데, '철직, 당적박탈, 이혼, 투옥, 처형'을 얘기하는 것이다. 류사오치의 말은, "처형도 두렵지 않다"라고 얘기한 것으로 해석되는 것이다.

마오쩌둥과 당권파의 갈등과 주요 결정들

일시	주요 결정	주요 내용	비고
1965년 1월	「23조」 사회주의교육운동 결산 보고	"이 운동의 중점은 당내 자본주의 길을 가는 당권파 정리"	마오, 이 회의에서 류사오치 제거 결심
1966년 2월	「2월 제강」 당면한 학술토론에 관한 문화혁명 5인소조의 제강	"학술문제를 정치문제로 만드는 것에 찬성 하지 않는다"	마오, 묵시적 동의 이후 비판, 취소
1966년 3월	「기요」 린뱌오 동지의 위탁 아래 장칭 동지가 개최한 부대 문예사업회 좌담회 기요(개요)	흑선 독재론, "문예계는 반당, 반사회주의적인 흑선이 독재. 퇴출시켜야 한다"	마오, 비준 후 전당에 배포 지시
1966년 5월 16일	「5.16 통지」 중국공산당 중앙위원회 통지	"당과 정부, 군대, 문화영역에 스며든 자산계급 대표 제거"	문화대혁명의 선언문으로 불림
1966년 8월	「16조」 프롤레타리아 문화대혁명에 관한 중공 중앙위원회 결의	"우리의 목표는 자본주의의 길을 가는 당권파를 무너뜨리는 것이다"	문화대혁명 법적 정당성 확보

　이러한 마오의 분노는, 충돌 다음 날인 8월 5일 「사령부를 포격하라− 나의 대자보」라는 위협적인 글을 통해 극명하게 표출됐다. 이 대자보 글에서 마오는 "지금의 사령부는 자산계급사령부로 무산계급 사령부가 아니기 때문에 공격해야 한다"라는 논리를 폈다. 다름 아니라 문화대혁명의 가장 큰 장애인 류사오치와 덩샤오핑을 제거하겠다는 결심을 "자산계급사령부를 공격하라"는 명령으로 표출한 것이다.[101] 이때부터 문혁은 문예계에 한정된 게 아니라 당 전체를 둘러싼 정치운동으로서의 성격, 그 본질을 분명하게 드러내게 되었다.

---

[101] 『毛泽东年谱』第五卷, 607쪽(1966.8.5). 마오가 제목으로 삼은 '사령부를 포격하라'의 사령부는 류사오치를 중심으로 한 '자산계급사령부'였다. 마오는 "지난 50여 일 기간, 중앙과 지방의 일부 동지들이 반동적인 자산계급 입장에 서서, 자산계급 독재를 실행하는 반혁명의 길로 나아갔다"라고 성토했는데, 이는 공작조의 활동을 비난하며 류사오치와 덩샤오핑 등 당권파를 공격한 것이었다.

마오의 이 대자보 발표 이후 당의 회의는 류사오치, 덩샤오핑을 비판하는데 집중되었다. 그리고 「프롤레타리아 문화대혁명에 관한 중공 중앙위원회 결정」, 이른바 「16조」가 발표되었다. 「16조」는 제1조에서 "사회주의 혁명의 신 단계, 우리의 목표는 자본주의의 길을 가는 당권파를 무너뜨리는 것이다"라고 명확하게 규정했다.[102] '조반유리(造反有理)'로 모든 것을 뒤엎을 듯이 전개된 문화대혁명의 파괴적인 영향으로 전국은 천하대란에 접어들었고, 마오는 천안문광장에서 전국에서 올라온 백만 홍위병을 뿌듯하게 격려했다.[103] 문화대혁명을 통해 마오는 마침내 카리스마적 권위를 회복한 듯 보였다.

마오의 후계 구도에도 확실한 변화가 이뤄졌다. 린뱌오는 문화대혁명 시작과 함께 서열 2위로 올라서며 사실상 후계자로 인식되게 된다. 11중전회 당시 린뱌오만 국가부주석으로 발표가 됐고, 저우언라이를 비롯한 기존의 부주석들은 누구도 호명되지 않았다. 류사오치는 서열 2위에서 8위로 떨어졌다. 류는 바로 숙청되지는 않았지만 이미 막다른 길로 내몰리기 시작한 것이다.

당권파에 대한 숙청과 핍박이 시작되면서, 류사오치와 덩샤오핑은 1966년 겨울쯤부터는 회의에도 참석하지 못하고 중난하이의 집에 연금되는 신세가 되었다. 이에 반해 린뱌오는 국가부주석으로 임명되어 후계자로 인식되더니, 제9차 당대회에선 당 헌법에 이름이 명기되는 전무후무한 방식으로 마오의 후계자로 공인되었다. 9대 당헌은 총강 부분에서

---

102 중국공산당 문헌연구실 편, 허원 역, 『정통 중국현대사』, 378~379쪽.
103 1959년 펑더화이 숙청과 이어진 '반우경투쟁'으로, '개인숭배가 충성심의 지표'가 되었다 할 정도로 당내 민주 생활이 위협받은 것이나, 문혁으로 당권파가 대거 숙청되고 전국적으로 무고한 피해자들이 양산된 것들을 보면 "개인숭배는 최고 권력자가 국가 폭력에 의지해 사회를 절대적으로 통치하는 경우 필연적으로 나타나는 결과이다"라는 분석이 매우 설득력 있게 다가온다. 丁四海, 「哲学視野中的个人崇拜」, 中央党校, 博士学位, 2004, 46~47쪽.

"린뱌오 동지가 바로 마오쩌둥 동지의 가장 친밀한 전우이자 후계자이다"라고 명기했다. 최고 지도자의 후계자 이름이 당헌에 구체적으로 들어간 것은 사회주의 역사상 전대미문의 일이었다.

9차 당대회에선 또 1956년 흐루쇼프의 '스탈린 개인숭배 비판'의 여파로 당의 지도사상에서 빠졌던 '마오쩌둥사상'이 다시 지도사상으로 규정됐다. 9대 당헌은 "중국공산당은 맑스주의, 레닌주의, 마오쩌둥사상을 지도사상의 기초로 삼는다"라고 규정했다. 그러면서도 "마오쩌둥사상은 제국주의의 전면 붕괴 시기에, 사회주의가 전세계적 승리를 향해 나아가는 시대의 맑스-레닌주의"라고 정리해 마오사상을 사실상 맑스-레닌주의보다 한 단계 높여놓았다.[104]

또한 린뱌오의 후계자 임명 이외에도 권력구도의 변화가 뚜렷했다. 마오 숭배를 무기로 문화대혁명의 도화선을 만들어 낸 장칭과 야오원위앤, 캉성 등 조반파들과, 린뱌오의 부인인 예췬(叶群)도 정치국원으로 모두 권력의 핵심으로 진입했다. 이처럼 문화대혁명은 '대권'을 뺏길까 노심초사하던 카리스마와, 그의 약한 고리를 개인숭배로 치고 들어가 권력을 나눠 가진 열혈 추종자들이 엮어낸 한편의 권력투쟁이었던 셈이다.

흔들리던 카리스마는 문화대혁명을 통해 권위를 회복할 수 있었고, 마오 개인숭배로 무장한 추종자들은 권력을 회복한 카리스마의 '은총'으로 권력의 중심으로 이동하는 '정치적 이익'을 쟁취하였다. 이처럼 개인숭배는 마오 권력 유지의 최종 심급으로서 작용한 것이다. 그러나 마오 숭배주의자들은 승리했지만, 국가적으로는 '10년 대란'이란 표현이 보여주듯 너무나 큰 손실을 초래한 대재난이었다.[105]

---

104 『중국공산당 역대전국대표대회 자료집 DB』, 제9차 당대회 당헌 제1장 총강(总刚) 참조. http://cpc.people.com.cn/GB/64162/64168/64561/4429444.html(검색일: 2024.4.15).

105 인적 피해의 규모를 보면 왜 문화대혁명을 '대재난'이라고 하는지 좀 더 이해할 수 있다.

마오는 스노우와의 대화에서 개인숭배에 대해 여러 번 솔직한 심정을 토로한 바 있다. 문화대혁명 전인 1965년 1월에 마오는 "스탈린은 개인숭배의 중심이었다. 그러나 흐루쇼프는 개인숭배를 하지 않았다. 그래서 그는 무너진 것이다"라고 말해, 권력을 되찾아오기 위해서는 개인숭배가 필요하다는 점을, 그렇게 하고 있음을 사실상 인정했다. 또 문화대혁명이 진행 중이던 1970년 스노우와의 대화에서도 마오는 "당시엔(60년대 초반 의미) 당권, 선전사업권, 각 성의 당권, 각 지방의 권력, 예를 들면 베이징시위원회의 권력 등에 나는 관여할 수가 없었다. 그래서 나는 약간의 개인숭배가 오히려 필요하다고 그때 말했었다"라고 재확인했다.[106]

마오는 그에 대한 개인숭배가 자기를 위한 것일 뿐만 아니라, 당과 혁명을 위한 것이라고 여겼다. 마오는 "개인숭배는 이전에는 장제스를 반대하기 위해서였고 이후에는 류사오치를 반대하기 위해서였다"라고 역시 스노우와의 대화에서 밝힌 바 있다. 여기에서 마오가 말하는 개인숭배의 본질을 간파할 수 있는데, 마오의 개인숭배 추진은 무슨 인식론상의 원인, 이론상의 잘못이 있어서가 아니라 '정치투쟁'에서 필요로 했기 때문이라는 것이다.

여기에 마오 이후를 노린 조반파의 적극적인 개인숭배 지지가 마오의 생각과 맞아떨어졌고, 결국 이러한 마오 개인숭배가 린뱌오와 장칭 등에 의해 권력장악을 위해 이용되면서 문화대혁명으로 폭발한 셈이다. 또 이렇게 시작된 문화대혁명은 광적인 신격화 운동으로까지 발전돼 마오 개

"1980년 당시 당의 조직부장을 맡고 있던 후야오방은 1957년 반우파투쟁과 문화대혁명 10년간 부당한 피해를 본 사람이 약 1억 명이 된다고 밝힌 바 있다. 지식인과 당·정 간부들이 수정주의자, 주자파로 혹독한 비판을 받았으며, 상당수는 정신적, 육체적 고문을 당했고 숙청되었다. 지방당 고위간부 약 70~80%, 중앙당 간부 약 60~70% 등 전체적으로 약 300만 명의 당·정 간부들이 문혁 때 숙청되었다." 徐鎭英, 『현대중국정치론』, 49~50쪽.

106 『毛泽东年谱』第五卷, 464~466쪽(1965.1.9), 1970년 12월의 마오쩌둥과 스노우와의 대화 내용은 『建国以来毛泽东文稿』第13冊, 174~175쪽 참조.

인숭배를 극단의 상황으로까지 몰고 갔다.

　이처럼 마오에 대한 개인숭배는 '10년 문혁'을 유발한 중요한 요인으로 평가되고 있다. 중국공산당은 1981년 「역사결의」에서 "문화대혁명이라는 전면적이고 장기간에 걸친 심각한 좌경오류는 마오쩌둥 동지에게 주된 책임"이 있으며, 이 같은 "마오쩌둥 동지의 영도상의 오류"가 문화대혁명의 발생과 장기간 지속된 "직접적인 원인"이라고 명확하게 규정했다. 그리고 계급투쟁과 수정주의 타파에 매몰되어 좌경적 관점이 지속되고, 당의 권력이 지나치게 개인에게 집중되어, 개인 독단과 개인숭배 현상이 조장되는 등의 '사회적, 역사적 원인'까지 더해지며, 당과 국가가 문화대혁명의 발생과 전개를 방지하거나 제지할 수 없었다고 평가했다.[107]

107　「关于建国以来党的若干历史问题的决议」, 中共中央文献研究室, 『关于建国以来党的若干历史问题的决议注释本』, 34~39쪽.

북한판 문화대혁명
: 유일사상체계 구축

1) 경제위기와 '혁명전통'의 다변화 기류

(1) 경제위기와 갑산파의 실용주의 모색

김일성은 1956년 중·소의 개입으로 '카리스마적 리더십'에 중대한 타격을 입었으나 곧바로 헝가리사태를 극적으로 활용하며 대숙청을 단행하고, 중국군 철수까지 이끌어내는 등 국내외 위기를 극복하며 단일지도체계를 더욱 굳혀갔다. 그러면서 '맑스-레닌주의의 창조적 적용'의 현실화 정책인 '김일성 중심의 역사만들기'와 '김일성 사상학습' 열풍을 일으켜 50년대 말에 유일사상체계의 '서막'을 올렸다고 평가받는다.

이러한 성과를 바탕으로 북한은 1961년 9월 제4차 당대회를 열어 체제를 김일성 중심으로 더욱 강화시켜 간다. 조선로동당과 정부는 물론 군부에 이르기까지 김일성 직계라 할 수 있는 만주파와 갑산파, 즉 범만주파가 핵심 요직을 차지하고 당·정·군의 일원화 현상까지 뚜렷하게 되었다. 물론 이러한 일원화 현상의 정점에는 당의 위원장이자 내각의 수상인 김일성이 자리하고 있었다.

이러한 '당=국가' 체제가 형성될 때에는 어느 국가에서든 비슷한 형태로 주류 세력에 의한 일원적 지배가 나타난다. 소련에서는 1934년의 제17차 당대회가 이에 해당하는 것이었으며 이 역시 '승리자의 대회'로 불렸다. 북한도 4차 당대회를 통해 '당=국가' 체제가 형성되었으며, 북한도 이 대회를 '승리자의 대회'라 불렀다.[108]

이처럼 1961년 4차 당대회를 계기로 김일성의 권력은 더욱 공고화되었음이 확인되었다. 김일성을 중심으로 한 당·정·군의 일원화 현상까지 나타날 정도로 권력의 이질적 요소는 거의 사라졌다. 그리고 이미 1950년대 말에 유일사상체계의 서막을 올렸다고 할 정도로 '김일성 중심의 역사만들기'도 가속화되는 상황이어서 권력의 안정성은 그 어느 때보다도 높아진 상황이었다. 그러나 경제가 변수로 등장했다.

북한은 제1차 5개년 계획기간(1957~60년)동안 공업생산액 연평균 36.6%의 높은 성장률을 기록했다. 그러나 이 높은 경제 성장률은 기술혁신을 통한 효율성 증대에 기초한 것이 아니라 자원 투입량의 증대, 즉 외연적 성장에 기초한 것이었다. 그리고 1959년 하반기를 지나면서 상황은 근본적으로 달라지기 시작했다. '속도'를 중시하고 양적 증산에만 치중하는 동원경제의 비효율성의 한계가 드러난 것이다. 이를 해결해 보기 위해 당적 지도를 강화한 '대안의 사업체계'와 '청산리 농법' 등이 장려됐으나 이 역시 문제를 개선하기보다는 더욱 악화시키는 요인이 되었다.

---

108 로동신문은 「영광스러운 승리자들의 대회」라는 사설에서, 3차 당대회 이후 당이 걸어온 길에 "위대한 승리와 영광"이 충만해 있다며, 4차 당대회를 "새로운 봉우리로 올라 서기 위한 승리자의 대회", "사회주의 진영 동방초소를 과시하는 승리자의 대회"라고 찬양했는데 이후 이 대회가 '승리자의 대회'라는 별칭으로 불리게 된다. 「로동신문」, 1961년 9월 11일(1면).

이런 상황에서 1960년까지 연평균 30%를 웃돌던 공업생산액 성장률이 61년 14%, 62년 20%, 63년 8%로 크게 둔화되면서 위기 징후가 뚜렷하게 나타나기 시작했다.[109]

이 시기 특히 소련과의 갈등으로 지원이 축소되면서 자원 부족 현상은 더욱 심화된다. 소련은 평화공존론을 내세우며 북한에 반제투쟁을 그만두라고 압박한다. 김일성은 1961년 12월 열린 조선로동당 확대 전원회의에서 다른 나라에 대한 의존심을 버리고 자기의 힘으로 일어서는 '자력갱생의 정신'을 특별히 강조하였다. 북한의 역사에 마침내 '자력갱생'의 개념이 등장한 것이다. 그리고 북한은 1962년 발생한 쿠바사태를 "국가의 방위를 남에게 의존하는 것은 매우 위험하다는 것을 명백히 보여준 것"으로 평가하고 국방에서의 자주 노선을 보다 분명히 해 나간다.[110]

그러나 이러한 자립경제, 자주국방 노선은 북한의 경제를 더욱 희생하는 것임이 곧 드러난다. 1963년부터 북한의 경제 상황은 급변하였다. 1963년의 경우, 공업 부문 투자는 중공업에 86.3%, 경공업에 13.7%로 계획되었는데, 경공업 투자비는 한해 전에 비해 60%가 삭감된 것이었다.

1960년대 북한의 경제성장률 (1961~1966년)

연도	1961	1962	1963	1964	1965	1966
성장률	14%	20%	8%	17%	14%	−3%

※출처: 이태섭, 『김일성 리더십 연구』, 312~314쪽.

---

109 사실 1960년대에 들어서면서 경제위기를 겪은 것은 북한만의 사정은 아니었다. 동원 경제를 기본으로 하는 소련과 동유럽 사회주의 국가들이 공통으로 부딪힌 한계였다. 소련에서는 1964년 들어 '코시긴 개혁'으로 이윤 도입 문제가 본격 검토되기 시작했고, 1963년 동독의 '신경제체제' 개혁을 시작으로 동유럽 사회주의 국가들도 각기 다른 방식으로 경제개혁에 나서는 상황이었다. 정형곤, 「동유럽 사회주의 경제체제의 개혁과 북한」, 『현대북한연구』 5(2), 2002, 58~71쪽.

110 이태섭, 『김일성 리더십 연구』, 283~286쪽.

1964년에 경공업 투자가 조금 증가하기도 했으나 중공업 투자 비율은 1965년 87.3%, 66년 85.7% 등 여전히 압도적으로 높았다. 이런 상황 속에서 공업생산액 성장률은 1963년 8%로 급락한 이후 64년 17%, 65년 14%. 그리고 급기야 1966년에는 -3% 성장이라는 큰 위기에 봉착하게 된다.[111] 제1차 7개년 계획은 실패였다. 1966년 10월에 열린 조선로동당 제2차 대표자 대회에선 7개년 계획을 3년 더 연장하는 방안을 결정한다.

당시 북한경제의 어려움은 평양 주재 외교공관들의 비밀문서에서 비교적 명확하게 확인된다. "평양 밖에서는 현재 쌀이 없고 옥수수가 배급된다. 평양에서는 80% 쌀, 20%의 다른 곡식이 배급된다"라는 내용과 "1일 배급량은 11월부터 대폭 줄었다. 800g 받던 사람이 700g밖에 못 받는다. 그 이하 수급자들은 50g 적게 받는다"라는 등의 내용 등이 1960년대 들어 빈번하게 나타난다.[112]

평양 주재 헝가리 대사관의 보고에선 이미 1962년부터 주민 생활의 어려움이 나타난 것으로 확인되고 있다. 이해 4월 보고에선 함흥 당위원회 정보원의 말을 인용해 "일상적 동원으로 인한 피로감이 확산되고, 정치적 통제가 강화되고 있으며 경제, 특히 공업생산과 상품 공급난이 있다. 생활 수준이 후퇴했다. 주민들 사이엔 지난 수년간 진행돼 온 급속한 속도의 독려로 인해 피로감이 쌓였다"라는 내용들이 자주 나타난다.[113]

이처럼 심각한 생활 경제의 악화로 민심 이반 조짐까지 나타나기 시작했다. 평양의 동독 대사관 1964년 11월 보고에는 "예전에 완전히 조

111 북한은 '승리자의 대회'로 불린 1961년 9월의 4차 당대회에서 천리마운동으로 "공업생산에서 매년 30~40% 또는 그 이상의 증가 속도를 보장하였다", "우리 당은 이 로선에 의거하여 사회주의 건설에서 위대한 승리를 달성하였다"라고 자평했으나 바로 그 해 1961년부터 경제성장률이 목표치를 달성하지 못하고 꺾이기 시작했다. 國土統一院, 『朝鮮勞動黨大會資料集』第II輯, 國土統一院 調査研究室, 1988, 32~37쪽.
112 통일연구원 편, 『독일지역 북한기밀문서집』, 선인, 2006, 141쪽.
113 박종철 외, 『헝가리의 북조선 관련 기밀해제문건』, 선인, 2013, 26~27쪽.

선로동당 편에 서 있던 북한 주민들이 생각을 전환해 당의 정책을 좀 더 비판적으로 바라보기 시작했다. 평양시 당위원회 위원장의 사촌이기도 한 한 동지가 오늘 당정책을 준엄하게 비판했다 한다. 그는 얼마 전까지 당정책을 강력히 옹호해 오던 사람이었다. 이러한 경향은 다른 간부들에게서도 볼 수 있다"라는 내용이 확인된다.[114]

이 같은 경제위기에는 담당 간부들의 능력 부족과 낙후된 시스템 문제도 일조한 것으로 여겨진다. "통계 데이터는 신뢰할 수 없고, 공식적으로 이용하기 위해 언론에 공표된 데이터도 대부분 비현실적이다"라는 평가 보고에 이어 "생산력 저하가 북한 내에 긴장을 조성하고 있고, 인민들 사이에 수동적 자세가 상당히 퍼지고 있으며 심지어 중간 간부급 사이에서도 당정책에 대한 신뢰가 감소하고 있다"라는 평가가 나오기도 했다.[115]

바로 이와 같은 경제적 어려움에 중산층 중심으로 동요와 불만의 움직임이 나타나게 되고 당과 정부의 담당 간부들마저 혼란에 빠진 상황에서 실용주의적 정책에 대한 고민이 시작된 것으로 보인다. 김일성의 노선과 정책에 대한 갑산파의 '도전 아닌 도전'도 이러한 배경 속에서 발생하였다. 경제위기에 따른 당내 정책 갈등의 재연이었던 셈이다.

경제위기 극복을 위해 갑산파가 실험적으로 도입하려고 했던 것은 소련에서 제기됐던 "이윤을 도입해 노동 효율성을 제고"해 보고자 했던 '리베르만 방식'을 차용한 것이었다. 이는 이윤 추구를 보장하는 물질적 자극을 강화하는 방법을 통해 기업소를 운영해 보자는 것으로 일부 시행이 됐던 '가화폐 제도'이다. 이는 부수상이었던 박금철이 주도한 것으로 노동자들에게 그날의 계획 수행에 따른 가짜 돈을 지급하고 월말에 가서 그 가짜 돈을 진짜 돈으로 교환해 주는 제도였다. 이러한 실용주의적 정

---

114 통일연구원 편, 『독일지역 북한기밀문서집』, 139쪽.
115 박종철 외, 『헝가리의 북조선 관련 기밀해제문건』, 59쪽, 70쪽.

책은 중국에서도 대약진 실패 이후 조정 국면에서 다시 등장한 "생산력 제고가 최우선의 과제"라는 '신경제정책'의 내용과 유사한 것이었다.[116]

박금철 등 실용주의 정책에 관심을 기울인 갑산파의 관심은 경제정책에서도 중공업보다는 인민 생활 향상을 위한 경공업 우선에 있었다. 특히 이들은 속도와 균형의 문제에서도 속도를 강조하는 김일성 등 중공업 우선파에 비해 "공업생산액 성장률이 6~7%만 되어도 높은 것"이라며 성장 속도를 낮출 것을 주장하는 균형 발전론자들이었다. 김일성이 이데올로기적 관점에서 군수 경제를 우선시했다면, 갑산파는 실용주의적 관점에서 민수 경제를 우선시했던 셈이다. 요컨대 갑산파의 고민과 관심은 결과적으로 김일성의 노선과 정책에 반기를 드는 것으로, 도전적으로 해석될 수 있는 갈등이 잠재된 것이었다.[117]

이처럼 '승리자의 대회'를 열어 정치적 승리를 자축할 정도로 끈끈하게 유지됐던 김일성과 갑산파의 '범만주파' 연대는 1960년대 초반 북한에 찾아온 경제위기와 이에 대한 해법의 차이에서부터 이견이 노출되기 시작되었다. 더구나 이후 대외 안보위기에 대해서도 견해차가 드러나고, 이러한 균열이 김일성 후계구도와 맞물리면서 이들의 연대는 결정적 고비를 맞게 된다.

(2) 범만주파의 균열과 '혁명전통'의 다변화 기류

김일성 정권이 정치적 안정과 경제적 불안을 동시에 나타내던 1960년대 초반은 북한을 둘러싼 국제정세 또한 요동치던 시기였다. 그런데 이

---

116 갑산파가 추진한 '가화폐' 제도 도입 등은 소련이나 중국이 추진한 '신경제정책'에 비해 매우 낮은 단계의 초보적인 수준이었다. 특히 중국의 신경제정책은 힘을 가졌던 당권파에 의해 실제 추진이 됐던 것이지만 북한의 경우는 제대로 시행도 되지 않은 차이가 있다. 그럼에도 이후 '수정주의'로 가혹한 비판을 받게 된다.
117 이태섭, 『김일성 리더십 연구』, 429~431쪽.

러한 국제정세를 어떻게 평가할 것인가를 놓고도 범만주파 내에서도 이견이 있었던 것으로 보인다.

사회주의 대국인 중국과 소련의 갈등과 분쟁으로, 1960년대 초반 북한은 신중한 행보를 보여야만 `했으며 한국에선 '5.16쿠데타'가 발생해 북한의 안보를 긴장시켰다. 김일성은 소련과 중국을 긴급 방문해 자동 군사개입 조항이 들어있는 군사동맹 조약을 체결한다.

1962년 후반에 발생한 '쿠바 미사일 사태'와 중국과 인도 간의 국경충돌 사태는 북한의 소련 비판을 불러일으켰다. 특히 미국의 강력 반발에 애초 계획을 접고 쿠바에서 미사일을 철수시킨 소련에 대해 북한은 '투항주의'라고 비판하며, 소련이 추구하는 평화공존 노선의 실체에 대해 더욱 의심하게 되었다. "쿠바사태와 유사한 안보 위기가 발생했을 때 과연 사회주의 종주국, 형제국이라는 소련이 북한을 도울 것인가?"하는 안보적 위기감까지 확산됐던 것이다. 결국 이런 사태 이후 북한은 '4대 군사노선'을 채택하고 북한 전역에 진지를 구축하는 작업을 벌이게 된다.

1964년부터 본격화된 베트남전도 북한 정치에 큰 영향을 미쳤다. 한국은 1965년 6월 일본과 수교한 뒤 미국의 요구에 응해 곧바로 베트남전에 참전했다. 북한도 이듬해 북베트남을 지원하는 병력 파병을 결정했지만, 김일성에겐 베트남 파병 지원보다 '남조선 혁명'이 우선 과제였다. 김일성은 한국의 베트남 파병으로 한국에서의 혁명이 가능하다고 믿었다.

그러나 이렇게 급박하게 전개되던 1960년대 초반의 국제정세를 보는 관점에서도 지도그룹 간에 이견이 있었던 것으로 관측된다. 김일성과 갑산파 간의 남북관계 등 안보 문제에 대한 이견은 당시 평양에 파견돼 있던 동구권 대사관의 기록에서도 확인된다. 평양 주재 동독대사관 무관의 보고와 동독 주재 북한대사의 발언을 통해 확인되는 김일성과 북한 정부의 공식 입장은 "미국의 베트남 침략도 종국에는 북한에까지 미칠 수 있다", "한일협정도 사실상 군사동맹이어서 한반도의 전쟁 위기를 높이고 있다"는데 방점이 있음을 보여주고 있다.[118] 이러한 김일성의 판단은 바로 중공업 우선 정책의 견지, 국방력 강화 등으로 이어졌다.

그러나 박금철은 이런 결정에 대해서도 견해를 달리한 것으로 보인다. 1963년 2월 헝가리대사관 보고서는 이러한 박금철의 생각을 명확히 보여주고 있다. 소련대사 모스코브스키를 만난 박금철은 다음의 두 가지 이유로 "당분간 남조선이 모험주의적 군사태세를 취하지 않을 것"으로 예상된다는 견해를 피력했다. 무엇보다 남조선은 현재 권력 이양에 분주하고 경제가 어려워 모험주의적 목적 달성을 위한 준비가 어렵다는 이유를 들었다. 그리고 또한 "북조선이 남조선의 모험주의적 도발의 위협에 처해 있지도 않다"라는 의견도 피력했다.[119]

이러한 박금철의 설명에 모스코브스키 소련대사 역시 '4대 군사노선'을 통과시킨 조선로동당 결의가 평시에 인민을 무장시키고 '전시동원체제'를 유지하는 것이 유별난 조치라고 생각한다며 동조했고, 요제프 헝가리대사 역시 박금철의 설명을 들은 뒤 "북조선이 현상황을 이상과 같은 관점으로 판단하고 있다면 왜 이와 같은 비정상적인 방위 수단이 필요한 것일까요?"라며 소련대사와 비슷한 비판적 의식을 드러냈다.

평양에 나와 있던 사회주의 우방 국가들은 북한의 전쟁 위기의식 고양에 대해, 대체로 과대 평가된 것으로 보았으며 프로파간다(선전전)로 간주했다. 특히 소련은 북한이 경제-국방 병진 노선이 "군사력과 경제력을 같이 키우는 것"이라고 주장하는 것에도 강한 의구심을 나타냈다. 그러면서 이 같은 주장은 "군사력 증강에만 초점을 맞추고 경제개발은 제대로 하지 않아 인민들의 삶의 질은 추락했다는 비판을 피하기 위한 것이

---

118 통일연구원 편, 『독일지역 북한기밀문서집』, 169쪽, 174~175쪽.
119 박종철 외, 『헝가리의 북조선 관련 기밀해제문건』, 38~40쪽.

라는 인상을 받았다"라며 매우 비판적 입장을 보였다.[120]

이처럼 외부에서 발생한 전쟁과 전쟁의 위기에 대한 정세 판단은, 김일성과 박금철을 갈라놓은 또 하나의 중요한 요인이었던 것으로 분석할 수 있다. 특히나 평양주재 소련대사가 김일성과 다른 정세 판단을 보이고 있던 박금철의 견해에 동조하고 있었다는 사실은 김일성으로서는 묵과할 수 없는 상황이었을 것으로 보인다.

이처럼 경제위기 해법, 대내외 안보 위기에 대한 김일성과 갑산파의 인식차는 김일성의 유일성이 일시 옅어지는 분위기가 조성되면서 더욱 위험한 상황으로 치닫게 된다. 바로 '유일혁명전통'에 이상기류가 발생한 것이었다. 김일성 중심의 혁명 전통 강조가 다소 옅어지는 가운데 다른 인물들에 대한 강조 분위기가 나타난 것이다. 1961년 4차 당대회 결과가 보여주듯 김일성의 권력 토대는 더할 수 없이 굳건해져 김일성 스스로 여유가 있었다는 점과, 한반도를 비롯한 국제정세에 큰 변화가 많아 김일성이 국내 정세에 큰 신경을 쓰기 어려웠다는 점 등을 배경으로 혁명 전통의 다원화 분위기는 조금씩 그 영역을 넓혀가고 있었다.[121]

1960년대 초부터 중소분쟁이 심각하게 전개되면서 국제공산주의 운동진영은 평화공존, 개인숭배 문제 등을 둘러싸고 한창 갈등하기 시작했다. 북한 역시 1962년 말부터 소련과 대립하면서 "누가 더 정통한 맑시스트냐?"라는 문제를 두고 논쟁하였다. 그리고 이 '정확한 맑시즘 논쟁'은 북한이 소련과의 갈등을 수반하고 이뤄졌기 때문에, 조선로동당 지도부는 사회주의 애국주의의 일환으로 우리의 민족문화와 역사를 강조하였다. 당시 김일성도 각종 출판물에서 우리의 역사와 문화를 더 많이 다룰

120 박종철 외, 『헝가리의 북조선 관련 기밀해제문건』, 118~119쪽.
121 조우찬, 「1960년대 중반 북한 혁명전통 다원화 시도와 혁명전통 논쟁」, 『통일연구』 20(1), 2016, 199~202쪽.

것을 요구하였다.[122]

그러나 1958년부터 강화된 '유일혁명전통' 만들기를 통한 김일성의 권력 강화와 정통 맑시즘 추구 사이에서 일정한 모순이 발생했다. 이 모순이 노정되기 시작한 것은 1965년경부터로 추정된다. 변화의 핵심은 '혁명전통의 다원화' 움직임이었다. 당시 사상문화 담당 간부들은 박금철을 중심으로 김도만, 고혁, 허석선 등이었는데 이들은 당시 강조되고 있던 사회주의 애국주의 교양 내용으로 민족의 자랑스러운 역사와 문화유산을 내세우고 다양한 혁명전통과 역사적 인물로부터 국가생존 발전을 위한 교훈을 얻으려고 하였다.[123] 바로 이러한 과정에서 빨치산『회상기』학습의 빈도가 대폭 줄어들고 그 혁명전통의 '유일성'이 엷어지는 현상이 나타났다.

1959년부터 5권이 나온 김일성 숭배적인 항일 빨치산 참가자들의『회상기』 출판이 잠시 중지되었는데, 그 사이 1960년에는 갑산계인『박달의 회상기』가 출판된 데 이어 1963년에는『최현의 회상기』가 출판되었다. 또한 1964년에는 조선혁명박물관 소개 앨범이 출판됐는데 김일성과 나란히 최용건, 김책, 김일, 안건, 강건, 유경수 등에 대한 내용이 수록되었다. 또한『혁명선렬의 생애와 행동』세 권이 출판됐는데 여기에 갑산계 인물로 사형당한 리제순(리효순의 동생)에 대한 이야기가 대대적으로 소개됐다.[124]

그런데 주목할 점은 이처럼 빨치산 항일유격대의 유일혁명전통이 희석화되는 흐름 속에서도 박금철, 리효순 등 조국광복회 출신 인사들이 자신들의 혁명 활동을 상대적으로 부각시키려 했다는 점이다. 이와 관련해 1965년 조선로동당출판사가 펴낸『리제순 동지의 생애와 활동』이라는 소

---

122 이종석,『조선로동당연구: 지도사상과 구조 변화를 중심으로』, 역사비평사, 2003, 294쪽.
123 당 사상문화를 담당하던 김도만 선전선동부장, 고혁 내각 부수상 등 유학파와 갑산파인 허석선 당 과학교육부장 등은 과도한 권력 집중보다 소련의 집단지도체제를 선호하였다. 조우찬,「1960년대 중반 북한 혁명전통 다원화 시도와 혁명전통 논쟁」, 206쪽.
124 와다 하루키, 남기정 역,『와다 하루키의 북한 현대사』, 창비, 2014, 151~152쪽.

책자에는 리제순과 그의 형인 리효순 그리고 박금철과 박달 등과의 관계가 상당히 강조되고 있어서, 김일성의 단일적 영도만을 강조하던 당시의 다른 전기들과는 상당히 다른 분위기를 풍기고 있는 것을 알 수 있다.[125]

1963년 『근로자』를 보면 박금철의 정치적 위상과 권력은 상당한 것으로 평가할 수 있다. 여기에선 김일성과 최용건, 박금철 세 사람의 글이 맨 위 상단에 '문헌'으로 표기돼 분류되어 있다. 나중에 박금철의 숙청 사유 가운데 하나로 지목되는 연극 「일편단심」은 박금철이 서대문 형무소에 수감 중이었을 때 부인 서채순의 충절을 묘사한 작품인데, 박금철의 지시를 받은 선전선동부장 김도만이 제작에 관여한 것이었다.[126]

당시 평양 주재 외국공관들도 이러한 분위기를 잘 파악하고 있었던 것으로 보인다. 1967년 6월 13일 평양 주재 루마니아 대사관의 보고를 보면 "1966년 10월 당대표자회의 전과 그 직후엔 개인숭배가 눈에 띄게 줄어들었다. 또 당의 역할, 인민들의 생활, 인민들의 일상적인 성취 등이 훨씬 더 강조되었다"라고 평가했다.[127]

당시 사상문화 담당 간부들이 '정확한 맑시즘 논쟁' 과정에서 견지하고자 했던 원칙들 역시 이상 기류 분위기 형성에 큰 영향을 미쳤는데, 이는 주체사상에 대한 해석에서도 찾아볼 수 있다. 사상문화 담당 간부들은 중국이 문화대혁명으로 치달으며 중·북 간에 갈등이 높아지자, 마오에 대한 개인숭배 움직임에 대항하여 정통 맑시즘의 자세를 견지하려 하

---

125 이종석, 『조선로동당연구』, 295~296쪽. 한국전쟁 당시 영웅형상화 논쟁, 애국심 원천 논쟁의 핵심도 '김일성 중심'이냐, 아니냐였고 '김일성 중심'을 거부한 남로파와 그 문인들은 모두 숙청의 운명을 걸었다. 그런 면에서 갑산파의 영웅적 이미지 부각은 곧바로 심각한 갈등으로 불거질 사안이었음을 알 수 있다. 배개화, 「당, 수령, 그리고 애국주의: 이태준의 경우」, 『한국현대문학연구』 37, 2012, 177~179쪽.

126 조우찬, 「1960년대 중반 북한 혁명전통 다원화 시도와 혁명전통 논쟁」, 200쪽, 207쪽.

127 「Telegram from Pyongyang to Bucharest, No. 76.203, TOP SECRET, June 13, 1967」, 『Wilson Center Digital Archive』, http://digitalarchive.wilsoncenter.org/document/116707(검색일: 2024.4.16).

였다. 그러면서 주체사상에 대해서도 김일성 개인의 사상이 아니라 명백히 '조선공산주의자들'의 실천적 경험의 종합개괄 위에서 제시된 사상으로 이해하고, '맑스-레닌주의의 조선혁명에서의 창조적 적용'이라는 관점에서 당의 정책 노선으로 인식하고 강조하였다.[128]

이러한 해석은 중국에서도 마오가 스스로 개인숭배를 자제했을 때, 그리고 1978년 개혁개방 이후 개인숭배를 극복한 중국공산당이 마오쩌둥사상에 내린 정의와 비슷한 것으로 매우 합리적인 것이었으나, 유일사상체계를 구축해 가던 김일성의 입장에서는 도저히 수용할 수 없는 것이었다.

2) 갑산파 숙청과 김정일의 등장

(1) 갑산파 숙청, 비판 세력의 소멸

1966년 들어 마이너스 성장을 기록할 정도의 경제위기는 심상찮은 민심 이반 분위기를 조성했다. 또한 이런 상황에서 유일사상체계 확립에 도전적으로 다가오던 '혁명전통의 다원화' 문제까지, 김일성에게는 시급히 풀어야 할 과제가 산적했다. 김일성은 그러나 서두르지 않았다. 박금철 등 갑산파는 그간 김일성을 도와 숱한 고비를 함께 넘어온 동지들이었고, 과거 반김일성 세력과 같이 직접적으로 김일성에 대한 개인숭배 문제를 정면으로 제기한 것도 아니었기 때문에 매우 신중할 수밖에 없었을 것으로 관측된다.

그리고 무엇보다 앞서 살펴본 대로 민심 역시 우호적인 상황이 아니었다. 김일성은 우선 당대회를 열어 일정한 정리를 하였다. 무엇보다 대

---

128 이종석, 『조선로동당연구』, 295쪽.

외적인 안보위기를 강조해 국내 문제를 풀어가는 방편으로 삼으려 했다. 조선로동당은 1966년 10월 5일 제2차 당대표자회의를 개최해 경제와 안보 문제에 대한 논란을 신속히 정리하였다.[129]

우선 민심 이반까지 거론되며 민생 우선 주장까지 제기된 경제위기 문제와 관련해 기존의 경제-국방 병진 노선을 재확인하고 당의 통일과 단결, 유일적 지도를 강조했다.[130] 특히 이전과 달리 국방력 강화에 더욱 힘을 쏟는 '선군후경' 노선을 강조해 '속도'를 중시하겠다는 정책 방향을 재확인했다. 경공업에 대한 투자를 늘려야 한다는 실용주의파의 주장은 기각된 셈이다.

또한 당대표자회의는 이러한 결정에 대한 동요와 불만을 잠재우기 위한 방책과 당면한 위기 해소책으로 당과 대중의 통일과 단결을 제시했는데, 바로 이 연장선상에서 "전 사회의 혁명화, 노동계급화 방침을 통한 공산주의 사상, 교양사업의 강화, 국가의 법적 통제 강화, 당의 유일 지도를 더욱 강화하는 방안" 등 사상 방면에서의 세 가지 강화 방안을 추진하게 된다. 당의 유일 지도 강화와 관련해선 지도부 개편을 살펴볼 필요가 있다. 기존의 당위원장, 부위원장 대신에 김일성을 총비서로 하는 비서국이 설치되었는데 권력이 사실상 비서국과 총비서로 집중돼 김일성의 유일 지도의 통제력이 더욱 강화되었다.

이런 상황에서 1967년 들어 항일 빨치산의 전통과 유일사상체계가 더욱 강조되기 시작한다. 67년 들어 로동신문에는 "언제나 항일 빨치산들이 백두산에서 싸우던 그 혁명적 정신으로 살며 투쟁하라"라는 새로운

---

129 평양 주재 동독대사관의 1966년 12월 7일 자 비밀보고서를 보면 "당대회가 열리지 않고 규모가 축소된 당대표자회의가 열린 것은 분명히 조선로동당의 성과 결산이 불충분하였다는 사실과, 형제 정당들을 초청하지 않으려는 의도에 있다"라고 꼬집고 있다. 통일연구원 편, 『독일지역 북한기밀문서집』, 182쪽.
130 이태섭, 『김일성 리더십 연구』, 423~427쪽.

구호가 제호 옆에 등장한다.[131] 그리고 김일성은 67년 3월 17일부터 열린 도.시.군 및 공장 당책임서기협의회에서 "당의 유일사상체계를 철저히 세울 것"을 요구하면서, 항일유격대의 경험을 반복해서 언급하고 이를 모범으로 삼아야한다고 강조했다. 유일사상체계의 구축 작업이 김일성의 입을 통해 공식화된 것이다.[132]

당대표자회의를 통해 제도적, 사상적으로 유일지도체제를 강화한 김일성은 곧바로 갑산파에 대한 직접적 비판에 나선다. 김일성은 "지금 우리 일군들 속에 당의 유일사상체계가 똑똑히 서 있지 않기 때문에 당의 지시는 형식적으로 집행하면서도 개별적 사람들의 지시는 떠받들고 있으며", "자강도와 평안북도 같은 데서는 어느 부수상의 지시를 학습하고 있다고 하며 또 어떤 데서는 중앙당 어느 부장의 '교시'라는 말까지 하고 있다"라고 강력하게 비판하였다.[133]

김일성의 비판 대상은 다름 아닌 박금철, 이효순, 허석선, 김왈룡 등 조국광복회 관련 인사들이었다. 김일성이 직접 갑산파를 비판한 것은 사실상 숙청의 방향을 제시한 것으로 거대한 파장을 예고하는 것이었다. 곧바로 한 달 뒤 당 중앙위원회 일꾼들의 회의를 열고 갑산파의 '죄행'을 폭로하는 '사상투쟁회의'가 진행되었으며, 결국 1967년 5월 4일부터 8일까지 열렸던 당 중앙위 제4기 15차 회의를 통해 갑산파는 숙청되었다.[134]

주요 숙청 대상자는 당의 조직, 사상, 문화 분야의 담당자들인 박금

---

131 와다 하루키, 남기정 역, 『와다 하루키의 북한 현대사』, 160~161쪽.

132 김일성, 「당사업을 개선하며 당대표자회 결정을 관철할 데 대하여, 도.시.군 및 공장당책임서기협의회에서 한 연설, (1967년 3월 17~24일)」, 『김일성전집 38』, 평양: 조선로동당출판사, 2001, 253~259쪽.

133 이종석, 『조선로동당연구』, 304쪽.

134 『Telegram from Pyongyang to Bucharest, No. 76,203, TOP SECRET, June 13, 1967』, 평양주재 루마니아 대사관의 1967년 6월 13일 보고에 따르면 "박금철, 이효순 등이 4월 후반부부터 공개석상에서 보이지 않았다"라는 내용이 나온다. 이미 3~4월에 숙청됐을 가능성도 있다. http://digitalarchive.wilsoncenter.org/document/116707(검색일: 2024.4.16).

철, 김도만, 허석선과 대남총책 이효순 등이었다. 숙청 인사의 대표 격인 당 정치위원회 상무위원이자 비서국 비서였던 박금철에겐 봉건주의, 가족주의 사상의 유포 혐의가 씌워졌다. 그는 당간부들에게 '봉건적'인『목민심서』를 필독 문헌으로 읽게 하였으며, 검덕광산을 현지 지도하면서 당에서 내린 목표량을 무시하고 노동자들에게 "알맞춤하게 하라"고 지시하여 광석 생산계획을 절반밖에 하지 못하게 하였다고 비판되었다.

또 그와 관련하여 당 역사연구소가 그가 항일운동을 했던 함경남도 갑산에 생가를 꾸려준 것도 비판받았으며「일편단심」이란 연극 역시 박금철 부인의 수절을 형상화하였다고 비판되었다. 이 밖에도 박금철은 천리마운동을 반대하여 문예총이 만들어온 인민군행진곡의 가사에서 당이 내놓은 구호인 '천리마'와 '일당백'의 구호를 빼버렸다고 비판받았다.[135]

김일성은 또한 당시 경제위기 극복 방안으로 거론되던 '균형발전론'에 대해서도 비판을 가하고 속도를 강조한 것으로 알려졌는데, 이 역시 갑산파를 겨냥한 것이었다. 갑산파는 경제건설의 높은 속도를 상징하는 천리마운동을 반대하고 '수정주의적 경제이론'을 퍼뜨리면서 당정책 관철을 방해한 것으로 비판되었다. 당시 북한은 '수정주의자'들은 '가치법칙 그루빠'를 조직하여 사회주의 사회에서 생산수단도 상품이기 때문에 상품 생산과 가치법칙을 제한 없이 이용해야 한다고 주장하며 물질적 자극을 위주로 하는 자본주의적 기업관리 방법을 받아들이고자 하였다고 비판하였다. 앞서 소개한 '가화폐 제도'가 그 예이다. 결국 갑산파가 도입을 시도했던, 가화폐 제도 등은 계획의 일원화, 세부화 정책과 충돌하는 것으로 수용되지 않았다.[136]

베트남전 확전 이후의 대남 혁명 전략에 대한 정세 판단에서 이미 김

---

135 이종석,『조선로동당연구』, 301~305쪽.
136 이태섭,『김일성 리더십 연구』, 429쪽.

일성과 박금철은 상당한 이견을 노출하고 있었다. 소련, 헝가리, 동독 대사관 관련자들과의 대화에서 노출된 박금철의 정세 판단 입장을 김일성도 파악할 수 있었을 것이라는 점은 자명하다. 더구나 김일성으로선 1956년 반김일성파가 평양 주재 소련대사관을 이용하려 한 위기일발의 긴장된 경험을 가진 상태에서, 갑산파 인물의 주장을 외국대사관들이 공유하는 것을 매우 심각한 상황으로 보지 않을 수 없었을 것이다.

따라서 경제정책에서의 이견, 유일혁명전통에서의 이탈 움직임, 여기에 경제정책의 근간이 되는 국제정세 판단에서의 차이 등을 김일성은 자신의 권위에 대한 도전, 유일사상체계 확립의 장애물로 인식해 결국 갑산파 제거를 결단한 것으로 보인다.

갑산파의 숙청은 '카리스마의 변화 저항'과 관련해 매우 중요한 의미를 던지는 것이다. 갑산파는 김일성의 만주파와 함께 함경남도 갑산을 중심으로 항일투쟁으로 연대해 온 범만주파에 속하는 세력으로, 건국 이후에도 김일성의 노선에 적극 협력하며 김일성 유일사상체제를 지지해 온 충실한 '추종자' 그룹이었다. 1950년대 후반 김일성의 권력 공고화를 위한 대숙청을 주도해 온 인물도 다름 아닌 박금철이었다. 다시 말해 적극적인 김일성 반대파가 아니었던 이들마저 제거됨으로써 북한에는 이제 비판 세력이라고 할 수 있는 집단이 소멸하는 상황을 맞게 되었다.

(2) 개인숭배 갈등과 김정일 '후계구도'의 등장

여기서 갑산파 숙청의 정치적 의미를 좀 더 짚어보기 위해서는, 당시 평양에 주재하던 동구권 대사관 관계자들의 평가를 참고할 필요가 있다. 이들은 개인숭배 문제를 둘러싸고도 김일성과 갑산파 간에 갈등이 있었던 것으로, 인식하고 있었음이 확인된다.

박금철 등에 대한 숙청을 평양에 있던 사회주의 대사관들은 '개인숭배 갈등에 의한 균열'로 인식했다. 평양 주재 루마니아 대사관 1967년 6월 13일 보고에선 "숙청된 관료들의 위상 등을 고려해 본다면, 그들이 이런, 저런 방법 등으로 개인숭배를 반대했고, 대신 집단적인 지도, 당의 선도적 역할 등을 선호했을 것으로 추정해 볼 수 있다"라며, 개인숭배 갈등이 갑산파 숙청의 중요한 원인이었을 가능성을 제기하고 있다. 이 보고 문서는 그러한 판단을 한 근거로 북한 사람들이 왜 갑산파 사람들이 숙청됐는지에 대한 질문에 "그들이 당의 노선을 일탈하는 것은 참을 수 있어도 김일성에 대한 존경심이 부족한 것은 참을 수 없다"라고 한 발언을 제시했다.[137]

1967년 7월 28일 루마니아 대사관의 보고에는 주평양 중국대사관의 '반펜' 대리대사의 설명을 근거로 한, '개인숭배 갈등'에 관한 좀 더 구체적인 설명이 첨부되었다. 루마니아 대사관은 "박금철과 같은 부서의 다른 간부들이 숙청된 것은, 조선로동당 내에서 심각한 이념적 분열이 있었던 결과 때문이다. 박금철과 김도만은 김일성 개인숭배에 대해 충분한 선전 작업을 하지 않았다. 현재 조직 내에서 일제에 저항활동을 하며 가장 가혹한 시기를 거친 유일한 지도자인 박금철로서는 혁명과 사회주의 건설에서의 영광이 김일성으로만 가는 걸 받아들이지 않는 것은, 너무나 당연한 일이다"라고 평가하였다.[138]

또한 루마니아 대사관의 보고에선 갑산파 숙청에 대해 북한의 관리가 "당내에 '유일사상'을 강화하기 위한 조치"였음을 시사하는 발언을 한

---

137 「Telegram from Pyongyang to Bucharest, No. 76.203, TOP SECRET, June 13, 1967」, http://digitalarchive.wilsoncenter.org/document/116707(검색일: 2024.4.16).
138 「Telegram from Pyongyang to Bucharest, TOP SECRET, No. 76.247, July 28, 1967」, http://digitalarchive.wilsoncenter.org/document/116710(검색일: 2024.4.16).

것도 적시됐다. 조선로동당의 대외연락부 부부장인 김경연(Kim Gyeong-yeon)은 대사관 직원들과의 대화에서 "당의 경제발전 전략, 국방전략에 적대적이던 사람들의 당 활동이 정지"되었다고 밝혔다. 김경연은 그들이 누구인지 밝히기는 거부했는데 그러면서도 "최근 우리는 김일성을 중심으로 당내에 유일사상으로 하나 되는 걸 전에 없이 강조하고 있다. 목숨 걸고 하는 일이다"라고 설명했다는 것이다.[139]

이러한 관점은 숙청된 사람들과 그들이 맡았던 일들이 무엇이었는가, 또한 어떤 혐의를 받았는가를 살펴보면 당시의 분위기를 좀 더 이해할 수 있다. 숙청된 갑산파의 박금철, 김도만, 허석선은 당의 조직, 사상, 문화 분야 담당자들인데 이들에게 씌워진 죄명 가운데 북한은 "당원들에게 부과된 당 정책교양과 혁명전통교양을 방해하였으며, 당과 인민을 사상적으로 무장해제 시키려고 책동했다"라는 혐의를 강조했다. 혁명전통교양이라 하면 바로 이미 정식화된 김일성에 대한 '유일혁명전통'이었기 때문에 이 부분에 대한 교양 방해, 이견이 있었음을 보여주는 것이다.[140]

중국의 문화대혁명 시기 홍위병의 김일성에 대한 공격으로 경색된 중북관계가 영향을 미쳤을 가능성도 제기된다. 앞서 입장을 전한 '반펜' 중국 대리대사는 "중국공산당과 우호적 관계를 맺어오던 이들이 숙청됨으로써 이들이 언론과 다른 선전매체에서 목소리를 내는 게 끝났다. 대신에 중북관계 발전에 부정적인 역할을 하던 사람들의 목소리가 빠른 속도로 증가하고 있다"라며 우려를 표시하기도 했다.[141] 당시 북한과 중국 간

---

139 「Telegram from Pyongyang to Bucharest, TOP SECRET, No. 76.276, July 30, 1967」, http://digitalarchive.wilsoncenter.org/document/116712(검색일: 2024.4.16).

140 이종석, 『조선로동당연구』, 303~304쪽.

141 「Telegram from Pyongyang to Bucharest, TOP SECRET, No. 76.247, July 28, 1967」, http://digitalarchive.wilsoncenter.org/document/116710(검색일: 2024.4.16).

엔 문화대혁명의 시작과 함께 갈등이 시작되었는데, 중국으로서는 66년 당대표자회의 이후 친중파로 여겨지던 김창만과 하앙천이 숙청된 이후 또 친중 인사들이 숙청된 것에 상당한 반감을 품었던 것으로 보인다.

1967년 5월 15차 전원회의가 더 관심을 끌게 된 것은 김정일이 박금철 등에 대한 숙청을 주도했다는 주장 때문이다. 당시 김정일은 당 중앙위원회에 근무하면서 숙청 대상자들의 '죄행'을 조사하여 전원회의에서 폭로한 것으로 알려졌다. 또 전원회의 뒤에도 '반당반종파 해독'을 뿌리 뽑는다는 구실로 직접 숙청 작업에 참여하였으며 이때부터 유일사상체계 확립 운동을 주도한 것으로 알려졌다.[142]

김정일은 1982년 『조선로동당은 영광스러운 'ㅌ.ㄷ'의 전통을 계승한 주체형의 혁명적 당이다』는 연설에서 회의 내용을 구체적으로 공개했고, 이후 출간된 김정일의 전기들은 이 회의를 김정일이 주도했다고 밝히고 있다. 회의에서 김정일은 연극 『일편단심』에 대해 "누구를 위한 일편단심인가? 문제는 여기에 있소"라고 처음으로 문제를 제기했다는 것이다.[143]

이렇게 볼 때 김정일은 이 회의를 계기로 당내 권력구조의 핵심으로 부상했다고 할 수 있다. 15차 전원회의에서 박금철 등에 대한 숙청은 김일성의 입장에서 볼 때, 중국 문화대혁명 시기 악화됐던 중·북 갈등의 격앙된 분위기 속에서 수령의 유일 지도에 어긋나는 '반동적 요소'에 대한 일소 작업이었다. 제임스 퍼슨은 "박금철은 국방-경제 병진노선과 김일성 개인숭배 확장에 비판적이었다. 당시 당 선전부를 장악하고 있던 리효순, 김도만 등이 김일성 개인숭배는 줄이고 박금철의 위상을 높이는 작업을 시도했는데, 김일성으로서는 이를 권위에 대한 도전이라고 여겼을

---

142 이종석, 『조선로동당연구』, 310쪽.
143 정창현, 「1967년 노동당 제4기 15차 전원회의 김정일 연설: 김정일 후계체제의 서막」, 『역사비평』, 2015, 136쪽.

것"이라며 개인숭배로 인한 갈등이 숙청의 주원인이 됐다고 분석했다.[144]

따라서 이러한 수령의 유일지도 보장을 위한 숙청 문제는 당의 유일사상체계의 확립 문제와 함께 제기되었을 것으로 보인다. 갑산파의 숙청은 그 숙청 이유와 과정에서도 나타났지만, 김일성 유일사상체계의 마지막 장애물이 제거되었다는 중대한 의미를 지니고 있다. 특히 김정일의 등장은 유일사상체계가, 김일성 이후의 후계구도까지 염두에 둔 것이었음을 명확하게 보여주는 것이다.

1967년 갑산파 숙청은 또한 11년 전인 1956년 소련파와 연안파에 대한 숙청에 이어 북한에서 실용주의적 목표보다 이데올로기적 목표의 절대적 우위를 가져오는 역사적 전환점이 되었다고 평가된다. 이후 북한 역사의 전개는, 비판 세력이 완전히 소멸한 가운데 개인숭배 자체를 제도화하려는 카리스마의 질주에 대한 견제가 사라지면서, 전 사회가 급속히 전통적 사회, 그 가운데에서도 가장 봉건적인 '가부장적 사회'로 전락하는 과정을 명시적으로 보여주는 것이었다.

3) 「5.25 교시」와 유일사상체계

(1) 「5.25 교시」: 유일사상체계 선언문

그나마 체제 내 비판 세력으로 남아 있던 갑산파까지 제거되면서, 김일성은 이제 거칠 것이 없었다. 김일성 개인숭배를 강화하는 유일사상체계 확립 작업이 본격적으로 진행된 것은 당연한 수순이었다. 김일성

---

144 James F. Person, 「The 1967 Purge of the Gapsan Faction and Establishment of the Monolithic Ideological System」, 『Wilson Center Digital Archive』, https://www.wilsoncenter.org/publication/the-1967-purge-the-gapsan-faction-and-establishment-the-monolithic-ideological-system(검색일: 2024.4.20).

이 1967년 5월 25일 당의 선전일군들 앞에서 연설을 통해 내놓았다는 「5.25 교시」가 바로 그 시작이다. 당 중앙위 전원회의를 통해 갑산파에 대한 숙청을 매듭지은 다음, 김일성의 「교시」를 통해 전 인민에 대한 사상 강화 사업에 나선 것이다.

현재까지 「5.25 교시」의 실체[145]가 무엇인가에 대한 논란이 있긴 하지만 "5.25 교시를 필두로 해서 북한은 전 사회의 주체사상화 작업을 전격적으로 단행하기 시작했다"[146]라는 점은 명백하다. 또한 "유일사상체계 확립에 결정적인 역할을 하였던 5.25 교시"[147] 등 학계에서도 이 「5.25 교시」를 중시하고 있고, 당시 북한에서 활동했던 탈북 인사들도 「5.25 교시」를 "북한 사회를 특이한 형태의 극좌로 몰아가는 하나의 전환점"(황장엽), "반수정주의 투쟁이라는 대선풍 아래 대대적인 인텔리 제거, 그들의 창조물인 문화에 대한 총공격, 좌경극단주의에 의한 반문화혁명"(성혜랑)으로 기억한다.[148]

그런데 이처럼 유일사상체계 확립 과정에서 중대한 의미를 지닌 것으로 평가되고 있는 「5.25 교시」는 발표 20주년인 1987년이 되어서야 어렴풋하게 그 모습을 드러내는 등 그 중요성에 비해 이상하리만치 실체가 공개되지 않고 있다. 당시 『로동신문』은 「주체사상에 기초하여 굳게 뭉친 우리 혁명대오의 위력을 더욱 강화하자」라는 사설을 통해서 「5.25 교

---

145 이러한 논란은 무엇보다 북한이 오랫동안 「5.25 교시」가 정확히 무엇인지 밝히지 않았던 데서 비롯됐다. 교시가 나왔다는 1967년 당시는 물론, 이후에도 다른 교시들과 달리 이 「5.25교시」는 당의 공식 잡지인 『근로자』는 물론 2012년에 출판된 『김일성전집 목록(1926~1994.7)』에서도 확인이 되지 않았다. 김경욱, 『북조선인의 탄생: 주체교육의 형성』, 선인, 2020, 285쪽.

146 이영화 「북한의 고대사 연구 동향 – 학술지 계량 분석을 중심으로」, 『한국고대사 탐구』 3, 2009, 180쪽.

147 송정호, 「김일성의 '5.25 교시' 전후 경제사회적 변화에 관한 연구」, 『신진연구논문집: 2003 북한 및 통일관련』, 통일부, 2003, 278쪽.

148 오경숙, 「5.25교시와 유일사상체계 확립 – 구술자료를 중심으로」, 『한국동북아논총』 32, 2004, 327쪽.

시」를 언급했는데, 이때에도 「5.25 교시」라는 용어 대신 '5월 25일 연설', '력사적인 연설', '력사적인 교시'라고만 썼다.[149]

「5.25 교시」라는 정확한 호칭은 김일성 사망 2년 뒤인 1996년에 가서야 처음으로 나타난다. 당시 『로동신문』은 "위대한 수령 김일성동지께서 력사적인 5.25 교시를 주신때로부터 스물아홉해가 된다"라며 유일사상교양, 혁명전통교양, 사회주의 애국주의 교양이 그 핵심 내용이라고 전했다. 그러나 이때에도 역시 연설의 제목은 소개되지 않았다.[150]

「5.25 교시」의 연설 제목이 처음 제시된 것은 35주년인 2002년에 이르러서였다. 『로동신문』은 "지금으로부터 35년 전인 주체56년 5월 25일, 위대한 수령 김일성동지께서는 우리 당과 혁명발전에서 중요한 의의를 가진 로작《당면한 당선전사업방향에 대하여》를 발표하시였다"라고 「교시」의 제목을 처음으로 소개했다. 그러면서 "이 로작을 통하여 혁명적 당 건설 위업에서 근본으로 되는 당의 유일사상 체계를 세우는데서 나서는 문제들을 환히 밝혀주시여 우리 혁명이 백년이고 천년이고 승승장구해 나갈 수 있는 지침을 마련해 주셨다"라고 평가했다.[151]

『로동신문』은 또한 이 보도에서, 사상의 유일성을 실현하는 길에서 '유일이라는 말의 의미'에 대해 1967년 제4기 15차 전원회의에서 김정일이 했다는 "이번에 처음으로 당의 유일사상체계라는 말을 전당적으로 쓰게 되었는데 유일이란 말이 중요합니다. 유일이라는 말은 수령님밖에는

---

149 「주체사상에 기초하여 굳게 뭉친 우리 혁명대오의 위력을 더욱 강화하자」, 『로동신문』, 1987년 5월 25일 사설(3면). 관련된 내용은 "1967년 5월 25일 당사상사업부문 일군들 앞에서 력사적인 연설을 하시었다", "유일사상교양과 혁명전통교양, 공산주의 교양을 비롯하여 당선전사업을 강화하기 위한 구체적인 방향과 방도를 환히 밝혀주시었다" 등이다.

150 「당에 대한 충성의 한마음을 안고 주체혁명위업을 다그쳐나가자」, 『로동신문』, 1996년 5월 25일 보도(3면).

151 「위대한 수령님의 력사적인 5.25 교시는 21세기에도 승리의 기치로 빛날 것이다」, 『로동신문』, 2002년 5월 25일(2~3면).

그 누구도 모른다는 말입니다"라는 말을 상기하며 '유일사상'이 곧 '김일성사상'을 뜻하는 것임도 강조했다.

「5.25 교시」의 내용과 위상이 조금 더 구체적으로 소개된 것은 40주년인 2007년에 와서이다. 『로동신문』은 1면 사설에서, 「5.25 교시」는 당의 사상사업에서 일관되게 틀어쥐고 나가야 할 '강령적 지침'이라는 김정일의 발언을 소개하면서 "당건설에서 사상의 유일성을 확고히 보장하기 위한 근본지침을 명시한 바로 여기에 로작이 차지하는 력사적 지위가 있다"라고 밝혔다. 즉 「5.25 교시」, 「당면한 당선전사업방향에 대하여」라는 연설이 사상교양의 '근본지침'이라고 명확히 밝힌 것이다. 그러면서 「5.25 교시」는 '투쟁의 분수령', '주체위업 수행의 획기적인 전환점'이며 이 "유일사상교양을 당사상사업의 기본으로 삼은 것"이 김일성의 가장 빛나는 업적이라고 칭송했다.[152]

『로동신문』의 「5.25 교시」 관련 보도

보도일자 (모두 5월 25일자)	내용	비고
1987년	'5월 25일 연설', '력사적인 연설', '력사적인 교시'	처음으로 「5.25 교시」 암시 내용 나옴
1996년	"력사적인 「5.25 교시」를 주신 다음부터 스물아홉해가 된다"	「5.25 교시」 용어 첫 사용
2002년	"35년전 5월 25일, 당혁명 과정에서 중요의의를 가진 로작 「당면한 당선전 사업방향에 대하여」 발표"	「5.25 교시」 제목 첫 소개
2007년	「5.25 교시」가 당사상사업의 강령적 지침, '근본지침'	「5.25 교시」를 사상사업의 '근본지침'으로 규정

---

152 「사상사업의 위력으로 백승을 떨쳐온 우리당의 력사를 끝없이 빛내여 나가자」, 『로동신문』, 2007년 5월 25일 사설(1면).

이처럼 북한의 설명대로라면 「5.25 교시」는 당 사상사업의 방향과 중점을 유일사상체계 확립에 놓으라는 김일성의 「교시」로, 한마디로 '유일사상체계의 지침서', '선언서'라고 해도 과언이 아니다.[153]

아직 북한이 「5.25 교시」라고 밝힌 「당면한 당선전사업방향에 대하여」 연설은, 여전히 '제목'을 제외한 나머지 내용은 알려지지는 않고 있다. 다만 1991년 평양에서 발행된 『조선교육사』에 소개된 '유일사상체계' 관련 항목들은, 요약된 형태이긴 하나 「5.25 교시」의 내용 일부분인 것으로 분석되고 있다. 『조선교육사 4』는 제2장 제2절, 「교육사업에서 당의 유일사상체계와 로동계급적선을 철저히 세우기 위한 투쟁」 부분에서 "위대한 수령님께서는 연설에서 반당 반혁명 종파분자들의 사상 여독은 주로 부르죠아사상, 수정주의사상, 사대주의사상, 공자와 맹자의 봉건 유교사상이라고 하시면서 당사상교양사업의 방향을 뚜렷이 밝혀주시었다"라고 소개하고 있다.[154]

그러면서 "경애하는 수령님께서는 당선전사업에서 당의 유일사상체계를 세우며 혁명전통교양과 공산주의 교양 특히 사회주의적애국주의교양을 강화하는 것이 중요하다고 하시면서 가장 중요한 것은 당의 유일사상체계를 확립하는 것이라고 교시하시였다"라면서, 아울러 "모든 교육기관에서, 모든 당원들이 당정책학습을 첫째가는 과업으로 내세울 것"도 교시했다고 소개했다.[155]

---

153 이 부분은 김남식의 증언과 거의 일치한다. "그것이('5.25 교시') 10대 유일사상체계 원칙의 초본이 아니겠는가? 초본, 10대원칙의 초본으로 알고 있어요. 다른 것이 될 수가 없어요. 그 당시 환경으로 보나 여러 가지 유일사상체계확립을 한참 하지 않으면 안되는 상황에서 다른 것은 나올 수가 없습니다. 그게 아주 이데올로기적 핵심적인 내용이었기 때문에…", 오경숙, 「5.25교시와 유일사상체계 확립 ─구술자료를 중심으로」, 329쪽.

154 강근조, 『조선교육사』 4, 조선·평양: 사회과학출판사, 1991, 226쪽.

155 요약된 것으로나마 「5.25 교시」의 내용이 담긴 것은 지금까지 이것이 유일하다. 이후 『로동신문』의 「5.25 교시」 관련 보도에서도 '당정책교양, 혁명전통교양, 사회주의적 애국주의교양'을 분야별로 강조하고 있는 점을 볼 때, 이 같은 내용이 「당면한 당선전사업방향에 대하여」 연설의 일부분일 가능성이 커 보인다. 다만 『로동신문』 보도에선 이 같은 연설을

한 가지 중요하게 짚어볼 대목은 김일성이 1956년의 '8월 종파사건'과 이어진 '중소개입'의 여파를 극복하고 대대적인 숙청을 통해 단일지도 체계를 확고히 한 58년 말부터 '김일성 중심 역사만들기'에 적극 나섰고 이때 '혁명전통 교양'에 '공산주의 교양'이 결합돼 유일사상체계 학습이 본격화됐다고 설명했었는데, 1967년 「5.25 교시」를 계기로 드디어 '유일 사상 교양'이 제1의 핵심과제로 결합했다는 점이다.

'맑스-레닌주의의 창조적 적용'. '주체' 등을 내세워 외세 간섭을 배제하고 자신만의 역사, 자신만의 국가를 건설하고자 했던 김일성의 야망이 10여 년의 노력 끝에 완성 단계에 이른 것이다. 김일성이 67년 3월 "나는 1956년부터 당 사업을 직접 틀어쥐고 지도하였습니다. 그때로부터 오늘에 이르기까지 10여 년 동안 당 안에 유일사상체계를 세우며 전반적 당 사업을 바로잡기 위한 투쟁을 벌려왔습니다"라며 자신있게 설명했듯이 이 시기에 이르러 김일성이 공들여 온 유일사상체계 확립 작업은 완성 단계에 이르게 된다.[156]

(2) 「유일사상체계10대원칙」의 원형 출현

박금철 등 갑산파를 숙청하던 1967년 시기에 유일사상체계가 완성 단계에 이르렀다는 것은, 이때 이미 「유일사상체계10대원칙」의 원형이 나왔다는 점으로도 그 분위기를 잘 알 수 있다. 김일성 개인숭배 제도

"1967년 5월 25일 당사상사업부문 일군들 앞에서 력사적인 연설을 하시었다"거나(1987년), "당사상 사업부문 일군들앞에서 하신 연설《당면한 당선전사업방향에 대하여》"(2007년)로 소개하고 있는데, 『조선교육사』 4에선 "1967년 5월 25일 당 중앙위원회 제4기 제15차 전원회의에서 하신 연설"이라고 설명하고 있어 좀 더 추가적인 확인은 필요해 보인다. 『로동신문』, 1987년 5월 25일 사설(3면), 2007년 5월 25일(2면); 강근조, 『조선교육사』 4, 226쪽; 김경욱, 『북조선인의 탄생: 주체교육의 형성』, 285~286쪽.

156 김일성, 「당사업을 개선하며 당대표자회 결정을 관철할 데 대하여, 도, 시, 군 및 공장당 책임비서협의회에서 한 연설(1967년 3월 17~24일)」, 『김일성전집 38』, 평양: 조선로동 당출판사, 2001, 253~254쪽.

화의 실천 지침이랄 수 있는 이 「10대원칙」은 갑산파 숙청 후인 1967년 6월 말의 제16차 전원회의에서 발표가 된 것으로 보인다.[157]

「유일사상체계10대원칙」이 「5.25 교시」 이후 이미 나왔다는 것은 당시 활동했던 탈북자들의 증언에서도 확인된다. 북한에서도 작가로 활동하다 1996년 탈출해 프랑스로 망명했던 성혜랑은 자신의 회고록 『등나무집』에서 이에 대한 기억을 생생하게 소개했다. 성혜랑은 "5.25교시 이후 유일사상체계를 세우기 위한 사상사업은 엄청난 기세로 확대되었다. 당정책을 무조건 따르는 것은 이미 체질화되어 있었"라는 당시의 사회적 분위기를 떠올리며 "그 10대원칙의 조항은 수령의 신격화, 신조화, 절대화를 위한 세부 조항인데, 10대원칙은 '당내에 한함'이라고 비밀문건화되어 있었다"라고 밝혔다.[158]

잠비아 주재 북한 외교관으로 일하다 1995년 귀순한 현성일씨 역시 "그 5.25교시, 그게 67년인가요? 그 5.25 교시가 나고 그다음에 10대원칙이 발표가 됐죠. 그 황장엽 비서 얘기는 그때 김영주에 의해서 먼저 10대원칙이 만들어졌는데, 결국 74년도에는 김정일이가 그걸 개작을 했다는 거죠"라며 「5.25 교시」가 순차적으로 나온 것으로 기억하고 있다.[159] 이처럼 갑산파 숙청과 「5.25 교시」를 통한 유일사상체계의 확립으로 달라진 북한사회의 변화는 "1인 절대권력체제의 전면화", "개인숭배구조의 정착", 그리고 "사회의 기계적 집단화"로 압축해서 표현할 수 있을 것이다.[160]

이러한 1967년 당시의 「유일사상체계10대원칙」은 아직 전체 항목이 파악되진 않고 있으나 최소 6개 항은 확인되고 있다. 이 6개 항은 첫째,

---

157 오경숙, 「5.25교시와 유일사상체계 확립 ─구술자료를 중심으로」, 334쪽.
158 성혜랑, 『등나무집』, 지식나라, 2000, 316쪽.
159 오경숙, 「5.25교시와 유일사상체계 확립 ─구술자료를 중심으로」, 340쪽.
160 이종석, 『조선로동당연구』, 313쪽.

"수령의 혁명사상, 당의 유일사상으로 교양사업을 강화하는 것", 둘째, "수령의 교시와 당정책을 관철하기 위한 실천투쟁을 강화하는 것", 셋째, "수령의 사상과 어긋나는 온갖 반당적. 반동적 사상을 반대해 견결히 투쟁하는 것", 넷째, "전당, 전 국가가 수령의 유일적령도 밑에 움직이는 강한 조직규률을 확립하는 것", 다섯째, "수령을 튼튼히 보위하기 위한 투쟁을 강화하는 것", 그리고 여섯째, "이 사업을 끊임없이 심화 발전시키며 대를 이어가면서 당의 유일사상체계를 확고히 세우도록 하는 것" 등을 주요 내용으로 한다.[161]

이런 원칙들은 1967년 6월의 제4기 16차 전원회의에서 당시 당 조직지도부장을 맡고 있던 김일성의 동생 김영주에 의해 제시된 것으로 알려져 있다. 그리고 확인된 6개 항의 내용들을 볼 때 이미 김일성의 절대화, 인민들의 무조건적인 복종, 대를 이은 충성 등 후계구도까지 제시되어 있어, 김일성 유일사상체계가 이 시기에 확립되었다는 점을 잘 보여주고 있다. 이때 제시된 유일사상 원칙들이 1974년 김정일에 의해 보다 구체화되고, 체계적으로 정리되어 「유일사상체계10대원칙」으로 발표가 됐다.[162]

그렇다면 이처럼 유일사상체계 구축 과정에서 중요하다고 평가받는

---

161 이찬행, 『김정일』, 백산서당, 2001, 389~390쪽. 이 6개 항은 1973년 북한이 발행한 『정치사전』에서 인용한 것이다. 그런데 이 '6개 항'이 인용된 『정치사전』의 「당의 유일사상체계를 세울데 관한 위대한 수령 김일성동지의 사상」 설명란에는 "당의 유일사상체계를 세우기 위한 원칙적 방도"로 이들 6개 항을 소개하면서, 다섯째 항 이후 설명을 '여섯째'라고 하지 않고 '마지막으로'라고 표현하고 있어 일정한 검토가 필요하다. 즉 「유일사상체계10대원칙」의 '원형'으로 알려진 것이 당초 10개 항이었는데 현재까지 6개 항만 확인된 것인지, 아니면 혹시 1967년 당시엔 모두 '6개 항'으로만 구성됐던 것은 아닌지, 의문의 여지가 있다. 『정치사전』, 평양: 사회과학출판사, 1973, 269~271쪽 참조.

162 김정일, 「전당과 온 사회에 유일사상체계를 더욱 튼튼히 세우자, 중앙당 및 국가, 경제기관, 근로단체, 인민무력, 사회안전, 과학, 교육, 문화예술, 출판보도부문 일군들 앞에서 한 연설(1974.4.14)」, 『김정일전집 23』, 평양: 조선로동당출판사, 2018, 236~271쪽. 김정일은 이 「10대원칙」을 발표하면서 이전의 「원칙」을 "종전의 10대원칙"이라 하기도 하고, 또 "종전의 《당의 유일사상체계수립과 관련한 몇가지 원칙》도 당의 유일사상체계를 세우는데서 적지 않은 역할을 하였습니다"라며 "몇 가지 원칙"이라고도 밝히고 있다. 「10대원칙」 원형의 실체에 대해서는, 추가적인 연구와 분석이 필요하다.

이 「5.25 교시」와 지금까지 일각에서 이 「교시」라고 주장해 온 「자본주의로부터 사회주의에로의 과도기와 프로레타리아 독재문제에 대하여」라는 김일성의 연설, 논문은 어떤 관계에 있는 것일까? 1967년에 나온 김일성의 이 두 연설 관계를 분석해 보는 것은 이후 전개된, 이른바 '북한판 문화대혁명'을 이해하는 데에도 매우 필요한 작업이다.

우선 「5.25 교시」의 제목이 처음으로 확인된 2002년 로동신문 보도에서부터 합리적인 유추가 가능하다. 당시 보도는 김일성이 "우리당과 혁명발전에서 중요한 의의를 가지는 로작《당면한 당선전사업방향에 대하여》를 발표하시였다"는 소개와 함께 "이 로작을 통하여 혁명적당건설 위업에서 근본으로 되는 당의 유일사상체계를 세우는데서 나서는 문제들을 환히 밝혀주시여 우리 혁명이 백년이고 천년이고 승승장구해 나갈수 있는 지침을 마련해 주셨다"라고 밝히고 있다. 그런 다음 국제정세와 수정주의적 궤변 등 국내 문제 등을 설명 한 뒤에 "위대한 수령님의 정력적인 사상리론활동에 의하여 혁명과 건설에서 나서는 과학리론적 문제들을 혁명실천의 요구에 맞게 옳게 풀어 나갈수 있는 방법론적 지침이 마련되었으며"라고 설명하고 있다.[163]

보도의 맥락을 보면 '유일사상체계를 세우는 지침' 아래에 '과학리론적 문제들을 풀어가는 방법론적 지침'을 위치시켜 설명하고 있음을 알 수 있다. 1967년 5월 25일 김일성이 내놓은 두 개의 연설 혹은 논문의 관계가 하나는 '근본지침', 다른 하나는 '방법론적 지침'으로 구별해 볼 수 있는 것이고 바로 이 '근본지침'을 「5.25 교시」라고 판단할 수 있는 근거가 되는 셈이다.

북한의 1982년 5월 25일 『로동신문』 관련 보도를 보면 좀 더 이해의

---

163 「위대한 수령님의 력사적인 5.25 교시는 21세기에도 승리의 기치로 빛날 것이다」, 『로동신문』, 2002년 5월 25일(2면).

폭을 넓힐 수 있다. 당시 보도는 "지금으로부터 15년전, 우리당과 인민 앞에는 당의 유일사상체계를 튼튼히 세우며 사회주의, 공산주의 건설을 힘있게 밀고 나가는데서 과학리론적으로 옳게 풀어야할 여러 가지 문제들이 제기되고 있었다"라는 상황 설명을 한 이후, 그런데 이 문제가 "수령 김일성 동지께서 1967년 5월 25일에 발표하신 불후의 고전적로작 '자본주의로부터 사회주의에로의 과도기와 프롤레타리아독재문제에 대하여'에서 과학적 공산주의리론을 새롭게 밝히심으로써 빛나게 해결될 수 있게 되었다"라고 서술하고 있다.[164] 시기의 간격이 있지만 논리적 완결성을 중시하는 북한의 이러한 설명은 '근본지침'이라 명한 「당면한 당 선전사업방향에 대하여」 아래에 '방법론적 지침'이랄 수 있는 「자본주의로부터 사회주의에로의 과도기와 프롤레타리아독재문제에 대하여」를 위치시키고 있는 것으로 합리적 추론을 해 볼 수 있는 대목이다.

김일성의 두 연설이 내용에 있어서도 확연한 차이가 드러난다는 점도 주목해 볼 부분이다. 북한은 「5.25 교시」를 '유일사상교양, 혁명전통교양, 사회주의 애국주의교양' 등이 핵심이라고 설명하고 있는데 이는 「당면한 당선전사업방향에 대하여」라는 연설의 제목과, 이 「교시」에 대한 북한의 내용 설명에 부합한다. 이에 반해 「자본주의로부터 사회주의에로의 과도기와 프로레타리아독재문제에 대하여」는 '과도기 설정의 문제', 이와 관련된 '프로레타리아 독재 문제', '이 시기 인텔리들의 교양 문제' 등이 주요 내용으로, '유일사상교양' 등의 내용은 전혀 담고 있지 않다.[165]

그러나 「자본주의로부터 사회주의에로의 과도기와 프로레타리아독재문제에 대하여」를 '근본지침'인 「5.25 교시」의 '방법론적 지침'으로 본다

---

164 「과학적공산주의리론을 새롭게 발전풍부화시킨 강령적 문헌」, 『로동신문』, 1982년 5월 25일 보도(2면).

165 다만 현재까지 「당면한 당선전사업방향에 대하여」란 연설의 제목과 요약된 '일부분'의 내용만 다른 자료를 통해 알려져 있을 뿐, 연설의 정확한 내용과 원고는 여전히 확인되지 않고 있는 점은 좀 더 추가적인 연구와 신중한 분석을 요구하는 부분이다.

고 해도, 이 지침 역시 매우 중요한 역사적 의미를 지닌다. 무엇보다 김일성이 '과도기'를 사회주의의 승리, 사회주의 제도의 수립 단계를 넘어선 '사회주의의 완전한 승리' 단계로 설정하면서 '계속혁명'과 결부시켰기 때문이다. 이러한 논리는 고도로 발달한 자본주의 국가가 아닌 '발전국가'인 북한의 경우 "과도기가 끝나도 공산주의의 높은 단계로 들어가자면 혁명과 건설을 계속해야" 하기 때문에, '계급투쟁'을 위해 '프로레타리아 독재'는 계속되어야 한다는 주장으로 이어져 결국 유일사상체계 확립의 이론적 토대 확립에 충실히 활용되기 때문이다.[166]

김일성은 또 계급투쟁 문제와 관련된 설명에서 '인테리의 혁명화' 문제를 강조했다. 김일성은 "인테리를 혁명화하기 위해서는 그들이 혁명적 조직생활을 잘 하도록 하는 것이 제일 중요"하다면서, "오랜 인테리거나 새 인테리거나 할 것없이 누구나 다 자유주의와 소부르죠아사상을 없애고 자신을 혁명가로 단련하기 위하여 당조직생활을 비롯한 여러 가지 조직생활을 강화하여야 한다"라고 강조했는데, 이는 대대적인 교양사업과 숙청을 예고하는 것이었다.[167]

그리고 이러한 예고는 곧바로 인테리, 즉 지식인에 대한 숙청, 탄압 조치로 이어지게 된다. 바로 '근본지침'인 「5.25 교시」를 기본 바탕으로, '방법론적 지침'인 또 다른 「5월 25일 교시」를 통해 '유일사상체계'의 완성 작업, '북한판 문화대혁명'의 이론적 발판을 마련한 셈이다.

---

166 김일성, 「자본주의로부터 사회주의에로의 과도기와 프로레타리아독재문제에 대하여: 당 사상사업부문 일군들앞에서 한 연설(1967.5.25)」, 『김일성전집 38』, 평양: 조선로동당출판사, 2001, 453~458쪽. 이러한 김일성의 과도기 설명과 '계급투쟁'에 기반한 '프롤레타리아 독재' 지속론은 1960년대 초 마오가 다시 계급투쟁을 들고 나오면서 "과도기가 백년, 아니 수백 년이 필요할지도 모른다"라고 한 부분과 거의 일치하는 심정을 읽을 수 있는 것이다. '계급투쟁'은 중국과 북한의 카리스마 지도자들에게 자신들의 권력유지를 위한 매우 유용한 도구로 사용되었던 셈이다.

167 김일성, 「자본주의로부터 사회주의에로의 과도기와 프로레타리아독재문제에 대하여」, 『김일성전집 38』, 459~461쪽.

4) 북한판 문화대혁명

(1) 문예계 탄압과 '책의 말살'

「5.25 교시」의 방법론적 지침서대로 북한은 '혁명화 작업'이란 명목으로 지식인 정리에 나서게 된다. 이는 갑산파 숙청 과정에서 드러났던 지식인들의 갑산파 동조 현상, 다시 말해 민심 이반 조짐을 차단할 필요성과 함께, 유일사상체계 강화 과정에서 지식인들의 불만이 가장 장애가 될 것으로 판단했기 때문이다.[168]

당시 지식인들은 소련 등 사회주의권의 변화를 지켜보며 보다 유연한 정책을 희망하고 있었다. 김일성은 이를 지식인들이 사대주의가 심하여 부르주아 사상을 가지고 외국 서적을 인용하여 조립식으로 논문을 쓰고 있고, 특히 유학을 다녀온 사람들에게서 이러한 경향이 심하게 나타난다고 비판하였다. 또한 '동요성'이 심한 지식인들이 혁명화 투쟁을 제대로 하지 않아 교만함이 나타나고 있다며 지식인들의 학습과 조직 생활 강화를 지시하였다.[169]

「5.25 교시」가 나온 1967년은 북한 정권 수립 20년이 지나는 해였다. 김일성은 일제시기 '인테리'들이 당성과 계급성에 문제가 있는 '부르조아'지만 '공화국 건설'에 필요했기 때문에 어쩔 수 없이 써야 했던 인력이라고 했다. 그러면서 '사대주의적 요소'가 가장 많이 남아있는 곳이 학계인데, 이곳의 "가장 엄중한 결함은 학자들이 당의 주체사상으로 든든히 무장하지 못한 것"이라고 질타했다. 이처럼 김일성은 '오랜 인테리', 즉 '구

---

168 "갑산파의 그때 중요한 당부장을 하던 박용국, 김도만, 당 중앙위원회 선전부장 할 것없이 다 갑산계열을 숙청했다고. 이렇게 해서 지식인들이, 특히 그런데에서 옹호하는 인물들이 많았거든. 그래서 다 제거하고.. 그 선전선동부장하던 김도만, 국제부장 박용국 이런 사람들이 다 지식인이었어. 그러니까 지식인이 많이 내각에 있었단 말이야."(이항구 구술) 오경숙, 「5.25교시와 유일사상체계 확립 –구술자료를 중심으로」, 341쪽.
169 송정호, 「김일성의 '5. 25 교시' 전후 경제사회적 변화에 관한 연구」, 310쪽.

인테리'에 대해서는 짙은 혐오감을 가지고 있었던 것이다.[170]

김일성은 이처럼 "지식인들 속에 남아있는 이기주의, 소부르조아주의, 부르조아주의 사상을 뿌리뽑고, 모든 지식인에 대해 노동계급화, 혁명화할 것"을 요구하였다. 또 이들 지식인층에서 항일빨치산 참가자들의 『회상기』학습을 과소평가하는 분위기가 있다고 비판하고 "혁명가들의 불요불굴의 투쟁 정신을 배워 자기 뼈와 살로 만들라는 것"이라며 강도 높은 『회상기』학습을 요구했다.[171]

이러한 지식인 탄압의 일차적 대상은 갑산파와 관련이 있는 함북지방의 지식인들이었다. 김일성은 「5.25 교시」 이후 함북지방의 지식인들 앞에서 혁명화에 대한 두 번의 중요한 연설을 한다. 여기에서 그는 "특히 함북도는 큰 나라들과 국경을 같이하고 있기 때문에, 사대주의가 생길 수 있는 조건이 많다"라는 말로 대대적인 비판 분위기를 이끌었다.[172]

이러한 지식인 비판 사업에 대해 성혜랑은 "지식인들이 대대적으로 철직되거나 처벌되어 도시 밖으로 추방되었는데 문화예술인, 과학자 특히 유학생이 대대적으로 축출되어 평양에는 '촌뜨기'만 남았고, 중국의 문화혁명을 방불케 하는 반문화혁명의 결과로 드디어 북조선은 무지의 왕국, '세상에서 가장 살기 좋은 사회주의 낙원'이 되었다"라는 자탄에 가까운 증언을 하기도 했다.[173]

이러한 지식인에 대한 탄압과 혁명화작업으로 북한의 학술지, 문학잡지도 정간되거나 폐간되는 조치가 대대적으로 단행되었다. 정통문학지 성향이 강했던 『청년문학』과 『문학신문』 등은 1968년 대부분 폐간되

---

170 김일성, 「우리 인테리들은 당과 노동계급과 인민에게 충실한 혁명가가 되어야한다: 함흥시 대학교원들 앞에서 한 연설(1967년 6월 19일)」, 『김일성전집 39』, 평양: 조선로동당출판사, 2001, 72~80쪽.

171 김일성, 「우리 인테리들은 당과 노동계급과 인민에게 충실한 혁명가가 되어야한다」, 『김일성전집 39』, 80~100쪽.

172 송정호, 「김일성의 '5.25 교시' 전후 경제사회적 변화에 관한 연구」, 310쪽.

173 성혜랑, 『등나무집』, 지식나라, 2000, 315쪽.

고 『조선문학』만이 살아남았다. 그러나 『조선문학』조차 김일성 개인숭배와 '혁명가정' 우상화에 치중하는 선전지 같은 편향으로 기울 수밖에 없는 운명을 맞게 된다.[174] 또한 이러한 지식인 정리 작업은 자연스럽게 지식인들이 비판받았던, 이른바 '낡은 사상, 수정주의 사상'의 뿌리가 되었다고 지목받은 서적들을 정리하는 대규모 '도서정리 작업'으로 이어졌다.

당시 상황을 상세히 증언한 성혜랑은 "가장 큰 의문을 던진 것은 책의 말살이었다"라며 도서정리 작업이 1970년대 중반까지 전국적으로 실시됐으며 "모든 가정, 모든 직장에서 책 페이지가 일일이 검열되는 방대한 캠페인이 있었다"라고 회고했다.[175] 이 같은 검열 작업은 김일성의 "옛날 책들을 모두 검토하여 보고, 퇴폐적이고 나쁜 것들은 사람들이 보지 않도록 하여야 한다"라는 지시로 더욱 강화된 것으로 보인다.[176]

이러한 작업은 우선 문제가 되는 내용, 어투, 인명을 삭제하는 것이었는데 기준은 "수령 우상화, 항일무장투쟁의 절대화, 계급혁명 즉 반수정주의, 반부르주아 문화"였으며, 여기에 저촉되면 먹으로 칠하거나 페이지를 뜯어내거나 종이 딱지를 붙이는 작업이 진행됐다고 한다. 그러나 이런 작업이 진행되는 서적은 '제한 이용'이라도 될 수 있는 것이었고 "그냥 폐기해 제지공장으로 가야 할 책들은 따로 있었다"라고 한다. 성혜랑은 또한 "직장마다 제지공장으로 실려 나가는 책이 산더미처럼 쌓였는데 대부분이 양서였다"라고 회고하고 있는데 이른바 '분서갱유'급의 도서 말살이 있었다는 증언이 과장이 아님을 알 수 있게 해주는 대목이다.

황장엽 역시 "소위 말하는 '분서갱유'라는 것이 있었느냐"는 질문에 "거 있었죠. 우리가 가지고 있던 책은 다 가져오라고 하고, 맑스-레닌주

---

174 김성수, 「선전과 개인숭배: 북한 '조선문학'의 편집주체와 특집의 역사적 변모」, 『한국근대문학연구』 32, 2015, 465~466쪽.

175 성혜랑, 『등나무집』, 313~314쪽.

176 송정호, 「김일성의 '5.25 교시' 전후 경제사회적 변화에 관한 연구」, 317쪽.

의 책들 다 가져오라 해서 가마니로 서너 개가 나왔죠"라며 당시의 '도서 정리 작업'의 규모와 폭력적인 진행을 증언했다.[177] 북한의 교과서에서 이 순신, 을지문덕, 세종대왕 등이 사라지게 된 것도 이 무렵이고, 남아있다고 해도 김일성보다 뒤떨어지는 인물로 기록되었다.

이러한 광풍은 비단 도서뿐만 아니라 문화예술계 전반에 영향을 미쳤다. 성혜랑은 "외국 음악은 소련 노래까지도 금지되었으며 '고전 악보'는 모두 불살라졌다. 과거의 석고 조각품은 비너스건 베토벤이건 모두 몽둥이로 깨버렸다. 서양화는 일체 찢어버렸다. 그것을 그리던 화가들은 유화구를 쓰레기통에 버리고 다 지방으로 나가 농사꾼이 되었으며, 그때부터 북조선에는 유화가 자취를 감추었다"라고 회고했다.[178]

과학기술 분야라 할지라도 이러한 극단적 조치들을 피하기는 어려웠다. "외국기술 도입은 그 자체가 수정주의가 되고, 선진 과학기술에 대한 '관심' 조차 비판을 받는 단계에 이르렀다"라는 것이다. 이러한 극단적인 배외 조치에 따라 외국의 서적과 문화 예술품들도 대대적인 검열을 받게 된다.[179]

황장엽 또한 당시 북한의 상황은 중국 문화대혁명의 축소판과 다를 바 없었다고 회고하였다. 그는 "북한에서는 중국처럼 문화대혁명을 일으켜야 할 타도의 대상이 없었기 때문에 중국식 문화대혁명을 일으키지는 않았다. 하지만 이른바 5.25교시를 통한 나에 대한 비판과 선전부 계통의 인텔리 간부들에 대한 숙청을 비롯한 문화 분야에서의 반수정주의 투

---

177 오경숙, 「5.25교시와 유일사상체계 확립 -구술자료를 중심으로」, 335쪽.
178 성혜랑, 『등나무집』, 314~316쪽.
179 "자유주의 사조를 뿌리뽑는다고 해 가지고 일체 그 외국서적, 그 다음에 음반, 영화 필름 모조리 다 소각해 버렸다고. 심지어는 기술서적까지 원서고 뭐고 싹 소각해 버렸어요. 외국어 학원이나 외국어 대학에서는 사전까지 다 불태웠다고 해요 모조리. 그 불태우는 운동이 68년도까지... 그래가지고 책이란 책이 뭐 절반이상 없어지고, 외국것 뿐만 아니라 국내에도 이전에 말하자면 그런 책들도 많이 나왔거든요. 카프 작가들이라든가, 심지어 이광수 소설까지도 있었으니까요. 그때는 그런 것도 다 골라서 싹 불태우고…"(정만수 구술) 오경숙, 「5.25교시와 유일사상체계 확립 -구술자료를 중심으로」, 336쪽.

쟁은 문화대혁명의 축소판으로 봐도 될 것이다"라며 좀 더 분석적 해석을 내놓기도 했다.[180]

황장엽은 특히 "당시 김일성의 5.25교시는 그때까지 행해지던 김일성 개인우상화를 급격히 고양시켰습니다. 다른 사회주의 국가의 수령관과는 근본적으로 다른 주장이 시작되었습니다. 수령 절대주의, 개인숭배가 극단적인 형태로까지 추진되었지요"라며 결국 문화예술계 정비가 개인숭배 목적으로 추진되었다고 평가하였다.[181]

이처럼 문화, 예술 분야는 물론 선진 과학기술에 대한 '관심'조차 비판받고, 외국의 기술 서적까지 불태워버릴 정도로 극단적이었던 당시의 조치는 경제발전에 지장을 줄 정도였는데, 이 같은 막무가내 정책이 거침없이 진행된 것은 당시 김일성 유일사상을 전 사회에 심기 위한 광풍이 어느 정도였는지를 짐작하게 하는 것이다. 바로 이러한 극단적 행태 때문에 당시 현장을 체험했던 사람들은 이런 광풍을 중국의 문화대혁명에 빗대 '북한판 문화대혁명'이라고 기억하는 것이다.[182]

이처럼 유일사상체계 구축 행보는 북한 사회에 전반적인 변화를 몰고 왔다. 유일사상체계 반대는 부르주아적, 복고주의적이라고 비판받으면서 종파주의로 분류되었다. 이 시기 반종파투쟁으로 비판받은 문학예술인들의 규모는 과거에 비해, 비교가 되지 않을 정도로 컸다.[183]

---

180 오경숙, 「5.25교시와 유일사상체계 확립 −구술자료를 중심으로」, 333쪽.

181 황장엽, 『나는 역사의 진리를 보았다』, 한울, 1999, 155쪽.

182 '북한판 문화대혁명'은 1967년 시작된 '분서갱유'급의 도서 정리 조치와 인테리에 대한 대대적인 숙정 작업 등 시기적인 면이나, 외양적인 면에서 중국의 문혁과 유사한 면이 많아 비유적으로 표현한 것이다. 다만 정치, 경제, 사회, 문화, 외교 등 거의 모든 분야에 파장을 크게 미친 중국의 문화대혁명에 비해 이 시기 '북한판 문화대혁명'은 사상, 문화적 측면에 집중돼 진행됐다는 점에서 차이가 있다. 또한 북한의 경우 이미 압도적인 카리스마체제를 구축한 김일성이 '유일사상체계' 구축을 통한 '후계 작업'까지를 염두에 둔, 영속적인 '개인숭배 국가' 만들기 차원에서 진행한 조치들이라는 점도 중국과는 구별되는 것이다. 마오는 흔들리던 권위를 되찾기 위해 개인숭배를 이용해 문혁을 일으켰으나 이후 다시 개인숭배를 절제하는 리더십을 보여준다.

183 김재용, 「북한문학계의 '반종파투쟁'과 카프 및 항일혁명문학」, 『역사비평』, 1992, 246쪽.

(2) 문학의 유일정통이 된 '항일혁명문학'

갑산파 숙청과 이후 「5.25 교시」를 통한 이런 유일사상체계 구축 행보는 북한 사회에 전반적인 변화를 몰고 왔다. 앞서도 살펴봤듯이 문학예술에서의 유일사상체계를 반대하는 온갖 경향은 부르주아적, 복고주의적이라고 비판받으면서 종파주의로 분류되었다. 이러한 반종파투쟁의 특징은 과거의 그 어떤 반종파투쟁 보다 그 규모가 컸는데, 이 시기에 비판받은 문학예술인들 역시 과거에 비해, 비교가 되지 않을 정도로 많았다.

문학 분야에서의 반종파투쟁은 김일성의 교시, 「혁명주제 작품에서의 몇 가지 사상미학적 문제」라는 문제 제기로부터 시작됐다. 김일성은 이 「교시」에서 영화 「내가 찾은 길」의 원작인 천세봉의 「안개 흐르는 새 언덕」에 대해 비판한다. 김일성은 특히 유격대원이 되는 주인공이 1920년대 공산주의 운동가의 지도로 혁명 투쟁에 나선 것으로 묘사한 부분에 대해 "마치 1920년대의 공산주의 운동가들의 영향을 받아 1930년대의 혁명가들이 자라난 것처럼 그렸다"라며, "그렇게 하면 우리당의 혁명전통의 뿌리를 1920년대로 끌고 가는 것이 된다"라고 비판하였다.[184] 1930년대의 빨치산의 항일무장투쟁, 그 가운데에서도 김일성의 지도가 모든 항일투쟁을 이끌었다고 역사를 수정해 가고 있던 마당에 위와 같은 묘사는 '유일혁명전통'을 훼손하는 것이었던 셈이다.

북한문학사도 "김일성동지께서는 1967년 1월 10일 예술영화 '내가 찾은 길'을 보시고 하신 교시와 1967년 5월 당사상사업부문 일군들 앞에서 하신 연설을 비롯한 여러 교시들에서 문학예술 분야에 나타난 부르주아적 요소와 수정주의적 경향에 대하여 폭로 비판하시고 전 당과 온 사회에 당의 유일사상체계를 철저히 세우며, 혁명적 작품을 창작해 낼 데

---

184 이종석, 『조선로동당연구』, 306~307쪽.

대한 강령적 과업을 제시하시였다"라고 소개하면서 이 「교시」의 중요성을 설명하고 있다.[185]

김일성의 이러한 강력한 과업 제시로 유일혁명전통을 훼손하는 문예활동은 불가능하게 되었으며 그나마 명맥을 이어오던 맑스-레닌주의에 기반을 둔 사회주의적 사실주의 문학예술의 미학 논쟁 등 토론 문화는 일거에 사라지다시피 하였다.[186]

항일혁명문학의 '혁명전통' 진입 과정

시 기	1945년 해방 이후	1959년 이후	1967년 이후
문학에서의 혁명 전통	카프(KAPF) (조선프롤레타리아트 문학예술동맹의 문학예술전통)	카프(KAPF) + 항일혁명문학 (항일무장투쟁시기의 혁명적 문학)	항일혁명문학

※출처: 김재용, 「북한문학계의 '반종파투쟁'과 카프 및 항일혁명문학」, 246~251쪽.

유일사상체계 확립시기 문학계의 가장 중요한 변화는 위와 같은 과정을 통해 '항일혁명문학'이 '유일한' 혁명전통으로 지정되었다는 점이다. 해방 직후 항일투쟁 문학의 정통으로 유일하게 인정돼 오던 것은 '카프'(프로문학)였는데, 1956년 종파사건 이후 '항일혁명문학'이 진입해 카프와 함께 둘 다 혁명전통으로 인정돼 왔었다. 그런데 67년 유일사상체계 확립 시기를 맞아 카프마저 배제되고 '항일혁명문학'만이 혁명전통으로 인정되는 대전환이 이뤄진 것이다. 이는 다름 아닌 '문학에서의 유일사상체계 확립'이라 할 수 있을 것이다.

그리고 여기에서의 '항일혁명문학'이라는 것도 '항일투쟁 시기에 나온 문학'이라는 통상적인 것이 아니라 "모두 김일성의 지도를 받아 만들

---

185 김재용, 「북한문학계의 '반종파투쟁'과 카프 및 항일혁명문학」, 247쪽.
186 김성수, 「항일혁명문학(예술)' 담론의 기원과 주체문예의 문화정치」, 457쪽.

어진 것"이라는 전대미문의 개념화가 이뤄진다. '카프'는 김일성의 지도를 받지 않았기 때문에 혁명전통이 될 수 없다는 논리가 여기에서 유출된다. "수령의 령도를 받지 못하고 수령의 사상을 구현하지 못한 문학예술은 진실로 로동계급적이며 혁명적인 문학예술로 될 수 없다. 이로부터 1920년대 전반기에 우리나라에서 창조된 카프문학예술은 비록 로동계급의 사상을 반영한 유산이라고 하더라도 우리 문학예술의 혁명전통으로 될 수 없다"라는 모순적이고 비논리적인 비약이 이뤄진 것이다. 그러나 이것은 엄연한 현실이었다.[187]

북한의 논리는 거침없이 이어진다. 김일성이 "불후의 고전적 명작들의 창조과정을 몸소 지도하시였으며"라는 설명에 이어 김일성을 주요한 작품의 '창작자'로 소개하는 데까지 나아간 것이다. 혁명가극 「피바다」가 대표적이다. 「피바다」는 1959년에 "창작자 미상의 혁명적 연극활동"으로 소개되다가 1970년엔 '혁명적 작품'이 되더니 1972년에 와서 김일성이 직접 창작했다는 의미의 '불후의 고전적 명작'인 '혁명가극'의 칭호를 부여받는다. '만들어진 전통'의 가장 극단적 사례라 아니할 수 없다.[188]

이처럼 1967년 「5.25 교시」 이후의 북한 문학과 예술의 변화는 '만들어진 전통'이 '역사적 전통'을 밀어내고 소위 '혁명적 전통'의 지위를 차지해 가는 과정이었다. 그리고 그것은 다름 아닌 유일사상체계의 확립, 김일성 개인숭배의 신격화, 카리스마의 제도화 과정의 또 다른 표현이었다.

한편 이 시기에 김일성이 항일혁명투쟁 시기에 직접 만들었다고 하는 작품들이 여러 예술 형태로 옮겨져 제작된 것도, 눈에 띄는 특징 중의 하나이다. 이런 작업은 북한 문학이 1967년 이후, 유일사상과 주체적 문학

---

187 장형준, 「우리당의 혁명적 문예전통과 그 빛나는 계승발전」, 「근로자」, 1973: 김재용, 「북한문학계의 '반종파투쟁'과 카프 및 항일혁명문학」, 249~250에서 재인용.

188 김성수, 「항일혁명문학(예술)' 담론의 기원과 주체문예의 문화정치」, 466쪽.

예술로 전환한 이후 가장 기본적인 것이었는데, 이는 다름 아닌 김일성 개인숭배의 전면적 사회화를 위한 사상 교양과정이었다. 혁명연극인 「피바다」는 69년 영화로, 71년엔 가극으로 72년엔 소설로 만들어졌다. 「꽃파는 처녀」는 1972년에 영화와 가극으로, 77년에는 소설로 제작되었다.[189]

그리고 이러한 작업들은 바로 후계자로 부상하고 있던 김정일에 의해 진행되었다는 특징을 보여주고 있다. 이처럼 김정일의 존재와 역할은 유일사상체계 확립 시기 문화예술 부문에서 주목해야 하는 또 하나의 특징이다. 김정일은 앞에서의 김일성이 창작했다는 작품을 여러 예술 형태로 옮기는 작업을 주관한 것은 물론, '4.15 창작단'을 비롯한 여러 창작단을 조직하여 당시 북한 문학, 예술의 새로운 흐름을 주도하였다. 그리고 이러한 북한 문학, 예술의 새로운 흐름은 다름 아닌 유일사상체계의 확립과 이에 따른 김일성에 대한 극단적인 우상화작업이 가속화되고 있는 당시 상황을 보여주는 것이며, 이는 자연스럽게 김정일 후계구도로 이어지는 속성을 가지는 것이었다.

북한은 이처럼 「5.25 교시」 이후의 분서갱유로까지 일컬어지는 문화적 말살로 생긴 문학과 예술의 공백을, 김일성 중심의 '항일혁명문학예술'이라는 빨치산 담론의 단일 대오로 채워나가게 된다. 그리고 이 항일혁명문학예술 담론은 김일성 개인숭배를 넘어 외연을 확장해 그의 부모와 친인척, 처, 아들 김정일까지 이른바 '혁명가정, 혁명적 가계'의 문학예술로 발굴되고, 발견되고, 창조되어 어느새 신성불가침의 성역으로 조성되어 갔다. 문학과 예술에 있어서도 김일성 유일사상체계가 확립된 것이다.

---

189 김재용, 「북한문학계의 '반종파투쟁'과 카프 및 항일혁명문학」, 250~251쪽.

(3) '혁명역사'로 전환된 김일성 개인숭배

앞서 살펴본 대로 문학에서의 유일사상체계 확립은 사회주의 리얼리즘을 이끌어온 것으로 평가받던 '카프', 프로문학조차 항일혁명문학예술에 밀려나 정통에서 배제될 정도로 북한의 문학사에 엄청난 변화를 몰고온 사건이었다. 그런데 더 큰 문제는 김일성 우상화를 위해 동원된 문학과 문학사의 왜곡이, 이후 역사 구분과 역사 서술에까지 직접적인 영향을 미쳤다는 사실이다.

북한에서 일반적인 용어로 사용되던 '혁명적 전통', '혁명 전통'은 1950년대와 60년대 초반으로 거치며 "항일무장투쟁을 계승한 것"으로 범위를 좁히더니 67년을 지나면서 "김일성의 항일무장투쟁만을 계승한 것"이라는 매우 배타적인 개념으로 변하였다. '혁명 전통'이 '유일혁명전통'과 같은 용어가 된 것이다.

앞서 살펴본 학술지와 문학지의 정간 이후 북한의 '인테리'들은 바로 이 '혁명전통'을 교양 받아야 했다. 이른바 '인테리 혁명화 작업'이다. 북한 학계의 성과와 동태를 해마다 소개하는 「조선중앙연감」은 1968년 전후로 달라진다. 일단 연구 성과에 대한 소개가 없어졌고 대신에 토론회와 발표회가 숱하게 열렸다. 그리고 역사학자들도 집단적으로 토론하고 발표하는 조직 생활을 하면서, 김일성의 항일무장투쟁에 입각한 '혁명전통'을 학습받아야만 했다.[190]

---

190 이 정간기가 끝나고 난 후 재발간되기 시작한 학술지에 실린 논문들은 전과는 다른 형태의 논문으로, 이른바 '혁명전통의 세례'를 입은 논문들이었다. 이처럼 이 시기의 학술지 정간기는 북한 역사학계를 주체사상으로 바꾸는 정지 작업기라고 할 수 있다. 이영화 「북한의 고대사 연구 동향 – 학술지 계량 분석을 중심으로」, 「한국고대사 탐구」 3, 2009, 180~181쪽.

북한 역사과학 내에서의 역사학 편제

역사과학	역사학	혁명역사	조선로동당역사	
			김일성혁명역사	
			김정일혁명역사	
			김정숙혁명역사	
			강반석혁명역사	
			김형직혁명역사	
			김형권혁명역사	
		일반역사	조선역사	원시사회
				고대사
				중세사
				근대사
				현대사
			세계역사	
	고고학		인류학포함	
	민속학			
	민족고전학			

※출처: 이영화, 「북한의 고대사 연구 동향」 177~178쪽 참조.

이러한 '혁명전통'이 역사에 적용되면 바로 '혁명역사'가 된다. '혁명전통'이 김일성의 항일무장투쟁만을 일컫는 용어가 됐듯이 '혁명역사' 또한 김일성과 그 가계에 대한 역사를 지칭하는 용어가 되었다.[191] 이 '혁명역사'는 1975년 김정일에 의해 주도되어 79년부터 발간되기 시작한 「조선전사」에서 그 모습을 드러냈다.

「조선전사」는 혁명역사를 통사 체제로 구성하였는데, 이러한 「조선전사」의 특징은 무엇보다 시대구분과 역사 서술의 비중 부분에서 확연하게 드러난다. 「조선전사」의 시대구분의 특징은 1926년 김일성이 결성했다는 '타도제국주의동맹'의 성립을 현대의 기점으로 잡았다는 데에 있다.

---

191 이영화, 「북한의 고대사 연구 동향 – 학술지 계량 분석을 중심으로」, 177쪽.

그리고 1926년 이후 현대사 편이 차지하는 분량이 모두 19권인데 반해 원시시대부터 근대까지의 분량은 총 15권에 불과했다. 한국사 전체의 비중이 북한의 현대사, 즉 김일성 개인의 역사에 쏠려있는 것이다.[192] 이러한 과정을 거쳐 정립된 역사학의 편제를 보면 북한의 현대사 자체가 김일성과 그 가계의 역사로 변한 사실을, 쉽게 확인 할 수 있다. 주체사상이 근현대사에 반영되면서 '혁명역사'가 일반역사에서 분리, 독립됐으며 오히려 일반역사보다 상위에 놓이게 된 것이다.

이처럼 북한의 현대사, 다시 말해 '김일성의 혁명사'는 시인과 문인들의 작가적 상상력과 허구가 가미된 작품과 빨치산들의 『회상기』와 같은 불투명한 기억과 증언이 어느 순간 '혁명전통'이라는 이름으로 '정통'으로 부상하더니, 유일사상체계 확립 과정에서 역사와 만나며 '혁명역사', 김일성 중심의 북한 현대사로 전환된 것이다. 다시 말해 문학적 허구가 가미된 '만들어진 전통'이 유일사상과 만나면서 '북한의 현대사'가 된 것이다.

김일성 유일사상체계 완성 과정

기초 작업	유일사상체계의 서막	유일사상체계의 완성
○ 1953년, "맑스-레닌주의를 북한 현실에 창조적 적용", 당 중앙위 결정 ○ 1956년, "맑스-레닌주의의 창조적 적용, 주체 확립", 3차 당대회에서 공식 사상노선으로 결정 ○ 항일무장투쟁지 답사	○ '8월 종파사건' 위기 완전 극복 후 김일성 중심의 역사 서술 강화 ○ 항일혁명문학의 '혁명전통' 진입 ○ 항일무장투쟁지 2차 답사, 『회상기』, 『김일성선집』 등 사상학습 열풍	○ 1967년, 갑산파 숙청과 김정일 후계구도 등장 ○ 「5.25 교시」; 유일사상체계 선언문 ○ 「유일사상체계10대원칙」 인민들의 실천 강령 ○ 신격화된 개인숭배

북한이 1970년대 들어 본격적으로 전개한 '문학을 통한 역사만들기'

---

192 이영화, 「북한 역사학의 학문체계와 연구동향」, 『韓國史學史學報』 15, 2007, 199~200쪽.

의 대표적인 사례가 바로 총서 「불멸의 력사」 간행이다. 「불멸의 력사」는 김일성과 항일빨치산들의 유격대 활동을 소재로 해서 그것을 형상화한 작품들로 소설적 상상력을 구사해서 만들어진 역사적 허구이지만 '실제 북한의 역사'로 선전되고 학습된다.[193] 그리고 이런 김일성 우상화 작품은 김정일의 후계자 부상 과정과도 밀접하게 연관되면서 이미 60년대부터 필독서였던 항일빨치산 참가자들의 『회상기』와 함께 북한 주민들의 필독서이자 교양서로 자리 잡게 된다. '기억으로 만들어진 역사'가 후계구도, 혈통승계라는 정치적 배경과 결합하며 더욱더 확실하게 '실제 역사'로 자리 잡아간 것이다.

이렇듯 문학과 역사 부문에서의 유일사상체계를 확립하고 그 과정에서 마지막 비판 세력이랄 수 있는 갑산파를 제거한 것은 물론, 향후 비판 세력의 근원이 될 만한 지식인들에 대한 대대적인 정리 작업까지 진행함으로써, 김일성은 중국의 마오와도 전혀 다른 절대적 카리스마, 절대 군주나 다름없는 길로 들어서고 있었다.[194]

이처럼 갑산파에 대한 숙청과 「5.25 교시」를 통해 유일사상체계가 확립 단계로 진입하면서, 북한 체제는 '수령'이 '당'을 대체하는 상황으로 완전히 변해갔다. '당과 수령에 대한 충실성' 강조는 '수령에 대한 충실성'으로 변해갔으며, "우리당의 혁명사상으로 튼튼히 무장하자"라는 구호는 "수령의 위대한 혁명사상으로 무장하자"로 바뀌어 갔다.

김일성에 대한 개인숭배는 이미 갑산파에 대한 제거 방침이 결정된 1967년 초 이후 거칠 것 없이 진행되었는데 이 과정에서 북한 당국

---

193 강진호 외, 『북한의 문화정전, 총서 '불멸의 력사'를 읽는다』, 소명출판, 2009, 18~21쪽. 1972년 권정웅의 『1932년』을 시작으로 2007년 김삼복의 『청산벌』에 이르기까지 항일혁명 투쟁시기 편(17권)과 해방 후 편(16권) 등 모두 33권이 출간되었다.

194 이러한 대변동이 가능했던 이유로 이종석은 '강력했던 김일성 단일지도체계', '광범위한 사상학습으로 길러진 유일사상의 토양', 그리고 그 바탕에서 등장한 '김정일 후계구도'라는 촉진 변수를 들고 있다. 그러면서도 '제왕적'으로 강했던 김일성의 권력의지가 기본변수로 작용했다고 설명하고 있다. 이종석, 『조선로동당연구』, 314~315쪽.

은 사회주의 약소국가들과 제3세계 국가들을 최대한 이용했다. 북한은 1967년 5.1절을 맞아 사회주의 국가와 제3세계 국가에서 80개 대표단을 초청해 평양 시내와 만경대 등 김일성 사적지를 방문하게 하고, 이들로부터 나온 찬양의 메시지를 김일성의 '위대성'과 연결시키는 대대적인 선전전을 펼쳤다.[195] '외국 손님'들의 상투적이고 극단적인 찬양은 어려운 경제 여건에서도 많은 외국 손님을 초청한 김일성의 기획에 충분히 부합하는 것이었으며, 북한은 이를 마음껏 활용해 김일성에 대한 개인숭배를 전 사회에 확산시켜 나갔다.

또한 이 시기부터 북한 사회에서 모든 의식은 김일성 수령에 대한 찬양으로부터 시작하였다. 모든 문헌의 서두는 반드시 '경애하는 수령'으로 시작했고 대중학습은 김일성의 혁명 활동 암송을 중심으로 이루어졌으며, 언론은 김일성의 '위대성'을 증명하는 것을 제1의 의무로 삼게 되었다. 마치 절대신에 대한 종교적 의식이 일상생활에까지 침투한 것과 같은 이러한 상황은, '카리스마 김일성'에 대한 '숭배 의식'이 이미 신격화 수준에 이르렀음을 보여주는 것이다.[196]

그리고 이런 분위기는 자연스럽게 당과 국가의 기념일보다 김일성과 그 가계를 찬양하는 개인숭배 특집 기획의 증가로 이어졌는데, 김일성 탄생 60주년이던 1972년 1월호『조선문학』에는 당대 최고의 문인 12명의 충성 맹세문이 「1972년 새해에 부르는 노래」라는 시의 형태로 게재되

---

195 이종석, 『조선로동당연구』, 300~301쪽. 당시 『로동신문』은 「위대한 수령 김일성 수상을 모시고 있는 조선인민은 무한히 행복하다」, 「탁월 영도자 김일성 동지를 모신 조선인민은 불패이다」, 「조선의 모든 성과는 김일성 수상의 현명한 령도밑에 조선로동당이 맑스-레닌주의를 창조적으로 적용한 결실」 등 외국 손님들의 찬사를 기사 제목으로 뽑아 선전에 이용했다. 외국 손님들의 이러한 찬사는 매우 상투적인 것이었으나, 김일성은 이를 매우 능란하게 활용하였다.

196 "이처럼 숭배 대상이 인간에서 신으로 변하고, 숭배자가 숭배 대상을 우러러 보는 것이 맹목적 수준으로 변하게 되면, 이는 바로 '개인숭배가 최종단계로 형성되었음'을 나타내 주는 것이다." 丁四海, 「哲學視野中的个人崇拜」, 中央党校, 博士学位, 2004, 66쪽.

기도 하였다. 이처럼 문학지, 역사지 대부분이 극단적 개인숭배의 선전지로 전락한 것이다.[197]

이처럼 확장되던 김일성 개인숭배는 그 영역을 넓혀 김일성의 가계를 혁명화시키는 방향으로까지 나아간다. 김일성 가계 우상화는 1967년 7월 31일 『로동신문』 2면 전면에 실린 김일성의 어머니 강반석 여사에 대한, 찬양 기사로부터 가시화된다. 이어 67년 8월에는 강반석을 「조선의 어머니」로 찬양하는 노래가 만들어졌으며, 67년 9월에는 여성동맹에서 '강반석 여사의 모범을 따라 배울데 대하여'라는 제목의 토론회를 여는 등 우상화는 갈수록 심화되었다.[198]

1968년 2월에는 김일성 일가를 그린 기록영화 「만경대」와 「우리 어머니 강반석 녀사」가 대중에게 소개되었으며, 3월에는 김일성의 아버지 김형직을 추모하는 대대적인 행사가 열렸고, 그가 일본제국주의 시기에 활동했다는 평남 강동군 봉화리와 압록강 유역의 '중강' 지역이 성역화되었다. 이러한 일련의 가계 혁명화 결과 1968년 9월 7일에는 북한 정권 20주년을 맞이하여 당과 국가의 지도자들이 급기야 김일성의 조부모와 부모의 묘에 화환을 바치는 데까지 이르렀다.[199]

김일성의 선대에 대한 우상화는 김일성 가계에 대한 우상화로 그 목적이 외형적으로 표출된 선대보다는 후대, 다시 말해 김정일로의 후계구도에 더 중점을 둔 것이라고 봐야 한다. 그처럼 훌륭한 조부모, 부모 아래에서 위대한 수령 김일성이 나올 수 있었으니, 그에게서 나온 "그의 아들 김정일 역시 그만큼 위대하다"라는 메시지를 전달하고 싶었을 것이다.

---

197 김성수, 「선전과 개인숭배 : 북한 '조선문학'의 편집주체와 특집의 역사적 변모」, 『한국근대문학연구』 32, 2015, 472~473쪽.
198 김경옥, 「북한 "김일성동지혁명사상연구실" 연구: 변천과 운용을 중심으로」, 경남대학교 석사학위논문, 2010, 22~23쪽.
199 이종석, 『조선로동당연구』, 302쪽.

이러한 북한의 우상화는 오래전 막스 베버가 지적한 대로이다. 베버는 봉건사회의 사례 연구를 기초로 "지배자에 대한 개인숭배가 조상으로 확대되다가 다시 지배자의 조상으로 확대된다", "후계자로의 카리스마 이전은 '카리스마의 승인' 밖에 없다"라는 논지를 강조했는데, 바로 북한에서 이 예지적 담론이 현실화가 된 것이다. 이처럼 북한 사회는 이미 1967년을 기점으로 '카리스마적 권위'의 사회에서 '전통적 권위'의 사회로, 그것도 가장 전형적이고 후진적인 '가부장적 사회'로 진입하고 있었다.[200]

---

200 막스 베버는 "카리스마의 계승에 있어서 본질적인 것은 카리스마의 상속자를 자기 가문에서만 배출 할 수 있도록 유일하게 은총 받은 가문이나 씨족이 있어야 한다는 사실이다"라는 설명과 "혈통을 중히 여기게 되면 처음에는 조상의 신격화가 시작되고, 결국 지배자의 조상에 대한 신격화가 진행된다"라고 설파했다. 막스 베버, 琴鍾友·全男錫 역, 『支配의 社會學』, 한길사, 1991, 239~241쪽.

3

카리스마체제와 정치적 반대파의 운명

1) '타협적' 숙청 vs '비타협적' 숙청

(1) 중국, '타협적'인 반대파 숙청과 '정치적 배려'

이처럼 마오쩌둥과 김일성의 카리스마체제는 두 나라가 비슷한 유형의 '문화대혁명'을 거치면서 절정을 맞게 된다. 그리고 이때 카리스마에 대한 개인숭배도 최고조로 고양된다. 그러나 이렇게 조성된 두 카리스마체제를 '정치적 반대파'에 대한 대응 차원에서 들여다보면 작은 듯하지만, 결정적인 차이점을 발견할 수 있다. 마오는 '정치적 반대파'를 숙청하면서도 '활로'를 아예 막지는 않는 '정치적 배려'를 위해 노력했으나, 김일성의 숙청은 이와는 확연히 달랐다.

1949년 중화인민공화국 건립 이후 마오와 정치적으로 가장 격렬하게 대립한 지도자는 '대약진'의 책임 문제를 놓고 충돌한 펑더화이와, '주자파'로 몰리며 문화대혁명의 희생양이 된 류사오치와 덩샤오핑이다.

마오와 펑더화이는 1959년 8월 대약진의 조정 문제를 논의하던 '루산회의' 석상에서 부딪혔다. "대약진의 문제점은 핵심적으로 마오에 대한 개인숭배의 폐해에서 비롯된 것"이라는 펑더화이의 비판으로부터 야기된 충돌은 제2차 반우파투쟁이나 다름없는 '반우경투쟁'으로 확대되고, 펑더화이와 그를 지지했던 지도자들이 숙청당하는 엄중한 사태로 이어졌다. 중국공산당은 「펑더화이 동지를 비롯한 반당집단의 착오에 관한 결의」를 통해 펑더화이와 황커청, 장원톈 등을 숙청했다.[201]

그렇지만 당시의 숙청이 '반당집단'이라고 규정할 정도로 엄혹했던 것이었고, 그 여파로 '반우경투쟁'이 전국적으로 전개되는 등 "당내 정치생활에서 건국 이래 가장 중대한 과오"로 평가될 정도로 파장이 컸던 사태였음에도, 마오가 정치적 배려를 통해 펑더화이 등 숙청된 자들에게 '활로'를 남겨놓았다는 점을 주목해야 한다.

펑더화이는 국방부장, 국방위원회 제1서기 등에서 해임되었으나 중앙위원회 위원, 정치국원 등의 지위는 유지했고, 황커청, 장원톈, 저우샤오주 등도 중앙위원, 후보위원, 정치국 후보위원 등의 지위는 유지했다. 중공은 결의문에도 "이러한 직무는 그대로 두어 추후 지켜볼 것"이라고 적시해, 문서로서 정치적인 여지를 '확실히' 남겨 둔 것이다. 당시 마오는 루산회의 폐막 연설에서도 "잘못을 인정하고 변하면 된다. 사람에게는 출구가 필요하다. 이 출구까지 막아선 안 된다. 좋은 측면까지 말살할 필요는 없다. 여지를 남겨 두자"라고 직접 언급하기도 했다.[202]

마오의 이러한 태도는 그간의 혁명운동과 함께 옌안정풍운동을 마무

---

201 중공은 펑더화이를 숙청한 '제8기 8중전회'를 정리하면서 전체 회의를 소개하는 공보 이외에 루산회의는 따로 떼어내 기록할 정도로 비중있게 다루었다. 「中国共产党八届八中全会简介(庐山会议)」, http://cpc.people.com.cn/GB/64162/64168/64560/65351/4442067.html(검색일: 2025.2.8).
202 『毛泽东年谱』第四卷, 153쪽(1959.8.16).

리하며 내놓은 「약간의 역사문제에 관한 결의」에서 정립한, "이전의 과오는 뒷날의 경계로 삼고, 병을 고쳐 사람을 구한다(懲前毖后, 治病救人)"는 포용적인 정신이 여전히 '정치적 반대파'에 대한 기준이 되고 있었음을 보여주는 것이다. 당시 중공은 "병을 고쳐 사람을 구한다(治病救人)"라는 방침에 대해 "병폐를 고쳐 사람을 구하자는 것, 잘못을 드러내어 결점을 비판한다는 것의 목적은 마치 의사가 병을 치료하는 것처럼, 전적으로 사람을 살리기 위해서이지 괴롭혀 죽이기 위한 것은 아니라는 것"이라는 설명을 통해 그 방향성을 명확히 했다.[203]

이는 마오의 "잘못을 인정하면 환영하고, 그렇지 않은 사람이라도 잘못을 고치도록 도와주자"라는 '통합적' 리더십의 정신에 기초한 것인데, 마오는 당시 "당내 역사문제에 대한 일체의 분석과 비판, 쟁론은 반드시 '단결에서 출발해 단결에 도달'해야 한다. 이런 원칙을 위배하면 정확하지 않은 것이다"라고 역설하며 철저한 준수를 강조했었다.[204] 당시 중공은 이러한 방식을 '마오쩌둥 동지의 방침'이라고 규정했는데, 이후 '카리스마' 마오의 잦은 변덕에도 불구하고 이 원칙은 이후 당내 민주 생활과 정책 방향의 매우 중요한 가늠자로 작용하게 된다.

1956년 흐루쇼프의 스탈린 개인숭배 비판으로 전세계적 파장이 일던 시기에도 마오는 「10대 관계를 논함」이라는 정치국 확대회의 연설을 통해 이러한 '포용적 원칙'을 강조했다.[205] 문화대혁명의 대소용돌이 속에서도 이러한 원칙은 재확인되기도 했다. 마오는 "이전의 과오를 뒷날의 경

---

203 廖蓋隆 편, 정석태 역, 『중국공산당사』, 192쪽.
204 「关于若干历史问题的决议」, 中共中央文献编辑委员会, 『毛泽东选集』 第三卷, 人民出版社, 1991, 996~998쪽.
205 毛泽东, 「论十大关系」, 『建国以来重要文献编』 第8册, 260~261쪽. 마오는 당시 "사람은 많으면 많은 대로, 적으면 적은 대로 누구나 착오를 범한다. 착오를 범하면 도와야 한다. 그렇지 않고 이를 즐긴다면 이것이 바로 종파주의이다"라고 지적하고 "'懲前毖后, 治病救人' 이 방침은 당을 단결시키는 것이며, 우리가 반드시 견결히 유지해 나가야 할 방침이다"라고 강조했다.

계로 삼고, 병을 고쳐 사람을 구하자고 말하기는 쉬워도 실천은 어렵다" 라고 말하며, "진짜 스파이나, 반혁명분자가 아니라면 인민내부의 모순일 뿐이니, 잘못을 고치게 하면 된다. 출로(出路)를 하나도 없이 막으면 안 된다"라고 강조했다.[206]

덩샤오핑의 경우 이런 '정치적 배려'를 누구보다도 많이 받았다. 류사오치와 덩샤오핑은 문화대혁명이 시작되면서 결국 이른바 '자본주의의 길을 가는 당권파', '주자파' 1호, 2호로 몰려 숙청되는데 이런 가운데에서도 마오는 "류사오치와 덩샤오핑은 구별되어야 한다"라면서 덩의 당적은 박탈하지 않아 복귀의 길을 열어놓았다.[207]

1967년 들어 홍위병의 '탈권 운동' 여파로 더욱 혼란한 상황이 전개되자, 마오는 경호실장 격인 왕둥싱을 연금 상태이던 덩에게 보내 "인내하라, 너와 류는 분리될 수 있다"라는 뜻을 전달했으며, 그 직후에는 마오와 덩의 직접 만남이 성사되기도 했다. 덩은 이 만남에서 "마오의 태도가 온화했고, 비판도 그리 엄하지 않았다. 이에 상당히 안도감을 받았다"라고 회고하였다.[208]

그러나 마오의 이런 뜻과는 무관하게 조반파의 위력에 문화대혁명은 더욱 거칠어졌고 류사오치와 덩샤오핑 역시 홍위병에 가택수색과 인신공격을 당하는 등 상황은 계속 엄중하게 흘러갔다. 다만 이때에도 덩샤오핑은 다른 주자파와 달리 인신 박해를 당하진 않았는데, 덩의 가족들은 후

---

206 『毛泽东年谱』第六卷, 162~163쪽(1968.5.11). 당시 마오는 푸젠성 사업을 맡아 추진하던 천보다(陈伯达)가 너무 독단적으로 가혹하게 문혁에 연루된 사람들을 다루고 있다고 비판하며 이 "惩前毖后, 治病救人"의 원칙을 상기시켰다.

207 마오는 이런 말을 1967년 9월 24일, 11월 5일 등 여러번 반복했는데 이는 홍위병의 행패까지도 억제하는 효과를 발휘하게 된다. 『毛泽东年谱』第六卷, 127쪽(1967.9.24); 毛毛, 『我的父亲邓小平: 文革岁月』, 中央文献出版社, 2000, 62쪽 등 참조.

208 毛毛, 『我的父亲邓小平: 文革岁月』, 44~45쪽. 마오가 덩샤오핑에게 전달한 뜻은 세 가지였는데, "조급해지지 말고 인내하라, 너와 류사오치는 분리될 수 있다. 만약 뭔 일이 생기면 나에게 편지를 써라"라는 것이었다.

일 "이것은 요행이 아니었다. 마오의 뜻이 있었기 때문이다. 마오가 베푼 일종의 정치적 배려라고 할 수 있는 것이다"라고 고마움을 표시했다.[209]

1968년 10월 31일 '8기 12중전회'에서 류사오치가 결국 "반역자, 간첩, 노동자계급의 배반자"로 비판되며 숙청된 바로 그날에도 마오는 "모두들 덩샤오핑의 당적 박탈을 요구하지만, 여전히 그것만은 보류하고 싶다. 류샤오치와 덩은 어쨌든 구별되어야 하고, 실제 구별되는 지점이 있다"라며 덩샤오핑에 대한 일말의 애정을 거두지 않았다.[210]

1969년 들어 소련과의 국경충돌이 확대되며 전쟁의 위기가 고조됐을 때 중국은 일부 주요 지도자들을 지역으로 분산 배치했는데 여기에는 류사오치와 덩샤오핑 등 문혁 관련자들도 포함되었다. 류사오치는 허난성 카이펑으로, 덩샤오핑은 장시성으로 내려가게 되었는데, 이때에도 덩은 왕동싱을 통해 마오와 연락이 닿았고 편지를 남기게 된다. 한 치 앞을 내다보기 어려운 문화대혁명이라는 소용돌이의 시기에, 특히 지극히 변덕스러운 카리스마 마오의 마음이 어떻게 또 변할지 모르는 위태로운 정치 환경에서도 덩샤오핑은 한줄기 생명선을 확보하고 있었던 셈이다.

덩샤오핑에 대한 마오의 이런 마음은 주요 지도자들에게 공유되었다. 저우언라이는 덩샤오핑이 내려갈 장시성 혁명위원회에 직접 전화를 걸어 "노동을 해야 하지만 예순이 넘어 힘들 것이다. 배려해라. 주택비 지원도 있었으면 좋겠다"라는 등의 세심한 배려를 아끼지 않았다.[211]

이에 반해 반역자로 숙청돼 고립무원의 상태에서 중병을 앓고 있던 류사오치는 결국 하방된 허난성 카이펑(开封)에서 숨지고 만다. 류사오치의 운명은 사실 그가 국가주석으로 린뱌오 이전 마오의 후계자였다는 점

---

209 毛毛, 『我的父亲邓小平: 文革岁月』, 61~62쪽.
210 『毛泽东年谱』第六卷, 212쪽(1968.10.31).
211 毛毛, 『我的父亲邓小平: 文革岁月』, 124~125쪽.

에서 최악을 피하기가 어려웠다. 마치 봉건 왕국의 교체된 황태자는 살아남기 어려웠던 것처럼, 마오의 카리스마 제국에서도 역시 실각한 후계자는 생존을 담보할 수 없는 구조였던 셈이다.[212]

특히나 마오는 1962년 '7천인대회'에서 대약진의 실패를 사실상 '정책상의 실패'로 규정한 류사오치에 반감을 강하게 느꼈으며, 이후 사회주의교육운동을 정리하며 내놓은, 이른바 「23조」 논의 석상에서 류사오치가 강하게 반발하자, 류를 정치적으로 제거해야 되겠다고 이미 결심한 상태였다.[213] 덩샤오핑에 대한 정치적 배려가, 후계자이기도 했던 류사오치에게는 바로 그 '후계자'였다는 정치적 냉혹함 때문에 제대로 적용되기 어려웠던 것이다.

그러나 전반적으로 마오 시대의 중국에선 최고 권력자와의 갈등으로 인해 '정치생명'이 곧바로 끝나는 경우는 거의 없었다. 마오의 평생 동지이자 협력자였던 저우언라이도 여러 풍파를 겪으면서도 제거되지는 않았다. 저우는 '반모진' 주장에 대해 마오의 혹독한 비판을 받은 뒤인 1958년 5월에 열린 제8차 당대회 2차회의에서 자아비판을 하면서 총리직 사퇴 의사까지 표명했으나, 마오는 그래도 결국 그를 버리지는 않았다.[214]

문화대혁명 기간 탈권운동으로 초래된 천하대란의 상황을 강력히 비판했던, 이른바 '2월 역류' 사태의 당사자들인 천이, 예젠잉, 리셴녠 등 원로들에 대해서도 마오는 사태 초기엔 엄혹한 비판을 가했으나 이후에

---

212 중공은 1980년 제11기 5중전회에서 류사오치를 복권시키며 "위대한 맑스주의자, 무산계급 혁명가로 불멸의 업적을 남겼다"라고 칭송했다. 특히 "문혁 기간 그에게 씌워진 자산계급사령부의 우두머리라는 논법은 완전히 틀렸고, 성립 자체가 되지 않는다"라며 명예를 회복시켰다. 「제11기 5중전회 공보」, http://cpc.people.com.cn/GB/64162/64168/64563/65373/4441915.html(검색일: 2025.2.7).

213 『毛泽东年谱』 第六卷, 357쪽(1970.12.18) 미국기자 에드거 스노우와의 대화에서 밝힌 내용이다.

214 项东民·安熠辉, 「吹响大跃进冲锋号的中共八大二次会议」, 『文史精华』 总第250期, 2011, 29~30쪽.

는 "공산당원이면 자기 생각을 숨기면 안 된다. 그들은 모두 공개적으로 발언했다. 용서해야 한다고 본다. 9차 당대회 때 나오도록 하자"라며 린뱌오의 반대도 물리치고 조기 복귀시키기도 했다.[215] 이처럼 카리스마 마오는 주요한 정치변동 과정에서 여러 차례 확인되듯이 매우 변덕스럽기도 했지만, '정치적 반대파'에 대한 태도에서는 여전히 '타협적'인 자세를 견지하려 노력했던 것이다.

(2) 북한, '비타협적'인 반대파 제거

마오가 '정치적 반대파'에게 남겨 두었던 일말의 정치적 '여지'는 김일성 카리스마체제에서는 불가능한 것이었다. 해방 초기 '분산적'인 정치분파의 이합집산 과정을 통해 신생 국가의 주도권을 다퉜던 북한의 권력투쟁은 그 자체가 매우 배타적으로 진행되었다.

원래 중국공산당과 같은 '하나의 틀' 내에서 분파가 경쟁하는 구도가 아니라 각자의 정치적 분파가 상호 경쟁하는 '분산적' 정치 구도로 출발한 북한의 정치는, 권력의 구심점이 소련의 압도적인 지원을 받던 김일성에게로 급속하게 기울기는 했으나 이에 저항하는 원심력이 상존하는 매우 긴장되고 불안정한 상황의 연속이었다.

이런 불안정을 마침내 정리하고 김일성의 카리스마를 확실하게 굳힌 계기는 한국전쟁이었다. 그리고 그 결정적 분수령은 바로 박헌영 제거였다. 김일성은 전쟁 실패의 책임을 물어 무정과 허가이를 숙청한 뒤 1952년 말부터 박헌영과 남로당파 숙청에 나서게 된다. 이들에게는 '미제 간첩'과 '정권 전복 음모'라는 혐의가 적용됐고 결국 이승엽 등 10명이 먼저 처형되었다. 김일성은 결국 1956년 여름 박헌영마저 처형하게 된다.

---

215 『毛泽东年谱』第六卷, 234쪽(1969.3.15).

최대 라이벌이었던 박헌영 제거 방식은 해방 초부터 소련의 주도로 '김일성 영웅 만들기'가 가속화되면서 함께 조성된 개인숭배 분위기, '1인 지배체제 강화'와 연관된 것으로 분석된다. 1952년 김일성의 40회 생일에 그를 '수령'으로 받드는 분위기가 충만해진 것처럼, 김일성의 카리스마 리더십은 이미 매우 배타적인 성향을 띠기 시작했기 때문에 이에 방해가 될 가능성이 누구보다도 컸던 박헌영은 김일성에겐 '타협'의 대상이 아니라 '제거'의 대상이 되어 있었던 것이다.

김일성은 또한 이 과정에서 당시에는 '상국', '후견국'이라고도 할 수 있었던 중국, 소련과의 '타협'도 거부했다. 중국은 마오가 직접 나서면서까지 박헌영에 대한 사형만을 하지 말라고 전달했었다. 소련도 "박헌영을 처형하지 말 것"을 조선로동당에 권고까지 했었다.[216] 그러나 김일성에겐 중·소와의 타협보다 최대 라이벌의 제거가 우선이었다. 박헌영 처형은 1956년 시기 김일성이 얼마나 '비타협적'인 상황으로 치닫고 있었는가를 잘 보여주는 것이다.

최근의 연구는, 중·소가 박헌영을 처형까지는 하지 말라고 뒤늦게 의사를 전달했지만, 전쟁 실패의 책임 문제에서는 중·소 역시 '박헌영 책임'에 무게를 두고 있었음을 보여주고 있다. 박헌영은 빨치산 유격부대를 이유로 정전협정 협의 과정에서 강경한 입장을 고수했는데, 이는 협정의 조기 타결을 바라던 중·소의 입장과 배치되던 것이었다.

북한과 중국, 소련의 전쟁 책임을 둘러싼 묘한 역학관계도 박헌영보다는 김일성에게 유리하게 작용한 것으로 분석되고 있다. 김일성은 박헌영에 비해 스탈린, 마오쩌둥과 공유하는 부분이 훨씬 많았다는 것이 오히려 유리하게 작용했다는 것이다. 국공내전 시 중국공산당에 대한 조선인 부대의 지원, 전쟁 계획 수립을 위한 소련고문단 파견 등 전쟁 준비

---

216 「毛泽东接见苏共代表团谈话纪要」(1956.9.18).

과정 전체를 볼 때 김일성은 스탈린, 마오와 뗄 수 없을 만큼 밀접히 얽혀 있었다. 다시 말해 김일성이 전쟁 실패의 책임을 지기에는 파장의 범위가 너무 넓었다는 것이다. 결과적으로 박헌영이 희생양이 된 배경에는 이 같은 중·소의 책임 회피 심리가 작용했다는 분석이다.[217]

박헌영 제거에서 나타난 김일성의 이러한 비타협성은 바로 1956년의 이른바 '8월 종파사건'과 관련된 인물들에 대한 처리에서도 다시 한번 확인된다. 김일성에 대한 최대 도전이라 할 이 사건의 여파로 윤공흠과 서휘 등 4명은 신변에 위협을 느껴 바로 중국으로 도피하는데 이들과 최창익, 박창옥 등은 당과 내각, 직총 등에서의 모든 직위에서 해임된다. 그리고 중국으로 달아난 윤공흠 등 4명은 당적까지 박탈당한다.[218]

비록 중·소가 개입해 김일성이 한발 물러나면서 이들에 대한 일부 복권이 이루어지기도 했지만, 헝가리사태를 계기로 곧바로 이런 결정도 다시 뒤집히고 이들은 더욱 가혹한 숙청으로 내몰린다. 1956년 11월 초 헝가리사태가 발생하자 북한은 최창익과 서휘 등 반김일성파를 '반당 종파분자'로 비판하기 시작하고 각종 열성자대회를 열어 대대적인 '종파투쟁'의 분위기를 조성한다. 여기에서 '8월 종파사건' 관련자들은 모두 격렬한 비판을 받게 된다.

김일성은 여기에서 그치지 않았다. 군대 내에 '반혁명 폭동음모'가 발견되었다며 총정치국장이던 최종학 등 소련계와 연안계 출신들을 숙청해 분위기를 잡더니, 1958년 3월 제1차 당대표자회의를 통해서는 최창익과 박창옥 등에 대해서도, 지역에서 폭동을 조직하고 반혁명 음모를 획책했다며 종래의 '반당 종파분자'의 굴레에 '반당, 반혁명분자'라는 절대적 낙인을 찍어 숙청했다.

217 서동만, 『북조선 사회주의체제 성립사』, 선인, 2011, 436~438쪽.
218 「毛澤東接見朝鮮代表团談话纪要」(1956.9.18).

결과적으로 '8월 종파사건' 관련자들의 정치적 재기의 싹은 완전히 잘린 것이다. 또한 '8월 종파사건'에 개입한 중·소의 요구와 이에 대한 김일성의 "관련자들의 복귀와 포용적인 당 운영" 약속 역시 '비타협적'으로 거부된 것이다. 박헌영 처형 사태 당시 중·소의 권고를 거부한 데 이어 김일성은 두 번째로 중·소의 요구를 거부한 셈이 되었다. 이는 소련과 중국이라는 사회주의 후견국으로부터 벗어나고자 하는 김일성의 심리가, 한국전쟁과 중소개입 사태를 겪으며 더욱 강화되었다는 것을 잘 보여주는 사례이기도 하다.

1967년의 갑산파에 대한 숙청은, 이제는 유일사상체계 구축에 장애가 되는 인물이라면 그 누구도 살아남기 어렵다는 냉혹한 현실을 보여준 사건이었다. 갑산파는 김일성의 항일빨치산 활동 시 유일하게 연결되던 국내 세력이었으며, 이후 초지일관 김일성을 지지해 왔고 특히 '8월 종파사건' 관련자들을 비롯한 1950년대 후반의 대숙청도 박금철이 주도하는 등, 갑산파는 카리스마 김일성에게 가장 충성했던 '추종자' 집단이었다.

그러나 범만주파로 불리며 김일성에게 충성했던 이들마저 숙청을 피하지 못했다. 김일성 이외의 인물들에 대한 위상 강화 현상이 일시적으로 나타난 '혁명전통의 다원화' 문제라든지, 박금철 등 갑산파가 경제위기 극복 방안으로 수정주의적인 리베르만 방식을 차용했다든지 하는 숙청의 이유는 표면적인 것이었고, 핵심은 박금철이 '김일성 유일사상체계'의 장애물로 부상하고 있었다는 지점에 있었다. 숙청된 "박금철은 갑산농장으로 좌천되었고, 리효순은 철직되어 양덕군의 4급 기업소인 가구공장 부지배인으로 좌천"되었으며, 이들은 얼마 후 두 사람 모두 다시 종파주의자 집단수용소인 특별교양소에 감금되었다고 알려졌다.[219]

---

219 정창현, 『곁에서 본 김정일』, 토지, 1999, 114쪽; 김진계 구술·기록, 김응교 보고문학, 『조국 하권』, 현장문학사, 1990, 85쪽.

박헌영 등 남로당파에 대한 제거, '8월 종파사건' 관련자들에 대한 중·소와의 갈등을 무릅쓴 숙청과, 범만주파로 '김일성 카리스마'에 가장 충성스런 '추종자'들이었던 갑산파에 대한 숙청을 종합적으로 고찰해 보면, 해방 초기부터 '통합적'인 리더십을 구축해 나가지 못했던 북한의 정치가, 결국 '김일성 유일중심' 체제로 치달으면서 '정치적 반대파'에 대한 '비타협적' 속성도 더욱 강화될 수밖에 없는 구조로 변하고 있었음을 잘 파악할 수 있다.

2) '카리스마 중심'의 집중도와 반대파와의 관계

(1) 중국, 유연했던 '마오쩌둥 중심'과 연대의식

그렇다면 이러한 '정치적 반대파' 대응에서 나타나는 중·북 간의 차별점은 어디에서 비롯된 것일까? 우선 비슷했지만 서로 다르게 전개된 '카리스마 중심'의 집중도와 지도자들 간의 연대 의식을 살펴보면 조금 더 깊이 있는 고찰이 가능하다.

먼저 두 나라 모두 마오와 김일성이라는 카리스마에 대한 엄청난 집중이 이뤄진 상황이었지만 '집중의 강도'가 달랐고 그런 가운데 카리스마의 제왕적 권력에 대한 욕망의 차이도 작지 않았다. '옌안정풍' 시기부터 시작된 마오에 대한 개인숭배는 건국을 거치며, 마오를 '신당'에 모시는 사람이 있을 정도로 신격화된 상태였다. 그러나 마오는 그런 분위기에서도 절제를 잃지 않았다.[220]

마오의 이런 신중함과 절제의 자세는 항일전쟁과 국민당과의 대결에

---

[220] '마오 카리스마'의 초기 신중하고 절제된 태도에 대해서는 앞의 제3장 1. '카리스마적 리더십의 기원과 개인숭배' 참조.

서 오랜 기간 열세를 보여온 객관적 전력 때문에 불가피한 것이기도 했지만, 내전 승리를 앞둔 시점에서도 흔들리지 않고 지속되었다. 내전 승리 직전에 나온 "지도자의 이름을 딴 거리, 건축물을 짓지 말라. 지도자에 대한 축수도 금지한다"라는 내용의 결의는 이후 중국공산당 당내 정치 생활의 가장 중요한 지침이 됐다. 건국 이후 각지에서 쏟아진 동상 건립 요구를 마오가 수용했다면 아마도 천안문을 비롯한 전국에 마오 동상이 넘쳐났을 것이다. 그러나 마오는 하나도 허락하지 않았다. 스스로 개인숭배를 억제해 나간 것이다.

마오는 스스로에 대해서도 겸손했다. "소련으로부터 배워야 한다. 우리는 학생이다"란 말을 반복해 강조했으며, '마오 만세'를 부르며 찬양하는 것에 대해서도 "나는 이제 50세이다. 만세 부르지 마라"고 절제를 당부했다. 특히 중요한 점은 마오가 '무오류의 유혹'에 빠지지 않았다는 점이다. 스탈린 비판을 하면서는 "인간은 누구나 실수할 수 있다. 사회주의가 처음인데 어찌 착오가 없겠는가?"라며 실수 가능성을 인정했고, 마오 자신도 대약진 조정 시기, 대약진 실패 이후 여러 차례에 걸쳐 착오를 인정하기도 했다. 김일성 카리스마에서는 보기 어려운 현상이다.

이런 마오였기에 개인숭배에 대해서도 매우 실용적으로 접근한 것으로 보인다. 마오에게 '개인숭배'는 안정적 권력 확보를 위한 하나의 '수단'적 성격이 강했다. 개인숭배 자체를 '권력의 본질'로 인식한 김일성과 대비되는 지점이다. 마오는 스노우와의 대화에서 이런 생각을 여러 번 언급했다. 마오는 문혁 전에 "흐루쇼프는 개인숭배를 하지 않았다. 그래서 무너진 것이다"라고 말하거나 "당시에 나는 약간의 개인숭배가 오히려 필요하다고 말했었다"라고 밝히는 등 권력을 찾아오기 위해서는 개인숭배가 필요하다고 생각하고, 이를 진행했음을 인정하기도 했다. 마오는 또 그에 대한 "개인숭배는 이전엔 장제스를 반대하기 위해서였고 이후에는 류사오치를 반대하기 위해서였다"라고 밝혀 정치투쟁에 이용했음도 인정했다.

이러한 개인숭배에 대한 태도는 역설적으로 마오가 개인숭배에서 빠져나올 수 있는 여건을 제공했다. 마오는 문혁을 통해 흔들리던 카리스마의 권위를 확보하고, 권력의 안정화를 이루자 더 이상 '수단'으로서의 개인숭배의 필요성을 느끼지 못했다. 문혁 진행 과정에서 린뱌오가 제기한 '4대 위대함' 등에 대해서도, 마오는 역겨움을 표시하며 "이제는 필요 없다"라고 선을 그으며 태도를 바꾼 것이 단적인 예다. 마오의 이러한 태도 변화는 마오 숭배로 도약했던 후계자 린뱌오가 나락으로 떨어지는 시발점이 된다.

마오는 또한 제도적으로도 '마오 중심'을 약화시킬 수도 있는 조치를, 자신이 앞장서 결행하기도 했다. 바로 국가주석직을 1959년 4월 류사오치에게 넘긴 것이 그 사례이다. 류사오치는 이 국가주석을 맡으며 단번에 마오의 후계자로 등장하게 된다. 특히 마오는 애초 국가주석으로 주더(朱德)를 생각했으나, 주더가 사양하며 류사오치를 천거하자 이를 받아들이는 유연함을 발휘하기도 했다.[221]

중국은 마오를 중심으로 저우언라이, 주더, 류사오치, 덩샤오핑 등 주요한 지도자들이 1920년대에 공산주의 혁명에 참여한 이후 30여 년을 한결같이 동고동락하며 한길을 걸어온 혁명의 동지들이었다. 특히 대장정을 비롯한 간난신고의 세월 속에서 처절한 생존 투쟁 끝에 국민당과의

---

221 당시 마오의 생각뿐만 아니라 당내 분위기 역시 마오를 대신할 국가주석으로는 주더가 1순위라는 것이 대세였다. 그러자 주더는 고심 끝에 당 행정사무를 총괄하던 덩샤오핑에게 편지를 보내 "국가주석으로 류사오치가 나보다 더 적합하다"라며 류를 추천했다. 주더는 이후에도 여러 번 공개된 자리와 사석에서 "자신은 마오보다 7살이나 더 많다. 자신이 국가주석을 맡는 것은 합당하지도 않고, 국가 발전에 도움이 되지도 않는다"라고 말하며 류사오치를 계속 강력히 추천했다. 이후 결국 마오가 이러한 주더의 의견을 수용한 것이다. 「1959年朱德为什么没有担任共和国主席?」, https://news.youth.cn/gn/201601/t20160119_7541887_1.htm(검색일: 2024.6.23).

내전에서 극적으로 승리하는 등 기적의 역사를 함께 해 온, '혁명적 동지애'가 남달랐던 그룹이었다. 바로 이렇게 한세대 이상을 이어온 끈끈한 동지적 유대감이 치열한 권력투쟁 과정에서도 '최소한의 정치적 배려'로 나타난 것이다.

1959년 펑더화이를 숙청하면서도 마오는 "펑더화이 동지와는 오랜 역사가 있다. 31년이다. 이렇게 사라져서야 되겠는가? 그럴 필요는 없다"라고 옛 투쟁의 시기를 떠올리며, 펑더화이의 중앙위원과 정치국원의 직위는 박탈하지 않았다. 펑더화이는 1928년 징강산 혁명근거지에서 마오와 합류한다. 펑더화이를 숙청할 때 그들이 만난 지 31년이 된 것인데, 마오는 이를 기억하며 동지애를 발휘해 일말의 여지를 남겨 둔 것이다.[222]

덩샤오핑과의 관계에서 마오는 더욱 세심한 배려를 드러내는데 여기에는 두 사람 간의 특별한 역사가 있다. 1933년 초 왕밍이 당을 이끌던 시기 덩샤오핑과 마오의 동생 마오저탄(毛澤覃), 시에웨이쥔(谢唯俊), 구바이(古柏)등 4명이 일부 전투에서 패배한 것을 이유로 책벌을 받았는데, 마오는 이 사건은 사실 왕밍이 자신을 겨냥한 것이며 이들은 '마오파의 대표자들'로 대신 처벌됐던 것이라며 미안함을 자주 언급했었다.[223]

덩샤오핑은 이때 장시성 '회창중심현'의 서기에서 낙안현 한 촌의 순시원으로까지 강등되었었다. 또한 마오의 동생 등 3명은 모두 1935년의 전투에서 사망해 마오로서는 덩샤오핑에게 더욱 안타까움과 애틋함을 가지고 있었던 것으로 보인다. 이러한 상황은 린뱌오가 제거된 직후 덩샤오핑이 보낸 편지에 대해 마오가 당내에 회람하도록 한 비답(批示)에서도 확인되고 있다.

마오는 "덩의 착오는 엄중하나 류사오치와는 구별된다. 덩은 1933년

---

222 『毛泽东年谱』第四卷, 153쪽(1959.8.16).
223 이 사건은 邓小平과 毛泽覃, 谢唯俊, 古柏 등 네 사람의 성을 따 "反'邓.毛.谢.古'事件"이라 부른다.

마오파의 대표로 고초를 겪었다. 적군에게 투항한 적이 없어 역사적인 문제가 없다. 전투에서 공을 크게 세웠다"라고 긍정적으로 평가했다. 마오는 특히 "이런 사실을 그간 여러 차례 얘기했지만 다시 한번 강조한다"라고 덧붙여 덩에 대한 애정을 진심으로 드러냈다. 이 같은 마오의 답변에 덩샤오핑은 "마오주석이 이 사건을 무려 40년이나 기억하고 있었다"라며 감격해했다.[224]

이러한 덩샤오핑에 대한 애정은 덩이 복권된 이후 다시 장칭 등 4인방의 공세에 밀려 재 낙마할 때에도, 다시금 '당적'만은 살려두는 마오의 배려로 이어진다. 당시 장칭은 직접 덩샤오핑의 당적 박탈을 집요하게 요구했으나 마오는 이 요구만은 거절했다.[225] 이러한 마오의 배려를 씨앗으로 결국 개혁파는 문화대혁명의 환란 속에서도 생환할 근거지를 보존할 수 있었던 셈이다.

(2) 북한, '김일성 유일 중심'과 배타적 권력관계

중국의 마오가 수십 년의 혁명 투쟁과 항일전쟁, 그리고 내전 승리와 새로운 국가 건립 과정을 통해 자연스럽게 '마오 중심'의 체제를 구축한 데 반해, 김일성은 이런 관록과 경력을 쌓지는 못했다. 해방 이전에도 김일성은 만주 지역에서의 치열한 항일 활동 등으로 일정한 명성을 지니고는 있었으나, 자신의 권위와 위상을 세우는 작업을 본격적으로 시작할 수 있게 된 것은 해방 이후 북한에 들어오고 나서였다.

김일성은 항일투사로서 '보천보전투' 등을 통해 상당한 명성과 위상을 지니고 있었고, 사선을 넘나들며 동만주 벌판에서 함께 투쟁한 동료들에

---

224 毛毛, 『我的父亲邓小平』上, 中央文献出版社, 1993, 318쪽.
225 『毛泽东年谱』第六卷, 646쪽(1976.4.7).

게는 카리스마를 지닌 존재이기는 했으나, 그가 기본적으로 중국공산당 소속으로 주체적일 수가 없었던 점, 해방 전쟁에도 참여할 수 없어 민족 해방을 스스로 획득하지 못한 점 등은 그가 해방정국을 휘어잡을 수 있는 카리스마를 지닌 지도자로 부상하는데 한계를 보이는 것이었다. 김일성의 이러한 처지는 처음부터 자기 군대를 이끌며 일본제국주의, 장제스의 국민당과 싸우면서 소련의 절대적 영향력으로부터도 상당한 자율성을 획득해 나간 마오쩌둥과는 상당히 비교되는 지점이다.

그러나 김일성에게는 '사회주의 종주국'의 압도적 위상을 가진 소련이라는 절대적인 후원자가 있었다. 소련의 낙점과 후원으로 이른 시기부터 '김일성 영웅 만들기' 작업이 다방면으로 진행되면서 김일성은 짧은 시간 내에 권력투쟁에서 우위를 점할 수 있었다. 그리고 중요한 점은 이러한 '김일성 카리스마' 구축을 위한 '김일성 영웅 만들기' 작업이 자연스럽게 '김일성 개인숭배'로 연결되었다는 것이다.[226]

지도자의 이름을 딴 건물과 도로를 짓는 것도 금지했던 중국과 달리 북한에선 해방 이듬해부터 김일성 찬가인 「김일성장군의 노래」가 만들어져 방송 시작과 함께 울려 퍼졌고, 김일성의 이름을 딴 '북조선 김일성대학교'도 문을 여는 등 우상화 작업이 본격화되었다. 또한 김일성이 태어난 만경대는 혁명사적지로 지정이 되었으며 주변엔 만경대 혁명학원이 세워지고 거기엔 김일성의 동상이 최초로 세워지기도 했다. 카리스마의 이름을 딴 대학교 건립, 출생지의 성역화, 동상 건립 등은 모두 중국의 마오는 절제하고 피해 간 것들이다.

이처럼 김일성이 북한에 들어온 직후부터 목적 의식적으로 시도되고 조장되어 온 개인숭배 작업은 김일성의 권력관에 심대한 영향을 미친 것

---

226 김일성 카리스마 형성의 특징과 개인숭배의 발전에 대해서는 제3장 1. '카리스마적 리더십의 기원과 개인숭배' 부분 참조.

으로 분석된다. 소련군에 의해 조장되고 추동된 '김일성 영웅 만들기' 작업과 이로 인한 개인숭배 조치들은 김일성에게 "개인숭배 자체가 권력의 본질"이라는 생각을 심어줬을 가능성이 크다. 마오의 경우와 달리 김일성에겐 '개인숭배'가 하나의 '수단'에 머무르지 않고 '목적'에 가까웠던 셈이다.

즉 김일성은 "권력투쟁에서 승리하려면, 권력을 보다 더 공고히 하려면" 개인숭배가 필수적이라고 생각할 수밖에 없는 환경에 처해 있었던 셈이다. 이러한 초기 환경과 소련의 도움으로 입국 후 반년도 안되는 시점에 당과 정부의 수반에 오른 "개인숭배의 특별한 효과의 경험"은 결국 김일성에게 "개인숭배국가 건설이 권력 강화의 첩경"이라는 확신을 심어준 것으로 분석된다.

특히 이런 관점에서 볼 때 박헌영을 제거한 1953년부터 '맑스-레닌주의의 창조적 적용'이라는 이름으로 '김일성 중심 국가 만들기' 작업이 시작된 것은 우연으로 보기 어렵다. 한국전쟁을 통해 강화된 '카리스마'를 기반으로 이미 '자신만의 국가' 건설이라는 고도로 기획된 정책들이 펼쳐지고 있었던 것이다. 국가적 차원에서 두 번에 걸쳐 진행된 '항일 무장투쟁 전적지 조사단'의 활동과 여기서 생산된 『회상기』 등 문학적 소회들을 재료로 '김일성 중심의 역사'를 만드는 작업들은 결국 1967년도에 이르러 '김일성 유일사상체계'라는 신성국가 체제를 출현시키게 된다.

김정일이 유일사상체계에서의 "유일이란 말은 수령님밖에는 그 누구도 모른다는 말"이라고 했듯이 이 시기를 기점으로 북한은 '김일성 유일국가'로 변해 있었다. 그리고 유일신을 신봉하는 일반 종교의 특징과 유사하게 '유일사상체계'의 북한도 본질적 속성상 배타적이고 유아독존적인 경직된 체제로 운영될 수밖에 없었다. 이러한 체제에서 '정치적 반대파'에 대한 '배려'는 기대하기 어렵게 됐다.

김일성이 '무오류의 함정'에 빠져 정책적 착오를 교정할 수 없게 된 것도 '유일사상체계'의 큰 허점이었다. "인간은 착오를 범할 수 있고 실수를 할 수도 있다"라며 여러 번 정책적 실패에 대한 책임을 공개적으로 인정하기도 했던 마오와 달리 김일성은 단 한 번도 착오를 인정한 적이 없다. 해방 초기부터 권력투쟁을 위해 조장된 '김일성 중심'이 '김일성 유일중심'으로 신격화되면서 나타난 극단적 결함이다. 그러면서 「유일사상체계 10대원칙」이 강조하는 것처럼 "수령의 교시는 법이자 지상명령, 무조건 지켜야 한다"와 같은 맹목적 추종이 강요되는 사회로 변해간 것이다. 결국 유일지도체계의 기초가 되는 혁명적 수령관에 이르러서는 '수령 지도의 무오류성'이 상정되기에 이른다.[227]

김일성은 권력 운용 측면에서도 마오와 비교되는 지점이 있다. 마오는 1959년 국가주석 자리를 류사오치에게 넘기고 자신은 당의 주석 자리만을 맡는 것을 결행하기도 했으나, 김일성은 당과 군, 정부, 국가의 최고 자리를 남에게 넘겨 본 적이 없다. 물론 이러한 권력 분점이 마오의 절대적 위상에 그 어떤 영향을 주는 것은 아니었지만, '카리스마의 집중도'와 관련해서는 김일성과 상당히 비교되는 지점이다. 1955년 소련은 김일성에게 너무 많은 겸직으로 권력이 집중되어 폐해가 나타나고 있으니 몇 자리에서는 물러나는 게 좋겠다는 충고를 하기도 했으나 수용되지 않았다.[228] 김일성은 그만큼 '나만의 국가'를 만들겠다는 권력의지가 '제왕적' 수준으로 강했다고 분석된다.

이처럼 '김일성 카리스마 중심'의 집중도는, 역시 국가건설 초기부터 강력한 카리스마를 향유했던 마오의 중국 정치체제보다도 훨씬 높은 것이었다. 갑산파의 몰락으로 견제 세력이 소멸한 이런 정치체제에서는 권

---

227 이종석, 「조선로동당연구」, 103쪽.
228 배개화, 「북한 문학과 '맑스-레닌주의의 창조적 노선' 1953-1956」, 「한국현대문학연구」 54, 2018, 367쪽.

력의 배타성과 독단성이 더욱 강조되었고, 권력의 유연성과 탄력성과 타협성은 더욱더 찾기 어려워졌다.

그리고 바로 이러한 이유들로 인해 '정치적 반대파'에 대한 대응에서도 '김일성 유일 중심'의 북한 체제는 더욱 '비타협적'인 자세로 변해갔다. 해방 이전 한반도 안팎에서 흩어져서 '분산적'인 투쟁을 해왔던 북한의 정치적 분파는, 서로 연결되는 지역에서 중국공산당이라는 '하나의 틀' 속에서 경쟁하고 협력한 중국 공산주의자들과 달리, 서로에 대한 이해와 공통의 이익을 높일만한 시간적, 공간적 부족함의 결함을 결국 메우지 못하였다.

박헌영 처형, '8월 종파사건' 관련자들에 대한 숙청의 반복, 가장 충성스런 '추종자' 집단이었던 갑산파에 대한 숙청 등은 이러한 북한의 정치적 분파, 정치적 반대파들의 운명적 상황을 잘 말해주는 사례이다. 중국과 달리 북한에선 김일성과의 갈등이 발생하면 즉각 '정치적 반대파'로 몰려 재기 불능의 나락으로 내몰린 것이다. 김일성 개인숭배가 강화되어 갈수록 '정치적 반대파'에 대한 태도 역시 더욱 '비타협적'으로 변해갔다. 소련 군정의 절대적 지원으로 권력을 장악한 이후 이렇게 20여 년을 지나면서 김일성의 '카리스마 리더십'은 전제적, 제왕적일 정도의 '전통적 리더십'으로 기울어 간 것이다.

4

소결

이번 장에서는 대약진 실패로 흔들리던 마오 카리스마가 어떻게 반격을 가해 문화대혁명으로 폭발하는지와 단일지도체계를 완벽히 구축한 것으로 평가되던 김일성 카리스마는 왜 충성스런 '추종자' 집단이었던 갑산파까지 제거하게 되는지, 이들 과정에서 개인숭배는 어떤 역할을 했는지를 정리하였다.

1960년 겨울에 이르러 대실패를 자인하고 종료된 대약진은 마오의 권위와 지도력을 심각하게 훼손하는 결과로 이어졌다. 마오는 일단 책임을 인정하며 후퇴했다. 1962년 초 '7천인대회'에서 마오는 "정책은 실천 가능해야 하는데 그러질 못했다"라며 사실상 대약진의 정책적 실패를 인정했고, "더 중요한 책임이 나에게 있다"라며 대약진 실패의 책임을 인정하기도 했다.

마오는 특히 "민주를 충분히 발전시키지 못한 집중은 가짜, 공허한 것, 잘못된 것"이라는 말로 민주집중제에서의 '민주'를 전례 없이 강조했다. 이런 전무후무한 마오의 책임 인정과 '민주' 강조로 사회적으로도 '쌍백운동'이 부활하는 등 민주적인 분위기도 조성됐다.

그러나 이러한 민주적인 분위기는 카리스마 마오의 변심으로 다시금 변화를 맞게 된다. 여기에는 린뱌오라는 마오숭배주의자의 협조와 충성이 큰 뒷받침이 됐다. 펑더화이 숙청 이후 국방부장이 된 린뱌오는 "대약진 정책은 옳았다. 마오의 말을 제대로 듣지 않아 실패한 것이다"라는 논리를 내세우며, 마오를 강력하게 지지하면서 '마오 개인숭배'를 공개적으로 천명했다. 흔들리던 카리스마는 다시 '개인숭배의 유혹'에 빠졌고, 충성 맹세로 다가온 강력한 추종자는 군을 중심으로 더욱더 마오 숭배를 부추겼다.

바로 이러한 힘을 바탕으로 마오는 1962년 가을부터 다시 '계급투쟁'과 '수정주의 타파'를 내세우며 반격에 나서게 된다. 1964년 들어 '계급투쟁'과 '수정주의 타파'에 대한 시각이 더욱 날카로워지던 마오는 문예계 비판을 통해 더 큰 정치투쟁을 준비하게 되는데, 여기에는 린뱌오 이외에도 장칭, 야오원위앤 등 마오숭배주의로 무장한 '추종자'들이 가세했다.

결국 상하이에 기지를 마련한 장칭의 주도로 마침내 '문화대혁명의 도화선'이라 평가받는 「해서파관 비판」이 상하이 『문회보』를 통해 나오면서 '10년 대란'은 시작된 셈이다. 문화대혁명의 선언서로 불리는 「5.16 통지」와 "사회주의 혁명의 신 단계, 우리의 목표는 자본주의의 길을 가는 당권파를 무너뜨리는 것이다"라고 명확하게 선언한, 이른바 「16조」 등을 통해 류사오치와 덩샤오핑 등 소위 '주자파'는 숙청을 피하기 어렵게 되었다.

거칠 것 없이 진행되던 '조반유리'의 물결 속에 마오는 천안문광장에서 백만 홍위병의 환호를 받으며 마침내 카리스마적 권위를 회복한 듯 보였다. 개인숭배를 최대한 활용해 흔들리던 카리스마적 권위를 지켜낸 것이다. 그리고 그의 핵심 추종자들도 모두 권력을 나눠 가지는 '은총'을 맛봤다. 린뱌오는 '카리스마의 후계자'로 당헌에까지 명기됐으며 장칭, 야오원위앤, 캉성까지 모두 정치국원으로 권력의 핵심에 진입했다.

이처럼 마오의 카리스마적 권위가 봉건 군주에 비견될 정도로 고양된 시기, 류샤오치와 덩샤오핑을 중심으로 한 '정치적 반대파'의 운명은 거꾸로 그 어느 때보다 위태로운 상황을 맞는다. 그러나 이처럼 '문혁'의 표적이 됐던 당권파 대표 인물 중의 한명이었던 덩샤오핑은 이런 소용돌이의 와중에도 목숨을 부지할 수 있었는데, 이는 펑더화이의 경우처럼 마오의 '정치적 배려'에 의한 것으로 확인되고 있다.

'문혁'의 광풍 속에서도 이러한 '카리스마의 배려'가 가능했던 것은 수십 년을 함께 해 온 동지애를 중시한 마오의 '통합적'이고, '절제된 리더십'에 기초한 것으로 분석된다. 마오는 누구보다도 강력한 카리스마였고 또 '권위'에 대한 도전에 민감해 매우 변덕스런 태도를 보여왔지만, 대약진운동의 착오와 책임을 인정하는 등 무오류의 초월적 존재로까지는 나아가지 않았다. 이러한 특징들은 김일성과 극명하게 비교되는 것으로 마오는 그 '카리스마 집중도'가 김일성에 비해 상대적으로 낮았으며, 이러한 마오 카리스마의 특징들로 인해 '문혁' 과정에서도 일말의 '정치적 배려'가 가능했던 것으로 분석된다.

북한은 이 시기 김일성이 중심이 된 범만주파의 '정치적 승리'를 구가했으나, 사회주의를 휩쓴 경제적 위기가 장애물로 등장했다. 1961년부터 경제성장률은 크게 둔화하기 시작해 66년엔 마이너스 성장을 기록할 정도였다. 박금철 등 갑산파가 소련의 리베르만 방식을 차용해 '가화폐제도'를 구상하는 등 생산력 제고 문제를 고민한 것도 이러한 경제 침체를 극복하기 위한 것이었다.

집권 세력인 범만주파 내에서 '김일성의 유일성'이 일시 옅어지는 이상 기류가 발생한 것도 이 시기이다. 김일성 이외에 박금철과 최용건, 김책 등의 위상이 높아진 듯한 글들이 나오고 갑산계인 박달, 빨치산 출신인 최현의 『회상기』가 나오는 등 이전과는 조금 다른 독특한 상황이 전개되었던 것이다.

특히 여기에 조선로동당의 선전부를 책임지고 있던 리효순, 김도만 등이 박금철의 위상을 높이고 김일성 개인숭배는 축소하는 듯한 정책을 이끌어가면서 파장이 발생한다. 결국 김일성은 이러한 시도와 흐름들을 '도전'으로 인식했다.

1967년 김일성이 직접 "당의 유일사상체계를 철저히 세울 것"을 주문하면서 갑산파에 대한 숙청이 시작된다. 결국 박금철 등 갑산파의 경제위기 극복을 위한 실용주의적 주장은 '수정주의'로 비판되고, 이들에 대한 각종 기념 사업은 '봉건주의', '가족주의'로 비판받게 된다. 그리고 이러한 숙청 작업은 김정일이 주도한 것으로 알려졌는데 이는 '유일사상체계' 구축 작업이 이미 김일성 후계구도, 카리스마의 승계와 관련되어 진행된 것으로 분석할 수 있다.

유일사상체계를 구축하는데 최후의 장애물이었다고 할만한 갑산파가 제거되면서 김일성은 더 거칠 것이 없어졌다. 유일사상체계의 선언문이라 할 「5.25 교시」가 나오고 이후 북한 인민들의 행동강령, 실천 지침인 「유일사상체계10대원칙」의 원형이 나오는 등 '유일사상체계'는 완성 단계에 이른다.

북한은 여세를 몰아 문학과 역사 부문을 '유일혁명전통'으로 일원화하는 작업에 더 박차를 가하게 되는데 그 작업이 바로 '지식인 혁명화 작업'과 '책의 말살'이라고 이름 붙일 수 있는 '북한판 문화대혁명'이다. 갑산파 주장에 동조 현상을 보였던 지식인들을 혁명화하는 작업, 즉 숙청이 진행되고 전 사회적으로 대규모 도서정리 작업을 통해 김일성 개인숭배에 장애가 될 만한 책자는 규제하거나 폐기하는 분서갱유 급의 '책의 말살' 정책이 단행되었다.

이러한 과정을 통해 김일성에 대한 개인숭배는 그의 조상으로까지 확대되는 신격화 단계에 이르게 된다. 1953년 '맑스-레닌주의의 창조적 적용' 노선 채택 이후 50년대 후반 가시화된 '김일성 유일사상체계' 구축 작업은 이처럼 갑산파 숙청과 문학과 역사에서의 유일혁명전통 작업까지 진행되며 마침내 완성 단계에 이른다.

'정치적 반대파'에 대한 대응을 살펴보면 이 시기의 특징을 좀 더 분석적으로 고찰해 볼 수 있다. 1967년 '유일사상체계' 확립 이후 김일성은 '무오류'의 '수령'의 위치에 올라서게 되는데 이는 그의 리더십이 더욱더 '비타협적'이고 '배타적'으로 변했다는 걸 의미한다. 갑산파 숙청이 이를 극명하게 보여준다. 이들은 '8월 종파사건' 관련자들처럼 직접적으로 김일성을 반대하거나 비판하지도 않았고, 해방 전부터 김일성과 협력해 범만주파로 분류되는 '평생 동지'들이었다. 그러나 이러한 갑산파도 이제는 유일사상체계 구축에 장애가 될 것이라는 우려 하나로 단번에 숙청된 것이다. 북한에선 이제 '김일성 카리스마의 질주'를 견제한 그 어떤 세력도 남지 않게 되었다.

제6장

반개인숭배의 제도화
vs 개인숭배의 제도화

중국, 반개인숭배의 제도화

1) 마오쩌둥-린뱌오 '개인숭배 연합'의 파국

(1) 마오쩌둥의 심경 변화와 중·소 충돌의 파장

문화대혁명으로 마오는 예전의 권위와 카리스마를 회복했고, 린뱌오는 마오의 후계자로 선포되는 등 '개인숭배 연합'은 권력 장악에 완벽하게 성공했다. 그런데 거칠 것 없이 앞으로 질주만 할 것 같았던 이들 개인숭배 연합의 앞길은 린뱌오가 당헌에 후계자로 명기된 9차 당대회 직후부터 오히려 이상 기류에 휩싸이기 시작했다.

이상기류의 전조는 문화대혁명이 얼마 지나지 않은 시점부터 나타난다. 무엇보다 정치적 안정을 바라는 마오의 마음이 변화를 불러오기 시작했다. 이러한 변화는 역설적으로 마오가 '조반유리'를 내세우며 선동하다시피 한 '탈권 운동', 즉 권력 탈취 운동에서 그 계기가 마련됐다. '1월 혁명', 혹은 '1월 탈권'으로 불리는 상하이시 당위원회의 붕괴를 시작으로

'탈권 운동'은 전국으로 번져나갔다.[1] 이처럼 정부와 당위원회를 공격하는 급진적인 운동은 산시, 헤이룽장, 궤이저우, 후베이, 산동성 등 거의 전역으로 확산됐는데 후베이성 우한에서의 충돌은 파장이 컸다.

1967년 여름, 우한에서 군은 노동자 조직의 지도자 500여 명을 체포했는데, 이로 인한 노동자들의 항거와 파업이 무장 충돌로 이어져 천명 이상의 시위자들이 군대의 진압 과정에서 사망했다. 이 사건으로 여러 지역에서 군과 '조반파' 단체들 사이에 총기까지 동원한 무장 충돌과 폭력이 발생하였고, 특히 베이징과 광저우 지역에서 심각했다. 1967년 8월에는 조반파가 외교부를 장악해 모든 일상 업무를 혼돈에 빠트리고 세계 각지에 급진적인 외교관들을 임명하기까지 했으며, 이런 행동을 '반제국주의적'이라고 정당화하기 위해 영국대사관을 공격해 불을 지르기까지 했다.[2]

이처럼 1967년 초반부터 전국이 거의 '내전' 상황으로까지 치닫는 극단의 혼돈 상황에 빠져들자, 마오는 인민해방군을 투입해 정국을 안정시키려 노력했다.[3] 그리고 이런 과정을 거치면서 문화대혁명을 조기에 수습하려는 마오의 마음도 조금 더 공개적으로 표출됐다. 마오는 '탈권 운동'으로 전국이 혼란에 휩싸이던 1967년 7월과 8월 연이어 문화대혁명에 대해 "3년이면 되지 않겠는가? 내년에는 종료하자"라는 발언을 내놓았다. 마오는 "우리의 이번 운동은 3년을 진행하려고 한다. 첫해는 운동

---

1 모리스 마이스너, 김수영 역, 『마오의 중국과 그 이후 2』, 이산, 2006, 471~477쪽. 상하이 시에선 문혁 이후 노동자들의 조반조직이 연대한 '상하이노동자연맹총사령부'가 당의 정치 권력 독점에 반기를 들며 권력 이양을 요구했고, 또 이 조직에 반대하는 '노동자 적위대' 역시 시당위원회를 공격하기 시작했다. 그리고 결국 상하이시는 1967년 첫 주에 시 중심부에 모인 백만이 넘는 대중집회의 요구에 굴복해 고위 당간부들이 모두 물러났다. 이렇게 시당위원회가 무너진 것이다.

2 조너선 D. 스펜스, 김희교 역, 『현대중국을 찾아서 2』, 이산, 2009, 196~201쪽.

3 중국공산당 문헌연구실 편, 허원 역, 『정통 중국현대사: 중국공산당의 역사문제에 관한 결의』, 사계절, 1990, 385쪽. 긴급 투입된 인민해방군은 삼지양군(3가지 지원사업과 2가지 군사업무)의 임무를 수행했는데 이는 좌파지원(支左), 공업지원(支工), 농업지원(支農)과 군사관제(軍管), 군정훈련(軍訓)을 의미했다.

을 발동했으며, 두 번째 해에는 기본적인 승리를 거두었다. 3년째엔 끝내자. 일부 지방에선 진행이 잘 됐고, 일부 지방은 그렇지 못하다. 시간이 좀 더 필요하기도 하지만, 지난해 6월부터 시작했으니 3년이면 된다"라고 솔직한 심정을 밝히기도 했다.[4]

여기에 소련의 군사적 위협이라는 중대한 외부 변수도 마오가 기존의 생각을 바꾸는데 크게 영향을 미쳤다. 소련과 중국은 세계에서 가장 긴 7,400여 킬로미터의 국경선을 맞대고 있다. 그런데 두 나라는 이전 왕조 시대부터 국경선을 두고 갈등해 왔으며 사회주의 국가 건립 이후에도 이는 여전한 갈등 요인이었다. 1954년 9월 마오쩌둥의 제안으로 다시 시작된 국경선과 영토 조정 문제는 1960년대 들어 정식 교섭이 시작되었음에도 해소되지 않고 있었다. 이런 시점에서 대약진과 인민공사 문제, 그리고 문혁 시기의 갈등까지 겹치며 두 나라 간 감정은 악화일로였고 이는 국경 지역의 크고 작은 충돌로 이어졌다.[5]

그런데 이런 상황에서 1968년 8월 소련이 '바르샤바 조약기구' 가입국들의 군대를 동원해 체코슬로바키아를 침공하고, '브레즈네프 독트린'으로 알려진 '제한주권론'을 선포하자, 중국은 소련과의 전쟁이 현실이 될 수 있다는 공포감에 휩싸였다.[6] 중국은 소련의 체코 침공은 미국의 베트남 침략과 다름없는 "철두철미 도적의 논리"라고 비판하거나, "소련 변절자들의 집단은 사회제국주의, 사회파시즘과 동류이다"라는 거친 공세까지 동원했다. 중국이 체코 두브체크 정부의 자유화를 지지한 것은 아

---

4 中共中央文献研究室编,『毛泽东年谱』第六卷, 中央文献出版社, 2013, 98쪽(1967.7.13), 110~111쪽(1967.8.16) 등 참조.
5 모즈 카즈꼬, 김하림 역,『중국과 소련』, 사민서각, 1990, 91~96쪽.
6 소련의 브레즈네프 서기장은 체코 침공 후인 1968년 11월 연설을 통해 "어느 사회주의 국가가 생존의 위협을 받으면, 이는 전 사회주의 진영에 대한 위협이나 마찬가지임으로 개입할 수 있다"라며 '제한주권론'을 정당화했다. 결국 소련이 다른 사회주의 국가의 내정에 개입할 수 있다는 주권 침해적인 '내정 간섭'을 정당화한 것이다.

니었지만 "소련이 혼란 중인 중국의 내정에 무력으로 개입하려는 것은 아닌가?"라는 현실적인 위협을 느낀 것이다.[7]

이렇게 위기감이 고조되던 1969년도 들어 더 큰 규모의 중·소간 국경충돌이 발생했다. 3월 2일과 15일 우수리강 전바오다오(珍宝岛)에서의 발생한 두 번의 충돌은, 양측 모두 수백 명의 사상자가 날 정도로 큰 유혈 충돌이었다. 국경충돌이 발생하자 마오는 "만약 소련이 우리 지역으로 쳐들어오면 우리도 그들의 지역으로 쳐들어가야 한다"라고 불퇴전의 정신을 강조하는가 하면, "적이 쳐들어오든 안 오든, 우리는 준비해야 한다. 소총, 경량급 무기 등은 각 성에서 다 만들 수 있지만 이런 물질적인 것보다 정신적인 준비를 하는 게 더 중요하다. 정신적인 준비는 곧 전투 준비이다"라며 전쟁 준비를 강조했다.[8]

이에 따라 중공은 1969년 6월부터 9월 사이에 중공 중앙, 국무원, 중앙군사위원회가 일련의 전쟁 준비 회의를 소집하고 작전방안을 논의하였다. 비록 이해 9월 베트남 주석 호치민의 장례식에 참석하면서 베이징을 경유한 코시긴과의 대화를 통해, 중·소 간에 "무력충돌을 피하고 평화적으로 해결하자"는데 동의는 이뤄졌지만, 중국의 긴장감은 계속되었다.[9]

소련의 이 같은 실질적 위협은 마오의 국내 정치에 대한 정세 판단은 물론, 국제적 전략 구상에도 큰 영향을 미쳤다. 마오는 무엇보다 국내 정치의 안정이 급선무라고 생각해 국가적 단결과 화해를 중요하게 생각했으며, 이를 위해 문혁을 조속히 정리하고 그 연장 차원에서 문혁때 타도되었거나 비판받았던 노간부들의 복귀를 희망했다.[10]

---

7 모즈 카즈꼬, 김하림 역, 『중국과 소련』, 96~97쪽.
8 『毛泽东年谱』第六卷, 232쪽(1969.3.2), 248쪽(1969.4.28).
9 중공중앙당사연구실, 『중국공산당략사』제2권 하, 민족출판사, 2011, 1267~1269쪽.
10 『毛泽东年谱』第六卷, 207쪽(1968.10.13). 마오는 1968년 10월, 제8차 12중전회 개막식 연설에서 문화대혁명의 진행을 설명하며 "이 혁명을 과연 끝까지 잘 해낼 수 있을까? 이게

그리고 실제로 마오는 조반파의 탈권 행위를 거세게 비판했던, 이른바 '2월 역류'에 대해서도, "'2월 역류' 보고문에 넣지 마라. 그들이 기질이 있어서 그런 거지만 이해해야 한다고 본다. 공산당원이면 자신의 관점을 숨기면 안 된다. 그들은 공개적으로 의사 표시를 한 것이다. 9차 당대회에 초청해야 한다"라고 밝혔다. 실제로 마오는 며칠 후 당대회 준비 간담회에 천이, 리부춘, 리셴녠, 예젠잉 등 '2월 역류'의 당사자들을 초청해, 중·소 국경충돌 문제와 9차 당대회 준비 상황을 토론하는 등 당 정상화의 길을 예고했다.[11]

그러나 이런 노간부들의 복귀에 린뱌오는 반대했다. 린뱌오의 입장을 지지하던 천보다 등도 과거의 '주자파'들이 너무 빨리 돌아온다고 생각했다. 이들은 문화대혁명이 초기의 원칙을 가지고 계속되어야 한다는 것을 주요 이유로 내세웠으나, 실제로는 '노간부들의 복귀'가 자신들의 정치적 권력, 야망을 위협했기 때문이라고 보는 게 타당하다.[12]

소련의 군사적 위협은 마오에게 새로운 전략적 고민을 가져다주는 것이기도 했다. 중공은 9차 당대회를 통해 소련의 '사회제국주의'를 '미 제국주의'와 동일 선상에 놓고 중국의 '주적'으로 규정하더니, 이후 이와는 반대로 "미국과의 화해를 통한 소련 견제"로까지 나아가게 된다.[13] 이런 마오의 전략 변화는 9기 2중전회에서 "서로 다른 사회체제를 가진 국가 간의 평화공존 원칙"에 기초해 외교 전략을 추진해 나가겠다는 결의로

큰 문제이다. 도대체 끝이라는데 뭘 얘기하나! 우리는 대략 3년을 계획했다. 내년 여름이면 대략 그 시점이다"라며 문혁의 조기 종결 의사를 밝혔다.

11 『毛澤東年谱』第六卷, 234, 237쪽(1969.3.15, 22).
12 모리스 마이스너, 김수영 역, 『마오의 중국과 그 이후 2』, 540쪽.
13 당시 미국의 지도층 역시 베트남전쟁을 이길수 없는 전쟁이라며 난감한 상황이었는데, 중국이 느끼던 불안이 이런 미국에 전략적 기회를 제공한 것이다. 당시 닉슨대통령은 중국의 개방을 이용해 미국은 전쟁 와중에도 장기적인 평화를 설계하고 있다는 위신을 과시하고자 중국과의 협상을 결정했다는 것이 키신저의 분석이다. 헨리 키신저, 권기대 역, 『헨리 키신저의 중국이야기』, 민음사, 2014, 265~277쪽.

공식화되기에 이른다.[14] 흐루쇼프의 평화공존 정책을 비판하고 수정주의라고 공격하던 것과 비교해 보면 그야말로 '국가의 운명을 건' 획기적인 전략적 변화라 아니할 수 없다.

그러나 이러한 마오의 전략적 변화에도 린뱌오는 반대했다. 린뱌오는 9차 당대회 연설을 통해 '범세계적인 인민전쟁'을 주창했었는데, 미국과의 화해는 이러한 자신의 원칙과 어긋나는 것으로 그에게 정치적 상처를 가져다주는 것이기도 했다. 노간부들의 복귀에 반대한 것처럼 린뱌오는 문화대혁명의 기세를 꺾는 어떠한 형상 변경도 반대한 것이다. 결국 미국과의 평화공존을 결정한 9기 2중전회에서도 린뱌오가 이를 반대하면서 마오와의 갈등이 표면화되기에 이른다. 이처럼 당내 원로들의 복귀 문제에 이어, 미국과의 화해, 교류라는 전략적 변화를 놓고도 마오와 그의 후계자 린뱌오 사이에는 하나의 대립 전선이 그어지게 된 것이다.[15]

(2) 제거된 후계자, '국가주석' 문제로 파국

당 원로들의 복귀 문제와 미국과의 관계 개선이라는 전략적 변화를 놓고 전개된 이견이 당장 두 지도자 간의 갈등으로 불거지지는 않았다. 린뱌오는 문화대혁명의 기세 속에 1969년 4월 당대회에서 후계자로 공식 선포되는 권력의 절정기를 맞고 있었다. 소련과의 국경충돌로 상승한 민족주의도, 인민해방군과 이를 주도하는 린뱌오에게 더욱 우호적인 정

---

14 모리스 마이스너, 김수영 역, 『마오의 중국과 그 이후 2』, 543~545쪽. 중공은 9기 2중전회 공보를 통해 "침략자 미국과 그 주구들을 패퇴시키는 것이 반제투쟁의 위대한 강령"이며 "미국과 소련 제국주의는 갈수록 외교적으로 고립되어 가고 있다"라고 적대감을 드러내는 듯하면서도, 중국의 국제관계는 날로 발전하고 있으며 "사회제도가 같지 않은 국가들과 평화공존을 추구하고 제국주의의 침략정책, 전쟁정책에 반대해 새로운 승리를 부단히 쟁취하자. 우리의 친구는 세계에 많다"라고 전략적 입장 변화를 시사했다. 사실상 미국과의 평화공존도 가능하다고 선언한 셈이다. http://cpc.people.com.cn/GB/64162/64168/64561/65365/4429471.html(검색일: 2024.4.16).
15 모리스 마이스너, 김수영 역, 『마오의 중국과 그 이후 2』, 539쪽.

치적 환경을 조성해 주었다. 그런 분위기 속에서 국가부주석이자 후계자의 자리에 오른 린뱌오였기에 거칠 것이 없었다.

그런데 이런 상황 속에서 소련의 군사적 위협에 대비하다 불거진 1969년 10월의 이른바 린바오 부주석의 「1호 명령」 사건은 당시 마오와 린뱌오의 마음이 어떻게 엇갈리고 있었는지를 보여주는 상징적이며, 모종의 불길한 전조와 같은 것이었다.[16]

전국이 비상 상황이던 당시 린뱌오 부주석의 「1호 명령」이라는 이름으로 전시지휘부 구성 등 전쟁 준비 지시가 하달됐는데, 문제는 주석이던 마오는 전혀 알지 못한 상태에서 긴급명령이 내려갔다는 데 있었다. 마오는 군사위 주석, 린뱌오는 부주석이었는데 이러한 명령은 군사 지휘 체계 상 있을 수 없는 일이었다. 마오는 이에 불만을 나타냈는데 적지 않은 사람들은 이른바 '제1호'라고 이름 붙인 것을 중요 원인으로 여겼다. 긴급명령 이후 저우언라이는 린뱌오측 인사인 우파시앤(吳法宪) 등을 찾아 린뱌오 지시가 어떻게 나왔는지 등을 조사했는데 이때 저우언라이가 '1호'라는 단어에 지극히 민감한 반응을 보인 것으로 알려졌다.[17]

다만 마오는 린뱌오의 긴급명령, 「1호 명령」 사건을 더 이상 문제 삼지 않고 넘어갔다. 저우언라이가 조사해 정리한 보고문을 받아본 마오는 기분이 나빴지만, 그저 "태워 버려라"라고만 하고 더 이상 문제 삼지 않았다.[18] 마오의 고민과 현실을 엿볼 수 있는 대목이다. 만약 마오가 공개

---

16 「1호명령」, 「제1호령」, 「린부주석지시 제1호령」 등으로 불렸다. 「1호 명령」은 첫째, 반탱크 무기 생산을 서둘러라. 둘째, 전시지휘부를 구성해 전쟁상태에 임해라. 셋째, 각급 지휘관들은 전시준비를 강화하라. 넷째, 중소변경의 상황을 엄밀히 파악해 수시 보고하라 등 네 가지였다. 王东兴, 『毛泽东与林彪反革命集团的斗争』, 当代中国出版社, 1998, 15쪽.

17 严可复, 「林彪一号命令 辨疑」, 『党史纵横』 第8期, 2014, 43쪽.

18 王东兴, 『毛泽东与林彪反革命集团的斗争』, 当代中国出版社, 1998, 14쪽. 마오의 경호실 장격이던 왕동싱은 "저우언라이 총리가 보내온 문건을 즉시 보고했다. 마오 주석이 보더니 기분이 좋지 않은 표정이었다. 그러더니 나에게 '태워 버려라'라고 말했다. 내가 별 반응이 없자 마오주석이 직접 성냥을 켜더니 문건을 태워 버렸다"라고 회고했다.

적으로 린뱌오 지시를 부정하게 되면 '총사령'과 '부총사령'의 모순이 공개되는 걸 의미하고 이는 문혁이라는 특수한 시기에 정치상의 격동을 유발할 수 있는 민감한 것이었다. 그래서 마오는 "태워 버려라"라는 간접적인 방법으로 부동의와 불만을 나타낸 것이다. 이것은 마오의 고단수 정치가로서의 면모를 보여주는 것이기는 하지만, 마오의 린뱌오에 대한 믿음은 점차 더 엷어져 갔다.

이처럼 마오와 린뱌오 간에 진행되던 미묘한 갈등은 국가주석직 문제로 결국 폭발하게 된다. 마오는 제4기 전국인민대표대회에 맞춰 헌법 개정 의견을 제시했는데 "국가주석직 다시 설치하지 않는다"라는 것이 핵심이었다. 류사오치 숙청 이후 비어있던 자리를 아예 헌법 개정으로 없애겠다는 것이었다.

그런데 린뱌오는 정반대로 "국가주석직 설치해야 한다. 마오 주석이 국가주석을 맡아야 한다"라고 계속해서 주장했다. 마오는 이후에도 계속 "국가주석직 설치 않는다, 나는 다시 안 맡는다"라고 누차 강조했는데, 린뱌오 역시 자기주장을 굽히지 않았다. 또한 당내에도 여전히 린뱌오 주장에 대한 동조 목소리가 있자 마오는 정치국 회의에서 다시 명확한 반대 입장을 밝혔다. 마오는 자신의 거듭된 반대에도 불구하고 이런 상황이 이어지자, 린뱌오의 제안이 실은 린뱌오 자신이 국가주석을 맡고 싶어서라고 판단하게 됐다.[19]

당주석을 맡고 있던 마오가 국가주석직을 다시 설치하지 않겠다고 한 이면에는 국가주석이던 류사오치와의 갈등과 충돌, 그리고 문화대혁명

---

19 『毛澤東年譜』第六卷, 285쪽(1970.3.17~20), 291쪽(1970.4.11), 298쪽(1970년 5월 중순). 마오가 매번 거부 의사를 밝혔는데도 린뱌오의 주장은 집요했다. 마오는 특히 삼국지의 한 장면을 예로 들며 "손권이 조조에게 황제가 되라 권했는데, 조조는 이를 손권이 자기를 화로에 올려 불태워 죽이려 하는 것이라고 되받아쳤다. 당신들 나에게 조조가 되라고 하지 마라, 나도 당신들에게 손권이 되라고 하지 않을 것이다"라는 말로 매우 강한 불만과 반대 의사를 재차 밝히기도 했다. 『毛澤東年譜』第六卷, 295쪽(1970.4.27).

을 거치며 얻은 교훈을 결산하면서 다시는 '대권이 흔들리는' 상황이 발생하지 않도록 미리 예방하자는 뜻이 숨어있었다. 또한 "린뱌오가 국가주석이 되면 정부 기구에서 최고 지위에 있는 저우언라이 총리의 권위가 위태로울지도 모른다는 두려움 때문에, 마오는 그의 후계자 린뱌오가 국가주석이 되는 것을 원하지 않았다"라는 분석도 있다.[20]

마오와 린뱌오와의 갈등은 루산에서 열린 9기 2중전회에서 마침내 폭발했다. 린뱌오는 이 회의에서 '국가주석직 설치'를 관철해 내고자 치밀하게 준비했다. 린뱌오의 부인이자 정치국원이었던 예췬은 사전에 우파시앤 등 린뱌오 측근들에게 분조 회의에서 린뱌오를 옹호하는 발언과 '마오 천재론', 그리고 국가주석직 설치를 계속 거론해 달라고 당부했다. 그러면서 "반대가 있으면 눈물을 흘리면서 감정을 표출하라, 루딩이(陆定一) 같은 사람을 집중 공격하라, 우쓰링(吴司令) 당신이 제일 먼저 발언하는 게 좋겠다. 당신이 발언하고 이후의 발언들도 수위를 조절해 주라"는 등등의 세세한 지침을 주기도 했다.[21]

이러한 분위기 속에서 등장한 린뱌오는 첫 연설에서 '마오주석 천재론'을 꺼내며 국가주석직을 다시 설치해야 한다는 뜻을 곳곳에 표출했다. 캉성, 천보다, 우파시앤 등 린뱌오 지지자들은 국가주석 설립이 들어간 헌법 초안도 준비하는 등 그야말로 총력전을 전개했다. 이들은 특히 "마오 천재론을 부정하는 자는 반혁명분자, 반혁명 수정주의분자, 류사오치 없는 류사오치 반동 노선의 대리인"이라는 말로 반대 의견을 봉쇄해 가며 전체 회의 분위기를 압도해 나갔다. 이에 따라 마오가 국가주석을 맡는 문제가 전체 회의 주제가 될 정도로 이들의 기획은 성공하는 듯했다.

그러나 마오는 흔들리지 않았다. 오히려 역공을 폈다. 린뱌오에 대해

---

20 모리스 마이스너, 김수영 역, 『마오의 중국과 그 이후 2』, 543쪽.
21 『毛泽东年谱』第六卷, 323쪽(1970.8.24).

이미 부정적 생각을 갖게 된 마오는 저우언라이, 천보다, 캉성 등을 차례로 불러 단독으로 대화한 뒤 "국가주석 부활하는 문제 다시는 거론치 말라"고 강력히 경고하고, 린뱌오에게도 "당신에게 권고한다, 국가주석 맡지 마라"고 최후의 통첩을 했다. 이에 린뱌오 집단도 마오의 기세에 겁을 먹고 후퇴하지 않을 수 없었다. 국가주석과 천재론에 대한 발언 기록이 삭제되고, 보고서가 말소되는 등 엄청난 후폭풍을 예고했다.[22]

마오는 자신의 거듭된 경고에도 불구하고 린뱌오와 그 집단이 국가주석직 부활을 주장하며 도전적으로 나오자, 분노와 실망을 넘어 사태의 엄중함을 절감했다. 왜냐하면 린뱌오는 자신이 직접 선정한 후계자였을 뿐만 아니라 마오의 노선이 계속 이어질 수 있느냐의 저울추였고, 문화대혁명 성공의 가장 중요한 지표였기 때문이다. 전혀 예상치 못한 사태에 76세의 마오는 엄청난 정신적 타격을 받았다.[23]

마오는 특히 천보다를 불러 대화하면서 "우리가 30여 년을 함께 일해 왔는데, 앞에서는 이랬다가 뒤에서는 저러고, 산 아래서는 누구도 동의하지 않는 국가주석 조항 설치 않기로 하고선 산에 올라와서는 갑자기 태도가 변해 공세를 폈다. 나 마오쩌둥은 국가주석 맡지 않는다. 하려거든 천보다 당신이 해라. 당신들이 맡아라"라며 엄혹하게 비판했다. 우파시앤 등 린뱌오를 지지한 인사들에 대해서도 거센 비판과 함께 감찰이 진행되었다.[24]

마오는 이후 각종 방법을 통해 린뱌오 집단의 세력을 약화시키는 조치를 취한다. 마오는 당주석에 군사위 주석으로서 군 장악이 확고한 상

---

22 『毛澤东年谱』第六卷, 326~327쪽(1970.8.25).

23 「林彪争当国家主席内幕: 怕活不过毛泽东」, https://www.chinanews.com/cul/2013/09-12/5277603.shtml(검색일: 2024.4.16).

24 『毛澤东年谱』第六卷, 326~328쪽(1970.8.25, 26). 이후 천보다는 마오에게 "하층으로 가서 농민이 되어 살겠다"라고 밝히는 등 마오의 비판을 수용하며 용서를 구하는 태도를 보였다. 『毛澤东年谱』第六卷, 332쪽(1969.9.5).

태였지만, 린뱌오에 동정적인 것으로 생각되는 정치, 군사 부문 지도자들의 권력을 사전에 박탈하는 등 만전을 기했다. 마오는 또한 소련의 위협에 대비한다는 명목으로 린뱌오가 그간 직접 지휘하던 부대를 원래 주둔지인 헤이룽장성으로 이동시키고, 베이징 주변 부대의 충성을 확보하면서 난징과 광저우 지역 등 전국을 돌며 지역 군사령관을 직접 만나 그들이 충성을 재확인했다.[25]

마오는 린뱌오에 대해서만큼은 매우 신중한 접근 자세를 취했다. 린뱌오는 마오의 공식 후계자이자 국방장관이었으며, 문화대혁명 이래 마오 다음가는 대중적 명망이 있는 인물이었기 때문이다. 이 때문에 마오와 린뱌오의 갈등은 초기 일반인의 눈에는 띄지 않게 진행되었다. 중국 인민들에게 린뱌오는 여전히 마오의 선택을 받은 후계자였고, 계속해서 공개연설을 했고 정부집회를 주관했다. 또 린뱌오의 사진은 마오만큼이나 자주 신문 지상에 등장했으며, 1971년 노동절에도 린뱌오는 마오와 함께 천안문광장의 사열대에 함께 서있었다.[26]

그러나 마오의 결심은 이미 굳어진 상태였다. 마오는 자신이 직접 전국 각지를 돌며 린뱌오 집단과의 투쟁의 엄중함을 계속 강조했다. 마오는 린뱌오가 국가주석직을 계속 마오에게 제안한 것에 대해 "말로는 나를 세운다는 것인데 누굴 세우는지 모르겠다. 자기를 세우려는 것일 거다"라고 말했는데 이는 린뱌오를 이미 후계자로 인정하지 않는다는 말과 다름이 없는 강력한 비판이었다. 또 "마오의 한마디는 우리의 만마디"라는 린뱌오가 개발한 유명한 구호에 대해서도 "한마디면 한마디지 어떻게 만마디가 되나? 그럼 내가 6번 얘기하면 6만 구절이 되는데 누가 듣겠는

25 모리스 마이스너, 김수영 역, 『마오의 중국과 그 이후 2』, 543쪽; 조너선 D. 스펜스, 김희교 역, 『현대중국을 찾아서 2』, 이산, 2009, 206쪽.
26 모리스 마이스너, 김수영 역, 『마오의 중국과 그 이후 2』, 544쪽.

가? 반마디도 듣지 않을 것이다. 한마디도 안 듣는 거나 똑같다"라며 자신의 개인숭배를 한껏 끌어올린 린뱌오에 대한 애정이 이제는 적대감으로 바뀌었음을 드러냈다.[27]

여기에 미국과의 수교 협상이 급속히 진전된 것도 린뱌오 집단의 마음을 급하게 만들었다. 국가주석 파동이 일었던 9기 2중전회 석 달 뒤인 1970년 11월 중미회담 재개 소식이 알려졌고, 12월 스노우와 다시 만난 마오는 닉슨의 중국 방문을 환영한다는 메시지를 전달했다. 그리고 71년 7월엔 미 국무장관 키신저가 베이징을 방문했고 여기에서 다음 해 2월 닉슨의 중국 방문 합의가 발표됐다. 공교롭게도 닉슨의 중국 방문 합의 발표 두달 뒤인 1971년 9월 13일 린뱌오는 정치무대에서 사라졌다. 린뱌오는 군을 동원해 마오 살해 거사를 일으키려 했으나 실패하고, 소련으로 도주 중 비행기 추락으로 사망한 것으로 발표되었다. 린뱌오는 물론 그의 부인인 예췬, 공군 장교로 쿠데타를 같이 모의한 그의 아들 린리궈(林立果)까지 같은 운명이었다.[28]

(3) 린뱌오의 개인숭배는 '권력 숭배'

1925년 황포군관학교 입교 후 공산주의청년단에 가입했던 린뱌오는 곧 공산당으로 당적을 옮겼다. 이후 1927년 2차 북벌과 난창(南昌) 봉기 참여로 줄곧 명성을 높여 온 린뱌오는 중국공산당의 대표적인 지도자 중의 한 명이었으며, 마오와는 1928년 4월 징강산에서 처음 만난 이후 대

---

27 刘林元,「毛泽东晚年个人崇拜问题新探」,『Journal of Hunan University of Science & Technology (Social Science Edition)』, Vol.10, No.2, 2007, 11쪽. 마오는 천재론에 대해서도 "나는 6년간 공자를 공부했고, 7년간 자본주의를 공부했고, 1918년에야 맑스-레닌주의를 공부했다. 뭐가 천재냐?"라고 힐난했다.

28 廖蓋隆 편, 정석태 역,『중국공산당사』, 녹두, 1993, 356쪽.

장정 등에서 생사고락을 함께 한 혁명 동지였다.[29] 마오는 특히 국민당군의 연이은 공세로 홍군이 악전고투하던 시기에 군사들이 불안감에 휩싸이자, 이들을 질책하면서도 격려하는 편지를 린뱌오에게 보낼 정도로 믿고 아끼는 전우였다. 그 편지가 바로 이후 소책자로 간행된 「한점의 불씨가 들판을 태울 수 있다」이다.[30]

마오는 제1차 국공합작이 깨지게 된 장제스의 상하이 쿠데타로 공산당이 지리멸렬하며 징강산으로 겨우 탈출하는 상황과 대장정과 같은 처절한 생존 투쟁의 과정을 연이어 겪으면서 병력과 군대의 중요성을 절감했는데, 이런 연유로 뛰어난 전투 지휘 능력을 보인 주더, 펑더화이, 린뱌오 등 군사지휘관들의 역량을 높이 평가하고 중시했다. 따라서 건국 이후 린뱌오도 중용될 기회가 많았으나, 그가 1950년대 초반 병을 얻어 소련에 가 치료를 받는 등 건강 문제가 있어 주요 보직에선 비켜나 있었다. 그러다 1958년 5월 8기 5중전회에 이르러 린뱌오는 중공 중앙 부주석과 정치국 상무위원에 임명된다.[31]

린뱌오가 정치무대에 본격 등장한 1958년의 시기를 우선 주목할 필요가 있다. 이 시기엔 이미 저우언라이와 천윈 등이 '반모진'을 주장했다고 거세게 비판받고, 그런 '집중'이 강화된 분위기 속에서 대약진이 시작되어 전국이 '속도전'에 휩쓸려가고 있었다. 이런 가운데 마오는 "개인숭배에도 정확한 개인숭배가 있다"며 개인숭배의 이론화, 합리화를 시도해 당내에 다시 마오 개인숭배가 높아지고 있었다.

---

29 린뱌오(林彪)에 관해서는 다음 참조. https://baike.baidu.com/item/%E6%9E%97%E5%BD%AA/116221(검색일: 2025.2.10).

30 毛泽东, 「星星之火可以燎原」, 『毛泽东选集』 第一卷, 人民出版社, 1991, 97~108쪽. 마오가 1930년 1월 5일 린뱌오에게 보낸 편지이다. "농촌에서 시작해 도시를 포위해 혁명을 성공시킬 수 있다"라는 마오 혁명론의 기본사상이 잘 제시되어 있다.

31 「中共八届五中全会举行」, http://cpc.people.com.cn/GB/64162/64168/64560/65348/4442053.html(검색일: 2025.2.10).

그리고 린뱌오가 본격 등장한 8기 5중전회 역시 아주 특수한 회의였다. "마오를 따르는 데는 맹목적일 정도여야 하고, 마오를 믿는 것은 미신의 정도가 되어야 한다"는 극단적 마오 찬양을 내놓았던 상하이 당서기 커칭스가 정치국원에 임명된 회의가 바로 이 8기 5중전회였다. 커칭스의 정치국원 임명 사례는 당내 지도자들에게 "개인숭배를 하면 저런 보상이 있구나"라는 신호를 준 것이었다. 바로 이런 시대적 분위기를 상징적으로 반영하는 8기 5중전회에서 린뱌오가 등장한 것은, 린뱌오 역시 마오의 정치적 필요성에 의해, 정치무대의 정중앙으로 불려 나온 것이라고 평가할 수 있는 대목이다.

린뱌오는 이런 마오의 심정에 충실히 부응했다. 그리고 린뱌오가 좀 더 적극적인 역할을 할 수 있는 기회가 곧 찾아왔다. 대약진의 문제를 조정하려다 마오와 펑더화이의 대충돌로 이어진 1959년 8월의 루산회의가 바로 그것이다. 펑더화이는 숙청되었고 그가 맡고 있던 국방부장에 린뱌오가 임명된 것이다. 린뱌오는 바로 이 루산회의에서부터 마오의 심정, 즉 개인숭배를 통해서라도 권력의 안정적 유지를 원하는 카리스마의 심리상태를 정확히 간파했다. 이는 만년의 마오에게는 치명적 약점이었지만 본격 권력 무대에 나서려는 린뱌오 같은 사람에게는 '권력을 얻어내는 첩경'이라는 절대적 기회로 작용하게 되었다.[32]

이후 린뱌오는 주저하지 않고 적극적인 마오 개인숭배에 나서게 된다. 린뱌오의 마오 개인숭배는 대략 3단계의 상승 과정을 거친다. 첫 단계는 루산회의에서 국방부장에 임명돼 군사위 업무를 주관한 이후 1962년 '7천인대회'가 열리기 전까지이다. 린뱌오가 군부대를 중심으로 추진한 대표적 마오 숭배운동은 "마오쩌둥 동지는 가장 위대한 맑스-레닌주의

---

32 何云峰, 「个人崇拜与1959年庐山会议毛彭冲突」, 『Journal of Wuhan University of Technology (Social Sciences Edition)』 Vol. 20, No. 6, 2007, 772쪽.

자이며, 마오쩌둥사상은 당대 최고의 맑스-레닌주의이다"라는 '최고봉론'과 "마오주석의 저작을 학습하는 게 맑스-레닌주의 학습의 첩경이다"라는 '첩경론', "마오주석의 저작을 전군 각 사업상의 최고 지시로 삼아야 한다"라는 '최고 지시론' 등이다.

두 번째 단계는 대약진 실패 이후 진행된 1962년 1월의 '7천인대회' 이후 문혁이 시작되기 직전인 1965년까지의 시기이다. 대약진의 '대실패'로 마오의 카리스마 리더십은 크게 흔들렸었다. 마오 역시 대약진의 정책적 실패와 자신의 책임을 인정하면서 "민주 위에 기초하지 않은 집중은 가짜이다"라고 할 정도로 한발 물러서는 태도를 취했을 정도였다. 그러나 마오 카리스마의 위상이 전에 없이 흔들리던 바로 이 시기에 린뱌오는 여타의 지도자들과는 달리, 마오를 '무조건 적으로' 옹호하고 나섰다.

린뱌오는 "마오주석의 지시대로 하지 않을 때 사업에 문제가 생겼다는 것이 당의 역사이다"라며 대약진 실패의 책임을 다른 곳으로 돌렸으며, 대약진운동에 들어간 비용은 나중에 몇 배, 몇십 배로 돌아올 것이라는 '학습비 개념'까지 들면서 대약진의 효과를 강변했다. 마오가 감동했음은 물론이며 이는 린뱌오의 귀중한 정치적 자산이 된다. 이때 린뱌오는 마오에 대한 절대적 신뢰를 조장하려는 '4개 제일'(4个第一) 구호를 제기하더니 "마오쩌둥사상을 돋보이게 하는 것은 마오 주석이 하라는 대로 하는 것이다"라는 '돌출정치'(突出政治)의 개념을 제시했다.

린뱌오 마오 숭배의 세 번째 단계는 개인숭배가 신격화 단계까지 상승한 문화대혁명 시기이다. 린뱌오는 '돌출정치'의 개념을 더욱 확장시켜 "마오주석의 말은 구구절절 진리이며, 한마디가 만마디에 해당한다. 마오주석의 말은 반드시 믿고 의심하지 않으며 그대로 행하라"와 같은 극단적 구호를 내놓았다. 또한 "마오는 위대한 스승, 위대한 지도자, 위대한 최고사령관, 위대한 조타수'"라는 '4개 위대함'(4个伟大)도 이 시기 린뱌오의 발명품이다.

린뱌오는 1966년 '5.18 연설'에서 마오와 마오사상을 극단적으로 찬양하며 천재론을 제기했다. 린뱌오는 "마오주석은 전세계적으로도 몇백년, 중국에서는 몇천년 만에야 나올 수 있는, 전세계적으로 가장 위대한 천재"라고 칭송했는데, 이런 극단적 찬양들은 문화대혁명이 시작되며 '신격화 운동'(造神运动)으로 이어진다. 중국 인민들은 『마오주석어록』을 한 부 이상 소지해야 했으며 "입에서는 마오 만세 소리가 끊이지 않고, 손에서는 마오어록이 떨어지지 않는" 신앙적 생활을 해야 했다.

바로 이런 극단적 마오 숭배운동 덕에 린뱌오는 1969년 4월 9차 당대회에서 마침내 "마오의 가장 친밀한 전우, 가장 훌륭한 후계자"라는 휘황한 찬사를 받으며 공식 후계자 자리에까지 올랐고 그의 앞길은 탄탄대로였다. 마오쩌둥이라는 최고 권력자에 대한 충성스런 숭배를 통해 '후계자 린뱌오'라는 엄청난 '권력'을 움켜쥐게 된 것이다.

린뱌오가 제거된 '9.13 사건' 이후 발견된 그의 메모장을 보면 린뱌오가 얼마나 마오에 대한 충성을 통한 권력 확보에 노력했는지를 잘 알 수 있다. 린뱌오는 무엇보다 당의 영수와 간부, 군중 간의 관계를 봉건사회의 군신관계로 봤다. 그래서 "영수는 절대적 권위를 가진다. 틀리든 맞든 그의 말은 한가지이다. 이해해도 따라 하고, 이해하지 못해도 따라 해라. 그저 명령에 복종하면 된다"라고 자신에게도 강조했다. 그리고 "주석은 최대의 군중이다. 주석 한 사람은 억만 명에 해당한다. 그래서 주석과의 관계를 잘해 놓으면 군중과의 관계를 잘해 놓은 것과 같다. 이게 표를 얻는 최대의 방법이다"라며 권력 획득의 첩경이 바로 마오주석과의 관계 설정임을 드러냈다.[33]

---

33 冯建辉,「林彪和个人崇拜」,『炎黄春秋』第10期, 1999, 39쪽.

린뱌오의 권력관을 좀 더 자세히 들여다보면, 이러한 린뱌오의 '권력 숭배' 의지를 좀 더 확인 할 수 있다. 린뱌오는 권력의 '권'(权), 이 '권'의 역량과 역할을 새기고 또 새기고 잊지 않았다. 그는 "권력의 점유가 모든 점유이다. 권력이 있으면 모든 게 있는 것이다. 정권이 없으면 모든 게 없는 것이다"라는 인식을 가지고 있었다. 최종적으로 린뱌오는 "권력에 대한 숭배를 권력을 장악한 사람에 대한 숭배로 귀결"시켜, "영도하는 사람들의 것이 바로 정권이다. 영수가 정당과 정권의 성격까지 결정한다"라는 생각을 고취시켜 나갔다. 결국 "린뱌오는 마오쩌둥을 숭배했지만, 사실은 마오의 수중에 있는 절대권력을 숭배한 것"이다.[34]

한 가지 더 주목할 부분은 이와 같이 '권력 숭배'가 본질인 개인숭배는 또 다른 개인숭배, 권력 숭배를 낳는다는 점이다. 린뱌오가 권력의 정점에 올라서자, 그에 대한 개인숭배 분위기도 조성되기 시작했다. 린뱌오의 본격 행보 이후『린바오부주석의 어록』,『린뱌오부주석의 지시』와 같은 책자가 발간됐는데, 여기에는 "린뱌오 부주석은 마오주석의 가장 친밀한 전우, 가장 훌륭한 후계자, 마오주석의 홍기를 최고, 최고, 최고로 치켜들고, 마오주석에 최고, 최고, 최고로 충성하며" 등등의 '최고' 수식어가 20개나 붙는 그야말로 극단적 찬양이 전개되었다.[35]

권력이 집중된 지도자에 대한 이러한 '숭배'와 '찬양'은 그의 주변 인물들에 대한 찬양으로 확산됐다. 린뱌오에게 권력이 확실하게 집중되는 분위기가 연출되자 그의 아들에 대한 아부와 찬양의 분위기까지 조성되기 시작한 것이다. 린뱌오의 본격 등장 이후 하루는 공군에 근무하던 린뱌오의 아들 린리궈(林立果)가 공군 간부대회에서 마오사상을 어떻게 학습하고 실천했는가를 강의했는데, 린뱌오는 이를 듣고 "생각이 나와 같

---

34 冯建辉,「林彪和个人崇拜」,『炎黄春秋』, 40쪽.
35 冯建辉,「林彪和个人崇拜」,『炎黄春秋』, 37쪽.

고 말도 나를 닮았다"라고 칭찬했다. 그랬더니 우파시앤 등 린뱌오의 측근들이 "하나의 정치위성이 나왔다. 천재다", "린리궈는 완전하고 뛰어난 군계일학의 재목이다. 제3대 후계자다"라는 등등의 찬사를 늘어놨다. 마오가 이를 전해 듣고서는 "아첨하면 안 된다. 20대에게 천재 중의 천재라고 추켜올리다니 이런 것, 좋을 것 하나도 없다"라며 못마땅해했다.[36]

그런데 이러한 일이 있고 나서, 공교롭게도 우파시앤을 비롯한 린뱌오 측근들은 린뱌오를 국가주석으로 미는 방안을 적극 추진하게 된다. 이는 개인숭배는 숭배 대상자의 권력에 대한 숭배가 본질이며, 이는 권력의 향유를 누리기 위한 또 다른 개인숭배를 낳을 수 있다는 점을 잘 보여주는 사례로 평가된다.

그렇다면 이러한 극단적이고 매우 효과적인 마오 개인숭배를 통해 휘황한 권력의 자리에 오르고, 조금 지나면 마오의 권력을 승계하는 데 아무런 문제가 없을 것 같이 보였던 후계자 린뱌오는 어떻게 스스로 몰락의 길을 걷게 된 것일까?

무엇보다 최고 권력에 대한 유혹이 거론된다. 마오 개인숭배로 거칠 것 없는 권력 상승을 이어온 린뱌오와 그의 권력집단에게 국가주석이라는 자리는 국가부주석으로는 절대 채울 수 없는 엄청난 유혹의 자리였다. 노쇠한 마오를 볼 때 특히나 국가주석 자리는 곧바로 차기 대권으로 직행할 수 있는 안전판이었다. 또한 문혁 과정에서 대부분 정치국원 등 권력 핵심으로 진입한 장칭 집단과의 미래 권력투쟁을 생각하면, 린뱌오로서는 후계자 지정을 넘은 국가주석이라는 상징적 자리가 더욱 유용해 보였을 것으로 판단된다.

여기에 린뱌오의 건강도 이들을 재촉했던 것으로 보인다. 린뱌오는

---

36 『毛泽东年谱』第六卷, 316쪽(1970.7.31).

1950년대 초반 몸이 좋지 않아 소련으로 치료를 받으러 가기도 했으며, 1962년 '7천인대회' 이후에도 남방으로 요양을 가는 등 전반적으로 건강이 좋지 않은 상태였다. 이 때문에 린뱌오의 측근들은 린뱌오가 마오보다 오래 살지 못할 것을 염려했으며, 이 때문에 린뱌오의 부인 예췬은 린뱌오가 권력 탈취의 길로 더 빨리 나아가도록 전력을 다해 부추겼다.[37]

바로 이런 유혹들로 인해 절대적 카리스마가 몇 번이나 거부했던 사안에 대해 유력한 추종자, 그것도 당헌으로 공인된 후계자가 카리스마 자리를 놓고 도전장을 던진 셈이었다. 그러나 마오는 이미 문화대혁명을 조기에 종결하고 미국과의 관계 개선을 고민하면서부터 후계자 린뱌오와 그의 극단적 개인숭배에 대해 부정적인 생각을 가지게 되었다. 린뱌오는 이를 간파하지 못했던 것이다.[38]

그리고 마오가 생각을 바꾸게 된 또 하나의 중요한 이유는 다름 아닌 "마오에게 개인숭배가 필요했던 가장 중요한 이유"에 답이 있다. 앞서도 살펴봤듯이 1960년대 들어 마오에게 개인숭배 고양이 필요했던 가장 큰 이유는 사상적인 문제가 아니라 "당권파에 넘어간 대권을 찾아와야 한다"라는 현실적인 절박한 필요성 때문이었다. 그런데 마오는 이미 그 가장 중요한 이유였던 "권력을 되찾아오는 것"을 문화대혁명을 통해 이룬 상황이었다. 더 이상 개인숭배가 필요한 상황이 아니었던 셈이다. 권력 문제가 해결된 마오에게 개인숭배는 열기를 식혀도 되는 상황이었다.[39]

또한 이런 측면의 분석에 비춰보면, 문화대혁명은 권력을 되찾겠다는

---

37 「林彪争当国家主席内幕: 怕活不过毛泽东」, https://www.chinanews.com/cul/2013/09-12/5277603.shtml(검색일: 2024.4.16).

38 마오는 1970년 스노우와의 대화에서 문혁 이전에 개인숭배가 필요했다고 인정하면서 "현재는 그때와 같지 않다. 숭배가 너무 과하다. 형식주의가 지나치다. '4개 위대함'이 뭔가? 혐오스럽다. 없애버려야 한다. 선생 하나만 남기면 된다. 내가 원래 선생을 했었다. 그러니 이제 선생 하면 된다"라며 부정적으로 변한 린뱌오에 대한 감정을 드러냈다. 『毛泽东年谱』第六卷, 358쪽(1970.12.18).

39 刘林元, 「毛泽东晚年个人崇拜问题新探」, 2007, 11~12쪽.

카리스마 지도자와 그가 가지고 있던 '막강한 권력'을 숭배하던 추종자가 결탁해 빚어낸 비극이었다고 평가할 수 있을 것이다. 그런 권력 연합을 통해 최고 권력 직전까지 오른 '후계자' 린뱌오는 바로 자신이 숭배하던 '카리스마'의 변심으로 비극적으로 무너져 내린 것이다.

2) 개인숭배 극복의 마지막 고비

(1) 덩샤오핑의 복권과 재낙마

린뱌오가 제거된 1971년의 이른바 '9.13사건' 이후 가장 큰 변화는 저우언라이가 마오의 지지 아래 중앙의 일상 사업을 주관하게 되었다는 점이다. 마오에 복종하면서도 문화대혁명이라는 극단적 상황 속에서 수많은 당 안팎의 간부들을 보호하는 데 심혈을 기울여온 저우 총리였기에, 그의 주도로 각 방면에 새로운 전기가 마련되었고 가장 큰 변화는 역시 원로들의 복권과 복귀였다.

린뱌오가 제거된 직후 마오는 친히 이른바 '2월역류'에 연루된 원로들의 명예회복안을 제출했다. 마오는 이후 1972년 1월 천이(陳毅)의 추도회에 참석해 그를 긍정적으로 평가했다. 또한 『인민일보』는 이에 맞춰 「이전의 과오는 뒷날의 경계로 삼아 병을 고쳐 사람을 구하자」(懲前毖后, 治病救人)라는 사설을 통해 "장기적인 혁명 투쟁과 단련의 과정을 경험한 노간부는 당의 소중한 자산이다"라고 높이 평가하는 등 분위기를 일신하고 나섰다.[40]

『인민일보』의 사설은 중국공산당이 1945년 제1차 「역사결의」를 통해

---

40 廖蓋隆 편, 정석태 역, 『중국공산당사』, 357쪽.

내놓은 '정치적 반대파에 대한 포용의 원칙'을 새삼 재확인한 것이었다.[41] 중공은 「역사결의」 발표 당시 이 원칙을 '마오쩌둥 동지의 방침'이라고 강조했는데, 노간부들을 당의 소중한 자산이라고 평가한 『인민일보』의 사설은 분명 마오의 뜻이 반영된 것이었다. 이처럼 정치적 반대파에 대한 포용의 원칙이 재천명 되었다는 것은 그만큼 마오의 카리스마체제가 유연해졌다는 것을 의미한다.

이후 천윈(陈云), 왕전(王震) 등 적지 않은 노간부들이 풀려났는데, 역시 가장 중요한 것은 1973년 3월 덩샤오핑이 국무원 부총리로 복귀하게 되었다는 점이다. 또한 덩샤오핑의 복귀가 원로들의 복권과 함께 이뤄졌다는 점은, 저우언라이와 천윈 등 개혁적 성향의 원로들이 덩샤오핑의 변함없는 지지자였다는 점에서 매우 중요한 정치적 함의를 지니는 것이었다. 이후의 '4인방', 화궈펑과의 권력 대결에서 원로들의 향배는 대단히 중요한 변수가 된다.[42]

덩샤오핑의 복귀는 이처럼 린뱌오의 축출 이후 권력 구도에 큰 변화를 예고하는 것이었다. 마오와 저우언라이는 이미 노쇠해서 그들의 후임이 누구인가에 초점이 맞춰질 수밖에 없었기 때문이다. 특히 덩샤오핑의 복귀는 마오의 그에 대한 평가가 여전히 우호적이라는 것을 확인시켜 주는 것이란 점에서 대단히 중요하다.

마오는 문화대혁명 시작 이후 줄곧 "류사오치와 덩샤오핑은 구별되어야 한다"라며 덩을 보호하려 했었는데, 류사오치를 숙청하고 린뱌오를 후계자로 천명한 9차 당대회 준비 과정에서도 "정치보고에서 류사오치

---

41 「关于若干历史问题的决议」, 『毛泽东选集』 第三卷, 996~997쪽.
42 '양개범시'로 마오쩌둥의 권위를 이용해 마오 이후를 준비했던 화궈펑이 덩샤오핑과의 권력 대결에서 실패한 것은 마오 시대의 '지배연합'이 문혁을 거부하며 이탈하면서 덩샤오핑을 지지한 것이 주요한 이유중의 하나로 제시되기도 한다. 이재준, 「중국과 북한의 권력승계 비교 연구: 마오쩌둥과 김일성의 후계 사례를 중심으로」, 서울대학교 박사학위논문, 2020, 330쪽.

의 이름은 거론하되 그 외에는 누구도 넣지 마라. 내가 그간 계속 얘기했듯이, 덩샤오핑과 류샤오치는 똑같이 취급하면 안 된다"라고 강조했다.[43] 이 '정치보고'는 당시 다름 아닌 린뱌오가 준비하는 것이었다. 그런 덩샤오핑이 린뱌오가 제거된 이후 마침내 복권된 것이다.

덩샤오핑의 복귀는 또한 린뱌오 축출 이후 마오 이후의 권력을 차지하고자 했던 장칭 집단과의 갈등과 충돌을 예고하는 것이기도 했다. 장칭 집단은 린뱌오가 제거된 이후 덩샤오핑을 비롯한 원로들의 복귀를 막기 위해 갖가지 방해와 저지 공작을 벌였었다. 덩이 복귀하자 이들의 공세 움직임은 더욱 기민해졌다. 문화대혁명의 도화선으로 작용한 「해서파관 비판」에서 마오의 마음을 읽어내 이를 정치공작으로 꾸며내는데 능란했던 이들은 이번에도 마오의 발언에서 공세의 실마리를 찾아냈다.

마오는 1973년 7월 당내 인사들과 궈모뤄(郭沫若)의 『열개의 비판』(十批判书)이라는 책을 화제로 얘기하던 중 "그의 역사 구분 방식에는 찬성하지만 '공자를 존중하고 법가에 반대하는 것'은 반대한다"라며 "바로 국민당이 그랬다. 린뱌오가 그랬다"라고 비판했다. 마오는 "법가는 과거보다는 현재를 중시한다. 사회는 후퇴해서는 안 되고 앞을 향해 나아가야 한다고 본다"라고 그 이유를 설명하기도 했다.[44]

마오는 또 장칭과의 대화에서도 "역사적으로 뭔가 일을 좀 하고 성과를 낸 정치가들은 모두 법가였다. 그들은 법치를 주장하고 옛것보다는 현재를 중시한다. 그러나 유가는 입으로는 '인의도덕'을 외치지만 현재보다 옛것을 중시하고 역사에 역행하려 한다"라고 비판했다. 이에 장칭은 다음날 정치국회의에서 이 같은 대화 내용을 전달하고, 다가올 제10차 당대회 '정치보고'에 이 같은 내용이 포함되어야 한다고 요구했다. 이에

---

43 『毛泽东年谱』第六卷, 233쪽(1969.3.12).
44 『毛泽东年谱』第六卷, 485쪽(1973.7.4), 488쪽(1973.7.17).

대해 저우언라이는 "그것에 대해서는 이해와 일정한 시간이 필요한 것 같다. 바로 그리할 필요는 없다"라며 반대 견해를 나타냈다. 장칭이 대표하는 4인방 집단과 저우언라이가 대표하는 원로집단 간의 신경전이 이미 진행 중이었던 것이다.[45]

장칭 집단은 집요했다. 장칭은 왕훙원과 공동으로 유가사상을 비판적으로 보는 논쟁들을 모은 「린뱌오와 공자, 맹자의 도」(林彪与孔孟之道)라는 자료를 마오에게 보내 전국에 배포할 것을 요청했으며, 마오는 이를 곧바로 승인했다. 그러면서 마오는 린뱌오의 예를 들면서 "공자, 맹자의 도가 당권 탈취의 음모와 자본주의 부활이라는 반동사상의 무기로 활용되었다"라고 비판했다.[46]

이를 계기로 '비림비공'(批林批孔)운동이 전국적으로 시작되었다. 베이징에서는 장칭 등이 주도한 재경 부대와 중앙 직속 기관, 국가기관의 인원이 참가한 '비림비공' 동원대회가 연속으로 개최되었다. 그런데 이 운동은 원래 "린뱌오를 비판하고 공자, 맹자도 비판한다"라는 운동이었는데, 장칭 집단의 공격 목표는 다름 아닌 저우언라이 총리에 맞춰져 있었다. 장칭 집단은 "저우언라이는 현대의 대유학자"라는 교묘한 논리를 개발해 저우언라이와 복권된 원로들을 공격했다.[47]

그러나 애초 이 운동을 비준했던 마오가, 장칭 등이 이를 기회로 권력을 탈취하려 하고 정부 요직에 자기 사람들을 심으려 한다고 비판하면서 장칭 집단의 공세는 물거품이 되었다. 마오는 오히려 저우언라이가 병세 악화로 입원하자, 덩샤오핑을 국무원 제1부총리로 승격시켜 저우언라이의 업무를 대신하도록 했다. 마오는 당시 덩샤오핑에 대해 "샤오핑 동지

---

45 『毛澤東年譜』第六卷, 490쪽(1973.8.5).
46 『毛澤東年譜』第六卷, 518쪽(1974년 1월 중순).
47 廖蓋隆 편, 정석태 역, 『중국공산당사』, 361쪽.

는 정치사상이 강하다. 참 얻기 어려운 인재다"라고 높이 평가했다.[48] 마오는 그러면서 왕홍원에게는 "당신보다 덩샤오핑은 더 강하다. 당신 '4인방' 하지 마라. 종파적으로 행동하지 마라. 그러다간 거꾸러진다"라고 경고하기도 했다. 이는 마오가 당시까지만 해도 덩샤오핑을 후계자로까지 생각하고 있었음을 보여주는 것으로 해석되고 있다.[49]

덩샤오핑은 곧바로 당 부주석, 정치국 상무위원으로까지 진입하였으며 1975년 1월 중순 진행된 제4차 인민대표대회에선 저우언라이가 국무원 총리로, 덩샤오핑은 제1부총리로 다시 임명되었다. 또한 두 사람이 주도적으로 이끄는 국무원 인선이 이뤄지면서 장칭 등 4인방의 '자기 사람 심기' 조각 계획은 철저히 무산되었다.[50] 그러나 4인방의 음모적 기획과 공세는 그치지 않았다. 그들은 문화대혁명의 성과와 정당성을 강조하고 있는 마오의 심정을 충분히 이용할 수 있다고 믿었다.

여기에서 마오가 덩샤오핑을 정치국 상무위원, 국무원 제1부총리, 인민해방군 총참모장 등에 임명해 중용은 했지만, 두 지도자 사이에 간극이 완전히 사라진 것은 아니었다는 점을 주목해서 봐야 한다. 마오는 당 정치국회의 도중 덩샤오핑을 가리키며 "나는 너를 좋아한다. 다만 우리 사이에 일부 모순이 남아있긴 하다. 열 손가락 가운데 아홉 개에는 모순이 없으나 한 손가락에는 모순이 있다"라고 말하는가 하면, "덩샤오핑이 이제 정치국원, 군사위원이 됐다. 나는 그를 좋아한다. 그런데 어떤 사람들은 그를 무서워하기도 한다"라며 복잡한 속내를 드러내기도 했었다.[51]

결국 두 사람 간의 이 간극과 모순은 문화대혁명에 대한 시각차에서 다시 표면화됐다. 마오는 문혁에 대해서도, 덩샤오핑이 자기의 생각과

---

48 『毛泽东年谱』第六卷, 562쪽(1974.12.23).
49 刘林元,「毛泽东文革中在对待江青问题上的是非」,『毛泽东研究』, 2015, 65쪽.
50 廖盖隆 편, 정석태 역,『중국공산당사』, 363쪽.
51 『毛泽东年谱』第六卷, 510쪽(1973.12.12), 514쪽(1973.12.21).

같이 긍정적으로 평가해 주기를 요청했으나 놀랍게도 덩은 이를 거절했다. 당시 정치국회의는 마오의 의견에 따라 "문혁은 기본적으로 정확했다. 다만 좀 부족한 면이 있었다", "전체적으로 볼 때 성과가 7이고, 과오는 3정도이다"라는 수위로 정리해 결의하기로 하고 이를 덩샤오핑이 주관하면 좋겠다고 제안했다. 그러나 덩샤오핑은 "자신이 이 같은 결의를 주관해 문혁을 정리하는 것은 적절치 않다"라며 이를 거절했다.[52] 당시 덩샤오핑은 도연명의 '도화원기'(桃花源记) 시구를 원용해, "한나라도 알지 못하는데 어떻게 위나라, 진나라를 논할 수 있겠는가?"(不知有汉, 何论魏晋)라는 말로 자신이 문혁 평가를 맡지 않겠다는 뜻을 표명했다. 이 시구의 뜻하는 바는 "현실로부터 장기간 떨어져 있어서 사회를 잘 모른다"라는 것으로 직설적이지는 않았지만, 덩의 완곡하고도 명확한 거절의 마음이 잘 담겨 있는 것이다.[53]

이와 같은 덩샤오핑의 문혁 평가 거절은 사실상 문화대혁명의 정당성을 온전히 인정할 수 없다는 것을 내비친 것이어서 파장이 일 수밖에 없었다. 문화대혁명의 정당성은 마오로선 절대 양보하거나 후퇴할 수 없는 것이었기 때문이다. 덩에 대한 분위기가 곧바로 변하기 시작했다. 마오의 전령이었던 마오위앤신이 "덩샤오핑에게 한 가지 문제가 있다. 문화대혁명의 성과를 거의 말하지 않고 류사오치의 수정주의 노선을 거의 비판하지 않는다"라는 식의 모함에 가까운 비방을 몇 차례 전달하고, 장칭을 위시한 4인방까지 덩샤오핑 비방에 나서면서 결국 마오도 "이는 문화대혁명을 청산하려는 것이다"라고 판단하여 덩샤오핑 비판에 나서게 된다.[54]

---

52 中共中央文献研究室编, 『邓小平年谱 1975-1997』上, 中央文献出版社, 2004, 131~132
    쪽(1975.11.20); 『毛泽东年谱』第六卷, 625쪽(1975.11.20).
53 「邓小平为何拒绝做肯定"文革"的决议?」, https://www.chinanews.com.cn/
    cul/2012/02-27/3699175.shtml(검색일: 2024.4.16).
54 廖盖隆 편, 정석태 역, 『중국공산당사』, 367~368쪽. 이처럼 덩샤오핑이 복권 이후에도 마
    오의 문화대혁명에 대한 긍정적 평가 정리를 거부해 '문화대혁명의 정신'을 부정한 것이,

장칭 집단이 '비림비공'운동을 통한 저우언라이 비판에서 시작해 덩샤오핑까지 공격하려던 계획은 마오의 저지로 일단 무산되었으나, 문화대혁명 문제로 마오와 덩의 갈등이 불거지며 그 틈새를 활용한 거센 정치투쟁이 다시 발생한 것이다. 결국 1975년 말 마오는 최근의 문제는 "두 갈래의 길, 두 노선 사이 투쟁의 반영이다. 이것은 우경명예회복 풍조이다"라며 덩샤오핑 비판 운동에 불을 붙였다. 여기에 마오에 의해 발탁돼 중앙에 올라와 있던 화궈펑까지 가세해 덩샤오핑의 노선을 '수정주의'라고 비판하고 나섰으며, 1976년 3월에 당 중앙은 「마오주석의 중요지시」를 통해 덩샤오핑을 지명 비판하게 된다. 그리고 저우언라이, 덩샤오핑과 대결 구도를 이어가고 있던 장칭 집단은 그들이 장악하고 있던 여론 기구를 통하여 '덩샤오핑 비판, 우경명예회복풍조 반격' 운동을 전국으로 확산시키게 된다.

그러던 와중에 저우언라이의 죽음이라는 중대 변수가 발생하게 된다. 저우언라이 총리는 1976년 1월 8일 숨졌는데, 이 시기는 덩샤오핑 비판 운동이 점차 고조되던 시점이다. 베이징 시민 등 전국의 적지 않은 군중들이 저우언라이 총리에 대한 애정을 표시하며 갖가지 방식으로 추도 행사를 진행했는데, 4인방은 이러한 대중들의 추도 활동을 극력 저지하려 했다. 청명절인 4월 4일 천안문광장에선 많은 사람들이 모여 저우언라이 총리를 추도하고, 그러면서 4인방을 성토하는 분위기가 형성됐는데 결국 다음날 이들은 강제진압을 당하게 된다. 그런데 이 천안문의 군중 추도식이 '반혁명 활동', '반혁명 정치사건'으로 매도되고 특히나 그 배후에, 비판을 받고 있던 덩샤오핑이 있다는 모함이 이뤄지면서 덩이 다시 낙마

후계자를 지명할 때 '이념의 일치성'을 중요시했던 당시 시대 상황에서 덩샤오핑이 후계자가 될 수 없었던 가장 중요한 이유로 보는 분석도 제기된다. 이재준, 「중국과 북한의 권력 승계 비교 연구: 마오쩌둥과 김일성의 후계 사례를 중심으로」, 서울대학교 박사학위논문, 2020, 330쪽.

하는 사태로까지 번지게 된다.

천안문에서의 저우언라이 추도 행사를 강제 진압한 이틀 뒤인 4월 7일 중국공산당은 정치국회의를 열었는데 여기에서 덩샤오핑의 운명이 결정된다. 마오는 덩샤오핑 문제가 적대적 모순으로 변했다는 걸 의미하는 "성격이 변하였다"는 평가와 함께 덩의 모든 직무를 박탈하게 된다. 마오는 이번에도 "덩샤오핑의 당적은 남겨 두고 이후 경과를 보기로 한다"라고 여지를 남겼지만, 덩은 그야말로 다시 한번 생사의 기로에 서게 되었다.[55]

(2) 마오쩌둥의 죽음과 '4인방' 전격 체포

덩샤오핑의 재 낙마로 장칭 등 4인방 세력은 정국의 주도권을 잡을 수 있는 절호의 기회를 맞게 된다. 원로파의 중심이었던 저우언라이는 사망하고, 핵심이었던 덩샤오핑은 4인방 세력의 거친 공세에 다시 낙마했기 때문에 저울추는 다시 장칭 등에게로 기울 가능성이 커졌다. 그러나 아직은 '절대 카리스마' 마오가 살아 있었기에 표면상으로 정국의 변화는 크지 않은 것처럼 보였다.

마오쩌둥의 죽음을 전후한 시기 이 두 집단의 세력균형을 살펴보는 것은 향후 정국의 흐름을 이해하는 데 매우 시사적이다. 앞서 살펴본 대로 마오는 두 집단 간에 세력균형을 유지하려 노력했다. 덩샤오핑이 복귀한 1973년 가을에 중국공산당 제10차 당대회가 열렸는데 여기에서 장칭, 왕훙원, 장춘챠오, 야오원위앤 등 4인방 모두가 정치국원으로 입성했으며 특히 왕훙원은 정치국 상무위원이자 부주석으로 저우언라이와 어깨를 나란히 할 정도로 권력이 커졌고, 장춘챠오도 정치국 상무위원으로 선출되었다. 이 당대회에선 저우언라이가 당을 대표해 '정치보고'를 하

---

55 『毛泽东年谱』第六卷, 646쪽(1976.4.7).

고, 왕훙원 역시 당을 대표해 당규약 '수정보고'를 할 정도로 마오가 두 집단 간의 힘의 균형을 맞추려 노력한 흔적이 엿보인다.[56]

마오는 그러면서도 장칭 등 4인방에 대한 견제 심리를 늦추지 않았다. 장칭은 정치국원이자 '마오의 부인'이라는 특수 신분으로 엄청난 특권을 누리고 있었다. 1938년 옌안에서 마오와 결혼한 장칭은 건국 초기까지는 문화부 영화사업위원회 위원이나, 당주석실 비서 정도로 활동의 폭이 넓지 않았다. 그러나 마오가 류사오치, 덩샤오핑 등의 당권파와 갈등할 때부터 활발히 움직이기 시작했고, 결국 야오원위앤, 장춘차오 등과 함께 문화대혁명의 도화선으로 평가받는 「해서파관 비판」 글을 출간해 당권파 공격의 돌파구를 마련해 냄으로써 마오에게 큰 공을 세웠고, 문혁 기간 그녀의 정치적 행보는 더욱 강화되었다. 1969년 제9차 당대회에서 장칭이 정치국원에 입성한 것은 그녀의 공에 대한 평가였다.[57]

그런데 역설적으로 장칭의 권력이 강화되면서 마오의 견제 심리도 동시에 작동하기 시작한다. 장칭이 9대 때 정치국원으로 입성했지만, 그녀의 원래 요구는 사실 더 큰 것이었다. 장칭은 당의 부주석이 되고자 부주석 자리를 몇 개 더 늘리는 안을 제안했는데, 마오는 "더 늘릴 수 있다. 단 장칭은 부주석이 될 수 없다"라며 거절했다. 또 누군가가 "장칭을 정치국 상무위원으로 임명해 당의 조직부장을 겸하도록 하자"라고 제안했는데, 이에 대해서도 마오는 "헛된 명성만 있고 실체가 없다. 모두 적합하지 않다"라며 역시 매정하게 거절했다.[58]

후계자였던 린뱌오가 제거된 이후부터 마오는 더욱 장칭을 노골적으로 견제하고 나섰다. 저우언라이를 겨냥한 '비림비공'운동 당시 장칭은

56 廖蓋隆 편, 정석태 역, 『중국공산당사』, 360쪽.
57 郑克卿·常 志, 「从《建国以来毛泽东文稿》看毛泽东对江青态度的演变」, 『党史博采』, 2005, 18~19쪽.
58 刘林元, 「毛泽东文革中在对待江青问题上的是非」, 『毛泽东研究』, 2015, 63쪽.

한고조(汉高祖) 유방의 첫부인으로 황제 못지않은 권력을 휘둘렀던 여후(吕后)나, 중국 역사상 유일한 여황제였던 무측천(武则天) 등을 대대적으로 선양하는 운동을 벌이기도 하는 등, 자신이 스스로 마오의 뒤를 잇겠다는 야심을 숨김없이 드러낼 정도로 대단한 권력욕을 드러내고 있던 터였다.[59]

한번은 중국을 방문했던 미국의 한 대학교수가 장칭과 장기간에 걸쳐 동행 인터뷰를 한 뒤 이를 책으로 내려 했는데, 미리 원고를 받아본 마오는 물론 혁명원로들도 왜곡된 내용이 많다며 출간에 반대했다. 그러나 장칭은 이를 무시하고 『장칭전』이란 제목의 책을 출간해 마오의 분노를 샀다. 마오는 "장칭은 무측천이 되고 싶은 생각은 있으나 무측천의 재능은 없고, 여후가 되고 싶은 마음은 있으나 여후의 덕은 갖추지 못했다"라며 탄식하기도 했다.[60]

'4인방'이라는 용어도 장칭 등을 비판하며 나온 말이다. 마오는 정치국회의에서 장칭, 왕홍원, 장춘챠오, 야오원위앤의 행동들을 비판하며 "그녀(장칭)도 상하이 패거리지! 당신들 주의해라, 4명이 몰려다니면서 작은 종파같이 행동 하지 마라", 이렇게 지적했는데 이로부터 이들을 '4인방'이라 부르게 된 것이다.[61]

1974년 초에 덩샤오핑이 뉴욕 유엔회의에 대표단을 이끌고 가게 되자 장칭은 이를 저지하려고 했다. 이때 마오는 장칭에게 편지를 보내 "덩샤오핑이 가는 것은 내 뜻이다. 당신 반대하지 않는 게 좋다. 조심하고 신중하라. 내 의견에 반대하지 마라"고 강력히 경고했다.[62] 마오는 기본적으로 장칭 등 4인방이 당과 국가의 미래를 맡기에는 자질이 부족하다고 판단했다. 그리고 이들이 파벌을 결성해 움직이면 당의 단합을 해치

---

59 廖蓋隆 편, 정석태 역, 『중국공산당사』, 361쪽.
60 刘林元, 「毛泽东文革中在对待江青问题上的是非」, 『毛泽东研究』, 2015, 63~64쪽.
61 『毛泽东年谱』 第六卷, 540쪽(1974.7.17).
62 中共中央文献研究室编, 『建国以来毛泽东文稿』 第十三册, 中央文献出版社, 1998, 373쪽.

고 결국 큰 사단을 일으킬 것으로 우려했던 것이다.[63]

그러나 장칭의 야심은 통제되지 않고 마오의 우려는 더욱 커지게 된다. 장칭이 1974년 말, 이듬해 초에 있을 제4차 전국인민대표대회에서 왕훙원을 '전인대 상무위원회 부위원장'에 앉히면 좋겠다는 뜻을 마오에게 전하자, 마오는 "장칭은 야심을 가지고 있다. 그녀는 왕훙원을 위원장에 앉히고 자신은 당 주석이 되고자 한다"라고 비판했다. 마오는 또한 장칭의 편지에 답을 하면서 "자주 나타나지 마라. (당 관련)문건들을 품평하려 하지 마라. 인사에 관여하려 하지 마라"고 경고하기도 하는 등 경계를 늦추지 않았다.[64]

이처럼 린뱌오 제거 이후 장칭에 대한 마오의 비판은 횟수도 많아지고, 강도도 더 높아지긴 했지만, 마오는 끝내 장칭을 내치지는 못했다. '절대 카리스마' 마오의 부인으로 수십 년을 함께 해 온 점, 또 마오의 절대 기준인 문화대혁명을 시작하는 데 큰 공을 세운 점, 4인방으로 이미 강력한 정치집단으로 성장해 있었다는 점 등의 이유로, 이미 노쇠했던 노년의 마오가 장칭을 내치기에는 감당해야 할 상처와 위험이 너무 컸기 때문으로 보인다.

결국 마오는 제3의 선택을 하게 된다. 아끼던 덩샤오핑은 마오가 더는 양보할 수 없는 문화대혁명 평가 문제로 다시 갈라져 내쳐지고, 장칭이 이끄는 4인방의 야심은 통제가 되지 않는 바로 이러한 상황에서, 마오는 죽음을 준비하며 원로파도, 4인방도 아닌 화궈펑을 자신의 후계자로 세운 것이다.

---

63 郑克卿·常 志, 「从《建国以来毛泽东文稿》看毛泽东对江青态度的演变」, 『党史博采』, 20쪽. 마오는 장칭과 왕훙원 등이 모두 참석한 한 정치국회의에서 "당신들 4인방 하지 마라. 왜 매번 그런 행태를 보이냐? 왜 2백여 명의 중앙위원들과 단결하지 못하냐? 몇 명이 몰려다니는 것 좋지 않다. 역사를 보면 다 좋지 않았다"라고 비판하며, 당부의 마음을 함께 내비치기도 했다.

64 『毛泽东年谱』第六卷, 557~558쪽(1974.11.12).

덩샤오핑의 숙청을 결정하던 바로 그날인 1976년 4월 7일의 정치국 회의는 마오의 제안으로 저우언라이 후임 총리에 화궈펑을 임명하고, 동시에 그를 당의 정치국 상무위원, 제1부주석으로 임명하는 안도 통과시킨다. 덩샤오핑은 낙마하고 화궈펑이 사실상의 후계자 지위에 오른 것이다. 다만 화궈펑은 당내 기반이 매우 취약한 상태여서 기존의 두 집단에 맞설만한 세력은 형성하지 못한 상태였다.

천안문사건 이후 원로파 세력과 장칭의 4인방 세력은 이미 화해할 수 없는 적대적 상황에 도달해 있었다. 두 세력의 충돌은 시간문제일 뿐 피하기 어려운 것이었다. 원로파 내에선 마오가 살아있을 땐 어쩔 수 없지만 유사시에는 4인방을 제거해야 한다는 결의가 강화되고 있었다. 예젠잉의 비서 판숴(范碩)의 회고에 따르면 예젠잉과 녜룽전의 대화에서는 이미 "샤오핑 동지가 타도되었다. 다음은 화궈펑이다. 군권이 그들의 손에 들어가서는 안 된다. 그래서 그들이 다시 제멋대로 굴도록 내버려둬서는 안 된다. 이를 미연에 방지하기 위해서는 먼저 손을 써서 제압해야 한다"라는 긴박한 내용이 오갈 정도로, 원로파는 마오 사후의 대책을 구체적으로 준비하고 있었다.[65]

특히 이러한 원로파의 움직임은 재 낙마해 연금 중이던 덩샤오핑과의 교감 속에서 진행됐던 것으로 파악된다. 덩은 예젠잉과 비밀리에 만나 정국 상황에 대한 의견을 교환하곤 했는데 특히 4인방 문제를 심도 있게 논의했다. 덩은 이 과정에서 예젠잉에게 큰 기대를 걸면서 "반드시 지금의 막판 국면을 제대로 수습해야 한다"라고 밝혔다. 신문과 방송을 통해 매일 덩샤오핑 비판 운동이 전개되는 위험한 국면에서도 예젠잉은 당시 전립선염 등으로 '해방군 301병원'에 입원 중이던 덩을 직접 찾기도 했으며, 병원에도 "반드시 제대로 치료하고 보호하라"고 지시하는 등 '혁명적

---

65 안치영, 『덩샤오핑 시대의 탄생: 중국의 역사 재평가와 개혁』, 창비, 2013, 102~103쪽.

동지애'를 보여주었다. 그만큼 덩샤오핑과 원로파는 여전히 강한 연대감을 유지하고 있었던 것이다.[66]

당시 예젠잉, 리셴녠 등 원로파는 군권을 장악하고 있었고, 4인방 세력은 선전부문을 장악하고 있어 대중에 대한 영향력이 막강했다. 그리고 4인방은 세력의 본거지인 상하이에 조직한 민병을 무장시키는 등 무장력도 준비하였다.

이처럼 모두가 마오 이후를 준비하던 1976년 9월 9일, 마침내 절대 카리스마로 중화인민공화국의 건국을 주도하는 등 반세기 넘게 중국공산당을 이끌었던 마오쩌둥이 사망했다. 이러한 마오의 죽음은 체제 자체에 영향을 미칠 수 있는 중대한 변수였다. 중국공산당은 한 치 앞을 내다볼 수 없는 권력투쟁의 격랑 속으로 빨려 들어간다.

바로 장칭을 주도로 한 4인방이 당과 국가권력 장악을 위해 즉각적으로 움직였기 때문이다. 이들은 당 중앙의 명의로 각 성, 시, 자치구에 자신들에게 업무를 보고할 것을 통지했으며, 몇몇 사람들에게는 장칭에게 '충성을 다하고', '권좌에 오르도록 청하는 글' 등을 쓰도록 사주하기도 했으며 상하이 민병에게는 대량의 무기를 비밀리에 제공하여 반혁명 무장 반란을 준비하기까지 했다.[67]

이처럼 마오의 사망과 함께 권력투쟁이 가열되면서 후계자로 지목된 화궈펑의 결단이 결정적으로 중요한 상황이 됐다. 화궈펑은 후계자로 지목은 됐지만 당내 기반은 취약한 상태였다. 또한 마오쩌둥에 충성스런 행보로 입지전적인 상승을 해 온 만큼, 문화대혁명의 정신을 중시하면서 이념적으로는 좌파인 4인방과 가까울 수밖에 없었다. 그러나 그는 결국 원

66 范硕·高屹,「肝胆相照, 共解 国难 —叶剑英和邓小平在党和国家的危难时刻」,『党的文献』第1期, 1995, 84~85쪽.
67 廖蓋隆 편, 정석태 역, 『중국공산당사』, 369쪽.

로파와 손을 맞잡게 된다. 4인방의 적대적 태도와 주석직을 둘러싼 4인방과의 대결적 상황이 그의 판단을 가른 것으로 보인다. 4인방 세력은 정국을 통제하기 위한 일련의 조치를 선제적으로 취했는데 이런 조치들이 화궈펑에게는 4인방이 자신의 권력을 탈취하려는 시도로 보였던 것이다.[68]

화궈펑은 추모 분위기를 이용해『마오쩌둥선집』제5권 편찬과 마오 기념관 건립을 위한 협의를 명목으로 중난하이에서 정치국 상무위원회를 소집한다. 왕훙원, 장춘챠오, 예젠잉 등 상무위원과 이『선집』편집 책임을 맡고 있던 야오원위앤 등에게 출석하라는 연락이 가면서, 동시에 중난하이 회의장 주변엔 왕둥싱이 주관하는 중앙경위단 부대가 미리 배치됐다. 새로운 연합세력이 4인방에 대한 일망타진을 계획한 것이다. 1976년 10월 6일 오후 8시, 일상적인 회의 소집으로만 알고 도착한 왕훙원 등은 곧바로 현장에서 즉각 체포되었고, 이후 장칭과 마오위앤신까지 체포되면서 4인방과 그 지지 세력은 일순간에 무력화되었다. 후계자 화궈펑과 원로파 연합의 기민한 대책이 성공한 것이다.[69]

이러한 화궈펑과 원로파의 연대에는 마오의 유언이 큰 작용을 한 것으로 분석되고 있다. 당시 정치국원으로 마오의 신임을 받고 있던 예젠잉의 회고에 따르면 4인방 제거에도 마오의 '심모원려'가 있었던 것으로 확인된다. 예젠잉은 마오가 죽기 전 두 가지 예방조치를 미리 준비했다고 밝혔다.[70]

예젠잉은 "덩샤오핑이 퇴출된 후, 마오는 여러 차례의 고민 끝에 화궈펑을 당 중앙 제1부주석 겸 국무원 총리로 선정했다. 이러한 안배는 우리 당의 역사에서 일찍이 없던 일이었다"라고 밝혔다. 예젠잉의 이러한

---

68 안치영, 『덩샤오핑 시대의 탄생: 중국의 역사 재평가와 개혁』, 창비, 2013, 111쪽.
69 안치영, 『덩샤오핑 시대의 탄생: 중국의 역사 재평가와 개혁』, 116쪽.
70 마오쩌둥이 남겼다는 예방조치에 대한 예젠잉의 회고 내용은 叶永烈, 『邓小平改变中国: 1978, 中国命运大转折』, 川人民出版社·华夏出版社, 2012, 35~37쪽 참조.

회고는 마오가 일부러 4인방을 계속 배제해 왔음을 보여준다. 4인방은 저우언라이 다음에는 권력 서열상 정치국은 왕흥원이 주재하고, 국무원은 당연히 장춘챠오가 맡아야 한다고 생각했었기 때문이다. 그러나 마오는 이들을 배제하고, 비판을 받고 있던 덩샤오핑도 배제하면서 화궈펑을 선택하게 된 것이다.

마오는 마지막 순간에도 4인방을 타도해야 한다는 유언을 남겼다. 예젠잉은 마오가 평소에도 "4인방의 문제는 반드시 해결해야 한다, 그렇지 않으면 큰 혼란이 올 것이다"라고 여러 번 강조했으며, 숨지기 전 자기 손을 잡고서는 "내가 죽은 후 장칭이 문제를 일으킬 소지가 있다. 너는 궈펑 동지를 도와 이들을 제압해야 한다"라고 유언을 남겼다고 밝혔다. 바로 이같은 마오의 유언이 원로들과 화궈펑의 연합을 이끌어 낸 셈이다. 예젠잉은 마오의 이러한 유지는 "4인방이 당과 국가의 최고영도권을 탈취하는 걸 방지하기 위함"이었으며 "중대한 전략적 결정"이었다고 회고했다.

중국공산당은 4인방 제거를 "위급함 속에서 당과 혁명을 구하고 10여 년 간의 엄중한 내란을 종결함으로써 중국을 새로운 역사의 발전 시기로 진입시킨" 역사적 승리로 평가하고 있다. 4인방 제거는 중국공산당의 자체 평가가 아니더라도 개인숭배주의자들의 권력 장악으로 중국정치가 혼돈의 시대로 회귀할 가능성을 막아낸 역사적 사건이었다.[71]

(3) 새로운 후계자 화궈펑과 덩샤오핑의 재복권

마오쩌둥 이후 가장 강력한 정치세력이 될 수 있었던 4인방을 전격

---

71 廖蓋隆 편, 정석태 역, 『중국공산당사』, 369~370쪽. 덩샤오핑은 만약 4인방이 승리했더라면, 중국은 "4인방이 설계한 암흑 속으로 추락하고 역사는 100년 후퇴했을 것"이라고 밝히기도 했다. 范碩·高屹, 「肝胆相照, 共解国难 —叶劍英和邓小平在党和国家的危难时刻」, 84쪽.

제거한 것은 화궈펑에게 엄청난 정치적 자산을 마련해주는 것이었다. 화궈펑은 마오와 같은 후난성 출신으로 지방당 간부를 하다가 1969년 마오의 추천으로 당 중앙위에 진출했으며 1973년에 정치국원이 됐고, 74년부터 국무원 공안부장으로 일했다. 화궈펑은 마오의 천거를 자산으로 한 성장 과정이나, 당 중앙위 진입 시기 등을 볼 때 문화대혁명의 수혜자로 커왔고 이 때문에 문혁의 이념을 충실히 지지한 범좌파로 분류된다.[72]

이러한 배경 때문에 화궈펑은 마오와 마오사상을 전면에 내세우는 게 가장 강력한 정치적 자산이라고 생각하게 됐다. 더구나 그는 공산당 창당 이후 수십 년의 혁명투쟁을 함께 해 온 동지들이 있는 덩샤오핑에 비해 당내 기반이 현저히 취약한 상황이어서, 자신을 후계자로 선택해 준 마오주석을 따르고 내세우는 게 가장 큰 정치적 자산이라고 생각했다. 그러나 사상적인 기반은 범좌파에 뿌리를 두고 있으면서 좌파의 대표라고 할 수 있었던 4인방을 제거하고, 이후 청산 작업을 해 나가는 화궈펑의 행보는 출발부터 심각한 난관을 예고하는 것이기도 했다.[73]

마오를 전면에 내세운, 이른바 '양개범시'(兩个凡是)는 화궈펑의 불가피한 선택이었으나 이런 그의 모순적 상황 때문에 곧바로 대논쟁에 휩싸이면서 권력투쟁의 핵심 쟁점으로 떠오르게 된다. '양개범시'란 "무릇 마오주석이 한 정책 결정은 우리가 굳건하게 옹호해야 하며, 무릇 마오주석의 지시는 우리가 시종 변함없이 따라야 한다"라는 것으로, 한마디로 "마오 주석이 한 일은 다 옳다. 무조건 따라야 한다"라는 것이다. 카리스마

---

72 마오가 임종 전 화궈펑에게 주었다는 "네가 일을 맡으면 내가 마음을 놓겠다"(你办事我放心)라는 쪽지는 마오 사후 언론에 보도되며 화궈펑 권력승계의 정당성에 대한 가장 확실한 증명서가 되었다. 안치영, 『덩샤오핑 시대의 탄생: 중국의 역사 재평가와 개혁』, 120쪽; 모리스 마이스너, 김수영 역, 『마오의 중국과 그 이후 2』, 599쪽.

73 화궈펑의 이러한 모순적인 정치적 입지는 "화궈펑 체제가 태생적으로 문혁, 즉 마오쩌둥의 계승인 동시에 단절이었기 때문"에 피하기 어려웠다는 평가를 받고 있다. 안치영, 『덩샤오핑 시대의 탄생: 중국의 역사 재평가와 개혁』, 119~121쪽.

에 대한 추종자들의 맹목적 신념, 가장 높은 수위의 마오 개인숭배나 다름없는 이 같은 행보를 화궈펑은 가장 중요한 정치적 기준으로 삼았다.

화궈펑은 또한 덩샤오핑 비판과 '우경명예회복풍조 반격' 운동 시작 당시부터 덩샤오핑 노선에 대해 수정주의라고 비판했었는데, 마오를 승계한 직후에도 이런 관점을 유지하고 있었다. 화궈펑은 "덩샤오핑 비판과 '우경명예회복풍조 반격'은 위대한 영수 마오주석이 결정한 것이고, 비판은 필요한 것이다. 확실히 극소수의 반혁명분자가 천안문광장의 반혁명 사건을 일으켰다"라고 주장했다.[74]

당시 덩샤오핑에 대한 복권 움직임이 일고는 있었지만, 여전히 모든 당직을 박탈 당한 채 은둔 상태에 있었던 점을 생각하면, 화궈펑의 양개범시는 사실상 덩샤오핑의 복귀를 막으려는데 기본적인 목적이 있었다고 분석된다. 양개범시에 의하자면 "마오의 결정인 '덩샤오핑 비판'은 계속 유지되어야 하고 따라서 '덩샤오핑의 복귀'는 '마오의 결정'을 뒤집는 것으로, 그런 일은 있을 수 없다"라는 결론에 도달하는 것이다. 이렇게 볼 때 양개범시는 단순한 사상투쟁이 아니라 정치투쟁이었으며, 덩샤오핑의 복권을 막아내려는 정치적 비수였다는 것을 알 수 있다.

더구나 새로운 절대권력 앞에 새로운 추종자들도 생겨나고 있어 화궈펑은 물러서지 않았다. 1977년 2월 7일엔 인민일보와 홍기, 해방군보에 "양개범시를 지켜야 한다"라는 공동 사설이 실리기도 했다.[75] 당의 입장을 대표하는 세 신문에 공동 사설이 실렸다는 것은 그만큼 화궈펑이 이때까지만 해도 당의 분위기를 장악하고 있었다고 볼 수 있는 지점이다. 그러나 문화대혁명을 겪은 관료들과 간부들, 지식인들은 화궈펑의 새로운 개인숭배에 점점 더 불만을 드러내게 된다.

---

74 중국공산당 문헌연구실 편, 허원 역, 『정통 중국현대사』, 445쪽.
75 徐鎭英, 『현대중국정치론』, 나남출판, 1997, 56쪽.

특히 저우언라이의 죽음을 추모하는 천안문 시위에서도 나타났듯이 덩샤오핑에 대한 대중적 영향력은 화궈펑에 비해 압도적으로 큰 상태였고 예젠잉과 녜룽전 등 당원로를 비롯해 지식인들이 덩을 확고하게 지지하는 상황이어서 권력 기반이 취약했던 화궈펑으로서는 덩샤오핑의 복권을 더 이상 미룰 수 없는 상황으로 몰리게 된다.

결국 두 세력의 타협 과정을 거쳐, 마오가 숨진 뒤 1년이 채 안 된 1977년 7월 제10기 3중전회에서 덩샤오핑의 복권이 최종 결정된다. 화궈펑은 당주석 겸 국무원 총리, 중앙군사위 주석을 맡았고 덩샤오핑은 당 부주석 겸 국무원 부총리, 인민해방군 총참모장을 맡게 된다. 형식적으로는 두 세력이 타협해, 화궈펑이 당주석, 덩샤오핑이 당 부주석으로 화궈펑 체제가 계속 이어지는 형식이기는 했지만, 덩의 복귀 자체로 화궈펑 체제는 급속히 세력을 잃어갔다.

덩이 복귀한 지 2개월도 안 된 시점에 인민일보와 홍기, 해방군보에 양개범시를 비판하는 공동 사설이 실렸다. 이 신문들은 화궈펑을 지지하며 양개범시를 적극 지지하는 공동 사설을 실었었는데 정반대의 주장을 담은 공동 사설이 불과 7개월 사이에 실린 것이다.[76] 이는 무엇보다 덩샤오핑의 복귀 직후부터 이미 정치적 세력 관계가 덩샤오핑 중심으로 급속하게 기울고 있었다는 걸 극명하게 보여주는 것이다.

그러나 화궈펑은 여전히 당주석이었고 양개범시는 당의 기본 노선으로 살아있는 상태였다. 덩샤오핑은 마오 개인숭배가 깊숙이 얽혀 있는 이 '양개범시론'을 깨부셔야만 했다. 덩은 복귀가 가시화된 직후 당 중앙에 서신을 보내 양개범시를 직접 비판하고 나섰다. 다만 그는 화궈펑의 양개범시를 비판하면서도 그 내용이 되는 마오의 사상은 보호하는, 다시 말해 화궈펑으로부터 마오를 분리하는 매우 전략적인 방법을 사용했

---

76 徐鎭英, 『현대중국정치론』, 58쪽.

다.[77] 덩샤오핑은 양개범시가 "마오쩌둥의 사상을 완전하고 정확하게 응용해야" 하지만, 실제로는 "마오사상을 '완전하지도', '정확하지도 않게' 이해한 잘못된 것"이라고 비판하고 나선 것이다. 그리고 그 비판의 핵심 이론은 마오가 혁명투쟁의 고비 때마다 강조하던 '실사구시'의 정신, 실천론이었다.

"실천이 진리를 검증하는 유일한 기준이다!" 덩샤오핑의 강력한 지지를 받던 당시 중앙당학교 부교장 후야오방의 주도로, 이를 주제로 한 토론회가 전국적으로 조직돼 1년에 걸쳐 진행되게 된다. 사실상 당의 사상노선에 관한 대투쟁이었던 이 같은 토론회에서 당 안팎의 절대다수가 후야오방의 주장을 지지하고 옹호하였다. 그러나 당시 화궈펑과 함께 선전을 담당하고 있던 왕둥싱 등은 이 같은 토론회의 의도를 의심하며 "사실상 그 창끝이 마오주석의 사상을 향하고 있다. 이것이 어떤 중앙의 의견인가?"라며 강력히 반발하기도 했다.[78]

이에 대해 덩샤오핑은 "양개범시는 부정확한 것으로 만약 마오쩌둥 동지가 살아 있어도 동의하지 않을 것", "마오쩌둥 동지의 한마디 한마디가 다 정확하다면 린뱌오의 '천재론'이 맞다는 얘기 아니냐?"며 이들의 주장을 비판했다. 그리고 한발 더 나아가 "지금 진행 중인「실천은 진리 검증의 유일 기준」이라는 토론은 사실상 사상을 해방할 것인가, 말 것인가 하는 논쟁이며, 사상해방을 하지 못하면 당과 국가는 망하고 말 것

77 廖蓋隆 편, 정석태 역, 『중국공산당사』, 380~381쪽. 이러한 전략은 마오 시대를 정리한 1981년「역사결의」에서도 기본 지침이 되었다. 문화대혁명에서 노출된 마오쩌둥의 오류와 '마오쩌둥사상'을 분리한 것이다. "마오쩌둥 동지가 일으킨 문화대혁명의 이러한 좌경오류 관점은, 맑스–레닌주의의 보편적 원리와 중국혁명의 구체적인 실천이 결합된 '마오쩌둥사상'의 궤도에서 이탈한 것이 분명하므로, 이러한 '문혁 시기 마오쩌둥 동지의 좌경오류'와 '마오쩌둥사상'과는 반드시 완전하게 구별해야 한다." 「关于建国以来党的若干历史问题的决议」, 『关于建国以来党的若干历史问题的决议注释本』, 人民出版社, 1983, 27~28쪽.
78 廖蓋隆 편, 정석태 역, 『중국공산당사』, 382쪽.

이다"라며 물러서지 않았다.[79] 이는 덩샤오핑 등 개혁파가 당시 사상해방을, 국가흥망을 좌우할 정도의 중대사로 보았고 그 핵심은 바로 '개인숭배 타파'로 인식하고 있었음을 잘 보여주는 대목이다.

화궈펑과 덩샤오핑의 사상 논쟁

	사상적 주장	정치적 입장
양개범시 (화궈펑)	○ 무릇 마오주석이 한 결정은 굳건히 옹호해야 하며, 무릇 마오주석이 한 지시는 시종 변함 없이 따라야 한다.	○ 마오쩌둥이 정치적 자산 ○ 마오 개인숭배, 화궈펑 개인숭배도 옹호 함축
실사구시 (덩샤오핑)	○ 양개범시는 맑스주의가 아니다. ○ 실천이 진리 검증의 유일한 기준이다.	○ 마오가 주도한 문화대혁명 정신 부정 ○ 실사구시를 개인숭배 비판 논리로 이용

결국 덩샤오핑과 후야오방, 그리고 이들을 지지하는 원로그룹, '실사구시파'와 이들에 맞선 화궈펑과 왕둥싱 등 '양개범시파'의 대결은 당내 기반에서 앞서고 대중적 여론에서도 앞섰던 '실사구시파'의 승리로 끝나게 된다.[80] 마오 자신이 진리의 유일한 검증 기준이 실천이라고 한 점에서 보면, 양개범시 타파는 '마오의 실사구시'로 '마오의 개인숭배'를 타파한 것으로도 해석해 볼 수 있겠다.[81]

다만 마오시대와 다른 점은 권력투쟁에서 패배한 화궈펑이 바로 축출되지는 않았다는 점이다. 화궈펑은 '역사적 전환'을 선언한 11기 3중전

---

79 중국공산당 문헌연구실 편, 허원 역, 『정통 중국현대사』, 449쪽.

80 화궈펑의 승계 실패 원인 중의 하나로, 북한과 비교해 '지배 연합 구성의 일원성'이 부족했던 것에서 찾는 견해도 있다. 왕둥싱 이외 원로들은 대부분 문화대혁명을 거부하며 덩샤오핑 편에 섰기 때문이다. 화궈펑은 전임자의 지배연합을 승계하지 못한 것이다. 이재준, 「중국과 북한의 권력승계 비교 연구: 마오쩌둥과 김일성의 후계 사례를 중심으로」, 서울대학교 박사학위논문, 2020, 331쪽.

81 당시 인민일보 등 언론들은 덩샤오핑이 주도한 '진리표준대토론'이 결국 실사구시파의 승리로 귀결되자, "'진리표준대토론'은 이전에 성행했던 개인숭배와 교조주의의 족쇄를, 또한 좌경사상과 양개범시의 속박도 깨트렸다. 중국에서의 가장 위대한 사상해방운동이다"라는 기사를 쏟아냈다. 马立诚·凌志军, 『交锋: 当代中国三次思想解放实录』, 今日中国出版社, 1998, 67쪽.

회 때도 당주석이었고, 1981년 6중전회 전까지 그 직위를 유지했다. 이 것도 문화대혁명 때의 반대파에 대한 가혹한 숙청과 폭력적 징벌 방안에 대한 반성에서 나온 것으로, 법과 제도에 기반한 향후 개혁파의 국정운 영 방향을 보여주는 것이었다.

권력의 새로운 주류 세력이 된 이들 반좌파 연합세력은 여세를 몰아 마오시대의 잘못된 정책과 제도를 비판적으로 검토하면서 화궈펑 세력을 무력화시켜 나가는 한편 문혁 중 숙청당한 주요 간부들의 복권에도 적극 나서게 된다. 이러면서 1978년 중반이 되면 이들이 당 주도권을 장악하 게 되고 당 중앙위에서도 다수파가 된다.

덩샤오핑 주도 세력에 의해 화궈펑의 '양개범시파'가 패퇴하면서 중 국공산당은 개인숭배에 대한 극적인 극복 과정에 들어서게 되었다. 마 오에 대한 개인숭배로 권력을 장악하던 린뱌오, 장칭 등 4인방이 제거된 이후, 마오에 의해 선택된 후계자 화궈펑의 양개범시까지 무력화시킴으 로써, 중국공산당은 개인숭배의 유혹에서 벗어날 수 있는 절호의 기회를 잡게 되었다. 중국의 '역사적 노선 전환'으로 잘 알려진 1978년 12월의 11기 3중전회도 바로 이러한 개인숭배 극복의 처절한 노력의 결과라는 관점에서 바라봐야 그 의미를 제대로 진단할 수 있다.

3) 반개인숭배의 제도화

(1) '역사적 전환'과 사상해방운동

중국공산당 제11기 3중전회는 향후 당 사업의 중심을 과감하게 경제건설로 정함으로써 '개혁·개방'이라는 사회주의 현대화의 새로운 여정을 시작한 것으로 평가되고 있다. 특히 이 11기 3중전회는 마오가 중공의 당내 지도자로 결정적으로 부상한 1935년의 준이회의에 빗대, '사회주의 시기의 준이회의'라는 평가가 나올 정도로 중국 현대사에서 중요시되고 있다.[82]

이처럼 '역사적 전환'을 결정한 것으로 평가받는 11기 3중전회는 공보를 통해 "4개 현대화 실현을 위해서는 생산력을 대폭 향상시키는 것이 요구되며, 생산력 발전에 부응하지 못하는 생산관계와 상부구조를 반드시 변화시켜야 한다. 또한 모든 부적절한 관리방식, 활동 방식, 사고방식을 바꿔야 4개 현대화가 가능한 것으로 이는 광범위하고 심오한 혁명이다"라고 강조했다.[83]

여기서 마오 개인숭배 극복의 관점에서 주목해 볼 점은, 바로 이 11기 3중전회를 계기로 실사구시에 기반한 '사상해방'이 보다 명확히 선언됐다는 점이다. 덩샤오핑은 「사상해방, 실사구시, 일치단결해 앞을 보자」라는 제목의 연설 보고문을 통해 사상해방의 중요성과 그 의미를 상세히 풀어냈다.[84]

82　马立诚·凌志军, 『交锋: 当代中国三次思想解放实录』, 今日中国出版社, 1998, 89~90쪽.

83　『중국공산당 역대당대표자대회 자료집 DB』, 11기 3중전회 공보 참조. http://cpc.people. com.cn/GB/64162/64168/64563/65371/4441902.html(검색일: 2024.4.16) 중국공산당은 1956년 8차 당대회에서 "우리나라 국내의 주요모순은 인민들의 높은 요구에 부응하지 못하는 낙후된 경제라는 현실의 모순이며 이 모순 해결을 위해 선진공업국으로 도약하기 위해 매진하는 것이 우리의 과업"이라고 규정했었는데, 이러한 정신이 20여 년 만에 부활한 셈이다.

84　이하 덩샤오핑 연설은 11기 3중전회 덩샤오핑 연설문에서 인용. 「解放思想, 实事求是, 团

덩샤오핑은 무엇보다 "사상해방은 우리가 당면한 이 시기 가장 중대한 정치문제이다"라는 화두를 던지며 "사상해방이 있어야만 생산력 발전에 조응하지 못하는 생산관계와 상부구조 개혁이 가능하고 4개 현대화 실현도 가능하다"라고 강조했다. 특히 "지도자급 간부 중에도 아직 사상해방 문제를 해결하지 못한 사람들이 있는데 이는 역사적 조건 때문에 그리 형성된 것"이라며 개인숭배의 폐해를 다시 한번 강조했다. 마오는 이렇게 된 가장 큰 이유로 십수년에 걸친 린뱌오와 4인방의 대란과 마오에 대한 과도한 권력 집중, 그리고 이로 인한 민주집중제의 훼손을 들었다.

덩샤오핑은 마오에 대한 권력 집중을 언급하며 개인숭배란 단어는 쓰지 않았지만 "권력이 과도하게 집중된 관료주의는 항상 '당의 영도', '당의 지시', '당의 기율' 이런 걸로 표출되는데 실제는 관리하고 압박하는 거였다. 수많은 중대한 문제가 왕왕 한 사람이 결정하면 그만이었고 다른 사람들은 이 뜻을 받들어 처리하기만 하면 됐다"라며 그 폐해의 심각성을 논하는 걸 주저하지 않았다. 이상의 설명은 "개인숭배를 타파하지 못하면 사상해방이 불가능하고, 이 사상해방이 불가능하면 현재의 과업인 4개 현대화도 불가능하다"라는 논리로 정리할 수 있다. 덩샤오핑 등 개혁파가 그만큼 개인숭배 타파의 중요성을 절감하고 있었음을 알 수 있게 해주는 언급들이다.

이러한 '개인숭배 타파'는 '민주 회복'으로 이어지는 것이었다. 덩샤오핑은 "민주는 사상해방의 중요한 조건이다"라는 화두를 던지며 문화대혁명 기간 중의 비민주적이고 폭력적이고 억압적인 방법을 비판했다. 특히 "충분한 민주가 있어야 정확한 집중도 가능하다", "지금 현재 민주에 대

结一致向前看」, 『邓小平文选』第二卷, 人民出版社, 2009, 140~153쪽.

한 특별한 강조가 필요하다"라고 말하면서, '민주'가 제대로 선 기초위에서 민주집중제가 실현되어야 사상해방도 가능하다고 역설했다.

덩샤오핑의 이러한 언급들은 1960년대 초반 대약진 실패 이후 마오가 자신의 책임을 인정하며 내놓았던 '민주'에 대한 강조화법과 유사하다. 당시에도 마오의 이러한 민주적인 태도 덕에 쌍백운동이 잠시 부활하는 등 사회 분위기도 유연해졌었다. 덩샤오핑은 여기에 하나를 더했는데 그것은 '제도화'였다. 덩은 지도자가 마음이 바뀌면 정책도 쉽게 변하는 걸 방지하기 위해 반드시 이러한 내용을 '법제화, 제도화, 법률화'하는 방안이 필요하다고 강조했다. 역시 문화대혁명에 대한 처절한 반성의 결과였다.[85]

덩샤오핑과 함께 정책을 주도했던 후야오방의 개인숭배 비판은 더욱 가열차고, 예방책은 더욱 구체적이었다. 후야오방은 1980년 11월 정치국회의에서 개인숭배의 '4대 죄상'을 발표하며 개인숭배가 당에 남긴 일대 교훈을 되새겨야 한다고 밝혔다. 후야오방은 '개인숭배의 폐해' 4가지를 "첫째, 민주 생활을 근본적으로 논할 수 없다. 둘째, 실사구시를 근본적으로 논할 수 없다. 셋째, 사상해방을 근본적으로 논할 수 없다. 그리고 넷째, 봉건의 부활을 피할 수 없다"라는 것으로 제시하며, "개인숭배 이것보다 더 위험한 것은 없다. 개인숭배는 영원히 해서는 안 된다"라고 거듭 강조했다.[86]

후야오방은 개인숭배의 부활을 막기 위한 정책도 제시했다. 그는 3개의 조치를 내놨는데 "첫째, 향후 20-30년간 현재의 당 중앙 지도자의 초

---

85 이러한 모습은 대약진 실패 이후 책임을 인정하며 "민주 없는 집중은 가짜다"라는 화법으로 민주를 전례 없이 강조했던 마오쩌둥의 발언들과 유사한 것이다. 민주를 강조한 마오의 발언 이후 '쌍백운동'이 다시 살아나는 등 중국 사회는 전례 없는 유연한 사회 분위기를 누리기도 했었다. 민주를 강조한 것에 더해 사상해방의 중요성과 '법적 제도화'까지 역설한 덩샤오핑의 발언은 '법적-합리적' 리더십의 회복과 이에 따른 사회적 분위기의 변화를 예고하는 것이기도 했다.

86 张显扬, 「人本思想和党文化的分歧」, 『炎黄春秋』 第1期, 2014, 55쪽.

상화는 일률적으로 걸지 않는다. 둘째, 개인에 대한 선전은 줄이고 인민에 대한 선전은 늘린다. 셋째, 종신제를 단호히 실시하지 않는다"라는 것으로 당시로서는 하나하나가 파격적인 내용들이었다.[87]

이렇듯 개혁파의 대표라 할 수 있는 덩샤오핑과 후야오방의 개인숭배에 대한 비판과 경계를 보면, 이들은 "당내 민주 회복과 사상해방, 나아가 4개 현대화 과업 추진"을 위한 최우선의 선결 과제로 '개인숭배 타파'를 설정하고 있었음을 알 수 있다. 그리고 이같은 인식은 문화대혁명이라는 파란곡절의 역사적 경험을 바탕으로 마오시대에 대한 처절한 반성 끝에 도출된 것이었다.

덩샤오핑은 "우리가 개혁개방정책으로 나아갈 수 있었던 것은, 모두들 인정하는 것처럼 문화대혁명 10년의 공이다. 이 재난이 준 교훈은 너무나 심오한 것이었다"라는 역설적인 표현으로 문혁에 대한 반성과 역사적 회고의 중요성을 강조했다.[88] 이러한 '처절한 반성'으로부터 대대적인 사상해방운동이 전개됐는데 그 핵심은 역시 '개인숭배 타파'였다. 일정한 역사적 시각에서 보면 '문화대혁명이 조장한 개인숭배'가, 역설적으로 '개인숭배 자체를 타파'하였다고 설명할 수 있는 대목이다.[89]

다만 덩샤오핑 등 개혁파는 이런 개인숭배 타파와 '제도화' 과정에서도 마오쩌둥의 위상은 보호하려 세심히 노력했다. '문혁에서의 마오의 오류'와 '마오쩌둥사상'을 분리해 대응하고, '진리표준대토론'에서도 마오의 '실천론'을 통해 '양개범시'를 타파했듯이, 새로운 지도부는 문혁을 철

87 张显扬, 「人本思想和党文化的分歧」, 56쪽. 중공은 1979년 제5차 전국인민대표대회에서 통과시킨 '정부조직법'에서 "국가주석, 전국인민대표대회 상임위원장, 국무원총리 등 국가 지도자들의 두 차례 이상의 연임은 불허한다"라는 규정을 신설했다. 이러한 노력이 모여 1982년 개정된 헌법에도 연임 제한 조항이 신설된 것이다. 廖蓋隆 편, 정석태 역, 『중국공산당사』, 397쪽.
88 邓小平, 「思想更解放一些, 改革的步子更快一些」, 『邓小平文选』 第三卷, 2009, 265쪽.
89 狄景山, 「文革与文革后的思想解放运动」, 『当代世界与社会主义』 第4期, 2003, 112쪽.

저히 반성하며 정리하면서도, 마오의 카리스마적 위상은 보호하는 역사적 결정을 내렸다. 덩샤오핑은 「역사결의에 대한 의견」에서 "마오쩌둥 동지의 역사적 지위를 확립하고, 마오쩌둥사상을 견결히 유지하고 발전시키는 것이 가장 핵심적인 것이다"라고 밝혔는데 이것이 이후 마오쩌둥에 대한 역사적 평가의 기준이 되었다.[90]

중국이 개혁·개방으로 나가는 과정에서의 전략적 판단 요소는 여러 가지가 있을 수 있다. 무엇보다 1970년대 초반부터 미국과 수교로 나아가기 위한 화해 정책을 진행하고 있었고 일본과도 이미 수교하는 등, 소련과의 갈등 속에 조성된 국제정세의 변화는 중국의 전략적 변화에 큰 영향을 미쳤다.

그러나 이런 상황 속에서 덩샤오핑 등 개혁파가 '개인숭배 타파'를 선결 조건으로 내세우며 강력히 밀고 나간 것은, 문화대혁명 때와 같이 한 사람에 대한 개인숭배로 '당내 민주'가 질식된 상황에서는 어떠한 개혁 정책도 불가능하다고 절감했기 때문이다. '개인숭배 타파'로 곧 '개혁·개방'이 가능하다고 본 것이 아니라, '개혁·개방'이 가능하기 위해서는 '개인숭배 타파'가 제일의 필수 조건이라고 본 것이다.[91]

---

90 邓小平, 「对起草《关于建国以来党的若干历史问题的决议》的意见」, 『邓小平文选』 第二卷, 人民出饭社, 2009, 291쪽.

91 만약 린뱌오나 '4인방'이 마오를 계승했다면 개혁·개방으로 나아가지 못했을 것이다. 린뱌오는 미국과의 수교 협상이, 문혁으로 구축한 자신의 권력을 흔들 것을 우려해 반대했으며, 장칭도 역사상 무소불위의 권력을 휘둘렀던 '여후'(呂后)나 무측천(武则天) 띄우기를 통해 권력 장악 분위기를 조성하려 했었다. 이들이 신봉한 '개인숭배'는 기본적으로 '권력 숭배'였고, 본질적으로 '봉건성', '폐쇄성'을 띠는 것이어서 개혁이나 개방과는 반대 지점에 있었다. 북한의 '혈통승계'와 이후의 행보는 이러한 개인숭배의 인식론적 맥락을 단적으로 보여주는 사례이다.

(2) 반개인숭배의 제도화: '개인숭배 금지' 명문화

중국공산당이 개혁·개방이라는 역사적 전환을 선언한 11기 3중전회에서 '반개인숭배제도화'라는 방향성도 이미 정해진 것이었다. 그리고 이러한 정신은 덩샤오핑의 「당과 국가의 영도제도 개혁」에 관한 연설에서 집대성되어 제시되었다. 1980년 8월 정치국 확대회의에서 덩샤오핑은 문화대혁명 10년의 폐해가 정치체제에 미친 영향을 심도 있게 분석하면서 개혁의 목적과 의의, 주요 내용에 대해 체계적으로 설명했는데 이것이 향후 정치제도 개혁의 기본사상이 되었다.[92]

덩샤오핑은 무엇보다 과도하게 집중된 권력의 분산을 강조했다. 과도한 권력 집중은 사회주의 민주의 실행을 방해하고 개인독단을 조성해 집체영도를 파괴하며 결국 관료주의를 낳는 중요한 원인이라는 것이다. 둘째, 과도히 많은 겸직과 부(副) 직위는 한 인간의 지식과 경험에 비춰볼 때 합리적이지도 않고, 능력 있는 동지들이 지도부 사업에 참여하는 걸 방해한다고 지적했다. 또한 이러한 부 직위가 많으면 효율적이지도 않고 관료주의와 형식주의를 조장할 우려가 크다고 밝혔다. 이러한 권력 분산 정신 구현의 연장 차원에서 세 번째로 '당·정 분리의 원칙'이 강조되었다.[93] 그리고 마지막으로 구세대의 퇴진과 신세대 지도자의 발굴, 배양을 강조했다. 이러한 원칙은 향후 종신제를 철폐하고 연임을 제한하는 제도 개혁으로 이어진다.

덩샤오핑은 특히 간부제도 개혁에선 관료주의 타파가 중요하다고 강

---

92 이하 「당과 국가의 영도제도 개혁」에 관한 덩샤오핑의 연설 내용은 「党和国家领导制度的改革」, 「邓小平文选」第二卷, 2009, 320~343쪽 참조.
93 이러한 권력 분산의 정신 구현으로, 후야오방 당 총서기, 덩샤오핑 당 군사위주석, 리셴녠 국가주석, 조자양 총리 등으로 당과 군대, 정부와 국가의 책임자 간에 분점이 이뤄지기도 했다. 물론 덩샤오핑이 주도하는 정국이었지만, 집단지도체제의 정신을 구현하려 노력했음을 알 수 있다.

조하면서 권력의 과도한 집중, 가장제, 종신제 등의 폐해에 대해 세세하게 비판했다. 덩은 "'당의 일원화 영도'라는 구호 아래 제1서기의 한마디면 모든 것이 끝나는 상황이 조성돼 '당의 일원화 영도'는 '개인 영도'로 변질됐으며, 이는 전국적인 현상이 돼 결국 문화대혁명 발생의 중요한 원인이 됐다"라고 비판했다. 그리고 "가장제 작풍은 권력의 과도한 집중뿐만 아니라 한 사람이 조직위에 군림하는 폐해를 낳게 했고, 이는 1950년대 중반 '반모진' 사태 이후 개인숭배를 더욱 조장하는 역할을 했으며, 이러한 잘못된 사상의 모태가 된 우리 안에 남아있는 '봉건주의의 여독'을 반드시 불식시켜야 한다"라고 역설했다.[94] 덩샤오핑의 이 연설을 전후로 제도개혁이 본격적으로 진행되게 된다.

우선 공산당 내부에서의 실천 규율이 새로 제정됐다. 1980년 2월 11기 5중전회에서 통과된 「당내 정치 생활에 관한 약간의 준칙」은 모든 당원이 지켜야 할 실천 강령인데, 여기에서도 '개인독단, 개인숭배 반대'와 당내 민주를 중시하는 태도가 특히 강조되었다. 「준칙」은 개인숭배 반대 부분에서 "집체영도를 견지하고 개인독단을 반대한다", "당서기도 당위원회의 평등한 1인이다. 한 사람의 말로 끝나는 것, 가장제는 안 된다", "살아있는 사람에 대한 기념관 설치는 안 된다. 지도자의 이름을 딴 거리명, 지명, 기업이나 학교명은 금지한다"라고 규정했다. 또한 착오를 범한 동료에 대한 올바른 대응 부문에서도 "이전의 과오는 뒷날의 경계로 삼고, 병을 고쳐 사람을 구한다"(懲前毖后, 治病救人)는 포용과 단결의 원칙을 명문화했다.[95]

---

94 1979년, 문혁 피해자 중의 한 사람인 리뤠이한은 후야오방과의 대화에서 "문혁 10년을 돌아보면 우리 당에 깊숙이 뿌리내려 있던 봉건의 여독이 가장 큰 요인 아니었나 싶다"라는 말을 했고, 이후 이 두 사람은 덩샤오핑과 이 문제에 관해 깊은 대화를 나누게 된다. 이러한 고민이 덩샤오핑의 제도개혁 연설에 담긴 셈이다. 张显扬, 「人本思想和党文化的分歧」, 『炎黄春秋』 第1期, 2014, 56쪽 참고.

95 「关于党内政治生活的若干准则」, 1980년 2월 29일 제정, http://dangjian.people.com.

이러한 실천 규율 제정 이후 중국공산당은 12차 당대회를 열어 당시 로선 헌법보다 규정력이 있던 당헌을 개정했다. 중국공산당 당헌은 린뱌오가 마오의 후계자로 명기되고, 당원의 권리가 통째로 삭제된 문화대혁명 기간인 1969년 9차 당대회에서 가장 크게 훼손되었다. 당헌은 이후 마오 시기인 1973년의 10차, 화궈펑 시기인 1977년의 11차 당대회 때까지도 제대로 복구되지 못했었는데, 덩샤오핑 세력이 당을 안정적으로 장악한 1982년 9월의 12차 당대회에 와서야 그 정신이 회복된다.

가장 눈에 띄는 부분은 역시 개인숭배에 대해 명시적으로 금지한다는 규정을 넣었다는 점이다. 수정된 당헌은 제2장 당의 조직제도 부문 제10조 6항에서 "당은 어떠한 형식의 개인숭배도 금지한다"라고 확실하게 규정했다.[96] 중공이 이처럼 당헌에 명시적으로 '개인숭배 금지'를 명문화한 것은 처음이다. 「당내 정치생활에 관한 약간의 준칙」에 이어 '반개인숭배의 제도화'가 당의 헌법인 당헌에서 비로소 달성된 것이다.

또한 문화대혁명 기간 삭제됐던 당원의 권리가 복원됐다는 점도 주목되는 변화이다. 9차 당대회 당헌부터 당원의 권리는 사라지고 의무만 부과됐던 것이다. 역시 10차, 11차 당대회에서 복원하지 못한 당원의 권리 부분이 12차 당대회에 와서야 회복되었다. 제1장 당원, 제4조에서 당원은 표결권과 선거권, 피선거권을 가진다는 등의 8가지 권리를 나열했는데, 특기할 만한 것은 맨 뒷부분에 "당의 어떠한 조직이나 중앙이라 해도 위에 상술한 당원의 권리를 박탈할 권리가 없다"라고 강조한 점이다.

cn/GB/136058/427510/428086/428088/428312/index.html(검색일: 2024.4.21). 이러한 「준칙」의 개인숭배 반대 내용들을 보면, 건국 이전 신중하고 절제됐던 혁명지도자들의 태도와 정신이 되살아난 것을 알 수 있다. 착오를 범한 동료에 대한 포용적 태도를 강조한 "懲前毖后, 治病救人"의 정신은, 중공이 1945년 제1차 「역사결의」에서 '마오쩌둥 동지의 방침'이라고 강조했던 '정치적 반대파'에 대한 포용적인 원칙이었다.

96 『중국공산당 역대 전국대표대회 자료집 DB』, 제12대 중국공산당당헌(中國共产党章程), http://cpc.people.com.cn/GB/64162/64168/64565/65448/6415129.html(검색일: 2024.4.23).

이는 문혁과 같은 사태가 다시는 발생해서는 안 된다는 뼈저린 경험에서
우러나온 것이라 할 수 있겠다.

12차 당대회 당헌의 또 하나의 큰 특징은 당헌 사상 처음으로 "당도
법을 준수해야 한다"라고 규정한 대목이다. 당헌은 맨 앞 총강 후반 부분
에서 "당은 반드시 헌법과 법률의 범위 내에서 활동해야 한다"라고 규정
했다. 그러면서 "당은 반드시 국가의 입법, 사법, 행정기관 그리고 경제,
문화조직과 인민단체가 적극적이고 주동적으로, 독립적인 책임하에 협
력적으로 일할 수 있도록 보장해야 한다"라고도 규정해 당·정 분리의 원
칙과 당의 과도한 간섭을 규제하려 했다. 이 또한 중국공산당 역사상 처
음 있는 일이었다.

중국, '반개인숭배의 제도화'

	시기	주요 내용
12대 당헌	1982년 9월	○ 어떤 형식의 개인숭배도 금지한다. ○ 당은 반드시 헌법과 법률 내에서 활동해야 한다.
헌법 개정	1982년 12월	○ 국가기관과 정당은 반드시 헌법, 법률을 준수해야 한다. ○ 어떤 조직이나 개인도 헌법과 법률 초월 못한다. ○ 국가주석, 부주석, 총리, 부총리, 국무위원 등 국가지도자들은 두차례 이상 연임을 초과 할 수 없다.
「당 내 정치생활에 관한 약간의 준칙」	1980년 2월	○ 개인독단, 개인숭배 반대, 당내 민주 중시 ○ 지도자 선물, 축전 금지. 지도자 이름딴 거리명, 지명, 기업명, 학교명 금지

이처럼 헌법과 법률이 존중되는 시대의 흐름에 따라 새로운 헌법에서
도 이 같은 개혁 정신이 구현되기 시작했다. 1982년 열린 제5차 전국인
민대표대회에서 개정된 새로운 헌법이 통과됐는데 여기에서도 헌법과 법
률의 준수가 강조됐다. "모든 국가기관과 각 정당은 반드시 헌법과 법률
을 준수해야" 하며 "어떠한 조직이나 개인도 헌법과 법률을 초월할 수 없

다"라고 규정한 것이다.[97]

1982년 헌법에선 또 마오와 린뱌오와의 권력투쟁에서 핵심 쟁점이 되었던 국가주석제가 다시 도입됐는데 그러면서도 "두 차례 이상 연임할 수 없다"라고 명시적으로 제한 규정을 마련해 개혁 정신을 구현했다. 이처럼 연임 금지가 명시적으로 규정된 직위는 국가주석 이외에도 국가부주석, 전국인민대표대회 상임위원회 위원장과 부위원장, 국무원 총리와 부총리, 그리고 국무위원 등이 포함됐다.[98]

1954년 첫 헌법에서 국가주석은 임기 4년의 규정만 있었고 임기 연장이나, 연임에 관한 규정은 없었다. 그리고 1975년, 1978년 헌법에선 국가주석 조항이 아예 삭제됐었다. 그리고 덩샤오핑이 실권을 완전히 잡은 이후 처음으로 개정된 1982년 헌법에서 국가주석은 "5년 임기에 두 번 이상의 연임은 불허"한다는 내용의 조항으로 신설된 것이다.[99]

특히 주목할 점은 그동안 별다른 임기 규정이 없던 국회의장 격인 전인대 상임위원회위원장이나 국무원 총리와 정부 국무위원들까지도 모두 이러한 연임 규정을 받는 것으로 헌법에 규정했다는 점이다. 덩샤오핑 등 당시 주도 세력의 강력한 의지를 읽을 수 있는 대목이다. 헌법에도 '반개인숭배 제도화'의 정신이 구현된 것이다.

---

97 1982년 중화인민공화국 헌법, 제1장 총강, 제5조 참조. https://flk.npc.gov.cn/xf/html/xf1.html(검색일: 2024.5.2).

98 1982년 중화인민공화국 헌법 제3장의 국가기구, 전국인민대표대회, 중화인민공화국 주석, 국무원에 대한 제57조~제92조 규정 참조. 국가주석 연임 제한은 제79조 참조.

99 국가주석에 대한 이 연임 제한 규정이 2018년 헌법에서 삭제되며 시진핑 국가주석의 종신제 논란이 일었다. 다만 현재도 전국인민대표대회 상임위원회 위원장과 국무원 총리, 국무위원 등에게는 여전히 연임 제한 조항이 남아 있다. 2018년 중화인민공화국 헌법 66조, 87조 등 참조. http://www.npc.gov.cn/npc/c191/c505/201905/t20190521_263492.html(검색일: 2024.4.23).

북한, 개인숭배의 제도화

1) 유일지도체계 구축과 후계구도

(1) 유일지도체계와 '김일성주의'

갑산파 숙청과 '북한판 문화대혁명'을 거치며 완성된 '유일사상체계'는 정치적 측면에서는 김일성 한 사람에게 모든 권력이 집중된다는 의미의 '유일지도체계' 구축으로 이어지게 된다.[100] 이는 유일사상체계 구축 작업이 시작된 1950년대 후반부터의 '김일성 단일지도체계'라는 정치적 토대의 성격과 김일성 한 사람에게 모든 가치가 부여된 '유일사상'의 사상적 원리를 생각하면 '유일지도체계'는 당연한 귀결이었다.

북한 사회가 근본적 전환을 이뤄가던 1967년도 12월 제4기 1차 최고

---

100 이 시기를 '유격대 국가' 체제로 표현하기도 하고 수령제라고 지칭하기로 하는데, 본 논문에서는 그 권력의 범위와 집중 강도를 표현하는데 이종석이 제시한 '유일지도체계'가 지도자의 리더십 차원에서 체제를 분석하는데 더 적합하다고 판단해 이 표현을 쓰기로 한다. 유일지도체계는 유일사상체계가 확립된 상황을 정치적 리더십 차원에서 개념화한 것이다. 이종석, 『조선로동당연구: 지도사상과 구조 변화를 중심으로』, 역사비평사, 2003년, 324~326쪽.

인민회의에서 김일성은 정식으로 '수령'으로 추대되게 된다. 그리고 여기에서 발표된 '정부 정강' 제1항은 "우리 당의 주체사상은 우리의 혁명과 건설을 성과적으로 수행하기 위한 가장 정확한 맑스─레닌주의적 지도사상이며 공화국 정부의 모든 정책과 활동의 확고부동한 지침"이라고 규정하였다. 그리고 이후 『로동신문』의 제호 옆에는 "김일성동지의 위대한 주체사상의 구현인 우리 당의 로선과 정책을 철저히 관철하자"라는 구호가 등장했다.[101]

유일지도체계가 구축되어 가면서 지지 세력의 일원화도 더욱 뚜렷해졌다. 1970년 11월 조선로동당 5차 당대회에선 중앙위원 117명이 선출됐는데, 만주파 31명에 소련계는 남일과 방학세 등 2명뿐이었으며 갑산파와 연안파는 완전히 사라졌다. 나머지는 모두 신인들이었는데 중요한 것은 만주파 가운데에서도 중앙위원으로 선발된 사람들은 모두 김일성 직계여서 이들 김일성 직계가 당 중앙위원회를 독점하기에 이르렀다.[102]

유일지도체계는 새로운 헌법제정을 계기로 법적으로 제도화되었다. 1972년 12월 최고인민회의는 새로운 헌법인 '조선민주주의인민공화국 사회주의헌법'을 제정하면서 국가의 권력구조를 주석 중심으로 재편하였다. 특히 국가 활동의 양대 중심기관으로 내각과 최고인민회의 상임위원회를 두고 있었던 구헌법과는 달리, 새로운 헌법은 절대적인 지위와 권한을 갖는 주석을 정점으로 국가기구들을 재편하였다.

새 헌법에서 주석은 국가 주권을 대표하는 국가의 수반으로 행정, 군사 분야의 최고 책임자로 규정됐다. 특히 주석은 최고인민회의에서 선출되지만 소환되지 않을 정도로, 무소불위의 절대권력을 소유하도록 규정되었다. 정무원 총리 등 여타 정부 고위직과는 달리 주석에 대해서는 소환 규정 자

---

101 와다 하루키, 남기정 역, 『와다 하루키의 북한 현대사』, 창비, 2014, 166쪽.
102 와다 하루키, 남기정 역, 『와다 하루키의 북한 현대사』, 176쪽.

체를 두지 않은 것이다. 이러한 '주석'의 위상은 다름 아닌 '수령'의 위상을 헌법상에 규정한 것이었다. 당 이론가들은 이러한 주석제를 "김일성 동지의 유일적 령도를 법적으로 확고히 보장하는 제도"라고 주장하였다.[103]

이러한 김일성 유일지도체계 확립은 사상적 측면에서의 지원을 바탕으로 한 것이다. 1967년 이후 조선로동당의 지도사상으로 등장하게 되는 주체사상도 이 시기를 기점으로 근본적인 변화를 겪게 되는데, 역시 유일지도체계가 강화되고 확립되는 과정과 궤를 같이하는 것임을 확인할 수 있다.

1967년 이전의 주체사상은 '맑스-레닌주의의 창조적 적용'이라는 기치 아래 제시된 일종의 북한 사회주의체제의 발전 전략으로 평가할 수 있는 것이었다. 65년 4월 인도네시아에서 열린 반둥회의에서 김일성이 제시한 "사상에서의 주체, 정치에서의 자주, 경제에서의 자립, 국방에서의 자위"의 주체사상 이론이 대표적이다.[104]

1960년대 초반 중소분쟁 국면과 대외적 안보위기 속에서 민족주의적 경향을 띠어가던 주체사상은 중국의 문화대혁명 이후 중·북 간에 갈등이 높아지면서 '사회주의 애국주의'와 결합하게 된다. 그리고 67년 갑산파 숙청과 유일사상체계 구축 작업이 전환점을 맞으면서 주체사상 역시 중대한 변화를 맞게 되는데, 주체사상이 "우리당의 혁명사상"에서 "김일성 동지의 혁명사상"으로 변화해 간 것이다. 이는 유일사상체계 구축 과정에서 '당'이 '김일성'으로 바뀌어 가는, '당'을 '김일성 개인'이 대체해 가는 전형적인 사례와 똑같은 맥락이다. 다시 말해 주체사상이 김일성의 유일사상체계 확립에 동원된 것이다.[105]

---

103 이종석, 『조선로동당연구』, 325~326쪽.
104 이종석, 『새로 쓴 현대북한의 이해』, 역사비평사, 2005, 204쪽.
105 이종석, 『새로 쓴 현대북한의 이해』, 205~206쪽.

1970년대 들어 주체사상의 체계화 작업은 더욱 본격적으로 진행되었다. 이 시기부터 주체사상은 유일지도체계의 형성에 영향을 받으면서 점차 보편적 이론으로서의 성격이 확장되어 가는 한편 당시 강조되던 김일성 혁명사상과의 관계도 정립되어 갔다. 이제 "주체사상은 혁명과 건설에서 가장 위대한 맑스-레닌주의 지도사상"으로 격상되어 강조되었다.[106]

1972년 4월 양형섭은 김일성의 혁명사상과 주체사상의 관계에 대하여 "주체사상은 김일성 동지의 혁명사상의 진수이며 그 전체 체계와 내용을 관통하고 있는 근본 사상"으로 규정하였다. 이러한 주장들은 1973년부터는 '김일성주의'라는 말로 한 단계 더 과장되어 사용되기 시작한다. 주체사상의 결정적인 전환, 굴절은 이처럼 1970년대 들어 '김일성주의'를 천명하면서부터 나타난다. 이를 주도한 것은 역시 후계자로 떠오르고 있던 김정일이었다.

김정일은 당의 조직, 선전 담당 비서로 선출되기 직전인 1973년 8월 당 중앙위 선전선동부 책임일군회의에서, 가장 중요한 과업은 "전당과 온 사회를 김일성주의화"하는 것이라며, 이를 위한 "묘술을 찾아내고 그것을 옳게 풀어나가는 것"이 선전선동부의 임무라고 강조했다.[107] 또한 책임비서 취임 직후인 9월에는 다시 당 사상사업의 기본으로 "온 사회의 김일성주의화"를 강조한 뒤, 이 같은 구호는 "김일성주의의 종국적 승리를 이룩할 때까지 들고나 가야 할 전투적 강령"이라고 강조했다.[108]

또한 김정일은 1974년 2월 정치위원으로 추대돼 사실상 후계자로 내

---

106 이종석, 『조선로동당연구』, 88쪽.

107 김정일, 「선전선동부의 기본임무에 대하여: 조선로동당 중앙위원회 선전선동부 책임 일군회의에서 한 연설(1973.8.17)」, 『김정일선집 5』, 평양: 조선로동당출판사, 2010, 412~422쪽.

108 김정일, 「선전선동부사업을 개선강화하는데서 나서는 몇가지 문제에 대하여: 조선로동당 중앙위원회 선전선동부 책임 일군들과 한 담화(1973.9.25)」, 『김정일선집 5』, 2010, 433~441쪽.

정된 이후에는 더 적극적으로 "온 사회를 김일성주의화하자"라는 구호를 내놓으며 이제는 후계자로서 주체사상의 변신을 주도하게 된다. 김정일은 "온 사회를 김일성주의화하자"라는 말은 "모든 사회성원들을 다 수령님께 끝없이 충직한 참다운 김일성주의자로 만들며 김일성주의의 요구대로 사회를 철저히 개조"하는 것이라며, "우리 당의 최고강령"이라고 강조했다.[109]

이처럼 1974년을 계기로 주체사상을 핵심으로 하는 김일성의 혁명사상은 맑스-레닌주의에 대한 계승성보다 독창성이 강조된 '김일성주의'로 천명되었다. 그리고 1980년대에 이르러 주체사상이 김정일에 의해서 '철학적 원리'와 '사회역사 원리', '지도적 원칙'의 기본체계를 갖춘 사상뿐만 아니라 이론, 방법을 갖춘 전일적 체계로 주장되면서, 이 '김일성주의'는 '광의의 주체사상'으로 쓰이게 되었다.[110]

주체사상의 '김일성주의'로의 격상과 함께 조선로동당 지도부는 이 사상의 해외 수출까지 시도하였는데, 일본에는 재일조총련을 통해서였다. 일본에서 대외적으로 공개된 김일성주의의 정식화는 1974년 10월 도쿄에서 열린 주체과학토론 전국집회에서 처음으로 이뤄졌는데, 참가자들은 이제는 '우리 시대의 맑스-레닌주의'를 넘어 '김일성주의'라고 부를 수 있다고 주장하였다. 결국 이 토론회에서 "김일성 주석님의 사상, 리론체계는 주체의 철학사상으로부터 대중령도리론, 기타의 광범위한 영역에 걸쳐 시종일관한 체계를 이루고 있으며 그것은 마땅히 '김일성주의'라 부

---

109 김정일, 「온 사회를 김일성주의화하기 위한 당사상사업의 당면한 몇가지 과업에 대하여, 전국당선전일군강습회에서 한 결론(1974.2.19)」, 『김정일선집 6』, 평양: 조선로동당출판사, 2010, 30~40쪽.
110 김정일, 「주체사상에 대하여: 위대한 수령 김일성 탄생 70돐 기념 전국주체사상토론회에 보낸 론문(1982.3.31)」, 『김정일선집 9』, 평양: 조선로동당출판사, 2010, 435~488쪽.

를 수 있는 것"이라는 선언을 채택하였다.[111]

주체사상이 이러한 굴절 과정을 거치며 '김일성주의'로까지 격상된 것은 사상의 합법칙적 발전경로였다기보다는, 김일성 중심의 유일지도체계를 재생산 해내기 위한 사상적 수단으로, 즉 카리스마의 순조로운 승계를 위한 토양의 배양을 위해 후계자 김정일에 의해 목적 의식적으로 추진된 것이었다고 봐야 할 것이다.

(2) 후계자 김정일과 거대한 '극장국가'의 탄생

1960년대 후반 김일성 유일사상체계가 확립되자 조선로동당 내에서 후계자 문제가 자연스럽게 대두됐다. 유일사상체계는 북한의 역사, 사상, 문학 등 모든 방면에서 오직 김일성만이 존재하는 것을 기본으로 하는 체제였다. 이런 유일사상체계에 기반한 유일지도체계의 지도자인 수령의 존재는, 자연스럽게 그의 후계자 지정으로 이어질 수밖에 없는 논리적 구조를 가지는 것이었다.

조선로동당 일각에서 1970년대 초부터 후계자 문제가 거론되기 시작했으나 공개적으로 표출된 것은 1971년 6월 24일 개최된 '사회주의로동청년동맹' 제6차 대회 김일성의 개막 연설을 통해서였다. 김일성은 이 연설에서 혁명의 계속성을 강조하며 혁명 위업을 달성하기 위해서는, 새로운 세대들이 대를 이어 혁명을 계속 이어나가야 한다고 강조했다.[112]

김일성의 이 연설은 매우 중요한 두 가지 의미가 함축된 것이었다. 바로 김정일 후계구도를 가져가겠다는 것과, 이를 위해 세대교체를 활용하

---

111 이종석, 『조선로동당연구』, 89쪽.
112 김일성, 「청년들은 대를 이어 혁명을 계속하여야 한다. 조선사회주의로동청년동맹 제6차대회에서 한 연설, (1971.6.24)」, 『김일성전집 47』, 평양: 조선로동당출판사, 2003, 82~96쪽.

겠다는 것이었다. 김일성의 의지대로 후계문제는 당내의 세대교체 움직임과 결합 되면서 가속화되었다. 1970년대가 북한 정권 출범 30년이 지나는 시기적인 상황도 세대교체 움직임과 부응하는 것이었다. 빨치산 1세대는 이미 60, 70대의 노령으로 접어들었으며 사회도 크게 바뀌고 있었다.

바로 이런 상황에서 김일성은 1973년 2월 '3대혁명소조운동'을 시작했다. 당과 정권 기관의 젊은 일꾼들과 대학 졸업반 학생들을 중심으로 수만 명의 젊은 엘리트들을 '3대혁명소조'라는 이름을 붙여 공장, 기업소, 협동농장에 파견하였다. 그리고 초기 생산 현장 중심에서 곧바로 교육, 문화 분야로까지 파견 범위가 확장되었다. 주목할 점은 이러한 3대혁명소조운동이 74년 2월 김정일이 당 정치위원으로 선출되면서 김정일에 의해 직접 지도되는 형태로 운용 방식이 바뀌었다는 점이다.[113]

1964년 김일성종합대학을 졸업하고 당 조직지도부 지도원으로 당 생활을 시작한 김정일은 급속하게 승진해 1970년 9월에 당 선전선동부 부부장에 올라 당내 실력자로 등장했다. 그리고 1973년 9월 당의 조직 및 선전선동담당 비서가 됐고, 74년 2월 당 정치위원으로 선출돼 후계자의 자리에 올랐다. 이때부터 김정일은 '당중앙'으로 불리며 권력의 핵심으로 등장하게 된다. 바로 이 시기에 3대혁명소조운동의 지도권이 김일성에서 김정일로 이관된 것이다. 신진 세대가 뒷받침하는 김정일 시대가 이때부터 사실상 시작되고 있었던 셈이다.

김정일은 이 3대혁명소조운동을 지도하면서 이 운동의 지도체계를 자신이 관장하는 당 중앙위원회로 집중시켜 자신의 '유일적 지도' 아래 이뤄지도록 고쳤다. 이른바 '당중앙'의 유일적 영도가 관철되도록 지도체계를 고친 것이다. 이 같은 내용은 「유일사상체계10대원칙」에서도 확인

---

113 이종석, 『조선로동당연구』, 328~329쪽.

된다. 「10대원칙」은 마지막 10조에서 "수령님의 령도밑에 당중앙의 유일적지도체계를 확고히 세워야 한다"라고 규정해, '당중앙' 김정일에게 '유일적'이란 용어를 사용해, '유일' 김일성 다음의 '후계자' 위상임을 각인시키고 있다.[114] 이런 분위기에서 김일성이 관장해 오던 '3대혁명붉은기쟁취운동', '숨은 영웅들의 모범을 따라 배우는 운동' 등도 김정일에게 넘겨져 1970년대 중반 이후 김정일의 당 장악력은 더욱 커지게 된다.[115]

김정일은 당의 선전선동 분야를 책임지면서, 이른바 '혁명예술'을 통해 "위대한 수령과 그의 충성스러운 후계자"의 이미지를 형성해 내는 데에도 능력을 발휘하게 된다. 이와 관련된 가장 핵심적인 사업은 바로 '가극 혁명'이었다. 김정일은 김일성의 60회 생일인 1972년을 전후해 「피바다」, 「당의 참된 딸」, 그리고 북한 역사상 가장 뛰어난 혁명가극이라는 「꽃파는 처녀」를 공연하게 되는데, 이는 오늘날 북한이 주장하는 '5대 혁명가극' 중 세 개에 해당하는 작품들로 김일성에 대한 김정일의 모범적인 효심의 선물이었다.[116]

이는 또한 카리스마의 후계자가 카리스마에 받치는 충성심의 표시이자 현 카리스마의 권위를 빌어 자신의 승계가 정당하다는 걸 인증받으려는 고도의 선전전이라 하겠다. 이런 점에서 김정일이 주도한 1970~80년대의 정치적 예술은 '승계예술'이라 할 수 있는데, 이는 이 시대 예술작품의 핵심 목표가 김일성의 권위를 이상화하며 그의 개인적 카리스마를 역사적, 세습적 카리스마로 바꾸어낼 토대를 다지려는 것이

---

114 김정일, 「전당과 온 사회에 유일사상체계를 더욱 튼튼히 세우자, 중앙당 및 국가, 경제기관, 근로단체, 인민무력, 사회안전, 과학, 교육, 문화예술, 출판보도부문 일군들 앞에서 한 연설(1974.4.14)」, 『김정일전집 23』, 평양: 조선로동당 출판사, 2018, 263쪽. 이를 통해 김일성의 영도는 '유일지도체계', 김정일의 영도는 '유일적지도체계'로 불렸음을 알 수 있다.

115 이종석, 『새로 쓴 현대북한의 이해』, 506쪽.

116 권헌익·정병호, 『극장국가 북한: 카리스마 권력은 어떻게 세습되는가』, 창비, 2018, 69쪽.

었기 때문이다.[117]

김정일의 생모인 김정숙에 대한 우상화 배경에도 이러한 승계를 고려한 깊은 뜻이 함축돼 있었다. 김정숙을 여성의 상징, 모성의 아이콘으로 승화시키는 작업은, 김일성의 유일한 합법적 후계자로 김정일을 추대하는 작업과 병행돼 진행되었다. 이와 관련된 가장 중요한 사업이 혁명열사릉 개건 작업이었는데, 1970년대 중반과 80년대 중반 두 번에 걸쳐 모두 김정일의 직접 감독하에 이뤄졌다. 그런데 김정숙의 묘는, 북한에서 가장 추앙받는 혁명영웅들이 그녀를 동심원으로 둘러싼 중심에 자리 잡게 설계되었다. 이는 김정숙이 북한 혁명사의 중심 위치라는 걸 상징화하기 위한 것으로 보인다. 이러한 노력 덕에 김정숙은 80년대 들어 '조선의 어머니', 김정일 집권기에는 '선군의 어머니'로 불리게 되었다.[118]

'혁명가극'을 통해 수령에게 받친 효성과 충성심 못지않게, 김정일은 묘지 개축 공사를 통해 다시 한번 가장 모범적이고 애국적인 자식의 의무를 수행해 냈다. 더욱이 이 중요한 국가적 기념 장소의 중심에 가장 모범적인 빨치산이자 생모인 김정숙의 유산을 배치하는 고도의 '상징 조작'을 통해 그 후광의 효과를 노렸다. 생모의 유산에 권위를 실어주는 것은 후계자의 계보적 정통성을 부계뿐 아니라, 모계에서도 확보해 줌으로써 승계 과정을 촉진하는데 도움이 될 것이란 정치적 판단이 있었던 것으로 분석된다.[119]

이처럼 1970년대 초반 김정일이 후계자로 내정되던 시기, 김일성의 60회 생일에 맞춰 올린 헌사처럼 '혁명가극'을 중심으로 진행되던 선전선동은 김정일이 후계자로 공표된 이후, 김일성 탄생 70주년을 맞아서는

---

117 권헌익·정병호, 『극장국가 북한: 카리스마 권력은 어떻게 세습되는가』, 68쪽.
118 권헌익·정병호, 『극장국가 북한: 카리스마 권력은 어떻게 세습되는가』, 85쪽.
119 권헌익·정병호, 『극장국가 북한: 카리스마 권력은 어떻게 세습되는가』, 177쪽.

거대 건축물을 통한 카리스마 찬양이 더해진다. 1982년 김일성 70회 생일을 맞아 인민대학습당, 개선문, 주체사상탑이 완공을 보게 되는데, 개선문은 파리의 것보다 더 높은 '세계 최대의 개선문'으로, 미국 워싱턴의 기념탑을 본떠 만든 170미터 높이의 주체사상탑 역시 워싱턴의 것보다 더 높은 '세계 최대의 탑'이라는 점을 북한은 강조해 선전했다.[120]

'혁명가극' 등 '혁명예술'이라는 이름으로 수령 김일성에게 바쳐진 거대한 의식의 선전선동, 부모에 대한 효성과 충성을 과시하는 거대한 묘지 건설, 그리고 수령의 절대성을 건물에 상징화한 거대 기념건축물 등은 바로 정치권력이 의례를 통해 더욱 강렬하게 과시되는, 그런 과정을 통해 정치권력이 더욱 강화되는 '극장국가'의 특징을 여실히 보여주는 것들이며, 이러한 극장국가의 설계사, 연출가가 바로 '수령의 아들'이자 '후계자'로 부상하던 김정일이었다.[121]

이러한 북한이라는 '극장국가'에서는 그 의례가 강조되는 거대한 외형보다, 각종 선전의식을 통해 카리스마에 바쳐지는 절대적 찬양의 내적 본질이 훨씬 중요하다. 그것은 바로 김정일 연출의 극장국가의 핵심 기능은 바로 '카리스마의 승계'에 초점이 맞춰져 있다는 것이다.[122]

---

120 와다 하루키, 남기정 역, 『와다 하루키의 북한 현대사』, 196~197쪽. 김정일은 그의 '건축
     예술론'에서 대기념비적 건축물에 대해 "수령을 잘 모실 수 있게 건축을 창조한다는 것은
     수령의 안녕과 만년장수를 보장할 수 있도록 건축 공간을 구성한다는 것을 의미한다. 대
     기념비적 건축물은 내용 전반이 수령의 위대성으로 일관되어야 하며, 웅장성은 평범한 것
     을 초월하는 절대적 크기와 방대한 량적 규모에 의하여 표현된다"라고 밝혔다. 대기념비
     적 건축물 안에 수령의 절대성과 영원성, 초월성을 상징화하려 한 것이다.
121 와다 하루키, 남기정 역, 『와다 하루키의 북한 현대사』, 181쪽. 와다 하루키는 "국가권력
     의 상징적이고, 의례적이고, 연극적인 차원의 의식들은 기존의 정치 질서를 표현할 뿐 아
     니라 더 나아가 이 정치 질서를 형성한다"라는 클리퍼트 기어츠의 '극장국가론'을 차용해
     자신이 1960년대 후반 이후 북한을 개념화한 유격대 국가가 바로 '극장국가'라고 설명한
     다.
122 권헌익·정병호, 『극장국가 북한: 카리스마 권력은 어떻게 세습되는가』, 64쪽.

이처럼 스탈린과 마오쩌둥은 물론이고 냉전 시대 카리스마 지도자들 대부분은 막스 베버가 20세기 초반에 예견했던 대로 카리스마 권력의 역사적 운명에 따라 사라져갔으나 오직 북한만이 예외였다. 이러한 예외적 현상은 개인숭배 그 자체보다는 북한이라는 '극장국가'가 보여준 놀라운 탄력성에 있다고 할 것이다.

이러한 탄력성의 바탕은 바로 이러한 선전술, 북한이 폭넓게 '혁명예술'이라고 부르는 장치에 있으며, 북한은 "카리스마 권력의 정치적 생명이 끊어지는 위험을 극복"하고 정치체제의 지속성을 확보해, 비슷하게 혁명적 과정을 거쳐 건립된 여타 국가들과는 달리 예상을 완전히 깬 체제 지속성을 구가하고 있다는 것이다.[123]

다시 말해 북한에는 카리스마 권력의 독특한 마력을 어떻게 만들어내는지를 잘 아는 대단히 능란한 지도자가 있었고 이 지도자는 자신이 지배하는 시기를 넘어서까지 그 권력을 유지하는데 지대한 관심이 있었고 이를 끝내 성취했다는 것이다.

이러한 극장국가론의 논지 역시 '변화에 대한 카리스마의 저항'이 워낙 강력해 기존의 변화 동력을 압도하게 된 현상으로 설명할 수 있다. 막스 베버와 Levay의 '카리스마 리더십 이론'에서의 '변화에 대한 카리스마의 저항'의 논지를 빌리자면, 중국은 변화에 대한 카리스마의 저항이 여러 번 있었지만, 지속적인 투쟁을 통해 '법적-합리적 권위' 체제로 이동했으나, 북한은 변화의 동력이 카리스마의 저항에 압도당해 결국 카리스마의 승계, 개인숭배의 승계라는 '전통적 권위', 그 가운데에서도 가장 후진적인 '가부장적 권위 체제'로 넘어갔다고 분석할 수 있다.

---

123 권헌익·정병호, 『극장국가 북한: 카리스마 권력은 어떻게 세습되는가』, 10~16쪽.

2) 개인숭배의 제도화와 혈통승계

(1) 개인숭배의 제도화: 당 활동의 기본이 '유일사상체계 확립'

김일성 카리스마는 당시의 여타 사회주의 국가의 지도자들과 적지 않은 공통점을 보여주는 가운데에서도 그들과 구별되는 측면이 분명히 존재한다. 소련에 의해 옹립된 여타의 지도자들처럼 스탈린식의 개인숭배를 접목시켜 독재적인 체제를 구축해 나갔다는 공통점이 있고, 중국의 마오쩌둥과도 천재성과 영웅성 선전을 통해 카리스마를 구축했다는 공통점이 있다. 그러나 김일성은 자신의 절대적 카리스마를 체제 내에 제도화해 새로운 사회질서와 윤리를 '창출'해 내는 데까지 이르렀다는 점에서, 다른 사회주의 국가의 지도자들과는 확연히 구별된다.[124]

이러한 특징들은 장남 김정일로의 '혈통승계'를 대내외에 공개한 1980년 제6차 당대회의 당규약에서 결집되어 표출되었다.[125] 조선로동당 규약은 서문에서 "조선로동당은 오직 위대한 수령 김일성 동지의 주체사상, 혁명사상에 의해 지도된다"라고 규정해 당의 지도사상이 주체사상임을 천명했다. 맑스-레닌주의를 완전히 제외한 것이다. 그런 다음 "조선로동당은 당의 유일사상체계를 세우는 것을 당건설과 당활동의 기본원칙으로 삼는다"라고 규정했는데, 이는 '김일성 개인숭배'를 당 활동의 기본이라고 선언한 것이었다. '김일성 개인숭배'가 당규약 내에 '제도화'된 것이다.

이는 사실 북한이 그동안 축적된 유일사상체계 구축 활동과 수령의 위상을 법률과 규칙 내에 '제도화'해 온 노력의 결과이다. 북한은 1972년 헌법에서 '수령'의 위상을 '주석'으로 제도화했다고 평가받고 있는데, 바

---

124 이종석, 『새로 쓴 현대북한의 이해』, 역사비평사, 2005, 462쪽.
125 國土統一院, 『朝鮮勞動黨大會資料集』第Ⅳ輯, 國土統一院 調査硏究室, 1988, 133~152쪽.

로 이 무소불위의 국가주석 조항에 김일성 유일지도체계를 이론적으로 지탱하고 있는 핵심 논거인 '혁명적 수령관'이 전면적으로 투영되어 있다. 혁명적 수령관에서 "수령은 전체 당원들과 근로자들을 통일, 단결시키는 유일한 중심, 당과 정권 기관을 유일적으로 지도하는 최고 뇌수" 등으로 개념화되고 있다. 이러한 수령의 역할은 "혁명의 지도사상을 창시하고 인민대중에게 혁명 투쟁의 앞길을 밝혀주는 것"인데, 이러한 수령은 "무오류의 존재"이므로 "수령이 지도한 역사에서 오류란 존재하지 않는다"라는 절대화로 이어진다.[126]

그리고 이 '절대적 카리스마' 수령에 대해서는 역시 '절대적 개인숭배'라는 의식이 동반되는데, 그것을 행동강령으로 만든 것이 1974년 김정일에 의해 제시된 「유일사상체계10대원칙」이다.[127] 이 시기에 사실상 후계자로 내정된 김정일에 의해 치밀하게 연출되던 '극장국가' 북한은, 인민들의 절대적 복종을 끌어내기 위해 치밀하게 설계된 「10대원칙」에 의해 더욱더 유기적으로 작동해 나가게 된다.

북한, '개인숭배의 제도화'

	시기	주요 내용
사회주의 헌법	1972년	무소불위 '수령'의 위상을 헌법상의 주석에게 부여. '수령'이 법체계 내에 제도화 된 것임.
유일사상체계10대원칙	1974년	수령 권위의 절대화, 인민의 절대 복종 명문화. 전 인민들의 생활 규범, 일상 생활 속의 제도화.
제6차 당대회 규약	1980년	조선로동당은 당의 유일사상체계를 세우는 것을 당건설과 당활동의 기본원칙으로 삼는다.

---

126 이종석, 『조선로동당연구』, 102~103쪽.
127 「유일사상체계10대원칙」은 김정일의 연설 형식으로 발표되었다. 김정일, 「전당과 온 사회에 유일사상체계를 더욱 튼튼히 세우자」, 『김정일전집 23』, 평양: 조선로동당 출판사, 2018, 247~263쪽.

「10대 원칙」은 1967년 「5.25 교시」 발표 후에 이미 그 원형이 제시되었던 것으로, 더욱 정교하게 설계돼 74년에 공개된 것이다. 서문과 10개 조, 65개 항으로 구성된 「유일사상체계10대원칙」은 전 인민이 반드시 지켜야 할 생활 규범으로 '김일성 개인숭배'를 북한 인민들의 일상생활에 실질적으로 제도화시키는 중요한 역할을 하게 된다.[128] 실제로 성혜랑은 "10대원칙 암송이라는 도저히 적응할 수 없는 규율에 암담했던 기억이 잊히지 않는다", "아침마다 일 시작하기 전에 10대원칙을 외워 바치는 시간이 있었다"라며 당시를 암담하게 회고하였다.[129]

"수령의 사상으로 온 사회를 일색화 해야 한다. 수령을 충심으로 모시는 게 가장 숭고한 의무이고 행복이다. 수령의 권위를 절대화해야 한다. 수령의 교시를 신조화해야 한다. 수령의 교시를 무조건 지켜야 한다. 수령이 준 정치적 생명을 귀중히 간직하고 충성으로 보답해야 한다"라는 등등의 「유일사상체계10대원칙」의 핵심 내용을 보면, 앞서 사회주의헌법 주석 조항에 함축된 '혁명적 수령관'의 정신이 더욱 강력하게 결합 되어 있음을 알 수 있다.

이처럼 절대화된 수령의 지위는 초법적이며 "당은 물론 국가의 상위에 위치"하도록 규정되었다. 「10대원칙」 제9조에는 "위대한 수령 김일성 동지의 교시를 관철하기 위한 당과 국가의 결정, 지시를 정확히 집행하여야 하며"라는 내용이 나오는데, 이는 "수령 김일성의 교시" 아래에 "당과 국가의 결정"을 위치하도록 한 것으로, 결국 수령이 당과 국가의 상위

---

128 김정일은 「10대원칙」을 소개한 뒤 "우리는 모든 일군들과 당원들이 언제 어디서 무슨 일을 하든지 반드시 10대원칙의 요구로부터 출발하고 그것을 철저히 관철하며 매일매일의 사업과 생활을 10대원칙에 비추어 검토하고 총화하도록 하여야 하겠습니다"라고 강조했는데, 이는 북한 주민들의 신앙적인 복종을 강요하는 것이었다. 김정일, 「전당과 온 사회에 유일사상체계를 더욱 튼튼히 세우자(1974.4.14)」, 264쪽.

129 성혜랑, 「등나무집」, 지식나라, 2000, 316~317쪽.

에 존재하도록 만든 것이다.[130]

「10대원칙」에서 또 하나 주목할 점은 김정일 후계구도가 내밀하게 설계돼 있다는 것이다. "당의 유일사상체계를 세우는 사업을 심화시키며 대를 이어 계속해 나가야 한다"라는 제1조의 규정은 후계구도 내용으로 채워진 제10조에서 구체적으로 강조되었다. "수령님께 충성을 다하며 당 중앙의 유일적 지도에 끝없이 충실하도록 하여야 한다"라는 규정을 보면, '당중앙'으로 불린 김정일로의 권력승계가 이 시기부터 본격적으로 시작되었음을 알 수 있다.

이러한 「유일사상체계10대원칙」은 전 사회적으로 학습되고 신조화되면서 김일성의 혁명사상을 전당, 전 사회적으로 관통하는 유일한 사상체계로 확고하게 자리잡게 하였다. 수령에 대한 절대적인 충성심과 존경, 흠모가 인민의 행복이라는 절대신에 대한 '신앙'을 요구하는 것과 다름없는 이 「10대원칙」은 고양되던 개인숭배를 '신격화' 수준으로 상승시키는 역할을 하게 된다. 그리고 이러한 개인숭배는 김일성, 김정일 『저작집』이나 항일 빨치산들의 『회상기』 학습 등을 통해 유일사상체계와 상승작용을 일으키면서 일종의 사회적 제도로 전환되어 간다.[131]

이러한 개인숭배의 사회적 제도화의 '재생산 메커니즘'은 김일성과 김정일의 생애에 관한 것과 「교시」 등을 사회적 담화로 바꾸어내는 광범위한 학습체계, 교양체계가 담당하게 된다. 1967년 이후 이름을 바꾼 '김일성동지혁명력사연구실'과 '김일성동지교시연구실' 등이 바로 그런 역할을 하게 되는 기관들이다. 이러한 혁명역사연구실은 "전국 각지의 당 및

---

130 이러한 전도 현상 역시 '혁명적 수령관'으로부터 기인한 것이다. 혁명적 수령관은 기존의 당–대중으로 연결되는 지도체계에도 수령을 결정 변수로 개재시킴으로써 기존의 당의 위상과 역할까지 바꿔 놓았다. 당을 "혁명의 참모부이자 수령의 혁명사상을 실현하는 정치적 무기"라고 규정함으로써 수령의 영도를 실현하는 도구적 존재로 전락시켜 버린 것이다. 「유일사상체계10대원칙」 제9조는 이러한 이론적 토대 위에서 설계된 것이다.

131 이종석, 『조선로동당연구』, 136쪽.

국가기관, 공장, 기업소, 협동농장들과 과학, 교육, 문화기관들, 그리고 인민군 및 사회 안전기관" 등 북한의 거의 모든 당과 정부, 군 그리고 기업에까지 꾸려진 가장 광범위한 혁명 학습소였다.[132]

한편 이와 같은 김일성혁명역사연구실 외에도 김일성의 「교시」만을 특별히 관리 교육하는 '김일성동지교시연구실'이 운영되어 왔던 것으로 도 파악되고 있다. 1973년 로동신문엔 강계시당위원회 책임비서의 글이 소개됐는데 "시당위원회는 '김일성동지혁명력사연구실', '김일성동지교시연구실'을 거점으로 당정책교양, 혁명전통교양 그리고 사회주의 애국주의교양을 꾸준히 벌려"라는 설명이 등장한다. 여기에선 또 "이와 같이 '김일성동지교시연구실'사업을 수령님의 교시와, 그의 구현인 당정책 관철을 위한 실천투쟁과 밀접히 결부시켜 운영함으로써... 당의 유일사상체계를 더욱 튼튼히 세우게 되었다"라고 설명하고 있어 '교시연구실'이 매우 중요한 역할을 하고 있음을 보여주고 있다.[133]

이처럼 유일신에 대한 성서나 다름없는 「유일사상체계10대원칙」이 '김일성동지혁명사상연구실', '김일성동지교시연구실'과 같은 광범위한 학습망과 교육, 교양을 통해 전파되면서 북한은 강력하게 제도화된 개인숭배 국가로 변해갔다.

북한의 이러한 움직임은 중국과는 완전히 상반된 것이다. 중국은 이 시기 '반개인숭배 제도화'를 추진하며 「당내 정치생활에 관한 약간의 준칙」이라는 실천 강령을 제정해 개인독단과 개인숭배에 대한 반대 입장,

---

132 북한은 '김일성동지혁명력사연구실'에 대해 "전체당원들과 근로자들 속에서 당의 유일사상체계를 철저히 수립하기 위한 당 사상 교양사업의 주요한 거점", "김일성동지의 빛나는 혁명력사와 그이의 위대한 혁명사상 그리고 그이에 의하여 이룩된 우리 당의 영광스러운 혁명전통을 전면적으로 연구하는 학교"라는 등의 내용으로 설명하고 있다. 『정치용어사전』, 평양: 사회과학출판사, 1970, 92쪽.
133 「당의 유일사상체계를 세우는 사업을 당사업의 총적과업으로 틀어쥐고」, 『로동신문』, 1973년 5월 25일(2면).

그리고 당내 민주를 중시하는 태도를 당원 모두가 생활화 하도록 요구했다. 이에 반해 북한 주민들은 정반대로 개인숭배 실천 강령인 「유일사상체계10대원칙」을 강요받으며 일상생활 속에 이를 내재화시켜야만 했다.

또한 중국공산당은 1982년 제12차 당대회 당헌 개정을 통해 사상 처음으로 "당은 어떠한 형식의 개인숭배도 금지한다"라고 확실하게 못 박았는데, 북한은 1980년 제6차 당대회에서 당규약 개정을 통해 "유일사상체계 확립이 당 활동의 기본", 다시 말해 "김일성 개인숭배 강화 활동이 조선로동당의 기본 업무"라고 선언한 것이다. 이처럼 중국과는 정반대로, 북한에선 '개인숭배의 제도화'가 이루어졌다.

(2) 개인숭배의 승계 : '혈통승계'

마치 성경과도 같은 「유일사상체계10대원칙」이라는 실천 강령까지 광범위하고 지속적인 사회학습을 통해 북한 인민들의 생활 속에 뿌리내리게 함으로써 '김일성 개인숭배의 제도화'는 사실상 마무리가 되었다. 이제는 카리스마의 승계 작업이 남았을 뿐이었다. 이 역시 막스 베버의 분석처럼 오로지 '카리스마의 선택에 의한 승인'밖에는 방법이 없었다.[134]

이를 위해 북한은 오래전부터 서서히 진행해 온 승계 작업의 마무리에 착수하게 되는데, 기존의 '혁명적 수령관'에 '사회정치적 생명체론'이라는 유기체적 체제관까지 더한 뒤 이후 '후계자론'으로 보다 명확한 의지를 드러낸다. 김일성의 신격화와 혈통승계의 정당화를 위해 모든 이론과 사상들이 동원된 것이다.

인간의 생명은 육체적 생명과 사회정치적 생명으로 나뉘고, 육체적

---

134 막스 베버, 琴鍾友·全男錫 역, 『支配의 社會學』, 한길사, 1991, 227쪽. 베버는 "카리스마의 본질상 후계자의 자유로운 선택은 애당초 생각할 수가 없다"라며 이같이 결론 내렸다.

생명이 끝나도 사회정치적 생명은 생명체와 함께 영생하는데 바로 그 "사회정치적 생명을 수령이 준다"라는 것이 '사회정치적 생명체론'의 핵심이다. 여기에서 '어버이 수령'이 도출되고 '생명의 은인'인 '어버이 수령'에 대한 충성과 효성을 다해야 한다는 논리가 탄생하게 되는 것이다.[135]

또 여기에서는 수령과 당, 대중이 혈연적 관계로 맺어져서 '어버이 수령', '어머니 당', 이들과 '대중'이 결합한 '혁명적 대가정' 논리가 탄생하게 된다. 당을 '어머니'로 설정하면서 수령은 '어버이'에서 '아버지'로 변화하게 되는데 이로써 수령은 아버지, 당은 어머니, 대중은 자식이라는 '혁명적 대가정'의 가족국가 디자인이 완성되게 된다.[136]

이제 이러한 논리로부터 '수령'이 '혁명적 대가정'의 장남에게 후계자의 지위를 물려주는 것은 아주 자연스러운 일이 된다. 북한은 "노동계급과 근로인민대중의 자주성을 위한 투쟁은 장기간의 투쟁을 거치게 되며, 한 세대에 끝나는 것이 아니라 대를 이어 계승되고 완성된다"라는 논지의 '후계자론'까지 만들어 선전하며 김정일의 후계 승계를 정당화하고자 노력했다.[137]

북한은 1980년 10월 제6차 당대회를 개최해 김정일로의 후계구도를 명확하게 공개했다. '혁명전통의 계승 발전'을 대내외에 공식화한 것이다. 이 당대회에서 김정일은 김일성과 함께 정치국 상무위원, 비서국 비서, 군사위원회 위원으로 선출돼 정치국과 비서국, 군사위원회라는 당내

---

135 이종석, 『조선로동당연구』, 106~109쪽. 이러한 수령에 대한 충성과 효심은 이후에도 '일심단결', '충효일심'의 강조로 이어지는데, 이처럼 효성을 정치적 충성으로 바꿔낸 기제는 "북한이라는 현대적 극장국가의 한 구성요소이자 동시에 카리스마의 세습, 카리스마 영속화를 위해 필요했던 정치적 수단이었다"라는 설명도 제기되고 있다. 북한을 평가할 때 단순히 전통적 규범으로의 퇴행에만 초점을 맞출 게 아니라, 그 정치적 기능에도 주목한 분석이 함께 이뤄져야 한다는 것이다. 권헌익·정병호, 『극장국가 북한: 카리스마 권력은 어떻게 세습되는가』, 97쪽.
136 와다 하루키, 남기정 역, 『와다 하루키의 북한 현대사』, 198쪽.
137 이종석, 『조선로동당연구』, 121~122쪽.

3대 권력 기구에 진출해 사실상 2인자의 자리에 올랐다. 김일성은 사업 총화 보고 연설을 통해 "총결 기간 당 사업에서 이룩된 주되는 성과는 우리의 혁명 위업을 끝까지 완성하여 우리 당을 영원히 주체의 당으로 강화 발전시킬 수 있는 조직 사상적 기초가 튼튼히 다져진 것입니다. 이것은 우리나라에서 당과 혁명의 장래 운명을 좌우하는 근본 문제가 빛나게 해결되었다는 것을 말하여 줍니다"라고 밝혀 승계 문제의 성공적 해결을 자평했다.[138]

제6차 당대회는 결정서에서도 "오늘 당사업에서 나서는 중요한 과업은 우리 당의 영광스러운 혁명전통을 빛나게 계승 발전시키는 것"이라고 설명하면서, "오늘 우리나라에서 혁명의 세대가 바뀌는 현실은 혁명전통을 계승발전시킬데 대한 문제를 더욱 절실히 요구하고 있다"라며 '혁명의 대를 잇는 과업'을 강조하였다.[139] 다시 말해 김정일 후계 체계의 공고화 작업을 1980년대 사업의 중요 과제로 추진할 것임을 천명한 것이다.

이처럼 6차 당대회를 통해 후계자 김정일의 위상이 공개된 뒤 북한 사회에서는 그에 대한 찬양과 숭배도 공개적으로 표출되기 시작했다. 『로동신문』 등 각종 출판, 보도물들은 '영광스러운 당중앙'이 1960~70년대에 선보인 뛰어난 지도력을 선전하는데 동원되었고, 1981년 6월부터는 '친애하는 지도자 김정일동지'라는 호칭이 사용되기 시작했다. 또한 1982년부터는 김정일을 찬양하는 전기들이 출간되기 시작했으며 그의 성장 과정과 유관한 지역들이 혁명사적지로 조성되기 시작했으며 김정일의 저작물들이 본격적으로 출판되어 대중 학습용으로 사용되기 시작했다.

또한 이미 문학적 상상력에 기초해 항일무장투쟁의 역사를 김일성의

---

138 『북한 '조선로동당'대회 주요문헌집』, 돌베개, 1988, 408쪽.
139 國土統一院, 『朝鮮勞動黨大會資料集』第Ⅳ輯, 129~130쪽.

혁명사로 재구성했던 북한은, 김정일의 탄생에 대한 신비화, 신격화에도 서슴없이 나섰다. 1987년부터 북한은 항일무장투쟁 시기 유격대원들이 김정일의 출생을 칭송해서 나무껍질을 벗기고 써놓았다는 각종 '구호나무' 발굴 작업과 그에 대한 문헌학습을 대대적으로 전개하였다.

김일성은 1986년 5월 김일성 고급당학교 창립 40주년 기념 강연에서 "당의 위업을 계승해나가는데서 기본은 정치적 수령의 후계자 문제를 바로 해결하는 것"인데, 이 "혁명위업의 계승 문제가 만족스럽게 해결"되어 "당의 령도체계가 확고히 수립"되었다며, "이것은 우리 당건설에서 이룩된 빛나는 성과이며 위대한 승리"라고 자평했다.[140]

이처럼 북한은 카리스마의 승계를 통해 후계자 문제를 김일성의 말대로라면 '빛나는 성과'로 해결하였다. 카리스마 권력이 어떻게 생성되는지를 대단히 잘 아는 능란한 지도자와 그에 못지않은 후계자가 연합해 카리스마 권력 대부분이 피해 가지 못한 소멸의 메카니즘을 극복하고 카리스마 승계에 성공한 것이다.

그러나 사회주의 체제에서의 '혈통승계'는 내재적으로 '폐쇄성'을 함축하고 있는 것이었다. 이 당대회에서 '맑스-레닌주의'를 배제하고 유일 지도사상으로 규정된 '주체사상'은 사회의 모든 부분에, 특히 경제에도 적용되었는데 문제는 매우 퇴행적인 방식이었다는 것이다.[141] 김일성은 당대회 보고에서 "인민 경제를 주체화한다는 것은 자기 나라의 자원과 자기 나라의 기술에 의거하여 자기 나라의 실정에 맞는 경제를 건설하고 발전시킨다는 것"이라며, "사대주의, 기술 신비주의를 비롯한 온갖 그릇

---

140 김일성, 「조선로동당 건설의 력사적 경험: 김일성 고급당학교창립 40돐에 즈음하여 집필한 강의록(1986.5.31)」, 『김일성전집 83』, 평양: 조선로동당출판사, 2009, 527~528쪽.
141 북한은 6차 당대회에서 "조선로동당은 오직 위대한 수령 김일성동지의 주체사상, 혁명사상에 의해 지도된다"라며 규약상의 지도지침을 수정해, 1956년 3차 당대회 이후 유지해오던 '맑스-레닌주의'를 삭제했다. 國土統一院, 『朝鮮勞動黨大會資料集』 第Ⅳ輯, 133쪽.

된 사상 경향을 철저히 반대"한다고 밝혀 고립주의 정책을 자처했다. 그러면서 "자력갱생의 원칙에서 전 군중적 운동으로 인민경제의 현대화를 실현"하기 위해 투쟁하자고 강조했다.[142]

북한은 이처럼 6차 당대회에서 1960년대 초반부터 제기해 온 '자력갱생의 원칙'에 기반한 '자립경제'의 길을 선포하게 되는데, '혈통승계'를 대내외에 천명한 시점에 내놓은 '대외 배타적'인 '자력갱생' 정책은 이전과는 그 차원이 다른 것이었다.[143] 이는 개혁·개방의 길로 나아간 중국과 비교하면 그 차이점이 뚜렷이 확인된다.

덩샤오핑은 1978년 초 전국과학대회 개막 연설에서 중국의 과학, 기술 수준은 세계와 큰 차이가 있다고 인정하며 대외 교류의 중요성을 강조했다. 그는 특히 "독립 자주적이고 자력갱생의 방침을 견지해야 하지만, 독립 자주가 '문을 걸어 닫는 것'은 아니며, '자력갱생' 역시 맹목적인 대외 배척이 아니다"라고 강조했다. 그러면서 "다른 민족, 다른 국가의 장점과 선진 과학기술을 배워야 한다"라고 거듭 강조했다.[144] '자력갱생'을 '자기 나라의 자원, 기술'에만 의지하는 것으로 규정하고, 대외 교류를 '사대주의', '기술 신비주의'로 치부하면서 고립의 길을 택한 북한과 극명히 대비되는 부분이다.

이처럼 중국 지도자들은 국제정세에 대한 전략적 판단에 기초해, 국가사업의 중점을 '4개 현대화'라는 경제건설로 정하면서 선진 서방 국가들

---

142 『북한 조선로동당대회 주요문헌집』, 돌베개, 1988, 375~377쪽. 이런 극단적 배외주의는 '북한판 문화대혁명'의 광풍이 불던 1967년에 이미 극단적으로 표출되었었다. 당시 외국 기술도입은 그 자체가 수정주의로 비판받았고, 심지어 선진 과학기술에 대한 '관심'조차도 비판의 대상이었다.

143 '자력갱생'에 기초한 자립경제 건설은, 소련과의 갈등으로 물자지원이 원활치 않던 1961년 12월, 조선로동당 중앙위원회 제4기 제2차 확대 전원회의에서 처음 제기된 것이었다. 이태섭, 『김일성 리더십 연구』, 들녘, 2001, 298쪽.

144 邓小平, 「在全国科学大会开幕式上的讲话」, 『邓小平文选』第二卷, 2009, 90~91쪽.

과의 교류가 필수적이라고 판단한 것이다. 이러한 리더십 아래에서 마침내 1978년 12월 11기 3중전회에서 "경제관리체제와 경영관리방법의 철저한 개혁과 세계 각국과의 호혜, 평등한 경제합작, 세계 선진기술과 선진설비의 도입"을 결정하는 개혁·개방의 '역사적 전환'을 선언한 것이다.[145]

그리고 덩샤오핑과 후야오방 등 주요 개혁파 지도자들은 한결같이 이러한 개혁·개방이 제대로 진행되기 위해서는 바로 '사상해방', 즉 '개인숭배 타파'가 핵심인 사상해방이 필수적으로 선행되고, 당내 민주가 회복되어야 한다고 거듭 강조했다. 이는 1960년대 초반 대약진 실패 이후의 경제위기를 극복하고자 추진했던 '신경제정책'이 문화대혁명에 의해 어떻게 좌절되었는지를 반면교사 삼은 처절한 반성에 기반한 것이었다. 중국 지도자들의 이러한 반성과 각오가 바탕이 되어 앞서 살펴본 대로 이후 '반개인숭배 제도화'가 가능했던 것이다.

그러나 비슷한 시기 북한은 '사상해방'이 아니라 정반대로 '유일사상'에 스스로 구속되었다. "온 사회를 주체사상화 하자"라는 구호와 함께 주체사상이 사회의 모든 부분, 특히 경제정책까지 옭아매는 상황으로 변해갔으며, 당과 국가의 사업 중심이 중국과 같은 '경제' 중심이 아니라 유일사상체계 구축이라는 '정치' 중심으로 규정되면서, 전면적인 개인숭배와 권력 세습의 길로 나아가게 된 것이다. 북한 스스로 '가부장제'나 다름없는 '봉건국가의 길'로 걸어들어간 것이다.[146] 여기에서 바로 1980년 이후 중국과 북한의 국가 운명의 길이 갈린 것이다.

---

145 「中国共产党第十一届中央委员会第三次全体会议公报」, http://cpc.people.com.cn/GB/64162/64168/64563/65371/4441902.html(검색일: 2024.5.25).

146 덩샤오핑과 함께 사상해방, 개인숭배 타파 운동을 이끌었던 후야오방이 1980년 정치국 회의에서 개인숭배의 '4대 죄상' 중 하나로 "봉건의 부활을 피할 수 없다"라는 것을 들며, "개인숭배는 절대로 해서는 안되는 것"이라고 강력히 경고했었는데, '김일성 개인숭배 국가' 건설은 이러한 경고처럼 북한을 '봉건의 질곡'으로 끌고 간 극명한 역사적 사례로 평가된다. 张显扬, 「人本思想和党文化的分歧」, 『炎黄春秋』 第1期, 2014, 55쪽.

소결

이번 장에서는 중국과 북한 두 나라가 각각의 '문화대혁명'을 통해 구축한 강력한 카리스마 권력의 엇갈린 변화에 대해 살펴보았다. 중국과 북한 모두 이 시기에 '개인숭배'의 절정기를 맞았으나 이후의 진로는 완전히 달랐다. 마오쩌둥의 중국은 이를 극적으로 극복하며 '반개인숭배의 제도화'를 이뤄냈으나, 김일성의 북한은 이와는 완전히 상반되는 '개인숭배의 제도화'를 구축했으며 한발 더 나아가 이를 세습하는 '혈통승계'까지 선언하게 되었다.

문화대혁명으로 마오는 "대권이 넘어갈지도 모른다"라는 우려를 털어내고 카리스마 리더십을 확고히 세우게 된다. 또한 천안문광장에서 백만 홍위병의 환호를 받으며 '휘황한 개인숭배'의 기쁨을 누렸는데, 이 당시 마오의 카리스마 리더십은 전통적 리더십과 다를 바 없이 전제적인 것이었다. 중국은 '개인숭배 국가'로 내달릴 것처럼 보였다. 그러나 린뱌오가 축출되고 이후 '4인방'이 체포되는 등 이른바 '개인숭배연합'이 몰락하면서 중국은 다시 새로운 기회를 가지게 되었다.

마오-린뱌오 권력 연합은 원로들의 복귀 문제로 이상 기류가 생기더니 국가주석직 설치 문제를 놓고 돌이킬 수 없는 갈등을 드러낸다. 마오는 헌법 개정에서 '국가주석직' 설치안을 삭제하려 했으나, 린뱌오는 이를 유지해야 하며 마오가 '국가주석'을 맡아야 한다고 강력히 주장했다. 마오는 린뱌오의 집요한 주장에 그가 국가주석직을 원하는 것으로 판단하게 됐으며 이후 그에 대한 신뢰가 추락했다.

마오는 카리스마의 권위가 흔들릴 때 '개인숭배'가 필요했고, 이러한 마오의 마음을 린뱌오가 절묘하게 파고들어 마침내 마오의 후계자 자리까지 오르게 되었다. 그러나 문화대혁명으로 마오가 카리스마의 권위를 회복하면서 역설적으로 '개인숭배의 필요성'이 감소했고, 마오는 '4개 위대함' 등 린뱌오가 개발한 마오 숭배 구호에 대해서도 혐오감을 나타내기 시작했는데 린뱌오는 이런 마오의 심경 변화를 읽어내지 못한 것이다. 결국 국가주석직 충돌 이후 린뱌오는 1971년 9월 정치무대에서 사라졌다. 린뱌오는 마오를 제거하기 위해 쿠데타를 시도했으나 실패했고, 소련으로 도주하려다 비행기 추락으로 사망했다는 게 중국의 공식 발표였다.

린뱌오의 행보는 개인숭배 탐구에서 매우 중요한 시사점을 제공한다. 린뱌오는 1959년 루산회의에서 펑더화이가 마오와 충돌하며 숙청됐을 때 국방부장에 임명되면서부터 정치무대에 본격적으로 나섰는데, 그의 최대 자산이 바로 '마오 개인숭배'였다. '최고봉론', '마오 천재론', '4개 위대함' 등 그가 발명한 마오 숭배 구호는 린뱌오를 마오의 후계자까지 밀어 올렸다. 그러나 린뱌오 개인숭배의 본질은 '권력 숭배'였다. 린뱌오를 사로잡은 "한 사람을 얻어 천하를 얻는다"라는 말처럼 마오주석 숭배가 최고 권력으로 가는 첩경이었던 것이다. 그를 파멸로 이끈 '국가주석직' 논쟁은 이를 상징적으로 보여준다. 결국 린뱌오는 '최고 권력자' 마오의 심경 변화를 읽어내지 못한 채 권력 찬탈을 꿈꾸다 자멸의 길을 갔다.

마오 이후의 권력을 지향했던 '4인방'의 몰락 역시 '권력 숭배'를 지향했던 개인숭배주의자들의 말로를 잘 보여준다. 장칭이 주도하던 4인방은 린뱌오가 제거된 이후 복권된 덩샤오핑과도 마오 이후의 권력을 놓고 치열하게 대결한다. 이들의 공세는 초반 효과를 보며 덩샤오핑 비판을 다시 끌어냈고, 저우언라이 죽음 이후 발생한 천안문에서의 소요 사태 책임을 덩샤오핑에게 덮어씌우면서 결국 덩을 다시 낙마시키는 등, 거의 권력 장악에 성공하는 듯 보였다. 그러나 1976년 9월 마오의 사망 이후 새로운 권력연합으로 등장한 화궈펑과 원로그룹의 연합세력이 4인방을 전격 체포하면서 그들의 권력투쟁은 실패로 끝나고 만다.

마오에 의해 새로운 '당 주석'으로 지명됐던 화궈펑이 마오의 유산을 정치 자산 삼아 '양개범시', 즉 "마오주석이 한 결정은 굳건히 옹호해야 하고, 마오 주석의 지시는 변함없이 따라야 한다"라는 마오 개인숭배나 다름없는 정치 노선을 주창했으나, 다시 복권된 덩샤오핑 세력과의 투쟁에서 밀려나면서 부활의 조짐을 보이던 개인숭배는 다시 잠복하게 되었다.

다시 권력을 주도하게 된 덩샤오핑 등 개혁파는 문화대혁명의 '봉건적 질곡'을 반면교사 삼아 '개인숭배 타파' 없이는 개혁과 개방 그 어떤 것도 불가능하다는 확신 아래 개인숭배 극복과 '반개인숭배 제도화'를 강력하게 추진해 나간다. 이는 1980년의 「당내 정치생활에 관한 약간의 준칙」 제정과, 1982년 12차 당대회에서의 당헌 개정 등을 통한 '개인숭배 금지' 명문화로 이어진다. 이러한 지속적인 노력과 성과는 새로운 지도부가 '개혁·개방'이 가능하기 위해서는 '개인숭배 타파'가 제일의 필수 전제 조건이라고 여기고 강력하게 밀어부친 의지의 결과물이었다.

북한의 상황은 중국과 전혀 다르게 전개됐다. 1967년 유일사상체계 구축 이후 '북한판 문화대혁명'을 거치면서 김일성 개인숭배는 신격화 수준으로 고양되었고 정치적으로는 김일성 유일지도체계가 확고하게 자리 잡았다. 그리고 이러한 유일사상체계를 기반으로 한 유일지도체계를 창출하고 재생산해 내는 거대한 '극장국가'의 연출가가 바로 김정일이었는데, 이는 유일사상체계가 '카리스마의 승계'라는 '후계구도'까지 염두에 둔 기획이었음을 보여주는 것이다.

1967년 12월 '수령'으로 추대된 김일성은 1972년 새로운 헌법에서 무소불위의 '주석' 자리에 올랐다. 무오류의 절대적 존재인 '수령'이 헌법에서 '주석'으로 '제도화' 된 것이다. 북한은 새로운 체제가 "김일성 동지의 유일적 령도를 법적으로 확고히 보장하는 제도"라고 선전하였다. 이 '절대적 카리스마' 수령에 대해선 역시 '절대적 개인숭배' 의식이 치밀하게 설계됐는데 그것이 바로 「유일사상체계10대원칙」이다. 1967년 「5.25 교시」 발표 후 원형이 제시되었던 「10대원칙」은, 1974년 김정일에 의해 더욱 정교하게 설계돼 공개되었다. 핵심 내용은 '무조건적으로', '절대적으로' 수령을 따르고 충성해야 한다는 것으로, 김일성 개인숭배를 북한 인민들의 일상생활 속에 실질적으로 제도화시키는 데 중요한 역할을 하게 된다.

그리고 이러한 「10대원칙」은 '대를 이은 충성'도 강조하는 등 김정일로의 후계 승계까지 염두에 두고 내밀하게 설계된 실천 강령이었다. 김정일은 이미 갑산파 숙청에서부터 두각을 나타냈고, 1972년 김일성의 60회 생일을 맞아서는 「피바다」, 「꽃파는 처녀」 등 가극 혁명을 이끌어 김일성에 대한 충성심을 마음껏 선보였다. 또한 이후에도 어머니 김정숙에 대한 우상화 작업, 김일성 탄생 70주년에는 인민대학습당, 개선문, 주체사상탑 등 거대 건축물 축조 등을 통해 '카리스마'에 지극한 '효성'과 '충성'을 보여주며 후계자의 지위를 착실히 다져나갔다.

이처럼 북한은 「유일사상체계10대원칙」을 통해 개인숭배를 인민들의 생활 규칙으로 정착시켜 나가면서 '후계구도'도 이론적으로 강화해 나갔다. 북한은 "수령은 당의 유일한 중심, 최고의 뇌수, 유일한 령도자"로서 "혁명의 내일을 밝혀주는 무오류의 존재로 무조건적으로 따라야 한다"라는 '혁명적 수령관'과, 인간에게 더 영원한 "사회정치적 생명은 수령이 준다"라는 '사회정치적 생명론'을 결합시키며 '수령'을 절대화시켜 나갔다. 그리고 이러한 수령의 절대화는 자연스럽게 '수령의 후계자'에 대한 무조건적 정당성이 강조되는 '후계자론'으로 나타나게 된다. 이런 이론적 바탕 위에서 카리스마는 권력승계를 준비해 간 것이다.

결국 북한은 1980년 6차 당대회를 통해 김정일로의 '혈통승계'를 선언함으로써 대를 이은 '개인숭배', 즉 '카리스마 승계'의 강력한 의지를 대내외에 천명했다. 베버의 선지적인 지적처럼 '카리스마의 승인'에 의해 '혈통의 장자'가 후계자로 탄생한 것이다. 그리고 북한이 선택한 이 같은 국가의 길은 '혈통승계'가 가지는 내재적 속성처럼 매우 '폐쇄적'인 것이었다. 북한은 이처럼 '역사적 전환'을 선택해 개혁·개방으로 나아간 중국과는 완전히 상반된 역사의 길을 선택했다. 중국과 북한의 이러한 엇갈린 행보는 '개인숭배'가 두 사회주의 국가의 체제변화에까지 결정적인 영향을 미쳤음을 잘 보여주는 것이다.

제7장

결론

이 글은 '중국 특색의 사회주의'를 추구하며 미국에 맞설 정도로 성장해 가고 있는 중국과 여전히 봉건적 정치체제의 낙후한 사회주의 국가에 머물러 있는 북한의 국가적 운명의 차이는 어디에서부터 시작되었을까? 하는 질문으로부터 출발했다. 그리고 자연스럽게 중국이 '개혁·개방'으로 나아간 1978년과, 북한이 '혈통승계'로 나아간 1980년이라는 '역사적 전환' 시점에 주목해 문제를 풀어나갔다.

이 과정에서 개혁·개방으로 나아간 중국 지도자들의 '개인숭배'에 대한 처절한 반성의 의미를 보다 깊이 천착하여, 마오쩌둥과 김일성이라는 두 지도자의 '카리스마 리더십'과 '개인숭배'는 어떤 굴곡을 거쳐 왔는지, 또 두 나라의 역사에는 어떤 영향을 미쳤는지에 초점을 맞춰 분석적인 연구를 진행하였다.

중국은 어떻게 '개혁·개방'으로 나아갈 수 있었을까? "사상해방이 이 시기 가장 중대한 정치문제, 사상해방이 있어야 4개 현대화도 가능"하다는 덩샤오핑의 말에서 그 실마리를 풀어갔다. 중국의 개혁파는 '개혁·개방'이 가능하기 위해서는 '개인숭배 극복'이 가장 중요한 전제 조건이라고 생각하고, 이를 위해 전력을 기울였다. 반면 북한은 이와는 반대로 '김일성 개인숭배'의 영속성 확보를 가장 중요한 국가적 사업으로 정리했고 그 결과는 '혈통승계'였다.

이처럼 개인숭배 문제는 중·북 두 나라의 국가 발전 전략과도 깊이 연계돼 있었던 셈이다. 이로부터 두 나라를 장기간 통치해 온 마오쩌둥과 김일성이라는 압도적 카리스마 지도자들의 리더십과 개인숭배 간의 문제를 역사적 맥락에서 풀어보는 것이 흥미로운 연구과제가 되었다.

특히 이들 카리스마적 리더십을 가진 지도자들이 혁명의 시기를 지나 국가건설 시기에 들어서면서 부딪힐 수밖에 없는 각종 '도전'에 어떻게 대응해 나갔는지, 그리고 이 과정에서 개인숭배는 어떤 역할을 하였는지가 매우 중요한 연구과제였다. 서론에서 제기한 가설들을 중심으로 구성한 분석틀을 기준으로 연구 성과를 종합 정리해 보고자 한다.

먼저 막스 베버의 '카리스마적 리더십 이론'에 기반한 "카리스마적 리더십은 카리스마의 권위가 안정적으로 유지되거나, 후퇴하는 시기에는 합법적 요소가 가미된 형태로, 반면 카리스마의 권위가 도전 받을 때에는 전통적 요소가 더 강하게 가미된 형태로 나타난다"는 가설은, 마오쩌둥과 김일성의 리더십 변동 과정에서 상당한 차이점을 보이며 엇갈리게 발현된 것으로 분석되었다.

마오쩌둥의 카리스마 리더십은 여러 번의 변동을 거치며 가설의 논지와 매우 흡사한 상황으로 전개되었다. 마오는 중화인민공화국 건립 이후 10여 년의 기간에는 스스로 개인숭배를 억제할 정도로 안정적이고 압도적인 카리스마를 누리고 있었고, 그의 '카리스마적 리더십'도 매우 합리적인 모습으로 나타났다. 그러나 '반모진' 논란부터 시작해 문화대혁명 시기까지 마오의 리더십은 많은 변화를 나타냈다.

'속도'와 '집중'이 강조되던 대약진 초기, 그리고 펑더화이와의 충돌로 '반우경투쟁'이 전개될 시기엔 당내 민주가 얼어붙었으며, 대약진 실패 이후 린뱌오 등 마오 숭배주의자들과 손잡고 당권파를 공격하며 결국 문화대혁명으로 치닫던 시기 마오의 리더십은 봉건 황제나 다름없는 매우 전통적이고, 전제적인 리더십으로 기울었다.

'공산풍' 문제가 제기돼 대약진운동이 조정을 받던 1958년 후반기와 대약진 실패에 대한 책임을 인정하며 마오가 한발 후퇴하던 시기에는, 마오 자신이 '민주'를 강조하는 등 그의 카리스마 리더십도 법적−합리적 방향으로 변화하는 것 같기도 했으나 그 기간은 매번 짧았다.

김일성의 카리스마 리더십 변화는 마오와는 조금 다르게 전개되었다. 김일성은 해방 직후 압도적 카리스마를 구축한 상태는 아니었기 때문에 한국전쟁 전까지는 비교적 '법적−합리적' 리더십의 경향성을 띠고 있었다. 그러나 한국전쟁을 통해 카리스마가 결정적으로 강화되고, 또 이를 기반으로 박헌영을 비롯한 '도전' 세력들을 제거해 나가면서 김일성의 리더십 역시 '전통적' 리더십 방향으로 급격하게 기울기 시작한다.

그리고 1956년 '8월 종파사건'과 이후의 중·소 개입을 극복한 뒤 '유일사상체계' 구축이 본격화되면서, 김일성의 카리스마 리더십은 '유일성'이 더욱 강조되는 등 전통적 리더십으로 더 기울어 갔다. 그리고 이러한 리더십의 경향성은 이후 거의 변하지 않았다. 그만큼 1956년 이후 북한 체제에는 이미 '맑스−레닌주의의 창조적 적용'에 기반한 '주체노선', 다시 말해 '유일사상체계' 구축으로 가시화되던 '김일성 개인숭배'가 압도적으로 강하게 작용하기 시작한 것이다.

이런 점에서 "카리스마의 권위가 안정적이면 리더십은 '법적−합리적' 요소가 더 강하게 가미된 형태로 나타난다"는 가설에서 제시한 논지도 마오의 경우와 달리 김일성의 리더십 분석에서는 한계가 있는 것으로 나타났다. 이는 북한 체제가 중국과는 달리 이미 1956년 이후 "김일성 개인숭배를 체제의 본질"로 하는 특수성을 띠며 나아가고 있었기 때문으로 분석된다.

두 번째로 정리해 볼 부분은 '카리스마적 리더십'과 '개인숭배' 간의 상관관계이다. 가설의 논지처럼 '카리스마 리더십'의 변화는 카리스마에 대한 '도전'이 발생하거나 이러한 인식을 강하게 느낄 때 시작되었다. 카리스마적 리더십은 혁명적 시기를 지나 국가건설 시기로 들어서면 '일반적 리더십'으로의 변화 압력에 직면하는데, 카리스마는 이를 자신의 '권위'와 '이익'을 침해하는 도전으로 받아들이고 이때 '개인숭배 유혹'에 빠질 가능성이 높다. 그래서 결국 '개인숭배'가 카리스마 '변화 저항'의 가장 중요한 수단으로 활용되는 것이다.

마오가 권위에 대한 도전 의식을 강하게 느낀 시기는 1956년의 자신의 '모진' 주장에 저우언라이 등 당권파가 반대하며 '반모진'을 주장하고 나왔을 때, 또 펑더화이가 대약진의 문제점 지적하는 편지를 보내 충돌이 일었던 59년의 루산회의 때, 그리고 대약진 실패 이후 진행된 1962년 초의 '7천인대회'에서 류사오치 등 당권파가 한목소리로 리더십의 변화를 주문했을 시기 등이었다. 그리고 이러한 '도전' 시기에 마오 카리스마는 개인숭배 '유혹'에 빠졌으며 이후 결과적으로 마오 개인숭배가 고조되었다.

먼저 1956년의 '반모진' 사태에서 마오는 저우언라이 총리 등 당권파의 반대뿐만 아니라 소련까지 자신의 '모진' 주장을 반대하자 일시 후퇴한다. 그러나 1957년의 '반우파투쟁'을 계기로 '계급투쟁'을 들고 나오면서 '모진'과 '속도'를 다시 강조하고 결국 "개인숭배에도 정확한 개인숭배가 있다", "정확한 개인숭배는 반드시 해야 한다"라는 이론화를 통해 개인숭배의 당위성을 강조했다. 마오의 서슬 퍼런 기세에 당내에 다시 마오 개인숭배가 높아지게 된다.

대약진운동은 이런 분위기에서 출발했다. 그러나 1년도 지나지 않아 '공산풍' 등 심각한 문제가 발생해 조정에 들어가는데, 순탄하게 진행되는 듯하던 조정 과정도 개인숭배 문제로 다시 풍파를 맞는다. 1959년 루산회의에서 마오는 펑더화이와 충돌하는데 핵심 원인은 "개인숭배가 모든 폐단과 병폐의 근원이다"라는 펑더화이의 발언에 있었다. 마오는 이를 '도전장'으로 받아들였으며 펑더화이 등을 '반당 집단'으로 몰아 숙청한다. 이 여파로 전국적으로 '반우경투쟁'이 벌어지며 '개인숭배가 충성심의 지표'라고 할 정도로 다시 당내에 마오 개인숭배가 만연하게 되었다.

1960년 말에 대실패를 자인하고 끝난 대약진운동에 대해 마오는 '정책 실패'와 자신의 책임을 인정하면서 일부 후퇴했고, 신경제정책과 '쌍백운동' 등으로 사회 분위기는 유연해졌으며 마오 개인숭배도 절제되는 양상으로 변했다. 그러나 카리스마 권위 훼손에 흔들리던 마오에게 린뱌오라는 열혈 '추종자'가 다가오면서 마오는 다시 '개인숭배의 유혹'에 빠진다. 여기에 마오의 부인인 장칭과 야오원위앤 등 마오숭배주의자들이 가세해 당권파를 협공하면서 결국 「해서파관 비판」을 도화선으로 문화대혁명으로 폭발하게 된다. 문혁은 이처럼 개인숭배가 촉발시킨 대재난이었다. 마오는 카리스마적 권위를 회복했고, 그에 대한 개인숭배는 신격화 수준까지 상승했다.

김일성 역시 여러 정치적 '도전'에 개인숭배를 충분히 활용했다. 다만 김일성의 경우 소련군정이 처음부터 적극적으로 '김일성 영웅 만들기' 작업을 펼치면서 '개인숭배' 작업이 자연스럽게 동반되었으며, 이는 권력투쟁 초기 김일성에게 매우 유리하게 작용하였다. 또한 김일성은 한국전쟁 시기 이미 압도적인 카리스마적 리더십과 이에 기반한 개인숭배를 구축했고, '맑스-레닌주의의 창조적 적용'에 기반한 '김일성 중심 국가만들기'

에 나서면서 시간이 흐를수록 개인숭배가 강화되는 양상이었기에, 1956년의 '8월 종파사건' 전후의 매우 짧은 기간을 제외하고는 마오와 같은 전진과 후퇴의 명시적인 변화는 거의 발견되지 않는다.

박헌영은 북한의 건국 시기부터 김일성의 상수 '도전자'였다. 한국전쟁 전의 느슨한 권력 연합 체제는 전쟁을 거치며 김일성 단일지도체계로 바뀌고, 이런 힘을 바탕으로 박헌영까지 숙청하고 '맑스-레닌주의의 창조적 적용 노선'이라는 '주체노선'을 가시화하는데 이는 다름 아닌 '김일성 개인숭배 국가만들기'의 시작이었다.

김일성에 대한 '최대의 도전'으로 평가되는, 이른바 '8월 종파사건'도 김일성의 공고화된 권력 앞에 무기력하게 실패하고 만다. 비록 이후 중·소가 개입해 김일성이 이에 굴복해 숙청을 취소하는 등 일시 후퇴하기도 하지만, 헝가리사태를 계기로 흐름을 뒤집고 대숙청을 통해 권력의 토대를 더욱 굳건히 다지게 된다. 1958년 들어 김일성은 평양 주둔 중국 인민지원군의 철수까지 끌어 내며, 대내외 위기를 완전히 극복하는데 이를 바탕으로 유일사상체계를 본격 추진하게 된다.

1967년의 갑산파 숙청에도 개인숭배 갈등이 잠재해 있었다. 당시 갑산파가 주도한 당 선전 사업에서 박금철 등의 위상이 부쩍 높아지는 등 '혁명전통의 다원화' 기류가 나타나고, 김일성 개인숭배는 일시 잦아드는 분위기가 조성됐는데 이것이 위험 신호였다. 김일성이 "당의 유일사상체계를 철저히 세울 것"을 주문한 이후 갑산파가 숙청되는데, 이는 김일성이 갑산파를 유일사상체계 구축 과정의 장애물로 인식했다는 뜻이다. 특히 갑산파 숙청을 김정일이 주도했다는 것 역시 이 숙청이 김일성 개인숭배와 연관이 크다는 것을 설명하는 것이다. 이후 개인숭배의 실천 강령이랄 수 있는 「유일사상체계10대원칙」이 나오는 등 북한은 이미 개인숭배가 '김일성 카리스마 체제'의 본질로 정착되어 가고 있었다.

카리스마 지도자에 대한 '추종자'들의 충성도와 '개인숭배'의 관계도 주요 분석 대상이었다. '카리스마 리더십' 체제에서의 개인숭배는, 현재의 카리스마적 권위가 지속되어 그가 베푸는 '은총'이 계속되기를 바라는 추종자들의 충성도가 높을수록 더 강하게 조성되는 경향성을 보여주었다. 결국 개인숭배는 추종자들의 정치적 '이익'과 연관된다는 것이다.

중국의 경우 이러한 현상은 문화대혁명으로 가는 길목에서 확인되는 린뱌오와 장칭 등 마오 숭배자들의 행보에서 뚜렷하게 관찰된다. 린뱌오는 이미 1962년 초 이른바 '7천인대회'에서 흔들리는 카리스마 마오의 약한 고리, 즉 '흔들리는 대권'을 유지하기 위해 '개인숭배'를 필요로 하는 그의 심중을 꿰뚫어 보고 마오 찬양에 적극 나서게 되고 그가 주도한 군을 중심으로 마오 숭배 열기를 전 사회로 확장시킨다. 장칭 등 상하이에 기지를 둔 마오 숭배자 그룹도 마오의 문예계 비판에 적극 동조하면서, 문화대혁명의 도화선으로 평가받는 「해서파관 비판」이라는 글을 통해 펑전 등 당권파 공격에 나서게 된다. 결국 이들의 공세는 문화대혁명이라는 '10년 대란'을 만들어 낸다.

문화대혁명으로 마오는 흔들리던 카리스마 권위를 회복했고, 린뱌오와 장칭 등 마오숭배주의자, 열렬한 '추종자'들은 모두 '은총'을 받았다. 9차 당대회에서 린뱌오는 당헌에 이름이 명기되는 전례 없는 방식으로 마오의 후계자 자리에 올랐으며, 장칭, 야오원위앤, 캉성 등 조반파는 모두 정치국원으로 권력의 핵심에 진입했다. 개인숭배가 카리스마와 열혈 추종자들에게 모두 '이익'을 선사한 것이다.

카리스마 김일성에게도 이런 열렬한 '추종자'들이 있었다. 빨치산파 또는 만주파로 불리며 동만주 중심으로, 김일성과 같이 항일투쟁을 했던 인물들이 우선 손꼽힌다. 이들은 김일성과 함께 '조선공작단' 구성원으로 북한에 들어온 최용건과 김책, 안길, 서철, 김일, 최현 등과 그 밖의 항일유격전사들이다. 만주파는 건국 초기 주로 군사, 보안 분야에 대거 참여하였는데 김일성 개인숭배가 가장 먼저, 가장 활발하게 진행된 곳이 바로 군대였다.

김일성이 한국전쟁을 통해 카리스마를 결정적으로 강화한 것과 궤를 같이하면서, 만주파의 권력 집중은 1956년 4월의 제3차 당대회 때부터 가시화되었다. 그리고 '승리자의 대회'로 불리는 1961년의 제4차 당대회에 이르면 정치위원 구성은 말할 것도 없고, 85명의 중앙위원 중 만주파와 갑산파 등 범만주파가 37명을 차지하고 서열도 대부분 상위였다. 범만주파가 승리자였던 셈이다. 이처럼 김일성과 생사고락을 같이했던 만주파는 김일성 개인숭배에 누구보다 앞장서고, 이후 전개된 유일사상체계 구축 과정에서도 강력한 지지 세력이 되면서, 어떤 정치적 분파보다도 권력의 핵심으로 진출하는 '은총'을 받았다.

마지막으로 살펴볼 부분은 '카리스마적 리더십'과 '정치적 반대파'에 관한 부분이다. 카리스마 체제 구축 과정에서 정치적 분파가 '통합적'이면 '정치적 반대파' 숙청도 '타협적'으로 나타나고, 정치적 분파가 통합되지 못하고 '분산적'이면 '정치적 반대파' 숙청도 '비타협적' 방식으로 나타난다는 가설은 마오와 김일성의 리더십 비교에서 그 적실성을 찾아볼 수 있었다.

마오 카리스마 체제의 주요한 특징 중의 하나는 중국공산당이라는 '하나의 틀' 내에서 시종 활동이 전개됐다는 점이다. 따라서 마오는 각 정치적 분파와 협력과 갈등을 거치며 지도자의 위치에 올랐는데, 이 점은 마오 카리스마는 최소한 정치적 분파들의 '동의'에 기초하고 있음을 의미한다. 즉 베버가 말한 "대중이나 부하들을 수긍케 하는 정당한 권위"라는 '최소한의 합리성'에 기반해 카리스마 체제를 구축해 간 것이다. 마오의 이러한 카리스마 구축은 국가건설 이후 매우 '통합적'인 리더십으로 연결되었다. 그리고 이러한 특징들은 '정치적 반대파'를 숙청하는 데에도 영향을 미쳐 상대적으로 '타협적'인 대응 자세로 나타나게 된다.

펑더화이와 덩샤오핑의 경우가 대표적이다. 마오는 펑더화이를 '반당 집단'으로 몰아 국방부장에서 해임하는데 그러면서도 "두고 지켜본다"라는 단서를 달아 당 중앙위원과 정치국원의 지위는 박탈하지 않았다. 마오는 "사람에게는 출구가 필요하다. 이것까지 모두 막아서는 안 된다"라는 말로 정치적 여지를 남겨 둔 것이다.

덩샤오핑의 경우는 더욱 극적인 사례이다. 문화대혁명 시기 '2호 주자파'로 불리며 벼랑 끝에 몰린 그에게도 마오는 "당적은 유지한다"라는 결정을 내려 생명줄을 남겨 놓았다. 또한 경호실장 격인 왕둥싱을 연금 중이던 덩에게 보내 "인내하라, 너와 류사오치는 다르다, 필요하면 나에게 편지해라"라는 메시지를 전달하는 등 각별한 애정을 드러내기도 했다. 덩샤오핑은 린뱌오의 죽음 뒤 복권돼 부총리로 활동하다 장칭 등의 공격에 다시 낙마하는데, 마오는 이때에도 '당적 박탈'을 요구하는 장칭의 요구는 거부했다. 마오의 이런 결단이 없었다면 덩샤오핑은 부활하기 어려웠을 것이다.

마오는 특히 "인간은 누구나 실수할 수 있다"라고 여러 차례 밝혔는데 이런 인식론적 태도가 '정치적 반대파'에 대한 '포용적 태도'로 이어진 것으로 판단된다. 또한 이러한 열린 자세 덕에 마오는 대약진 등의 정책 실패에 대한 자신의 '책임'을 인정하기도 했다. 그리고 이러한 마오의 인식론적 태도와 열린 자세는, 마오에 대한 개인숭배에도 불구하고, 마오가 자신을 초월적 존재로 여기는 등 '무오류의 함정'에 빠지지는 않은 중요한 원인으로 판단된다. 이점은 김일성과 극명하게 대비되는 것으로 마오의 '카리스마 집중도'는 김일성에 비해 상대적으로 낮았다는 점을 잘 보여주는 것이다.

김일성 카리스마는 마오에 비해 여러 가지 면에서 비교된다. 우선 김일성은 '정치적 반대파'에 대해 시종 '비타협적' 자세로 일관했다. 박헌영 등 남로파 제거, '8월 종파사건' 관련자 숙청, 갑산파 숙청 등이 대표적인 사례이다. 김일성 유일사상체계가 구축되어 갈수록 이러한 '비타협성'도 강화되었다.

'정치적 반대파'에 대한 이러한 비타협적 대응 태도는 김일성이 마오와 달리 '통합적' 리더십을 구축하지 못한 것이 큰 요인이 됐던 것으로 분석된다. 해방 전후에 북한의 지도자들은 중국공산당과는 달리 '분산적'이고 '경쟁적'인 상황에 처해 있었다. 따라서 김일성이 소련군정의 도움으로 빠르게 헤게모니를 잡아가는 과정에서도 마오와는 달리 '정치적 분파'들의 '동의'에 기초한 '최소한의 합리성'을 확보하지는 못한 것이다. 그리고 김일성은 전쟁 이후 이른 시기에 '맑스-레닌주의의 창조적 적용 노선'에 기초한 '주체노선'을 강화하고 나섰는데, 이렇게 발전해 나간 유일사상체계는 김일성 카리스마 체제의 집중도와 배타성을 현저히 강화시켰다.

그리고 김일성은 마오와 달리 정책적 실패나 비판에 대해 '책임'을 인정한 적이 없다. 또한 갑산파 숙청 이후에는 '혁명적 수령관'과 「유일사상체계10원칙」의 규정에서처럼 '무오류의 초월적 존재'로까지 군림함으로써 체제의 경직성은 피할 수 없었다. 이처럼 김일성 체제의 '카리스마 집중도'는 마오의 중국에 비해 훨씬 높고 강고한 것이었다. 유일사상체계 확립 이후 북한은 '정치적 반대파'에 대한 어떠한 배려도 불가능한 사회로 진입한 것이다.

마오와 김일성의 '정치적 반대파'에 대한 이러한 차별적 대응 태도는, 체재 내 비판 세력의 지속 여부와 관련해 중요한 차이점을 불러왔다. '정치적 배려'와 이에 기반한 '타협적' 숙청 방식이 진행된 중국에선 문화대혁명이라는 대혼란 속에서도 덩샤오핑 등 개혁파가 살아남는 결정적 변수가 되었다. 그리고 그들이 바로 개혁개방을 이끌어가는 극적인 변화를 만들어 낸 것이다. 그러나 일관되게 '정치적 반대파'에 대한 '비타협적' 숙청을 고수한 북한에선 갑산파의 숙청 이후 사회 내에 견제나 비판을 할 수 있는 그 어떠한 세력도 남지 않게 되었다. 유일사상체계 구축, 즉 김일성 개인숭배 국가건설을 향해 질주하는 카리스마를 제어할 견제 장치가 없었다는 것이다.

중국의 마오 이후 지도자들은 '개혁·개방'을 통한 '4개 현대화'만이 중국이 살길이라고 판단했으며, 이를 위해서는 '사상해방', 그 가운데에서도 핵심인 '개인숭배 타파'가 반드시 선행되어야 한다는 확신 아래 '반개인숭배 제도화'를 강력히 추진해 나갔다. 그러나 비슷한 시기 북한은 "온 사회를 김일성주의화 하자"라는 구호처럼 김일성 유일사상체계를 통해 중국과는 정반대의 '개인숭배 제도화'를 완성하면서 전면적인 '개인숭배'와 '권력 세습'의 길을 국가 발전 전략으로 채택했다. 바로 이 비교 지점으로부터 1980년 전후 중국과 북한의 국가 운명의 길이 갈린 것으로 평가한다.

이 글은 마오쩌둥과 김일성에 대한 카리스마, 개인숭배 관련 기존 연구를 기초로 해서 쓰여진 것이다. 필자는 기존 연구에 더해 몇 가지 진전된 성과도 확인했다. 그러나 남아 있는 과제도 여전해 추가 연구의 필요성을 절감하고 있다.

무엇보다 그동안 비슷하거나 동일하게만 여겨졌던 마오쩌둥과 김일성의 카리스마적 리더십의 차별성을 확인할 수 있었던 것이 하나의 성과였다. 누구보다도 강력한 카리스마였지만 오류와 실수를 인정하고, 정책 실패에 대한 책임도 인정하는 등 때로는 합리적이며 실용주의적인 면을 보여주기도 했던 마오쩌둥의 리더십, 시작은 마오보다 미약했으나 유일사상체계 구축을 통해 '무오류의 초월적 존재'로까지 나아간 김일성의 전제적 리더십은 '개인숭배'를 어떻게 처리하느냐의 문제와, '정치적 반대파'에 어떻게 대응하느냐의 문제에서 극명한 차이점을 드러내며, 결국 중국과 북한이라는 두 사회주의 국가의 이후 엇갈린 행보의 가장 큰 변수가 되었다.

마오의 리더십은 '전통적' 리더십과 유사할 만큼 전제적이었고, 마오는 때때로 권력 유지를 위해 개인숭배를 조장하기도 했으나 정책적 과오와 책임을 인정하기도 하는 등 '합리적' 측면을 보이기도 했다. 그리고 개인숭배에 대해서도 마오는 그 자체가 목적이 아니라 흔들리던 자신의 권위를 방어하기 위한 '수단'으로 활용했는데, 바로 이러한 실용적인 태도 덕에 문화대혁명으로 조성된 휘황한 개인숭배 환경에서 빠져나올 수 있었다.

또한 마오의 이러한 개인숭배를 대하는 자세와 옌안 시절 정립한 정치적 반대파에 대한 '포용적 태도' 덕에 덩샤오핑 등 개혁파는 그 세력을 재건할 수 있었고 결과적으로 중국은 이후 '개혁·개방' 정책으로 나아갈 수 있는 기본 동력을 보존할 수 있었다.

그리고 이런 개혁파의 핵심적인 고민이 '봉건의 질곡'을 초래했던 개인숭배 타파에 있었고, 이러한 개인숭배를 극복하지 않고서는 어떠한 개혁 정책도 불가능하다는 처절한 반성 끝에 '반개인숭배 제도화' 작업을 추진한 개혁파의 결단을 고찰하면서 개인숭배가 사회주의 체제 운용에 어떤 영향을 미쳤는지에 대해서도 보다 분석적으로 평가 해볼 수 있었다.

김일성 카리스마와 북한 연구에선 '김일성 중심 역사만들기'라는 문학과 예술을 동원한 유일사상체계 구축 작업이 어떻게 체계적이고 효율적으로 작동됐는지를 확인하였다. 한국전쟁 시기의 '영웅 형상화 논쟁'부터 그 징후가 보이기 시작한, 문학을 통한 '역사 만들기'는 1950년대 말부터 시작된 『회상기』와 『김일성 저작집』 등을 통한 광범위한 학습 체계가 작동되면서 강화되었다. 또한 선전선동에 능란했던 후계자 김정일의 '혁명예술', '승계예술'은 김일성 중심을 더욱 강화하는 위력적인 '극장국가' 북한을 만들어 내는데 크게 기여하는 것이었다. 이처럼 문학과 예술은 '김일성 개인숭배 국가 만들기'의 또 다른 무대였고, 매우 효과적인 장치였다.

1956년 '8월 종파사건'으로 야기된 중국과 소련의 북한사태 개입에 대해서도 좀 더 의미 있는 접근이 이루어졌다. 그간 '중·소의 개입'이 과연 '김일성 교체'까지 염두에 둔 것이었느냐를 두고 엇갈리는 주장이 제시되었는데, 중국과 러시아의 당안 자료는 "김일성 교체를 염두에 둔 개입은 아니었다"라는 것을 명확히 보여주고 있다. 당시 베이징에서 북한사태 문제를 협의했던 마오쩌둥과 소련의 미코얀은 개입 전이나 후나 "김일성 타도가 목적이 아니다. 숙청된 사람들의 복귀가 목표"라는 걸 분명하게 밝히고 있다.

　　카리스마 리더십과 개인숭배라는 주제를 넘어 보다 확장된 중국과 북한에 대한 비교 연구가 필요하다는 점도 확인하였다. 먼저 중국과 북한의 대미 수교 전략의 비교 분석이다. 1970년대 초반부터 시작된 중국과 미국의 수교 협상은 국제정치에는 물론 중국의 국내 정치에도 큰 영향을 미쳤다. 1990년대 초반부터 핵 개발 문제를 매개로 미국과 협상도 하며 갈등하고, 충돌하던 북한은 김정은 시대 들어 두 번이나 북미 수뇌회담을 갖는 등 수교에 대한 의지를 드러냈었다. 북한은 미국과 수교를 할 수 있을 것인가? 중국은 미국과의 수교를 추진하면서 먼저 일본과 수교를 했었다. 중국의 대미 수교 협상 과정과 전략을 북한의 미국 접근과 비교 분석해 보는 것도 한반도를 포함한 동북아 질서의 변화를 예측하는 데 매우 중요한 자료가 될 것이다.

　　이 글은 마오쩌둥 이후의 지도자들이 개혁·개방으로 나아가기 위해서는 먼저 개인숭배 타파를 필수적 전제 조건으로 봤다는, 그들의 결단에 초점을 맞춰 개인숭배를 분석적으로 비교 고찰한 것이다. 이와는 별개로 중국 개혁·개방이 어떻게 진행되고, 어떻게 가능했는지는 여전히 중요한 연구 과제이다.

　　1960년대 초반 사회주의 국가들이 경제위기 극복을 위해 추구했던

'신경제정책' 방향의 고민이 북한에선 여전히 진행 중이다. 2002년의 '경제관리개선조치', 최근의 '포전담당제' 등이 그런 사례들이다. 핵심은 계획경제 하에서의 '생산력 제고'이다. 중국이 1960년대 초반 고민했던 각종 '농가별생산책임제'와 '책임경영제'는 개혁·개방을 준비하며 어떤 형태로 발전해 나갔는지, 이는 북한이 취한 그간의 조치들과는 어떤 유사점과 차별점이 있는지 등에 대한 비교 연구는 한반도 경제와 남북 교류협력을 준비하는 과정에서 지속적인 관심을 가져야 할 사안으로 판단된다.

마지막으로 이 같은 연구 결과가 현재의 중국과 북한에 주는 함의는 무엇이 있을지 생각해 본다. 특히 사회주의 중국을 오늘의 길로 이끈 덩샤오핑과 후야오방 등 개혁파가 개혁·개방이라는 국가적 과제를 위해 필수적인 전제 조건으로 상정했던 '사상해방 운동', 그 가운데에서도 핵심인 '개인숭배 타파'라는 '화두'는 시진핑의 중국이나 김정은의 북한을 평가하는데 여전히 유효한 과제이다.

문화대혁명에 대한 처절한 반성 끝에 중국의 지도자들은 당헌에 개인숭배 금지를 명문화하는 등 개인숭배 극복을 위해 절치부심했었다. 그리고 이를 위해 추진한 정책 중의 하나가 종신제 폐지와 주요 지도자의 연임 금지였고, 1982년 헌법을 통해 국가주석 등 국무위원급 이상의 지도자에 대한 '2연임 초과 금지' 규정을 신설했었다. 당헌의 개인숭배 금지 규정과 헌법의 '2연임 초과 금지' 조항은 '반개인숭배 제도화'의 핵심적인 조치로 덩샤오핑 등 개혁파가 추진한 '당과 국가제도 개혁'의 상징이었다.

그런데 이 같은 덩샤오핑 개혁의 상징적인 조치가 시진핑 2기 들어 흔들리면서, 국가주석에 대한 '2연임 초과 금지' 규정이 2018년 3월 헌법개정에서 삭제되었다. 시진핑 장기 집권의 길이 열렸다는 평가가 이어졌고, 시진핑은 2023년 실제로 국가주석을 3연임했다. 이론적으로는 4연임, 5연임도 가능하도록 헌법이 개정된 것이다.

국가주석 연임 금지 조항 삭제를 가볍게 볼 수 없는 이유는 '사상 부문' 등에서 '시진핑 중심'이 전반적으로 강화되는 현상 때문이다. 2016년에 '시진핑 핵심'이란 용어가 등장하더니, 2017년 제19대 당헌부터 "시진핑신시대 중국특색의 사회주의사상"이 맑스-레닌주의, 마오쩌둥사상, 덩샤오핑이론 등과 함께 지도사상에 포함됐다. 덩샤오핑 이후의 지도자인 장쩌민, 후진타오 주석의 경우 그들이 내세운 '3개 대표론', '과학적 발전관' 등이 당헌에 포함되긴 했지만 그들의 이름은 들어가지 않았다. 마오쩌둥, 덩샤오핑 이후 처음으로 시진핑 주석의 이름이 들어간 것이다.

중국공산당은 2021년 창당 100년을 맞아 역사상 3번째의 「역사결의」를 채택했는데, 여기에선 "시진핑신시대 중국특색 사회주의사상은 당대 중국의 맑스주의, 21세기 맑스주의, 중화문화와 중국 정신의 시대적 정수로 맑스주의 중국화의 새로운 도약을 이뤄냈다"라는 찬사를 통해 '시진핑 사상'을 전례 없이 높이 평가했다.

덩샤오핑 등 개혁파가 40여 년 전 "사상해방이 없으면 개혁개방도 없다"라며 절치부심하며 정착시킨 '반개인숭배의 제도화'가 시진핑 시대에 이르러 흔들리고 있다는 평가가 나오는 것은 이와 같은 '시진핑 중심' 강화 때문이다. 마오쩌둥이 자신의 권위가 흔들린다고 느낄 때마다 취한 조치가 바로 '마오쩌둥 중심' 강화였다. 이런 시기에는 사회주의 정당 운영의 기본원칙인 '민주집중제'에서도 민주보다는 집중이 강조되었으며, 그러면서 매번 마오쩌둥에 대한 개인숭배도 높아졌다.

덩샤오핑 이후 40여 년이 흐르면서 시대는 변했다. 그리고 중국도 미국에 맞설 정도로 변했다. 21세기가 중·미간의 장기간 대결이 될 것이란 전망 속에서 시작된 '시진핑 중심'의 강화가 미국과의 대결에서 체제 결속을 위한 전략적 차원에서 나온 것인지, 아니면 집단지도체제와 덩샤오핑 이후 확립된 '반개인숭배'의 전통에 맞서는 '도전'인지, 중국의 '카리스마 리더십'은 다시 한번 중대한 시험대에 오르게 되었다.

북한은 1980년의 '혈통승계'로 완벽한 '개인숭배 국가'로 전락해 갔다는 게 냉정한 평가이다. 폐쇄적 경제체제 운영으로 체제의 탄력성을 잃었고, 1994년 이후 김정일 체제에 들어서도 결국 개혁·개방으로 나아가지 못했다. 그런데 2011년 그런 폐쇄성을 지닌 '혈통승계'가 3대인 김정은으로까지 이어지면서 봉건적 질곡은 계속해서 북한의 진로에 장애를 조성하고 있다.

북한은 2013년 개인숭배의 실천 강령인 「유일사상체계10대원칙」을 개정했는데 '유일성'의 원칙은 변함이 없었다. 1974년 김정일이 김일성을 신격화하며 내놓은 "온 사회를 김일성주의화하자"라는 구호가 "온 사회를 김일성―김정일주의화하기 위하여 몸바쳐 투쟁하여야 한다"로 바뀌었을 뿐이다. 또한 "당의 유일적 영도체계를 세우는 사업을 끊임없이 심화시키며 대를 이어 계속해나가야 한다"라고 강조해 '혈통승계'가 계속 이어질 것임을 예고하고 있다.

최근 김정은의 딸 '주애'에 대한 후계 논쟁에서도 확인 할 수 있듯이 '개인숭배 국가' 북한에선 이미 3대에 걸친 '혈통승계'가 이루어지면서, '혈통승계'가 하나의 관례화된 정치적 의례로 정착되고 있는 것 아닌가 하는 관측을 낳고 있다. 19세기 발리 왕정의 '주기적인 의식'을 통한 권위 확립 과정을 이론화한 클리퍼드 기어츠(Clifford Geertz)의 '극장국가'가 2세기의 시간적 공백을 뛰어넘어, 그 기획력과 연출력을 더욱 높이며 북한에서 그 모습을 계속 현실화시키고 있는 셈이다.

북한은 2016년 제7차 당대회에서 당규약 개정을 통해, 김정은이 김일성과 김정일의 유일지도를 이어받았다는 점을 강조하며 권력 세습의 정당성을 부각시켰고, 2021년 8차 당대회에선 "조선로동당은 온 사회의 김일성―김정일주의화를 당의 최고강령으로 한다"라고 선언했다. 이처럼 개인숭배를 체제의 본질로 하는 북한 정치체제의 특성상, 북한이 앞으로도 '체제의 폐쇄성'을 벗어나기는 어려워 보인다.

2000년 남북정상회담에 이은 2002년 북한의 '7.1 경제관리개선조치'와 2019년 김정은과 트럼프의 정상회담은 북한의 개혁·개방에 대한 기대를 높이기도 했었지만, 결과는 실패였다. 김일성에 의해 시작된 '개인숭배 국가'의 부정적 유산이 여전히 북한을 짓누르고 있는 셈이다. 북한이 개혁·개방이라는 '역사적 전환'을 이끌어 간 덩샤오핑 등 중국 개혁파 지도자들의 '절치부심'한 고뇌의 결단에 이르기까지는, 아직도 여전히 먼 길이 남아 있는 듯하다.

부록

〈부록 1〉 「유일사상체계10대원칙」의 원형(1967년)[1]

「당의 유일사상체계를 세울데 관한 위대한 수령 김일성동지의 사상」

《우리는 맑스·레닌주의사상, 우리 당의 주체사상을 확고부동한 지도사상으로 하여 당안에 유일사상체계를 더욱 철저히 세우며 그에 기초하여 당대회의 사상의지의 통일을 강화하는 사업을 총적과업으로 튼튼히 틀어쥐고 당사업을 계속 심화발전시켜 나가야 하겠습니다.》(《김일성저작선집》, 5권, 511페지)

당의 유일사상체계를 세울데 관한 경애하는 수령 김일성동지의 사상은 혁명 승리의 주관적요인을 강화하는데서 나서는 근본문제 특히 로동계급의 당건설과 그 령도에서 반드시 견지해야 할 근본문제에 심오한 과학리론적해답을 준것으로서 수령님께서 이룩하신 위대한 사상리론적재부들 가운데서 특출한 자리를 차지하는 창조적사상이다. 당의 유일사상체계를 세울데 대한 경애하는 수령 김일성동지의 사상에서 중요한 것은 당의 유일사상체계를 세울데 대한 사상의 혁명적본질을 밝힌 위대한 사상이다. 경애하는 수령 김일성동지께서는 일반적으로 맑스-레닌주의당건설에서 당의유일사상체계를 세운다는 것은 무엇을 의미하는가 하면 력사발전의 합법칙성과 시대의 절박한 요구, 로동계급의 력사적 임무, 계급적세력의 호상관계와 혁명투쟁이 진행되는 환경 그리고 혁명수행의 방도를 누구보다도 더 잘 알고있으며 인민대중의 리익을 가장 철저히 대표하며 계급가운데서 누구보다도 멀리 내다보는 정치적수령의 사상으로 전당이 무장하고 그에 기초하여 모든 당원들의 사상의지 및 행동의 완전하고 무조건적인 통일을 이룩하여 당의

---

1 북한 『정치사전』에 소개되어 있는 내용이다. 「당의 유일사상체계를 세울데 관한 위대한 수령 김일성동지의 사상」 설명란에 "당의 유일사상체계를 세우기 위한 원칙적방도" 여섯 가지가 제시되어 있는데, 1974년 공개된 「유일사상체계10대원칙」의 핵심 내용을 포괄하고 있다. '김일성', '수령님' 글자는 원래 북한 원전에는 좀 더 큰 활자로 굵게 표시되어 있다. 용어와 띄어쓰기는 북한 원전을 그대로 따른 것이다. 『정치 사전』, 평양: 사회과학출판사, 1973, 267~271쪽.

조직적의사인 수령의 혁명사상을 지도적지침으로 삼고 당중앙의 유일적지도밑에 혁명투쟁과 건설사업이 진행되도록 한다는 것을 말한다고 가르치시었다.

당의 유일사상체계를 세운다는 것은 당을 창건한 수령의 사상으로 전당이 무장하고 그에 기초하여 당래렬의 조직사상적통일을 이룩하며 수령의 유일적령도 밑에 혁명투쟁과 건설사업이 진행되도록 한다는 것을 의미한다. 당의 유일사상체계확립의 혁명적본질은 첫째로 당을 창건한 수령의 혁명사상으로 전당을 튼튼히 무장시켜 모든 당원들로 하여금 자기 수령의 혁명사상외에는 그 어떤 다른사상도 절대로 용납하지 않는 것이다. 오직 전당을 당을 창건한 수령의 혁명사상으로 튼튼히 무장시켜 당안에 수령의 혁명사상이 꽉 들어차게 하여야 모든 당원들과 당조직들이 언제 어디서나 자기 수령의 사상만을 알고 수령의 사상과 의지대로만 사고하고 행동할수 있으며 수령의 사상과 어긋나는 온갖 반동사상을 반대하여 견결히 싸울수 있다. 당의 유일사상체계확립의 혁명적 본질은 둘째로 수령의 혁명사상에 기초하고 수령을 중심으로 하는 전당의 사상의지 및 행동의 완전하고도 무조건적인 통일을 이룩하여 모든 당원들로 하여금 자기 수령외에는 그 누구도 모른다는 확고한 신념을 가지는것이다. 로동계급의 당은 당을 창건한 수령의 혁명사상에 기초하고 수령을 유일중심으로 하여 통일단결되여야 정치적조직으로서의 자기의 전투적 기능과 역할을 원만히 수행할수 있다. 당의 유일사상체계확립의 혁명적본질은 셋째로 전당이 당의 조직적의사인 수령의 혁명사상을 유일한 지도적지침으로 삼고 수령의 유일적령도밑에 혁명투쟁과 건설사업을 진행하는 것이다.

당의 유일사상체계확립의 혁명적본질에 관한 수령님의 사상은 당이 오직 하나의 사상, 당을 창건한 수령의 혁명사상과 수령의 유일적령도밑에 움직일데 대한 로동계급의 혁명적활동의 근본요구를 전면적으로 철저히 구현하고있다. 당의 유일사상체계를 세울데 관한 경애하는 수령 김일성동지의 사상에서 중요한 것은 다음으로 그 력사적필연성을 전면적으로 밝힌 창조적사상이다. 경애하는 수령 김일성동지께서는 당의 유일사상체계를 세우는 것은 당의 조직, 사상, 리론적 기초를 더욱 공고발전시켜 로동계급의 선봉대로서의 역할과 그의 조직된 부대로서의 역할을 원만하게 하도록 하는것으로서 맑스-레닌주의당건설의 기본원칙이며 사회주의혁명의 승리와 공산주의건설의 운명을 결정하는 중대한 문제라고 가르치시었다.

당의 유일사상체계확립의 력사적필연성은 첫째로 그것이 로동계급의 당 건설의 기본원칙이라는데 있다. 당의 유일사상체계확립이 로동계급의 당건설의 기본원칙으로 되는 것은 우선 그것이 당대렬의 사상의지의 유일성을 보장하고 민주주의중앙집권체원칙을 철저히 관철하게 함으로써 당의 조직사상적통일을 확고히 실현할수 있게 하기 때문이다. 당대렬의 조직사상적통일은 로동계급의 당의 생명이며 불패의 힘의 원천이다. 당대렬의 완전하고 무조건적인 통일, 바로 여기에 온갖 기회주의적 정당들과 구별되는 로동계급의 당의 본질적특징이 있다. 당의 유일사상체계를 세워야 로동계급의 당의 사상의지의 유일성을 철저히 보장할수 있고 당의 조직원칙인 민주주의중앙집권체원칙을 철저히 관철할수 있으며 따라서 당의 조직사상적통일을 백방으로 강화할수 있다. 당의 유일사상체계를 세우는 것이 로동계급의 당건설의 기본원칙으로 되는 것은 다음으로 그것이 모든 당원들을 수령께 끝없이 충실한 공산주의자로 키움으로써 전당을 불패의 전투적대오로 꾸리게 하기때문이다. 당의 유일사상체계를 세우는것은 당원들을 수령의 혁명사상으로 튼튼히 무장시킴으로써 그들로 하여금 언제어디서나 수령의 사상과 의도대로 사고하고 행동하게 며 온갖 반당적, 반동적 사상을 반대하여 견결히 싸우는 백절불굴의 공산주의혁명투사로 되게 한다. 당의 유일사상체계를 세우는것이 로동계급의 당건설의 기본원칙으로 되는 것은 다음으로 그것이 광범한 대중을 수령과 당의 두리에 튼튼히 묶어세움으로써 당과 인민대중과의 혈연적련계를 공고히 하고 당의 대중적지반을 확대강화할수 있게 하기때문이다. 당과 대중과의 혈연적련계를 강화하는 것은 맑스-레닌주의당건설에서 근본문제의 하나이다. 로동계급과 근로대중의 전위부대인 당은 대중속에 깊이 뿌리를 박아야만 당대렬을 건전한 토대우에서 급속히 확대발전시킬수 있으며 혁명과 건설을 승리적으로 령도할수 있다. 당의 유일사상체계를 확고히 세우고 그것을 대중속에 확대하여야만 그들의 혁명적각오을 끊임없이 높이고 그들을 당과 혁명에 끊임없이 충실할수 있게 할수 있으며 광범한 군종을 수령과 당 주위에 굳게 묶어세울수 있다. 당의 유일사상체계를 세우는것이 로동계급의 당건설의 근본원칙으로 되는 것은 다음으로 그것이 혁명과 건설에 대한 로동계급의 당의 전략전술적지도를 정확히 보장할수 있기때문이다. 혁명과 건설에 대한 지도의 통일성을 보장하는것은 로동계급의 당의 령도에서 나서는 근본문제의 하나이다. 당의 유일사상체계를 튼튼히 세워야 수령의 혁명사상과 전략전술을 지침으로 하여 혁명투쟁과 건설사업을 정확히 령도해나갈수 있다. 이처럼 당의 유일사상체계를 세우는것은 로동계급의 당의 조직, 사상, 리론적 기초를 공고발전시켜 로동계급의 선봉대로서의 역할과 그의 조직된 부대로서의 역할을 다할수 있게 하는 결정적담보이다.

당의 유일사상체계확립의 력사적필연성은 둘째로 그것이 사회주의혁명과 사회주의, 공산주의건설의 운명을 결정하는 중대한 문제이기 때문이다. 당의 유일사상체계를 확립하는 것은 혁명과 건설의 승리를 보장하는 결정적 담보이다. 우선 당의 유일사상체계를 확립해야 혁명승리의 결정적담보인 혁명의 정치적력량 즉 당을 강화하고 전체 인민대중의 정치사상적통일을 강화하며 혁명대오의 정치사상적순결성을 보장하고 그 대렬을 끊임없이 확대강화할수 있게 한다. 다음으로 당의 유일사상체계를 세워야 지도의 통일성을 확고히 보장할수 있다. 사회주의, 공산주의의 위업은 정치, 경제, 문화, 사상, 도덕 등 사회생활의 모든 령역에서 착취사회의 온갖 유물을 청산하고 로동계급적인것의 전면적승리를 이룩하기 위한 혁명투쟁으로서 복잡하고 간고하며 따라서 이것은 광범한 군중의 단합된 힘에 의해서만 승리할수 있다. 로동계급의 당의 영도에서 지도의 통일성과 유일성을 보장해야 광범한 군중을 수령의 주위에 튼튼히 묶어세울수 있고 그들을 곧바른 승리의 한길로 정확히 령도해나갈수 있다. 당의 유일사상체계를 세우는것은 다음으로 온 사회의 혁명화, 로동계급화하는 사업을 성과적으로 실현해줌으로써 사회주의, 공산주의를 승리적으로 건설할수 있게 한다. 끝으로 당의 유일사상체계를 세우는 것은 인민대중의 혁명적열의와 창조적적극성을 최대한으로 발양시켜 사회주의와 공산주의 건설을 다르칠수 있게 하는 결정적담보이다. 이처럼 당의 유일사상체계를 세우는 사업은 당건설과 혁명투쟁과 건설사업의 전반적문제의 승리적 전진을 담보하는 근본문제이며 결정적담보이다. 당의 유일사상체계를 세울데 대한 경애하는 수령 김일성동지의 사상에서 중요한 것은 다음으로 이 사상의 리론적기초를 전면적으로 밝힌 과학적사상이다. 당의 유일사상체계를 세우는것은 우선 로동계급의 혁명투쟁에서 수령의 역할과 관련된다.

경애하는 수령 김일성동지께서는 력사를 창조하고 발전시키는것은 인민대중이지만 이것은 결코 력사발전행정에 대한 개인의 영향을 인정하지 않거나 혁명투쟁에서 지도자의 역할을 과소평가하여도 된다는것을 의미하지 않는다고 하시면서 인민대중의 력사적운동에 더 광범히, 더 적극적으로 참가하면 할수록 대중운동에 대한 지도문제와 특히 령도자의 역할문제는 더욱 날카롭게 나선다고 가르치시였다.

로동계급의 수령은 사회주의, 공산주의를 위한 로동계급의 혁명투쟁에서 결정적역할을 논다. 사회주의, 공산주의를 위한 로동계급의 혁명투쟁에서 수령이 노는 가장 중요한 역할은 첫째로 새로운 력사적시대의 혁명사상과 혁명리론을 창시하고 발전시켜 혁명승리의 앞길을 환히 밝혀주는것이며 둘째로 로동계급을 비롯한 인민대중을 혁명사상으로 무장시키고 그들을 조직적으로 묶어세워 강력한 주체적혁명력량을 꾸림으로써 혁명승리의 결정적조건을 마련하는것이며 셋째로 로동계급의 당과 혁명의 력사적 뿌리로, 혁명승리의 밑천으로 되는 혁명전통을 창조하며 그것을 계승발전시키는것이며 넷째로 로동계급의 당과 프로레타리아독재국가와 근로단체들을 창건함으로써 로동계급의 력사적위업의 승리를 확고히 담보하는 혁명의 무기를 마련하는것이며 다섯째로 로동계급과 그 당의 혁명투쟁과 건설사업의 전반적행정을 직접 틀어쥐고 통일적으로 령도하며 혁명발전의 매 단계, 매 시기의 과학적인 전략전술들을 제시하여 혁명과 건설을 승리에로 이끌어나가는것이다. 사회주의, 공산주의를 위한 로동계급의 혁명투쟁에서 수령이 노는 이러한 결정적 역할로부터 로동계급과 그 당은 전당을 수령의 혁명사상으로 튼튼히 무장시키고 그에 기초하여 당대렬의 조직사상적통일을 이룩하며 수령의 유일적령도밑에 혁명투쟁과 건설사업을 진행해나가는 당의 유일사상체계를 세우는 사업을 자기 존재의 전기간 계속 확고히 틀어쥐고나가야 한다.

당의 유일사상체계를 세우는것은 다음으로 프로레타리아독재체계에서 수령, 당, 계급, 대중의 호상관계로부터 출발한다. 경애하는 수령 김일성동지께서 가르치신바와 같이 프로레타리아독재체계에서 수령, 당, 계급, 대중은 서로 떼여낼수 없는 전일체를 이루고 있다. 수령이 없는 당은 지휘관이 없는 군대와 같으며 현명한 수령이 없는 당은 로동계급의 선봉대로서의 역할을 할수 없다. 당과 로동계급, 인민대중은 수령의 유일적 령도밑에서만 로동계급의 력사적위업을 이룩하기 위한 투쟁에서 자기의 역할을 원만히 수행할수 있다. 수령은 당을 비롯한 프로레타리아독재체계에서 최고수뇌이며 심장이며 당과 계급, 대중을 하나로 결속하는 중심이다. 수령이 없이는 프로레타리아독재체계자체가 마련될수도 없으며 그 공고발전과 승리적전진에 대하여 생각할수 없다. 이처럼 프로레타리아독재체계에서 수령, 당, 계급, 대중의 호상관계는 수령을 떠나서는 당도, 로동계급도, 인민대중도 자기의 역할을 다할수 없으며 프로레타리아독재체계가 이룩되고 공고발전될수 없는 그런 관계에 있다. 위대한 수령 김일성동지께서 밝히신 로동계급의 혁명투쟁에서 수령의 역할, 프로레타리아독재체계에서 수령, 당, 계급, 대중의 호상관계에 관한 리론은 로동계급의 혁명사상의 진수를 고수발전시키고 로동계급의 당건설리론의 과학적기초를 밝혀준 탁월한 혁명사상이다.

당의 유일사상체계를 세울데 관한 경애하는 수령 김일성동지의 사상에서 중요한 것은 다음으로 그것의 수립을 위한 원칙적방도를 전면적으로 밝힌 창조적사상이다. 당의 유일사상체계를 세우기 위한 원칙적방도는 첫째로 수령님의 혁명사상, 당의 유일사상으로 교양사업을 강화하는것이다. 경애하는 수령 김일성동지께서는 우리의 모든 당원들과 근로자들을 당의 정책, 우리의 사상으로 무장시키기 위한 사업을 실속있게 진행하여 그들이 어떤 풍파속에서도 조금도 동요함이 없이 당을 목숨으로 보위하도록 하여야 한다고 가르치시였다.

전당과 전체 근로자들을 수령의 혁명사상, 당의 유일사상으로 튼튼히 무장시키는 것은 가장 선차적이며 근본적인 의의를 가진다. 모든 당원들과 근로자들이 수령의 혁명사상, 당의 유일사상으로 튼튼히 무장하고 그것을 자기의 뼈와 살로 만들어야만 당의 사상의지의 완전하고도 무조건적인 통일을 이룩할수 있으며 전당과 전사회에 수령의 사상외에는 그어떤 다른 사상도 모른다는 확고한 신념이 꽉 들어차게 할수 있다. 당의 유일사상으로 튼튼히 무장시키는데서 결정적의의를 가지는 것은 당정책교양과 혁명전통교양을 백방으로 강화하는 것이다.

당의 유일사상체계를 세우기 위한 원칙적방도는 둘째로 수령의 교시와 당정책을 관철하기 위한 실천투쟁을 강화하는것이다. 경애하는 수령 김일성동지께서는 당과 수령에게 진정으로 충실하려면 당과 수령이 내놓은 정책들을 심장으로 받들고 그것을 자기의 뼈와 살로 만들어 자기 사업의 지침으로 삼으며 조선혁명의 완성을 위하여 완강하게 투쟁하여야 한다고 가르치시였다.

수령에 대한 충실성, 당에 대한 충실성은 말로써가 아니라 실지행동에서 나타나야 한다. 수령의 교시와 당정책을 심장으로 받아들이며 그것을 관철하기 위하여 물불을 가리지 않고 투쟁하는 사람만이 당의 유일사상체계가 튼튼히 선 사람이다. 그러므로 당의 유일사상체계를 튼튼히 세우기 위해서는 당의 유일사상으로 무장하는 사업과 함께 전당에 수령의 교시와 당정책을 견결히 옹호하고 끝까지 관철하는 혁명적기풍을 철저히 확립해야 한다. 수령의 교시와 당정책을 무조건접수하는 혁명적기풍을 확립하며 온갖 애로와 난관을 용감하게 극복하고 그것을 끝까지 관철하며 온갖 반당적, 반동적 사상을 반대하여 견결히 투쟁하면서 수령의 교시와 당정책을 철저히 옹호하는것이 중요하다.

당의 유일사상체계를 세우기 위한 원칙적방도는 셋째로 수령의 사상과 어긋나는 온갖 반당적, 반동적 사상을 반대하여 견결히 투쟁하는것이다. 경애하는 수령 김일성동지께서는 당의 유일사상으로 무장하기 위해서는 사대주의, 수정주의, 좌경모험주의, 자본주의, 봉건주의 사상 등 온갖 잡탕사상과 강하게 투쟁해야 한다고 가르치시였다.

당의 적대적사상조류와 불건전한 사상요소들을 반대하는 투쟁을 통해서만 공고발전될수 있다. 이것은 로동계급의 당발전의 일반적합법칙성이다. 당의 유일사상에 배치되는 부르죠아사상과 수정주의, 사대주의, 교조주의, 종파주의, 지방주의, 가족주의를 비롯한 온갖 불건전한 사상을 반대하여 견결히 투쟁함으로써만 당의 유일사상체계를 철저히 세워나갈수 있으며 당의 통일과 단결을 눈동자와 같이 고수하고 내외원쑤들의 침해로부터 당과 수령을 옹호보위할수 있다.

당의 유일사상체계를 세우기 위한 원칙적방도는 넷째로 전당, 전국가가 수령의 유일적령도밑에 움직이는 강한 조직규률을 확립하는 것이다.

경애하는 수령 김일성동지께서는 다음과 같이 교시하시였다.

《당의 참모부인 당중앙위원회의 지시와 결정에 의하여 전당이 한사람같이 한마음 한뜻으로 움직여야 합니다. … … 당원은 누구를 막론하고 전체 당원들의 의사를 대표하는 당중앙위원회의 지시를 어길 권리가 없습니다.》(《김일성저작선집》, 2권, 376폐지)

당은 로동계급의 전투적부대로서 강한 혁명적조직규률을 요구한다. 로동계급의 당안에서는 수령의 유일적령도에 어긋나는 비조직적, 비규률적 경향의 그 어떤 사소한 표현도 절대로 허용할수 없다. 로동계급의 당과 국가의 혁명적 규률과 질서는 오직 하나의 조직류률, 다시말하여 전당과 국가가 수령의 유일적령도밑에 하나와 같이 움직이도록 하는 강한 조직규률에 의해서만 확고히 담보될수 있으며 바로 이렇게 될때 전당과 전사회에 당의 유일사상체계가 철저히 섯다고 말할수 있다. 전당, 전국가가 수령의 유일적령도밑에 강한 조직규률을 세우기 위해서는 모든 간부들과·당원들이 수령의 령도에 철저히 의거하고 수령의 령도밑에서 리탈하는 현상과 강한 투쟁을 벌려야 한다. 또한 수령의 교시와 당 및 국가 결정을 제때에 정확히 전달침투시키며 그것을 철저히 관철하도록 해야한다.

당의 유일사상체계를 세우기 위한 원칙적방도는 다섯째로 수령을 튼튼히 보위하기 위한 투쟁을 강화하는 것이다. 경애하는 수령 김일성동지께서는 모든 당원들은 자기 수령의 혁명사상으로 무장하고 당중앙의 주위에 굳게 뭉쳐 당의 통일과 단결을 눈동자와 같이 지켜야 하며 원쑤들의 온갖 공격과 비난으로부터 당과 수령을 믿음직하게 보위하여야 하며 그의 영향력과 위신을 백방으로 강화하여야 한다고 가르치시였다.

수령을 목숨으로 옹호보위하기 위한 투쟁을 강화하는것은 당의 유일사상체계를 세우기 위한 본질로부터 흘러나오는 절대적이며 무조건적인 요구이며 다른 모든 사업의 성과를 담보하는 결정적조건이다. 수령을 사상리론적으로, 목숨으로 보위하며 그이의 영향력과 위신을 백방으로 강화하며 수령의 권위와 위신을 헐뜯으려는 사소한 경향에 대해서도 제때에 비타협적인 투쟁을 벌려야 한다. 또한 수령의 교시와 개별적 간부들의 지시를 혼동하지 말고 개별적 간부들에게 환상을 가지거나 아부아첨하지말며 오직 수령의 교시대로만 사고하고 행동해야 한다.

당의 유일사상체계를 세우기 위한 원칙적방도는 마지막으로 이 사업을 끊임없이 심화발전시키며 대를 이어가면서 당의 유일사상체계를 확고히 세우도록 하는것이다. 경애하는 수령 김일성동지께서는 우리는 근로자들을 우리 당의 사상, 우리 당의 정책으로 철저히 무장시켜 그 어떤 바람이 불어도 동요없이 당을 진심을로 받들고 견결히 옹호하도록 하며 우리의 후대들도 우리의 사상을 계승하고 우리가 내세운 혁명위업을 완수하기 위하여 끝까지 투쟁하도록 하여야 한다고 가르치시였다.

당의 유일사상체계를 세우는 사업을 계속 심화시켜야 우리의 혁명을 계속 전진시킬수 있으며 전사회에 당의 유일사상이 꽉 들어차게 함으로써만 혁며의 새로운 승록할수 있다. 또한 대를 이어가면서 당의 유일사상체계를 확고히 세워야 혁명의 종국적승리를 이룩할수 있다. 당의 유일사상체계를 세울데 관한 혁명의 위대한 수령 김일성동지의 사상은 로동계급의 혁명위업과 로동계급의 혁명리론 발전에 불멸의 공헌을 한 탁월한 사상이다. 이 사상은 무엇보다먼저 로동계급의 력사적위업의 종국적승리를 확고히 담보하는 리론실천적무기를 안겨준 위대한 사상이다. 수령님께서 창시하신 이 사상에 의하여 로동계급은 자기의 계급적전위대인 당을 불패의 조직으로 튼튼히 꾸리고 대중과의 혈연적련계를 튼튼히 하게 되었으며 따라서 혁명력량을 비상히 강화할수 있게 되었다. 이 사상은 다음으로 당에 관한 로동계급의 혁명리론, 특히 수령의 역할에 관한 리론을 리론적기초로 하는 로동계급의 당건설리론을 과학저그로 체계화함으로써 로동계급의 혁명리론을 새로운 높은 단계에로 발전풍부화시키고 당건설분야에서 온갖 기회주의적견해를 짓부셔버리고 로동계급의 혁명사상의 순결성을 고수한 위대한 혁명사상이다. (끝)

〈부록 2〉 「당의 유일사상체계확립의 10대원칙」(1974년)[1]

당의 유일사상체계확립의 10대원칙

1. 위대한 수령 김일성동지의 혁명사상으로 온 사회를 일색화하기 위하여 몸바쳐 투쟁하여야 한다.

　수령님의 혁명 사상으로 온 사회를 일색화하는것은 우리 당의 최고 강령이며 당의 유일사상체계를 세우는 사업의 새로운 높은 단계이다.

　1) 당의 유일사상체계를 세우는 사업을 끊임없이 심화시키며 대를 이어 계속해 나가야 한다.

　2) 위대한 수령 김일성동지께서 창건하신 우리 당을 영원히 영광스러운 김일성 동지의 당으로 강화 발전시켜 나가야 한다.

　3) 위대한 수령 김일성 동지께서 세우신 프로레타리아 독재정권과 사회주의제 도를 튼튼히 보위하고 공고발전시키기 위하여 헌신적으로 투쟁하여야 한다.

　4) 주체사상의 위대한 혁명적 기치를 높이 들고 조국 통일과 혁명의 전국적 승 리를 위하여, 우리 나라에서의 사회주의, 공산주의 위업의 완성을 위하여 모 든 것을 다 바쳐 투쟁하여야 한다.

　5) 전세계에서의 주체사상의 승리를 위하여 끝까지 싸워나가야 한다.

2. 위대한 수령 김일성동지를 충성으로 높이 우러러모셔야 한다.

　위대한 수령 김일성동지를 높이 우러러 모시는 것은 수령님께 끝없이 충직한 혁명전사들의 가장 숭고한 의무이며 수령님을 높이 우러러 모시는 여기에 우리 조국의 끝없는 영예와 우리 인민의 영원한 행복이 있다.

---

1 「유일사상체계10대원칙」은 김정일의 연설에 포함되어 발표되었다. 원래 북한이 발표한 정확 한 명칭은 「당의 유일사상체계확립의 10대원칙」이다. '김일성' 글자는 모두 원전에서 좀 더 큰 활자로 굵게 표시되어 있다. 김정일, 「전당과 온 사회에 유일사상체계를 더욱 튼튼히 세 우자, 중앙 당 및 국가, 경제기관, 근로단체, 인민무력, 사회안전, 과학, 교육, 문화예술, 출 판보도부 문 일군들 앞에서 한 연설(1974.4.14)」, 『김정일전집 23』, 평양: 조선로동당 출판 사, 2018, 247~263쪽.

1) 혁명의 영재이시며 민족의 태양이시며 전설적 영웅이신 위대한 김일성동지를 수령으로 모시고 있는것을 최대의 행복, 최고의 영예로 여기고 수령님을 끝없이 존경하고 흠모하여 영원히 높이 우러러 모셔야 한다.

2) 한순간을 살아도 오직 수령님을 위하여 살고 수령님을 위하여서는 청춘도 생명도 기꺼이 바치며 어떤 역경 속에서도 수령님에 대한 충성의 한 마음을 변함 없이 간직하여야 한다.

3) 위대한 수령 김일성동지께서 가리키시는 길은 곧 승리와 영광의 길이라는 것을 굳게 믿고 수령님께 모든 운명을 전적으로 위탁하며 수령님의 영도 따라 나아가는 길에서도 못해 낼 일이 없다는 철석같은 신념을 가지고 수령님께서 이끄시는 혁명 위업에 몸과 마음을 다 바쳐야 한다.

3. 위대한 수령 김일성동지의 권위를 절대화하여야 한다.

위대한 수령 김일성 동지의 권위를 절대화하는 것은 우리 혁명의 지상의 요구이며 우리 당과 인민의 혁명적 의지이다.

1) 위대한 수령 김일성 동지밖에는 그 누구도 모른다는 확고한 입장과 관점을 가져야 한다.

2) 위대한 수령 김일성 동지를 정치 사상적으로 옹호하며 목숨으로 사수하여야 한다.

3) 경애하는 수령 김일성 동지의 위대성을 내외에 널리 선전하여야 한다.

4) 위대한 수령 김일성 동지의 절대적인 권위와 위신을 백방으로 옹호하며 현대 수정주의와 온갖 원쑤들의 공격과 비난으로부터 수령님을 견결히 보위하여야 한다.

5) 위대한 수령 김일성 동지의 권위와 위신을 훼손시키려는 자그마한 요소도 비상사건화하여 그와 비타협적인 투쟁을 벌여야 한다.

6) 경애하는 수령 김일성 동지의 초상화, 석고상, 동상, 초상 휘장, 수령님의 초상화를 모신 출판물, 수령님을 형상한 미술 작품, 수령님의 현지 교시판, 당의 기본구호들을 정중히 모시고 다루며 철저히 보위하여야 한다.

7) 경애하는 수령 김일성 동지의 위대한 혁명력사와 투쟁 업적이 깃들어 있는

혁명전적지, 혁명사적지, 당의 유일사상교양의 거점인 '김일성동지혁명사적관'과 '김일성동지혁명 사상연구실'을 정중히 꾸리고 잘 관리하며 철저히 보위하여야 한다.

4. 위대한 수령 김일성동지의 혁명 사상을 신념으로 삼고 수령님의 교시를 신조화하여야 한다.

위대한 수령 김일성 동지의 혁명 사상을 확고한 신념으로 삼고 수령님의 교시를 신조화하는 것은 수령님께 끝없이 충직한 주체형의 공산주의 혁명가가 되기 위한 가장 중요한 요구이며 혁명 투쟁과 건설사업의 승리를 위한 선결 조건이다.

1) 위대한 수령 김일성동지의 혁명사상, 주체사상을 자기의 뼈와 살로, 유일한 신념으로 만들어야 한다.

2) 위대한 수령 김일성 동지의 교시를 모든 사업과 생활의 확고한 지침으로, 철석같은 신조로 삼아야 한다.

3) 위대한 수령 김일성 동지의 교시를 무조건 접수하고 그것을 자로 하여 모든것을 재여보며 수령님의 사상의지대로만 사고하고 행동하여야 한다.

4) 위대한 수령 김일성동지의 로작들과 교시들, 수령님의 영광 찬란한 혁명력사를 체계적으로, 전면적으로 깊이 연구 체득하여야 한다.

5) 위대한 수령 김일성동지의 혁명 사상을 배우는 학습회, 강연회, 강습을 비롯한 집체 학습에 빠짐없이 성실히 참가하며 매일 2시간 이상 학습하는 규률을 철저히 세우고 학습을 생활화, 습성화하며 학습을 게을리하거나 방해하는 현상을 반대하여 적극 투쟁하여야 한다.

6) 위대한 수령 김일성 동지의 교시침투체계를 철저히 세우고 수령님의 교시와 당의 의도를 제때에 정확히 전달 침투하여야 하며 왜곡 전달하거나 자기 말로 전달하는 일이 없어야 한다.

7) 보고, 토론, 강연을 하거나 출판물에 실릴 글을 쓸 때에는 언제나 수령님의 교시를 정중히 인용하고 그에 기초하여 내용을 전개하며 그와 어긋나게 말하거나 글을 쓰는 일이 없어야 한다.

8) 위대한 수령 김일성 동지의 교시와 개별적 간부들의 지시를 엄격히 구별하

며 개별적 간부들의 지시에 대하여서는 수령님의 교시에 맞는가 맞지 않는가를 따져 보고 조금이라도 어긋날 때에는 즉시 문제를 세우고 투쟁하여야 하며 개별적 간부들의 발언 내용을《결론》이요,《지시》요 하면서 조직적으로 전달하거나 집체적으로 토의하는 일이 없어야 한다.

9) 위대한 수령 김일성 동지의 교시와 당정책에 대하여 시비 중상하거나 반대하는 반당적인 행동에 대하여서는 추호도 융화묵과하지 말고 견결히 투쟁하여야 한다.

10) 위대한 수령 김일성 동지의 혁명 사상과 어긋나는 자본주의 사상, 봉건유교사상, 수정주의, 교조주의, 사대주의를 비롯한 온갖 반당적, 반혁명적 사상 조류를 반대하여 날카롭게 투쟁하며 수령님의 혁명 사상, 주체사상의 순결성을 철저히 고수하여야 한다.

5. 위대한 수령 김일성동지의 교시집행에서 무조건성의 원칙을 철저히 지켜야 한다. 위대한 수령 김일성 동지의 교시를 무조건 집행하는 것은 수령님에 대한 충실성의 기본요구이며 혁명 투쟁과 건설 사업의 승리를 위한 결정적 조건이다.

1) 위대한 수령 김일성 동지의 교시를 곧 법으로, 지상의 명령으로 여기고 사소한 리유와 구실도 없이 무한한 헌신성과 희생성을 발휘하여 무조건 철저히 관철하여야 한다.

2) 경애하는 수령 김일성 동지의 심려를 덜어 드리는 것을 최상의 영예로, 신성한 의무로 간주하고 모든 것을 다 바쳐 투쟁하여야 한다.

3) 위대한 수령 김일성 동지의 교시를 관철하기 위한 창발적 의견들을 충분히 제기하며 일단 수령님께서 결론하신 문제에 대해서는 중앙 집권제 원칙에 따라 자그마한 드팀도 없이 정확히 집행하여야 한다.

4) 위대한 수령 김일성 동지의 교시와 당정책을 접수하면 곧 집체적으로 토의하여 옳은 집행 대책과 구체적인 계획을 세우고 조직정치사업을 짜고들며 속도전을 벌여 제때에 철저히 집행하여야 한다.

5) 위대한 수령 김일성 동지의 교시 집행 대장을 만들어 놓고 교시 집행 정형을 정상적으로 총화하고 재포치하는 사업을 끊임없이 심화시켜 교시를 중도반

단함이 없이 끝까지 관철하여야 한다.

6) 경애하는 수령 김일성동지의 교시를 말로만 접수하고 집행을 태공하는 현상, 무책임하고 주인답지 못한 태도, 요령주의, 형식주의, 보신주의를 비롯한 온갖 불건전한 현상을 반대하여 적극 투쟁하여야 한다.

6. 위대한 수령 김일성동지를 중심으로 하는 전당의 사상의지적통일과 혁명적 단결을 강화하여야 한다.

전당의 강철같은 통일 단결은 당의 불패의 힘의 원천이며 혁명승리의 확고한 담보이다.

1) 위대한 수령 김일성 동지를 중심으로 하는 전당의 사상의지적통일을 눈동자와 같이 지키고 더욱 튼튼히 다져 나가야 한다.

2) 모든 단위, 모든 초소에서 수령님에 대한 충실성에 기초하여 혁명적 동지애를 높이 발양하며 대렬의 사상의지적단결을 강화하여야 한다.

3) 위대한 수령 김일성 동지에 대한 충실성을 척도로 하여 모든 사람들을 평가하고 원칙적으로 대하여 수령님께 불충실하고 당의 유일사상체계와 어긋나게 행동하는 사람에 대해서는 직위와 공로에 관계없이 날카로운 투쟁을 벌여야 한다.

4) 개별적 간부들에 대하여 환상을 가지거나 아부아첨하며 개별적 간부들을 우상화하거나 무원칙하게 내세우는 현상을 철저히 반대하여야 하며 간부들이 선물을 주고 받는 현상을 없애야 한다.

5) 당의 통일 단결을 파괴하고 좀먹는 종파주의, 지방주의, 가족주의를 비롯한 온갖 반당적 사상 요소를 반대하여 견결히 투쟁하며 그 사소한 표현도 절대로 묵과하지 말고 철저히 극복하여야 한다.

7. 위대한 수령 김일성동지를 따라배워 공산주의적 풍모와 혁명적 사업방법, 인민적 사업작풍을 소유하여야 한다.

위대한 수령 김일성 동지께서 지니신 고매한 공산주의적 풍모와 혁명적 사업방법, 인민적 사업 작풍을 따라 배우는 것은 모든 당원들과 근로자들의 신성한 의무이며 수령님의 혁명 전사로서의 영예로운 사명을 다하기 위한 필수적 요구이다.

1) 당의 로동계급과 인민의 리익을 첫 자리에 놓고 그것을 위하여 모든것을 다 바쳐, 투쟁하는 높은 당성, 로동계급성, 인민성을 소유하여야 한다.

2) 계급적 원쑤들에 대한 비타협적 투쟁 정신과 확고한 혁명적 원칙성, 불요불굴의 혁명 정신과 필승의 신념을 가지고 혁명의 한길로 억세게 싸워 나가야 한다.

3) 혁명의 주인다운 태도를 가지고 자력갱생의 혁명 정신을 높이 발휘하여 모든 일을 책임적으로 알뜰하고 깐지게 하며 부닥치는 난관을 자체의 힘으로 뚫고 나가야 한다.

4) 로쇠와 침체, 안일과 해이를 반대하고 왕성한 투지와 패기와 정열에 넘쳐 언제나 긴장하게 전투적으로 일하며, 소극과 보수를 배격하고 모든 사업을 대담하고 통이 크게 벌려 나가야 한다.

5) 혁명적군중관점을 튼튼히 세우고 청산리정신, 청산리방법을 철저히 관철하며 대중속에 깊이 들어가 대중을 가르치고 대중에게서 배우며 대중과 생사고락을 같이하여야 한다.

6) 이신작칙의 혁명적 기풍을 발휘하며 어렵고 힘든 일에 언제나 앞장서야 한다.

7) 사업과 생활에서 항상 검박하고 겸손하며 소탈한 품성을 소유하여야 한다.

8) 관료주의, 주관주의, 형식주의, 본위주의를 비롯한 낡은 사업 방법과 작풍을 철저히 배격하여야 한다.

8. 위대한 수령 김일성동지께서 안겨 주신 정치적 생명을 귀중히 간직하며 수령님의 크나큰 정치적신임과 배려에 높은 정치적자각과 기술로써 충성으로 보답하여야 한다.

위대한 수령 김일성 동지께서 안겨 주신 정치적생명을 지닌 것은 우리의 가장 높은 영예이며 수령님의 정치적 신임에 충성으로 보답하는 여기에 정치적생명을 빛내여 나가는 참된 길이 있다.

1) 정치적생명을 제일생명으로 여기고 생명의 마지막 순간까지 자기의 정치적

신념과 혁명적지조를 굽히지 말며 정치적생명을 위해서는 육체적생명을 초개와 같이 바칠줄 알아야 한다.

2) 혁명 조직을 귀중히 여기고 개인의 리익을 조직의 리익에 복종시키며 집단주의 정신을 높이 발휘하여야 한다.

3) 조직 생활에 자각적으로 참가하며 사업과 생활을 정규화, 규범화하여야 한다.

4) 조직의 결정과 위임 분공을 제때에 성실히 수행하여야 한다.

5) 조직생활총화에 적극 참가하여 수령님의 교시와 당정책을 자로 하여 자기의 사업과 생활을 높은 정치사상적 수준에서 검토 총화하며 비판의 방법으로 사상투쟁을 벌이고 사상투쟁을 통하여 혁명적으로 단련하고 끊임없이 개조해 나가야 한다.

6) 혁명 과업 수행에 투신하고 로동에 성실히 참가하며 혁명적 실천과정을 통하여 혁명화를 다그쳐야 한다.

7) 가장 고귀한 정치적생명을 안겨 주신 수령님의 크나큰 정치적 신임과 배려에 충성으로 보답하기 위하여 높은 치적 열성을 발휘하며 정치리론수준과 기술실무수준을 높여 언제나 수령님께서 맡겨 주신 혁명임무를 훌륭히 수행하여야 한다.

9. 위대한 수령 김일성동지의 유일적령도밑에 전당, 전국, 전군이 한결같이 움직이는 강한 조직규률을 세워야 한다.

위대한 수령 김일성 동지의 유일적령도체계를 튼튼히 세우는 것은 당을 조직사상적으로 강화하고 당의 령도적 역할과 전투적 기능을 높이기 위한 근본 요구이며 혁명과 건설의 승리를 위한 확고한 담보이다.

1) 위대한 수령 김일성동지의 혁명사상을 유일한 지도적지침으로 하여 혁명과 건설을 수행하며 수령님의 교시와 명령, 지시에 따라 전당, 전국, 전군이 하나와 같이 움직이는 수령님의 유일적령도체계를 철저히 세워야 한다.

2) 모든 사업을 수령님의 유일적령도체계에 의거하여 조직 진행하며 정책적 문제들은 수령님의 교시와 당중앙의 결론에 의해서만 처리하는 강한 혁명적 질서와 규률을 세워야 한다.

3) 모든 부문, 모든 단위에서 혁명 투쟁과 건설 사업에 대한 당의 령도를 확고히 보장하며 국가, 경제기관 및 근로단체 일군들은 당에 철저히 의거하고 당의 지도 밑에 모든 사업을 조직 집행해 나가야 한다.

4) 위대한 수령 김일성 동지의 교시를 관철하기 위한 당과 국가의 결정, 지시를 정확히 집행하여야 하며 그것을 그릇되게 해석하고 변경시키거나 그 집행을 어기는 현상과는 강하게 투쟁하며 국가의 법규범과 규정들을 자각적으로 엄격히 지켜야 한다.

5) 개별적 간부들이 아래 단위의 당, 정권 기관 및 근로 단체의 조직적인 회의를 자의대로 소집하거나 회의에서 자의대로 《결론》하며 조직적인 승인 없이 당의 구호를 마음대로 떼거나 만들어 붙이며 당중앙의 승인없이 사회적 운동을 위한 조직을 내오는 것과 같은 일체 비조직적인 현상들을 허용하지 말아야 한다.

6) 개별적 간부들이 월권 행위를 하거나 직권을 람용하는 것과 같은 온갖 비원칙적인 현상들을 반대하여 적극 투쟁하여야 한다.

7) 위대한 수령 김일성동지에 대한 충실성을 기본 척도로 하여 간부들을 평가하고 선발 배치하여야 하며 친척, 친우, 동향, 동창, 사제관계와 같은 정실, 안면관계에 의하여 간부 문제를 처리하거나 개별적 간부들이 제멋대로 간부들을 떼고 등용하는 행동에 대하여서는 묵과하지 말고 강하게 투쟁하며 간부 사업에서 제정된 질서와 당적규률을 철저히 지켜야 한다.

8) 당, 국가 및 군사 기밀을 엄격히 지키며 비밀을 루설하는 현상들을 반대하여 날카롭게 투쟁하여야 한다.

9) 당의 유일사상체계와 당의 유일적지도체계에 어긋나는 비조직적이며 무규률적인 현상에 대하여서는 큰 문제이건 작은 문제이건 제때에 당중앙위원회에 이르기까지 당 조직에 보고하여야 한다.

10. 위대한 수령 김일성동지께서 개척하신 혁명위업을 대를 이어 끝까지 계승하며 완성하여 나가야 한다.

당의 유일적지도체계를 확고히 세우는 것은 위대한 수령님의 혁명 위업을 고수하고 빛나게 계승 발전시키며 우리 혁명 위업의 종국적 승리를 이룩하기 위한 결정적 담보이다.

1) 전당과 온 사회에 유일사상체계를 철저히 세우며 수령님께서 개척하신 혁명 위업을 대를 이어 빛나게 완수하기 위하여 수령님의 령도밑에 당중앙의 유일적지도체계를 확고히 세워야 한다.

2) 위대한 수령 김일성 동지께서 항일혁명투쟁 시기에 이룩하신 영광스러운 혁명 전통을 고수하고 영원히 계승 발전시키며 혁명전통을 헐뜯거나 말살하려는 반당적행동에 대해서는 그 자그마한 표현도 반대하여 견결히 투쟁하여야 한다.

3) 당중앙의 유일적지도체계와 어긋나는 사소한 현상과 요소에 대해서도 묵과하지 말고 비타협적으로 투쟁하여야 한다.

4) 자신뿐 아니라 온 가족과 후대들도 위대한 수령님을 우러러 모시고 수령님께 충성 다하며 당중앙의 유일적지도에 끝없이 충실하도록 하여야 한다.

5) 당중앙의 권위를 백방으로 보장하며 당중앙을 목숨으로 사수하여야 한다. 모든 당원들과 근로자들은 당의 유일사상체계를 확고히 세움으로써 누구나 다 위대한 수령 김일성 동지께 끝없이 충직한 근위대, 결사대가 되어야 하며 수령님께서 가리키시는 길을 따라 혁명위업을 끝까지 완성해 나가야 한다.

〈부록 3〉 「당의 유일적령도체계확립의 10대원칙」(2013년)[1]

당의 유일적령도체계확립의 10대원칙

1. 온 사회를 김일성-김정일주의화하기위하여 몸바쳐 투쟁하여야 한다.

　온 사회를 김일성-김정일주의화하는 것은 우리 당의 최고강령이며 당의 유일적
령도체계를 세우는 사업의 총적목표이다.

　1) 위대한 김일성-김정일주의를 우리 당과 혁명의 영원한 지도사상으로 확고히
　　틀어쥐고 나가야 한다.

　2) 위대한 김일성동지께서 창건하시고 김일성동지와 김정일동지께서 령도하여
　　오신 우리 당과 국가, 군대를 영원히 김일성, 김정일동지의 당과 국가, 군대
　　로 강화발전시켜나가야 한다.

　3) 위대한 김일성동지께서 세우시고 수령님과 장군님께서 빛내여주신 가장 우
　　월한 우리의 사회주의제도를 튼튼히 보위하고 공고발전시키기 위하여 헌신
　　적으로 투쟁하여야 한다.

　4) 주체사상의 기치, 자주의 기치를 높이 들고 조국통일과 혁명의 전국적승리
　　를 위하여, 주체혁명위업의 완성을 위하여 적극 투쟁하여야 한다.

　5) 전세계에서의 주체사상의 승리를 위하여 끝까지 싸워나가야 한다.

2. 위대한 김일성동지와 김정일동지를 우리 당과 인민의 영원한 수령으로, 주체의
태양으로 높이 받들어모셔야 한다.

　위대한 김일성동지와 김정일동지를 우리 당과 인민의 영원한 수령으로, 주체의
태양으로 높이 받들어모시는 것은 수령님의 후손, 장군님의 전사, 제자들의 가
장 숭고한 의무이며 위대한 수령님과 장군님을 영원히 높이 받들어모시는 여기
에 김일성민족, 김정일조선의 무궁한 번영이 있다.

---

[1]　2013년에 개정된 「유일사상체계10대원칙」의 정식 명칭은 「당의 유일적령도체계확립의 10대
　　원칙」이다. 『北韓法令集』 上, 국가정보원, 2024, 73~80쪽, https://www.nis.go.kr:4016/
　　AF/1_2_1.do.

1) 위대한 김일성동지를 우리 혁명의 영원한 수령으로, 공화국의 영원한 주석으로 높이 받들어모셔야 한다.

2) 위대한 김정일동지를 조선로동당의 영원한 총비서로, 우리 공화국의 영원한 국방위원회위원장으로 높이 받들어모셔야 한다.

3) 위대한 김일성동지와 김정일동지께서 영생의 모습으로 계시는 금수산태양궁전을 영원한 태양의 성지로 훌륭히 꾸리고 결사보위하여야 한다.

4) 《위대한 김일성동지와 김정일동지는 영원히 우리와 함께 계신다》는 신념의 구호를 높이 들고 언제나 수령님과 장군님의 태양의 모습을 심장속에 간직하고 살며 투쟁하여야 한다.

5) 위대한 김일성동지와 김정일동지께서 쌓아올리신 불멸의 혁명업적을 견결히 옹호고수하고 길이 빛내여나가야 한다.

3. 위대한 김일성동지와 김정일동지의 권위, 당의 권위를 절대화하며 결사옹위하여야 한다.

위대한 김일성동지와 김정일동지의 권위, 당의 권위를 절대화하며 결사옹위하는 것은 우리 혁명의 지상의 요구이며 우리 군대와 인민의 혁명적의지이다.

1) 위대한 김일성동지, 김정일동지와 우리 당밖에는 그 누구도 모른다는 확고한 관점과 립장을 가져야 한다.

2) 위대한 김일성동지와 김정일동지의 권위, 당의 권위와 위대성을 견결히 옹호하며 내외에 널리 선전하여야 한다.

3) 위대한 김일성동지와 김정일동지의 권위, 당의 권위를 훼손시키려는 자그마한 요소도 절대로 융화묵과하지 말고 비상사건화하여 비타협적인 투쟁을 벌리며 온갖 계급적원쑤들의 공격과 비난으로부터 수령님과 장군님의 권위, 당의 권위를 백방으로 옹호하여야 한다.

4) 백두산절세위인들의 초상화, 석고상, 동상, 초상휘장, 영상을 모신 작품과 출판선전물, 현지교시판과 말씀판, 영생탑, 당의 기본구호들을 정중히 모시고 철저히 보위하여야 한다.

5) 백두산절세위인들의 위대한 혁명력사와 투쟁업적이 깃들어있는 혁명전적지

와 혁명사적지, 혁명사적비와 표식비, 혁명박물관과 혁명사적관, 김일성-김정일주의 연구실을 정중히 꾸리고 잘 관리하며 철저히 보위하여야 한다.

6) 위대한 김일성동지, 김정일동지와 당의 령도업적이 깃들어있는 단위들을 잘 꾸리고 령도업적을 빛내이기 위한 사업을 잘해나가야 한다.

4. 위대한 김일성동지와 김정일동지의 혁명사상과 그 구현인 당의 로선과 정책으로 철저히 무장하여야 한다.

위대한 김일성동지와 김정일동지의 혁명사상과 그 구현인 당의 로선과 정책으로 철저히 무장하는 것은 참다운 김일성-김정일주의자가 되기 위한 가장 중요한 요구이며 주체혁명위업, 선군혁명위업의 승리를 위한 선결조건이다.

1) 위대한 김일성-김정일주의를 자기의 뼈와 살로, 확고부동한 신념으로 만들어야 한다.

2) 위대한 김일성동지의 교시와 김정일동지의 말씀, 당의 로선과 정책을 사업과 생활의 지침으로, 신조로 삼으며 그것을 자로하여 모든것을 재여보고 언제 어디서나 그 요구대로 사고하고 행동하여야 한다.

3) 위대한 김일성동지와 김정일동지의 로작과 당문헌, 백두산절세위인들의 혁명력사를 체계적으로, 전면적으로 깊이 연구체득하여야 한다.

4) 위대한 김일성-김정일주의로 무장하기 위한 학습회, 강연회를 비롯한 집체학습에 빠짐없이 성실히 참가하고 학습을 생활화, 습성화하며 학습을 게을리하거나 방해하는 현상을 반대하여 적극 투쟁하여야 한다.

5) 당문헌전달침투체계를 철저히 세우고 당의 사상과 로선, 방침들을 제때에 정확히 전달침투하여야 하며 외곡전달하거나 자기 말로 전달하는 일이 없어야 한다.

6) 보고, 토론, 강연을 하거나 출판물에 실릴 글을 쓸때에는 언제나 수령님의 교시와 장군님의 말씀, 당문헌을 정중히 인용하고 그에 기초하여 내용을 전개하며 그와 어긋나게 말하거나 글을 쓰는 일이 없어야 한다.

7) 당의 방침과 지시를 개별적간부들의 지시와 엄격히 구별하며 개별적간부들의 지시에 대하여서는 당의 방침과 지시에 맞는가 맞지않는가를 따져보고

원칙적으로 대하며 개별적간부들의 발언내용을 《결론》이요, 《지시》요 하면서 조직적으로 전달하거나 집체적으로 토의하는 일이 없어야 한다.

8) 우리 당의 혁명사상, 당의 로선과 정책에 대하여 시비중상하거나 반대하는 반당적인 행위에 대하여서는 추호도 융화묵과하지 말아야 하며 부르죠아사상, 사대주의사상을 비롯한 온갖 반당적, 반혁명적사상조류를 반대하여 날카롭게 투쟁하며 김일성-김정일주의의 진리성과 순결성을 철저히 고수하여야 한다.

5. 위대한 김일성동지와 김정일동지의 유훈, 당의 로선과 방침관철에서 무조건성의 원칙을 철저히 지켜야 한다.

위대한 수령님과 장군님의 유훈, 당의 로선과 방침을 무조건 철저히 관철하는 것은 당과 수령에 대한 충실성의 기본요구이며 사회주의강성국가건설의 승리를 위한 결정적조건이다.

1) 위대한 수령님과 장군님의 유훈, 당의 로선과 방침, 지시를 곧 법으로, 지상의 명령으로 여기고 사소한 리유와 구실도 없이 무한한 헌신성과 희생성을 발휘하여 무조건 철저히 관철하여야 한다.

2) 위대한 수령님과 장군님의 유훈, 당의 로선과 방침, 지시를 관철하기위한 창발적의견들을 충분히 제기하며 일단 당에서 결론한 문제에 대해서는 한치의 드팀도 없이 제때에 정확히 집행하여야 한다.

3) 당의 로선과 방침, 지시를 즉시에 접수하고 집행대책을 세우며 조직정치사업을 짜고들어 즉시에 집행하고 보고하는 결사관철의 기풍을 세워야 한다.

4) 당의 로선과 방침, 지시집행정형을 정상적으로 총화하고 재포치하는 사업을 끊임없이 심화시켜 당의 로선과 방침, 지시를 중도반단함이 없이 끝까지 관철하여야 한다.

5) 당문헌과 방침, 지시를 말로만 접수하고 그 집행을 태공하는 현상, 당정책집행에서 무책임하고 주인답지 못한 태도, 요령주의, 보신주의, 패배주의를 비롯한 온갖 불건전한 현상을 반대하여 적극 투쟁하여야 한다.

6. 령도자를 중심으로 하는 전당의 사상의지적통일과 혁명적단결을 백방으로 강화하여야 한다.

령도자를 중심으로 하는 강철같은 통일단결은 당의 생명이고 불패의 힘의 원천이며 혁명승리의 확고한 담보이다.

1) 령도자를 중심으로 하는 전당의 사상의지적통일과 혁명적단결을 눈동자와 같이 지키고 더욱 튼튼히 다져나가야 한다.

2) 당과 수령에 대한 충실성에 기초하여 혁명적동지애를 높이 발양하며 온사회를 령도자와 사상과 뜻과 정을 같이하는 하나의 대가정으로 만들어야 한다.

3) 당과 수령에 대한 충실성을 척도로 하여 모든 사람들을 평가하고 원칙적으로 대하며 당에 불충실하고 당의 유일적령도체계와 어긋나게 행동하는 사람에 대해서는 직위와 공로에 관계없이 날카로운 투쟁을 벌려야 한다.

4) 개별적간부들에 대한 환상, 아부아첨, 우상화를 배격하며 개별적간부들의 직권에 눌리워 맹종맹동하거나 비원칙적으로 행동하는 현상을 철저히 없애야 한다.

5) 당의 통일단결을 파괴하고 좀먹는 종파주의, 지방주의, 가족주의를 비롯한 온갖 반당적요소와 동상이몽, 양봉음위하는 현상을 반대하여 견결히 투쟁하여야 한다.

7. 위대한 김일성동지와 김정일동지를 따라배워 고상한 정신도덕적풍모와 혁명적사업방법, 인민적사업작풍을 지녀야 한다.

위대한 김일성동지와 김정일동지께서 지니신 숭고한 사상정신적풍모와 혁명적사업방법, 인민적사업작풍을 따라배우는 것은 모든 일군들과 당원들과 근로자들의 신성한 의무이며 수령님식, 장군님식으로 사업하고 생활하기 위한 필수적요구이다.

1) 당과 혁명, 조국과 인민의 리익을 첫자리에 놓고 그것을 위하여 모든것을 다 바쳐 투쟁하는 높은 당성, 혁명성, 인민성을 지녀야 한다.

2) 당적, 계급적, 사회주의적원칙을 철저히 지키며 필승의 신념과 락관을 가지고 주체혁명의 한길로 억세게 싸워나가야 한다.

3) 혁명의 주인다운 태도를 가지고 자력갱생, 간고분투의 혁명정신을 높이 발휘하며 로쇠와 침체, 안일과 해이, 소극과 보수를 배격하고 왕성한 투지와 정열에 넘쳐 전투적으로 살며 모든 사업을 대담하고 통이 크게 벌려나가야 한다.

4) 창조적이고 진취적인 사업태도를 가지고 사업에서 높은 창발성을 발휘하며 이신작칙의 혁명적기풍을 발휘하며 어렵고 힘든 일의 앞장에서 돌파구를 열어나가야 한다.

5) 수령님식, 장군님식 인민관을 지니고 언제나 인민대중과 생사고락을 같이하며 무슨 일에서나 인민들의 편의를 최우선, 절대시하는 원칙을 견지하여야 한다.

6) 사업과 생활에서 언제나 겸손하고 청렴결백하며 고상한 도덕품성을 소유하여야 한다.

7) 세도와 관료주의, 주관주의, 형식주의, 본위주의를 비롯한 낡은 사업방법과 작풍을 철저히 없애야 한다.

8. 당과 수령이 안겨준 정치적생명을 귀중히 간직하며 당의 신임과 배려에 높은 정치적자각과 사업실적으로 보답하여야 한다.

당과 수령이 안겨준 정치적생명을 지닌것은 혁명전사의 가장 큰 영예이며 당과 수령의 신임과 배려에 높은 정치적자각과 사업실적으로 보답하는 여기에 고귀한 정치적생명을 빛내여나가는 참된길이 있다.

1) 정치적생명을 제일생명으로 여기고 생의 마지막순간까지 정치적신념과 혁명적지조를 굽히지 말며 정치적생명을 끝없이 빛내이기 위하여 몸과 마음을 다 바쳐야 한다.

2) 높은 조직관념을 가지고 조직생활에 자각적으로 참가하며 조직의 결정과 위임분공을 제때에 수행하며 집단주의정신을 높이 발휘하여야 한다.

3) 정치조직생활총화에 성실히 참가하여 자기의 사업과 생활을 높은 정치사상적수준에서 검토총화하며 비판의 방법으로 사상투쟁을 벌리고 사상투쟁을 통하여 혁명적으로 단련하고 끊임없이 개조해나가야 한다.

4) 김정일애국주의를 소중히 간직하고 혁명과업수행에 투신하며 혁명적실천
   과정을 통하여 혁명화를 다그쳐야 한다.

5) 가장 고귀한 정치적생명을 안겨준 당의 정치적신임에 사업실적으로 보답하
   기 위하여 혁명적열의를 높이 발휘하며 정치리론수준과 기술실무수준을 끊
   임없이 높여 당에서 맡겨준 혁명임무를 언제나 훌륭히 수행하여야 한다.

9. 당의 유일적령도밑에 전당, 전국, 전군이 하나와 같이 움직이는 강한 조직규률
   을 세워야 한다.

   당의 유일적령도밑에 전당, 전국, 전군이 하나와 같이 움직이는 강한 조직규률
   을 세우는 것은 당의 유일적령도체계확립의 중요한 요구이며 주체혁명위업, 선
   군혁명위업의 승리를 위한 결정적 담보이다.

   1) 위대한 김일성-김정일주의를 유일한 지도적지침으로 하여 혁명과 건설을 수
      행하며 당의 유일적령도밑에 전당, 전국, 전군이 하나와 같이 움직이는 엄격
      한 체계를 세워야 한다.

   2) 모든 사업을 당의 유일적령도밑에 조직진행하며 정책적문제들은 당중앙의
      결론에 의해서만 처리하는 강한 혁명적질서와 규률을 세워야 한다.

   3) 모든 부문, 모든 단위에서 혁명투쟁과 건설사업에 대한 당의 령도를 확고히
      보장하며 모든 기관들과 일군들은 당에 철저히 의거하고 당의 지도밑에 모
      든 사업을 조직집행해 나가야 한다.

   4) 당중앙의 구상과 의도를 실현하기 위한 당과 국가의 결정, 지시를 정확히 집
      행하여야 하며 그것을 그릇되게 해석하고 변경시키거나 그 집행을 태공하는
      현상과 강하게 투쟁하며 국가의 법규범과 규정들을 엄격히 지켜야 한다.

   5) 개별적간부들이 당, 정권기관 및 근로단체들의 조직적인 회의를 자의대로
      소집하거나 회의에서 당의 의도에 맞지 않게 《결론》하며 조직적인 승인없이
      당의 구호를 마음대로 떼거나 만들어 붙이며 사회적운동을 위한 조직을 내
      오는 것과 같은 비조직적인 현상들을 허용하지 말아야 한다.

   6) 개별적간부들이 월권행위를 하거나 직권을 람용하는 것과 같은 온갖 비원
      칙적인 현상을 반대하여 적극 투쟁하여야 한다.

7) 당에 대한 충실성과 실력을 기본척도로 하여 간부들을 평가하고 선발배치하여야 하며 친척, 친우, 동향, 동창, 사제관계와 같은 정실, 안면관계, 돈과 물건에 따라 간부문제를 처리하거나 개별적간부들이 제멋대로 간부들을 등용, 해임, 처벌하는 행위에 대하여서는 묵과하지 말고 강하게 투쟁하며 간부사업에서 당적원칙과 제정된 질서를 철저히 지켜야 한다.

8) 당, 국가, 군사비밀을 엄격히 지키며 비밀을 루설하는 현상을 반대하여 날카롭게 투쟁하여야 한다.

9) 당의 유일적령도체계에 어긋나는 비조직적이며 무규률적인 현상에 대하여서는 큰 문제이건 작은 문제이건 제때에 당중앙위원회에 이르기까지 각급 당조직에 보고하여야 한다.

10. 위대한 김일성동지께서 개척하시고 김일성동지와 김정일동지께서 이끌어오신 주체혁명위업, 선군혁명위업을 대를 이어 끝까지 계승완성하여야 한다.

위대한 김일성동지께서 개척하시고 수령님과 장군님께서 이끌어오신 주체혁명위업, 선군혁명위업을 대를 이어 끝까지 계승완성하는 것은 우리 당의 드팀없는 의지이며 모든 일군들과 당원들과 근로자들의 숭고한 의무이다.

1) 당의 유일적령도체계를 세우는 사업을 끊임없이 심화시키며 대를 이어 계속해나가야 한다.

2) 우리 당과 혁명의 명맥을 백두의 혈통으로 영원히 이어나가며 주체의 혁명전통을 끊임없이 계승발전시키고 그 순결성을 철저히 고수하여야 한다.

3) 당의 유일적령도체계를 세우는데 저해를 주는 사소한 현상과 요소에 대해서도 묵과하지 말고 견결히 투쟁하여야 한다.

4) 자신뿐아니라 온 가족과 후대들도 위대한 수령님과 장군님을 영원한 주체의 태양으로 높이 받들어모시고 당의 유일적령도에 끝없이 충실하도록 하여야 한다.

5) 당중앙을 목숨으로 사수하며 영원히 우리 당과 생사운명을 같이 하여야 한다.

⟨부록 4⟩ 중국공산당 「당내 정치생활에 관한 약간의 준칙」(1980년)[1]

关于党内政治生活的若干准则

党的十一届三中全会决定将全党工作的着重点转移到社会主义现代化建设上来。在新的历史时期、必须认真维护党规党法，切实搞好党风，加强和改善党的领导，在全党和全国范围内造成一个既有民主又有集中，既有自由又有纪律，既有个人心情舒畅、生动活泼又有统一意志、安定团结的政治局面。只有这样，才能充分发挥广大党员的革命热情和工作积极性，团结全党和全国各族人民胜利实现社会主义四个现代化的伟大任务。

我们党在长期的革命斗争中，特别是经过延安整风运动和党的第七次代表大会，全面总结了处理党内关系的正反两方面的经验，逐步形成了以实事求是、理论联系实际、党员和领导密切联系群众、开展批评与自我批评、坚持民主集中制为主要内容的党内政治生活准则。全党同志遵循这些准则，空前团结，步调一致，取得了抗日战争和解放战争的胜利。

全国解放以后，在社会主义革命和建设中，广大党员基本上坚持了党的好传统好作风。但是，由于革命斗争胜利和党在全国处于执政党地位而在一部分同志中产生的骄傲自满情绪，由于党和国家的民主集中制不够健全，由于封建阶级和资产阶级思想的影响，党内脱离实际、脱离群众、主观主义、官僚主义、独断专行、特权思想等不良倾向有所发展，同时在党内斗争的指导上发生了一些缺点和错误，党内正常的政治生活在一定程度上受到损害。特别是在文化大革命期间，林彪、"四人帮"出于篡党夺权的需要，利用当时党所犯的严重错误，大搞封建法西斯主义、无政府主义和派性分裂活动，肆意践踏党规党法，取消党的领导，使

---

1 「关于党内政治生活的若干准则」, 제2항에서 "집체영도 견지, 개인독단 반대"를, 제10항에서 "착오를 범한 동지에 대한 포용적인 자세"를 규정하며 개인숭배 반대와 민주적인 사고의 실천을 강조했다. http://dangjian.people.com.cn/GB/136058/427510/428086/428088/428312/index.html.

党的组织，党员的党性观念，党的优良传统和作风，都遭到了极其严重的破坏。粉碎"四人帮"以来，党中央大力整顿党风党纪，党的优良传统和作风已经有所恢复。但是，治愈林彪、"四人帮"给党造成的创伤，还需要进行广泛深入的教育和艰巨复杂的斗争。为了全面恢复和进一步发扬党的优良传统和作风，健全党的民主生活，维护党的集中统一，增强党的团结，巩固党的组织和纪律，提高党的战斗力，中央根据目前党的状况，向全党重申党内政治生活的下列准则。

一、坚持党的政治路线和思想路线

坚持党的政治路线和思想路线，是党内政治生活准则中最根本的一条。党中央所提出的政治路线，其基本内容是，团结全国各族人民，调动一切积极因素，同心同德，鼓足干劲，力争上游，多快好省地建设现代化的社会主义强国（党的政治路线的正式表述，以党的第十二次全国代表大会将要通过的党章总纲为准）。这是一条反映全国人民最高利益的马克思列宁主义的路线，全党同志必须坚决贯彻执行。

思想路线是党制定和执行政治路线的基础。党的思想路线要求坚持社会主义道路，坚持无产阶级专政，坚持党的领导，坚持马列主义、毛泽东思想。我们党一贯倡导的辩证唯物主义的思想方法和工作方法，其根本点就是一切从实际出发，理论联系实际，实事求是。林彪、"四人帮"长期歪曲、篡改马列主义、毛泽东思想，违反它的精神实质，离开实践标准，把毛泽东同志所说的每句话都当作真理，都当作法律和教条，严重地束缚了人们的思想。所以必须强调破除迷信，解放思想，以实践作为检验真理的唯一标准，认真研究新情况，解决新问题。只有这样，才能发展马列主义、毛泽东思想，才是真正捍卫和高举马列主义、毛泽东思想的伟大旗帜。

坚持正确的政治路线和思想路线，必须反对两种错误的思想倾向。

一是要反对思想僵化，反对一切从本本出发。那种本本上有的不许改，本本上没有的不许说、不许做的思想，是一种反马克思主义的思想，是执行党的政治路线的巨大障碍。我们看形势、想问题、办事情，一定要从客观实际出发，一定要把马列主义的基本原理同当前的国内外形势发展结合起来；同社会主义现代化建设的具体实践结合起来，一定要把党的路线、方针、政策同本地区、本单位的具体情况结合起来，进行实事求是的研究，以解决当前革命斗争和现代化建设过程中的各种理论和实际问题。

二是要反对和批判否定社会主义道路，否定无产阶级专政，否定党的领导，否定马列主义、毛泽东思想的错误观点和修正主义思潮。社会主义是中国走向繁荣富强的唯一正确的道路；无产阶级专政是社会主义革命和建设胜利的保障；党是领导全国人民实现四个现代化的核心力量；马列主义、毛泽东思想是指导我们进行革命和建设的理论基础。在实现四个现代化的斗争中，必须始终坚持这四项基本原则。

党的各级组织、各部门、每一个共产党员，都要自觉地、坚定不移地执行党的政治路线和思想路线。对党的路线和党的领导采取对抗、消极抵制或阳奉阴违的两面派态度，是党的纪律所不容许的。

二、坚持集体领导，反对个人专断

集体领导是党的领导的最高原则之一。从中央到基层的各级党的委员会，都要按照这一原则实行集体领导和个人分工负责相结合的制度。凡是涉及党的路线、方针、政策的大事，重大工作任务的部署，干部的重要任免、调动和处理，群众利益方面的重要问题，以及上级领导机关规定应由党委集体决定的问题，应该根据情况分别提交党的委员会、常委会或书记处、党组集体讨论决定，而不得由个人专断。在任何情况下，都不许用其他形式的组织取代党委会及其常委会的领导。党委成立的研究处理任何专题的组织，必须在党委领导之下进行工作，不得代替党委，更不得凌驾于党委之上。

在党委会内，决定问题要严格遵守少数服从多数的原则。书记和委员不是上下级关系，书记是党的委员会中平等的一员。书记或第一书记要善于集中大家的意见，不允许搞"一言堂"、家长制。

各个领导成员之间，要互相支持、互相谅解、善于合作。大家都要自觉地维护党委集体领导的威信。在开展批评与自我批评的时候，既要坚持原则，又要与人为善。党委会讨论重大问题，要让大家畅所欲言，各抒己见。讨论中发生了分歧，既要认真考虑少数人的意见，又不可议而不决，耽误工作。

坚持集体领导，并不是降低和否定个人的作用，集体领导必须和个人分工负责相结合。要明确地规定每个领导成员所负的具体责任，做到事事有人管，人人有专责，不要事无巨细统统拿到党委会上讨论。在分工负责中，书记或第一书记担负着组织党委的活动和处理日常工作的主要责任。不应借口集体领导而降低和抹煞书记或第一书记在党委会中的重要作用。

要按照马克思主义的原则，正确认识和处理领袖、政党、阶级和群众的关系。对领导人的宣传要实事求是，禁止无原则的歌功颂德。不许用剥削阶级的阿谀之辞称颂无产阶级的领导人，不许歪曲历史和捏造事实来宣扬领导人的功绩。禁止给领导人祝寿、送礼、发致敬函电。对活着的人不许设纪念馆，对已故的领袖们不应多设纪念馆。禁止用党的领导人的名字作街名、地名、企业和学校的名字。除外事活动外，禁止在领导人外出时组织迎送，张贴标语，敲锣打鼓，举行宴会。

三、维护党的集中统一，严格遵守党的纪律

民主集中制是党的根本组织原则。林彪、"四人帮"搞极"左"路线和无政府主义，既破坏了民主，又破坏了集中；既破坏了自由，又破坏了纪律。这种无政府主义流毒，至今没有肃清。因此，必须严肃地重申"个人服从组织，少数服从多数，下级服从上级，全党服从中央"的原则。每个党员要把维护党的集中统一，严格遵守党的纪律，作为自己言论和行动的准则。

每个共产党员特别是各级党委的成员，都必须坚决执行党委的决定。如果有不同意见，可以保留，或者向上一级党委提出声明，但在上级或本级党委改变决定以前，除了执行决定会立即引起严重后果的非常紧急的情况之外，必须无条件地执行原来的决定。

必须反对和防止分散主义。全党服从中央，是维护党的集中统一的首要条件，是贯彻执行党的路线、方针、政策的根本保证。任何部门、任何下级组织和党

员，对党的决定采取各行其是、各自为政的态度，合意的就执行，不合意的就不执行，公开地或者变相地进行抵制，以至擅自推翻，都是严重违反党纪的行为。

对于关系党和国家的根本利益和全局的重大政治性的理论和政策问题，有不同看法，可以在党内适当的场合进行讨论。但是，在什么时候、用什么方式在报刊上进行讨论，应由中央决定。党的报刊必须无条件地宣传党的路线、方针、政策和政治观点。对于中央已经作出决定的这种有重大政治性的理论和政策问题，党员如有意见，可以经过一定的组织程序提出，但是绝对不允许在报刊、广播的公开宣传中发表同中央的决定相反的言论；也不得在群众中散布与党的路线、方针、政策和决议相反的意见。这是党的纪律。

每个共产党员和党的干部，都必须按照党的利益高于一切的原则来处理个人问题，自觉地服从党组织对自己工作的分配、调动和安排。如果认为对自己的工作分配不适当，可以提出意见，但经过党组织考虑作出最后决定时，必须服从。

每个党员都必须严守党和国家的机密，并同泄漏党和国家机密的现象作坚决的斗争。一切党员看文件、听传达、参加党的会议，都要严格遵守保密纪律，严禁把党的秘密泄漏给家属、亲友和其他不应该知道这种秘密的人。必须注意内外有别，凡属党内不许对外公开的事情，不准向党外传布。

共产党员特别是各级领导干部必须成为遵守国家法律，遵守劳动纪律、工作纪律，遵守共产主义道德的模范。共产党员无论何时何事，必须顾全党的、国家的和人民的大局，并且用这种顾全大局的精神教育群众。这是共产党员革命觉悟的重要表现，也是巩固全国安定团结的重要保证。少数人闹事，党员必须按照党的政策向他们进行宣传解释，慎重处理，使事态平息；对他们提出的某些合理要求，要说服和帮助他们通过正常的途径解决。共产党员在任何情况下，都不得怂恿、支持和参加闹事。

四、坚持党性，根绝派性

党是无产阶级的先进分子所组成的统一的战斗的集体，必须坚持党在马列主义、毛泽东思想原则基础上的团结，反对破坏党的团结统一的任何形式的派性和派别活动。在党内组织秘密集团是分裂党和颠覆党的犯罪行为。共产党员绝对不允许参加反对党的秘密组织和秘密活动。各级党的组织和每个共产党员，都要从林彪、"四人帮"煽动派性，组织秘密集团，阴谋篡党夺权的反革命事件中吸取教训，提高警惕，坚决防止这类事件的重演。

派性同无产阶级的党性是根本不相容的。搞小派别，结帮营私，是剥削阶级极端个人主义和无政府主义的表现，是封建阶级和小生产者的行帮思想在党内的反映。一部分党员如果背着党有组织地进行与党的路线、决议相背离的活动，就是派性活动。进行派性活动，必然会阻碍党的路线、方针、政策的贯彻执行，破坏安定团结的政治局面，如果不加以坚决制止而任其发展，就会导致党的分裂。

目前党内虽然已经不存在公开的派别集团，但有些受林彪、"四人帮"影响较深的干部和党员仍然有派性，甚至仍在进行派性活动；在一些地区、部门和单位，"明无山头暗有礁"，派性的"幽灵"不散，派性分子经常抵制党的方针政策和上级决议的执行。

各级党组织和每个共产党员一定要坚持党性，为根绝派性进行不懈的斗争。对于坚持派性屡教不改的人，一定要给予严肃的纪律处分。不应该让这样的人进领导班子，已在领导岗位上的一定要撤下来。党的干部特别是领导干部，在处理党内关系方面要实行"五湖四海"的原则，这就是说，要团结一切忠实于党的利益的同志，团结大多数。共产党员一定要有共产主义者的伟大胸襟，严以律己，宽以待人。在处理同志的关系上，只问他是否坚决执行党的路线，遵守党的纪律，不应因为私怨而耿耿于怀，排挤打击，不应由于亲疏而有不同的对待。绝对禁止搞宗派活动，搞小圈子；不允许拉拢一部分人，排斥一部分人；抬一部分人，压一部分人。不要纠缠历史旧账。

在党和群众的关系上，同样要防止和反对宗派主义倾向。共产党员在人民群众中是少数，必须把亿万群众团结在党的周围，同心同德地为实现四化而奋斗。共产党员必须在群众中起模范作用，吃苦在前，享受在后，满腔热情地团结非党同志一道工作。在干部工作中要坚持正派的公道的作风，坚持任人唯贤，反对任人唯亲。严禁以派性划线，严禁利用职权在党内拉私人关系，培植私人势力。共产党员应该忠于党的组织和党的原则，不应该效忠于某个人。任何人不得把党的干部当作私有财产，不得把上下级关系变成人身依附关系。

五、要讲真话，言行一致

忠于党和人民的事业，说老实话，做老实事，当老实人，光明磊落，表里如一，是共产党人应有的品质。全党同志一定要努力肃清林彪、"四人帮"横行时期造成的假话盛行的歪风邪气，恢复和发扬党一贯倡导的讲真话，不讲假话，言行一致的优良作风。

共产党员要忠诚坦白，对党组织不隐瞒自己的错误和自己的思想、观点。对人对事要开诚布公，有什么意见，有什么批评，摆在桌面上。不要会上不说，会下乱说；不要当面一套，背后一套；不要口是心非，阳奉阴违。要坚决反对拉拉扯扯，吹吹拍拍，看领导眼色说话办事，拿原则做交易，投机钻营，向党伸手要名誉地位的官僚政客作风和市侩行为。共产党员无论何时何地、对人对己都要尊重事实，按照事物的本来面貌如实地向党反映情况。不可看领导需要什么就提供什么，报喜不报忧，更不许可弄虚作假，骗取信任、荣誉和奖励。不准以任何理由和任何名义纵容、暗示、诱使、命令或强迫下级说假话。

凡是弄虚作假给党和人民的利益造成重大损失的；凡是说假话骗取了荣誉地位的；凡是用说假话来掩饰严重过失或达到其他个人目的的；凡是纵容或诱迫下级说假话的，都必须绳以党纪。对于那些不怕打击报复，敢于为保卫党和人民的利益说真话的人，应该给予表扬。

各级党的领导机关和领导干部要做实事求是的模范。在工作中，各种不同意见都要听，成绩、缺点都要了解。要鼓励下级同志讲心里话，反映真实情况。要努力造成和保持让人当面提意见包括尖锐意见而进行从容讨论的气氛。

六、发扬党内民主，正确对待不同意见

发扬党内民主，首先要允许党员发表不同的意见，对问题进行充分的讨论，真正做到知无不言，言无不尽。只要不反对党的基本政治立场，不搞阴谋诡计，

不在群众中进行派性分裂活动，不在群众中散布违反党的路线、方针、政策的言论，不泄漏党和国家的秘密，由于认识错误而讲错了话或者写了有错误的文章，不得认为是违反了党纪而给予处分。要严格实行不抓辫子、不扣帽子、不打棍子的"三不主义"。所谓不抓辫子、不扣帽子、不打棍子，就是禁止任意夸大一个人的错误，罗织成为罪状，并给予政治上、组织上的打击甚至迫害。

要纠正一部分领导干部中缺乏民主精神，听不得批评意见，甚至压制批评的家长作风。对于任何党员提出的批评和意见，只要是正确的，都应该采纳和接受。如果确有错误，只能实事求是地指出来，不允许追查所谓动机和背景。必须注意区别：反对某个同志的某个意见，不等于反对这个同志，反对某个领导机关的某个同志，不等于反对这个组织，不等于反领导，更不等于反党。

领导干部利用职权对同志挟嫌报复、打击陷害，用"穿小鞋"、"装材料"的办法和任意加上"反党"、"反领导"、"恶毒攻击"、"犯路线错误"等罪名整人，是违反党内民主制度和违反革命道德品质的行为。对敢于坚持真理的同志妄加反革命的罪名，乱用专政手段，进行残酷迫害，这是严重违法的罪行，必须受到党纪国法的严惩。党内在思想上理论上有不同认识、有争论是正常的。对待思想上理论上的是非，只能采取摆事实、讲道理、民主讨论的办法求得解决，决不能采取压服的办法。有些思想理论是非一时解决不了的，除了具有重大政治性的和迫切现实性的问题以外，不要匆忙作结论，留待以后进一步研究和经过实践来解决。

把思想认识问题任意扣上"砍旗"、"毒草"、"资产阶级"、"修正主义"种种政治帽子，任意说成是敌我性质的政治问题，不仅破坏党内正常的政治生活，造成思想僵化，而且易于被反党野心家所利用，破坏社会主义国家的民主秩序。这种做法必须制止。

七、保障党员的权利不受侵犯

各级党组织必须切实保障党员的各项权利。侵犯党员权利的行为，是严重违反党纪的。

党员有权在党的会议上和党的报刊上参加关于党的政策的制定和实施问题的

讨论，有权在党的会议上对党的任何组织和个人提出批评。党员对党的方针、政策、决议有不同意见，可以在党的会议上提出，也可以向各级党组织直至中央作口头或书面的报告。党组织应当欢迎党员群众的批评和建议，并且鼓励党员为了推进社会主义事业提出创造性的见解和主张。

对于犯了严重错误拒不改正或不称职的干部，党员有权建议罢免或调换。

党员对党组织关于他本人或其他人的处理，有权在党的会议上、或向上级组织直至中央提出声明、申诉、控告和辩护。党组织对党员的声明、申诉、控告和辩护必须及时处理或转递，不得扣压，承办单位不得推诿。申诉和控告信不许转给被控告人处理。不许对申诉人或控告人进行打击报复。控告人和被控告人都不允许诬陷他人，对诬陷他人者，要按党纪国法严肃处理。

党组织对党员的鉴定、结论和处分决定，必须同本人见面。在通过处分决定的时候，如无特殊情况，应通知本人出席会议。党组织要认真听取和考虑本人的意见。如本人有不同的意见，应将组织决定和本人意见一并报上级党组织审定。

八、选举要充分体现选举人的意志

党内真正实行民主选举，才有可能建立起在党员和群众中有威信的强有力的领导班子。

各级党组织应按照党章规定，定期召开党员大会和代表大会。党的各级委员会要按期改选。每届代表和委员，应有一定数量的更新。选举要充分发扬民主，真正体现选举人的意志，候选人名单要由党员或代表通过充分酝酿讨论提出。选举应实行候选人多于应选人的差额选举办法，或者先采用差额选举办法产生候选人作为预选，然后进行正式选举。党员数量少的单位，可不实行差额选举或实行预选。候选人的基本情况要向选举人介绍清楚。选举一律用无记名投票。

选举人要注意把那些坚决拥护和执行党的政治路线和思想路线，大公无私，严守法纪，坚持党性，有强烈的革命事业心和政治责任心，有一定的专业知识和专业能力的干部选进领导班子。还要特别注意选举符合上述条件的中青年干部。

不得规定必须选举或不选举某个人。个别有特殊情况的人，需要由组织上推荐选入的，也必须确实取得多数选举人的同意。要坚决反对和防止侵犯党员选举权利，使选举流于形式，妨碍选举人体现自己意志的现象。

在各级党的代表大会闭会期间，上级党委可以根据工作需要，任免、调动下级党委的负责人。凡是需要整顿，暂不具备民主选举条件的单位，经上级党组织批准，可暂缓举行选举，其领导人由上级指派。

九、同错误倾向和坏人坏事作斗争

为了端正党风，巩固无产阶级专政，树立良好的社会风尚，团结全体人民同心同德搞好四化，必须同错误倾向和坏人坏事作斗争。各级党组织要充分发挥战斗堡垒作用，率领党员和群众，坚决揭露和打击反革命分子、贪污盗窃分子、刑事犯罪分子和严重违法乱纪分子。

对于派性、无政府主义、极端个人主义和官僚主义、特殊化等错误倾向，要进行严肃的批评和斗争。对社会上的歪风邪气、错误的和反动的思潮，必须进行批判和斗争。对于错误倾向和坏人坏事，采取明哲保身的自由主义态度，不制止，不争辩，不斗争，躲闪回避，就是放弃了共产党员的战斗责任，就是缺乏党性的表现。

共产党员特别是各级领导干部在同错误倾向和坏人坏事作斗争中，要有大无畏的革命精神，敢于挺身而出，不怕得罪人，不怕撕破脸皮，不怕受到打击迫害。只有这样，才能使错误倾向得到克服和纠正，使犯错误的人得到挽救，使坏人受到应有的制裁。

十、正确对待犯错误的同志

在党内斗争中，对犯错误的同志，采取"惩前毖后，治病救人"、"团结—批评—团结"的方针，达到既弄清思想、又团结同志的目的，是我们党的优良传统。对于一切犯错误的同志，要历史地全面地评价他们的功过是非，不要一犯错误就全盘否定；也不要纠缠历史上发生过而已经查清的问题和历史上犯过而已经纠正了的错误。要在弄清事实的基础上，具体分析他们所犯错误的性质和程度，以热情的同志式的态度，帮助他们认识犯错误的原因，指出改正的办法，启发他们做必要的检查。要相信犯错误的同志大多数是可以改正的，要给他们改正错误、继续为党工作的条件。

在分析一个同志所犯错误的时候，首先必须严格分清两类不同性质的矛盾。不可把工作中的一般错误或思想认识上的错误说成是政治错误，不可把一般的政治错误说成是路线错误，也不可把犯了路线错误、但仍属于党内斗争性质的问题，同属于企图颠覆党、颠覆社会主义国家的反革命性质的问题混淆起来。企图颠覆党、颠覆社会主义国家的阴谋家、野心家、反革命两面派，同党和人民的矛盾属于敌我矛盾。这种人是极少数。要把跟着上级或主要领导人犯了路线错误的人，同参与篡党夺权阴谋活动的人加以区别。

党内斗争，不许实行残酷斗争、无情打击。对犯错误的同志进行批评是完全必要的，但是不可采取一哄而起的围攻、不让本人辩解、也不让其他同志发表不同意见的"斗争会"方式，因为这种方式实际上是以势压人，而不是以理服人。党内不准用超越党的纪律或违犯国家法律的手段对待党员。要绝对禁止采用林彪、"四人帮"的封建法西斯手段解决党内问题。严禁所谓揪斗，严禁人身侮辱和人身迫害，严禁诱供逼供。

对人的处理应十分慎重。敌我矛盾和人民内部矛盾一时分不清的，先按人民内部矛盾处理。凡涉及到敌我矛盾、开除党籍、提交司法机关处理的，更要慎重。任何情况下都不允许株连无辜的家属和亲友。建国以来的冤案、假案、错案，不管是哪一级组织、哪一个领导人定的和批的，都要实事求是地纠正过来，一切不实之词必须推倒。犯了错误的同志，应该诚恳地接受党组织和同志们的批评教育和纪律处分。要吸取教训，认真改正，更好地为党工作。对于确实犯有严重错误、拒不承认而又坚持无理取闹的人，要加重处分。

十一、接受党和群众的监督，不准搞特权

各级领导干部都是人民的公仆，只有勤勤恳恳为人民服务的义务，没有在政治上、生活上搞特殊化的权利。按照工作需要，对领导人提供某些合理的便利条件

并保证他们的安全是必要的，但绝不允许违反制度搞特殊化。

在我们的国家中，人们只有分工的不同，没有尊卑贵贱的分别。谁也不是低人一等的奴隶或高人一等的贵族。那种认为自己的权力可以不受任何限制的思想，就是腐朽的封建特权思想，这种思想必须受到批判和纠正。共产党员和干部应该把谋求特权和私利看成是极大的耻辱。必须坚持在真理面前人人平等，在党纪国法面前人人平等的原则。党内绝不容许有不受党纪国法约束或凌驾于党组织之上的特殊党员。绝不允许共产党员利用职权谋取私利。

任何领导干部都不允许超越党组织所赋予自己的权限，侵犯集体的权限和别人的权限。所有的党员都是平等的同志和战友，党的领导干部要以平等的态度待人，不能以为自己讲的话不管正确与否，别人都得服从，更不能摆官架子，动辄训人、骂人。由于上级领导人员的缺点和错误，使下级的工作出了问题，上级要主动给下级承担责任，首先作自我批评。

各级领导干部必须保持和发扬我党艰苦奋斗，与群众同甘共苦的光荣传统。要坚决克服一部分领导干部中为自己和家属谋求特殊待遇的恶劣倾向。禁止领导人违反财经纪律，任意批钱批物。禁止利用职权为家属亲友在升学、转学、晋级、就业、出国等方面谋求特殊照顾。禁止违反规定动用公款请客送礼。禁止违反规定动用公款为领导人修建个人住宅。禁止公私不分，假公济私，用各种借口或巧立名目侵占、挥霍国家和集体的财物。

党的各级领导人员必须自觉地严格遵守关于生活待遇的规定，同时加强对子女的教育。如果违反了有关规定，经过批评教育仍不改正的，必须给予党的纪律处分。任何领导干部，不得违反党的干部标准和组织原则，将自己的亲属提拔到领导岗位上来；不得让他们超越职权干预党和国家的工作；不应把他们安排在自己身边的要害岗位上。

为了保持党和广大人民群众的密切联系，防止党的领导干部和党员由人民的公仆变成骑在人民头上的老爷，必须采取自下而上和自上而下相结合、党内和党外相结合的方法，加强党组织和群众对党的领导干部和党员的监督。要监督他们是不是认真学习和贯彻执行党的路线、方针、政策，是不是遵守党纪国法，是不是坚持党的优良传统和作风，是不是搞特权，是不是在生产、工作、学习和对敌斗争中起模范作用，是不是密切联系群众和为人民谋利益。要表扬那些觉悟高、党性强、表现好的同志，批评教育表现差的同志。

要在充分走群众路线的基础上，建立和完善对干部的考试、考核、奖惩、轮换、退休、罢免等一整套制度。通过实行这些制度，真正做到功过分明，赏罚分明，鼓励先进，激励后进。各级领导干部要定期听取所在单位的党员和群众的意见和评论。各级党组织要重视群众来信来访中对领导干部、党员的批评和意见。党组织要将党员和群众的评论、批评和意见经核实后报送上级党委，作为考核干部的一个重要依据。每个党员不论职务高低，都必须编入党的一个组织，参加组织生活。各级党委或常委都应定期召开民主生活会，交流思想，开展批评和自我批评。

十二、努力学习，做到又红又专

四个现代化建设的艰巨任务，需要培养和造就一支宏大的坚持社会主义道路的具有专业知识的干部队伍，同时要把适合于这个要求的中年和青年干部（包括党员和非党员）大胆地提拔到领导岗位上来，让他们在工作中发挥长处，弥补短处。这是摆在全党面前一项迫切、重大的政治任务。

共产党员必须成为实现四个现代化的先锋战士，努力做到又红又专。"红"就是具有坚定正确的政治方向，坚持四项基本原则；"专"就是学习和掌握现代化建设的专业知识，成为本职工作的内行和能手。专不等于红，但红必须专。一个共产党员不认真学习专业知识，在本职工作上长期当外行，不能对四化建设做出真正的贡献，他的所谓政治觉悟和先进性就是空谈。

为了改善和加强党对现代化建设的领导，必须大大提高全体党员的文化、科学技术和业务水平。每个共产党员特别是各级领导干部，一定要以高度的革命进取精神，顽强刻苦地学习和掌握专业知识，必须成为本职工作的内行。干那一行就必须精通那一行。满足于一般化的领导，甚至长期安于当外行，不学无术，违反客观规律，搞瞎指挥，必然会给现代化建设带来严重损害。这样的人，经过批评教育，仍然不能改正的，要从领导岗位上撤换下来。

每个共产党员都必须以无产阶级先锋战士的标准，严格要求自己，努力学习和领会马列主义、毛泽东思想，不断提高觉悟程度和进行现代化建设的本领，以求对四化建设做出更大的贡献。某些党员和领导干部，革命意志衰退，不努力学习，不积极工作，不能在生产、工作、学习以及对敌斗争中起先锋模范作用，他们的行为不符合共产党员的光荣称号，损害了党在群众中的威信。对于这样的同志，必须进行严肃的教育和批评。经过长期教育不能改正的，不具备或者丧失了共产党员条件的人，应该劝其退党。

《关于党内政治生活的若干准则》是党的重要法规，全体党员要认真学习，自觉遵守，要对照"准则"的规定，认真检查自己的工作和作风。党的各级领导机关和领导干部要带头执行。任何党员如果有违反本准则的行为，要进行批评教育，情节严重的必须按照党的纪律给予处分，直至开除党籍。

各级党委和党的纪律检查委员会要定期检查本准则的执行情况，由纪律检查委员会向党的代表大会或党的委员会提出报告。全党同志一定要振奋革命精神，彻底肃清林彪、"四人帮"的流毒，排除各种干扰和阻力，把维护党规党法，切实搞好党风这件关系到四个现代化的成败，关系到党和国家前途和命运的大事做好，使我们党成为更加团结一致，更加朝气蓬勃，更加具有战斗力的无产阶级先锋队组织。（来源：共产党员网）

〈부록 5〉 중국공산당 제12차 당대회 당헌(1982년)[1]

中国共产党章程

总纲

中国共产党是中国工人阶级的先锋队，是中国各族人民利益的忠实代表，是中国社会主义事业的领导核心。党的最终目标，是实现共产主义的社会制度。中国共产党以马克思列宁主义、毛泽东思想作为自己的行动指南。

马克思和恩格斯运用辩证唯物主义和历史唯物主义，分析资本主义社会的发展规律，创立了科学社会主义理论。按照这个理论，经过无产阶级革命斗争的胜利，资产阶级专政必然为无产阶级专政所代替，资本主义社会必然被改造为生产资料公有、消灭剥削、各尽所能、按劳分配的社会主义社会；社会主义社会经过生产力的巨大发展和思想、政治、文化的巨大进步，最后必然发展为各尽所能、按需分配的共产主义社会。进入二十世纪以后，列宁指出，资本主义已经发展到帝国主义阶段，无产阶级的解放斗争必然同世界被压迫民族的解放斗争联合起来，社会主义革命在帝国主义统治的薄弱环节有可能首先取得胜利。半个多世纪以来世界历史的进程，特别是社会主义制度在一些国家的建立和发展，证明了科学社会主义理论是正确的。

社会主义制度的发展和完善是一个长期的历史过程。从根本上说，社会主义制度消除了资本主义制度本身无法克服的固有矛盾，具有资本主义制度不可比拟的优越性。社会主义使人民真正成为国家的主人，日益摆脱剥削制度和生产资料私有制度形成的旧思想旧习惯，日益提高共产主义觉悟，日益形成共同的理想、共同的道德和共同的纪律。社会主义充分发挥人民的积极性、创造性，有计划、

---

1 중공 12대 당헌은 총강에서 "당도 헌법과 법률을 준수해야 한다"라고 규정했고, 제4조에서 문혁때 훼손된 당원의 권리를 회복시켰으며, 제10조에서 "어떠한 형식의 개인숭배도 금지한다"라고 명문화했다. http://cpc.people.com.cn/GB/64162/64168/64565/65448/6415129.html.

按比例、高速度地发展社会生产力，满足社会成员日益增长的物质文化生活的需要。社会主义事业正在向前发展，并且必将通过各国人民自愿选择的、适合本国特点的道路，逐步在全世界取得胜利。

以毛泽东同志为主要代表的中国共产党人，把马克思列宁主义的普遍原理同中国革命的具体实践结合起来，创立了毛泽东思想。毛泽东思想是马克思列宁主义在中国的运用和发展，是被实践证明了的关于中国革命和建设的正确的理论原则和经验总结，是中国共产党集体智慧的结晶。

中国共产党领导全国各族人民，经过长期的反对帝国主义、封建主义、官僚资本主义的革命斗争，取得了新民主主义革命的胜利，建立了人民民主专政的中华人民共和国；并且在建国以后，顺利地进行了社会主义改造，完成了从新民主主义到社会主义的过渡，确立了社会主义制度，发展了社会主义的经济、政治和文化。

在剥削阶级作为阶级消灭以后，我国社会存在的矛盾大多数不具有阶级斗争的性质，阶级斗争已经不是主要矛盾。由于国内的因素和国际的影响，阶级斗争还在一定范围内长期存在，在某种条件下还有可能激化。我国社会的主要矛盾是人民日益增长的物质文化需要同落后的社会生产之间的矛盾。其他矛盾应当在解决这个主要矛盾的同时加以解决。要严格区分和正确处理敌我矛盾和人民内部矛盾这两类不同性质的矛盾。

中国共产党在现阶段的总任务是：团结全国各族人民，自力更生，艰苦奋斗，逐步实现工业、农业、国防和科学技术现代化，把我国建设成为高度文明、高度民主的社会主义国家。中国共产党工作的重点，是领导全国各族人民进行社会主义现代化经济建设。应当大力发展社会生产力，并且按照生产力的实际水平和发展要求，逐步完善社会主义的生产关系。应当在生产发展和社会财富增长的基础上，逐步提高城乡人民的物质文化生活水平。

中国共产党领导人民在建设高度物质文明的同时，建设高度的社会主义精神文明。应当大力发展教育、科学、文化事业，用共产主义思想教育党员和人民群众，抵制和克服资本主义腐朽思想、封建主义残余思想和其他非无产阶级思想，努力使我国人民成为有理想、有道德、有文化、有纪律的人民。

中国共产党领导人民发展社会主义民主，健全社会主义法制，巩固人民民主专政。应当切实保障人民管理国家事务和社会事务、管理经济和文化事业的权利，坚决打击蓄意破坏我国社会主义制度的敌对分子和严重危害社会安全的分子。必须努力加强人民解放军的建设，巩固国防，随时准备抗击和歼灭入侵之敌。

中国共产党维护和发展国内各民族的平等、团结、互助关系，坚持实行民族区域自治政策，帮助各少数民族地区发展经济文化，积极培养、选拔少数民族干部。中国共产党同全国各民族工人、农民、知识分子团结在一起，同各民主党派、无党派民主人士、各民族的爱国力量团结在一起，进一步发展和壮大由全体社会主义劳动者、拥护社会主义的爱国者、拥护祖国统一的爱国者组成的最广泛的爱国统一战线。要同全国人民包括台湾同胞、港澳同胞和国外侨胞一起，完成祖国统一的大业。

中国共产党对国际事务的基本立场是：坚持无产阶级国际主义，坚持同全世界无产阶级、被压迫民族、被压迫人民，以及一切爱好和平、主持正义的组织和人士的团结，共同反对帝国主义、霸权主义、殖民主义，维护世界和平，促进人类进步。在互相尊重主权和领土完整、互不侵犯、互不干涉内政、平等互利、和平共处五项原则的基础上，发展我国同世界各国的关系。在马克思主义基础上，按照独立自主、完全平等、互相尊重、互不干涉内部事务的原则，发展我党同各国共产党和其他工人阶级政党的关系。

中国共产党要领导全国各族人民实现社会主义现代化的宏伟目标，必须加强党的建设，发扬党的优良传统，提高党的战斗力，坚决实现以下三项基本要求：

第一，思想上政治上的高度一致。中国共产党以实现共产主义为最高纲领，所有共产党员都必须为此而奋斗终身。在现阶段，坚持社会主义道路，坚持人民民主专政，坚持党的领导，坚持马克思列宁主义、毛泽东思想，集中力量进行社会主义现代化建设，是全党团结统一的政治基础。党的思想路线是一切从实际出发，理论联系实际，实事求是，在实践中检验真理和发展真理。全党必须依据这条思想路线，科学地总结历史经验，调查研究现实情况，解决国内和国际事务中提出的新问题，反对一切"左"的和右的错误倾向。

第二，全心全意为人民服务。党除了工人阶级和最广大人民群众的利益，没有自己特殊的利益。党的纲领和政策，正是工人阶级和最广大人民群众的根本利益的科学表现。党在领导群众为实现共产主义理想而奋斗的全部过程中，始终同群众同甘共苦，保持最密切的联系，不允许任何党员脱离群众，凌驾于群众之上。党坚持用共产主义思想教育群众，并在自己的工作中实行群众路线，一切为了群众，一切依靠群众，把党的正确主张变为群众的自觉行动。

第三，坚持民主集中制。党内充分发扬民主，在民主的基础上实行高度的集中，加强组织性纪律性，保证全党行动的一致，保证党的决定得到迅速有效的贯彻执行。党在自己的政治生活中正确地开展批评和自我批评，在原则问题上进行思想斗争，坚持真理，修正错误。实行在党的纪律面前人人平等的原则，给违犯纪律的党员以应有的批评或处分，把坚持反对党、危害党的分子清除出党。

党的领导主要是政治、思想和组织的领导。党必须制定和执行正确的路线、方针和政策，做好党的组织工作和宣传教育工作，发挥全体党员在一切工作和社会生活中的先锋模范作用。

党必须在宪法和法律的范围内活动。党必须保证国家的立法、司法、行政机关，经济、文化组织和人民团体积极主动地、独立负责地、协调一致地工作。

党必须加强对工会、共产主义青年团、妇女联合会等群众组织的领导，充分发挥它们的作用。共产党员只占全国人口中的少数，必须同党外群众亲密合作，共同促进社会主义祖国日益繁荣富强，直至最后实现共产主义。

第一章 党员

第一条 年满十八岁的中国工人、农民、军人、知识分子和其他革命分子，承认党的纲领和章程，愿意参加党的一个组织并在其中积极工作、执行党的决议和按期交纳党费的，可以申请加入中国共产党。

第二条 中国共产党党员是中国工人阶级的有共产主义觉悟的先锋战士。中国共产党党员必须全心全意为人民服务，不惜牺牲个人的一切，为实现共产主义奋斗终身。中国共产党党员永远是劳动人民的普通一员。除了制度和政策规定范围内的个人利益和工作职权以外，所有共产党员都不得谋求任何私利和特权。

第三条 党员必须履行下列义务：

(一) 认真学习马克思列宁主义、毛泽东思想，学习党的基本知识和党的路线、方针、政策和决议，学习科学、文化和业务。

(二) 坚持党和人民的利益高于一切，个人利益服从党和人民的利益，吃苦在前，享受在后，克己奉公，绝对不得假公济私，损公利私。

(三) 百折不挠地执行党的决定，服从组织分配，积极完成党的任务，自觉遵守党的纪律和国家的法律，严格保守党和国家的秘密，坚决保卫党和国家的利益。

(四) 维护党的团结和统一，坚决反对派性，反对一切派别组织和小集团活动，反对阳奉阴违的两面派行为和一切阴谋诡计。

(五) 对党忠诚老实，言行一致，不隐瞒自己的政治观点，不歪曲事实真相；切实开展批评和自我批评，勇于揭露和纠正工作中的缺点、错误，支持好人好事，反对坏人坏事。

(六) 密切联系群众，向群众宣传党的主张，遇事同群众商量，虚心听取并及时向党反映群众的意见和要求，帮助群众提高觉悟，维护群众的正当权利和利益。

(七) 在生产、工作、学习和社会生活中起先锋模范作用，带头维护社会秩序，发扬社会主义新风尚，提倡共产主义道德。

(八) 为了保卫祖国和人民的利益，在一切困难和危险的时刻挺身而出，英勇斗争，发扬一不怕苦、二不怕死的精神。

第四条 党员享有下列权利：

（一）参加党的有关会议，阅读党的有关文件，接受党的培养和训练。

（二）在党的会议上和党报党刊上，参加关于党的政策问题的讨论。

（三）对党的工作提出建议和倡议。

（四）在党的会议上有根据地批评党的任何组织和任何党员，向党负责地揭发、检举党的任何组织和任何党员违法乱纪的事实，要求处分违法乱纪的党员，要求罢免或撤换不称职的干部。

（五）行使表决权、选举权，有被选举权。

（六）在党组织讨论决定对党员的党纪处分或作出鉴定时，本人有权参加和进行申辩，其他党员可以为他作证和辩护。

（七）对党的决议和政策如有不同意见，在坚决执行的前提下，可以声明保留，并且可以把自己的意见向党的上级组织直至中央提出。

（八）向党的上级组织直至中央提出请求、申诉和控告，并要求有关组织给以负责的答复。党的任何一级组织直至中央都无权剥夺党员的上述权利。

第五条 发展党员，必须经过党的支部，坚持个别吸收的原则。既不允许用任何方式把不符合党员条件的人拉入党内，也不要把符合党员条件的人拒于党外。申请入党的人，要填写入党志愿书，要有两名正式党员作介绍人，要经过支部大会通过和上级党组织批准，并且经过预备期的考察，才能成为正式党员。介绍人要认真了解申请人的思想、品质和经历，向他解释党的纲领和党的章程，说明党员的条件、义务和权利，并向党组织作出负责的报告。党的支部委员会对申请入党的人，要注意征求党内外有关群众的意见，进行严格的审查，认为合格后再提交支部大会讨论。上级党组织在批准申请人入党以前，要派人同他谈话，作进一步的了解，并帮助他提高对党的认识。在特殊情况下，党的中央和省、自治区、直辖市委员会有权直接接收党员。

第六条 预备党员必须面向党旗进行入党宣誓。誓词如下：我志愿加入中国共产党，拥护党的纲领，遵守党的章程，履行党员义务，执行党的决定，严守党的纪律，保守党的秘密，对党忠诚，积极工作，为共产主义奋斗终身，随时准备为党和人民牺牲一切，永不叛党。

第七条 预备党员的预备期为一年。党组织对预备党员应当认真教育和考察。预备党员的义务同正式党员一样。预备党员的权利，除了没有表决权、选举权和被选举权以外，也同正式党员一样。

预备党员预备期满，党的支部应当及时讨论他能否转为正式党员。认真履行党员义务，具备党员条件的，应当按期转为正式党员；需要继续考察和教育的，可以延长预备期，但不能超过一年；不履行党员义务，确实不具备党员条件的，应当取消预备党员资格。预备党员转为正式党员，或延长预备期，或取消预备党员资格，都应当经支部大会讨论通过和上级党组织批准。预备党员的预备期，从支部大会通过他为预备党员之日算起。党员的党龄，从预备期满转为正式党员之日算起。

第八条 每个党员，不论职务高低，都必须编入党的一个支部、小组或其他特定组织，参加党的组织生活，接受党内外群众的监督。不允许有任何不参加党的组织生活、不接受党内外群众监督的特殊党员。

第九条 党员有退党的自由。党员要求退党，应当经支部大会讨论后宣布除名，并报上级党组织备案。党员缺乏革命意志，不履行党员义务，不符合党员条件，经多次教育仍无转变的，应当劝他退党。劝党员退党，应当经支部大会讨论决定，并报上级党组织批准。如被劝告退党的党员坚持不退，应当提交支部大会讨论，决定让他限期改正错误，或宣布把他除名，并报上级党组织批准。党员如果没有正当理由，连续六个月不参加党的组织生活，或不交纳党费，或不做党所分配的工作，就被认为是自行脱党。支部大会应当决定把这样的党员除名，并报上级党组织批准。

第二章 党的组织制度

第十条 党是根据自己的纲领和章程，按照民主集中制组织起来的统一整体。它在高度民主的基础上实行高度的集中。党的民主集中制的基本原则是：

(一) 党员个人服从党的组织，少数服从多数，下级组织服从上级组织，全党各个组织和全体党员服从党的全国代表大会和中央委员会。

(二) 党的各级领导机关，除它们派出的代表机关和在非党组织中的党组外，都由选举产生。

(三) 党的最高领导机关，是党的全国代表大会和它所产生的中央委员会。党的地方各级领导机关，是党的地方各级代表大会和它们所产生的委员会。党的各级委员会向同级的代表大会负责并报告工作。

(四) 党的上级组织要经常听取下级组织和党员群众的意见，及时解决他们提出的问题。党的下级组织既要向上级组织请示和报告工作，又要独立负责地解决自己职责范围内的问题。上下级组织之间要互通情报、互相支持和互相监督。

(五) 党的各级委员会实行集体领导和个人分工负责相结合的制度。凡属重大问题都要由党的委员会民主讨论，作出决定。

(六) 党禁止任何形式的个人崇拜。要保证党的领导人的活动处于党和人民的监督之下，同时维护一切代表党和人民利益的领导人的威信。

第十一条 党的各级代表大会的代表和委员会的产生，要体现选举人的意志。选举采用无记名投票的方式。候选人名单要由党组织和选举人充分酝酿讨论。可以经过预选产生候选人名单，然后进行正式选举。也可以不经过预选，采用候选人数多于应选人数的办法进行选举。选举人有了解候选人情况、要求改变候选人、不选任何一个候选人和另选他人的权利。任何组织和个人不得以任何方式强迫选举人选举或不选举某个人。党的地方各级代表大会的选举，如果发生违反党章的情况，上一级党的委员会在调查核实后，应作出选举无效和采取相应措施的决定，并报再上一级党的委员会审查批准，正式宣布执行。

第十二条 党的县级和县级以上委员会在必要时可以召集代表会议，讨论和决定需要及时解决的重大问题。代表会议代表的名额和产生办法，由召集代表会议的委员会决定。

第十三条 凡是成立党的新组织，或是撤销党的原有组织，必须由上级党组织决定。党的县级和县级以上委员会可以派出代表机关。在党的地方各级代表大会闭会期间，上级党的组织认为有必要时，可以调动或者指派下级党组织的负责人。

第十四条 党的各级领导机关，对同下级组织有关的重要问题作出决定时，在通常情况下，要征求下级组织的意见。要保证下级组织能够正常行使他们的职权。凡属应由下级组织处理的问题，如无特殊情况，上级领导机关不要干预。

第十五条 有关全国性的重大政策问题，只有党中央有权作出决定，各部门、各地方的党组织可以向中央提出建议，但不得擅自作出决定和对外发表主张。党的下级组织必须坚决执行上级组织的决定。下级组织如果认为上级组织的决定不符合本地区、本部门的实际情况，可以请求改变；如果上级组织坚持原决定，下级组织必须执行，并不得公开发表不同意见，但有权向再上一级报告。党的各级组织的报刊和其他宣传工具，必须宣传党的路线、方针、政策和决议。

第十六条 党组织讨论决定问题，必须执行少数服从多数的原则。对于少数人的不同意见，应当认真考虑。如对重要问题发生争论，双方人数接近，除了在紧急情况下必须按多数意见执行外，应当暂缓作出决定，进一步调查研究，交换意见，下次再议。如仍不能作出决定，应将争论情况向上级组织报告，请求裁决。党员个人代表党组织发表重要主张，如果超出党已有决定的范围，必须提交所在的党组织讨论决定，或向上级党组织请示。任何党员不论职务高低，都不能个人决定重大问题；如遇紧急情况，必须由个人作出决定时，事后要迅速向党组织报告。不允许任何领导人实行个人专断和把个人凌驾于组织之上。

第十七条 党的中央、地方和基层组织，都必须重视党的建设，经常讨论和检查党的宣传工作、教育工作、组织工作、纪律检查工作、群众工作、统一战线工作等，注意研究党内外的思想政治状况。

第三章 党的中央组织

第十八条 党的全国代表大会每五年举行一次，由中央委员会召集。中央委员会认为有必要，或者有三分之一以上的省一级组织提出要求，全国代表大会可以提前举行；如无非常情况，不得延期举行。全国代表大会代表的名额和选举办法，由中央委员会决定。

第十九条 党的全国代表大会的职权是：

（一）听取和审查中央委员会的报告；

（二）听取和审查中央顾问委员会、中央纪律检查委员会的报告；

（三）讨论并决定党的重大问题；

（四）修改党的章程；

（五）选举中央委员会；

（六）选举中央顾问委员会和中央纪律检查委员会。

第二十条 党的中央委员会每届任期五年。全国代表大会如提前或延期举行，它的任期相应地改变。中央委员会委员和候补委员必须有五年以上的党龄。中央委员会委员和候补委员的名额，由全国代表大会决定。中央委员会委员出缺，由中央委员会候补委员按照得票多少依次递补。中央委员会全体会议由中央政治局召集，每年至少举行一次。在全国代表大会闭会期间，中央委员会执行全国代表大会的决议，领导党的全部工作，对外代表中国共产党。

第二十一条 党的中央政治局、中央政治局常务委员会、中央书记处和中央委员会总书记，由中央委员会全体会议选举。中央委员会总书记必须从中央政治局常务委员会委员中产生。中央政治局和它的常务委员会在中央委员会全体会议闭会期间，行使中央委员会的职权。中央书记处在中央政治局和它的常务委员会领导下，处理中央日常工作。中央委员会总书记负责召集中央政治局会议和中央政治局常务委员会会议，并主持中央书记处的工作。党的中央军事委员会组成人员由中央委员会决定。中央军事委员会主席，必须从中央政治局常务委员会委员中产生。每届中央委员会产生的中央领导机构和中央领导人，在下届全国代表大会开会期间，继续主持党的经常工作，直到下届中央委员会产生新的中央领导机构和中央领导人为止。

第二十二条 党的中央顾问委员会是中央委员会的政治上的助手和参谋。中央顾问委员会委员必须具有四十年以上的党龄，对党有过较大贡献，有较丰富的领导工作经验，在党内外有较高声望。中央顾问委员会每届任期和中央委员会相同。它的常务委员会和主任、副主任，由中央顾问委员会全体会议选举，并报中央委员会批准。中央顾问委员会主任必须从中央政治局常务委员会委员中产生。中央顾问委员会委员可以列席中央委员会全体会议；它的副主任可以列席中央政治局全体会议；在中央政治局认为必要的时候，中央顾问委员会的常务委员也可以列席中央政治局全体会议。中央顾问委员会在中央委员会领导下进行工作，对党的方针、政策的制定和执行提出建议，接受咨询；协助中央委员会调查处理某些重要问题；在党内外宣传党的重大方针、政策；承担中央委员会委托的其他任务。

第二十三条 中国人民解放军的党组织，根据中央委员会的指示进行工作。中国人民解放军总政治部是中央军事委员会的政治工作机关，负责管理军队中党的工作和政治工作。军队中党的组织体制和机构，由中央军事委员会作出规定。

第四章 党的地方组织

第二十四条 党的省、自治区、直辖市、设区的市和自治州的代表大会，每五年举行一次。党的县（旗）、自治县、不设区的市和市辖区的代表大会，每三年举行一次。党的地方各级代表大会由同级党的委员会召集。在特殊情况下，经上一级委员会批准，可以提前或延期举行。党的地方各级代表大会代表的名额和选举办法，由同级党的委员会决定，并报上一级党的委员会批准。

第二十五条 党的地方各级代表大会的职权是：

（一）听取和审查同级委员会的报告；

（二）听取和审查同级纪律检查委员会的报告；

（三）讨论本地区范围内的重大问题并作出决议；

（四）选举同级党的委员会，选举同级党的纪律检查委员会，选举出席上级党的代表大会的代表。党的省、自治区、直辖市代表大会选举本级党的顾问委员会，并听取和审查它的报告。

第二十六条 党的省、自治区、直辖市、设区的市和自治州的委员会，每届任期五年。这些委员会的委员和候补委员必须有五年以上的党龄。党的县（旗）、自治县、不设区的市和市辖区的委员会，每届任期三年。这些委员会的委员和候补委员必须有三年以上的党龄。党的地方各级代表大会如提前或延期举行，由它选举的委员会的任期相应地改变。党的地方各级委员会的委员和候补委员的名额，分别由上一级委员会决定。党的地方各级委员会委员出缺，由候补委员按照得票多少依次递补。党的地方各级委员会全体会议，每年至少召开一次。党的地方各级委员会在代表大会闭会期间，执行上级党组织的指示和同级党代表大会的决议，领导本地方的工作，定期向上级党的委员会报告工作。

第二十七条 党的地方各级委员会全体会议，选举常务委员会和书记、副书记，并分别报上级党的委员会批准。党的地方各级常务委员会，在委员会全体会议闭会期间，行使委员会职权；在下届代表大会开会期间，继续主持经常工作，直到新的常务委员会产生为止。

第二十八条 党的省、自治区、直辖市顾问委员会是同级党的委员会的政治上的助手和参谋, 在同级党的委员会领导下, 参照本章程第二十二条的有关规定进行工作。它的成员的条件, 参照本章程第二十二条的有关规定, 并根据本地实际情况, 由同级党的委员会作出规定。它的每届任期和同级党的委员会相同。省、自治区、直辖市顾问委员会的常务委员会和主任、副主任由它的全体会议选举, 经同级党的委员会通过, 报中央委员会批准。它的成员可以列席同级党的委员会全体会议, 主任、副主任可以列席同级党的常务委员会会议。

第二十九条 党的地区委员会和相当于地区委员会的组织, 是党的省、自治区委员会在几个县、自治县、市范围内派出的代表机关。它根据省、自治区委员会的授权, 领导本地区的工作。

第五章 党的基层组织

第三十条 工厂、商店、学校、机关、街道、人民公社、合作社、农场、乡、镇、人民解放军连队和其他基层单位, 凡是有正式党员三人以上的, 都应当成立党的基层组织。党的基层组织, 根据工作需要和党员人数, 经上级党组织批准, 分别设立党的基层委员会、总支部委员会、支部委员会。基层委员会由党员大会或代表大会选举产生, 总支部委员会和支部委员会由党员大会选举产生。

第三十一条 设立委员会的基层组织的党员大会或代表大会, 一般每年召开一次。总支部党员大会, 一般每年召开两次。支部党员大会, 一般每三个月召开一次。基层委员会每届任期三年, 总支部委员会、支部委员会每届任期两年。基层委员会、总支部委员会、支部委员会选出的书记、副书记, 应报上级党组织批准。

第三十二条 党的基层组织是党在社会基层组织中的战斗堡垒。它的基本任务是:
  (一) 宣传和执行党的路线、方针、政策, 宣传和执行党中央、上级组织和本组织的决议, 充分发挥党员的先锋模范作用, 团结、组织党内外的干部和群众, 努力完成本单位所担负的任务。

（二）组织党员认真学习马克思列宁主义、毛泽东思想，学习党的基本知识和党的路线、方针、政策，学习科学、文化和业务。

（三）对党员进行教育和管理，严格党的组织生活，监督党员切实履行义务，遵守纪律，保障党员的权利不受侵犯。

（四）密切联系群众，经常了解群众对党员、党的工作的批评和意见，尊重群众和专家的知识和合理化建议，维护群众的正当权利和利益，关心和帮助他们改善物质文化生活，做好群众的思想政治工作，提高他们的觉悟。对于群众中的错误意见和不良风气，要用适当的方法加以纠正；对于群众中的矛盾，要妥善地加以处理。

（五）充分发挥党员和群众的积极性创造性，发现他们中间的先进分子以及其他为社会主义事业所需要的人才，鼓励和支持他们改进工作，进行革新和创造。

（六）吸收党员，收缴党费，审查和鉴定党员，表扬党员中的模范事迹，维护和执行党的纪律。

（七）开展批评和自我批评，揭露、改正工作中的缺点和错误。教育和监督党员干部和其他任何工作人员严格遵守国法政纪，严格遵守国家的财政经济纪律和人事制度，不得侵占国家、集体和群众的利益。监督本单位财务会计人员和各种执法的专业人员不得执法犯法，同时保证他们依法独立行使他们的职权，不受侵犯和打击报复。

（八）教育党员和群众提高革命警惕，坚决同反革命分子和其他破坏分子的犯罪活动作斗争。

第三十三条 企业事业单位中党的基层委员会，和不设基层委员会的总支部委员会或支部委员会，领导本单位的工作。这些基层党组织应对重大原则问题进行讨论和作出决定，同时保证行政负责人充分行使自己的职权，不要包办代替他们的工作。基层委员会领导下的总支部委员会和支部委员会，除特殊情况外，只对本单位生产任务和业务工作的正确完成起保证监督作用。各级党政机关中党的基层组织，不领导本单位的业务工作。它应当对包括行政负责人在内的每个党员在执行党的路线、方针、政策，遵纪守法，联系群众，以及他们的思想、作风、道德品质等方面的情况进行监督，协助行政领导改进工作，提高效率，克服官僚主义，并把了解到的机关工作的缺点、问题通知行政负责人或报告党的上级组织。

第六章 党的干部

第三十四条 党的干部是党的事业的骨干，是人民的公仆。党按照德才兼备的原则选拔干部，坚持任人唯贤，反对任人唯亲，并且要求努力实现干部队伍的革命化、年轻化、知识化、专业化。党的干部必须接受党的培训，接受党的考察和考核。党应当重视培养、选拔女干部和少数民族干部。

第三十五条 党的各级领导干部必须模范地履行本章程第三条所规定的党员的各项义务，并且必须具备以下的基本条件：

（一）有一定的马克思列宁主义、毛泽东思想的理论政策水平，能够坚持社会主义道路，同破坏社会主义的敌对势力作斗争，同党内外各种错误倾向作斗争。

（二）在自己的领导工作中，认真调查研究，坚持从实际出发，正确地执行党的路线、方针和政策。

（三）有强烈的革命事业心和政治责任感，有胜任领导工作的组织能力、文化水平和专业知识。

（四）具有民主作风，密切联系群众，正确地执行党的群众路线，自觉地接受党和群众的批评和监督，反对官僚主义。

（五）正确运用自己的职权，遵守和维护党和国家的制度，同任何滥用职权、谋求私利的行为作斗争。

（六）在坚持党的原则的基础上，善于广泛地团结同志，包括团结同自己有不同意见的同志一道工作。

第三十六条 党员干部要善于同非党干部合作共事，尊重他们，虚心学习他们的长处。党的各级组织要善于发现和推荐有真才实学的非党干部担任领导工作，保证他们有职有权，充分发挥他们的作用。

第三十七条 党的各级领导干部，无论是由民主选举产生的，或是由领导机关任命的，他们的职务都不是终身的，都可以变动或解除。年龄和健康状况不适宜于继续担任工作的干部，应当按照国家的规定，或者离职休养，或者退休。

第七章 党的纪律

第三十八条 共产党员必须自觉接受党的纪律的约束。党组织对违犯党的纪律的党员，应当本着惩前毖后、治病救人的精神，按照错误性质和情节轻重，给以批评教育直至纪律处分。违犯政纪国法的党员，必须受到行政机关或司法机关依据政纪或法律的处理。严重触犯刑律的党员必须开除党籍。

第三十九条 党的纪律处分有五种：警告、严重警告、撤销党内职务和向党外组织建议撤销党外职务、留党察看、开除党籍。留党察看最长不超过两年。党员在留党察看期间没有表决权、选举权和被选举权。党员经过留党察看，确已改正错误的，应当恢复其党员的权利；坚持错误不改的，应当开除党籍。开除党籍是党内的最高处分。各级党组织在决定或批准开除党员党籍的时候，应当全面研究有关的材料和意见，采取十分慎重的态度。党内严格禁止用违反党章和国家法律的手段对待党员，严格禁止打击报复和诬告陷害。违反这些规定的组织或个人必须受到党的纪律和国家法律的追究。

第四十条 对党员的纪律处分，必须经过支部大会讨论决定，报党的基层委员会批准；如果涉及的问题比较重要或复杂，或给党员以开除党籍的处分，应分别不同情况，报县级或县级以上党的纪律检查委员会审查批准。在特殊情况下，县级和县级以上各级党的委员会和纪律检查委员会有权直接决定给党员以纪律处分。对党的中央委员会和地方各级委员会的委员、候补委员，给以撤销党内职务、留党察看或开除党籍的处分，必须由本人所在的委员会全体会议三分之二以上的多数决定。对地方各级委员会委员和候补委员的上述处分，必须经过上级党的委员会批准。严重触犯刑律的中央委员会委员、候补委员，由中央政治局决定开除其党籍；严重触犯刑律的地方各级委员会委员、候补委员，由同级委员会常务委员会决定开除其党籍。

第四十一条 党组织对党员作出处分决定，应当实事求是地查清事实。所要作出的处分决定和所依据的事实材料必须同本人见面，听取他说明情况和申辩。决定后如果本人不服，可以提出申诉，有关党组织必须负责处理或者迅速转递，不得扣压。对于确属坚持错误意见和无理要求的人，要给以批评教育。

第四十二条 坚决维护党的纪律，是党的每个组织的重要责任。党组织如果在维护党的纪律方面失职，必须受到追究。对于严重违犯党的纪律、本身又不能纠正的党组织，上一级党的委员会在查明核实后，应根据情节严重的程度，作出进行改组或予以解散的决定，并报再上一级党的委员会审查批准，正式宣布执行。

第八章 党的纪律检查机关

第四十三条 党的中央纪律检查委员会在党的中央委员会领导下进行工作。党的地方各级纪律检查委员会在同级党的委员会和上级纪律检查委员会的双重领导下进行工作。党的中央和地方各级纪律检查委员会每届任期和同级党的委员会相同。

党的中央纪律检查委员会全体会议，选举常务委员会和书记、副书记，并报党的中央委员会批准。党的地方各级纪律检查委员会全体会议，选举常务委员会和书记、副书记，并由同级党的委员会通过，报上级党的委员会批准。党的中央纪律检查委员会的第一书记必须从中央政治局常务委员会委员中产生。党的基层委员会是设立纪律检查委员会，还是设立纪律检查委员，由它的上一级党组织根据具体情况决定。党的总支部委员会和支部委员会设纪律检查委员。党的中央纪律检查委员会根据工作需要，可以向中央一级党和国家机关派驻党的纪律检查组或纪律检查员。纪律检查组组长或纪律检查员可以列席该机关党的领导组织的有关会议。他们的工作必须受到该机关党的领导组织的支持。

　　第四十四条 党的中央和地方各级纪律检查委员会的主要任务是：维护党的章程和其他重要的规章制度，协助党的委员会整顿党风，检查党的路线、方针、政策和决议的执行情况。中央和地方各级纪律检查委员会，要经常对党员进行遵守纪律的教育，作出关于维护党纪的决定；检查和处理党的组织和党员违反党章党纪和国家法律法令的比较重要或复杂的案件，决定或取消对这些案件中的党员的处分；受理党员的控告和申诉。中央和地方各级纪律检查委员会，要把处理特别重要或复杂的案件中的问题和处理的结果，向同级党的委员会报告。党的地方各级纪律检查委员会要同时向上级纪律检查委员会报告。中央纪律检查委员会发现中央委员会成员有违犯党的纪律的行为，可以向中央委员会检举，中央委员会应即受理。

　　第四十五条 上级纪律检查委员会有权检查下级纪律检查委员会的工作，并且有权批准和改变下级纪律检查委员会对于案件所作的决定。如果所要改变的该下级纪律检查委员会的决定，已经得到它的同级党的委员会的批准，这种改变必须经过它的上一级党的委员会批准。党的地方各级纪律检查委员会，如果对同级党的委员会处理案件的决定有不同意见，可以请求上一级纪律检查委员会予以复查；如果发现同级党的委员会或它的成员有违犯党的纪律和国家法律法令的情况，在同级党的委员会不给予解决或不给予正确解决的时候，有权向上级纪律检查委员会提出申诉，请求协助处理。

第九章 党组

　　第四十六条 在中央和地方国家机关、人民团体、经济组织、文化组织或其他非党组织的领导机关中成立党组。党组的任务，主要是负责实现党的方针政策，团结非党干部和群众，完成党和国家交给的任务，指导机关党组织的工作。

　　第四十七条 党组的成员，由批准成立党组的党的委员会指定。党组设书记、副书记。党组必须服从批准它成立的党的委员会领导。

第四十八条 在需要对下属单位实行高度集中统一领导的国家工作部门中，党组的职权和工作任务，以及是否把这些部门的党组改为党的委员会，由中央另行规定。

第十章 党和共产主义青年团的关系

第四十九条 中国共产主义青年团是中国共产党领导的先进青年的群众组织，是广大青年在实践中学习共产主义的学校，是党的助手和后备军。共青团中央委员会受党中央委员会领导。共青团的地方各级组织受同级党的委员会领导，同时受共青团上级组织领导。

第五十条 党的各级委员会要加强对共青团的领导，注意团的干部的选拔和培训。党要坚决支持共青团根据广大青年的特点和需要，生动活泼地、富于创造性地进行工作，充分发挥团的突击队作用和联系广大青年的桥梁作用。团的县级和县级以下各级委员会书记，企业事业单位的团委员会书记，是党员的，可以列席同级党的委员会和常务委员会的会议。

〈부록 6〉 중화인민공화국 헌법(1982년)[1]

中华人民共和国宪法

序言

中国是世界上历史最悠久的国家之一。中国各族人民共同创造了光辉灿烂的文化，具有光荣的革命传统。一八四〇年以后，封建的中国逐渐变成半殖民地、半封建的国家。中国人民为国家独立、民族解放和民主自由进行了前仆后继的英勇奋斗。二十世纪，中国发生了翻天覆地的伟大历史变革。一九一一年孙中山先生领导的辛亥革命，废除了封建帝制，创立了中华民国。但是，中国人民反对帝国主义和封建主义的历史任务还没有完成。

一九四九年，以毛泽东主席为领袖的中国共产党领导中国各族人民，在经历了长期的艰难曲折的武装斗争和其他形式的斗争以后，终于推翻了帝国主义、封建主义和官僚资本主义的统治，取得了新民主主义革命的伟大胜利，建立了中华人民共和国。从此，中国人民掌握了国家的权力，成为国家的主人。

中华人民共和国成立以后，我国社会逐步实现了由新民主主义到社会主义的过渡。生产资料私有制的社会主义改造已经完成，人剥削人的制度已经消灭，社会主义制度已经确立。工人阶级领导的、以工农联盟为基础的人民民主专政，实质上即无产阶级专政，得到巩固和发展。中国人民和中国人民解放军战胜了帝国主义、霸权主义的侵略、破坏和武装挑衅，维护了国家的独立和安全，增强了国防。经济建设取得了重大的成就，独立的、比较完整的社会主义工业体系已经基本形成，农业生产显著提高。教育、科学、文化等事业有了很大的发展，社会主义思想教育取得了明显的成效。广大人民的生活有了较大的改善。

---

1 1982년 중화인민공화국 헌법은 총강에서 "모든 국가기관과 당의 헌법과 법률 준수"를 처음 명기했고, 제79조에서 5년 임기 국가주석의 "2연임 초과 금지" 조항을 신설했다. 중국은 2018년 헌법 개정에서 이 연임 금지 조항을 삭제하였다. https://flk.npc.gov.cn/xf/html/xf1.html.

中国新民主主义革命的胜利和社会主义事业的成就，都是中国共产党领导中国各族人民，在马克思列宁主义、毛泽东思想的指引下，坚持真理，修正错误，战胜许多艰难险阻而取得的。今后国家的根本任务是集中力量进行社会主义现代化建设。中国各族人民将继续在中国共产党领导下，在马克思列宁主义、毛泽东思想指引下，坚持人民民主专政，坚持社会主义道路，不断完善社会主义的各项制度，发展社会主义民主，健全社会主义法制，自力更生，艰苦奋斗，逐步实现工业、农业、国防和科学技术的现代化，把我国建设成为高度文明、高度民主的社会主义国家。

在我国，剥削阶级作为阶级已经消灭，但是阶级斗争还将在一定范围内长期存在。中国人民对敌视和破坏我国社会主义制度的国内外的敌对势力和敌对分子，必须进行斗争。台湾是中华人民共和国的神圣领土的一部分。完成统一祖国的大业是包括台湾同胞在内的全中国人民的神圣职责。社会主义的建设事业必须依靠工人、农民和知识分子，团结一切可以团结的力量。在长期的革命和建设过程中，已经结成由中国共产党领导的，有各民主党派和各人民团体参加的，包括全体社会主义劳动者、拥护社会主义的爱国者和拥护祖国统一的爱国者的广泛的爱国统一战线，这个统一战线将继续巩固和发展。中国人民政治协商会议是有广泛代表性的统一战线组织，过去发挥了重要的历史作用，今后在国家政治生活、社会生活和对外友好活动中，在进行社会主义现代化建设、维护国家的统一和团结的斗争中，将进一步发挥它的重要作用。

中华人民共和国是全国各族人民共同缔造的统一的多民族国家。平等、团结、互助的社会主义民族关系已经确立，并将继续加强。在维护民族团结的斗争中，要反对大民族主义，主要是大汉族主义，也要反对地方民族主义。国家尽一切努力，促进全国各民族的共同繁荣。中国革命和建设的成就是同世界人民的支持分不开的。中国的前途是同世界的前途紧密地联系在一起的。中国坚持独立自主的对外政策，坚持互相尊重主权和领土完整、互不侵犯、互不干涉内政、平等互利、和平共处的五项原则，发展同各国的外交关系和经济、文化的交流；坚持反对帝国主义、霸权主义、殖民主义，加强同世界各国人民的团结，支持被压迫民族和发展中国家争取和维护民族独立、发展民族经济的正义斗争，为维护世界和平和促进人类进步事业而努力。本宪法以法律的形式确认了中国各族人民奋斗的成果，规定了国家的根本制度和根本任务，是国家的根本法，具有最高的法律效力。全国各族人民、一切国家机关和武装力量、各政党和各社会团体、各企业事业组织，都必须以宪法为根本的活动准则，并且负有维护宪法尊严、保证宪法实施的职责。

第一章　总纲

第一条　中华人民共和国是工人阶级领导的、以工农联盟为基础的人民民主专政的社会主义国家。社会主义制度是中华人民共和国的根本制度。禁止任何组织或者个人破坏社会主义制度。

第二条　中华人民共和国的一切权力属于人民。人民行使国家权力的机关是全国人民代表大会和地方各级人民代表大会。人民依照法律规定，通过各种途径和形式，管理国家事务，管理经济和文化事业，管理社会事务。

第三条　中华人民共和国的国家机构实行民主集中制的原则。全国人民代表大会和地方各级人民代表大会都由民主选举产生，对人民负责，受人民监督。国家行政机关、审判机关、检察机关都由人民代表大会产生，对它负责，受它监督。中央和地方的国家机构职权的划分，遵循在中央的统一领导下，充分发挥地方的主动性、积极性的原则。

第四条　中华人民共和国各民族一律平等。国家保障各少数民族的合法的权利和利益，维护和发展各民族的平等、团结、互助关系。禁止对任何民族的歧视和压迫，禁止破坏民族团结和制造民族分裂的行为。国家根据各少数民族的特点和需要，帮助各少数民族地区加速经济和文化的发展。各少数民族聚居的地方实行区域自治，设立自治机关，行使自治权。各民族自治地方都是中华人民共和国不可分离的部分。各民族都有使用和发展自己的语言文字的自由，都有保持或者改革自己的风俗习惯的自由。

第五条　国家维护社会主义法制的统一和尊严。一切法律、行政法规和地方性法规都不得同宪法相抵触。一切国家机关和武装力量、各政党和各社会团体、各企业事业组织都必须遵守宪法和法律。一切违反宪法和法律的行为，必须予以追究。任何组织或者个人都不得有超越宪法和法律的特权。

第六条　中华人民共和国的社会主义经济制度的基础是生产资料的社会主义公有制，即全民所有制和劳动群众集体所有制。社会主义公有制消灭人剥削人的制度，实行各尽所能，按劳分配的原则。

第七条　国营经济是社会主义全民所有制经济，是国民经济中的主导力量。国家保障国营经济的巩固和发展。

第八条　农村人民公社、农业生产合作社和其他生产、供销、信用、消费等各种形式的合作经济，是社会主义劳动群众集体所有制经济。参加农村集体经济组织的劳动者，有权在法律规定的范围内经营自留地、自留山、家庭副业和饲养自留畜。城镇中的手工业、工业、建筑业、运输业、商业、服务业等行业的各种形式的合作经济，都是社会主义劳动群众集体所有制经济。国家保护城乡集体经济组织的合法的权利和利益，鼓励、指导和帮助集体经济的发展。

第九条　矿藏、水流、森林、山岭、草原、荒地、滩涂等自然资源，都属于国家所有，即全民所有；由法律规定属于集体所有的森林和山岭、草原、荒地、滩涂除外。国家保障自然资源的合理利用，保护珍贵的动物和植物。禁止任何组织或者个人用任何手段侵占或者破坏自然资源。

第十条　城市的土地属于国家所有。农村和城市郊区的土地，除由法律规定属于国家所有的以外，属于集体所有；宅基地和自留地、自留山，也属于集体所有。国家为了公共利益的需要，可以依照法律规定对土地实行征用。任何组织或者个人不得侵占、买卖、出租或者以其他形式非法转让土地。一切使用土地的组织和个人必须合理地利用土地。

第十一条　在法律规定范围内的城乡劳动者个体经济，是社会主义公有制经济的补充。国家保护个体经济的合法的权利和利益。国家通过行政管理，指导、帮助和监督个体经济。

第十二条　社会主义的公共财产神圣不可侵犯。国家保护社会主义的公共财产。禁止任何组织或者个人用任何手段侵占或者破坏国家的和集体的财产。

第十三条　国家保护公民的合法的收入、储蓄、房屋和其他合法财产的所有权。国家依照法律规定保护公民的私有财产的继承权。

第十四条　国家通过提高劳动者的积极性和技术水平，推广先进的科学技术，完善经济管理体制和企业经营管理制度，实行各种形式的社会主义责任制，改进劳动组织，以不断提高劳动生产率和经济效益，发展社会生产力。国家厉行节约，反对浪费。国家合理安排积累和消费，兼顾国家、集体和个人的利益，在发展生产的基础上，逐步改善人民的物质生活和文化生活。

第十五条　国家在社会主义公有制基础上实行计划经济。国家通过经济计划的综合平衡和市场调节的辅助作用，保证国民经济按比例地协调发展。禁止任何组织或者个人扰乱社会经济秩序，破坏国家经济计划。

第十六条　国营企业在服从国家的统一领导和全面完成国家计划的前提下，在法律规定的范围内，有经营管理的自主权。国营企业依照法律规定，通过职工代表大会和其他形式，实行民主管理。

第十七条　集体经济组织在接受国家计划指导和遵守有关法律的前提下，有独立进行经济活动的自主权。集体经济组织依照法律规定实行民主管理，由它的全体劳动者选举和罢免管理人员，决定经营管理的重大问题。

第十八条　中华人民共和国允许外国的企业和其他经济组织或者个人依照中华人民共和国法律的规定在中国投资，同中国的企业或者其他经济组织进行各种形式的经济合作。在中国境内的外国企业和其他外国经济组织以及中外合资经营的企业，都必须遵守中华人民共和国的法律。它们的合法的权利和利益受中华人民共和国法律的保护。

第十九条　国家发展社会主义的教育事业，提高全国人民的科学文化水平。国家举办各种学校，普及初等义务教育，发展中等教育、职业教育和高等教育，并且发展学前教育。国家发展各种教育设施，扫除文盲，对工人、农民、国家工作人员和其他劳动者进行政治、文化、科学、技术、业务的教育，鼓励自学成才。国家鼓励集体经济组织、国家企业事业组织和其他社会力量依照法律规定举办各种教育事业。国家推广全国通用的普通话。

第二十条　国家发展自然科学和社会科学事业，普及科学和技术知识，奖励科学研究成果和技术发明创造。

第二十一条　国家发展医疗卫生事业，发展现代医药和我国传统医药，鼓励和支持农村集体经济组织、国家企业事业组织和街道组织举办各种医疗卫生设施，开展群众性的卫生活动，保护人民健康。国家发展体育事业，开展群众性的体育活动，增强人民体质。

第二十二条　国家发展为人民服务、为社会主义服务的文学艺术事业、新闻广播电视事业、出版发行事业、图书馆博物馆文化馆和其他文化事业，开展群众性的文化活动。国家保护名胜古迹、珍贵文物和其他重要历史文化遗产。

第二十三条　国家培养为社会主义服务的各种专业人才，扩大知识分子的队伍，创造条件，充分发挥他们在社会主义现代化建设中的作用。

第二十四条　国家通过普及理想教育、道德教育、文化教育、纪律和法制教育，通过在城乡不同范围的群众中制定和执行各种守则、公约，加强社会主义精神文明的建设。国家提倡爱祖国、爱人民、爱劳动、爱科学、爱社会主义的公德，在人民中进行爱国主义、集体主义和国际主义、共产主义的教育，进行辩证唯物主义和历史唯物主义的教育，反对资本主义的、封建主义的和其他的腐朽思想。

第二十五条　国家推行计划生育，使人口的增长同经济和社会发展计划相适应。

第二十六条　国家保护和改善生活环境和生态环境，防治污染和其他公害。国家组织和鼓励植树造林，保护林木。

第二十七条　一切国家机关实行精简的原则，实行工作责任制，实行工作人员的培训和考核制度，不断提高工作质量和工作效率，反对官僚主义。一切国家机关和国家工作人员必须依靠人民的支持，经常保持同人民的密切联系，倾听人民的意见和建议，接受人民的监督，努力为人民服务。

第二十八条　国家维护社会秩序，镇压叛国和其他反革命的活动，制裁危害社会治安、破坏社会主义经济和其他犯罪的活动，惩办和改造犯罪分子。

第二十九条　中华人民共和国的武装力量属于人民。它的任务是巩固国防，抵抗侵略，保卫祖国，保卫人民的和平劳动，参加国家建设事业，努力为人民服务。国家加强武装力量的革命化、现代化、正规化的建设，增强国防力量。

第三十条　中华人民共和国的行政区域划分如下：

（一）全国分为省、自治区、直辖市；

（二）省、自治区分为自治州、县、自治县、市；

（三）县、自治县分为乡、民族乡、镇。直辖市和较大的市分为区、县。自治州分为县、自治县、市。自治区、自治州、自治县都是民族自治地方。

第三十一条　国家在必要时得设立特别行政区。在特别行政区内实行的制度按照具体情况由全国人民代表大会以法律规定。

第三十二条　中华人民共和国保护在中国境内的外国人的合法权利和利益，在中国境内的外国人必须遵守中华人民共和国的法律。中华人民共和国对于因为政治原因要求避难的外国人，可以给予受庇护的权利。

第二章　公民的基本权利和义务

第三十三条　凡具有中华人民共和国国籍的人都是中华人民共和国公民。中华人民共和国公民在法律面前一律平等。任何公民享有宪法和法律规定的权利，同时必须履行宪法和法律规定的义务。

第三十四条　中华人民共和国年满十八周岁的公民，不分民族、种族、性别、职业、家庭出身、宗教信仰、教育程度、财产状况、居住期限，都有选举权和被选举权；但是依照法律被剥夺政治权利的人除外。

第三十五条　中华人民共和国公民有言论、出版、集会、结社、游行、示威的自由。

第三十六条 中华人民共和国公民有宗教信仰自由。任何国家机关、社会团体和个人不得强制公民信仰宗教或者不信仰宗教，不得歧视信仰宗教的公民和不信仰宗教的公民。国家保护正常的宗教活动。任何人不得利用宗教进行破坏社会秩序、损害公民身体健康、妨碍国家教育制度的活动。宗教团体和宗教事务不受外国势力的支配。

第三十七条 中华人民共和国公民的人身自由不受侵犯。任何公民，非经人民检察院批准或者决定或者人民法院决定，并由公安机关执行，不受逮捕。禁止非法拘禁和以其他方法非法剥夺或者限制公民的人身自由，禁止非法搜查公民的身体。

第三十八条 中华人民共和国公民的人格尊严不受侵犯。禁止用任何方法对公民进行侮辱、诽谤和诬告陷害。

第三十九条 中华人民共和国公民的住宅不受侵犯。禁止非法搜查或者非法侵入公民的住宅。

第四十条 中华人民共和国公民的通信自由和通信秘密受法律的保护。除因国家安全或者追查刑事犯罪的需要，由公安机关或者检察机关依照法律规定的程序对通信进行检查外，任何组织或者个人不得以任何理由侵犯公民的通信自由和通信秘密。

第四十一条 中华人民共和国公民对于任何国家机关和国家工作人员，有提出批评和建议的权利；对于任何国家机关和国家工作人员的违法失职行为，有向有关国家机关提出申诉、控告或者检举的权利，但是不得捏造或者歪曲事实进行诬告陷害。对于公民的申诉、控告或者检举，有关国家机关必须查清事实，负责处理。任何人不得压制和打击报复。由于国家机关和国家工作人员侵犯公民权利而受到损失的人，有依照法律规定取得赔偿的权利。

第四十二条　中华人民共和国公民有劳动的权利和义务。国家通过各种途径，创造劳动就业条件，加强劳动保护，改善劳动条件，并在发展生产的基础上，提高劳动报酬和福利待遇。劳动是一切有劳动能力的公民的光荣职责。国营企业和城乡集体经济组织的劳动者都应当以国家主人翁的态度对待自己的劳动。国家提倡社会主义劳动竞赛，奖励劳动模范和先进工作者。国家提倡公民从事义务劳动。国家对就业前的公民进行必要的劳动就业训练。

第四十三条　中华人民共和国劳动者有休息的权利。国家发展劳动者休息和休养的设施，规定职工的工作时间和休假制度。

第四十四条　国家依照法律规定实行企业事业组织的职工和国家机关工作人员的退休制度。退休人员的生活受到国家和社会的保障。

第四十五条　中华人民共和国公民在年老、疾病或者丧失劳动能力的情况下，有从国家和社会获得物质帮助的权利。国家发展为公民享受这些权利所需要的社会保险、社会救济和医疗卫生事业。国家和社会保障残废军人的生活，抚恤烈士家属，优待军人家属。国家和社会帮助安排盲、聋、哑和其他有残疾的公民的劳动、生活和教育。

第四十六条　中华人民共和国公民有受教育的权利和义务。国家培养青年、少年、儿童在品德、智力、体质等方面全面发展。

第四十七条　中华人民共和国公民有进行科学研究、文学艺术创作和其他文化活动的自由。国家对于从事教育、科学、技术、文学、艺术和其他文化事业的公民的有益于人民的创造性工作，给以鼓励和帮助。

第四十八条　中华人民共和国妇女在政治的、经济的、文化的、社会的和家庭的生活等各方面享有同男子平等的权利。国家保护妇女的权利和利益，实行男女同工同酬，培养和选拔妇女干部。

第四十九条　婚姻、家庭、母亲和儿童受国家的保护。夫妻双方有实行计划生育的义务。父母有抚养教育未成年子女的义务，成年子女有赡养扶助父母的义务。禁止破坏婚姻自由，禁止虐待老人、妇女和儿童。

第五十条　中华人民共和国保护华侨的正当的权利和利益，保护归侨和侨眷的合法的权利和利益。

第五十一条　中华人民共和国公民在行使自由和权利的时候，不得损害国家的、社会的、集体的利益和其他公民的合法的自由和权利。

第五十二条　中华人民共和国公民有维护国家统一和全国各民族团结的义务。

第五十三条　中华人民共和国公民必须遵守宪法和法律，保守国家秘密，爱护公共财产，遵守劳动纪律，遵守公共秩序，尊重社会公德。

第五十四条　中华人民共和国公民有维护祖国的安全、荣誉和利益的义务，不得有危害祖国的安全、荣誉和利益的行为。

第五十五条　保卫祖国、抵抗侵略是中华人民共和国每一个公民的神圣职责。依照法律服兵役和参加民兵组织是中华人民共和国公民的光荣义务。

第五十六条　中华人民共和国公民有依照法律纳税的义务。

第三章　国家机构

第一节　全国人民代表大会

第五十七条　中华人民共和国全国人民代表大会是最高国家权力机关。它的常设机关是全国人民代表大会常务委员会。

第五十八条　全国人民代表大会和全国人民代表大会常务委员会行使国家立法权。

第五十九条　全国人民代表大会由省、自治区、直辖市和军队选出的代表组成。各少数民族都应当有适当名额的代表。全国人民代表大会代表的选举由全国人民代表大会常务委员会主持。全国人民代表大会代表名额和代表产生办法由法律规定。

第六十条　全国人民代表大会每届任期五年。全国人民代表大会任期届满的两个月以前，全国人民代表大会常务委员会必须完成下届全国人民代表大会代表的选举。如果遇到不能进行选举的非常情况，由全国人民代表大会常务委员会以全体组成人员的三分之二以上的多数通过，可以推迟选举，延长本届全国人民代表大会的任期。在非常情况结束后一年内，必须完成下届全国人民代表大会代表的选举。

第六十一条　全国人民代表大会会议每年举行一次，由全国人民代表大会常务委员会召集。如果全国人民代表大会常务委员会认为必要，或者有五分之一以上的全国人民代表大会代表提议，可以临时召集全国人民代表大会会议。全国人民代表大会举行会议的时候，选举主席团主持会议。

第六十二条　全国人民代表大会行使下列职权：
（一）修改宪法；

（二）监督宪法的实施；

（三）制定和修改刑事、民事、国家机构的和其他的基本法律；

（四）选举中华人民共和国主席、副主席；

（五）根据中华人民共和国主席的提名，决定国务院总理的人选；根据国务院总理的提名，决定国务院副总理、国务委员、各部部长、各委员会主任、审计长、秘书长的人选；

（六）选举中央军事委员会主席；根据中央军事委员会主席的提名，决定中央军事委员会其他组成人员的人选；

（七）选举最高人民法院院长；

（八）选举最高人民检察院检察长；

（九）审查和批准国民经济和社会发展计划和计划执行情况的报告；

（十）审查和批准国家的预算和预算执行情况的报告；

（十一）改变或者撤销全国人民代表大会常务委员会不适当的决定；

（十二）批准省、自治区和直辖市的建置；

（十三）决定特别行政区的设立及其制度；

（十四）决定战争和和平的问题；

（十五）应当由最高国家权力机关行使的其他职权。

第六十三条　全国人民代表大会有权罢免下列人员：

（一）中华人民共和国主席、副主席；

（二）国务院总理、副总理、国务委员、各部部长、各委员会主任、审计长、秘书长；

（三）中央军事委员会主席和中央军事委员会其他组成人员；

（四）最高人民法院院长；

（五）最高人民检察院检察长。

第六十四条　宪法的修改，由全国人民代表大会常务委员会或者五分之一以上的全国人民代表大会代表提议，并由全国人民代表大会以全体代表的三分之二以上的多数通过。法律和其他议案由全国人民代表大会以全体代表的过半数通过。

第六十五条　全国人民代表大会常务委员会由下列人员组成：

委员长，副委员长若干人，秘书长，委员若干人。全国人民代表大会常务委员会组成人员中，应当有适当名额的少数民族代表。全国人民代表大会选举并有权罢免全国人民代表大会常务委员会的组成人员。全国人民代表大会常务委员会的组成人员不得担任国家行政机关、审判机关和检察机关的职务。

第六十六条　全国人民代表大会常务委员会每届任期同全国人民代表大会每届任期相同，它行使职权到下届全国人民代表大会选出新的常务委员会为止。委员长、副委员长连续任职不得超过两届。

第六十七条　全国人民代表大会常务委员会行使下列职权：

（一）解释宪法，监督宪法的实施；

（二）制定和修改除应当由全国人民代表大会制定的法律以外的其他法律；

（三）在全国人民代表大会闭会期间，对全国人民代表大会制定的法律进行部分补充和修改，但是不得同该法律的基本原则相抵触；

（四）解释法律；

（五）在全国人民代表大会闭会期间，审查和批准国民经济和社会发展计划、国家预算在执行过程中所必须作的部分调整方案；

（六）监督国务院、中央军事委员会、最高人民法院和最高人民检察院的工作；

（七）撤销国务院制定的同宪法、法律相抵触的行政法规、决定和命令；

（八）撤销省、自治区、直辖市国家权力机关制定的同宪法、法律和行政法规相抵触的地方性法规和决议；

（九）在全国人民代表大会闭会期间，根据国务院总理的提名，决定部长、委员会主任、审计长、秘书长的人选；

（十）在全国人民代表大会闭会期间，根据中央军事委员会主席的提名，决定中央军事委员会其他组成人员的人选；

（十一）根据最高人民法院院长的提请，任免最高人民法院副院长、审判员、审判委员会委员和军事法院院长；

（十二）根据最高人民检察院检察长的提请，任免最高人民检察院副检察长、检察员、检察委员会委员和军事检察院检察长，并且批准省、自治区、直辖市的人民检察院检察长的任免；

（十三）决定驻外全权代表的任免；

（十四）决定同外国缔结的条约和重要协定的批准和废除；

（十五）规定军人和外交人员的衔级制度和其他专门衔级制度；

（十六）规定和决定授予国家的勋章和荣誉称号；

（十七）决定特赦；

（十八）在全国人民代表大会闭会期间，如果遇到国家遭受武装侵犯或者必须履行国际间共同防止侵略的条约的情况，决定战争状态的宣布；

（十九）决定全国总动员或者局部动员；

（二十）决定全国或者个别省、自治区、直辖市的戒严；

（二十一）全国人民代表大会授予的其他职权。

第六十八条　全国人民代表大会常务委员会委员长主持全国人民代表大会常务委员会的工作，召集全国人民代表大会常务委员会会议。副委员长、秘书长协助委员长工作。委员长、副委员长、秘书长组成委员长会议，处理全国人民代表大会常务委员会的重要日常工作。

第六十九条　全国人民代表大会常务委员会对全国人民代表大会负责并报告工作。

第七十条　全国人民代表大会设立民族委员会、法律委员会、财政经济委员会、教育科学文化卫生委员会、外事委员会、华侨委员会和其他需要设立的专门委员会。在全国人民代表大会闭会期间，各专门委员会受全国人民代表大会常务委员会的领导。各专门委员会在全国人民代表大会和全国人民代表大会常务委员会领导下，研究、审议和拟订有关议案。

第七十一条　全国人民代表大会和全国人民代表大会常务委员会认为必要的时候，可以组织关于特定问题的调查委员会，并且根据调查委员会的报告，作出相应的决议。调查委员会进行调查的时候，一切有关的国家机关、社会团体和公民都有义务向它提供必要的材料。

第七十二条　全国人民代表大会代表和全国人民代表大会常务委员会组成人员，有权依照法律规定的程序分别提出属于全国人民代表大会和全国人民代表大会常务委员会职权范围内的议案。

第七十三条　全国人民代表大会代表在全国人民代表大会开会期间，全国人民代表大会常务委员会组成人员在常务委员会开会期间，有权依照法律规定的程序提出对国务院或者国务院各部、各委员会的质询案。受质询的机关必须负责答复。

第七十四条　全国人民代表大会代表，非经全国人民代表大会会议主席团许可，在全国人民代表大会闭会期间非经全国人民代表大会常务委员会许可，不受逮捕或者刑事审判。

第七十五条　全国人民代表大会代表在全国人民代表大会各种会议上的发言和表决，不受法律追究。

第七十六条　全国人民代表大会代表必须模范地遵守宪法和法律，保守国家秘密，并且在自己参加的生产、工作和社会活动中，协助宪法和法律的实施。　全国人民代表大会代表应当同原选举单位和人民保持密切的联系，听取和反映人民的意见和要求，努力为人民服务。

第七十七条　全国人民代表大会代表受原选举单位的监督。原选举单位有权依照法律规定的程序罢免本单位选出的代表。

第七十八条　全国人民代表大会和全国人民代表大会常务委员会的组织和工作程序由法律规定。

第二节　中华人民共和国主席

第七十九条　中华人民共和国主席、副主席由全国人民代表大会选举。有选举权和被选举权的年满四十五周岁的中华人民共和国公民可以被选为中华人民共和国主席、副主席。中华人民共和国主席、副主席每届任期同全国人民代表大会每届任期相同，连续任职不得超过两届。

第八十条　中华人民共和国主席根据全国人民代表大会的决定和全国人民代表大会常务委员会的决定，公布法律，任免国务院总理、副总理、国务委员、各部部长、各委员会主任、审计长、秘书长，授予国家的勋章和荣誉称号，发布特赦令，发布戒严令，宣布战争状态，发布动员令。

第八十一条　中华人民共和国主席代表中华人民共和国，接受外国使节；根据全国人民代表大会常务委员会的决定，派遣和召回驻外全权代表，批准和废除同外国缔结的条约和重要协定。

第八十二条　中华人民共和国副主席协助主席工作。中华人民共和国副主席受主席的委托，可以代行主席的部分职权。

第八十三条　中华人民共和国主席、副主席行使职权到下届全国人民代表大会选出的主席、副主席就职为止。

第八十四条　中华人民共和国主席缺位的时候，由副主席继任主席的职位。中华人民共和国副主席缺位的时候，由全国人民代表大会补选。中华人民共和国主席、副主席都缺位的时候，由全国人民代表大会补选；在补选以前，由全国人民代表大会常务委员会委员长暂时代理主席职位。

第三节　国务院

第八十五条　中华人民共和国国务院，即中央人民政府，是最高国家权力机关的执行机关，是最高国家行政机关。

第八十六条　国务院由下列人员组成：

总理，副总理若干人，国务委员若干人，各部部长，各委员会主任，审计长，秘书长。国务院实行总理负责制。各部、各委员会实行部长、主任负责制。国务院的组织由法律规定。

第八十七条　国务院每届任期同全国人民代表大会每届任期相同。

总理、副总理、国务委员连续任职不得超过两届。

第八十八条　总理领导国务院的工作。副总理、国务委员协助总理工作。总理、副总理、国务委员、秘书长组成国务院常务会议。总理召集和主持国务院常务会议和国务院全体会议。

第八十九条　国务院行使下列职权：

（一）根据宪法和法律，规定行政措施，制定行政法规，发布决定和命令；

（二）向全国人民代表大会或者全国人民代表大会常务委员会提出议案；

（三）规定各部和各委员会的任务和职责，统一领导各部和各委员会的工作，并且领导不属于各部和各委员会的全国性的行政工作；

（四）统一领导全国地方各级国家行政机关的工作，规定中央和省、自治区、直辖市的国家行政机关的职权的具体划分；

（五）编制和执行国民经济和社会发展计划和国家预算；

（六）领导和管理经济工作和城乡建设；

（七）领导和管理教育、科学、文化、卫生、体育和计划生育工作；

（八）领导和管理民政、公安、司法行政和监察等工作；

（九）管理对外事务，同外国缔结条约和协定；

（十）领导和管理国防建设事业；

（十一）领导和管理民族事务，保障少数民族的平等权利和民族自治地方的自
　　　　治权利；

（十二）保护华侨的正当的权利和利益，保护归侨和侨眷的合法的权利和利益；

（十三）改变或者撤销各部、各委员会发布的不适当的命令、指示和规章；

（十四）改变或者撤销地方各级国家行政机关的不适当的决定和命令；

（十五）批准省、自治区、直辖市的区域划分，批准自治州、县、自治县、市
　　　　的建置和区域划分；

（十六）决定省、自治区、直辖市的范围内部分地区的戒严；

（十七）审定行政机构的编制，依照法律规定任免、培训、考核和奖惩行政人员；

（十八）全国人民代表大会和全国人民代表大会常务委员会授予的其他职权。

　　第九十条　国务院各部部长、各委员会主任负责本部门的工作；召集和主持部
务会议或者委员会会议、委务会议，讨论决定本部门工作的重大问题。各部、各
委员会根据法律和国务院的行政法规、决定、命令，在本部门的权限内，发布命
令、指示和规章。

　　第九十一条　国务院设立审计机关，对国务院各部门和地方各级政府的财政
收支，对国家的财政金融机构和企业事业组织的财务收支，进行审计监督。审计
机关在国务院总理领导下，依照法律规定独立行使审计监督权，不受其他行政机
关、社会团体和个人的干涉。

第九十二条　国务院对全国人民代表大会负责并报告工作；在全国人民代表大会闭会期间，对全国人民代表大会常务委员会负责并报告工作。

第四节　中央军事委员会

第九十三条　中华人民共和国中央军事委员会领导全国武装力量。中央军事委员会由下列人员组成：主席，副主席若干人，委员若干人。中央军事委员会实行主席负责制。中央军事委员会每届任期同全国人民代表大会每届任期相同。

第九十四条　中央军事委员会主席对全国人民代表大会和全国人民代表大会常务委员会负责。

第五节　地方各级人民代表大会和地方各级人民政府

第九十五条　省、直辖市、县、市、市辖区、乡、民族乡、镇设立人民代表大会和人民政府。地方各级人民代表大会和地方各级人民政府的组织由法律规定。自治区、自治州、自治县设立自治机关。自治机关的组织和工作根据宪法第三章第五节、第六节规定的基本原则由法律规定。

第九十六条　地方各级人民代表大会是地方国家权力机关。县级以上的地方各级人民代表大会设立常务委员会。

第九十七条　省、直辖市、设区的市的人民代表大会代表由下一级的人民代表大会选举；县、不设区的市、市辖区、乡、民族乡、镇的人民代表大会代表由选民直接选举。地方各级人民代表大会代表名额和代表产生办法由法律规定。

第九十八条　省、直辖市、设区的市的人民代表大会每届任期五年。县、不设区的市、市辖区、乡、民族乡、镇的人民代表大会每届任期三年。

第九十九条　地方各级人民代表大会在本行政区域内，保证宪法、法律、行政法规的遵守和执行；依照法律规定的权限，通过和发布决议，审查和决定地方的经济建设、文化建设和公共事业建设的计划。县级以上的地方各级人民代表大会审查和批准本行政区域内的国民经济和社会发展计划、预算以及它们的执行情况的报告；有权改变或者撤销本级人民代表大会常务委员会不适当的决定。民族乡的人民代表大会可以依照法律规定的权限采取适合民族特点的具体措施。

第一百条　省、直辖市的人民代表大会和它们的常务委员会，在不同宪法、法律、行政法规相抵触的前提下，可以制定地方性法规，报全国人民代表大会常务委员会备案。

第一百零一条　地方各级人民代表大会分别选举并且有权罢免本级人民政府的省长和副省长、市长和副市长、县长和副县长、区长和副区长、乡长和副乡长、镇长和副镇长。县级以上的地方各级人民代表大会选举并且有权罢免本级人民法院院长和本级人民检察院检察长。选出或者罢免人民检察院检察长，须报上级人民检察院检察长提请该级人民代表大会常务委员会批准。

第一百零二条　省、直辖市、设区的市的人民代表大会代表受原选举单位的监督；县、不设区的市、市辖区、乡、民族乡、镇的人民代表大会代表受选民的监督。地方各级人民代表大会代表的选举单位和选民有权依照法律规定的程序罢免由他们选出的代表。

第一百零三条　县级以上的地方各级人民代表大会常务委员会由主任、副主任若干人和委员若干人组成，对本级人民代表大会负责并报告工作。县级以上的地方各级人民代表大会选举并有权罢免本级人民代表大会常务委员会的组成人员。县级以上的地方各级人民代表大会常务委员会的组成人员不得担任国家行政机关、审判机关和检察机关的职务。

第一百零四条　县级以上的地方各级人民代表大会常务委员会讨论、决定本行政区域内各方面工作的重大事项；监督本级人民政府、人民法院和人民检察院的工作；撤销本级人民政府的不适当的决定和命令；撤销下一级人民代表大会的不适当的决议；依照法律规定的权限决定国家机关工作人员的任免；在本级人民代表大会闭会期间，罢免和补选上一级人民代表大会的个别代表。

第一百零五条　地方各级人民政府是地方各级国家权力机关的执行机关，是地方各级国家行政机关。地方各级人民政府实行省长、市长、县长、区长、乡长、镇长负责制。

第一百零六条　地方各级人民政府每届任期同本级人民代表大会每届任期相同。

第一百零七条　县级以上地方各级人民政府依照法律规定的权限，管理本行政区域内的经济、教育、科学、文化、卫生、体育事业、城乡建设事业和财政、民政、公安、民族事务、司法行政、监察、计划生育等行政工作，发布决定和命令，任免、培训、考核和奖惩行政工作人员。乡、民族乡、镇的人民政府执行本级人民代表大会的决议和上级国家行政机关的决定和命令，管理本行政区域内的行政工作。省、直辖市的人民政府决定乡、民族乡、镇的建置和区域划分。

第一百零八条　县级以上的地方各级人民政府领导所属各工作部门和下级人民政府的工作，有权改变或者撤销所属各工作部门和下级人民政府的不适当的决定。

第一百零九条　县级以上的地方各级人民政府设立审计机关。地方各级审计机关依照法律规定独立行使审计监督权，对本级人民政府和上一级审计机关负责。

第一百一十条　地方各级人民政府对本级人民代表大会负责并报告工作。县级以上的地方各级人民政府在本级人民代表大会闭会期间，对本级人民代表大会常务委员会负责并报告工作。地方各级人民政府对上一级国家行政机关负责并报告工作。全国地方各级人民政府都是国务院统一领导下的国家行政机关，都服从国务院。

第一百一十一条　城市和农村按居民居住地区设立的居民委员会或者村民委员会是基层群众性自治组织。居民委员会、村民委员会的主任、副主任和委员由居民选举。居民委员会、村民委员会同基层政权的相互关系由法律规定。居民委员会、村民委员会设人民调解、治安保卫、公共卫生等委员会，办理本居住地区的公共事务和公益事业，调解民间纠纷，协助维护社会治安，并且向人民政府反映群众的意见、要求和提出建议。

第六节　民族自治地方的自治机关

第一百一十二条　民族自治地方的自治机关是自治区、自治州、自治县的人民代表大会和人民政府。

第一百一十三条　自治区、自治州、自治县的人民代表大会中，除实行区域自治的民族的代表外，其他居住在本行政区域内的民族也应当有适当名额的代表。自治区、自治州、自治县的人民代表大会常务委员会中应当有实行区域自治的民族的公民担任主任或者副主任。

第一百一十四条　自治区主席、自治州州长、自治县县长由实行区域自治的民族的公民担任。

第一百一十五条　自治区、自治州、自治县的自治机关行使宪法第三章第五节规定的地方国家机关的职权，同时依照宪法、民族区域自治法和其他法律规定的权限行使自治权，根据本地方实际情况贯彻执行国家的法律、政策。

第一百一十六条　民族自治地方的人民代表大会有权依照当地民族的政治、经济和文化的特点，制定自治条例和单行条例。自治区的自治条例和单行条例，报全国人民代表大会常务委员会批准后生效。自治州、自治县的自治条例和单行条例，报省或者自治区的人民代表大会常务委员会批准后生效，并报全国人民代表大会常务委员会备案。

第一百一十七条　民族自治地方的自治机关有管理地方财政的自治权。凡是依照国家财政体制属于民族自治地方的财政收入，都应当由民族自治地方的自治机关自主地安排使用。

第一百一十八条　民族自治地方的自治机关在国家计划的指导下，自主地安排和管理地方性的经济建设事业。国家在民族自治地方开发资源、建设企业的时候，应当照顾民族自治地方的利益。

第一百一十九条　民族自治地方的自治机关自主地管理本地方的教育、科学、文化、卫生、体育事业，保护和整理民族的文化遗产，发展和繁荣民族文化。

第一百二十条　民族自治地方的自治机关依照国家的军事制度和当地的实际需要，经国务院批准，可以组织本地方维护社会治安的公安部队。

第一百二十一条　民族自治地方的自治机关在执行职务的时候，依照本民族自治地方自治条例的规定，使用当地通用的一种或者几种语言文字。

第一百二十二条　国家从财政、物资、技术等方面帮助各少数民族加速发展经济建设和文化建设事业。国家帮助民族自治地方从当地民族中大量培养各级干部、各种专业人才和技术工人。

第七节　人民法院和人民检察院

第一百二十三条　中华人民共和国人民法院是国家的审判机关。

第一百二十四条　中华人民共和国设立最高人民法院、地方各级人民法院和军事法院等专门人民法院。最高人民法院院长每届任期同全国人民代表大会每届任期相同，连续任职不得超过两届。人民法院的组织由法律规定。

第一百二十五条　人民法院审理案件，除法律规定的特别情况外，一律公开进行。被告人有权获得辩护。

第一百二十六条　人民法院依照法律规定独立行使审判权，不受行政机关、社会团体和个人的干涉。

第一百二十七条　最高人民法院是最高审判机关。最高人民法院监督地方各级人民法院和专门人民法院的审判工作，上级人民法院监督下级人民法院的审判工作。

第一百二十八条　最高人民法院对全国人民代表大会和全国人民代表大会常务委员会负责。地方各级人民法院对产生它的国家权力机关负责。

第一百二十九条　中华人民共和国人民检察院是国家的法律监督机关。

第一百三十条　中华人民共和国设立最高人民检察院、地方各级人民检察院和军事检察院等专门人民检察院。最高人民检察院检察长每届任期同全国人民代表大会每届任期相同，连续任职不得超过两届。人民检察院的组织由法律规定。

第一百三十一条　人民检察院依照法律规定独立行使检察权，不受行政机关、社会团体和个人的干涉。

第一百三十二条　最高人民检察院是最高检察机关。最高人民检察院领导地方各级人民检察院和专门人民检察院的工作，上级人民检察院领导下级人民检察院的工作。

第一百三十三条　最高人民检察院对全国人民代表大会和全国人民代表大会常务委员会负责。地方各级人民检察院对产生它的国家权力机关和上级人民检察院负责。

第一百三十四条　各民族公民都有用本民族语言文字进行诉讼的权利。人民法院和人民检察院对于不通晓当地通用的语言文字的诉讼参与人，应当为他们翻译。在少数民族聚居或者多民族共同居住的地区，应当用当地通用的语言进行审理；起诉书、判决书、布告和其他文书应当根据实际需要使用当地通用的一种或者几种文字。

第一百三十五条　人民法院、人民检察院和公安机关办理刑事案件，应当分工负责，互相配合，互相制约，以保证准确有效地执行法律。

第四章　国旗、国徽、首都

第一百三十六条　中华人民共和国国旗是五星红旗。

第一百三十七条　中华人民共和国国徽，中间是五星照耀下的天安门，周围是谷穗和齿轮。

第一百三十八条　中华人民共和国首都是北京。

참고문헌

1차 자료

1) 중문

가. 단행본

中共中央文献研究室编,『毛泽东年谱』第一卷~第六卷, 中央文献出版社, 2013.

中共中央文献研究室编,『毛泽东年谱(1893~1949)』上·中·下, 中央文献出版社, 1993.

中共中央文献研究室编,『邓小平年谱 1975-1997』上·下, 中央文献出版社, 2004.

中共中央文献研究室编,『周恩来年谱』上·中·下, 中国革命领导人文库, 1997.

中共中央文献研究室编,『刘少奇年谱』上·下, 中国革命领导人文库, 1996.

中共中央文献研究室编,『陈云年谱』上·中·下, 中央文献出版社, 2000.

王焰 主编,『彭德怀年谱』, 人民出版社, 1998.

中共中央文献研究室编,『毛泽东文集』第一卷~第八卷, 人民出饭社, 1996.

中共中央文献编辑委员会,『毛泽东选集』第一卷~第四卷, 人民出饭社, 1991.

中共中央文献编辑委员会,『邓小平文选』第一卷~第三卷, 人民出饭社, 2009.

中共中央文献研究室编,『邓小平文集』上·中·下, 人民出饭社, 2014.

中共中央文献编辑委员会,『胡耀邦文选』, 人民出版社, 2015.

中共中央文献编辑委员会,『周恩来选集』上·下, 中国革命领导人文库, 1980.

中共中央文献研究室编,『建国以来重要文献选编』第1册~第20册, 中央文献出版社, 1997.

中共中央文献研究室编,『建国以来毛泽东文稿』第一册~第十三册, 中央文献出版社, 1998.

中共中央文献研究室编,『关于建国以来党的若干历史问题的决议注释本』, 人民出版社, 1983.

나. 논문, 연설문

毛泽东, 「星星之火可以燎原」, 『毛泽东选集』第一卷, 人民出饭社, 1991.

毛泽东, 「斯大林是中国人民的朋友」, 『毛泽东选集』第二卷, 人民出饭社, 1991.

毛泽东, 「论人民民主专政」, 中共中央文献编辑委员会, 『毛泽东选集』第四卷, 人民出饭社, 1991.

毛泽东, 「党委会的工作方法」, 『毛泽东选集』第四卷, 人民出饭社, 1991.

毛泽东, 「论十大关系」, 『建国以来重要文献编』第8册, 中央文献出版社, 1997.

毛泽东, 「关于正确处理人民内部矛盾的问题」, 『建国以来重要文献编』第10册, 中央文献出版社, 1997.

毛泽东, 「听取历史教训, 反对大国沙文主义」, 中共中央文献研究室编, 『毛泽东文集』第七卷, 人民出饭社, 1996.

毛泽东, 「事情正在起变化」, 『建国以来重要文献编』第10册, 中央文献出版社, 1997.

毛泽东, 「在成都会议上的讲话」, 中共中央文献研究室编, 『毛泽东文集』第七卷, 人民出饭社, 1996.

毛泽东, 「做革命的促进派」, 建国以来重要文献编』第10册, 中央文献出版社, 1997.

毛泽东, 「在中宣部于毛泽东思想应如何解释的通知稿中写的一段话」, 中共中央文献研究室, 『建国以来毛泽东文稿』第四册, 中央文献出版社, 1998.

毛泽东, 「对于一封信的评论」, 『建国以来毛泽东文稿』第八册, 中央文献出版社, 1998.

毛泽东, 「在扩大的中央工作会议上的讲话」, 『建国以来重要文献编』第15册, 中央文献出版社, 1997.

毛泽东, 「关于政协的性质和任务」, 中共中央文献研究室编, 『毛泽东文集』第六卷, 人民出饭社, 1999.

毛泽东, 「人的正确思想是从哪里来的?」, 中共中央文献研究室编, 『毛泽东文集』第八卷, 人民出饭社, 1996.

毛泽东, 「同斯诺的谈话」, 中共中央文献研究室编, 『毛泽东文集』第八卷, 人民出饭社, 1996.

毛泽东, 「对邓子恢关于农村工作政策意见的批评」, 『建国以来毛泽东文稿』第十册, 中央文献出版社, 1996.

邓小平, 「解放思想, 实事求是, 团结一致向前看」, 『邓小平文选』第二卷, 人民出饭社, 2009.

邓小平, 「关于修改党的章程的报告」, 『建国以来重要文献编』第9册, 中央文献出版社, 1997.

邓小平,「在扩大的中央工作会议上的讲话」,『建国以来重要文献编』第15册, 中央文献
　　　出版社, 1997.

邓小平,「怎样恢复农业生」,『邓小平文选』第一卷, 人民出饭社, 2009.

邓小平,「不再提 '十五年赶上英国'的口号」,『邓小平文集』下卷, 人民出饭社, 2014.

邓小平,「对起草《关于建国以来党的若干历史问题的决议》的意见」,『邓小平文选』第
　　　二卷, 人民出饭社, 2009.

邓小平,「思想更解放一些, 改革的步子更快一些」,『邓小平文选』第三卷, 人民出饭社,
　　　2009.

邓小平,「党和国家领导制度的改革」,『邓小平文选』第二卷, 人民出饭社, 2009.

邓小平,「在全国科学大会开幕式上的讲话」,『邓小平文选』第二卷, 人民出饭社,
　　　2009.

刘少奇,「在扩大的中央工作会议上的讲话」,『建国以来重要文献编』第15册, 中央文献
　　　出版社, 1997.

周恩来,「说真话, 鼓真劲, 做实事, 收实效」,『建国以来重要文献编』第15册, 中央文
　　　献出版社, 1997.

朱　德,「纠正'左'的偏向, 恢复和发展生产」,『建国以来重要文献编』第15册, 中央文献
　　　出版社, 1997.

胡耀邦,「在庆祝中国共产党成立六十周年大会上的讲话」, 中共中央文献编辑委员会,
　　　『胡耀邦文选』, 人民出版社, 2015.

胡耀邦,「怎样正确对待毛泽东同志和毛泽东思想」, 中共中央文献编辑委员会,『胡耀
　　　邦文选』, 人民出版社, 2015.

胡耀邦,「搞好党风的几个问题」, 中共中央文献编辑委员会,『胡耀邦文选』, 人民出版
　　　社, 2015.

姚文元,「评新编历史剧《海瑞罢官》」,『建国以来重要文献编』第20册, 中央文献出版
　　　社, 1997.

「关于建国以来党的若干历史问题的决议」, 中共中央文献研究室,『关于建国以来党的
　　　若干历 史问题的决议注释本』, 人民出版社, 1983.

「关于若干历史问题的决议」, 中共中央文献编辑委员会,『毛泽东选集』第三卷, 人民出
　　　饭社, 1991.

「在中宣部于毛泽东思想应如何解释的通知稿中写的一段话」, 中共中央文献研究室,
　　　『建国以来毛泽东文稿』第四册, 中央文献出版社, 1998.

「关于无产阶级专政的历史经验」, 中共中央文献研究室编,『建国以来重要文献编』第8
　　　册, 中央文献出版社, 1997.

「再论无产阶级专政的历史经验」, 中共中央文献研究室编, 『建国以来重要文献编』第9
　　册, 中央文献出版社, 1997.

「工作方法六十条(草案)」, 『建国以来重要文献编』第11册, 中央文献出版社, 1997.

「中共中央政治局扩大会议新闻稿(1958.8.31. 新华社)」, 『建国以来重要文献编』第11
　　册, 中央文献出版社, 1997.

「苏共领导同我们分歧的由来和发展」, 一评苏共中央的公开信, 『建国以来重要文献编』
　　第17册, 中央文献出版社, 1997.

「关于斯大林问题」, 二评苏共中央的公开信, 『建国以来重要文献编』第17册, 中央文献
　　出版社, 1997.

「苏共领导是当代最大的分裂主义者」, 七评苏共中央的公开信, 『建国以来重要文献编』
　　第18册, 中央文献出版社, 1997.

「无产阶级革命和赫鲁晓夫修正主义」, 八评苏共中央的公开信, 『建国以来重要文献编』
　　第18册, 中央文献出版社, 1997.

「关于赫鲁晓夫的假共产主义及其在世界历史上的教训」, 九评苏共中央的公开信, 『建
　　国以来重要文献编』第18册, 中央文献出版社, 1997.

「农村社会主义教育运动中目前提出的一些问题」, 『建国以来重要文献编』第20册, 中
　　央文献出版社, 1997.

「会见斯诺的谈话纪要」(1970년의 대화), 『建国以来毛泽东文稿』第13册, 中央文献出
　　版社, 1997.

다. 기타

「毛泽东接见苏共中央代表团谈话记录」, (1956. 9. 18).

「毛泽东接见朝鲜代表团谈话纪要」, (1956. 9. 18).

「毛泽东第二次接见苏共中央代表团谈话记录」, (1956. 9. 23).

「毛泽东接见尤金谈话记录」, (1956. 11. 30).

「关于建国以来党的若干历史问题的决议」, https://www.gov.cn/test/2008-
　　06/23/content_1024934.htm.

「关于党内政治生活的若干准则」, http://dangjian.people.com.cn/GB/136058/427
　　510/428086/428088/428312/index.html

「中国共产党历次全国代表大会数据库」, http://cpc.people.com.cn/GB/64162/64168/
　　index.html.

「中国知网」, https://www.cnki.net/index/

「中国共产党第三次全国代表大会简介」, http://cpc.people.com.cn/GB/64162/64168/64555/4428209.html.

「中国共产党第七次全国代表大会简介」, http://cpc.people.com.cn/GB/64162/64168/64559/4442093.html.

「中国共产党第七次全国代表大会，中国共产党党章」, http://cpc.people.com.cn/GB/64162/64168/64559/4442095.html.

「中国共产党第七次全国代表大会，关于修改党章的报告」, http://cpc.people.com.cn/GB/64162/64168/64559/4526957.html.

「中国共产党第八次全国代表大会，中国共产党章程」, http://cpc.people.com.cn/GB/64162/64168/64560/65452/6412169.html

「中国共产党第八次全国代表大会，关于政治报告的决议」, http://cpc.people.com.cn/GB/64162/64168/64560/65452/4442009.html.

「中国共产党八届八中全会简介(庐山会议)」, http://cpc.people.com.cn/GB/64162/64168/64560/65351/4442067.html.

「中国共产党第八届中央委员会第十次全体会议公报」, http://cpc.people.com.cn/GB/64162/64168/64560/65353/4442078.html.

「中国共产党第九次全国代表大会，中国共产党章程」, http://cpc.people.com.cn/GB/64162/64168/64561/4429444.html.

「中国共产党八届六中全会同意毛泽东同志提出的关于他不作下届 中华人民共和国主席候选人的建议的决定」, http://cpc.people.com.cn/GB/64162/64168/64560/65349/4442059.html.

「1959年朱德为什么没有担任共和国主席？」, https://news.youth.cn/gn/201601/t20160119_7541887_1.htm.

「人民日报：文革'五一六通知'全文」, https://www.mzfxw.com/e/action/ShowInfo.php?classid=6&id=174784.

「中国共产党第十一届中央委员会第三次全体会议公报」, http://cpc.people.com.cn/GB/64162/64168/64563/65371/4441902.html.

「中国共产党第十二次全国代表大会，中国共产党章程」, http://cpc.people.com.cn/GB/64162/64168/64565/65448/6415129.html.

「中华人民共和国宪法」, 1982, https://flk.npc.gov.cn/xf/html/xf1.html.

「中华人民共和国宪法」, 2018, http://www.npc.gov.cn/npc/c191/c505/201905/t20190521_263492.html.

图加里诺夫,「苏联外交部情报委员会报告：关于朝鲜的个人崇拜现象(1956.4.5)」, 러시아연방 현대사 문서고, РГАни, ф.5, оп.28, д.410, л.57~67.

「勃列日涅夫给苏共中央的报告：关于朝鲜劳动党第三次全体会议等」, 러시아연방 대외정책 문서고, АВПРФ, ф.5446, оп.98, д.721, л.212~219.

「米高扬给苏共中央的报告：关于朝鲜劳动党中央委员会在9月20日召开的会议上的争论」, 러시아연방 대외정책 문서고, АВПРФ, ф.5446, оп.98c, д.718, л.17~34.

「米高扬给苏共中央的报告：苏联代表团同毛泽东、刘少奇就朝鲜劳动党内局势等问题举行的会谈纪要(1956.9.19)」, АВПРФ, ф.5446, оп.98c, д.718, л.35~46.

「米高扬给苏共中央的报告：同金日成等关于在朝劳动党内恢复列宁主义准则等问题举行的会谈」, 러시아연방 대외정책 문서고.

「苏联驻朝鲜大使伊万诺夫给米高扬的报告：关于朝鲜劳动党中央九月全体会议纪要和决议(1956.9.23)」, 러시아연방 대외정책 문서고.

「波诺马廖夫给苏共中央的报告：同师哲就朝方拖延公布中央决议等问题进行的会谈(1956.9.26)」, 러시아연방 대외정책 문서고.

「朝鲜劳动党中央委员徐辉等人写给中共中央的信件：关于朝鲜劳动党内局势等(1956.9.5)」, 러시아연방 대외정책 문서고.

「李相朝就朝鲜劳动党内局势问题给赫鲁晓夫的信件(1956.9.3)」, 러시아연방 국립문서고.

2) 북한

가. 단행본

『김일성전집 18』, 평양: 조선로동당출판사, 1997.

『김일성전집 19』, 평양: 조선로동당출판사, 2001.

『김일성전집 22』, 평양: 조선로동당출판사, 1998.

『김일성전집 38』, 평양: 조선로동당출판사, 2001.

『김일성전집 39』, 평양: 조선로동당출판사, 2001.

『김일성전집 47』, 평양: 조선로동당출판사, 2003.

『김일성전집 83』, 평양: 조선로동당출판사, 2009.

『김정일선집 5』, 평양: 조선로동당출판사, 2010.

『김정일선집 6』, 평양: 조선로동당출판사, 2010.

『김정일선집 9』, 평양: 조선로동당출판사, 2010.

『김정일전집 23』, 평양: 조선로동당출판사, 2018.

『김정일전집 24』, 평양: 조선로동당출판사, 2019.

조선로동당 중앙위원회, 『결정집: 1947.9-1953. 7 당 중앙 정치위원회』.

조선로동당 중앙위원회, 『결정집: 1954년도 전원회의, 정치, 상무위원회』.

조선로동당 중앙위원회, 『결정집: 1955년도 전원회의, 정치, 상무위원회』.

조선로동당 중앙위원회, 『결정집: 1956년도 전원회의, 정치, 상무, 조직위원회』.

『조선혁명 수행에서 김일성동지에 의한 맑스-레닌주의의 창조적 적용』, 평양: 과학
　　　원출판사, 1962.

『제2차 조선 작가 대회 문헌집』, 평양: 조선 작가 동맹 출판사, 1956.

『정치사전』, 평양: 사회과학출판사, 1973.

사회과학원, 『정치용어사전』, 평양: 사회과학출판사, 1970.

『북한 조선로동당 대회 주요문헌집』, 돌베개, 1988.

조선로동당 중앙위원회 당력사연구소, 『조선로동당략사』 1~2, 돌베개, 1989.

國土統一院, 『朝鮮勞動黨大會資料集』 第Ⅰ輯~第Ⅳ輯, 國土統一院 調査研究室,
　　　1988.

나. 논문, 연설문

김일성, 「사회주의 혁명의 현 계단에 있어서 당 및 국가사업의 몇가지 문제들에 대하
　　　여: 조선로동당 중앙위원회 전원회의에서 내린 결론(1955.4.4)」, 『김일성전
　　　집 18』, 평양: 조선로동당 출판사, 1997.

김일성, 「사상사업에서 교조주의와 형식주의를 퇴치하고 주체를 확립할데 대하여:
　　　당 선전 선동 일군들 앞에서 한 연설(1955.12.28)」, 『김일성전집 18』, 평양:
　　　조선로동당출판사, 1997.

김일성, 「당사업을 개선하며 당대표자회 결정을 관철할 데 대하여: 도, 시, 군 및 공
　　　장당책임비서협의회에서 한 연설(1967.3.17~24)」, 『김일성전집 38』, 평양:
　　　조선로동당출판사, 2001.

김일성, 「공산주의교양에 대하여: 전국 시,군당위원회 선동원들을 위한 강습회에서
　　　한 연설(1958.11.20)」, 『김일성전집 22』, 평양: 조선로동당출판사, 1998.

김일성, 「자본주의로부터 사회주의에로의 과도기와 프로레타리아 독재문제에 대하

여: 당사 상사업부문 일군들앞에서 한 연설(1967.5.25)」,『김일성전집 38』, 평양: 조선로동당출판사, 2001.

김일성, 「우리 인테리들은 당과 노동계급과 인민에게 충실한 혁명가가 되어야한다: 함흥시대학교원들 앞에서 한 연설(1967.6.19)」,『김일성전집 39』, 평양: 조선로동당출판사, 2001.

김일성, 「청년들은 대를 이어 혁명을 계속하여야 한다, 조선사회주의로동청년동맹 제6차 대회에서 한 연설(1971.6.24)」,『김일성전집 47』, 평양: 조선로동당출판사, 2003.

김일성, 「조선로동당 건설의 력사적 경험: 김일성 고급당학교창립 40돐에 즈음하여 집필한 강의록(1986.5.31)」,『김일성전집 83』, 평양: 조선로동당출판사, 2009.

김정일, 「선전선동부의 기본임무에 대하여: 조선로동당 중앙위원회 선전선동부 책임일군 회의에서 한 연설(1973.8.17)」,『김정일선집 5』, 평양: 조선로동당출판사, 2010.

김정일, 「선전선동부사업을 개선강화하는데서 나서는 몇가지 문제에 대하여: 조선로동당중앙위원회 선전선동부 책임 일군들과 한 담화(1973.9.25)」,『김정일선집 5』, 평양: 조선로동당출판사, 2010.

김정일, 「온 사회를 김일성주의화하기 위한 당사상사업의 당면한 몇가지 과업에 대하여, 전국당선전일군 강습회에서 한 결론(1974.2.19)」,『김정일선집 6』, 평양: 조선로동당출판사, 2010.

김정일, 「전당과 온 사회에 유일사상체계를 더욱 튼튼히 세우자, 중앙당 및 국가, 경제기관, 근로단체, 인민무력, 사회안전, 과학, 교육, 문화예술, 출판보도부문 일군들앞에서 한 연설(1974.4.14)」,『김정일전집 23』, 평양: 조선로동당출판사, 2018.

김정일, 「주체사상에 대하여: 위대한 수령 김일성 탄생 70돐 기념 전국 주체사상토론회에 보낸 론문(1982.3.31)」,『김정일선집 9』, 평양: 조선로동당출판사, 2010.

다. 기타

「조선로동당 중앙위원회 사업 총결 보고에 대한 조선로동당 제3차 대회의 결정서」,『朝鮮勞動黨大會資料集』第Ⅰ輯, 國土統一院 調査研究室, 1988.

「당의 유일적령도체계확립의 10대원칙」,『北韓法令集』上, 2013.

국가정보원(2024.8), https://www.nis.go.kr:4016/AF/1_2_1.do.

「조선민주주의인민공화국 주재 소련대사의 일지 1」,『한국현대사료DB, 북한관계사료집』,
　　　https://db.history.go.kr/contemp/level.do?levelId=nkhc_073_0330_0050.

「쏘련 공산당 제二〇차 대회 개막」,『로동신문』, 1956년 2월 16일(1면).

박금철,「당의 공고화를 위한 투쟁에서 당원들의 당성 단련」,『로동신문』, 1956년 2월
　　　16일(2~3면).

「영광스러운 쏘련공산당의 위대한 고무적 기치」,『로동신문』, 1956년 2월 27일(1면).

「맑스-레닌주의 리론의 창조적적용발전의 모범」,『로동신문』, 1956년 3월 3일(1면).

「교조주의와 형식주의를 반대하며」,『로동신문』, 1956년 3월 18일(1면).

허성택,「종파주의 잔재 요소를 극복하자」,『로동신문』, 1956년 4월 5일(2면).

「과학적공산주의리론을 새롭게 발전풍부화시킨 강령적 문헌」,『로동신문』, 1982년 5월
　　　25일(2면).

「주체사상에 기초하여 굳게 뭉친 우리 혁명대오의 위력을 더욱 강화하자」,『로동신
　　　문』, 1987년 5월 25일 사설(3면).

「당에 대한 충성의 한마음을 안고 주체혁명위업을 다그쳐나가자」,『로동신문』, 1996년
　　　5월 25일(3면).

「위대한 수령님의 력사적인 5.25 교시는 21세기에도 승리의 기치로 빛날 것이다」,
　　　『로동신문』, 2002년 5월 25일(2~3면).

「사상사업의 위력으로 백승을 떨쳐온 우리당의 력사를 끝없이 빛내여 나가자」,『로동
　　　신문』, 2007년 5월 25일 사설(1면).

「당의 유일사상체계를 세우는 사업을 당사업의 총적과업으로 틀어쥐고」,『로동신문』,
　　　1973년 5월 25일(2면).

3) 영문

「Telegram from Pyongyang to Bucharest, No. 76.203, TOP SECRET, June
　　　13, 1967」,『Wilson Center Digital Archive』, http://digitalarchive.
　　　wilsoncenter.org/document/116707.

「Telegram from Pyongyang to Bucharest, No. 76.208, TOP SECRET, June
　　　15, 1967」,『Wilson Center Digital Archive』, http://digitalarchive.
　　　wilsoncenter.org/document/116708.

「Excerpt from Information Report Embassy Bucharest of 26 June 1967」, └ 「Wilson Center Digital Archive」, http://digitalarchive.wilsoncenter. org/document/116644.

「Telegram from Pyongyang to Bucharest, TOP SECRET, No. 76.247, July 28, 1967」, 「Wilson Center Digital Archive」, http://digitalarchive. wilsoncenter.org/document/116710.

「March 07, 1967. The DPRK Attitude Toward the So-called 'Cultural Revolution' in China」, 「Wilson Center Digital Archive」, http:// digitalarchive.wilsoncenter.org/document/114570.

「Telegram from Pyongyang to Bucharest, No.76.093, TOP SECRET, March 15, 1967」, 「Wilson Center Digital Archive」, http://digitalarchive. wilsoncenter.org/document/116693.

「Telegram from Pyongyang to Bucharest, TOP SECRET, No. 76.276, July 30, 1967」, 「Wilson Center Digital Archive」, http://digitalarchive. wilsoncenter.org/document/116712.

「Telegram from Pyongyang to Bucharest, No. 76.279, TOP SECRET, August 3, 1967」, 「Wilson Center Digital Archive」, http://digitalarchive. wilsoncenter.org/document/116713.

「August 05, 1967 Memo of the Soviet Embassy in the DPRK (3rd Secretary, R. Chebotarev), 'Activity of the Chinese Embassy in Pyongyang'」, 「Wilson Center Digital Archive」, http://digitalarchive.wilsoncenter. org/document/116714.

「November 25, 1967. Report, Embassy of Hungary in the Soviet Union to the Hungarian Foreign Ministry」, 「Wilson Center Digital Archive」, http://digitalarchive.wilsoncenter.org/document/110624.

2차 자료

1) 중문

가. 단행본

吴冷西,『十年论战』, 中央文献出版社, 1999.

中共中央文献研究室编,『毛泽东传』上·下, 中央文献出版社, 2003.

薄一波,『若干重大决策与事件的回顾』上·下, 中共党史出版社, 2019.

毛毛,『我的父亲邓小平』上, 中央文献出版社, 1993.

毛毛,『我的父亲邓小平: 文革岁月』, 中央文献出版社, 2000.

王东兴,『毛泽东与林彪反革命集团的斗争』, 当代中国出版社, 1998.

师哲,『在历史巨人身边 师哲回忆录』, 九州出版社, 2022.

叶永烈,『邓小平改变中国: 1978, 中国命运大转折』, 川人民出版社, 华夏出版社,
　　　　2012.

马立诚·凌志军,『交锋: 当代中国三次思想解放实录』, 今日中国出版社, 1998.

沈志华,『无奈的选择: 冷战与中苏同盟的命运』上·下, 社会科学文献出版社, 2013.

郑新立, 主编,『中华人民共和国大辞典』, 新华出版社, 1992.

李盛平, 主编,『中国现代史词典』, 国际广播出版社, 1987.

夏利彪编,『中国共产党党章及历次修正案文本汇编』, 法律出版社, 2016.

나. 논문

丁四海,「哲学视野中的个人崇拜」, 中央党校, 博士学位, 2004.

郭圣福·张昭国,「论毛泽东对个人崇拜问题的认识变迁」,『胜利油田党校学报』第17
　　　　卷, 第6期, 2004.

林源,「毛泽东与个人崇拜问题探析」,『学海』, 1999.

沈志华,「中共八大为什么不提毛泽东思想」,『历史教学』12期, 2005.

沈志华,「周恩来与1956年的反冒进－－记中共中央关于经济建设方针的一场争论」,
　　　　『史林』, 2009.

沈志华,「苏联对大跃进和人民公社的反应及其结果」,『中共党史资料』第1期, 2003.

何云峰,「个人崇拜与1959年庐山会议毛彭冲突」,『Journal of Wuhan University of Technology (Social Sciences Edition)』Vol. 20, No. 6, 2007.

余广人,「庐山会议四十周年感言」,『炎黄春秋』8期. 1999.

项东民·安熙辉,「吹响大跃进冲锋号的中共八大二次会议」,『文史精华』总第 250 期, 2011.

刘明钢,「中国共产党八大二次会议评析」,『Journal of Wuhan Institute of Education』Vol. 16, No. 4, 1997.

李继华,「中国七大对毛泽东的个人崇拜述论」,『Journal of Binzhou Education College』Vol. 6, No. 2, 2000.

齐得平,「中共八大未提'毛泽东思想'的若干情况」,『中共党史研究』第5期, 1996.

吴向媛,「近二十年来国内学界关于中共八大的研究综述」,『党史党建』第18卷, 第5期, 2016.

王春龙,「试论苏共二十大对中共八大的深刻影像」,『历史教学』第8期, 2008.

何亚平,「文革时期的个人崇拜问题浅探」,『毛泽东思想研究』, 1999.

狄景山,「文革与文革后的思想解放运动」,『当代世界与社会主义』第4期, 2003.

邹文洁,「彭真与文化革命五人小组」,『北京党史』第1期, 2008.

熊立胜,「个人崇拜与十年文革」,『消费·导刊』, 2009.

刘林元,「毛泽东晚年个人崇拜问题新探」,『Journal of Hunan University of Science & Technology (Social Science Edition)』Vol. 10, No. 2, 2007.

刘林元,「毛泽东文革中在对待江青问题上的是非」,『毛泽东研究』, 2015.

严可复,「"林彪一号命令"辨疑」,『党史纵横』第8期, 2014.

张显扬,「人本思想和党文化的分歧」,『炎黄春秋』第1期, 2014.

张海萍,「清除个人崇拜 增强党内民主」,『Journal of Inner Mongolia University for Nationalities(Social Sciences)』Vol. 32, No. 5, 2006.

霞飞,「中央文革小组的设立和取消」,『党史博采 (纪实)』, 2012.

尹家民,「毛泽东与中央文革小组的设立」,『党史博览』第1期, 2006.

代用贤,「论毛泽东个人崇拜形成的原因」,『中共党史』第4期, 2009.

李慎之,「关于大民主和小民主一段公案」,『百年潮』第5期, 1997.

冯建辉,「林彪和个人崇拜」,『炎黄春秋』第10期, 1999.

汪云生,「论《关于若干历史问题的决议》在毛泽东思想形成和发展过程中的地位和作用」,『思想理论教育导刊』第5期, 2005.

다. 기타

东方红, https://baike.baidu.com/item/%E4%B8%9C%E6%96%B9%E7%BA%A2/3409383?fr=ge_ala.

二十八个半布尔什维克, https://baike.baidu.com/item/%E4%BA%8C%E5%8D%81%E5%85%AB%E4%B8%AA%E5%8D%8A%E5%B8%83%E5%B0%94%E4%BB%80%E7%BB%B4%E5%85%8B/2098429?fr=ge_ala.

四请运动, https://baike.baidu.com/item/%E5%9B%9B%E6%B8%85%E8%BF%90%E5%8A%A8/615947.

「在延安各界庆祝斯大林六十寿辰大会上的讲话」, https://www.marxists.org/chinese/maozedong/1968/1-122.htm.

「林彪的一次精彩发言让毛泽东决意打倒刘少奇」, https://wap.sinoca.com/news/china/2012-04-23/199311.html.

「解密: 罗瑞卿如何因反林彪 蒙难'文字狱'?」, http://dangshi.people.com.cn/n/2013/0105/c85037-20091578.html.

「林牧 回忆1962年的那场'批习斗争'」, http://www.htqly.org/zgsl/hyzl/EBjuay.htm.

「1962年, 陈云要求包产到户, 毛主席很生气: 这是中国式的修正主义」, https://zhuanlan.zhihu.com/p/686667964.

「1962年, 陈云要求包产到户, 毛主席很生气: 这是中国式的修正主义」, https://zhuanlan.zhihu.com/p/686667964.

「毛泽东对国内修正主义警惕的开始」, https://www.mzfxw.com/e/action/ShowInfo.php?classid=12&id=76535.

「江青, 林彪江青反革命集团的首要分子」, https://baike.baidu.com/item/%E6%B1%9F%E9%9D%92/30425?fr=aladdin.

「柯庆施提出大写十三年」, https://www.163.com/dy/article/I4II3M120550VN9Q.html.

「林彪争当国家主席内幕: 怕活不过毛泽东」, https://www.chinanews.com/cul/2013/09-12/5277603.shtml.

「1972年毛泽东保邓小平: 他曾是所谓毛派的头子」, https://m.haiwainet.cn/middle/345831/2016/0311/content_29723852_2.html.

「邓小平为何拒绝做肯定"文革"的决议?」, https://www.chinanews.com.cn/cul/2012/02-27/3699175.shtml.

2) 국문

가. 단행본

강근조, 『조선교육사』 4, 조선·평양: 사회과학출판사, 1991.

강진호 외, 『북한의 문화정전, 총서 '불멸의 력사'를 읽는다』, 소명출판, 2009.

고봉기 외, 『金日成의 비서실장 고봉기의 유서』, 천마, 1989.

권헌익·정병호, 『극장국가 북한: 카리스마 권력은 어떻게 세습되는가』, 창비, 2018.

김경욱, 『북조선인의 탄생: 주체교육의 형성』, 선인, 2020.

김광운, 『북한정치사 연구 1』, 선인, 2003.

김광운, 『북조선실록』 4권·15권·23권, 코리아 데이터 프로젝트, 2018.

김국후, 『비록 평양의 소련군정』, 한울, 2008.

김석형 구술, 이향규 녹취·정리, 『나는 조선노동당원이오!』, 선인, 2001.

김선호, 『조선인민군: 북한무력의 형성과 유일체제의 기원』, 한양대학교출판부, 2020.

김성수, 『새로운 패러다임의 비교정치』, 박영사, 2019.

김성수, 『혁신적 리더십』, 탑북스, 2019.

김영화, 『중국정치리더십』, 문원출판, 2000.

김재용, 『북한 문학의 역사적 이해』, 문학과지성사, 2004.

김진계 구술·기록, 김응교 보고문학, 『조국 하권』, 현장문학사, 1990.

김태열·이덕로, 『4차산업혁명시대와 리더십』, 피앤씨미디어, 2019.

니키타 흐루쇼프, 박상철 옮김, 『개인숭배와 그 결과들에 대하여』, 책세상, 2006.

라주바예프, 『6.25전쟁 보고서』 1~3, 국방부 군사편찬연구소, 2001.

막스 베버, 전성우 옮김, 『직업으로의 정치』, 나남, 2019.

막스 베버, 琴鍾友·全男錫 譯, 『支配의 社會學』, 한길사, 1991.

모즈 카즈꼬, 김하림 譯, 『중국과 소련』, 사민서각, 1990.

모리스 마이스너, 김수영 譯, 『마오의 중국과 그 이후』 1~2, 이산, 2006.

박길룡·김국후, 『김일성의 외교비사』, 중앙일보사, 1994.

박종철 외, 『헝가리의 북조선 관련 기밀해제문건』, 선인, 2013.

박영실, 『중국인민지원군과 북·중관계』, 선인, 2012.

백기복, 『조직행동연구』, 창민사, 2021.

서동만, 『북조선 사회주의체제 성립사』, 선인, 2011.

서재진, 『북한의 맑스-레닌주의와 주체사상 비교연구』, 통일연구원, 2002.

서진영, 『21세기 중국정치』, 폴리테이아, 2008.

성혜랑,『등나무집』, 지식나라, 2000.

시모토마이 노부오, 이종국 옮김,『모스크바와 김일성: 냉전기의 북한 1945~1961』, 논형, 2003.

신명순·진영재,『비교정치』, 박영사, 2017.

안치영,『덩샤오핑 시대의 탄생: 중국의 역사 재평가와 개혁』, 창비, 2013.

안문석,『북한 현대사 산책』1~5, 인물과사상사, 2016.

안문석,『북한 민중사』, 일조각, 2020.

양문수,『북한경제의 구조: 경제개발과 침체의 메커니즘』, 서울대학교출판부, 2004.

에드가 스노우, 신홍범 역,『중국의 붉은별』, 두레, 1992.

와다 하루키, 남기정 역,『와다 하루키의 북한 현대사』, 창비, 2014.

이도기,『현대 중국공산당의 이해: 역사, 지도사상, 영도』, 통일신문사, 2008.

이병천 編,『북한학계의 한국근대사논쟁』, 창작과비평사, 1989.

이상호,『조직과 리더십』, 북넷, 2018.

이승익,『중국 최고 정치지도자들의 리더십』, 디비북스, 2011.

이종석,『새로 쓴 현대북한의 이해』, 역사비평사, 2005.

이종석,『북한 주둔 중국인민지원군 철수에 관한 연구』, 세종연구소, 2014.

이종석,『조선로동당연구: 지도사상과 구조 변화를 중심으로』, 역사비평사, 2003.

이찬행,『김정일』, 백산서당, 2001.

이태섭,『김일성 리더십연구』, 들녘, 2001.

정병호,『고난과 웃음의 나라』, 창비, 2020.

정상진,『아무르만에서 부르는 백조의 노래』, 지식산업사, 2005.

정창현,『곁에서 본 김정일』, 토지, 1999.

정창현,『인물로 본 북한현대사』, 민연, 2002.

조너선 D. 스펜스, 김희교 역,『현대중국을 찾아서』1~2, 이산, 2009.

조영남, 안치영 외,『중국의 민주주의: 공산당의 당내민주 연구』, 나남, 2011.

중공중앙당사연구실,『중국공산당략사』제2권 상·중·하, 민족출판사, 2011.

중국공산당 문헌연구실 편, 허원 역,『정통 중국현대사: 중국공산당의 역사문제에 관한 결의』, 사계절, 1990.

중앙일보 특별취재반,『조선민주주의인민공화국』상·하, 중앙일보사, 1992.

초머 모세,『헝가리 최초의 한국학 학자 북한을 만나다』, 노스 보스, 2015.

초머 모세,『헝가리 부다페스트로!: 1956년 헝가리 혁명과 북한 유학생들』, 지문당, 2013.

통일연구원 편,『독일지역 북한기밀문서집』, 선인, 2006.

통일연구원 편, 『북한체제 형성과 발전과정 구술자료: 일본·독일』, 선인, 2006.

팽덕회, 이영민 옮김, 『팽덕회 자서전』, 한내, 2009.

포노말료프 엮음, 편집부 역, 『소련공산당사』 5, 거름, 1992.

한국역사연구회 북한사학사연구반, 『북한의 역사 만들기』, 푸른역사, 2003.

황장엽, 『나는 역사의 진리를 보았다』, 한울, 1999.

헨리 키신저, 권기대 역, 『헨리 키신저의 중국이야기』, 민음사, 2014.

현성일, 『북한의 국가전략과 파워엘리트: 간부정책을 중심으로』, 선인, 2011.

國史編纂委員會, 『北韓關係史料集』 30, 國史編纂委員會, 1982.

金光洙, 『蘇聯經濟史』, 숭실대학교 출판부, 1990.

廖蓋隆 편, 정석태 역, 『중국공산당사』, 녹두, 1993.

徐鎭英, 『현대중국정치론』, 나남출판, 1997.

向靑, 임상범 역, 『코민테른과 中国革命關係史』, 고려원, 1992.

나. 논문

기광서, 「해방 후 김일성의 정치적 부상과 집권 과정」, 『역사와 현실』 48, 2003.

기광서, 「1940년대 전반 소련군 88독립보병여단 내 김일성 그룹의 동향」, 『역사와 현실』 28, 1988.

김경옥, 「북한 '김일성동지혁명사상연구실' 연구: 변천과 운용을 중심으로」, 경남대 북한대학원 석사학위논문, 2010.

김동길·한상준, 「제2의 해방, 북한자주화와 1956-57년의 중국-북한관계」, 『국가전략』 20(2), 2014.

김병연, 「사회주의 경제개혁과 체제이행의 정치적 조건: 구소련, 동유럽, 중국의 경험과 북한의 이행 가능성」, 『비교경제연구』 12(2), 2005.

김성수, 「선전과 개인숭배: 북한 '조선문학'의 편집주체와 특집의 역사적 변모」, 『한국근대문학연구』 32, 2015.

김성수, 「'항일혁명문학(예술)' 담론의 기원과 주체문예의 문화정치」, 『민족문학사연구』 60, 2016.

김재용, 「북한문학계의 '반종파투쟁'과 카프 및 항일혁명문학」, 『역사비평』, 1992.

김재용, 「역사와 문학 북한의 남로당계 작가 숙청」, 『역사비평』, 1994.

남원진, 「북조선의 역사, 자주성의 욕망」, 『상허학보』 36, 2012.

배개화, 「당, 수령, 그리고 애국주의: 이태준의 경우」, 『한국현대문학연구』 37, 2012.

배개화, 「북한 문학자들의 소련기행과 전후 소련의 이식」, 『민족문학사연구』 50, 2012.

배개화, 「북한 문학과 '맑스-레닌주의의 창조적 노선, 1953-1956」, 『한국현대문학연구』 54, 2018.

배개화, 「한국전쟁기 북한문학의 '애국주의' 형상화 논쟁」, 『민족문학사연구』 70, 2020.

백학순, 「북한의 국가형성에 있어서 김일성의 자율성 문제」, 『한국정치학회보』 28(2), 1995.

서유석, 「북한 회상기의 영웅서사 상징에 관한 연구」, 『한국동양 정치사상사연구』 6(2), 2007.

송정호, 「김일성의 '5.25 교시' 전후 경제사회적 변화에 관한 연구」, 『신진연구논문집: 2003 북한 및 통일관련』, 통일부, 2003.

양호민, 「북한의 개인숭배 재고: 아버지에서 아들로」, 『北韓學報』 26, 2001.

오경숙, 「5.25교시와 유일사상체계 확립 -구술자료를 중심으로」, 『한국동북아논총』 32, 2004.

이영미, 「북한 역사교육과 문학교육의 내적 상관성」, 『국제어문』 68, 2016.

이영화, 「북한의 고대사 연구 동향 -학술지 계량 분석을 중심으로」, 『한국고대사 탐구』 3, 2009.

이영화, 「북한 역사학의 학문체계와 연구동향」, 『韓國史學史學報』 15, 2007.

이재준, 「중국과 북한의 권력승계 비교 연구: 마오쩌둥과 김일성의 후계 사례를 중심으로」, 서울대학교대학원 정치학 박사학위논문, 2020.

이종석, 「중·소의 북한 내정간섭 사례 연구」, 『세종정책연구』 6(2), 2010.

이지수, 「북한 정치체제에 드리워진 스탈린의 그림자」, 『中蘇硏究』 39(3) 통권 147호, 2015.

정형곤, 「동유럽 사회주의 경제체제의 개혁과 북한」, 『현대북한연구』 5(2), 2002.

조동호·김은영, 「북한 경제정책의 변화 전망: 1960~70년대 동유럽 경제개혁의 시사점을 바탕으로」, 『비교경제연구』 11(1), 2004.

조봉래, 「중국의 정치지도자에 대한 개인숭배의 사상적 근원」, 『中國學論叢』 59, 2018.

조우찬, 「북한 갑산파 연구: 기원, 형성, 소멸」, 북한대학원대학교 박사학위논문, 2016.

조우찬, 「1960년대 중반 북한 혁명전통 다원화 시도와 혁명전통 논쟁」, 『통일연구』 20(1), 2016.

조은희, 「역사적 기억의 정치적 활용: 북한의 '항일빨찌산참가자들의 회상기' 분석을
중심으로」, 『통일과 평화』 4(2), 2012.

洪盛厚, 「金日成의 性格과 統治方式」, 한국외국어대학교 국제관계연구학과 박사학위
논문, 1983.

吉成喆, 「金日成 綜合大學」, 『자유공론』, 자유공론사, 1985.

李崗石, 「主體思想과 毛澤東思想의 比較」, 『안보연구』 20, 1991.

李鍾奭, 「主體思想과 毛澤東思想: 유사성과 차별성, 그리고 차별성의 체제적 반영에
관한 연구」, 『계간·북한연구』 15, 1994.

朴炳光, 「毛澤東과 金日成의 리더쉽에 관한 比較 硏究」, 단국대학교대학원 석사학위
논문, 1995.

다. 기타

국사편찬위원회, 「사회과학부 사업내용 및 그 한계에 대하여 ─조선로동당 조직위원
회 제127차 결정서(1953.02.24)」, 『北韓關係史料集』 30, 국사편찬위원회,
1982.

안성규, 「중국에 망명한 연안파 거물들의 원한과 충격 증언」, 『월간중앙』, 1994.

정태수·정창현, 「평양주재 소련대사 이바노프 비망록이 전하는 북한 최대의 권력투
쟁, '8월종파사건'의 전모」, 『WIN』, 1997.

「咸南普天堡를 襲擊 郵便所, 面所에 衝火」, 「咸南警察部에서 出動 金日成일
파 *******로 判明」, 『동아일보』, 1937년 6월 5일(號外1), https://
newslibrary.naver.com/viewer/index.naver?publishDate=1937-06-
05&officeId=00020&pageNo=1#

「咸南普天堡襲擊續報 追擊警官과 衝突 兩方死傷七十名」, 『동아일보』, 1937
년 6월 5일(號外2) https://newslibrary.naver.com/viewer/index.
naver?publishDate=1937-06-05&officeId=00020&pageNo=1#.

「機關銃을 가진 二百餘名越境 普天堡市街를 衝火」, 『동아일보』, 1937년 6
월 6일(2면), https://newslibrary.naver.com/viewer/index.
naver?publishDate=1937-06-05&officeId=00020&pageNo=1#.

「郵便所, 面事務所와 森林保護區 全燒」, 「追擊警官七名死亡」, 『동아일보』, 1937
년 6월 7일(2면), https://newslibrary.naver.com/viewer/index.
naver?publishDate=1937-06-05&officeId=00020&pageNo=1#.

「再襲의 恐怖에 떠는 住民 男負女戴로 避亂」, 「被襲된 普天堡」, 『동아일보』, 1937

년 6월 9일(2면), https://newslibrary.naver.com/viewer/index.
naver?publishDate=1937-06-05&officeId=00020&pageNo=1#.
「김일성 이름 알린 '보천보 전투' 특종 호외」, http://dongne.donga.
com/2010/11/22/d-story-59-%EA%B9%80%EC%9D%BC%EC%84%B1-
%EC%9D%B4%EB%A6%84-%EC%95%8C%EB%A6%B0-%E2%80
%98%EB%B3%B4%EC%B2%9C%EB%B3%B4-%EC%A0%84%ED
%88%AC%E2%80%99-%ED%8A%B9%EC%A2%85%ED%98%B8%EC%9
9%B8/.

3) 영문

가. 논문

Charlotta Levay, 「Charismatic leadership in resistance to change」, The
『Leadership Quarterly』 21, 2010.

James F. Person, 「The 1967 Purge of the Gapsan Faction and Establishment
of the Monolithic Ideological System」, 『Wilson Center Digital
Archive』, https://www.wilsoncenter.org/publication/the-1967-
purge-the-gapsan-faction-and-establishment-the-monolithic-
ideological-system.

James F. Person, 「North Korea's Purges Past」, 『Wilson Center Digital
Archive』, https://nationalinterest.org/commentary/north-koreas-
purges-past-9628?page=0%2C1.

Max Weber, 「Types of Authority」, 『Politcal Leadership : A source Book』,
Pittsburgh: University of Pittsburghp Press, 1986.

Ruth Willer, 「Charistmatic Leadership」, 『Politcal Leadership : A source
Book』, Pittsburgh: University of Pittsburghp Press, 1986.

Thomas Bidewell, 「Contradiction and Juche, Philosophical Deviations from
Traditional Dialectical Materialism by Kim Il Sung and Mao Zedong
Necessitated by Socio-Political Conditions」, 『Global Tides』 Vol. 17,
Article 5, 2023.